Data Analysis with R

R을 이용한 자료분석

박진표 지음

경남대학교출판부

R을 활용한 자료분석

초판 인쇄 2014년 8월 22일
초판 발행 2014년 8월 29일

지은이 박진표
펴낸이 박재규 | **펴낸곳** 경남대학교 출판부

주소 경남 창원시 마산합포구 경남대학로 7 (월영동) | **전화** 055_249_2074 | **팩스** 0505_999_2115
홈페이지 www.kyungnam.ac.kr/press | **전자우편** ko10@kyungnam.ac.kr

값 25,000원

머리말

우리는 자료의 시대에 살고 있다. 요즘 많이 대두되는 용어는 빅데이터이다. 여러 분야에서 복잡하고, 방대한 자료를 분석하여 의사결정에 도움을 줄 수 있는 정보를 찾아낸다. 정보를 원하는 사람들에게 더 정확한 정보를 제공해 주기 위해서 자료를 정확하게 분석하는 능력이 꼭 필요하다.

자료가 그냥 자료 저장소에 들어있기만 해서는 별의미가 없다. 그 속에 들어 있는 유용한 정보를 파악해야한다. 자료분석은 자료로부터 자료 내에 존재하는 유용한 정보를 찾아내는 과정이다. 이 과정은 먼저 자료를 수집하고, 자료를 시각화하여 자료를 탐색하고, 통계적 기법, 기계학습, 신경망 등 여러 가지 방법을 적용하여 유용한 정보를 추출한다. 그리고 분석 결과를 정보 이용자들이 이해하기 쉽게 시각화를 한다.

이 책에서 소개 하고자하는 R은 자료의 시각화 그리고 통계적 방법, 기계학습 방법 등을 이용하여 자료를 분석하는데 매우 효과적인 툴이다. 또한 R은 오픈 소스 이기 때문에 무료로 사용할 수 있고, 많은 사람들이 미리 개발 해 놓은 패키지를 이용할 수 있다.

이 책에서는 R의 프로그래밍 언어로서의 기능을 소개하고, R 기반 통합개발환경 툴인 RStudio와 데이터마이닝 툴인 rattle GUI 환경 툴을 간단히 소개하였다. 그리고 R은 자료를 시각화하기 위한 여러 가지 툴들을 제공한다. 그 중에서 ggplot2를 소개 하였다. 자료를 시각화 하는데 이용되는 몇 가지 그래프를 소개하고, 이러한 그래프를 이용하여 자료를 시각화 하는 방법과 자료를 탐색하는 방법에 대해 설명하였다. 마지막으로 자료분석을 위해서 직접 사용되는 자료분석 방법을 소개하고, 이러한 분석 방법을 이용하여 자료를 분석하기 위해서 R프로그램을 이용하는 방법에 대해 설명하였다.

끝으로 이 책이 나올 수 있도록 도움을 주신 경남대학교출판부 여러분에게 고마운 마음을 전한다.

2014년 8월
지은이 씀.

차례

PART 01 R 소개

PART 02 R의 기본연산

PART 03 R의 자료구조

PART 06 자료의 정리 및 요약

PART 07 확률 및 확률 분포

PART 08 추정과 검정

PART 01

R 소개

PART 01

R 소개

1.1. 서론

R은 S 언어에서 파생된 오픈소스 언어이다. R은 객체지향 언어와 함수형 언어의 특징을 가지고 있다. 이러한 특징 때문에 간결한 코드로 구현할 수 있고, 수행 속도가 빠르고, 병렬 프로그래밍 전환이 용이하다.

또한 인터랙티브 모드로 실행하기 때문에 명령어를 입력하면 실행 결과를 바로 확인 할 수 있다. 이 모드는 자료분석 시 사용한 코드를 다른 분석에 재사용할 수 있게 한다.

R은 많은 소스에서 자료를 가져올 수 있고, 많은 전문가들이 개발한 패키지를 배포하는 시스템인 CRAN(Comprehensive R Archive Network)을 갖고 있다. CRAN을 통해서 분석에 필요한 많은 패키지들을 설치할 수 있다.

R은 자료분석의 일련의 과정들 즉 자료 입력, 변환, 추가, 삭제, 모델링 그리고 시각화 등을 인터랙티브하게 수행하면서 분석을 유연하게 하고, 완전한 결과를 얻을 수 있게 한다.

1.1.1. R 설치하기

R은 홈페이지 "www.r-project.org"에 접속하여 내려 받을 수 있다. R 홈페이지에 접속하면 [그림 1-1]과 같은 화면이 나타난다.

왼쪽 메뉴에서 CRAN을 클릭한다. 그리고 Korea 항목에서 "cran.nexr.com" 혹은 "biostat.cau.ac.kr/CRAN/"은 선택한다. 이 사이트를 연결하면 R을 내려 받을 수 있는 [그림 1-2]와 같은 화면이 나타난다.

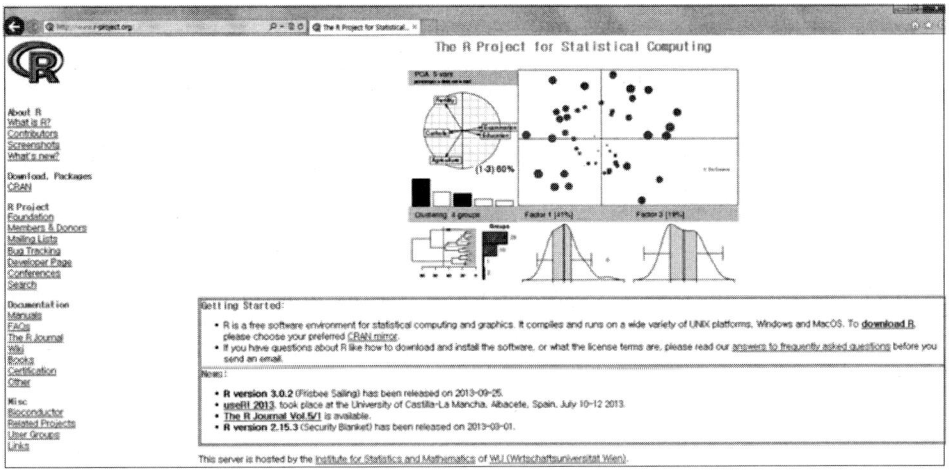

[그림 1-1] _ R 홈페이지

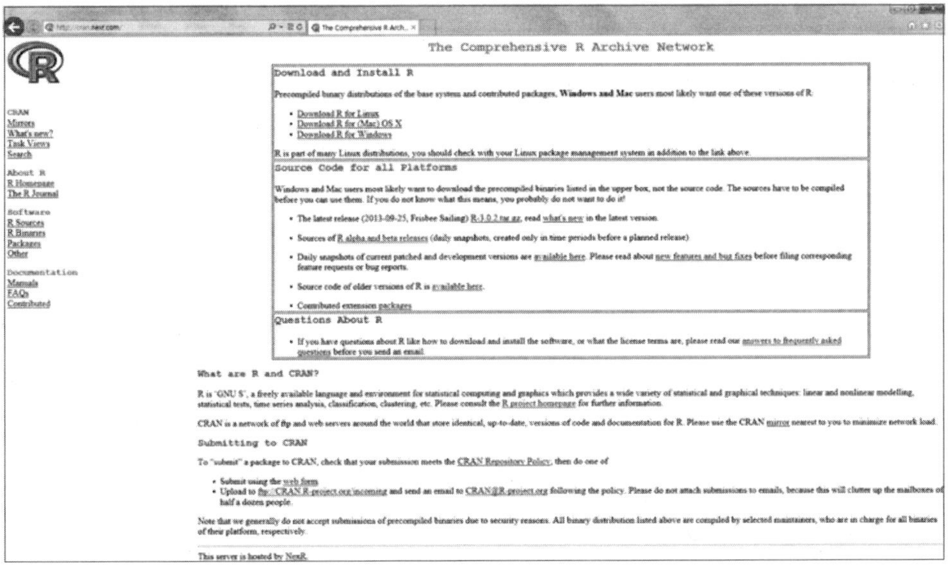

[그림 1-2] _ R 다운로드 사이트

윈도용, 맥용, 리눅스용 R을 제공한다. 계속해서 Download R for Windows를 클릭하면 나타나는 창에서 base를 선택하면 최신 버전의 윈도용 R을 내려 받을 수 있다. R을 설치하는 과정에서 64비트 운영체제를 사용한다면 x64바이너리를 선택해서 설치하는 것이 효과적이다. 그리고 message translations 항목도 선택해야 한다. 또한 사용자들이 작성한 패키지도 CRAN에서 내려 받을 수 있다.

1.1.2. R 실행하기

윈도우에서 R 아이콘을 더블 클릭하면 R이 시작된다. 그러면 [그림 1-3]과 같은 화면이 나타난다. 이 화면을 R 콘솔이라 한다. 화면에 나타난 '>' 표시는 R 프롬프트이다. 이제 R 명령어 들을 실행할 수 있다.

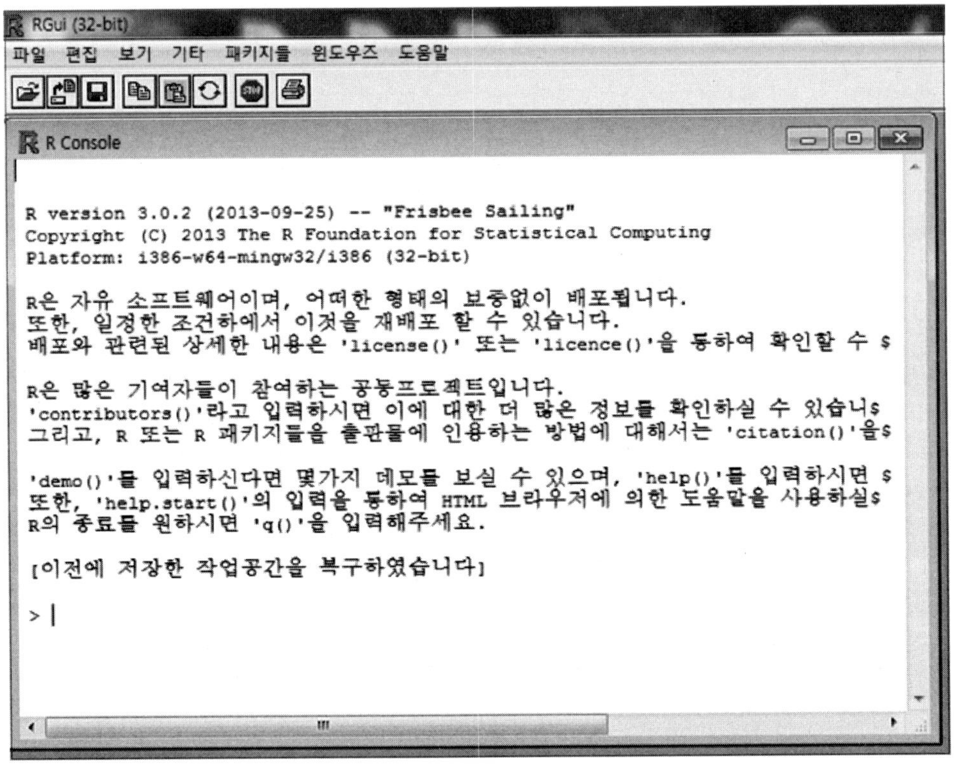

[그림 1-3] _ R 콘솔

R을 설치 할 때 제공되는 자료인 iris 자료를 이용하여 R 명령어를 실행해 보자. 함수 data()를 입력하면 기본적으로 제공되는 자료의 리스트를 볼 수 있다. head() 함수를 이용하면 [그림 1-5]와 같이 iris 자료의 처음 여섯 라인의 내용을 볼 수 있다. iris 자료에서 변수 Sepal.Length에 대한 평균과 표준편차 그리고 히스토그램을 작성해보자. mean(), sd(), 그리고 hist() 함수를 이용하면 [그림 1-6]과 같은 결과를 얻을 수 있다.

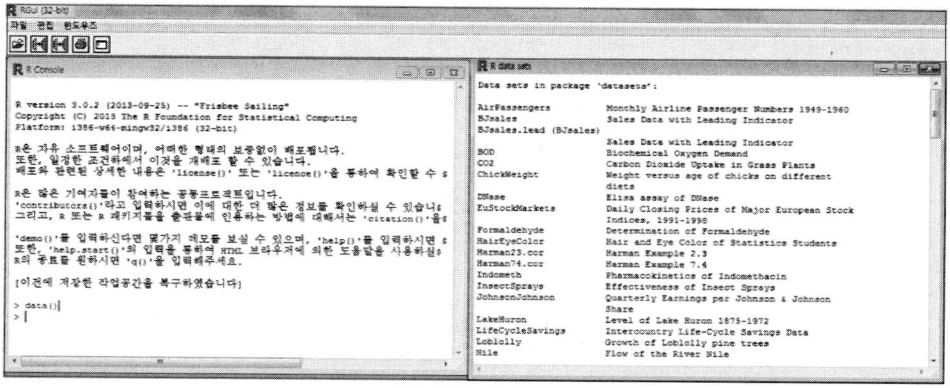

[그림 1-4] _ data() 실행 결과

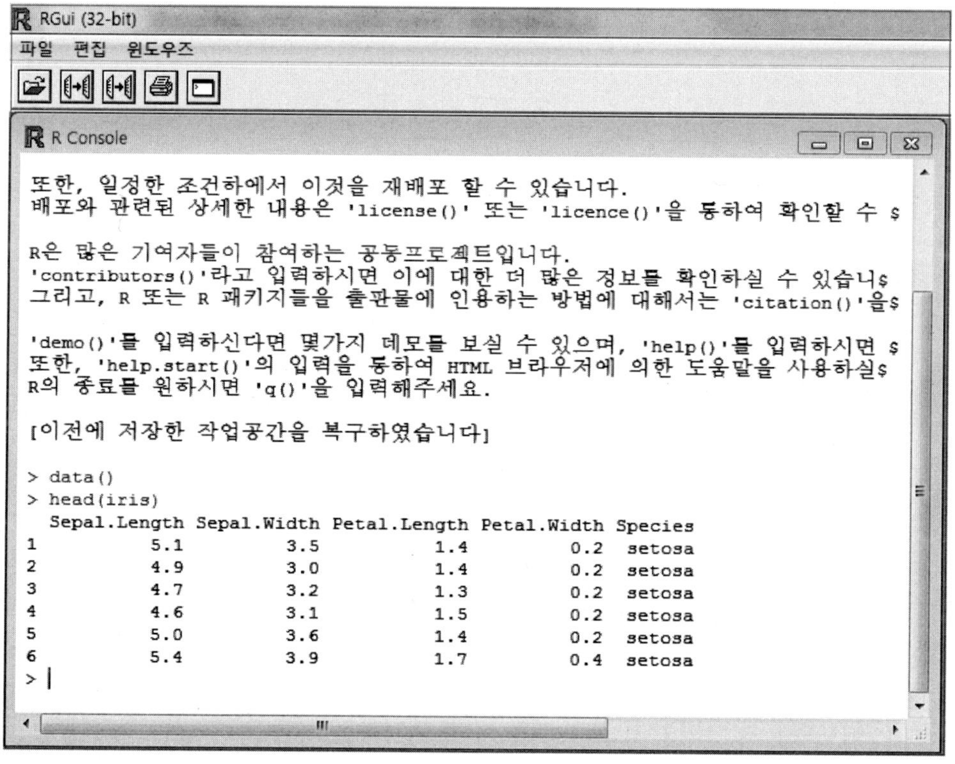

[그림 1-5] _ head() 실행 결과

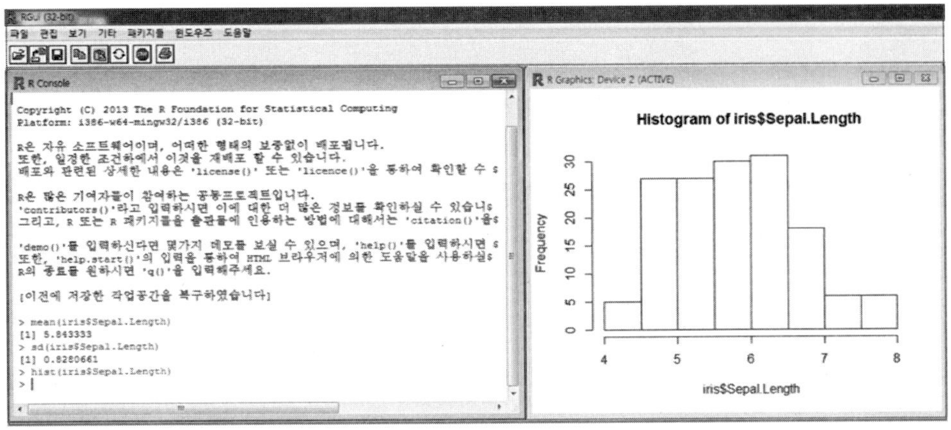

[그림 1-6] _ mean(), sd(), hist() 함수 실행 결과

[1]은 결과에서 첫 번째 값이 1번 위치에 존재한다는 의미이다. 이러한 표시는 결과가 여러 줄에 걸쳐서 나타나는 경우 결과를 볼 때 유용하다. hist() 함수를 실행하면 오른쪽 그림과 같이 히스토그램이 그려진 팝업 창이 나타난다. 지금까지 R이 인터랙티브 모드로 실행되는 과정을 소개하였다. R프로그램에서 한 가지 주의해야 할 점은 대소문자를 구분해야 한다는 것이다. R을 끝내려면 q() 함수를 이용하면 된다. 함수 q()를 입력하면 작업 공간 이미지를 저장하시겠습니까? 라고 질문하는 팝업창이 나타난다. 이것은 지금까지 작업하면서 사용한 객체들을 저장할 것인가를 묻는 것이다. 저장을 하면 다음에 R을 사용할 때 이전 작업에서 사용했던 객체들을 이용할 수 있다.

1.1.3. R 패키지 설치하기

R의 장점 중 하나는 많은 사용자들이 작성한 패키지를 R 홈페이지에서 내려받아 사용할 수 있다는 것이다. install.packages() 함수나 메뉴바에서 패키지(들) 설치 하기를 이용하면 홈 페이지의 CRAN 미러로부터 패키지를 설치할 수 있다. 예를 들어 수치자료를 요약하는데 사용되는 함수인 basicStats()는 패키지 fBasics(Wuer et al., 2010)에서 제공하는 함수이다. 이 함수를 이용하기 위해서 fBasics 패키지가 반드시 설치되어 있어야한다. 이 패키지를 설치해보자. 프롬프트에 install.packages (“fBasics”)를 입력하면 [그림 1-7]과 같이 CRAN 미러 목록이 나타난다. 이중에서 korea를 선택하면 [그림 1-8]과 같이 패키지가 설치된다. 혹은 메뉴바에서 패키지들 → 패키지

(들) 설치 하기 → CRAN 미러 목록에서 korea 선택 → 패키지 목록 중에서 fBasics을 선택한다.

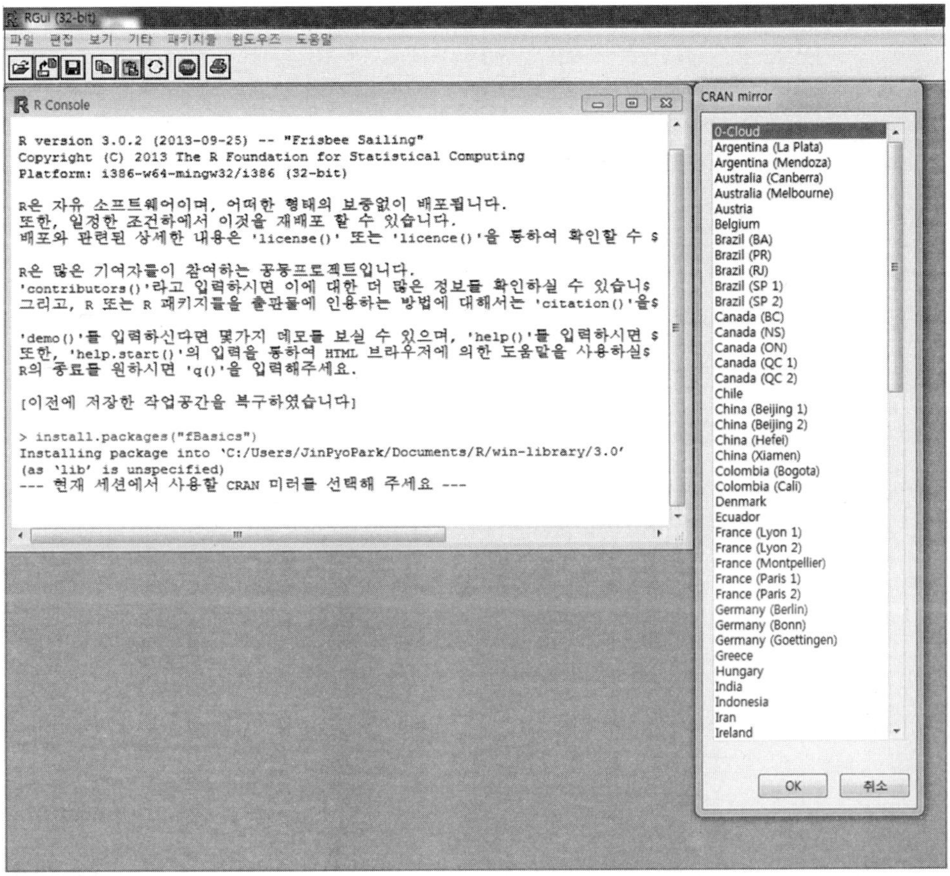

[그림 1-7] _ R의 CRAN 미러 목록

library() 함수를 이용하여 설치된 패키지를 불러올 수 있다. [그림 1-8]과 같이 프롬프트에 library(fBasics)를 입력하면 basicStats()를 이용할 준비가 됐다.

basicStats()를 이용하여 iris 자료의 변수 Sepal.Width에 대한 기술통계량을 구해보자. [그림 1-8]과 같이 프롬프트에 basicStats(iris$Sepal.Width)를 입력하면 Sepal.Width에 대한 기술통계량들이 출력된다.

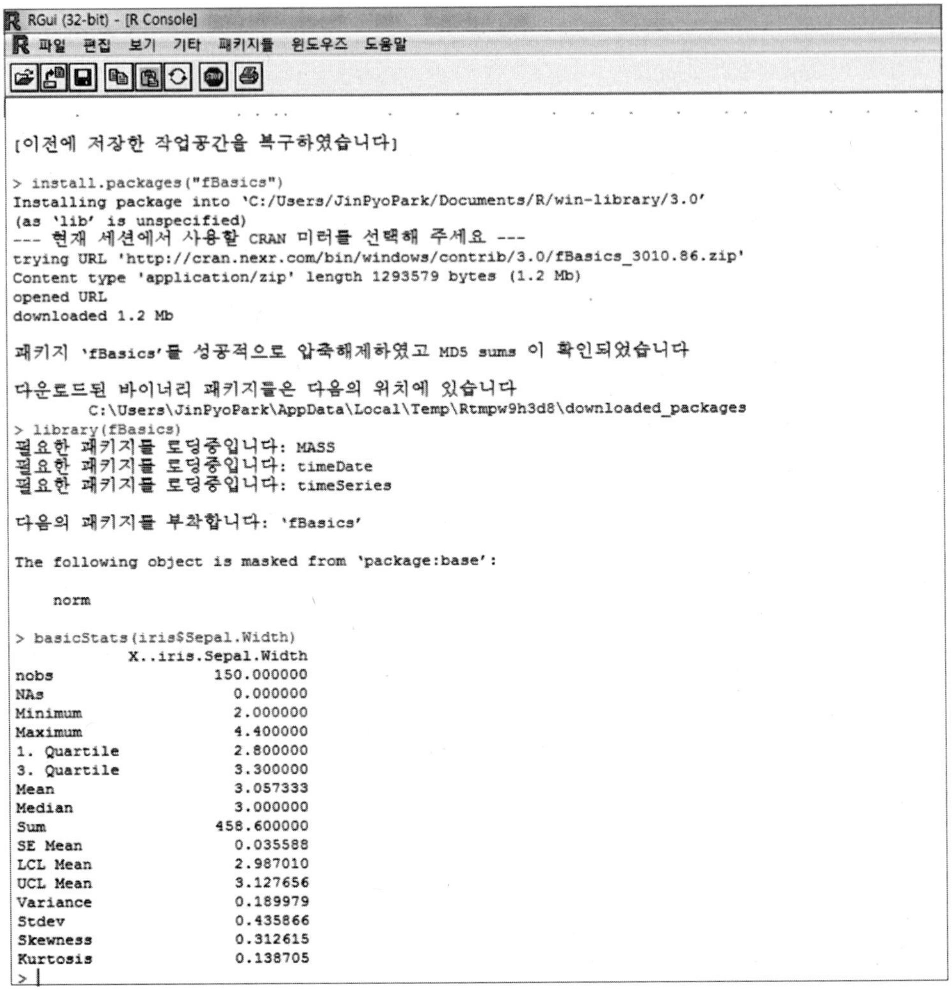

[그림 1-8] _ 패키지 사용 예

R에는 아주 많은(5,052여개) 패키지들이 등록되어 있다. 이 숫자는 사용자들이 계속 패키지를 등록하기 때문에 변한다. cran.r-project.org/web/packages에서 등록된 패키지 목록을 볼 수 있다. 이 사이트에 연결하면 [그림 1-9]과 같은 contribute package 화면이 나타난다.

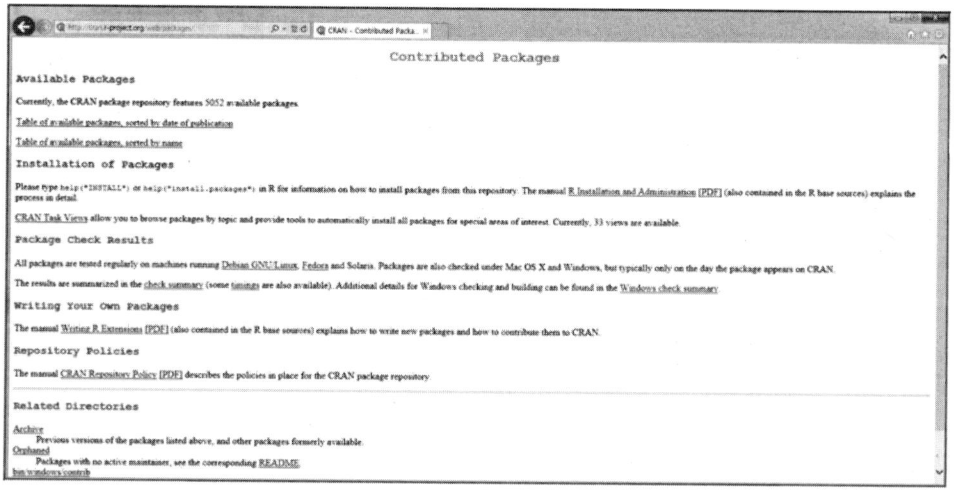

[그림 1-9] _ contributed Packages

이 화면에서 Table of available packages, sorted by name를 클릭하면 [그림 1-0]과 같이 패키지 목록이 이름 순서대로 나타난다.

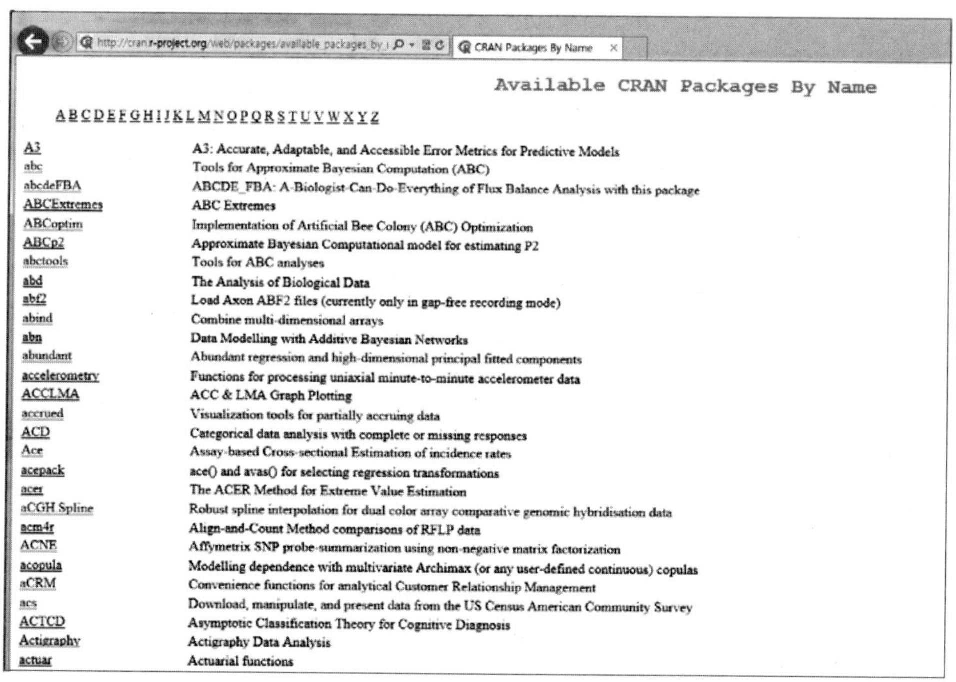

[그림 1-10] _ Available CRAN Packages by Name

사용할 패키지 이름을 클릭하면 패키지에 대한 여러 가지 정보를 볼 수 있다. 예를 들어 위에서 설치한 fBasics 패키지를 클릭하면 [그림 1-11]와 같은 화면이 나타난다.

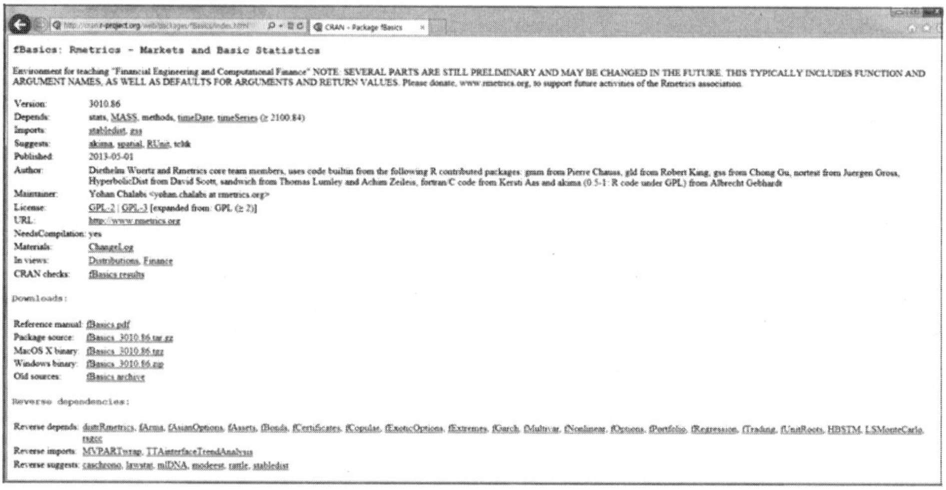

[그림 1-11] _ fBasics 패키지

이러한 패키지들은 자주 업데이터가 되기 때문에 update.packages()함수 혹은 메뉴바 → 패키지들 → 패키지 업데이트를 이용하여 주기적으로 업데이트해야 한다.

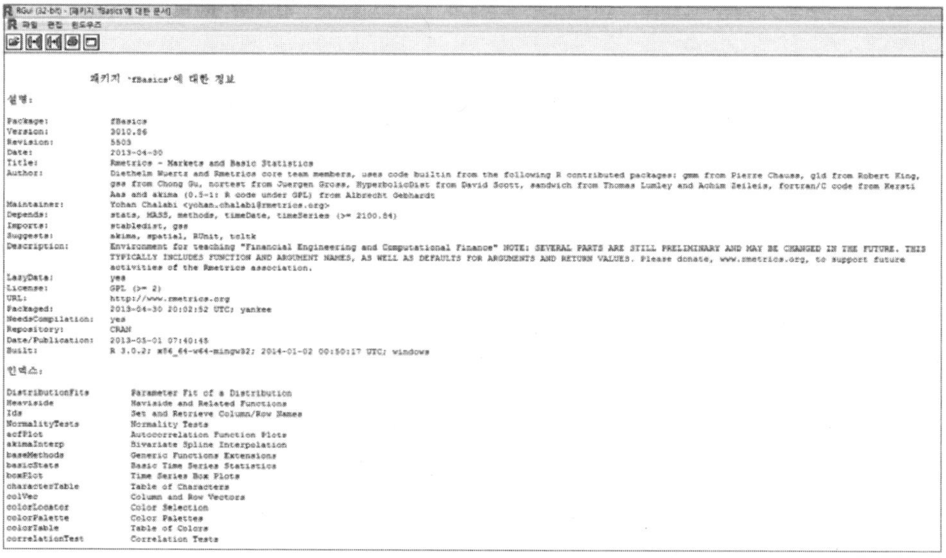

[그림 1-12] _ 패키지 fBasics 에 대한 정보와 함수 리스트

설치한 패키지가 제공하는 함수 보기위해서 library(help=패키지 이름)와 help package=패키지이름)을 이용할 수 있다. 예를 들어 프롬프트에 library(help=fBasics)를 입력하면 [그림 1-12]와 같이 패키지 fBasics에 대한 정보와 함수 목록이 나타난다. help(package=fBasics)입력하면 [그림 1-13] 같은 fBasics에 대한 정보와 함수 목록이 나타난다. 여기서 이용할 함수 이름을 클릭하면 함수에 대한 설명이 출력된다. 예를 들어 함수 basicStats를 클릭하면 [그림 1-14]와 같이 이 함수에 대한 정보가 나타난다.

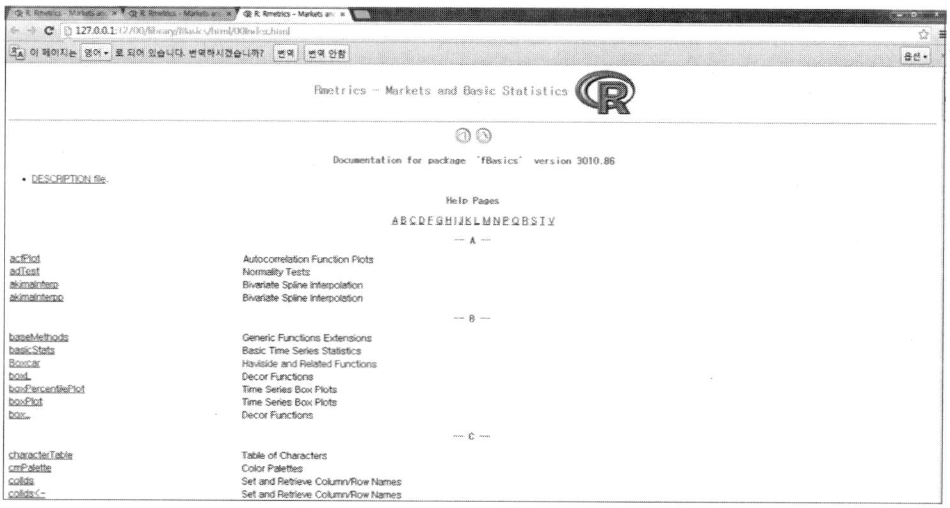

[그림 1-13] _ 패키지 fBasics 에 대한 정보와 함수 리스트

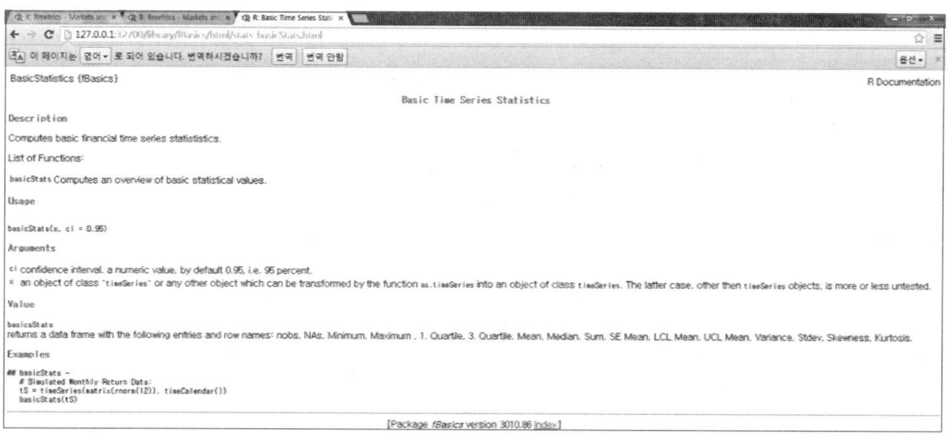

[그림 1-14] _ 함수 basicStats에 대한 정보

1.1.4. R에서 도움말 사용하기

메뉴바의 도움말 → R함수들(텍스트) 메뉴 혹은 help() 함수 또는 단축키 ?를 이용하면 R에서 제공하는 함수에 대한 정보를 얻을 수 있다. 예를 들어 hist() 함수에 대한 정보가 필요하면 R 콘솔에 help(hist) 혹은 ?hist를 입력하면 [그림 1-15]와 같이 hist() 함수에 대한 정보가 출력된다. 메뉴바를 이용할 경우 도움말 → R함수들(텍스트) 메뉴를 클릭하면 'Question'이라는 팝업창이 뜬다. 팝업창의 빈 칸에 함수이름을 입력하면 된다.

help() 함수를 사용할 때 특수 문자와 일부 함수에는 " "를 동시에 사용해야한다. 예를 들어 +에 대한 도움말이 필요하다면 help("+")를 입력하면 된다.

도움말은 예제를 제공한다. example() 함수를 이용하면 이 예제를 실행해 볼 수 있다. R 콘솔에 example(hist)를 입력하면 주어진 예제가 실행된다. [그림 1-16]은 예제가 실행된 결과의 일부를 나타낸 것이다.

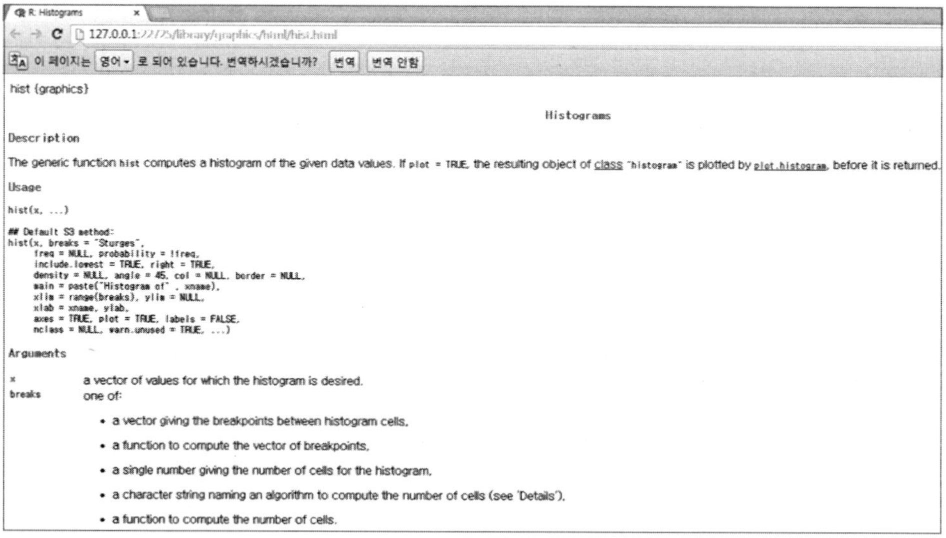

[그림 1-15] _ hist() 함수 도움말

help() 함수를 이용할 때는 정보를 얻고자 하는 함수의 이름을 정확히 입력을 해야한다. 찾고자하는 도움말이 정확하게 무엇인지 알 수 없는 경우에는 메뉴바의 도움말 → 도움말 검색 메뉴 혹은 help.search() 함수 또는 단축키 ??를 사용하면 된다. 예를 들어 히스토그램을 작성하는 함수에 대한 정보가 필요하다고 하자. 이 경우 R 콘솔에 help.search("histogram") 혹은 ?? "histogram"을 입력하면 [그림 1-17]과 같이 히스토그램에 대한 많은 정보를 볼 수 있다. 여기서 graphics::hist를 클릭하면 [그림 1-15]와 같은 hist()의 도움말이 출력된다. 메뉴바를 이용할 경우 도움말 → 도움말 검색 메뉴를 클릭하면 'Question'이라는 팝업창이 뜬다. 팝업창의 빈 칸에 histogram을 입력하면 된다.

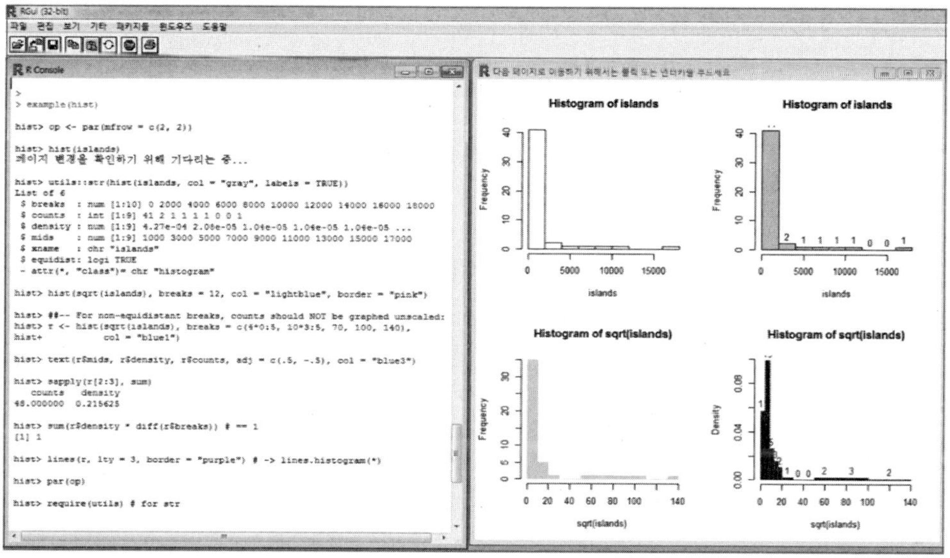

[그림 1-16] _ hist() 예제 실행 결과의 일부

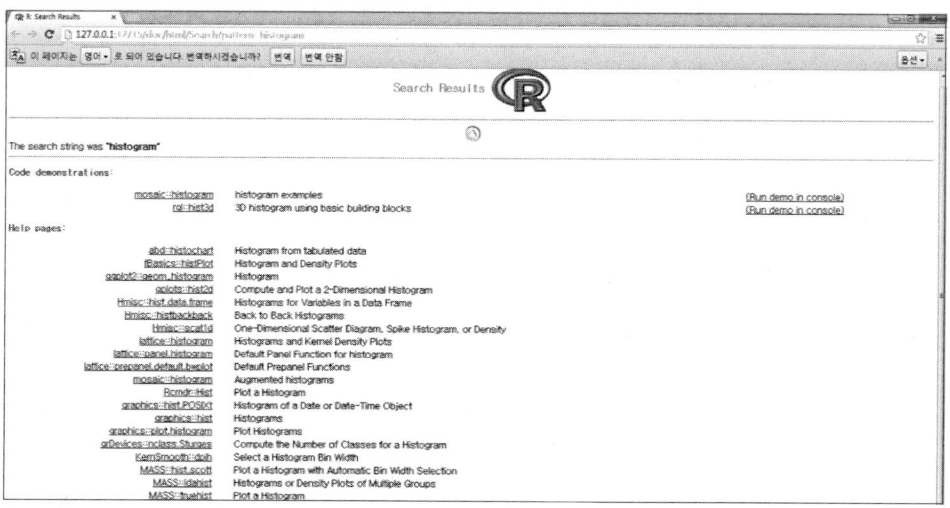

[그림 1-17] _ Search Result of histogram

도움말 → search.r-project.org... 메뉴 혹은 RSiteSearch() 함수를 이용하면 웹사이트 search.r-project.org의 검색 결과를 얻을 수 있다. 예를 들어 histogram에 관한 정보를 원한다면 R 콘솔에 RSiteSearch("histogram")를 입력하면 search.r-project.org 사이트에서 제공해주는 정보를 얻을 수 있다. [그림1-18]은 검색된 결과이다.

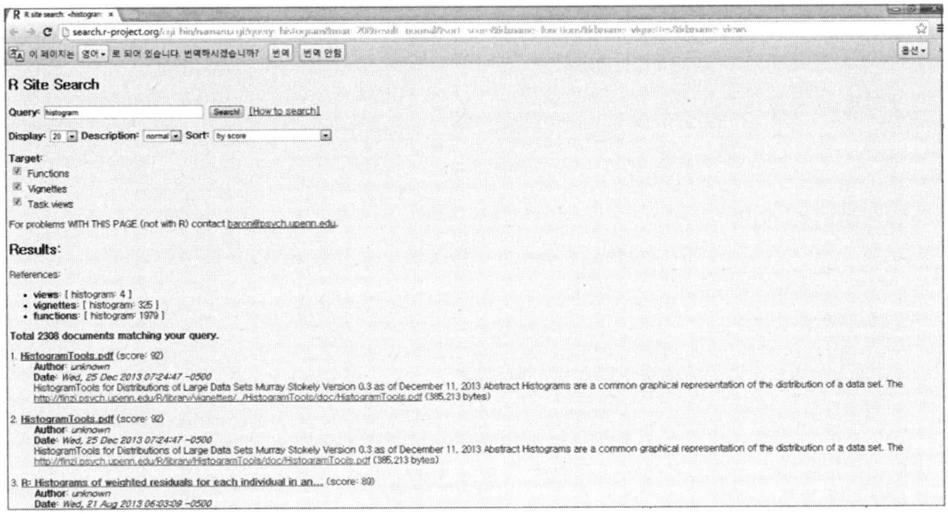

[그림 1-18] _ search.r-project.org의 검색 결과

1.1.5 R 작업 공간 저장과 불러오기

현재 작업 공간을 원하는 장소에 저장하기 위해서 메뉴바에서 파일 → 작업 공간 저장하기... 혹은 save.image() 함수를 이용하면 현재 사용한 객체들을 원하는 디렉토리에 저장할 수 있다. 저장된 R 작업 공간 파일의 확장자는 .RData로 표시 된다.

1부터 10까지의 자료를 생성한 후 이들의 평균과 표준편차를 구하는 예를 보자. 먼저 c() 함수를 이용하여 벡터 x를 생성하고, 함수 mean()과 sd()를 이용하여 이 자료에 대한 평균과 표준편차를 계산한다. 그리고 그 결과를 벡터 y와 z에 할당한다. 여기서 생성된 x, y, z는 객체이다. ls() 함수는 작업 공간에서 사용 중인 객체의 리스트를 보여준다. 다음에 이러한 객체를 R세션에서 다시 사용하기 위해 현재 작업 공간을 save.image("C:\\RData\\ex.RData") 함수를 이용해 "C:\RData" 디렉토리에 ex.RData라는 파일에 저장하였다. [그림 1-19]와 같이 디렉토리 "C:\RData"에 ex.RData 파일이 생성 된 것을 확인할 수 있다. 메뉴바를 이용할 경우 파일 → 작업 공간 저장하기...

메뉴를 클릭하면 저장할 위치를 지정할 수 있는 팝업 창이 뜬다. 여기서 저장할 위치를 지정하면 된다.

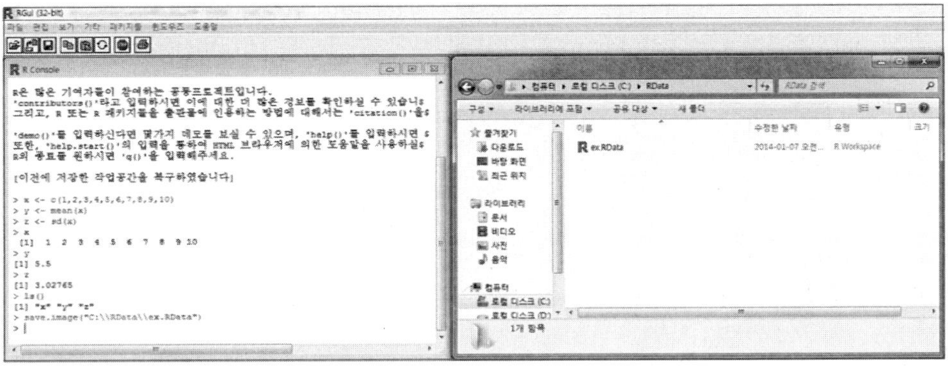

[그림 1-19] _ 작업 공간 저장 화면

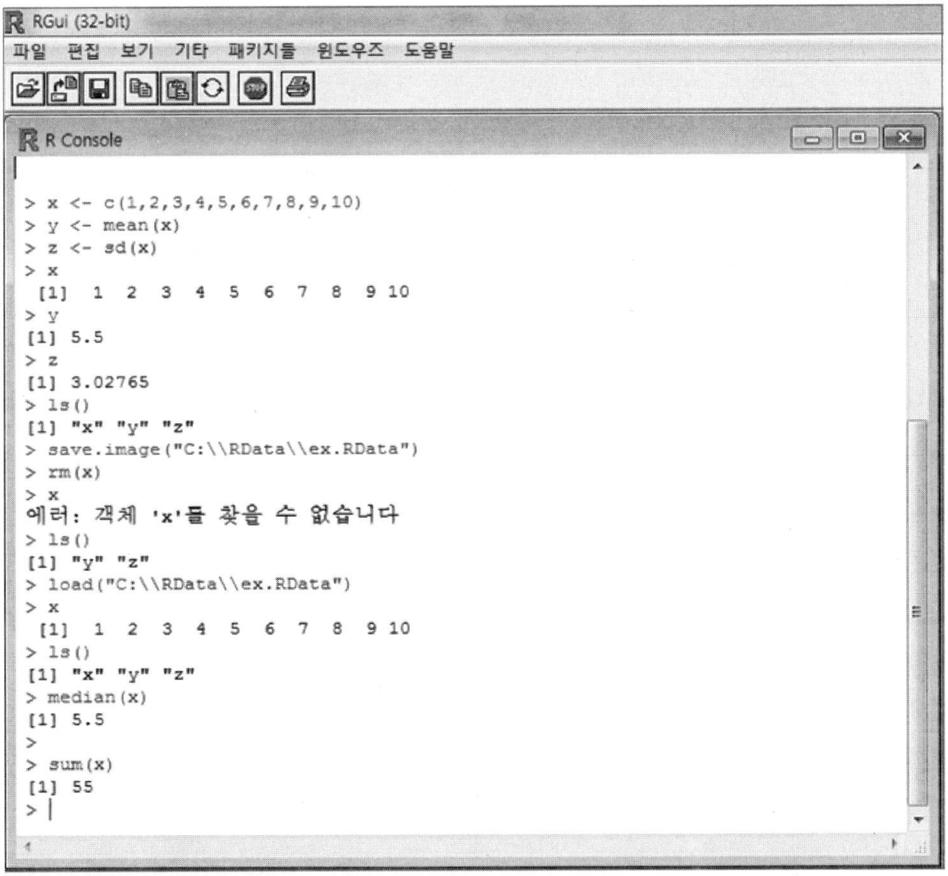

[그림 1-20] _ save.image()와 load() 예제 화면

다음에 이것을 사용할 세션에서 load("C:\\RData\\ex.Rdata")를 이용해서 다시 불러올 수 있다. [그림 1-20]에서 보는 봐와 같이 rm()은 사용 중인 객체를 제거하는 함수이다. rm(x) 사용 이후에 객체 x는 찾을 수 없다는 에러 메시지가 출력되었다. x가 객체 리스트에 없다는 것을 ls() 함수로 확인할 수 있다. 그러나 load("C:\\RData\\ex.Rdata")를 이용하여 저장된 파일을 다시 불러온 후 객체 x가 리스트에 포함되어 있다는 것을 확인할 수 있다. 따라서 객체 x를 다음 분석에 이용할 수 있다.

R 작업을 끝내기 위해서 콘솔에 q() 함수를 입력하면 작업 공간 이미지를 저장하시겠습니까? 라는 질문 팝업창이 뜬다. 이때 예를 클릭하면 작업 공간 이미지가 현재 작업 중인 디렉토리에 .RData 파일로 자동으로 저장된다.

1.1.6. R 스크립트 작성

R 편집기를 이용하여 R 스크립트 파일을 만들 수 있다. R 스크립트 파일의 확장자는 .R로 표시된다. 메뉴바에서 파일 → 새스크립트 메뉴를 클릭하면 R 스크립트를 편집할 수 있는 R 편집기 창이 뜬다. 이 창에 R 프로그램을 작성하고 줄 또는 선택영역 실행 버튼( )을 이용해서 코드를 실행할 수 있다. 예를 들어 1부터 10까지의 자료를 생성한 후 이들의 평균과 표준편차를 구하는 작업을 R 편집기를 이용해서 스크립트를 만들고 실행하는 과정을 살펴보자. 먼저 R 편집기에 R 소스 코드를 작성한다. 그리고 실행 버튼( )을 클릭하면 커서가 위치한 행이 R 콘솔에서 실행이 된다. 여러 개의 행을 동시에 실행을 시키려면 실행시킬 영역을 선택한 후 실행 버튼을 클릭하면 선택된 행이 동시에 실행된다. [그림 1-21]은 그 과정을 나타낸 그림이다. 이 그림에서 선택된 x, y, z는 동시에 실행된다.

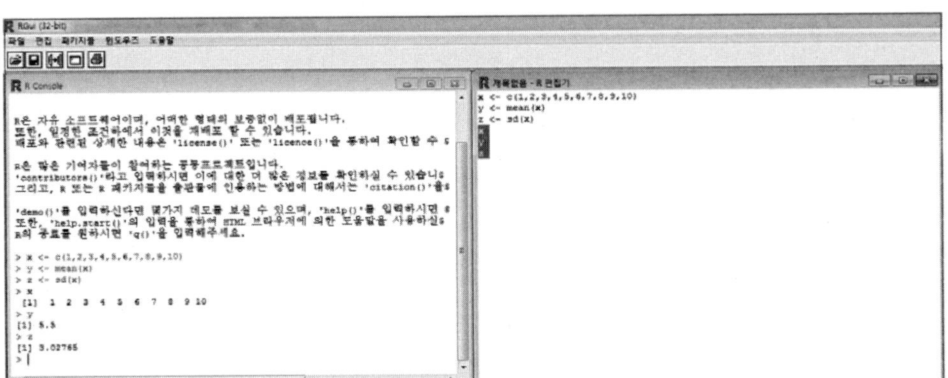

[그림 1-21] _ R 편집기

[그림 1-22]의 오른쪽 화면 내용을 "C:\RData" 디렉토리에 ex.R 파일로 저장한다. 이는 이후에 사용할 세션에서 source("C:\\RData\\ex.R")를 입력하거나 혹은 파일 → R 코드를 소스... 메뉴를 클릭하면 실행된다. [그림 1-22]의 왼쪽 화면은 파일의 실행 결과이다.

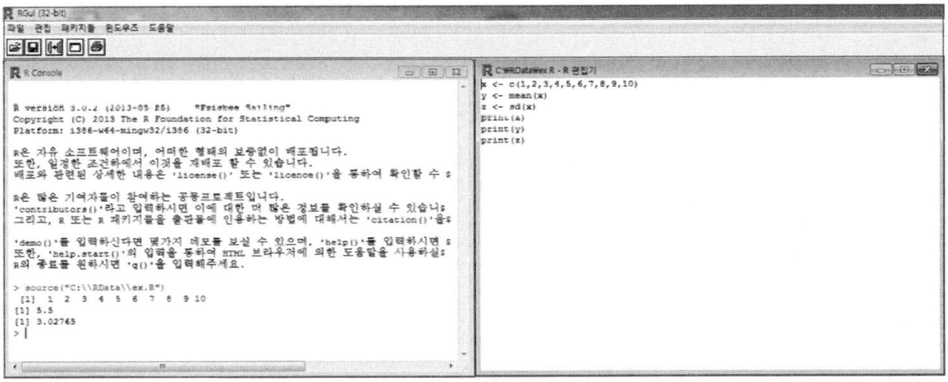

[그림 1-22] _ ex.R 파일 실행

[그림 1-23] _ ex.txt 파일

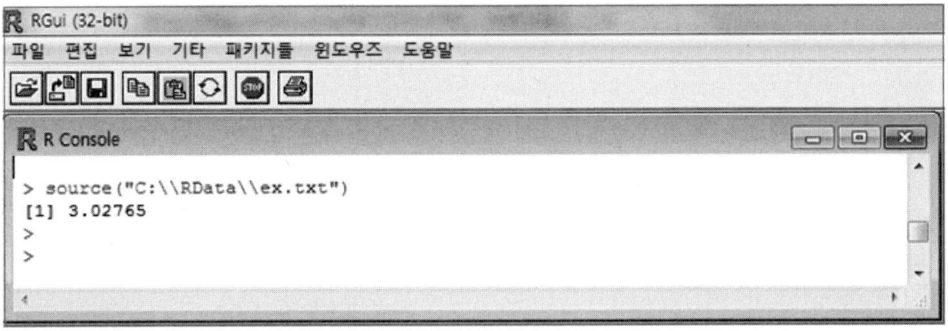

[그림 1-24] _ ex.txt 파일 실행 화면

.txt 파일로 저장된 R 코드는 source()를 이용해서 실행할 수 있다. 예를 들어 1부터 10까지 수의 표준편차를 구하는 R 프로그램을 [그림 1-23]과 같이 작성하여 "C:\RData" 디렉토리에 ex.txt 파일로 저장하였다. source("C:\\RData\\ex.txt")를 입력하면 [그림 1-24]와 같이 표준편차를 구하는 프로그램이 실행된다.

1.2. RStudio 사용하기

R의 가장 큰 특징은 인터랙티브 모드로 프로그램을 실행하는 방식이다. 이때문에 R을 처음 접하는 사용자는 어려운 점이 많다. 따라서 R을 좀 더 쉽고, 편리하게 사용할 수 있도록 개발된 GUI(Graphical User Interface)와 IDE(Integrated Development Environment) 환경의 툴들이 있다. 그 중 대표적인 툴이 R 분석과정을 효율적으로 실행하게 하는 R 기반 통합개발환경 툴인 RStudio와 데이터마이닝 툴인 rattle GUI 환경 툴이다.

RStudio는 자료분석에서부터 보고서 작성까지 할 수 있는 기능을 제공한다. 따라서 RStudio를 이용해서 분석의 모든 과정을 수행할 수 있다. 또한 서버/클라이언트 환경에서도 사용할 수 있다. RStudio는 최적의 R 사용 환경을 제공하기 때문에 R을 이용하는 많은 자료분석가들이 이 툴을 사용하고 있다.

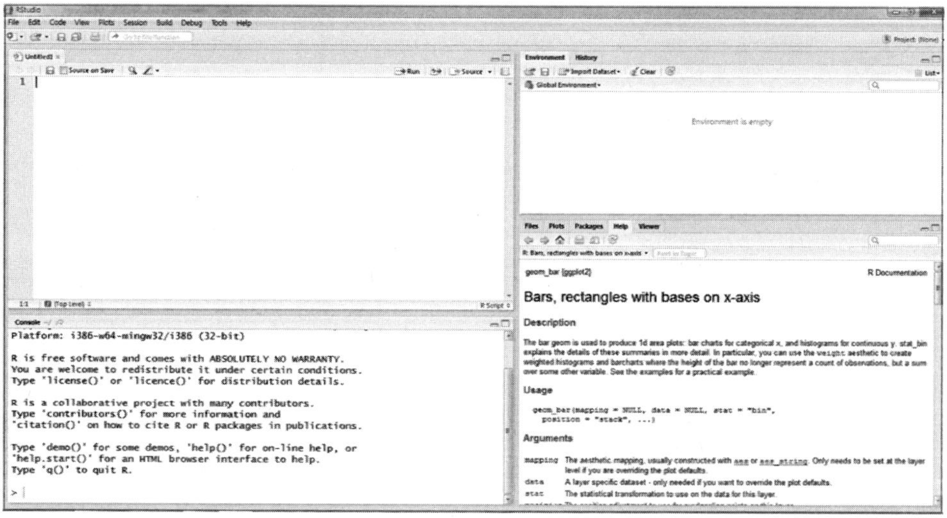

[그림 1-25] _ RStudio 초기화면

RStudio는 R과 마찬가지로 오픈소스 툴이다. www.RStudio.com에 접속해서 내려 받기를 할 수 있다. 이 툴을 설치하기 전에 R이 설치되어 있어야한다.

RStudio를 설치한 후 실행하면 [그림 1-25]와 같은 초기 화면이 나타난다. RStudio는 4개의 패널로 구성되어 있다.

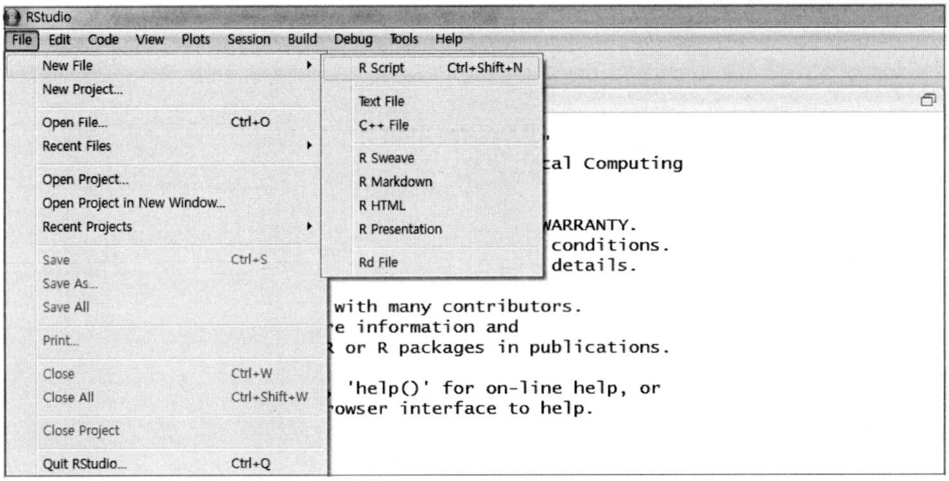

[그림 1-26] _ 새로운 R 스크립트 파일 작성

[그림 1-27] _ R 스크립트(Source)

RStudio 초기화면의 왼쪽 상단 패널은 R 스크립트를 편집할 수 있는 패널이다. R 스크립트 파일을 편집하기 위해서 먼저 메뉴바에서 File → New File → R Script 메뉴 혹은 패널의 왼쪽 상단에 있는 New File 아이콘( )을 클릭하면 [그림 1-26]과 같이 여러 가지 형식의 파일(R Script, Txt File, C++ File, R Sweave, R Markdown, R HTML, R Presentation, Rd File)을 선택할 있는 팝업창이 나타난다.

여기서 R Script를 선택한다. 그러면 [그림 1-27]과 같이 'Untilted 1'이라는 탭이 하나 생성된다.

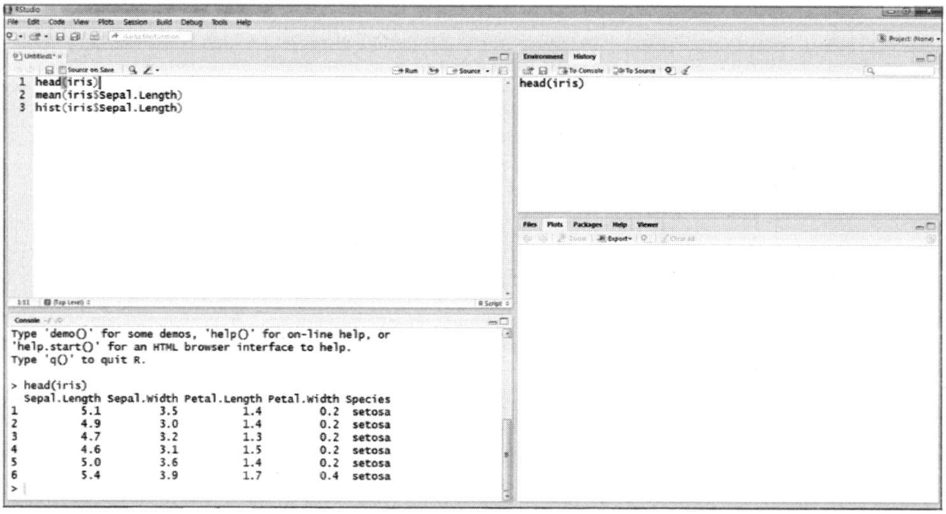

[그림 1-28] _ head() 실행 화면

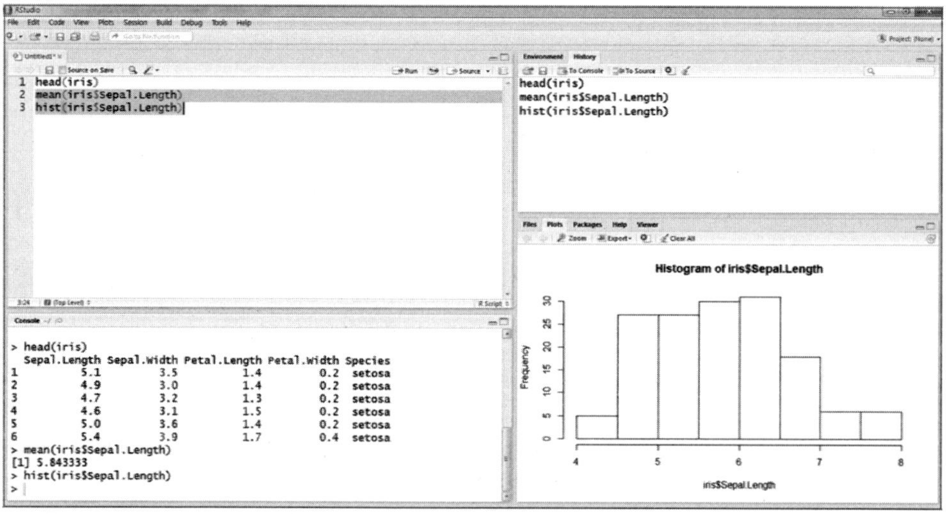

[그림 1-29] _ mean(), hist() 실행 화면

이 탭에 R 코드를 입력하고, 오른쪽 상단에 있는 Run 아이콘(Run)을 클릭하면 [그림 1-28], [그림 1-29]와 같이 현재 커서가 위치한 행 명령어 혹은 선택된 영역의 명령어가 R 콘솔 패널에 입력되면서 실행된다.

또한 프레임 형태의 자료를 볼 수 있다. 그리고 R 스크립트 패널에서는 여러 개의 탭을 사용할 수 있다. [그림 1-30]은 C:\RData 디렉토리에 있는 자료 파일 ex.csv를 R 스크립트 패널에 나타낸 것이다.

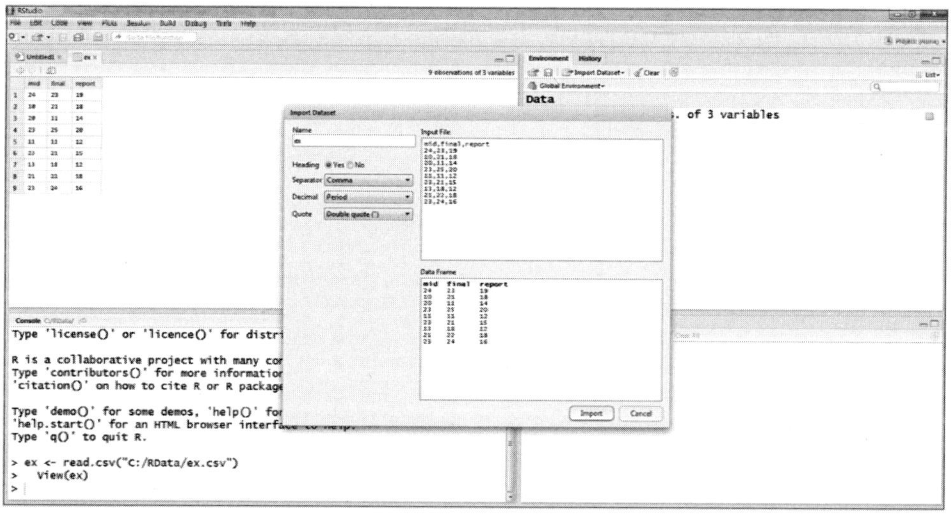

[그림 1-30] _ 데이터 뷰 와 멀티 탭

초기화면의 왼쪽 하단 패널은 R 콘솔 패널이다. [그림 1-31]과 같이 R 명령어를 직접 입력해서 작업을 할 수 있는 영역이다.

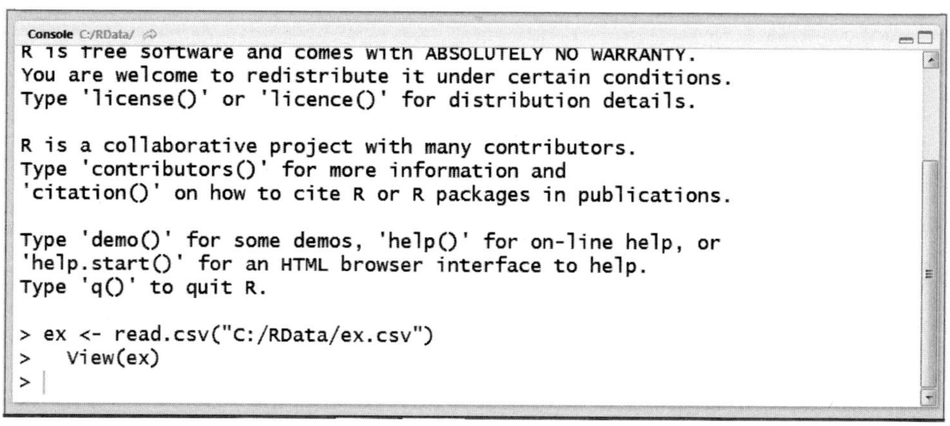

[그림 1-31] _ R 콘솔

왼쪽 상단에 Console 옆에는 현재 작업 영역 이름이 나타난다. 그리고 화살표 아이콘( ) 을 클릭하면 [그림 1-32]와 같이 오른쪽 하단에 있는 파일, 플로, 패키지, 도움말 패널에 현재 작업 중인 영역의 파일 탐색기를 연다.

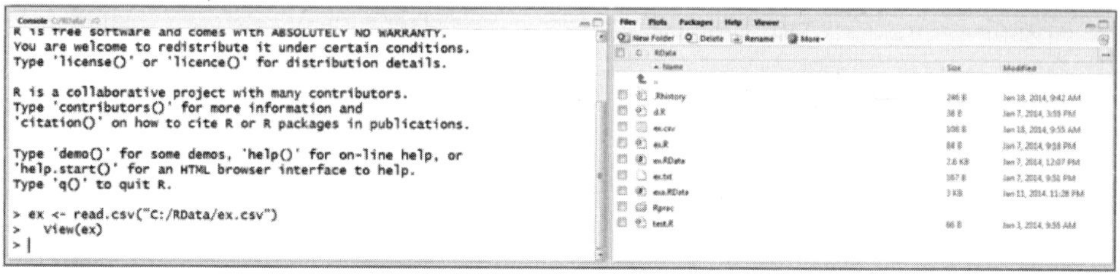

[그림 1-32] _ 현재 작업 영역 파일 탐색기

초기화면의 오른쪽 상단 패널에는 [그림 1-34]와 같이 Environment 탭과 History 탭이 있다. Environment 탭에서는 자료, 값, 그리고 함수로 분류하여 정의된 모든 객체를 보여준다.

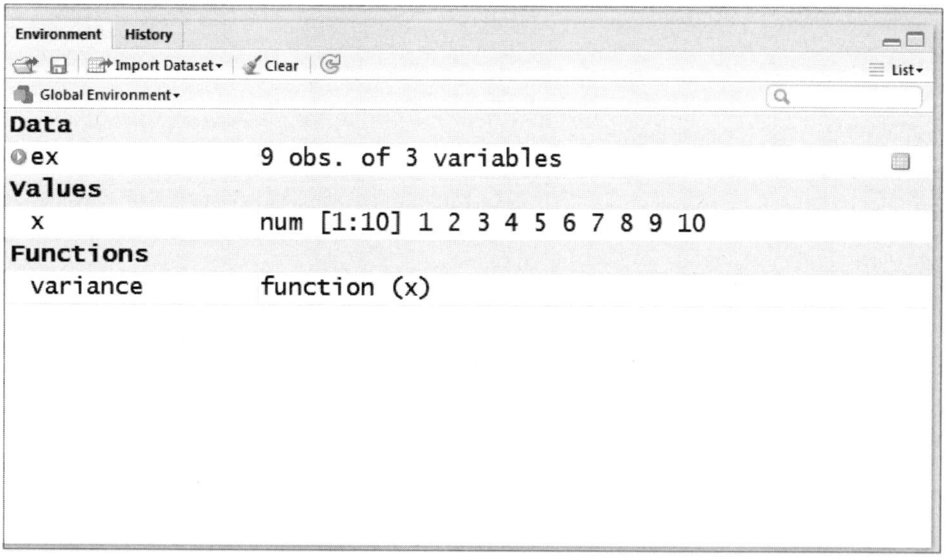

[그림 1-33] _ Environment 탭

이 탭에서 아이콘 을 이용하여 현재 작업영역 이미지를 .RData 파일로 저장할 수 있고 아이콘 을 클릭해서 .RData 파일을 불러올 수 있다. 더불어 Import Dataset

아이콘을 클릭하여 Web URL이나 Txt File로부터 자료 파일을 받아온다. 이 아이콘을 클릭하면 [그림 1-34]와 같이 Web 혹은 컴퓨터에 저장된 자료를 가져올 것인가를 결정하는 메뉴가 나타난다. From Txt File...을 지정하면 [그림 1-35]와 같이 가져올 파일을 지정할 수 있는 팝업창이 뜬다.

[그림 1-34] _ Import Dataset 클릭화면

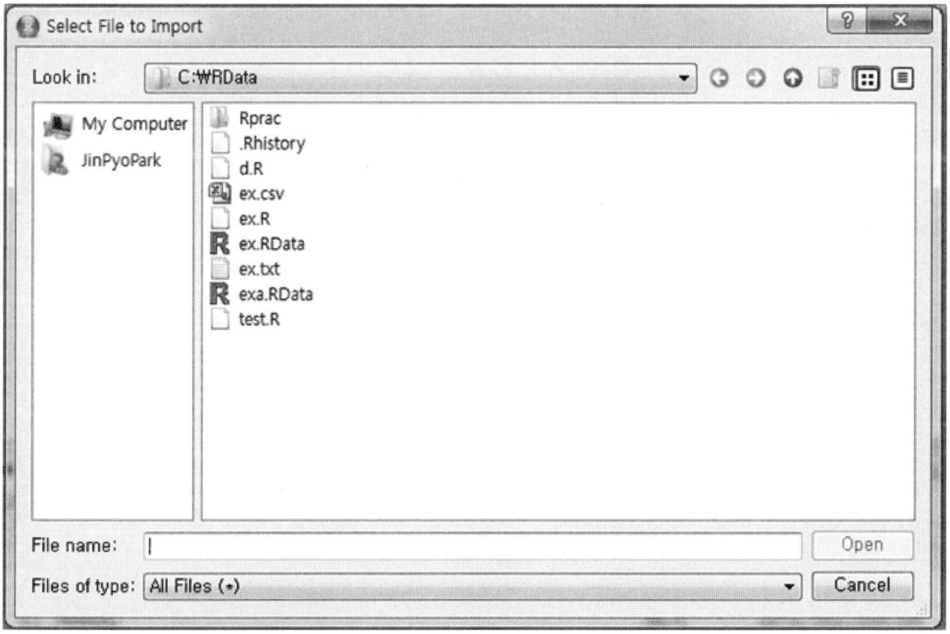

[그림 1-35] _ 파일 선택 창

C:\RData 디렉토리에 있는 ex.csv 파일을 지정하면 [그림 1-36]과 같이 Import Dataset 창이 열린다.

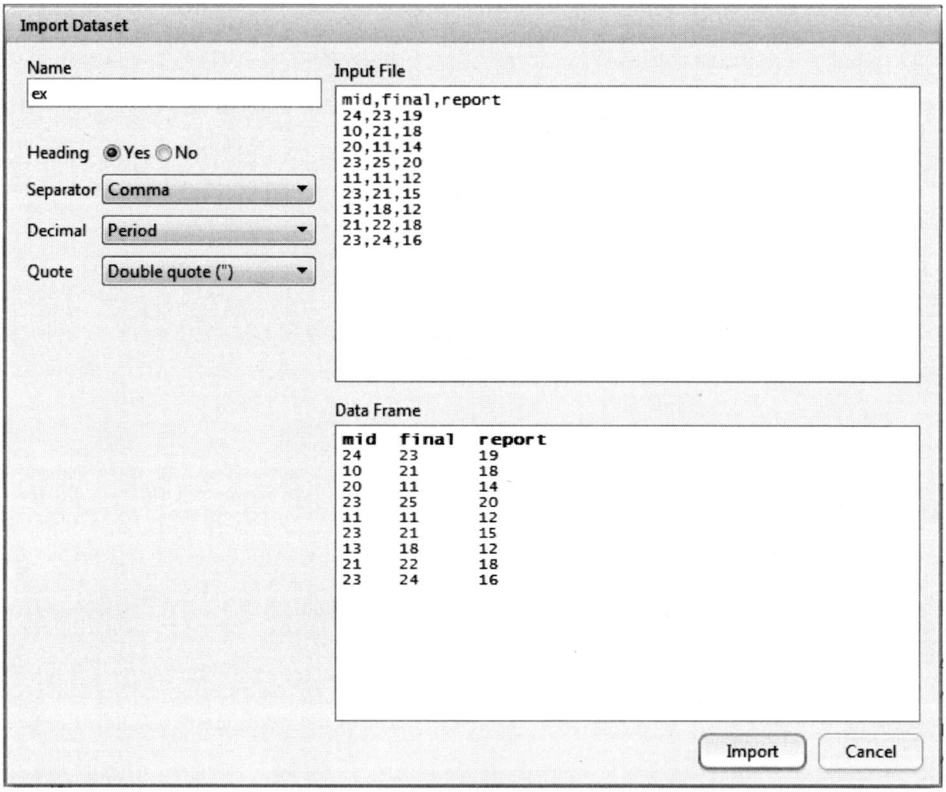

[그림 1-36] _ Import Dataset 창

[그림 1-37] _ 자료가 로딩 된 화면

옵션을 지정하고 Import를 클릭하면 [그림 1-37]처럼 R 스크립트 화면에 자료가 프레임 형태로 나타나면서 자료가 로드된다. 이후부터 이 자료를 이용하여 분석 작업을 할 수 있다.

History 탭은 [그림 1-38]과 같이 R 콘솔에서 실행한 명령어와 R 스크립트 편집 패널에서 실행한 명령어의 이력을 가지고 있다.

[그림 1-38] _ History 텝의 명령어 이력

History 탭의 명령어 리스트에서 명령어를 선택하고 리턴키를 누르거나 To Console 아이콘을 클릭하면 실행된다. 그리고 To Source 아이콘을 이용해서 선택된 명령어를 R 스크립트 편집기로 복사할 수 있다. 저장 아이콘을 클릭하면 명령어 이력은 파일에 저장된다. 이때 파일의 확장자는 .Rhistory로 표시된다.

초기하면의 오른쪽 하단 패널은 [그림 1-39]와 같이 Files, Plots, Packages, 그리고 Help 탭 등이 있다.

Files 탭에는 [그림 1-39]와 같이 현재 작업 중인 디렉토리의 파일 탐색기가 나타난다. Plots은 그래픽과 차트 전용 탭이다. [그림 1-40]은 R 콘솔에서 hist() 함수를 실행한 결과가 Plots 탭에 나타난 것이다.

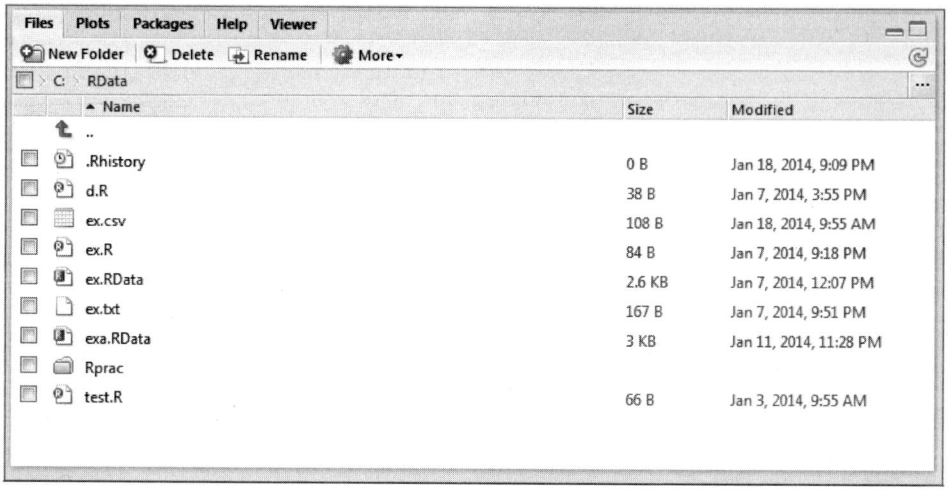

[그림 1-39] _ Files, Plots, Packages, Help, Viewer 패널

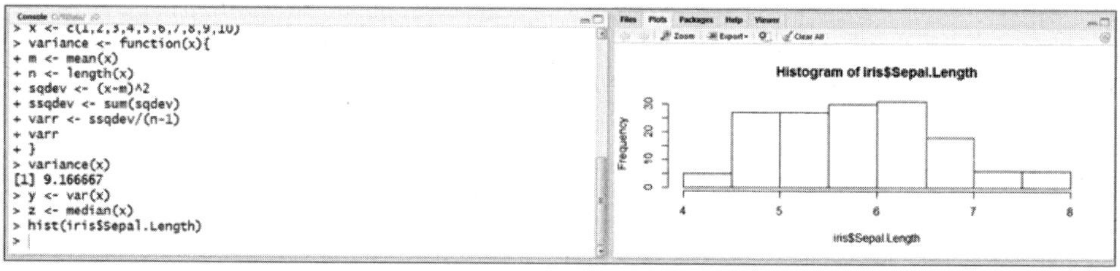

[그림 1-40] _ Plot 탭

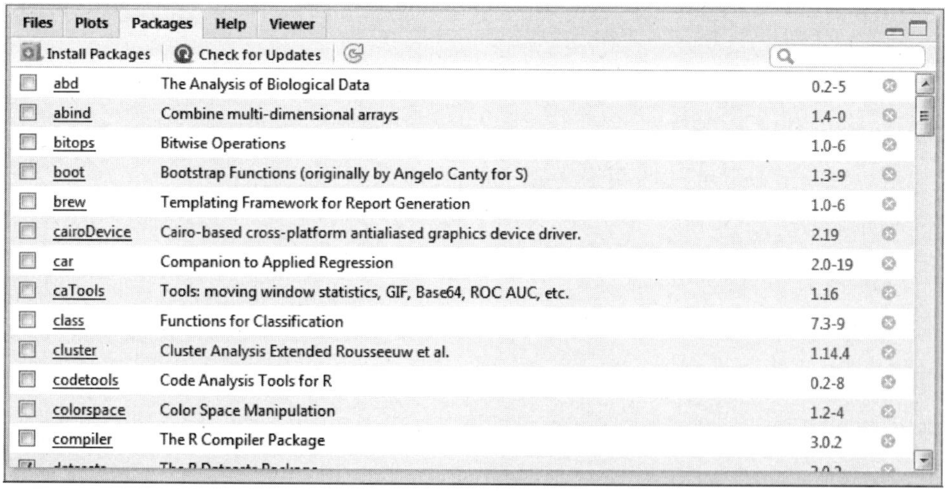

[그림 1-41] _ Packages 탭

Packages는 패키지 설치할 수 있는 탭이다. [그림 1-41]과 같이 Packages 탭을 클릭하면 현재 설치된 패키지 목록이 나타난다.

새로운 패키지를 설치하기 위해서 Install Packages 아이콘을 클릭하면 [그림 1-42]와 같은 Install Packages 팝업창이 뜬다.

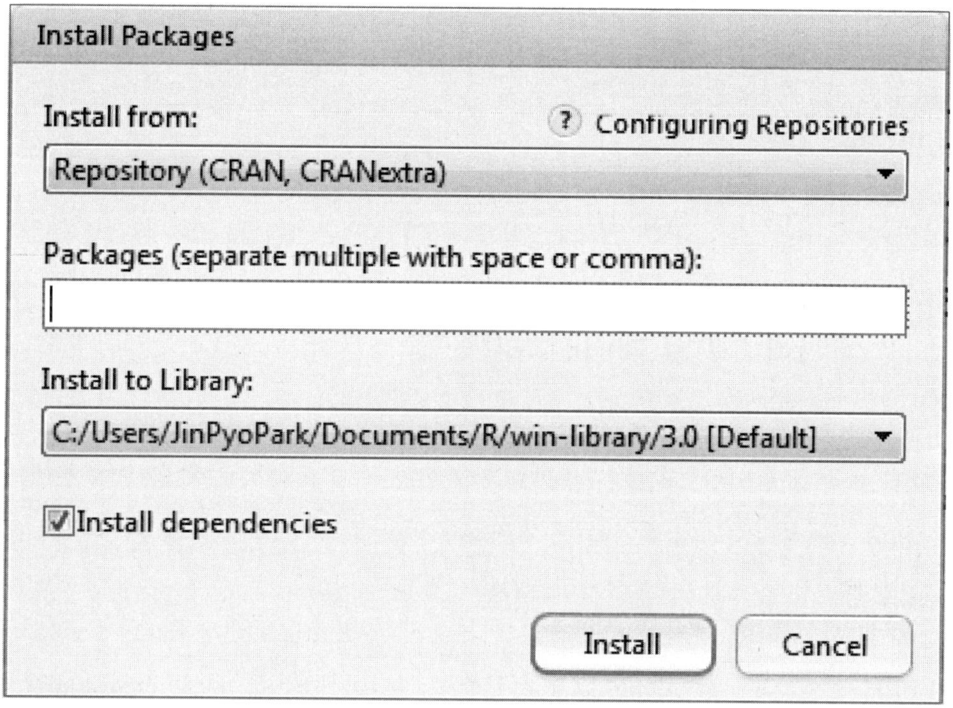

[그림 1-42] _ Install Packages 창

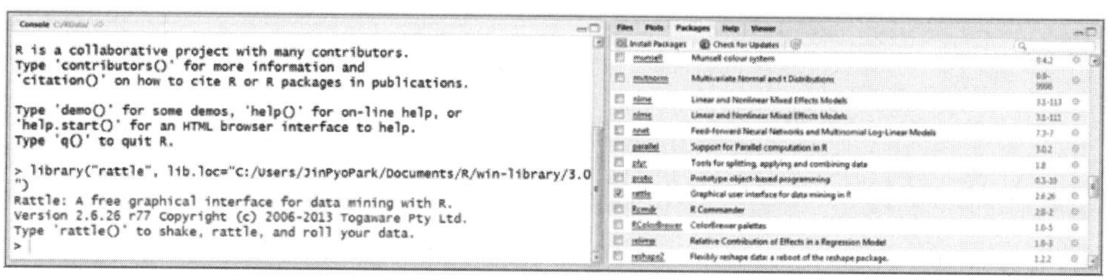

[그림 1-43] _ 패키지 로드 화면

이 창의 빈칸에 설치할 패키지 이름을 입력하고 Install 버튼을 누르면 패키지가 목록에 추가 된다. 그리고 설치된 패키지 중에서 로드할 패키지를 선택하면 해당 패키지가 로드된다. 만약 패키지 리스트에서 rattle을 선택하면 [그림 1-43]과 같이 패키

지 rattle가 로드된다. 이후부터 rattle 패키지를 이용해서 작업을 할 수 있다.

Help은 R의 도움말을 얻을 수 있는 탭이다. [그림 1-44]와 같이 R 콘솔에 R에서 사용되는 명령어를 입력하면 도움말을 얻을 수 있다.

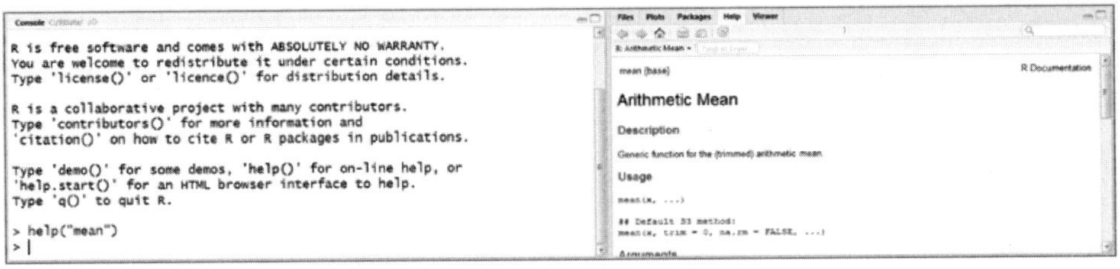

[그림 1-44] _ Help 탭

1.3. R 데이터마이닝 패키지 rattle

Rattle은 R을 기반으로 한 데이터마이닝 툴이다. 이것은 GUI 환경으로 개발되었기 때문에 데이터 마이너들이 R 프로그램을 직접 작성하지 않아도 사용할 수 있다. 일반적으로 데이터마이닝의 절차는 분석 자료를 불러오고, 자료의 특징을 미리 조사하기 위해서 자료를 탐색하고, 분석에 적당한 형태로 자료를 변환하고, 데이터마이닝 모델을 찾고, 모델을 평가하는 순으로 이루어진다. Rattle에서는 Data→Explore→Transform→Model→Evaluate 단계를 통해서 데이터 마이닝 작업을 손쉽게 할 수 있도록 되어 있다. 이 패키지를 이용하기 위해서 먼저 패키지를 설치하고 로딩을 해야 한다. [그림 1-45]와 같이 Rattle를 설치하고 로딩 한다. 그리고 rattle()를 입력하면 [그림 1-46]과 같은 Rattle GUI 창이 열린다.

실행 버튼(

)을 선택하면 [그림 1-47]과 같이 Rattle 시스템에서 자동적으로 제공되는 weather.csv 파일이 로딩 된다. 현재 활성화된 Data 탭에서 여러 가지 형태의 데이터세트를 로딩하고, 변수의 속성을 지정하고, 자료를 분할하는 등 자료와 관련된 작업을 한다. 모든 작업이 끝나면 반드시 실행 버튼을 클릭해야만 작업한 내용이 저장된다.

Explore 탭에서는 [그림 1-48], [그림 1-49]와 같이 데이터마이닝 작업을 수행하기 전에 각 변수들의 특징을 조사하기 위해 요약 통계량과 다양한 그래프를 얻을 수 있다. Test 탭에서는 [그림 1-50]과 같이 여러 가지 통계적 가설검정을 수행할 수 있다.

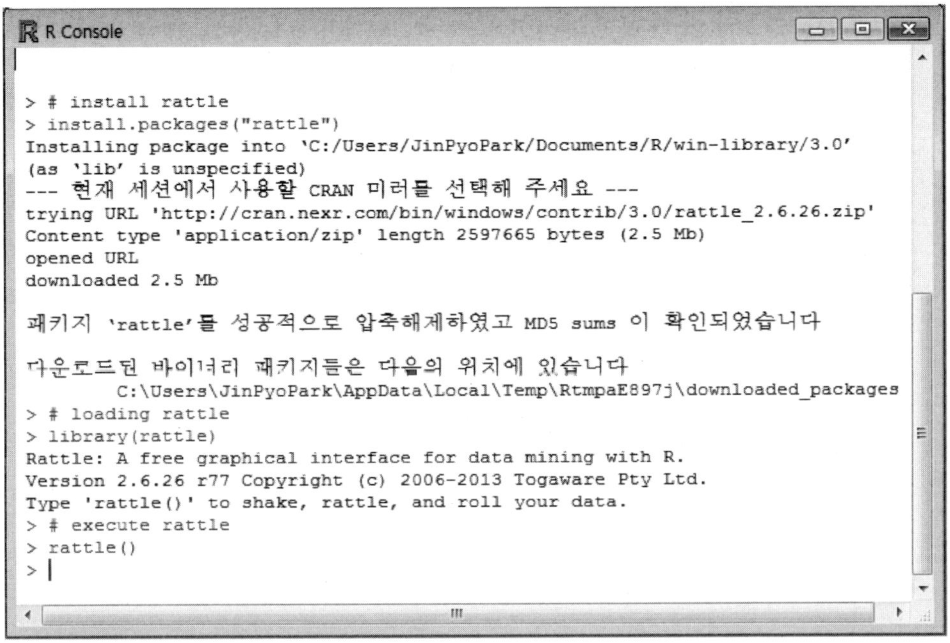

[그림 1-45] _ Rattle 설치/로딩 화면

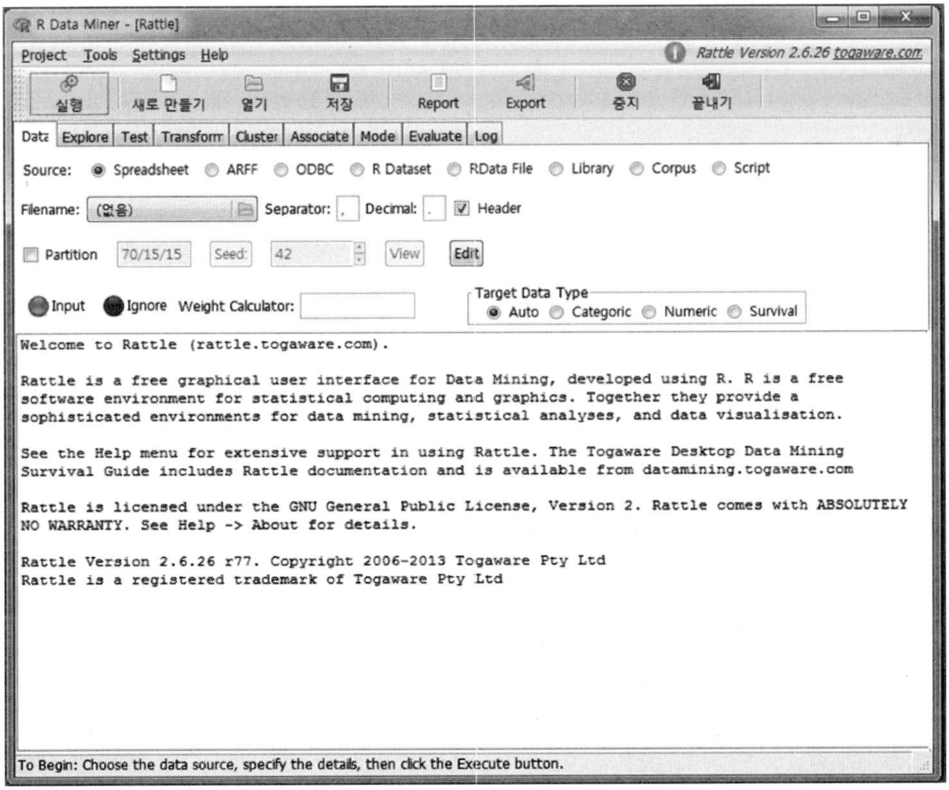

[그림 1-46] _ Rattle GUI

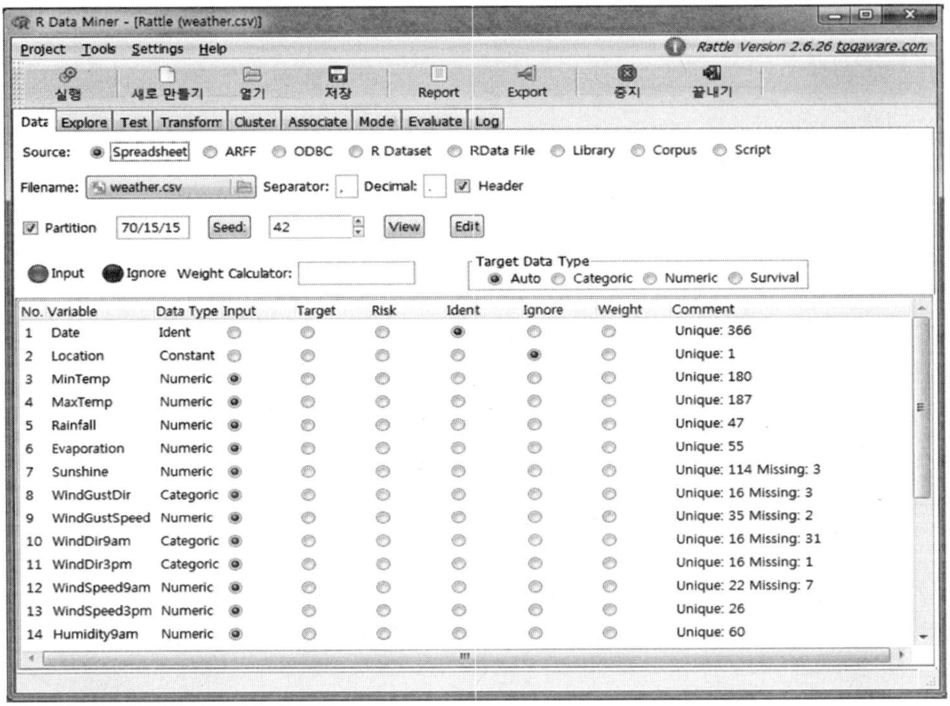

[그림 1-47] _ Data 탭

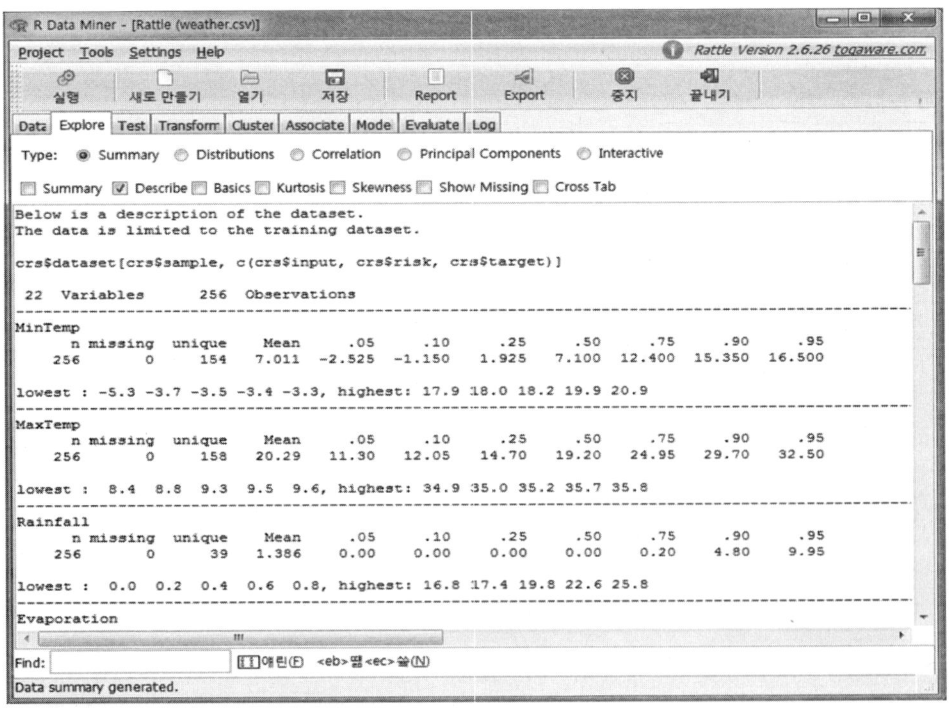

[그림 1-48] _ Explore 탭의 Summary

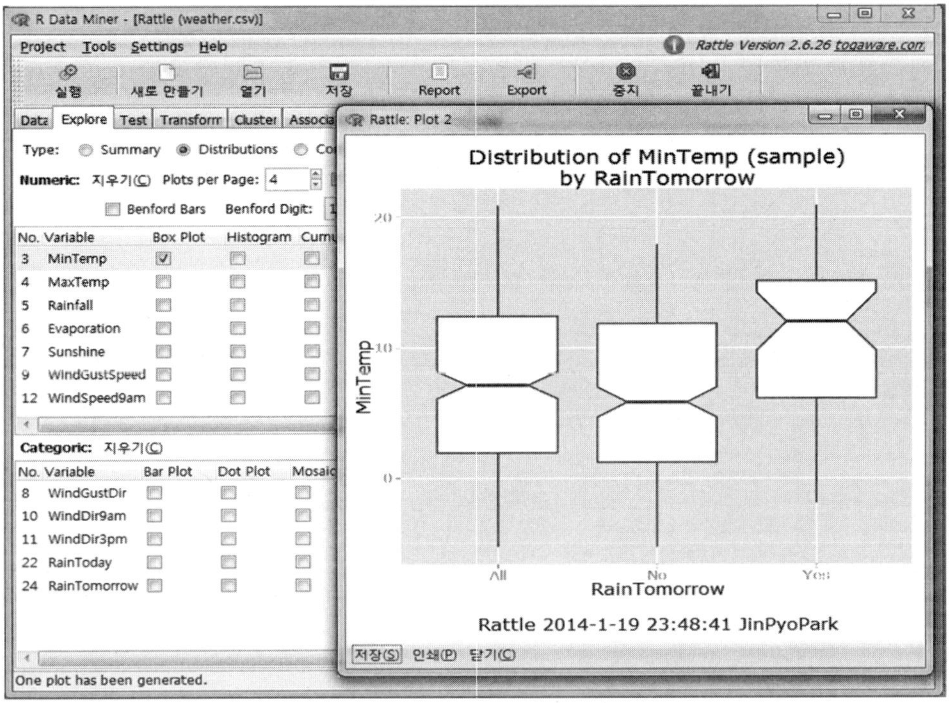

[그림 1-49] _ Explore 탭의 Distributions

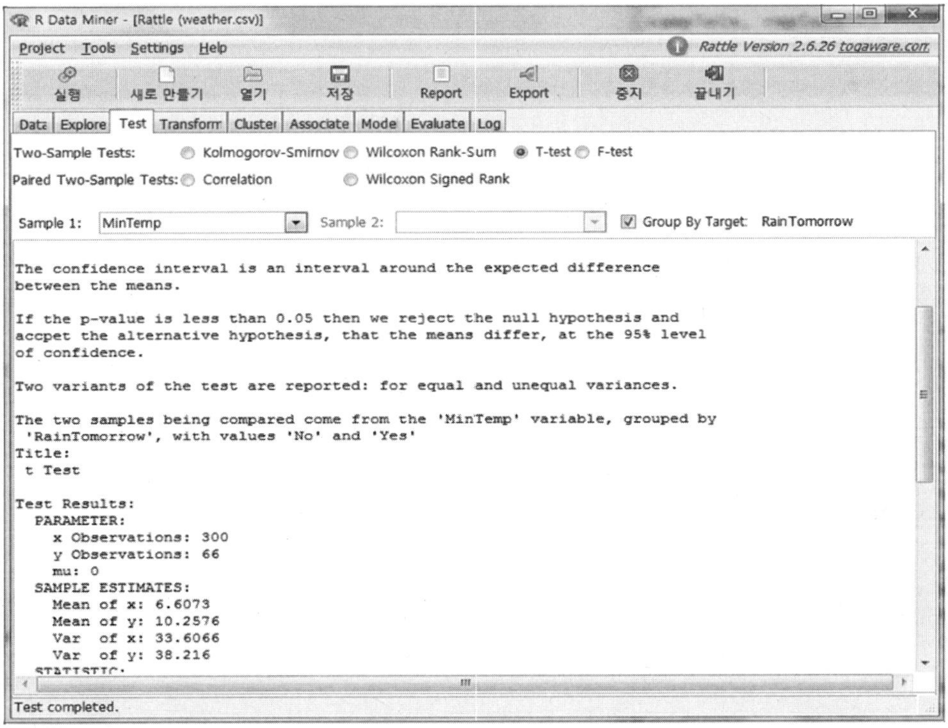

[그림 1-50] _ Test 탭

Transform 탭에서는 [그림 1-51]과 같이 데이터를 클린징 하고, 분석의 형태에 맞게 데이터의 척도를 변환하고, 자료를 정규화하고, 결측치와 이상치를 처리하고, 수치적 자료를 명목형 자료로 변환시키는 등 데이터 변환과 관련된 여러 가지 작업을 할 수 있다.

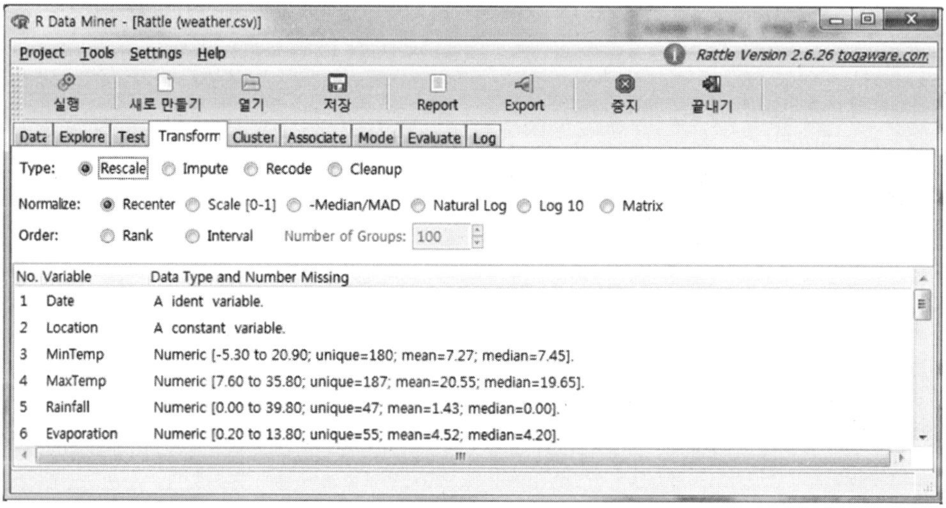

[그림 1-51] _ Transform 탭

Model 탭은 실질적인 데이터마이닝 모델을 형성할 수 있는 곳이다. 의사결정나무 분석, 로지스틱회귀분석, SVM, Boost, Neural Net 분석 등 여러 가지 데이터마이닝 알고리즘을 제공한다. [그림 1-52]는 의사결정나무 분석을 실시한 화면이다.

하나의 자료를 분석할 때 가능한 여러 모형을 적용하여 분석해보는 것이 바람직하다. 따라서 최적의 모형을 얻기 위해서 여러 모형들을 비교/평가해야 한다. Evaluate 탭은 오류행렬, 리프트 그래프, ROC 그래프, 그리고 Cost 그래프 등 모형을 비교/평가할 수 있는 여러 가지 툴을 제공하고 있다. [그림 1-53]은 오류행렬과 ROC 그래프를 나타낸 것이다.

Rattle은 GUI 환경으로 개발되었기 때문에 분석의 유연성이 떨어진다. 즉 항상 이 툴에서 제공되는 일관된 결과 만 얻을 수 있다. 그러나 Rattle의 Log 탭을 이용하면 정형화 된 결과가 아닌 데이터마이너들이 원하는 결과를 얻을 수 있다. Log 탭을 열기 전 까지 Rattle에서 실행된 R 명령어들이 Log 탭에 나타난다. 그리고 Export 아이콘(Export)을 이용하면 R 스크립트 파일로 저장할 수 있다. 이 파일을 R 스크립트 편집기로 불러들여 편집하고 새로운 분석을 위해서 새로운 R 프로그램을 작성하여 실행할 수 있다. 동시에 Rattle 실행으로 나타난 결과들이 어떤 R 명령어들을 실행한 결과 인지를 확인할 수도 있다. Rattle에서 자료를 불러오고, 분할하고, 변수들의 속성을 지정하고, 각 변수들의 요약 통계량을 구하고, 의사결정나무 분석을 실행하고, 분석 후 의사결정 나무를 그리고, 모델을 평가하기 위해서 오류행렬을 계산하고, ROC 그래프 그리기를 수행한 후 Log 탭을 클릭하면 [그림 1-54]와 같이 위에서 설명한 작업을 수행할 수 있는 R 프로그램을 확인할 수 있다. 그리고 Export 아이콘을 클릭하면 [그림 1-5]와 같이 R 프로그램을 저장할 파일이름과 디렉토리를 지정한 Export Log 창이 뜬다. 빈 칸에 파일(weather_script.R)과 폴드(RData)이름을 지정하고 저장을 클릭하면 R 스크립트 파일로 저장된다.

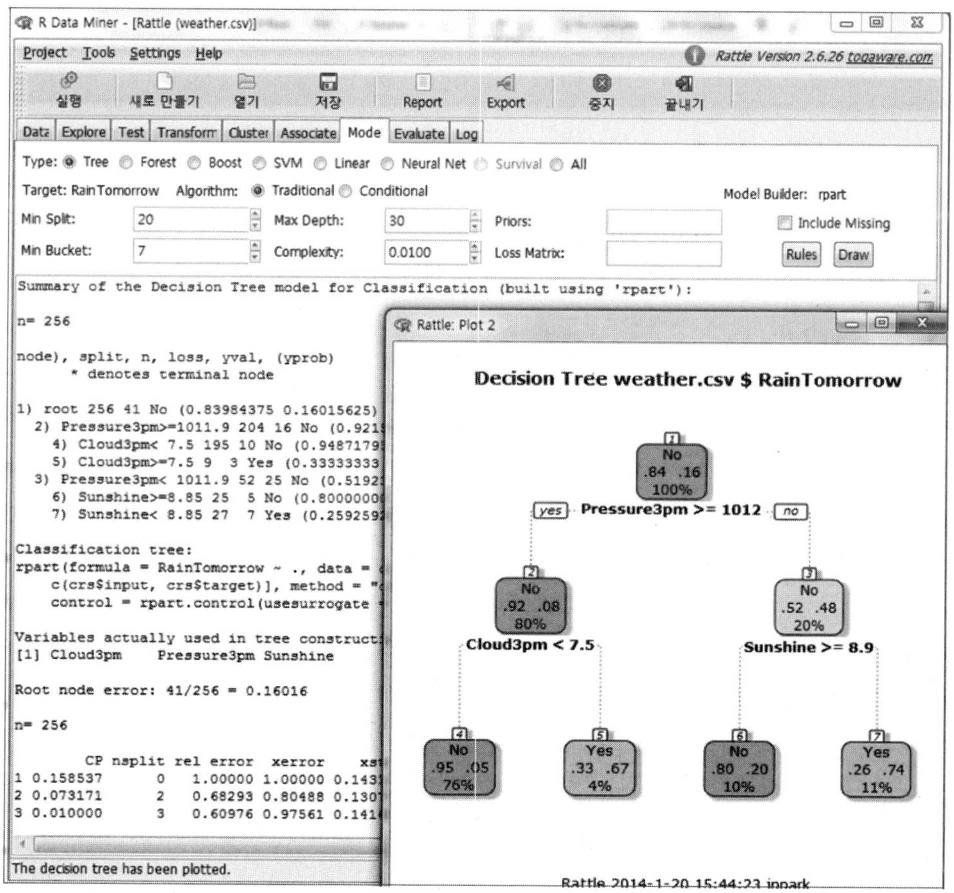

[그림 1-52] _ Decision Tree model

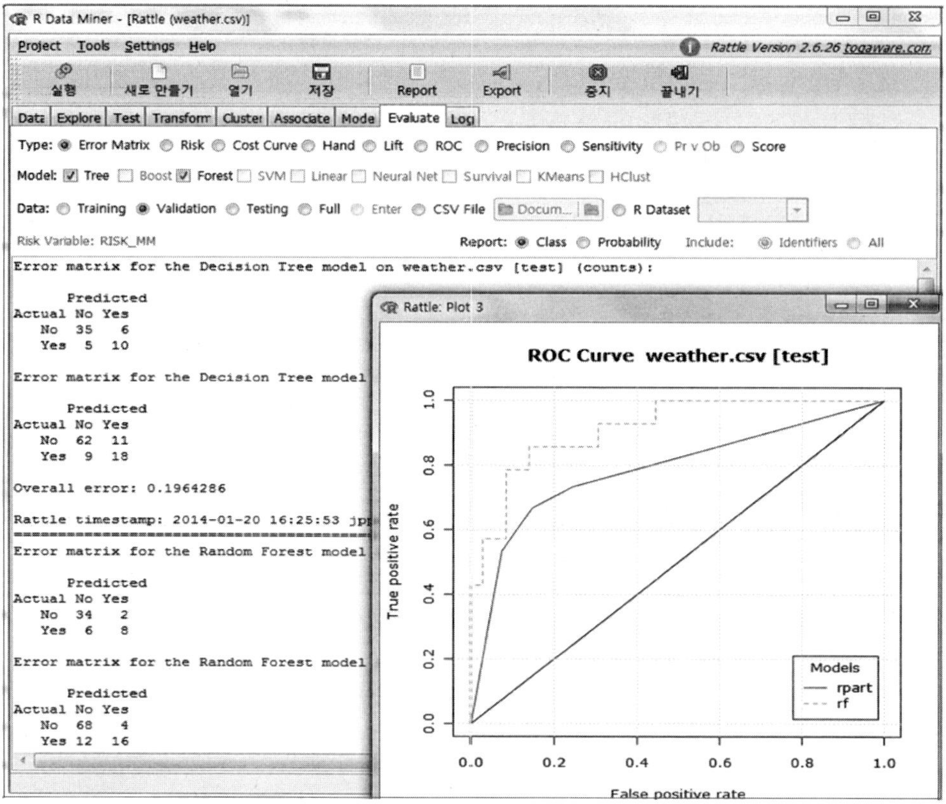

[그림 1-53] _ 오류행렬과 ROC 그래프

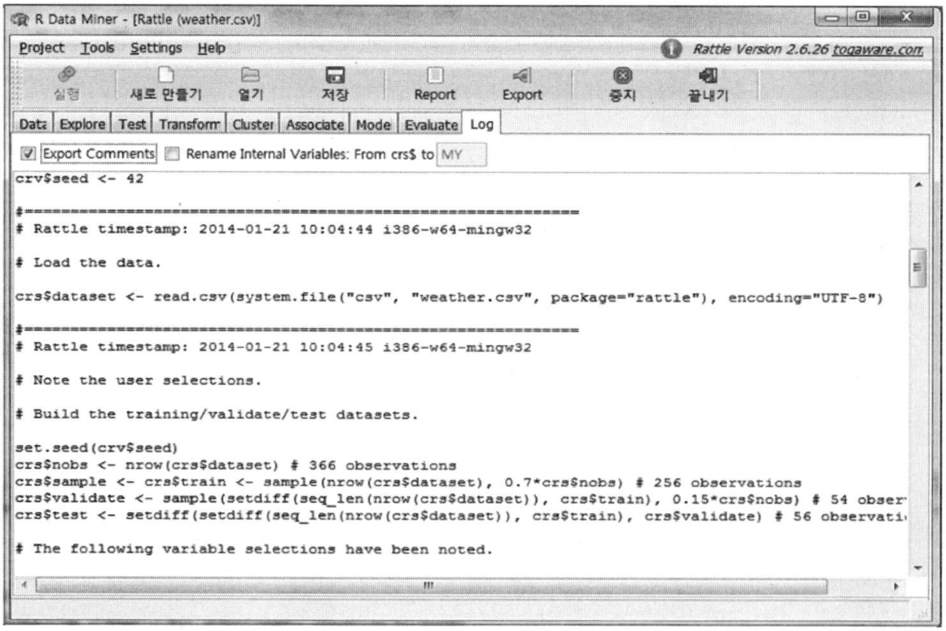

[그림 1-54] _ Log 탭

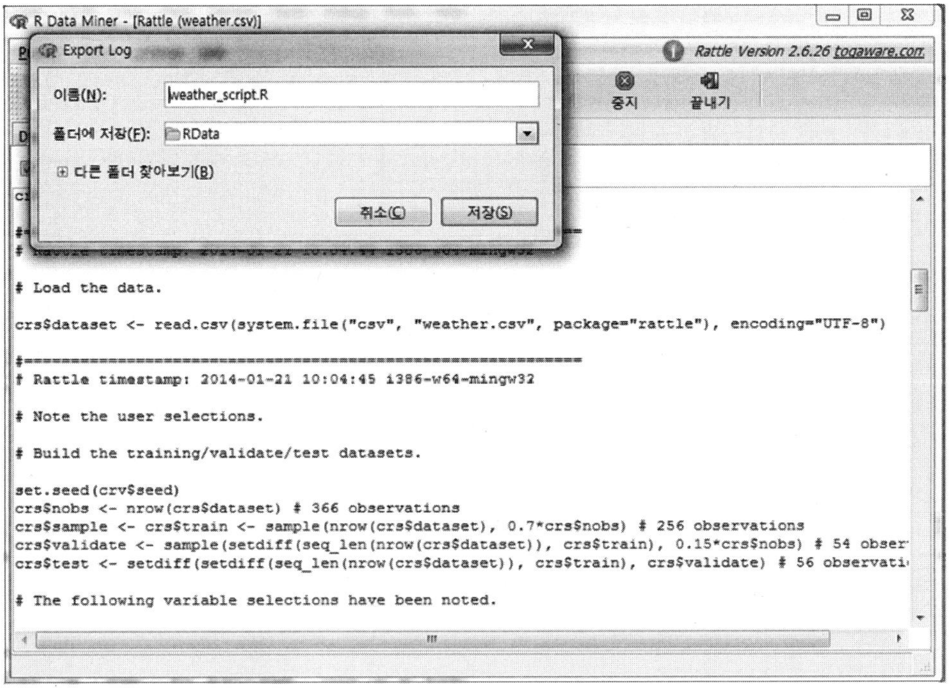

[그림 1-55] _ Export Log 탭

다음에 다시 이 파일을 R 스크립트 편집기로 불러 들여 편집/실행 할 수 있다. [그림 1-56]은 C:\RData 디렉토리에 weather_script.R 파일이 저장되어 있는 것을 보여주고, 이 파일을 R 스크립트 편집기로 불러 들여 실행한 결과를 나타낸다.

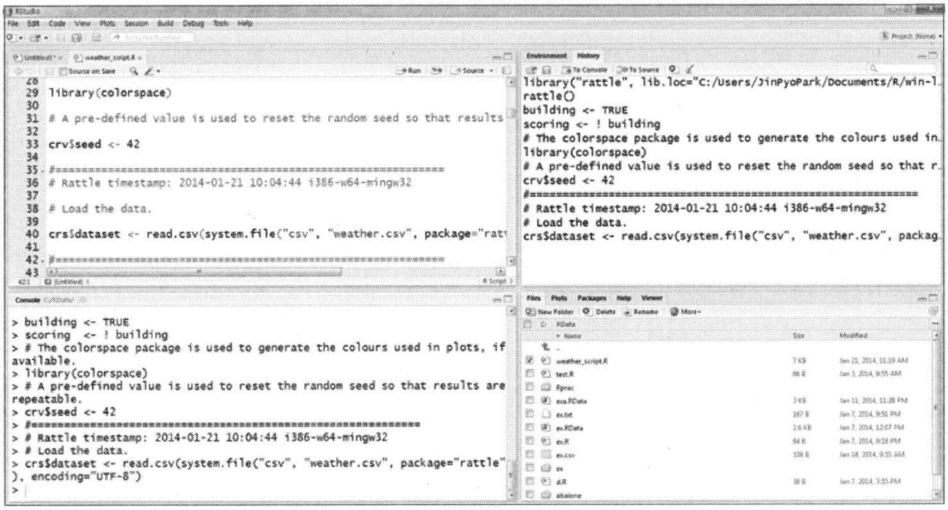

[그림 1-56] _ weather_script.R을 RStudio에서 실행한 화면

Cluster 탭과 Associate 탭은 군집분석과 연관성 규칙발견을 수행할 수 있는 환경을 제공한다. [그림 1-57]과 [그림 1-58]은 Cluster와 Associate 탭이다.

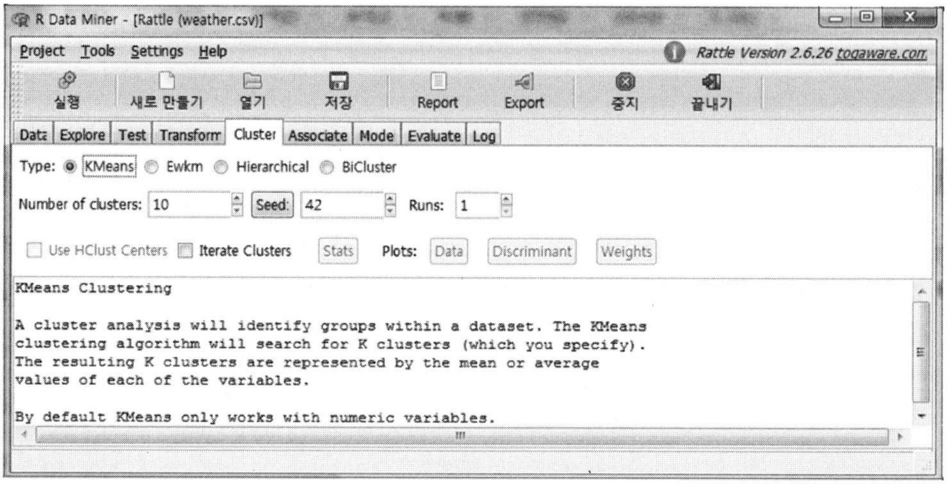

[그림 1-57] _ Cluster 탭

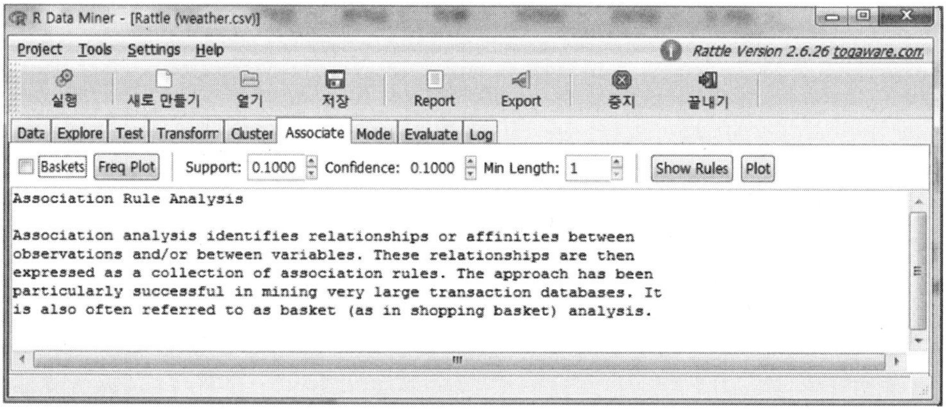

[그림 1-58] _ Associate 탭

PART 02

R의 기본 연산

PART 02

R의 기본 연산

2.1. 연산자

연산자를 이용하여 여러 가지 계산을 해보면서 R의 기본적인 사용법을 익혀보자. 다음 표는 R에서 기본적으로 사용할 수 있는 연산자를 나타내고 있다.

연산자	내용	연산자	내용
x + y	덧셈	x == y	x=y인지 판단
x − y	뺄셈	x 〈= y	x가 y 보다 작거나 같은지 판단
x * y	곱셈	x 〉= y	x가 y 보다 큰거나 같은지 판단
x / y	나눗셈	!x	부정(논리적 연산자)
x %% y	나머지	x & y	and (논리적 연산자)
x%/% y	정수 나눗셈(몫)	x I y	or(논리적 연산자)
x^y	거듭제곱		

연산자의 연산 순위는 ^, “%% %/%”, “* /”, “ + −”, “〈= 〉= ==”, “! & I” 순으로 연산을 한다. “ ”로 묶인 연산자는 같은 순위를 갖는 연산자들이다. 괄호로 묶인 연산자는 최우선으로 연산된다. 아래 몇 가지 예를 통해서 각 연산자의 내용을 익혀보자. #은 R에서 주석을 쓸 때 사용한다. ##은 명령어 실행 결과 라인을 나타낸다. 나머지는 프로그램 소스다.

```
1 + 2 + 3 + 4 + 5 + 6 + 7 + 8 + 9 + 10  # 합
## [1] 55
(1 + 2 + 3 + 4 + 5 + 6 + 7 + 8 + 9 + 10)/10  # 평균
```

```
## [1] 5.5
(1 - 5.5)^2 + (2 - 5.5)^2 + (3 - 5.5)^2 + (4 - 5.5)^2 + (5 - 5.5)^2 + (6 - 5.5)^2 +
(7 - 5.5)^2 + (8 - 5.5)^2 + (9 - 5.5)^2 + (10 - 5.5)^2  # 편차의 제곱합
## [1] 82.5
82.5/9  # 분산
## [1] 9.167
10%%3
## [1] 1
10%/%3
## [1] 3
1%/%2
## [1] 0
5 <= 6
## [1] TRUE
5 >= 6
## [1] FALSE
5 == 6
## [1] FALSE
```

결과에서 [1]은 R 명령어 실행 결과가 길이 1인 벡터로 출력 되었다는 의미를 나타낸다. 이것은 벡터의 길이를 나타내는 인덱스이다. R에서 기본 자료형은 벡터이기 때문에 55라는 숫자하나가 스칼라이지만 길이가 1인 벡터로 처리한다. 위 예제에서 모두가 길이가 1인 벡터로 결과 값을 나타냈기 때문에 [1]이라는 번호만 뜬다. 이 번호는 출력한 벡터의 크기를 가늠하고, 특정 자료의 위치를 알아야 할 때 매우 유용하다. runif(30)을 실행 결과가 길이가 30인 벡터로 리턴 되었다. 결과에서 두 번째 줄에 [9]라고 표시돼 있기 때문에 10번째 값이 0.04712임을 쉽게 알 수 있다.

```
runif(30)  # 일양난수
##  [1] 0.80808 0.38153 0.40994 0.90068 0.79850 0.90478 0.89402 0.16758
##  [9] 0.82087 0.04712 0.63928 0.94398 0.73399 0.84533 0.94146 0.29613
## [17] 0.29836 0.66206 0.12589 0.54144 0.14814 0.45072 0.61573 0.08028
## [25] 0.61142 0.14058 0.17421 0.90582 0.05287 0.75814
```

아래 예제에서 5가 6보다 작고 그리고 8은 7 보다 크기 때문에 결과가 FALSE로 리턴 되고, 5가 6보다 작거나 혹은 8은 7 보다 크기 때문에 결과가 TRUE로 리턴 되고, 5는 7과 같지 않기 때문에 TRUE로 리턴 되었다.

```
5 <= 6 & 8 <= 7  # and
## [1] FALSE
5 <= 6 | 8 <= 7   # or
## [1] TRUE
5 != 7           # !
## [1] TRUE
```

2.2. R의 내장 함수를 이용한 기본 연산

R은 수학 연산에 사용되는 다양한 함수를 포함하고 있다. 다음 표에 나열된 것은 그 중 일부이다.

함수	내용	연산자	내용
sin()	sin x	abs()	$\|x\|$
cos()	cos x	round(x, digits)	반올림
tan()	tan x	floor()	내림
sinh()	sinh x	ceiling()	올림
exp()	e^x	min()	최소
log()	$\log_e x$	max()	최대
log(x, base=a)	$\log_a x$	sum()	합
log1p()	$\log_e(1+x)$	choose()	${}_nC_r$
sqrt()	$\sqrt{x}$	factorial()	$n!$
which.max()	벡터내의 최대값 인덱스	gamma(x)	$\Gamma(x)$
which.min()	벡터내의 최소값 인덱스	sign(x)	x의 부호

몇 가지 예제를 통해서 위 함수들을 익혀보자.

```
sin(pi/4)                          # sin(π/4)
## [1] 0.7071
cos(0)                             # cos(0)
## [1] 1
exp(1)                             # e^1
## [1] 2.718
log(2)                             # log_e 2
## [1] 0.6931
log(2, base = 10)                  # log_10 2
## [1] 0.301
log10(2)                           # log_10 2
## [1] 0.301
log1p(1)                           # log_e (1+1)
## [1] 0.6931
round(3.4)                         # 3.4 반올림
## [1] 3
round(3.6)                         # 3.6 반올림
## [1] 4
round(3.56, digits = 1)            # 3.56 소수 두 째 자리에서 반올림
## [1] 3.6
ceiling(3.4)                       # 3.4 올림
## [1] 4
floor(3.6)                         # 3.6 내림
## [1] 3
choose(4, 2)                       # 4C2
## [1] 6
factorial(4)                       # 4!
## [1] 24
gamma(1)                           # Γ(1)
## [1] 1
gamma(4)                           # Γ(4)
## [1] 6
gamma(1/2)                         # Γ(1/2)
## [1] 1.772
sqrt(pi)                           # √π
```

```
## [1] 1.772
sign(-3)                          # -3의 부호
## [1] -1
sign(3)                           # 3의 부호
## [1] 1
```

2.3. R의 변수

R 명령어를 실행한 결과를 객체 혹은 변수에 저장하는 것을 할당이라 한다. 변수에 어떤 값을 할당하기 위해서 <- 연산자를 사용한다. 다음과 같은 방법으로 변수에 값을 할당 할 수 있다.

```
변수 <- 수치, 계산식, 함수, 데이터 등
```

예를 들어 log 2의 계산식을 변수 x에 할당하고, 실행을 하면 계산 결과가 x에 저장된다. 그러나 그 결과가 화면에 나타나지 않는다. x에 할당된 값을 확인하기 위해서 x 혹은 print()함수를 입력하면 확인할 수 있다.

```
x <- log(2)              # x에 log(2) 할당
x                        # x의 내용 확인
## [1] 0.6931
print(x)                 # x의 내용 확인
## [1] 0.6931
```

변수를 지정할 때는 몇 가지 규칙이 있다.

1. R은 대소문자를 구분하기 때문에 변수를 지정할 때 대소문자를 명확히 구분해서 사용해야 한다.
2. 변수명에는 영문자, 숫자, 마침표(.), 언더라인(_)을 사용할 수 있다. 그러나 첫 자는 숫자 나 언더라인이 올 수 없다.

❸ R 시스템에서 사용하는 이름은 변수명으로 사용할 수 없다.(예: if, else, NULL, NA, in 등)

```
x <- 2
x
## [1] 2
Y <- 3                                  # 대문자 Y에 3이 할당
y                                       # 소문자 y 내용 확인, y는 정의되지 않았다.
## Error: object 'y' not found?
x. <- 4
x.
## [1] 4
x_ <- 5
x_
## [1] 5
.x <- 7
.x
## [1] 7
_x <- 6                                 # 변수명으로 부적당함.
## Error: unexpected input in "_"
2x <- 9                                 # 변수명으로 부적당함.
## Error: unexpected symbol in "2x"
```

x에 34가 할당되었다. 그리고 x를 y에 할당하면 y에 34가 복사되어 저장된다. 이후에 x값이 변하더라도 y 값은 변하지 않는다.

```
x <- 34
x
## [1] 34
y <- x
x <- 10
x
## [1] 10
y
## [1] 34
```

()를 이용하면 결과를 화면에 나타난다.

```
(x <- 1:10)
## [1] 1    2    3    4    5    6    7    8    9    10
```

2.4. R 객체 관리하기

R을 활용하여 작업을 하다보면, 많은 객체들이 생긴다. 다음 표에 있는 함수를 이용하면 현재 사용 중인 객체 목록을 볼 수 있고, 필요 없는 객체를 제거 하고, 파일에 객체를 저장할 수 있다. 그리고 저장된 객체는 나중에 다시 호출할 수 있다.

함수	내용
ls()	현재 객체 목록 보기
ls(pattern)	특정 형식의 이름을 가진 객체만 보기
rm()	객체 삭제
rm(list=ls())	객체를 리스트에 할당 후 모두 삭제
save()	특정 객체를 파일에 저장
load()	저장된 객체를 호출

다음 몇 가지 예를 통해서 위 함수들의 내용을 익혀보자. 객체 x에 벡터(1,2,3,4,5,6)를 할당 하였다. 벡터의 평균과 표준편차를 xy와 xyz라는 객체 대입하였다. 따라서 지금 현재 사용 중인 객체는 x, xy, xyz이다.

```
x <- c(1, 2, 3, 4, 5, 6)                # x에 벡터 (1,2,3,4,5,6) 할당
x
## [1] 1 2 3 4 5 6
xy <- mean(x)                           # xy에 x 평균 할당
xy
## [1] 3.5
xyz <- sd(x)                            # xyz에 x 표준편차 할당
xyz
## [1] 1.871
```

아래 프로그램과 같이 save() 함수를 이용하여 객체 xy를 현재 디렉토리(C:\RData)에 xyfile.RData라는 파일에 저장하였다. 현재 사용 중인 객체를 보기위해서 ls() 함수를 이용하였다. ls(pattern="xy")를 사용하여 이름에 xy를 갖는 객체를 나열하였다. rm()을 사용하여 객체 xy를 삭제하였다. ls()를 이용하여 xy가 삭제된 것을 확인할 수 있다. 그러나 xy는 디렉토리 C:\RData에 xyfile.Rdata로 저장되어 있기 때문에 아래 프로그램과 같이 load() 함수를 이용해서 다시 호출할 수 있다. ls()를 이용하여 정상적으로 불러 들여졌는지를 확인하였다. xy를 입력하여 저장된 내용을 확인하였다.

```
save(xy, file = "xyfile.RData")                # xy객체 xyfile.RData에 저장
ls()                                           # 사용 중인 객체 확인
## [1] "x"   "xy"  "xyz"
ls(pattern = "xy")                             # 이름에 xy 있는 객체 확인
## [1] "xy"  "xyz"
rm(xy)                                         # xy 삭제
ls()
## [1] "x"   "xyz"
load("C\\RData\\xyfile.RData")                 # xyfile.RData 파일 호출
ls()
## [1] "x"   "xy"  "xyz"
xy
## [1] 3.5
```

rm(list=ls())를 이용하여 이름에 y를 갖는 객체 xy, xyz를 제거하고, ls()를 이용해 확인하였다.

```
rm(list = ls(pattern = "y"))                   # 이름에 y 있는 객체 모두 삭제

ls()
## [1] "x“
```

2.5. R 함수

R 작업의 중심에는 함수가 있다. 이미 앞 예제에서 많은 함수를 이용하였다. 함수는 인수 형태로 값을 입력하고 이를 바탕으로 계산한 결과 값을 리턴하는 명령어들의 집합이다. 함수도 R 객체이다. R에서 제공되는 함수를 이용하면 간결하게 프로그램을 작성할 수 있다. 일반적인 함수의 형태는 다음과 같다.

```
함수이름(인수 1, 인수2, ...)
```

아래 프로그램에서 mean()은 벡터의 평균을 구하는 함수이며, 입력된 인수 벡터 x의 평균을 리턴 한다.

```
x <- 1:10
mean(x)
## [1] 5.5
```

위에서 설명한 연산자도 일종의 함수이다. 아래 예제는 연산자 <- 를 함수 형태로 사용한 것이다.

```
'<-'(x, 1:10)
 x
## [1]  1  2  3  4  5  6  7  8  9 10
```

R에 내장된 함수를 이용할 수도 있지만, 함수는 다음과 같은 기본적인 형식으로 사용자가 원하는 함수를 정의할 수 있다.

```
함수명 <- function(인수) {
        실행될 프로그램
        return(반환 값)
}
```

벡터 x의 표준편차를 계산하는 함수를 만들어 보자. 먼저 x라는 인수 하나를 갖는 stdev이라는 함수를 정의한다고 선언하였다. { } 사이에 표준편차를 계산하는 프로그램을 작성하고, 계산 결과 값을 리턴하기 위해서 return() 함수를 사용했다. 벡터 x를 정의하고 함수 stdev를 호출하여 표준편차를 계산하였다. 그리고 R의 내장함수 sd (표준편차 계산함수)를 이용해서 계산한 결과와 같다.

```
stdev <- function(x) {
  average <- mean(x)
  sumdeviationsq <- sum((x - mean(x))^2)
  n <- length(x)
  std <- sqrt(sumdeviationsq/(n - 1))
  return(std)
}
x <- c(1, 2, 3, 4, 5, 6, 7, 8, 9, 10)
stdev(x)
## [1] 3.028
sd(x)
## [1] 3.028
```

함수 내에서 사용된 average, sumdeviationsq, n, std는 이 함수에서만 사용되는 지역변수이다. 함수 영역을 벗어나면 이 변수들은 사용할 수 없다. average를 입력하면 객체 average를 찾을 수 없다는 에러가 발생한다.

```
average
## Error: 객체 'average'를 찾을 수 없습니다
```

객체의 이름을 입력하면 객체의 내용을 볼 수 있다. 함수도 객체이기 때문에 함수 이름을 입력하면 함수의 내용을 볼 수 있다. 아래 예제에서 객체 x를 입력했을 때 x에 저장된 내용이 출력되었다. 마찬가지로 정의된 함수 stdev와 내장함수 var을 입력하면 그 내용이 출격된다.

```
x <- c(1, 2, 3, 4, 5, 6, 7, 8, 9, 10)
x
## [1] 1 2 3 4 5 6 7 8 9 10
stdev
## function(x) {
##     average <- mean(x)
##     sumdeviationsq <- sum((x - mean(x))^2)
##     n <- length(x)
##     std <- sqrt(sumdeviationsq/(n - 1))
##     return(std)
## }
var
## function (x, y = NULL, na.rm = FALSE, use)
## {
##     if (missing(use))
##         use <- if (na.rm)
##             "na.or.complete"
##         else "everything"
##     na.method <- pmatch(use, c("all.obs", "complete.obs", "pairwise.complete.obs",
##     "everything", "na.or.complete"))
##     if (is.na(na.method))
##         stop("invalid 'use' argument")
##     if (is.data.frame(x))
##         x <- as.matrix(x)
##     else stopifnot(is.atomic(x))
##     if (is.data.frame(y))
##         y <- as.matrix(y)
##     else stopifnot(is.atomic(y))
##     .Call(C_cov, x, y, na.method, FALSE)
## }
## <bytecode: 0x039b33b8>
## <environment: namespace:stats>
```

R에서는 동일한 함수가 서로 다른 클래스 객체를 입력 받아서 서로 다른 연산을 할 수 있다. 이처럼 동일한 함수이지만 각각 다른 클래스에 적합하게 만들어진 함수의 집합을 제네릭(generic)함수라 한다. 대표적인 제네릭 함수가 summary()이다.

methods()를 이용하면 다음과 같이 summary()가 취급하게 될 모든 클래스 객체를 볼 수 있다.

```
methods(summary)
## [1] summary.aov                    summary.aovlist
## [3] summary.aspell*                summary.connection
## [5] summary.data.frame             summary.Date
## [7] summary.default                summary.ecdf*
## [9] summary.factor                 summary.glm
## [11] summary.infl                  summary.lm
## [13] summary.loess*                summary.manova
## [15] summary.matrix                summary.mlm
## [17] summary.nls*                  summary.packageStatus*
## [19] summary.PDF_Dictionary*       summary.PDF_Stream*
## [21] summary.POSIXct               summary.POSIXlt
## [23] summary.ppr*                  summary.prcomp*
## [25] summary.princomp*             summary.proc_time
## [27] summary.srcfile               summary.srcref
## [29] summary.stepfun               summary.stl*
## [31] summary.table                 summary.tukeysmooth*
##
## Non-visible functions are asterisked
```

위에서 summary.default는 주어진 벡터의 요약 통계를 출력하는 함수이고, summary.lm은 lm 클래스에 대해서 특화된 요약 함수로 lm()함수를 이용한 회귀분석의 결과를 요약해서 출력한다. 이처럼 위 결과에 나타난 32가지 목록은 summary() 함수를 각 클래스의 특징에 맞게 특화한 함수들이다. 다음 예제는 summary.default()를 실행한 것이다. 주어진 자료를 최소값, 최대값, 평균, 중앙값, 제1사분위수, 그리고 제3사분위수로 요약한 결과를 출력하였다.

```
x <- c(9, 4, 23, 12, 22, 34, 25, 21, 45, 35, 56, 32, 56)
summary.default(x)
##   Min. 1st Qu. Median   Mean 3rd Qu.   Max.
##    4.0    21.0   25.0   28.8   35.0   56.0
```

이와 같은 제네릭 함수는 함수의 정의을 보기 위해서는 함수의 정확한 이름을 입력해야만 한다. 다음과 같이 summary.default를 입력하면 summary.default() 함수를 볼 수 있다.

```
summary.default
## function (object, ..., digits = max(3L, getOption("digits") - 3L))
## {
##     if (is.factor(object))
##         return(summary.factor(object, ...))
##     else if (is.matrix(object))
##    ...... 중략 ......
##     class(value) <- c("summaryDefault", "table")
##     value
## }
## <bytecode: 0x04102b28>
```

다음 예제와 같이 R의 기본적인 내장 함수 중 C 언어로 구현된 것은 위와 같은 방법으로 볼 수 없는 경우도 있다.

```
sin
## function (x)  .Primitive("sin")
```

2.6. R 프로그램의 기본

R은 C 언어와 같이 블록 구조를 갖는다. 블록은 되게 { }로 표시된다. 여기서 R에서 사용되는 반복문과 제어문을 소개한다.

2.6.1. 제어문

2.6.1.1. if – else

if-else문은 if에 뒤 따르는 조건에 따라 실행의 흐름을 선택한다. 사용형식은 다음과 같다.

```
if (조건식) {
   조건이 참일 때 실행되는 문장
} else { 조건이 거짓일 때 실행 문장
}
```

다음은 x가 짝수 이면 y에 2를 할당하고, x가 홀수 이면 y에 1을 할당하는 예제이다.

```
x <- 3
if (x%%2 -- 0) {
 y <- 2
} else {
 y <- 1
}
y
## [1] 1
```

if - else문에서 else 없이 사용할 수 도 있다. 다음은 x가 y보다 작으면 x를 출력하는 예제이다.

```
x <- 4
y <- 7
if (x < y) print(x)
## [1] 4
```

if에 뒤 따르는 조건이 벡터형이 오는 경우가 많다. 이런 경우 아래 예제에서 보는 것처럼 “length>1이라는 조건이 있고, 첫 번째 요소만이 사용될 것입니다.”이라는 경고가 나타나는 것처럼 첫 번째 원소에 대한 결과 만 반환한다. x의 첫 번째 원소가 짝수이기 때문에 y에 2가 할당되었다.

```
x <- c(2, 4, 23, 11, 42, 56, 33)
if (x%%2 == 0) {
   y <- 2
} else {
   y <- 1
```

```
}
## Warning: length > 1이라는 조건이 있고, 첫 번째 요소만이 사용될 것입니다
y
## [1] 2
```

if에 뒤 따르는 조건이 벡터형인 경우 벡터형으로 결과를 출력하고 싶으면 ifelse() 함수를 사용하면 된다. 사용형식은 다음과 같다.

```
ifelse(조건벡터, 조건이 참일 때 실행되는 문장, 조건이 거짓일 때 실행 문장)
```

아래 예제에서는 x의 i-번째 원소가 짝수이면 2를 y의 i-번째 위치에 할당하고, 그렇지 않으면 1을 y의 i-번째 위치에 할당하였다. 그리고 벡터 y의 내용을 출력하였다.

```
x <- c(2, 4, 23, 11, 42, 56, 33)
y <- ifelse(x%%2 == 0, 2, 1)
y
## [1] 2 2 1 1 2 2 1
```

2.6.1.2. switch문

조건에 맞게 실행한 결과를 반환해야 할 경우가 여러 개인 경우 if - else문을 사용할 수 있으나, switch문을 이용하면 프로그램을 간소화 할 수 있다. switch는 조건을 평가하고 조건과 일치하는 인수를 택해서 실행한다. 사용형식은 다음과 같다.

```
switch(조건식,
    문자열 1 = 문자열 1이 조건식과 일치 하면 실행되는 문장
    문자열 2 = 문자열 2가 조건식과 일치 하면 실행되는 문장
      ⋮
    문자열 k = 문자열 k가 조건식과 일치 하면 실행되는 문장
    조건식과 일치하는 경우가 없을 때 실행되는 문장
)
```

다음은 주어진 수 x에 대한 팩토리얼을 계산하는 함수를 if - else문과 switch문을 이용하여 정의한 예제이다. 만약 x가 자연수가 아니면 "factorial isn't defined"을 출

력하게하고, x가 0이면 "1"을 출력하고, 그리고 x가 0보다 크면 x의 팩토리얼 값을 출력하게 하였다. 아래 코드를 보면 첫 번째 if에서 x가 "자연수"인지를 평가하여 자연수가 아니면 "factorial isn't defined"을 리턴하고, 자연수 이면 첫 번째 else 뒤에 있는 if에서 x가 "0"인지를 평가하고, 0이면 "1"을 리턴하고, 0이 아니면 두 번째 else 뒤에 있는 문장을 실행해서 자연수의 팩토리얼 값을 리턴한다.

switch를 사용한 factorial 함수에서 인수 x는 팩토리얼 값을 구할 숫자이고, y는 조건을 나타낸다. y의 형태가 "x < 0"으로 주어지면 "x < 0"에 해당되는 문장이, "x != floor(x)"으로 주어지면 "x != floor(x)"에 해당되는 문장이, "x == 0"으로 주어지면 "x == 0"에 해당하는 문장이, "x > 0"으로 주어지면 "x > 0"에 해당되는 문장이 수행된다.

```
# if ~ else
factorial <- function(x) {
  if (x != floor(x) || x < 0) {
    return("factorial isn't defined")
  } else if (x == 0) {
    1
  } else {
    return(prod(1:x))
  }
}
x <- 0
factorial(x)
## [1] 1
x <- -1
factorial(x)
## [1] "factorial isn't defined"
x <- 1.2
factorial(x)
## [1] "factorial isn't defined"
x <- 4
factorial(x)
## [1] 24

# switch
```

```
factorial <- function(x, y) {
  switch(y,
      "x < 0" = print("factorial isn't defined"),
      "x != floor(x)" = print("factorial isn't defined"),
      "x == 0" = 1,
      "x > 0" = prod(1:x)
  )
}
x <- 0
factorial(x, "x == 0")
## [1] 1
x <- -1
factorial(x, "x < 0")
## [1] "factorial isn't defined"
x <- 1.2
factorial(x, "x != floor(x)")
## [1] "factorial isn't defined"
x <- 4
factorial(x, "x > 0")
## [1] 24
```

2.6.2. 반복문

2.6.2.1. for문

같은 문장을 여러 번 반복해서 실행할 때 사용한다. 사용형식은 다음과 같다.

```
for( i in x ) {  실행문 }
여기서 i: 루프변수 x: 벡터
```

for문은 x벡터의 구성요소에 대해 실행문이 한 번씩 실행된다. 이 경우 루프변수 i는 첫 번째 반복 시에는 x의 첫 번째 값, 두 번째는 x의 두 번째 값을 취한다. 즉 i는 x의 구성요소를 취한다. 다음은 벡터의 각 원소에 1~5를 더하고, 그 값을 출력하는 코드이다. 첫 번째 반복에서 i는 x의 첫 번째 원소인 1을 취하고, 그 값을 x의 각 원소에 더하고, 그 결과를 벡터 y에 할당한다. 그리고 y의 내용을 출력한다. 그 결과가 "## [1] 2 3 4 5 6"이다. 두 번째 반복에서는 i가 2를 취하고, 그 값을 x의 원소에 더하고,

그 결과를 y에 할당하고, 출력한다. 이와 같은 과정을 i=5일 때까지 반복한다.

```
x <- c(1, 2, 3, 4, 5)
for (i in x) {
  y <- x + i
  print(y)
}
## [1] 2 3 4 5 6
## [1] 3 4 5 6 7
## [1] 4 5 6 7 8
## [1] 5 6 7 8 9
## [1] 6  7  8  9 10
```

2.6.2.2. while, repeat / break

while과 repeat를 이용하여 실행문을 반복 실행할 수 있다. while은 주어진 조건이 참일 경우만 실행문을 반복 수행되게 한다. repeat는 실행문을 무한 반복 수행하게 한다. break문을 for, while, repeat와 같이 사용하면 실행문을 반복 실행 중에 루프에서 벗어나게 할 수 있다. 사용형식은 다음과 같다.

```
while(조건식) { 실행문 }
repeat { 실행문 }
```

다음은 자연수 중에서 짝수의 합이 100 이상이며 100에 가장 가깝게 하는 수가 되는 x와 그때의 합 y를 구하는 코드를 세 가지 다른 방법으로 코딩한 것이다. 첫 번째는 while문을 사용한 경우이다. x, y에 초기치 0을 대입하였고, 조건 y≤ 100이 만족하면 반복해서 x <- x + 2와 y <- x + y, 그리고 cat()가 실행된다. 마지막 y값 110이 조건을 만족시키지 못하므로 반복 루프에서 벗어나 마지막 x와 y값을 출력한다. 계산 결과에서 짝수 20까지의 합이 110이라는 사실을 확인할 수 있다. cat()은 출력함수이다. 결과에서 ## 2 2 ~ 20 110은 cat()함수의 실행 결과이다. 이 결과로부터 짝수 합이 정상적으로 계산되었다는 사실을 확인할 수 있다. while~ break에서는 x <- x + 2와 y <- x + y를 계속 반복 실행하다가, y > 100이면 break가 실행되고, 루프에서 벗어나 다음 문장 x와 y의 내용을 출력하는 문장이 연속해서 실행되어 ## [1] 20와 ## [1]

110이 출력된다. repeat에서는 x <- x+2와 y<- x+y를 계속 반복 실행하다가 break를 만나면 반복 루프에서 벗어나 그 다음 문장을 실행한다.

```
x <- 0
y <- 0
while (y <= 100) {
  x <- x + 2
  y <- x + y
  cat(x, y, ":", sep = " ")
}
## 2 2 :4 6 :6 12 :8 20 :10 30 :12 42 :14 56 :16 72 :18 90 :20 110 :
x
## [1] 20
y
## [1] 110
x <- 0
y <- 0
while (TRUE) {
  x <- x + 2
  y <- x + y
  if (y > 100)
    break
}
x
## [1] 20
y
## [1] 110
x <- 0
y <- 0
repeat {
  x <- x + 2
  y <- x + y
  if (y > 100)
    break
}
x
## [1] 20
y
## [1] 110
```

2.6.2.3. next

next문을 for, while, repeat와 같이 사용하면 next 이후의 나머지 실행문은 수행을 생략하고, 반복문 처음으로 돌아가 다음 반복을 시작하도록 한다. 다음 예제에서 제일 먼저 조건 x ≤ 30이 만족되면 실행문 x 〈- x + 2, y 〈- y + 10, cat()를 실행하고, 다음 next를 만나면 y 〈- x + y를 실행하지 않고, 다시 반복문의 맨 처음으로 되돌아가 x 〈- x + 2, y 〈- y + 10, cat()을 실행하고, 다시 처음으로 돌아간다. 이런 번복을 x 〉 30를 만족할 때까지 계속한다. 그리고 x 〉 30이면 반복을 벗어나서 다음 문장을 수행한다.

```
x <- 0
y <- 0
while (x <= 30) {
  x <- x + 2
  y <- y + 10
  cat(x, y, ":", sep = " ")
  next
  y <- x + y
}
## 2 10 :4 20 :6 30 :8 40 :10 50 :12 60 :14 70 :16 80 :18 90 :20 100 :22 110 :24 120 :26 130 :28 140
:30 150 :32 160 :
x
## [1] 32
y
## [1] 160
```

연습문제

1. 다음 자료를 이용하여 x1, x2, x3 값을 구하라.(R을 이용하라)

name	x	y
park	23	45
kim	56	42

❶ x1=$10\times(x>y)+13\times(x<y)$

❷ x2=$10\times(name=park)-25\times(name=kim)$

❸ x3=$30\times(x>y \text{ and } name=kim)-40\times(x<y \text{ and } name=kim)$

2. R 함수를 이용하여 다음 값을 계산하라.

11	12	15	16	18	20	21	17	14	18	19	11	16

❶ 위자료를 이용하여 벡터 v1을 생성하라.

❷ v1의 $\log_{10}()$을 구하라.

❸ v1 감마함수 값을 계산하라.

❹ 위자료의 최댓값을 구하라.

3. 다음 자료 -3, -2, -1, 0, 1, 2, 3을 이용하여 벡터 x를 만들고, x에 대해 $\frac{e^{x^2}}{\sqrt{\pi}}$을 구하라.

4. 평균을 구하는 함수 ave()를 만들고, 이 함수를 이용하여 v1의 평균을 구하라.

5. v1 원소 중에 짝수면 2, 짝수가 아니면 1 값을 가진 벡터 ev1을 만들어라.

6. x < 0 이면 -x를 출력하고 아니면 x를 출력하는 함수를 만들어라.

7. for문을 사용하여 1부터 10까지 합을 구하는 프로그램을 작성해보라.

8. 다음 프로그램을 실행하면 x, y는 어떤 값을 가지는가? 그 이유를 설명하라.

```
x <- 0
y <- 0
while(x<=5){
 x <- x + 1
 next
 y <- y + 1
}
```

9. 현재 사용 중인 객체 목록을 나열 해보라. 그리고 필요 없는 객체를 제거 하라.

PART 03

R의 자료구조

3.1. 벡터 _ • 벡터 생성 • 벡터 연산 • 벡터 조작 • NA, NULL, NaN 값 다루기

3.2. 행렬 _ • 행렬 생성 • 행렬 연산 • 행렬 조작 • 행과 열에 이름 붙이기

3.3. 배열

3.4. 리스트 _ • 리스트 생성 • 리스트 조작

3.5. 인자 _ • 인자 생성 • 인자 조작

3.6. 테이터 프레임 _ • 데이터 프레임 생성 • 데이터 프레임 조작

3.7. 입력/출력

PART 03

R의 자료구조

3.1. 벡터

벡터는 R에서 기본이 되는 자료구조이다. R에서는 하나의 숫자도 원소가 한 개인 벡터로 취급한다. 벡터를 구성하고 있는 원소들의 형태를 자료형(mode)라한다. 이 자료형의 종류에는 수치형(numerical), 논리형(logical), 문자형(character), 복소수형(complex), 그리고 인자(factor) 등이 있다. 수치형에는 정수형(integer)과 실수형(double)있다. mode()함수를 이용하면 벡터의 자료형을 확인할 수 있다. 벡터의 원소는 모두 같은 종류의 자료형을 가져야한다. 만약 벡터의 원소에 다른 형의 자료가 포함되면 논리형 〈 수치형 〈 복소수형 〈 문자형 순으로 강제 변환이 이루어진다.

다음 예를 보자. ①번 벡터 x의 원소는 모두 수치형으로 이루어져다. 따라서 x는 수치형 벡터이다. ②번 벡터 x의 원소는 모두 논리형으로 구성되었다. 그래서 x는 논리형이다. ③번 벡터 x의 원소는 논리형과 수치형으로 혼합되어 있다. 벡터의 원소는 모두 같은 자료형으로 이루어져야하기 때문에 논리형 원소가 수치형으로 변환되다. (TRUE → 1, FALSE → 0), 따라서 벡터 x의 자료형은 수치형이다. ④번 벡터 x의 원소는 문자형과 수치형으로 혼합되어 이루어졌다. 수치형 원소는 모두 문자형으로 변환된다. 따라서 벡터 x는 문자형이다. ⑤번은 우선순위가 가장 높은 문자형 벡터이다.

```
x <- c(1, 2, 3, 4, 5, 6, 7, 8, 9)                    # (1) 수치형
mode(x)
## [1] "numeric"
x
## [1] 1 2 3 4 5 6 7 8 9
x <- c(TRUE, FALSE)                                  # (2) 논리형
```

```
mode(x)
## [1] "logical"
x
## [1]  TRUE FALSE
x <- c(TRUE, FALSE, 1, 2, 3, 4)                    # (3) 수치형
mode(x)
## [1] "numeric"
x
## [1] 1 0 1 2 3 4
x <- c(1, 2, 3, 4, "January")                      # (4) 문자형
mode(x)
## [1] "character"
x
## [1] "1"    "2"    "3"    "4"    "January"
x <- c(FALSE, 1, 2, 3, "January")                  # (5) 문자형
mode(x)
## [1] "character"
x
## [1] "FALSE"  "1"    "2"    "3"    "January"
```

mode()함수, typeof(), 그리고 is.자료형() 함수를 이용하면 해당 값들의 자료형을 확인할 수 있다. 그리고 as.자료형()을 사용하면 자료형을 변환 할 수 있다.

다음 예를 보자. mode()와 typeof() 함수를 이용하여 벡터 x는 수치형 중에서도 double형이고, xx는 수치형 중에서도 integer형이라는 사실을 확인하였다. 함수 c()는 double 형을 만들었고, ":"는 integer형을 만들었다. 한편 y는 문자형이다. is.numeric() 함수를 사용하여 x와 y가 수치형인가를 검정하였다, 그 결과 x는 수치형이기 때문에 TRUE값이 출력되었다. 반면에 y는 문자형이기 때문에 FALSE값이 출력되었다. as.numeric() 함수를 이용하여 x를 문자형으로 y는 수치형으로 변환하였다. 그 결과 x가 문자형으로 변환되었다. 그러나 문자형이 수치형보다 우선순위가 높기 때문에 y는 수치형으로 변환하지 못하고 NA로 출력됨. R에서 NA는 결손 값을 의미한다.

```
x <- c(1, 2, 3, 4, 5, 6, 7)
x
## [1] 1 2 3 4 5 6 7
```

```
mode(x)                                          # mode()
## [1] "numeric"
typeof(x)                                        # typeof()
## [1] "double"
xx <- 1:7
xx
## [1] 1 2 3 4 5 6 7
mode(xx)
## [1] "numeric"
typeof(xx)
## [1] "integer"
y <- c("January", "February", "March")
mode(y)
## [1] "character"
typeof(y)
## [1] "character"
is.numeric(x)                                    # is.numeric()
## [1] TRUE
is.numeric(y)
## [1] FALSE
as.character(x)                                  # as.numeric()
## [1] "1" "2" "3" "4" "5" "6" "7"
as.numeric(y)
## Warning: 강제 형 변환에 의해 생성된 NA 입니다
## [1] NA NA NA
```

벡터는 길이(length), 원소들의 자료형(mode),그리고 이름(name) 세 가지 속성을 갖는다. 이러한 벡터의 속성을 알기 위해서 mode(), length(), 그리고 names() 함수를 이용할 수 있다.

다음 예제에서는 수치형 자료이고, 다섯 개의 원소로 이루어진 길이가 5인 벡터 x가 만들어 졌다. 그러나 각 원소에 이름은 지정하지 않았다. names()를 이용하여 각 원소에 "no", "mid", "fin", "rep", "sp"이라는 이름을 지정하였다. 또한 names()를 이용하여 벡터 원소의 이름을 확인할 수도 있다.

```
x <- c(20, 67, 56, 23, 45)                          # 벡터 만들기
mode(x)                                             # 벡터 원소의 자료형
## [1] "numeric"
length(x)                                           # 벡터 길이
## [1] 5
names(x)                                            # 벡터 원소에 이름 지정되지 않음
## NULL
names(x) <- c("no", "mid", "fin", "rep", "sp")      # 벡터 원소에 이름 붙이기
x
## no  mid  fin  rep  sp
## 20   67   56   23   45
names(x)                                            # 벡터 원소 이름 확인
## [1] "no"  "mid" "fin" "rep" "sp"
```

3.1.1. 벡터 생성

c(concatenate)() 함수를 사용하여 백터를 생성할 수 있다. 이미 앞에서 벡터를 생성하기 위해서 c() 함수를 이용한 예제를 많이 보았다. 패턴을 가지는 벡터를 만들기 위해서 함수 :, seq(), 그리고 rep() 등을 사용할 수 있다. 벡터의 길이를 확인하기 위해서 length()함수를 사용한다.

다음 예제를 통해서 위 함수들의 기능을 익혀보자.

```
a <- c(2, 5, 6, 3, 7, 8, 10)                        # c()
a
## [1]  2  5  6  3  7  8 10
length(a)                                           # length()
## [1] 7
b <- 2:10                                           # :
b
## [1]  2  3  4  5  6  7  8  9 10
c <- seq(2, 20, length = 4)                         # seq(a,b, length=n)
c
## [1]  2  8 14 20
d <- seq(2, 20, by = 2)                             # seq(a,b, by=c)
d
```

```
## [1]  2  4  6  8 10 12 14 16 18 20
e <- rep(1, 4)                          # rep(a, times=b)
e
## [1] 1 1 1 1
f <- rep(1:3, 3)                        # rep(a:b, times=c)
f
## [1] 1 2 3 1 2 3 1 2 3
g <- rep(c(12, 34, 56), 1:3)            # 12를 한 번,34를 두 번,56을 세 번 반복해서 생성
g
## [1] 12 34 34 56 56 56
unique(g)                               # unique()는 rep()에서 반복된 값을 제거
## [1] 12 34 56
```

위 결과에서 c()를 이용하여 길이가 7인 벡터 a를 생성하였다. ":"는 첫 번째 숫자부터 +1 혹은 -1 씩 증가 하면서 마지막 숫자까지의 숫자형 벡터를 생성한다. b는 2부터 1씩 증가하면서 20까지의 숫자로 생성된 벡터이다. seq(a,b, length=n) 함수는 a와 b 사이의 숫자로 길이가 n인 벡터를 만든다. c는 2와 20사이의 숫자를 이용하여 길이가 4인 벡터를 생성한 것이다. seq(a,b, by=c) 함수는 a와 b사이 숫자를 c씩 증가하면서 벡터를 생성한다. d는 2와 20사이에 있는 수를 2씩 증가하면서 형성된 벡터이다. rep(a, times=c) 함수는 a를 b번 반복해서 벡터를 만든다. e는 1을 4번 반복해서 만든 벡터이다. rep(a:b, times=c) 함수는 a:b를 c번 반복해서 벡터를 만든다. f는 1:3을 3번 반복해서 만들어진 벡터이다.

3.1.2. 벡터 연산

벡터끼리 연산할 수 있다. 이때는 서로 대응되는 각 요소끼리 연산한다. 연산을 할 때 벡터의 길이가 다른 경우, R은 길이가 짧은 벡터를 재사용하여 긴 벡터에 맞추도록 한다.

다음 예제를 보자.

```
x <- c(1, 2, 3, 4)
y <- c(5, 6, 7, 8)
z <- x + y                              # x,y 길이가 같다.
z
```

```
## [1]  6  8 10 12
u <- c(1, 2, 3, 4, 5, 6, 7, 8)
v <- x + u                                   # u 길이가 x 길이의 두 배.
v
## [1]  2  4  6  8  6  8 10 12
w <- c(1, 2, 3, 4, 5, 6)
t <- y + w                                   # w 길이가 y길이의 배수가 아님.
## Warning: 두 객체의 길이가 서로 배수관계에 있지 않습니다
t
## [1]  6  8 10 12 10 12
```

위 예제에서 x와 y는 길이가 같은 벡터이기 때문에 서로 대응되는 원소 끼리 더한 값을 원소로 하는 벡터 z를 생성하였다. 반면에 벡터 v에는 길이가 서로 다른 두 벡터 x와 u의 합을 대입하였다. 그러나 두 벡터는 길이가 다르기 때문에 서로 일대일 대응되는 원소가 존재하지 않는다. 이런 경우 R은 길이가 짧은 벡터 x를 반복 사용하여 길이가 긴 벡터 u와 일대일대응이 되도록 한다. 실제로 문장 v <- x + u는 c(1,2,3,4,1,2,3,4)+c(1,2,3,4,5,6,7,8)로 수행된다. 이때 긴 벡터 길이가 짧은 벡터 길이의 배수가 되지 않으면 "Warning: 두 객체의 길이가 서로 배수관계에 있지 않습니다."라는 경고가 출력된다. 벡터에서 사용할 수 있는 연산자는 다음 표와 같다.

연산자	내용	연산자	내용
x + y	덧셈	x == y	x=y인지 판단
x - y	뺄셈	x <= y	x가 y 보다 작거나 같은지 판단
x * y	곱셈	x >= y	x가 y 보다 큰거나 같은지 판단
x / y	나눗셈	x > y	x가 y 보다 큰지 판단
x^y	거듭제곱	x < y	x가 y 보다 작은지 판단
x %% y	나머지	!x	부정(논리적 연산자)
x %/% y	정수 나눗셈(몫)	x & y	부울 곱(and) (논리적 연산자)
x %o% y	외적	x && y	부울 곱(길이1인 벡터)and(논리적 연산자)
x %x% y	크로네커곱	x | y	부울 합(or)(논리적 연산자)
x %*% y	행렬곱	x || y	부울 합(or)(길이1인벡터)(논리적 연산자)

다음 예제를 통해서 연산자의 기능을 살펴보자.

```
a <- c(3, 5, 6, 7, 9, 10)
b <- c(4, 7, 6, 8, 9, 5)
d <- a * b                          # 곱
d
## [1] 12 35 36 56 81 50
e <- a^(1/3)                        # (a)^(1/3) 혹은 ∛a
e
## [1] 1.442 1.710 1.817 1.913 2.080 2.154
f <- a%%b                           # 나머지
f
## [1] 3 5 0 7 0 0
g <- a%/%b                          # 몫
g
## [1] 0 0 1 0 1 2
h <- a %o% b                        # 외적
h
##      [,1] [,2] [,3] [,4] [,5] [,6]
## [1,]   12   21   18   24   27   15
## [2,]   20   35   30   40   45   25
## [3,]   24   42   36   48   54   30
## [4,]   28   49   42   56   63   35
## [5,]   36   63   54   72   81   45
## [6,]   40   70   60   80   90   50
j <- a == b                         # 대응 원소가 같으면 TRUE 아니면 FALSE
j
## [1] FALSE FALSE  TRUE FALSE  TRUE FALSE
k <- a >= b                         # a의 원소 ≥ b의 원소 이면 TRUE 아니면 FALSE
k
## [1] FALSE FALSE  TRUE FALSE  TRUE  TRUE
l <- j & k                          # j 원소 TRUE이고 k 원소 TRUE 이면 TRUE 아니면
                                      FALSE
l
## [1] FALSE FALSE  TRUE FALSE  TRUE FALSE
m <- j && k                         # 각 벡터의 첫 번째 원소만 이용한 것과 동일
m
## [1] FALSE
```

```
n <- j | k                              # j 원소 FALSE= k 원소 FALSE 이면 FALSE 아니면
                                          TRUE
n
## [1] FALSE FALSE  TRUE FALSE  TRUE  TRUE
p <- j || k                             # 각 벡터의 첫 번째 원소만 이용한 것과 동일
p
## [1] FALSE
```

다음 예제는 if문의 조건은 "&"와 "|"아닌 "&&"와 "||"을 사용해야 한다는 것을 보여준다. 결과를 보면 &인 경우에는 if의 조건(j & k)이 벡터이기 때문에 "Warning: length > 1이라는 조건이 있고, 첫 번째 요소만이 사용될 것입니다."라는 경고가 출력되고, !(j & k)의 값이 TRUE이므로 aa에 3이 할당되었다. 반면에 &&를 사용한 경우는 조건(!(j && k)이 첫 번째 원소만 사용하였기 때문에 길이가 1인 벡터로 취급되었다. 그리고 !(j && k)값 TRUE기 때문에 s에 3이 대입 되었다.

```
if (!(j & k)) aa <- 3                   # 조건이 벡터로 주어짐.
## Warning: length > 1이라는 조건이 있고, 첫 번째 요소만이 사용될 것입니다
aa
## [1] 3
if (!(j && k)) s <- 3                   # 조건이 길이가 1인 벡터로 취급됨.(첫 번째 원소)
s
## [1] 3
```

R에서 제공되는 수학함수는 스칼라뿐만 아니라 벡터에서도 사용할 수 있다. 또한 R에는 벡터에 적용할 수 있는 많은 함수들이 제공된다. 다음 표는 벡터에서 사용할 수 있는 함수의 일부를 나타낸 것이다.

함수	내용
sqrt(x)	벡터의 각 원소들의 제곱근
exp(x)	벡터의 각 원소들의 지수함수 값
min(x)	벡터 원소들의 최소값
max(x)	벡터 원소들의 최대값

sum(x)	벡터 원소들의 합
cumsum(x)	벡터 원소들의 누적합
prod(x)	벡터 원소들의 곱
cumprod(x)	벡터 원소들의 누적곱
mean(x)	벡터 원소들의 평균
median(x)	벡터 원소들의 중앙값
var(x)	벡터 원소들의 분산
sd(x)	벡터 원소들의 표준편차
range(x)	벡터 원소들의 범위
quantile(x)	벡터 원소들의 최소, 최대, 중앙값, 제1사분위수, 제3사분위수
sort(x)	벡터 원소들의 정렬
order(x)	벡터 원소들의 정렬 된 값에 대한 원래 위치
rank(x)	벡터 원소들의 순위
pmin(x,y)	두 벡터의 서로 대응되는 각 원소끼리의 최소값들
pmax(x,y)	두 벡터의 서로 대응되는 각 원소끼리의 최대값들
which.min(x)	벡터 원소들의 최소값의 위치
which.max(x)	벡터 원소들의 최대값의 위치

다음 예제를 통해서 함수의 기능을 살펴보자.

```
x <- c(36, 25, 47, 81, 64)
x
## [1] 36 25 47 81 64
sqx <- sqrt(x)                                    # x의 제곱근
sqx
## [1] 6.000 5.000 6.856 9.000 8.000
habx <- sum(x)                                    # x의 합
habx
## [1] 253
cumhabx <- cumsum(x)                              # x의 누적합
cumhabx
## [1]  36  61 108 189 253
prodx <- prod(x)                                  # x의 곱
prodx
## [1] 219283200
cumprodx <- cumprod(x)                            # x의 누적곱
```

```
cumprodx
## [1]      36     900    42300  3426300 219283200
meanx <- mean(x)                                    # x의 평균
meanx
## [1] 50.6
xx <- rnorm(100)                                    # N(0,1)의 난수 100개
xx
## [1]    0.550322  -0.160408  0.365381   1.200241  -1.355147  -1.018551   0.143308
## [8]    0.739188  -0.907565  0.406501   0.668122   0.333683  -0.856976   0.047341
## [15]  -2.015806   0.155282  0.450344  -0.387421  -2.664244   0.399743  -0.004994
## [22]   0.217545   1.550527  1.619795  -1.406472   1.331209   0.249919  -0.206076
## [29]  -0.202927  -2.098504 -1.039393  -0.287971   2.082420   0.079031  -0.363884
## [36]  -1.308890   0.057172  0.040001   0.886527   0.199963  -0.870827  -0.587219
## [43]  -0.876450   1.586062 -1.807354  -0.564429  -1.579874   0.496031   0.339148
## [50]   0.388474   1.298239 -1.869892  -0.335896   0.995044  -0.261953   0.817045
## [57]   0.535228  -1.069075 -0.709169  -0.350286  -0.058632   1.568677   1.255253
## [64]  -0.063779   0.787532 -0.235746  -0.382558   0.208396  -0.883433  -1.091461
## [71]   1.051787  -0.117026  0.205781  -0.261043  -1.422643   1.922348  -0.802928
## [78]   0.229482  -1.304475 -0.671852   1.158390  -0.686453  -0.266832   0.966220
## [85]  -0.459701   0.995341  1.188570   1.716306   0.875165   0.898725   0.235065
## [92]  -1.362921  -1.295314 -1.385844   0.053551   1.833136   0.740837   0.325499
## [99]   1.436020   1.660457
quantilexx <- quantile(xx)                          # xx의 최소, 제1사분위수, 중앙값,
                                                      제3사분위수, 최대값
quantilexx
##        0%        25%       50%       75%      100%
##  -2.66424   -0.69213   0.05536   0.75251   2.08242
sortx <- sort(x)                                    # x의 정렬
sortx
## [1] 25 36 47 64 81
orderx <- order(x)                                  # x의 정렬된 값에 대한 원래벡터의 인덱스
orderx
## [1] 2 1 3 5 4
rankx <- rank(x)                                    # x의 순위
rankx
## [1] 2 1 3 5 4
y <- c(34, 78, 12, 23, 22)
y
## [1] 34 78 12 23 22
```

```
pminxy <- pmin(x, y)                          # 두 벡터 x, y 서로 대응 되는 원소끼리의 최소값
pminxy
## [1] 34 25 12 23 22
pmaxxy <- pmax(x, y)
pmaxxy
## [1] 36 78 47 81 64
which.minx <- which.min(x)                    # x 원소의 최소값 인덱스
which.minx
## [1] 2
```

3.1.3. 벡터 조작

"[ ]"를 이용하여 벡터를 조작할 수 있다. 생성한 벡터에 원소를 추가, 삭제, 변환할 수 있다. 그리고 특정 위치에 있는 값을 가져오거나 어떤 조건을 만족하는 원소를 골라낼 수도 있다. 또한 두 개 이상의 벡터를 결합할 수도 있다. 이러한 작업을 통해서 벡터를 조작할 수 있다.

벡터는 생성될 때 벡터의 크기가 결정되기 때문에 생성된 벡터를 조작하고자 한다면, 새로운 벡터에 할당해야한다. x[i]는 벡터 x의 i-번째 원소를 나타낸다. i는 벡터 원소의 위치를 나타내는 인덱스이다. i는 벡터를 취할 수도 있다. 즉 x[c(i,j,k)]는 벡터 x의 i,j,k-번째 원소를 의미한다. 반면에 x[-i]는 i-번째 원소를 삭제한다.

다음 예제에서는 먼저 길이가 5인 벡터 x를 만들었다. 그리고 첫째, 벡터 x의 두 번째 원소를 가져오고, 둘째, x의 두 번째, 네 번째 원소를 골라내고, 셋째, x의 두 번째 원소를 두 번 그리고 세 번째, 네 번째 원소를 추출하였다. 넷째, x의 두 번째 원소를 삭제하고, 다섯째, x의 첫 번째, 네 번째 원소를 삭제하고, 여섯째, x의 마지막 바로 앞의 원소(98)를 뺀 나머지 원소를 추출하였다. 마지막으로 x의 네 번째 원소와 다섯 번째 원소 사이에 100을 추가해서 새로운 벡터 y를 만들었다. 벡터 y에는 100이 포함되어 있는 것을 확인 할 수 있다. 반면에 결과를 y에 할당하지 않은 경우를 보면 벡터 x에 100을 추가하였으나, x는 기존 그대로 유지된다는 것을 볼 수 있다. 이 처럼 x를 조작하더라도, 원래 x는 변하지 않는 것을 확인할 수 있다.

```
x <- c(12, 45, 67, 98, 65)                    # x벡터 생성
x
## [1] 12 45 67 98 65
x[2]                                          # x의 두 번째 원소 값 반환
## [1] 45
x[c(2, 4)]                                    # x의 두 번째 원소와 네 번째 원소 반환
## [1] 45 98
x[c(2, 2, 3, 4)]                              # 같은 원소를 중복해서 골라냄
## [1] 45 45 67 98
x[-2]                                         # x의  두 번째 원소 삭제
## [1] 12 67 98 65
x                                             # x의 두 번째 원소를 삭제 했으나, 원래 x는 그래도 유지
## [1] 12 45 67 98 65
x[c(-1, -4)]                                  # x의  첫 번째 원소와 네 번째 삭제
## [1] 45 67 65
x
## [1] 12 45 67 98 65
xx <- x[-(length(x) - 1)]                     # x의 마지막 바로 앞의 원소(98)를 뺀 나머지 원소 반환
xx
## [1] 12 45 67 65
y <- c(x[1:4], 100, x[5])                     # x의 네 번째와 다섯 번째 원소 사이에 100을 추가하고
                                                새로운 벡터 y에 할당
y
## [1]  12  45  67  98 100  65
c(x[1:4], 100, x[5])
## [1]  12  45  67  98 100  65
x
## [1] 12 45 67 98 65
```

"[ ]"안에는 양의 벡터, 음의 벡터이외에도, 논리값, 함수, 문자형 벡터, 조건식 등 여러 가지 가 형태의 인덱스들이 올수 있다.

다음 예제에서는 먼저 길이가 10인 벡터 x를 만들었다. 그리고 첫째, x의 네 번째 값을 40으로 치환하였다. 둘째, 논리값 벡터를 인덱스로 사용하였다. TRUE에 대응되는 원소만 추출 된다. 여기서 길이가 2인 벡터 c(TRUE, FALSE)는 재사용돼 c(TRUE, FALSE, TRUE, FALSE, TRUE, FALSE, TRUE, FALSE)이 된다. 따라서 첫 번째,

세 번째, 다섯 번째, 일곱 번째, 그리고 아홉 번째 원소가 추출되었다. 셋째, 짝수 인덱스에 해당하는 원소만 가져왔다. 넷째, 원소 중 2의 배수만 뽑아서 z에 저장하였다. 다섯째, z 원소 중 7 미만인 원소를 A로 변경하였다. 따라서 z의 모든 원소가 문자형으로 바뀌었다. 여섯째, x의 첫 번째, 아홉 번째 원소를 10, 90으로 치환하였다. 일곱째, x의 첫 번째, 세 번째, 다섯 번째 원소의 합을 구하였다. 여덟째, x 원소 중 20보다 크고 50보다 작은 원소를 추출하였다. 아홉째, names() 함수를 이용하여 x의 각 원소에 이름을 지정하였다. 열째, x 원소 중 이름이 a, i, j인 원소를 가져왔다. 열한 번째, z 원소가 A와 일치하는 지를 검토하였다. 원소가 A이면 TRUE, 아니면 FALSE를 반환한다. 열두 번째, z 벡터를 이용해 추출 조건을 만들어 지만, 그 결과를 x에서 원소를 추출하는데 사용하였다. 열세 번째, x에서 원소를 추출하는데 z벡터를 이용하였다. 열네 번째, 인덱스로 any()함수를 이용하였다. any()는 주어진 벡터의 요소가 하나라도 TRUE이면 TRUE 값을 반환한다. x의 8번째 원소가 짝수이기 때문에 any()는 TRUE를 리턴 하였다. 따라서 if 조건식이 TRUE 이기 때문에 다음 문장이 수행되어 결과가 3, 5, 9로 출력되었다. 열다섯 번째, 인덱스로 all()함수를 이용하였다. all()은 주어진 벡터의 요소가 모두 TRUE이면 TRUE 값을 반환한다. x의 2, 4, 8번째 원소가 모두 짝수이기 때문에 all()은 TRUE를 리턴 하였다. 따라서 if 조건식이 TRUE 이기 때문에 다음 문장이 수행되어 결과가 3, 5, 9로 출력되었다

```
x <- c(1:10)
x
## [1] 1 2 3 4 5 6 7 8 9 10
x[4] <- 40                    # x의 네 번째 값을 40으로 치환
## [1] 1 2 3 40 5 6 7 8 9 10
y <- x[c(TRUE, FALSE)]        # 홀수 인덱스에 있는 원소 값만 추출
## [1] 1 3 5 7 9
yy <- x[c(FALSE, TRUE)]       # 짝수 인덱스에 있는 원소 값만 추출
yy
## [1] 2 40 6 8 10
z <- x[x%%2 == 0]             # x의 원소 중 2의 배수만 추출
z
## [1] 2 40 6 8 10
z[z < 7] <- "A"               # z 원소 중 7미만인 모든 원소를 A로 치환
z
## [1] "A"  "40" "A"  "8"  "10"
```

```
zz <- x[c(1, 9)] <- c(10, 90)                         # x의 첫째, 아홉째 원소를 10, 90으로 치환,
                                                         결과를 zz에 저장
zz
## [1] 10 90
x
## [1] 10  2  3 40  5  6  7  8 90 10
subsumx <- sum(x[c(1, 3, 5)])                         # x의 첫 번째 원소 + 세 번째 원소+ 다섯 번째 원소
subsumx
## [1] 18
x[x > 20 & x < 50]                                    # x의 원소 중 20과 50에 있는 원소 추출
## [1] 40
names(x) <- c("a", "b", "c", "d", "e", "f", "g", "h", "i", "j") # x의 각 원소에 이름 지정
x
##  a  b  c  d  e  f  g  h  i  j
## 10  2  3 40  5  6  7  8 90 10
x[c("a", "i", "j")]                                   # 이름이 a, i, j인 원소를 추출
##  a  i  j
## 10 90 10
zzz <- z == "A"                                       # z 원소가 A인지를 검토 A이면 TRUE, 아니면 FALSE
zzz
## [1]  TRUE FALSE  TRUE  FALSE FALSE
x[zzz]                                                # zzz를 인덱스로 사용
##  a  c  f  h
## 10  3  6  8
x[z == "A"]                                           # z를 인덱스로 사용
##  a  c  f  h
## 10  3  6  8
x <- c(1:10)
if (any(x[c(1, 3, 8)]%%2 == 0)) x[c(2, 4, 8)] + 1     # any 이용
## [1] 3 5 9
if (all(x[c(2, 4, 8)]%%2 == 0)) x[c(2, 4, 8)] + 1     # all 이용
## [1] 3 5 9
```

3.1.4. NA, NULL, NaN 값 다루기

R에서 누락된 값은 NA로 나타낸다. 반면에 값이 없는 경우에 NULL로 표시한다. NA는 벡터의 원소가 되지만, NULL은 벡터의 원소가 아니다. NA는 크기가 1인 벡터지만, NULL은 크기가 0이다. NaN은 수치가 아닌 값을 나타낸다.

다음 예제를 통해서 NA와 NULL의 특징을 살펴보자. null 벡터는 R에서 비어 있는 값을 나타내는 NULL값으로 출력되었다. na 벡터는 결손치를 나타내는 NA값으로 출력되었다. 따라서 nullx에는 (1,2,3)만 할당 되었고, nullx 원소의 합은 6이고, nullx의 크기는 3이다. 반면에 NA는 nax의 원소에 포함되었고, NA 값을 모르기 때문에 합을 계산할 수 없어서 결과가 NA로 출력되었다. 그러나 NA를 제거하고 난 후 나머지 원소들의 합을 계산할 수 있다. 또한 nax의 길이는 4이다. NULL은 어떤 형식도 취하지 않는다. 반면에 NA의 자료형은 기본적으로 논리형이지만, 벡터의 형식에 따라 다양한 형식을 갖는다.

```
null <- c()
null
## NULL
length(null)
## [1] 0
na <- c(NA)
na
## [1] NA
length(na)
## [1] 1
nullx <- c(1, 2, 3, NULL)                    # nullx 생성
nullx                                        # nullx 에서 NULL은 존재하지 않음
## [1] 1 2 3
sum(nullx)                                   # nullx 원소 합
## [1] 6
length(nullx)                                # nullx 벡터 크기
## [1] 3
nax <- c(1, 2, 3, NA)                        # nax 생성
nax                                          # NA는 nax의 원소
## [1]  1  2  3 NA
sum(nax)                                     # nax 합
## [1] NA
sum(nax, na.rm = TRUE)                       # NA 제거 후 nax 합
## [1] 6
length(nax)                                  # nax 크기
## [1] 4
length(NULL)                                 # NULL 크기
```

```
## [1] 0
length(NA)                              # NA 크기
## [1] 1
mode(NULL)                              # NULL의 자료형
## [1] "NULL"
mode(NA)                                # NA의 자료형
## [1] "logical"
naxx <- c(1, 2, 3, NA)
mode(naxx[4])                           # 수치형에 대해서 NA 수치형
## [1] "numeric"
naxxx <- c("a", "b", NA)
mode(naxxx[3])                          # 문자형에 대해서 NA 문자형
## [1] "character"
log(-9)                                 # NaN
## Warning: NaN이 생성 되었습니다
## [1] NaN
1/0                                     # Inf
## [1] Inf
```

다음 예제와 같이 NULL은 원소를 반복해서 추가 하면서 벡터를 생성할 때 사용할 수 있다. evenodd()는 주어진 자료를 짝수와 홀수로 분리해서 각각 even벡터와 odd벡터를 생성하는 함수이다.

```
evenodd <- function(x) {
  even <- NULL
  odd <- NULL
  for (i in 1:length(x)) {
    if (x[i]%%2 == 0) {
      even <- c(even, x[i])
    } else {
      odd <- c(odd, x[i])
    }
  }
  cat("Even ;", even, "\n", "Odd;", odd)
}
x <- c(20, 24, 23, 45, 57, 55, 34, 88, 77, 23)
evenodd(x)
```

```
## Even ; 20 24 34 88
## Odd; 23 45 57 55 77 23
```

subset(), which() 함수를 이용하여 벡터를 조작할 수도 있다.

다음 예제를 통해서 subset와 which의 기능을 살펴보자. 벡터에 결손치 NA가 포함되어 있을 때 subset을 이용하면, NA를 무시한 실행 결과를 얻을 수 있다. which는 어떤 조건을 만족하는 원소의 위치를 반환하는 함수이다.

```
x <- c(20:30, 10, NA, 40)
x
## [1] 20 21 22 23 24 25 26 27 28 29 30 10 NA 40
x[x > 35]
## [1] NA 40
y <- subset(x, x > 35)
y
## [1] 40
which(x%%2 != 0)
## [1]  2  4  6  8 10
```

c()나 append()를 이용하면 두 개 이상의 벡터를 결합할 수 있다. z는 c()을 이용해서 두 벡터 x, y를 결합한 것이고, z1은 append()함수를 사용한 것이다. 연산자 ==와 all() 혹은 identical()함수를 사용하여 두 벡터 z와 z1이 동일한지를 검토하였다.

```
x <- c(1, 3, 5, 7, 9)
x
## [1] 1 3 5 7 9
y <- c(2, 4, 6, 8, 10)
y
## [1]  2  4  6  8 10
z <- c(x, y)                                # c() 이용
z
## [1]  1  3  5  7  9  2  4  6  8 10
z1 <- append(x, y)                          # append() 이용
z1
```

```
## [1] 1 3 5 7 9 2 4 6 8 10
z == z1
## [1] TRUE TRUE TRUE TRUE TRUE TRUE TRUE TRUE TRUE TRUE
all(z == z1)
## [1] TRUE
identical(z, z1)
## [1] TRUE
```

3.2. 행렬

행렬은 행의 차원과 열의 차원을 추가적으로 갖는 벡터이다. 따라서 벡터와 다른 점은 차원이라는 속성을 갖는 이차원 자료구조이다. 행렬도 벡터이므로 수치형, 문자형, 그리고 논리형 등을 자료를 원소로 사용할 수 있고, 행렬의 원소들은 한 가지 유형의 자료만 허용된다. 행렬의 속성은 벡터의 속성인 자료형(mode), 길이(length), 이름에 차원(dim)이 추가되었다. 행렬에서 이름은 차원이름(dimnames)이다. 행렬의 첫 번째 원소의 인덱스는 [1,1]로 표시된다.

3.2.1. 행렬 생성

matrix(), rbind(), 그리고 cbind() 함수 등을 이용하면 행렬을 만들 수 있다.

다음 예를 통해서 matrix() 함수를 사용하는 방법을 익혀보자. xmatrix 행렬과 같이 인수를 지정하지 않으면, 열이 하나인 행렬을 만들어 준다. 이 사실에서 R에서는 열 우선으로 원소가 배치되는 것을 알 수 있다. 따라서 사용자가 원하는 형태의 행렬을 만들기 위해서는 nrow(행의 개수), ncol(열 개수), byrow 등의 인수를 사용해야 한다. ymatrix 행렬은 2×2 행렬이다. 이 문장을 실행하면 1열에 (2,4)를 배치하고, 나머지 (5,6)을 2열에 할당한다. zmatrix 행렬은 4×2 행렬이다. 1열에 (2,4,5,6)을 배치하고, 나머지 (7,8,9,10)은 2열에 할당한다. zzmatrix 행렬도 역시 4×2 행렬이다. 그러나 byrow=TRUE이기 때문에 행 우선 배열 행렬로 바뀌었다. 즉 1행에 (2,4), 2행에 (5,6), 3행에 (7,8), 그리고 4행에 (9,10)을 배치한다. byrow=FALSE(디폴트)이면 열 우선 배열 행렬이다.

```
xmatrix <- matrix(c(2, 4, 5, 6))
xmatrix
##      [,1]
## [1,]    2
## [2,]    4
## [3,]    5
## [4,]    6
ymatrix <- matrix(c(2, 4, 5, 6), ncol = 2)
ymatrix
##      [,1] [,2]
## [1,]    2    5
## [2,]    4    6
zmatrix <- matrix(c(2, 4, 5, 6, 7, 8, 9, 10), nrow = 4, ncol = 2)
zmatrix
##      [,1] [,2]
## [1,]    2    7
## [2,]    4    8
## [3,]    5    9
## [4,]    6   10
zzmatrix <- matrix(c(2, 4, 5, 6, 7, 8, 9, 10), nrow = 4, ncol = 2, byrow = TRUE)
zzmatrix
##      [,1] [,2]
## [1,]    2    4
## [2,]    5    6
## [3,]    7    8
## [4,]    9   10
```

rbind()와 cbind()를 이용해서 행렬을 만들어 보자. rbind와 cbind는 행렬을 결합하는 함수이다. rbind는 행 결합 함수이고, cbind는 열 결합 함수이다. rbind는 행 우선 배열 행렬, cbind는 열 우선 배열 행렬을 만든다.

```
rc1 <- c(2, 4, 5, 6)
rc2 <- c(7, 8, 9, 10)
cmatrix <- cbind(rc1, rc2)
cmatrix
##      rc1 rc2
```

```
## [1,]  2  7
## [2,]  4  8
## [3,]  5  9
## [4,]  6 10
rmatrix <- rbind(rc1, rc2)
rmatrix
##      [,1] [,2] [,3] [,4]
## rc1    2    4    5    6
## rc2    7    8    9   10
```

attr()과 dim() 함수를 이용하여 행렬을 만들어 보자. attr()은 객체의 속성을, dim()은 객체의 차원을 설정하는 함수이다. attr(x, “dim”) <- c(5,2)와 dim(x) <- c(5,2)는 같은 결과를 가져온다.

```
x <- c(20:49)
attr(x, "dim") <- c(6, 5)
x
##      [,1] [,2] [,3] [,4] [,5]
## [1,]   20   26   32   38   44
## [2,]   21   27   33   39   45
## [3,]   22   28   34   40   46
## [4,]   23   29   35   41   47
## [5,]   24   30   36   42   48
## [6,]   25   31   37   43   49
y <- c(20:49)
dim(y) <- c(6, 5)
y
##      [,1] [,2] [,3] [,4] [,5]
## [1,]   20   26   32   38   44
## [2,]   21   27   33   39   45
## [3,]   22   28   34   40   46
## [4,]   23   29   35   41   47
## [5,]   24   30   36   42   48
## [6,]   25   31   37   43   49
identical(x, y)
## [1] TRUE
```

diag() 함수를 이용하여 대각행렬과 단위행렬을 만든다. diag() 함수는 대각행렬을 만들거나, 행렬에서 대각원소를 추출하는 함수이다. diag() 함수의 인수가 수치이면 그 수치는 단위행렬의 차원을 나타내고, 벡터이면, 벡터가 대각행렬의 대각선 원소가 된다.

```
unitmatrix <- diag(4)                          # 4×4 단위행렬
unitmatrix
##        [,1]  [,2]  [,3]  [,4]
## [1,]    1     0     0     0
## [2,]    0     1     0     0
## [3,]    0     0     1     0
## [4,]    0     0     0     1
x <- c(1:4)
diagmatrix <- diag(x)                          # 대각선 원소가 (1,2,3,4)인 행렬
diagmatrix
##        [,1]  [,2]  [,3]  [,4]
## [1,]    1     0     0     0
## [2,]    0     2     0     0
## [3,]    0     0     3     0
## [4,]    0     0     0     4
```

3.2.2. 행렬 연산

행렬에서 사용하는 일반적인 연산을 몇 가지 살펴보자.

다음 예제에서 보는 봐와 같이 일반적인 연산이 행렬에도 적용된다는 것을 알 수 있다.

```
amatrix <- matrix(c(1, -4, 7, -2, 5, 6, 3, 6, -9), nrow = 3)
amatrix
##        [,1]    [,2]    [,3]
## [1,]    1      -2       3
## [2,]   -4       5       6
## [3,]    7       6      -9
bmatrix <- matrix(c(2, 5, -6, 1, -4, 2, -3, 8, 7), nrow = 3, byrow = TRUE)
bmatrix
##        [,1]    [,2]    [,3]
```

```
## [1,]    2     5    -6
## [2,]    1    -4     2
## [3,]   -3     8     7
habmatrix <- amatrix + bmatrix          # 행렬의 각 원소 끼리 합(행렬 합)
habmatrix
##      [,1]  [,2]  [,3]
## [1,]    3     3    -3
## [2,]   -3     1     8
## [3,]    4    14    -2
dubeamatrix <- 2 * amatrix              # 행렬의 각 원소를 2배
dubeamatrix
##      [,1]  [,2]  [,3]
## [1,]    2    -4     6
## [2,]   -8    10    12
## [3,]   14    12   -18
abmatrix <- amatrix * bmatrix           # 행렬의 각 원소 끼리 곱
abmatrix
##      [,1]  [,2]  [,3]
## [1,]    2   -10   -18
## [2,]   -4   -20    12
## [3,]  -21    48   -63
prodmatrix <- amatrix %*% bmatrix       # 행렬의 곱
prodmatrix
##      [,1]  [,2]  [,3]
## [1,]   -9    37    11
## [2,]  -21     8    76
## [3,]   47   -61   -93
sqrt(amatrix)                           # 원소의 제곱근 (음수에 대해서 NaN 생성)
## Warning: NaN이 생성되었습니다
##       [,1]   [,2]   [,3]
## [1,] 1.000    NaN  1.732
## [2,]   NaN  2.236  2.449
## [3,] 2.646  2.449    NaN
amatrix^2                               #원소의 거듭 제곱
##      [,1]  [,2]  [,3]
## [1,]    1     4     9
## [2,]   16    25    36
## [3,]   49    36    81
```

3.2.3. 행렬 조작

행렬도 벡터이기 때문에 벡터와 동일하게 조작을 할 수 있다. 그러나 행렬은 이차원 구조이므로 행렬[행 인덱스, 열 인덱스] 형태로 지정한다.

다음 예제에서 행렬 조작 몇 가지를 살펴보자.

```
m <- matrix(c(4, 3, 6, 2, 6, 4), nrow = 2)
m
##        [,1]   [,2]   [,3]
## [1,]    4      6      6
## [2,]    3      2      4
m[2, 3]                                      # m의 2행 3열의 원소
## [1] 4
m[1, ]                                       # m의 1행(벡터 형태로 출력)
## [1] 4 6 6
m[, c(1, 3)]                                 # m의 1,3 열
##        [,1]   [,2]
## [1,]    4      6
## [2,]    3      4
m[1:2, 3]                                    # m의 1,2 행과 3열
## [1] 6 4
m[1:2, c(1, 3)]                              # m의 1,2 행과 1,3 열
##        [,1]   [,2]
## [1,]    4      6
## [2,]    3      4
m[, c(1, 3)] <- matrix(c(1, 2, 4, 5), nrow = 2)    # m의 1,3열에 (1 4; 2 5)를 할당
m
##        [,1]   [,2]   [,3]
## [1,]    1      6      4
## [2,]    2      2      5
m[1, , drop = FALSE]                         # 원래 자료구조(행렬)대로 출력
##        [,1]   [,2]   [,3]
## [1,]    1      6      4
m <- m[, -2]                                 # 2열 삭제한 행렬 m에 할당
m
##        [,1]   [,2]
## [1,]    1      4
```

```
## [2,]    2    5
m[, c(TRUE, FALSE)]                          # 인덱스를 논리값으로 이용(m의 1열)
## [1] 1 2
m[cbind(c(1, 2), 2:1)]                       # 행렬 (1 2; 2 1)를 인덱스로 사용
## [1] 4 2
```

"[,]" 안에는 양의 벡터, 음의 벡터이외에도, 논리값, 함수, 문자형 벡터, 행렬, 조건식 등 여러 가지 가 형태의 인덱스들이 올수 있다.

다음 예제에서 첫째, 논리값을 인덱스로 사용했을 경우에는 TRUE에 대응되는 원소만 추출된다. 따라서 m의 1열이 출력되었다. 둘째, cbind가 수행되면 행렬 $\begin{pmatrix} 1 & 2 \\ 2 & 1 \end{pmatrix}$이 만들어 지고, 이것을 인덱스로 사용하여 [1,2], [2,1]에 해당하는 원소를 출력한다. 셋째, 2열의 원소가 음수인지를 확인하고, 음수 이면 TRUE, 아니면 FALSE 값을 반환한다. 그 결과를 i에 할당하였다. 넷째 i를 인덱스로 이용하여 1,2행을 추출하였다. 다섯째, m[,2] 〈 0를 인덱스로 사용하였다. 결과는 넷째와 같다. 여섯째, 3열에서 짝수인 원소를 갖는 행을 x에 할당하였다. 여기서 drop은 행렬의 차원을 삭제하는 인자이다. 따라서 drop =TRUE(디폴트)이면, 행렬에서 차원이 삭제되어 벡터가 된다. 반면에 drop=FALSE이면, 차원이 그대로 유지되기 때문에 원래 행렬 구조를 유지하게 된다. 이처럼 행렬조작과정에서 자료구조가 변형이 되면 프로그램 실행 결과에 영향을 줄 수도 있다. cbind(m,x)와 cbind(m,y)의 결과에서 확인할 수 있다. 일곱째, m[2,] 〈 0은 2행 원소가 음수인가를 검토하여 (FALSE, TRUE, FALSE)를 리턴하고, m[,3] 〉 2는 3열 원소가 2보다 큰지를 검정하여 (TRUE, TRUE, TRUE)를 리턴하였다. 이 두 결과를 &로 연결하여 (FALSE, TRUE, FALSE)를 얻었다. 따라서 2열 원소를 반환하였다. 여덟째, 1행 원소 중에서 2보다 큰 원소의 위치를 나타내었다. 아홉째, 1행에서 2보다 큰 원소의 인덱스에 해당하는 행을 가져왔다.

```
m
##        [,1]   [,2]
## [1,]    1    4
## [2,]    2    5
m[, c(TRUE, FALSE)]                          # 인덱스를 논리값으로 이용(m의 1열)
## [1] 1 2
```

```
m[cbind(c(1, 2), 2:1)]                                  # 행렬 (1 2 / 2 1)를 인덱스로 사용
## [1] 4 2
m <- matrix(c(1, 2, 3, -2, -1, 0, 6, 5, 3), nrow = 3)
m
##        [,1]  [,2]  [,3]
## [1,]    1    -2     6
## [2,]    2    -1     5
## [3,]    3     0     3
i <- m[, 2] < 0                                         # 2열의 원소들 < 0 이면 TRUE, 아니면 FALSE
i
## [1]  TRUE  TRUE FALSE
m[i, ]                                                  # i가 TRUE인 1,2행을 반환
##        [,1]  [,2]  [,3]
## [1,]    1    -2     6
## [2,]    2    -1     5
m[m[ ,2] < 0, ]                                         # m[ ,2] < 0를 만족하는 행들을 가져옴
##        [,1]  [,2]  [,3]
## [1,]    1    -2     6
## [2,]    2    -1     5
x <- m[m[, 3]%%2 == 0, , drop = FALSE]                  # 3열에서 짝수인 행들을 x에 할당, x는 행렬
x
##        [,1]  [,2]  [,3]
## [1,]    1    -2     6
y <- m[m[, 3] %% 2 == 0, ]                              # 3열에서 짝수인 행을 y에 할당, y는 벡터
y
## [1]  1 -2  6
cbind(m, x)                                             # 행렬 m과 x를 결합, 두 행렬이 행 개수가
                                                        #   일치하지 않아 오류발생
## Error: 각각의 행렬이 가진 행의 개수는 반드시 서로 일치해야 합니다 (인자
## 2를 참고하세요)
cbind(m, y)                                             # 행렬 m과 벡터 y를 결합, m과 y가 자료구조가
                                                        #   다르기 때문에 임의로 결합
##           y
## [1,] 1 -2 6  1
## [2,] 2 -1 5 -2
## [3,] 3  0 3  6
m[ , m[2, ] < 0 & m[ ,3] > 2]                           # 2행에서 음수이고 3열에서 2보다 큰 인덱스에
                                                        #   해당하는 열을 가지고 옴
## [1] -2 -1  0
```

```
which(m[1, ] > 2)                    # 1행에서 2보다 큰 원소의 인덱스
## [1] 3
subset(m, m[1, ] > 2)                # 1행에서 2보다 큰 원소의 인덱스에 해당하는
                                       행을 가져옴
##      [,1] [,2] [,3]
## [1,]    3    0    3
```

apply() 함수를 이용하면 행/열 연산을 할 수 있다. apply() 함수의 용법은 다음과 같다.

```
apply(m, MARGIN, FUN, fargs...)
m : 행렬, MARGIN=1 이면 행, 2이면 열을 나타낸다, c(1,2)이면 각 원소에 함수 적용.
FUN : 행/열에 적용할 함수, fargs : 함수의 인자
```

다음 예제에서 apply() 함수를 이용한 행/열 연산을 살펴보자. rowmean과 colmean에서 사용한 mean은 R에서 제공하는 벡터 원소들의 평균을 계산하는 함수이다. 그러나 average는 사용자가 정의한 평균 계산 프로그램이다. 마지막 apply 함수에서는 function(x) {x + c(1:4)}을 인자로 사용하였다. 마지막 apply 함수의 실행 결과를 보면 (1,2,3,4)+(1,2,3,4)=(2,4,6,8)을 1열에 할당하고, (−3,−2,−1,0)+(1,2,3,4)= (−2,0,2,4)를 2열에 할당하였다. 나머지 행에 대한 결과도 마찬가지다. apply 계산 결과가 열에 할당되는 것은 apply 문장의 특징이다. 전치행렬을 사용하면 계산 결과가 행에 할당된 행렬을 얻을 수 있다. t()는 전치행렬을 구하는 함수이다.

```
applym <- matrix(c(1:4, -3:-1, 0, 5, 2, 6, 5, 3, -6, 7, -4), nrow = 4, byrow =  TRUE)
applym
##      [,1] [,2] [,3] [,4]
## [1,]    1    2    3    4
## [2,]   -3   -2   -1    0
## [3,]    5    2    6    5
## [4,]    3   -6    7   -4
rowmean <- apply(applym, 1, mean)                  # 행 평균
rowmean
## [1]  2.5 -1.5  4.5  0.0
cbind(applym, rowmean)
##                  rowmean
## [1,]  1  2  3  4     2.5
```

```
## [2,]   -3    -2   -1    0     -1.5
## [3,]    5     2    6    5      4.5
## [4,]    3    -6    7   -4      0.0
colmean <- apply(applym, 2, mean)                                    # 열 평균
colmean
## [1] 1.50 -1.00  3.75  1.25
rbind(applym, colmean)
##          [,1]   [,2]   [,3]    [,4]
##           1.0     2    3.00    4.00
##          -3.0    -2   -1.00    0.00
##           5.0     2    6.00    5.00
##           3.0    -6    7.00   -4.00
## colmean  1.5   -1  3.75  1.25
cbind(rbind(applym, col = colmean), row = c(rowmean, mean(colmean)))
##                                         row
##        1.0     2     3.00     4.00    2.500
##       -3.0    -2    -1.00     0.00   -1.500
##        5.0     2     6.00     5.00    4.500
##        3.0    -6     7.00    -4.00    0.000
## col    1.5    -1     3.75     1.25    1.375
average <- function(x) {                                             # average 함수 정의
  sum(x)/length(x)
}
apply(applym, 1, average)                                            # 정의 된 average를 이용해서 행 평균 계산
## [1] 2.5 -1.5 4.5 0.0
app <- apply(applym, 1, function(x) {x + c(1:4)}) # function(x) {x + c(1:4)}을 사용
app
##        [,1]  [,2]  [,3]  [,4]
## [1,]    2    -2     6     4
## [2,]    4     0     4    -4
## [3,]    6     2     9    10
## [4,]    8     4     9     0
t(app)                                                               # app의 전치행렬
##        [,1]   [,2]   [,3]   [,4]
## [1,]    2      4      6      8
## [2,]   -2      0      2      4
## [3,]    6      4      9      9
## [4,]    4     -4     10      0
```

기존 행렬에 행 또는 열을 추가하거나 삭제하는 방법은 새로운 행렬을 만든 후 기존 행렬에 재 할당하는 방법으로 해야 한다. 벡터에서 원소를 추가하고 삭제하는 방법과 동일하다. 벡터와 행렬을 새로 생성하는데 시간이 많이 걸리기 때문에 신중히 고려해야한다. rbind와 cbind 함수를 이용하여 행/열을 삽입하거나, 추가할 수 있다.

```
m <- matrix(c(3, -6, 7, 8, -4, 1, 9, 5, -8, 6, 4, 9), nrow = 3)
m
##      [,1] [,2] [,3] [,4]
## [1,]    3    8    9    6
## [2,]   -6   -4    5    4
## [3,]    7    1   -8    9
m[1, 2] <- 10                                # [1,2] 원소를 10으로 치환
m
##      [,1] [,2] [,3] [,4]
## [1,]    3   10    9    6
## [2,]   -6   -4    5    4
## [3,]    7    1   -8    9
m <- m[, -3]                                 # 3행 삭제
m
##      [,1] [,2] [,3]
## [1,]    3   10    6
## [2,]   -6   -4    4
## [3,]    7    1    9
m <- m[2:3, ]                                # 2,3 행 추출
m
##      [,1] [,2] [,3]
## [1,]   -6   -4    4
## [2,]    7    1    9
m <- rbind(m[1, ], c(3, -6, 7), m[2, ])      # 1행과 2행 사이에 (3,-6,7) 삽입
m
##      [,1] [,2] [,3]
## [1,]   -6   -4    4
## [2,]    3   -6    7
## [3,]    7    1    9
m <- cbind(m[, 2], c(3, 0, 3), m[, 3])       # 2열과 3열 사이에 (3,0,3) 삽입
m
##      [,1] [,2] [,3]
```

```
## [1,]   -4    3    4
## [2,]   -6    0    7
## [3,]    1    3    9
m <- rbind(m, c(1, 2, 3))                          # (1,2,3) 행 추가
m
##        [,1]  [,2]  [,3]
## [1,]   -4    3    4
## [2,]   -6    0    7
## [3,]    1    3    9
## [4,]    1    2    3
m <- cbind(m, c(1, 2, 3, 4))                       # (1,2,3,4) 열 추가
m
##        [,1]  [,2]  [,3]  [,4]
## [1,]   -4    3    4    1
## [2,]   -6    0    7    2
## [3,]    1    3    9    3
## [4,]    1    2    3    4
```

3.2.4. 행과 열에 이름 붙이기

rownames(), colnames(), 그리고 matrix 함수의 dimnames 인자를 이용하여 행과 열의 이름을 붙일 수 있다.

```
m <- matrix(c(3, -6, 7, 8, -4, 1, 9, 5, -8, 6, 4, 9), nrow = 3)
m
##        [,1]  [,2]  [,3]  [,4]
## [1,]    3    8    9    6
## [2,]   -6   -4    5    4
## [3,]    7    1   -8    9
colnames(m) <- c("col1", "col2", "col3", "col4")           # 열이름
rownames(m) <- c("row1", "row2", "row3")                    # 행이름
m
##       col1  col2  col3  col4
## row1   3     8     9     6
## row2  -6    -4     5     4
## row3   7     1    -8     9
m <- matrix(c(3, -6, 7, 8, -4, 1, 9, 5, -8, 6, 4, 9), nrow = 3,
```

```
      dimnames = list(c("row1","row2", "row3"), c("col1", "col2", "col3", "col4")))
m
##         col1  col2  col3  col4
## row1    3     8     9     6
## row2   -6    -4     5     4
## row3    7     1    -8     9
```

3.3. 배열

배열(array)은 3차원 이상의 차원을 갖는 자료 구조이다. 행렬을 다차원으로 확장한 것이다. array() 함수를 이용해서 배열을 생성할 수 있다. 형식은 다음과 같다.

```
array(data=x, dim= , dimnames=)
```

다음 예제를 통해서 array(), dim(), 그리고 attr() 함수를 이용하여 배열을 생성하는 방법과 각 차원에 이름을 지정하는 방법을 알아보자, xarra 벡터를 생성하였다. xarra에 할당된 자료를 이용하여 2×2×2 배열을 만들기 위해서 array 함수를 이용하였다. array 함수의 인자 data=xarra, dim=c(2,2,2)을 지정하였다. 그리고 각 차원의 이름을 지정하기 위해서 인자 dimnames=list(c("row1", "row2"), c("col1","col2"), c("arr1", "arr2"))를 정의하였다. 여기서 list는 다음 섹션에서 자세히 설명하겠다. is.array와 dim 함수를 이용하여 arra가 2×2×2 배열임이 확인되었다. xarra 벡터에 dim() 함수나 attr() 함수를 이용하여 차원 c(2,2,2)을 부여하면, xarra가 배열로 변환된다. 두 벡터 mid와 fina을 이용하여 2×3×2 배열을 생성하고, rownames()와 colnames()를 이용하여 행과 열에 이름을 지정하였다. 배열 arra에서 속성 dim을 없애면, arra는 벡터로 변환하다. is.array, is.vector, 그리고 dim 함수를 이용하여 arra가 벡터로 변환된 것을 확인하였다.

```
xarra <- c(28, 45, 31, 60, 30, 25, 50, 80)                # xarra 생성
xarra
## [1] 28 45 31 60 30 25 50 80
```

```
arra <- array(xarra, dim = c(2, 2, 2), dimnames = list(c("row1", "row2"), c("col1",
       "col2"), c("arr1", "arr2")))                                # array 사용
arra
## , , arr1
##
##        col1  col2
## row1   28    31
## row2   45    60
##
## , , arr2
##
##        col1  col2
## row1   30    50
## row2   25    80
is.array(arra)                                                     # arra가 배열인지 검정
## [1] TRUE
dim(arra)                                                          # arra의 차원
## [1] 2 2 2
dim(xarra) <- c(2, 2, 2)                                           # dim 사용
xarra
## , , 1
##
##        [,1]  [,2]
## [1,]   28    31
## [2,]   45    60
##
## , , 2
##
##        [,1]  [,2]
## [1,]   30    50
## [2,]   25    80
attr(xarra, "dim") <- c(2, 2, 2)                                   # attr 사용
xarra
## , , 1
##
##        [,1]  [,2]
## [1,]   28    31
## [2,]   45    60
##
```

```
## , , 2
##
##       [,1]  [,2]
## [1,]  30    50
## [2,]  25    80
mid <- c(23, 25, 12, 25, 29, 27)
fina <- c(21, 29, 20, 22, 20, 26)
arrmidfina <- array(data = c(mid, fina), dim = c(2, 3, 2))
arrmidfina
## , , 1
##
##       [,1]  [,2]  [,3]
## [1,]  23    12    29
## [2,]  25    25    27
##
## , , 2
##
##       [,1]  [,2]  [,3]
## [1,]  21    20    20
## [2,]  29    22    26
rownames(arrmidfina) <- c("Park", "Lee")                 # 행 이름
colnames(arrmidfina) <- c("Math", "Eng", "Kor")          # 열 이름
arrmidfina
## , , 1
##
##       Math  Eng  Kor
## Park   23   12   29
## Lee    25   25   27
##
## , , 2
##
##       Math  Eng  Kor
## Park   21   20   20
## Lee    29   22   26
attr(arra, "dim") <- NULL                                # dim 속성을 없앰
arra
## [1] 28 45 31 60 30 25 50 80
is.array(arra)                                           # arra가 배열인지 검정
## [1] FALSE
```

```
is.vector(arra)                              # arra가 벡터인지 검정
## [1] TRUE
dim(arra)                                    # arra의 차원
## NULL
```

배열도 벡터, 행렬과 마찬가지로 여러 가지 연산이 가능하다.

다음 예제에서 배열 연산 몇 가지를 살펴보자. %*%은 행렬에서는 행렬의 곱이지만, 배열에서는 배열의 각 원소끼리의 곱의 합을 구한다.

```
mid <- c(23, 25, 12, 25, 29, 27, 26, 12)
array1 <- array(mid, dim = c(2, 2, 2))
array1
## , , 1
##
##       [,1]  [,2]
## [1,]   23    12
## [2,]   25    25
##
## , , 2
##
##       [,1]  [,2]
## [1,]   29    26
## [2,]   27    12
fina <- c(21, 29, 20, 22, 20, 26, 27, 28)
array2 <- array(fina, dim = c(2, 2, 2))
array2
## , , 1
##
##       [,1]  [,2]
## [1,]   21    20
## [2,]   29    22
##
## , , 2
##
##       [,1]  [,2]
## [1,]   20    27
## [2,]   26    28
array1 + array2                                  # 배열 원소끼리의 합
```

```
## , , 1
##
##       [,1]  [,2]
## [1,]    44    32
## [2,]    54    47
##
## , , 2
##
##       [,1]  [,2]
## [1,]    49    53
## [2,]    53    40
array1 * array2                          # 배열 원소끼리의 곱
## , , 1
##
##       [,1]  [,2]
## [1,]   483   240
## [2,]   725   550
##
## , , 2
##
##       [,1]  [,2]
## [1,]   580   702
## [2,]   702   336
sqrt(array1)                             # 배열 원소의 제곱근
## , , 1
##
##         [,1]    [,2]
## [1,]   4.796   3.464
## [2,]   5.000   5.000
##
## , , 2
##
##         [,1]    [,2]
## [1,]   5.385   5.099
## [2,]   5.196   3.464
array1 %*% array2                        # 배열 원소끼리 곱의 합
##         [,1]
## [1,]    4318
sum(array1 * array2)                     # 배열 원소끼리 곱의 합
## [1] 4318
```

배열에서도 행렬과 벡터와 같이 조작을 할 수 있다. 그러나 배열은 삼차원 이상 구조이므로 배열[행 인덱스, 열 인덱스, 층 인덱스] 형태로 지정한다.

다음 예제를 통해서 배열 조작의 몇 가지를 살펴보자. arrmidfina[arrmidfina[, 2, 1] 〉 20, 3, 1] 코드에서 arrmidfina[, 2, 1] 〉 20이 실행되면 1층 2열 원소 중 20보다 큰 원소가 25이므로 FALSE, TRUE가 리턴 된다. 따라서 1층 3열의 두 번째 원소 27이 추출되었다. arrmidfina[arrmidfina[, 1, 1] 〉 24 & arrmidfina[, 1, 2] 〉 23, ,] 코드에서 arrmidfina[, 1, 1] 〉 24이 실행되면 FALSE, TRUE가 리턴 되고, arrmidfina[, 1, 2] 〉 23이 실행되면 FALSE, TRUE가 리턴 된다. 이 두 결과가 &로 연결되면 FALSE, TRUE이다. 따라서 배열에서 두 번째 행에 해당하는 원소가 모두 추출되었다. 행렬 때와 마찬가지로 결과는 열로 할당이 되었다.

```
mid <- c(23, 25, 12, 25, 29, 27)
fina <- c(21, 29, 20, 22, 20, 26)
arrmidfina <- array(data = c(mid, fina), dim = c(2, 3, 2))          #mid와 fina을 이용하여 배열 생성
arrmidfina
## , , 1
##
##        [,1]   [,2]   [,3]
## [1,]   23     12     29
## [2,]   25     25     27
##
## , , 2
##
##        [,1]   [,2]   [,3]
## [1,]   21     20     20
## [2,]   29     22     26
arrmidfina[, , 1]                                                   # 배열에서 1층만 추출
##        [,1]   [,2]   [,3]
## [1,]   23     12     29
## [2,]   25     25     27
arrmidfina[, , 2]                                                   # 배열에서 2층만
##        [,1]   [,2]   [,3]
## [1,]   21     20     20
## [2,]   29     22     26
arrmidfina.sum <- arrmidfina[, , 1] + arrmidfina[, , 2]             #배열의 1층 + 2층
arrmidfina.sum
```

```
##        [,1]  [,2]  [,3]
## [1,]   44    32    49
## [2,]   54    47    53
arrmidfina[1, 1, , drop = FALSE]                    # 배열의 1행과 1열 추출, 배열 형태 유지
## , , 1
##
##        [,1]
## [1,]   23
##
## , , 2
##
##        [,1]
## [1,]   21
arrmidfina[1, 1, ]                                  # 결과가 백터로 출력
## [1] 23 21
arrmidfina[ , , c(TRUE, FALSE)]                     # 배열의 1층 추출
##        [,1]  [,2]  [,3]
## [1,]   23    12    29
## [2,]   25    25    27
arrmidfina[arrmidfina[, 2, 1] > 20, 3, 1]           # 논리값 사용
## [1] 27
arrmidfina[, , -1]                                  # 배열의 1층 삭제
##        [,1]  [,2]  [,3]
## [1,]   21    20    20
## [2,]   29    22    26
arrmidfina[1, 2, 1] <- 100                          # 1층, 1행, 2열 값을 100으로 치환
arrmidfina
## , , 1
##

##        [,1]  [,2]  [,3]
## [1,]   23    100   29
## [2,]   25    25    27
##
## , , 2
##
##        [,1]  [,2]  [,3]
## [1,]   21    20    20
## [2,]   29    22    26
arrmidfina[arrmidfina[, 1, 1] > 24 & arrmidfina[, 1, 2] > 23, , ]    # 논리값 사용
```

```
##        [,1]  [,2]
## [1,]   25    29
## [2,]   25    22
## [3,]   27    26
```

apply() 함수를 배열에서도 사용할 수 있다.

```
mid <- c(23, 25, 12, 25, 29, 27)
fina <- c(21, 29, 20, 22, 20, 26)
arrmidfina <- array(data = c(mid, fina), dim = c(2, 3, 2))
arrmidfina
## , , 1
##
##        [,1]  [,2]  [,3]
## [1,]   23    12    29
## [2,]   25    25    27
##
## , , 2
##
##        [,1]  [,2]  [,3]
## [1,]   21    20    20
## [2,]   29    22    26
apply(arrmidfina, c(1, 2), sum)             # 1,2층 서로 대응되는 원소 합
                                            44 = arrmidfina[1,1,1] + rrmidfina[1,1,2]
##        [,1]  [,2]  [,3]
## [1,]   44    32    49
## [2,]   54    47    53
apply(arrmidfina, c(1, 2), mean)            # 1,2층 서로 대응되는 원소 평균
                                            22 = arrmidfina[1,1,1]과 arrmidfina[1,1,2] 의 평균
##        [,1]  [,2]  [,3]
## [1,]   22    16.0  24.5
## [2,]   27    23.5  26.5
```

3.4. 리스트

벡터, 행렬, 배열은 동일한 자료형을 갖는 자료구조였다. 그러나 리스트는 서로 다른 자료형(mode)을 갖는 객체들로 구성될 수 있다. 리스트는 구성요소(component)로

이루어져있다. 이러한 구성요소는 이름을 가질 수 있다. 구성요소의 이름을 태그(tag)라 한다. 이름이 없으면 [[1]], [[2]] 같은 것이 대신 들어간다. 구성요소의 이름은 축약해서 사용할 수 있다.

3.4.1. 리스트 생성

list() 함수를 이용하여 리스트를 작성할 수 있다.

다음 예제는 vec, mat, 그리고 char이라는 3개의 구성요소를 이용하여 lis라는 리스트를 생성하었나. 3개의 구성요소를 보면 vec는 수지형 벡터이고, mat는 행렬이고, char은 문자형 벡터이다. 이처럼 생성된 리스트는 서로 다른 객체들로 이루어졌음을 알 수 있다. 구성요소 vec의 이름은 vector, mat의 이름은 matrix, 그리고 char의 이름은 character로 지정하였다. lis1에서 태그 대신 [[1]], [[2]], [[3]]이 들어간 것을 확인할 수 있다.

```
vec <- c(1:8)
mat <- matrix(vec, nrow = 4)
char <- c("Park", "Lee")
lis <- list(vector = vec, matrix = mat, character = char)          # 리스트 생성
lis
## $vector
## [1] 1 2 3 4 5 6 7 8
##
## $matrix
##        [,1]  [,2]
## [1,]    1     5
## [2,]    2     6
## [3,]    3     7
## [4,]    4     8
##
## $character
## [1] "Park" "Lee"
lis1 <- list(vec, mat, char)                                       # 구성요소 이름 지정안함,
lis1
## [[1]]
## [1] 1 2 3 4 5 6 7 8
```

```
##
## [[2]]
##        [,1]  [,2]
## [1,]    1     5
## [2,]    2     6
## [3,]    3     7
## [4,]    4     8
##
## [[3]]
## [1] "Park" "Lee"
lis$vector
## [1] 1 2 3 4 5 6 7 8
lis$vect                                    # 이름을 축약해서 사용
## [1] 1 2 3 4 5 6 7 8
```

3.4.2. 리스트 조작

list$태그, list[[태그 인덱스]], 그리고 list[["태그"]]를 이용하여 리스트의 구성요소에 접근할 경우 원소의 자료형 그대로 반환한다. 반면에 list["태그"], list[태그 인덱스]를 이용하여 구성요소에 접근하면 리스트 형태로 리턴한다.

다음 예제를 통해서 구성요소에 접근하는 방법을 살펴보자. 코드 lis$matrix, lis[["matrix"]] lis[[2]]를 실행하면 구성요소 matrix를 원래 형태대로 반환한다. 반면에 lis["matrix"], lis[2]를 수행하면 구성요소 matrix를 리스트형식으로 반환한다. lisx[1:2]는 리스트의 구성요소 1,2를 리스트 형식으로 반환한다. 그러나 lisx[[1:2]]는 "Error: 첨자의 허용 범위를 벗어났습니다."를 발생시켰다.

```
vec <- c(1:8)
typeof(vec)
## [1] "integer"
mat <- matrix(vec, nrow = 4)
typeof(mat)
## [1] "integer"
char <- c("Park", "Lee")
typeof(char)
## [1] "character"
```

```
lis <- list(vector = vec, matrix = mat, character = char)
lis
## $vector
## [1] 1 2 3 4 5 6 7 8
##
## $matrix
##      [,1] [,2]
## [1,]    1    5
## [2,]    2    6
## [3,]    3    7
## [4,]    4    8
##
## $character
## [1] "Park" "Lee"
lis$matrix                              # mat의 자료형 그대로 반환
##      [,1] [,2]
## [1,]    1    5
## [2,]    2    6
## [3,]    3    7
## [4,]    4    8
typeof(lis$matrix)
## [1] "integer"
lis[["matrix"]]                         # mat의 자료형 그대로 반환
##      [,1] [,2]
## [1,]    1    5
## [2,]    2    6
## [3,]    3    7
## [4,]    4    8
typeof(lis[["matrix"]])
## [1] "integer"
lis[[2]]                                # mat의 자료형 그대로 반환
##      [,1] [,2]
## [1,]    1    5
## [2,]    2    6
## [3,]    3    7
## [4,]    4    8
typeof(lis[[2]])
## [1] "integer"
lis$character                           # 문자형으로 반환
```

```
## [1] "Park" "Lee"
typeof(lis$character)
## [1] "character"
lis["matrix"]                    # 리스트로 반환
## $matrix
##      [,1] [,2]
## [1,]    1    5
## [2,]    2    6
## [3,]    3    7
## [4,]    4    8
typeof(lis["matrix"])
## [1] "list"
lis[2]                           # 리스트로 반환
## $matrix
##      [,1] [,2]
## [1,]    1    5
## [2,]    2    6
## [3,]    3    7
## [4,]    4    8
typeof(lis[2])
## [1] "list"
lis["character"]                 # 리스트로 반환
## $character
## [1] "Park" "Lee"
typeof(lis["character"])
## [1] "list“
lis[1:2]                         # 구성요소 1,2를 리스트 형식으로 반환
## $vector
## [1] 1 2 3 4 5 6 7 8
##
## $matrix
##      [,1] [,2]
## [1,]    1    5
## [2,]    2    6
## [3,]    3    7
## [4,]    4    8
lis$vector[1:3]                  # 구성요소 vector의 1-3 번째 원소 추출
## [1] 1 2 3
lis[[2]][2, 2]                   # 구성요소 2(matrix)의 2행, 2열 요소 추출
```

```
## [1] 6
lisx <- list(name = "Park", mid = 25, fina = 23, sex = "m")
lisx
## $name
## [1] "Park"
##
## $mid
## [1] 25
##
## $fina
## [1] 23
##
## $sex
## [1] "m"
lisx[1:2]
## $name
## [1] "Park"
##
## $mid
## [1] 25
lisx[[1:2]]
## Error: 첨자의 허용 범위를 벗어났습니다
```

리스트에 구성요소를 추가하거나 삭제할 수 도 있다. R 프로그램에서 이러한 작업이 자주 일어난다.

다음 예제를 통해서 구성요소를 추가/삭제하는 몇 가지 방법을 살펴보자. [ ], [[ ]], $를 이용하여 구성요소, 구성요소 원소를 추가/삭제 할 수 있다. 리스트에서 삭제할 부분을 NULL로 설정해주면 구성요소를 삭제할 수 있다. 구성요소를 삭제 하면 리스트의 크기가 줄어든다. 리스트의 크기는 벡터와 같이 length() 함수를 이용해서 확인할 수 있다.

```
# 구성요소, 구성요소 원소 추가
lisx <- list(name = "Park", mid = 25, fina = 23, sex = "m")
lisx
## $name
## [1] "Park"
```

```
##
## $mid
## [1] 25
##
## $fina
## [1] 23
##
## $sex
## [1] "m"
lisx$report <- 25                      # 구성요소 report 추가, 원소 25 할당
lisx[["attendance"]] <- TRUE           # 구성요소 attendance 추가, 원소 논리값 TRUE할당
lisx[[7]] <- "pass"                    # 일곱 번째 구성요소를 추가, 원소 pass 할당
lisx[8:9] <- c("fail", "pass")         # 8,9 번째 구성요소 추가, 원소 fail, pass 할당
lisx[[1]][2] <- "lee"                  # 구성요소 name에 원소 lee 추가 할당
lisx
## $name
## [1] "Park" "lee"
##
## $mid
## [1] 25
##
## $fina
## [1] 23
##
## $sex
## [1] "m"
##
## $report
## [1] 25
##
## $attendance
## [1] TRUE
##
## [[7]]
## [1] "pass"
##
## [[8]]
## [1] "fail"
##
```

```
## [[9]]
## [1] "pass“
# 구성요소, 구성요소 원소의 삭제
lisx[9] <- NULL                          # 구성요소 [[9]] 삭제
lisx[[8]] <- NULL                        #  구성요소 [[8]] 삭제
lisx$attendance <- NULL                  # 구성요소 $attendance 삭제
lisx$name <- lisx$name[-2]               # 구성요소 $name의 두 번째 원소 삭제
lisx
## $name
## [1] "Park"
##
## $mid
## [1] 25
##
## $fina
## [1] 23
##
## $sex
## [1] "m"
##
## $report
## [1] 25
##
## [[6]]
## [1] "pass"
```

c(), append() 함수를 이용해서 리스트를 결합할 수 있다. names()의 함수를 이용하면 리스트 구성요소의 이름을 확인할 수 있고, unname() 함수는 이름을 제거하는데 사용된다. 그리고 unlist() 함수를 이용하면, 리스트의 원소를 벡터로 변환해서 사용할 수 있다.

다음 예제를 통해서 결합방법을 살펴보자.

```
lisx <- list(name = "Park", mid = 25, fina = 23)
lisx
## $name
## [1] "Park"
```

```
##
## $mid
## [1] 25
##
## $fina
## [1] 23
lisy <- list(report = 24, attendance = TRUE, sex = "F")
lisy
## $report
## [1] 24
##
## $attendance
## [1] TRUE
##
## $sex
## [1] "F"
lisxy <- c(lisx, lisy)                                # 리스트 lisx와 lisy를 결합
lisxy
## $name
## [1] "Park"
##
## $mid
## [1] 25
##
## $fina
## [1] 23
##
## $report
## [1] 24
##
## $attendance
## [1] TRUE
##
## $sex
## [1] "F"
lisxy1 <- append(lisx, lisy)                          # append를 사용해서 결합
lisxy1
## $name
## [1] "Park"
```

```
##
## $mid
## [1] 25
##
## $fina
## [1] 23
##
## $report
## [1] 24
##
## $attendance
## [1] TRUE
##
## $sex
## [1] "F"
names(lisx)                                  # 구성요소 이름 확인
## [1] "name" "mid"  "fina"
veclisx <- unlist(lisx)                      # lisx를 벡터로 변환하여 veclisx에 할당
veclisx
##  name   mid  fina
## "Park"  "25"  "23"
unna <- unname(veclisx)                      # 이름 삭제
unna
## [1] "Park" "25"  "23"
```

lapply(), sapply() 함수를 이용하여 리스트의 각 구성요소에 특정함수를 적용하여 연산을 할 수 있다. lapply(list apply)는 벡터, 리스트에 특정함수를 적용하여 그 결과를 리스트로 반환한다. 반면에 sapply()함수는 lapply와 기능은 같지만, 결과를 벡터나 행렬로 반환한다. 사용 형식은 다음과 같다.

```
lapply(x, 함수, 함수의 인자)
sapply(x, 함수, 함수의 인자, simplify = TRUE, USE.NAMES = TRUE),
여기서 simplify와 USE.NAMES는 디폴트이다.
sapply(x, 함수, 함수의 인자, simplify = FALSE, USE.NAMES = FALSE) 이면 lapply와
동일하다.
```

다음 예제를 통해서 lapply와 sapply의 기능을 살펴보자.

```
vec <- c(1:8)
mat <- matrix(vec, nrow = 4)
lis1 <- list(vector = vec, matrix = mat)
lis1
## $vector
## [1] 1 2 3 4 5 6 7 8
##
## $matrix
##      [,1]  [,2]
## [1,]   1    5
## [2,]   2    6
## [3,]   3    7
## [4,]   4    8
lapply(lis1, mean)                      # 구성요소 $vector, $matrix 평균을 각각 계산해서 리스트로 반환
## $vector
## [1] 4.5
##
## $matrix
## [1] 4.5
sapply(lis1, mean, simplify = TRUE)     # 구성요소 $vector, $matrix 평균을 각각 계산해서 벡터로 반환
## vector matrix
##   4.5   4.5
sapply(lis1, mean)                      # simplify = TRUE는 디폴트
## vector matrix
##   4.5   4.5
sapply(lis1, mean, simplify = FALSE)    # lapply 결과와 동일함.
## $vector
## [1] 4.5
##
## $matrix
## [1] 4.5
```

리스트의 구성요소로 리스트를 사용할 수 있다.

다음 예제를 보자.

```
vec <- c(1:8)
mat <- matrix(vec, nrow = 4)
lis1 <- list(vector = vec, matrix = mat)
lis1
## $vector
## [1] 1 2 3 4 5 6 7 8
##
## $matrix

##      [,1]   [,2]
## [1,]   1      5
## [2,]   2      6
## [3,]   3      7
## [4,]   4      8
lisx <- list(name = "Park", mid = 25, fina = 23)
lisx
## $name
## [1] "Park"
##
## $mid
## [1] 25
##
## $fina
## [1] 23
lislis <- list(list1 = lis1, list2 = lisx)          # 두 리스트 lis1과 lisx를 list의 구성요소로 취함
lislis
## $list1
## $list1$vector                    # lislis의 첫째 구성요소 리스트 lis1의 구성요소 $vector
## [1] 1 2 3 4 5 6 7 8
##
## $list1$matrix                    # lislis의 첫째 구성요소 리스트 lis1의 구성요소 $matrix
##      [,1]   [,2]
## [1,]   1      5
## [2,]   2      6
## [3,]   3      7
## [4,]   4      8
##
##
```

```
## $list2
## $list2$name                          # lislis의 두 번째 구성요소 리스트 lis2의 구성요소 $name
## [1] "Park"
##
## $list2$mid                           # lislis의 두 번째 구성요소 리스트 lis2의 구성요소 $mid
## [1] 25
##
## $list2$fina                          # lislis의 두 번째 구성요소 리스트 lis2의 구성요소 $fina
## [1] 23
lisvec <- list(vector = vec, list2 = lisx)
lisvec
## $vector                              # lisvec의 첫 번째 구성요소 $vector
## [1] 1 2 3 4 5 6 7 8
##
## $list2
## $list2$name                          # lisvec의 두 번째 구성요소 리스트 lis2의 구성요소 $name
## [1] "Park"
##
## $list2$mid                           # lisvec의 두 번째 구성요소 리스트 lis2의 구성요소 $mid
## [1] 25
##
## $list2$fina                          # lisvec의 두 번째 구성요소 리스트 lis2의 구성요소 $fina
## [1] 23
# c()함수의 recursive 인자 사용, recursive=FALSE(디폴트) 이면 리스트 형태로 반환
# recursive=TRUE이면 벡터 형태로 반환.
lisc <- c(list(vector = vec, list2 = lisx))        # recursive=FALSE(디폴트)
lisc
## $vector
## [1] 1 2 3 4 5 6 7 8
##
## $list2
## $list2$name
## [1] "Park"
##
## $list2$mid
## [1] 25
##
## $list2$fina
## [1] 23
```

```
liscr <- c(list(vector = vec, list2 = lisx), recursive = TRUE)          # recursive=TRUE
liscr
##   vector1   vector2   vector3   vector4   vector5   vector6
##     "1"       "2"       "3"       "4"       "5"       "6"
##   vector7   vector8 list2.name  list2.mid  list2.fina
##     "7"       "8"     "Park"     "25"      "23"
liscrf <- c(list(vector = vec, list2 = lisx), recursive = FALSE)        # recursive=FALSE(디폴트)
liscrf
## $vector
## [1] 1 2 3 4 5 6 7 8
##
## $list2
## $list2$name
## [1] "Park"
##
## $list2$mid
## [1] 25
##
## $list2$fina
## [1] 23
```

학생 각 개인의 성적은 리스트이고, 학생 전체 성적 자료는 리스트의 리스트이다.

```
lispark <- list(name = "Park", mid = 25, fina = 23)
lispark
## $name
## [1] "Park"
##
## $mid
## [1] 25
##
## $fina
## [1] 23
lislee <- list(name = "lee", mid = 30, fina = 23)
lislee
## $name
## [1] "lee"
```

```
##
## $mid
## [1] 30
##
## $fina
## [1] 23
lischa <- list(name = "cha", mid = 29, fina = 30)
lischa
## $name
## [1] "cha"
##
## $mid
## [1] 29
##
## $fina
## [1] 30
lischo <- list(name = "cho", mid = 28, fina = 23)
lischo
## $name
## [1] "cho"
##
## $mid
## [1] 28
##
## $fina
## [1] 23
lissungjuck <- list(park = lispark, lee = lislee, cha = lischa, cho = lischo)
lissungjuck
## $park
## $park$name
## [1] "Park"
##
## $park$mid
## [1] 25
##
## $park$fina
## [1] 23
##
##
```

```
## $lee
## $lee$name
## [1] "lee"
##
## $lee$mid
## [1] 30
##
## $lee$fina
## [1] 23
##
##
## $cha
## $cha$name
## [1] "cha"
##
## $cha$mid
## [1] 29
##
## $cha$fina
## [1] 30
##
##
## $cho
## $cho$name
## [1] "cho"
##
## $cho$mid
## [1] 28
##
## $cho$fina
## [1] 23
```

3.5. 인자

인자(factor)는 통계학의 범주형 자료를 말한다. 인자는 수준(level)이라는 추가정보를 가진다.

3.5.1. 인자 생성

factor() 함수를 이용해서 인자를 만들 수 있다. 다음 예제를 보자. 인자는 문자나 숫자로 표시될 수 있다. 인자가 숫자로 나타나있다고 하더라도 이것은 단지 어떤 특성을 갖는 그룹의 이름을 나타내는 것이지 숫자로서의 기능은 없다. mean(facto)를 실행하면 수치형 자료가 아니기 때문에 평균을 계산하지 못하고 결측치 NA를 반환한다. 인자 facto는 5개의 수준(11,12,13,14,15)을 갖는다. facto는 (두 번째, 첫 번째, 두 번째, 세 번째, 네 번째, 네 번째, 다섯 번째) 수준의 값(12, 11, 12, 13, 14, 14, 15)으로 이루어 졌다. 인자 factom은 두 개의 수준(Com, Math)으로 구성되었다. factom은 (첫 번째, 두 번째, 첫 번째, 첫 번째, 두 번째) 수준의 값(Com, Math, Com, Com, Math)으로 생성되었다. 인자의 길이는 자료의 크기이다. levels() 함수를 이용하면 인자의 수준을 확인할 수 있다. nlevels()는 수준의 수를 확인하는데 사용된다.

```
fac <- c(12, 11, 12, 13, 14, 14, 15)
facto <- factor(fac)
facto
## [1] 12 11 12 13 14 14 15
## Levels: 11 12 13 14 15
mean(facto)
## Warning: argument is not numeric or logical: returning NA
str(facto)
##  Factor w/ 5 levels "11","12","13",..: 2 1 2 3 4 4 5
major <- c("Com", "Math", "Com", "Com", "Math")
factom <- factor(major)
factom
## [1] Com  Math Com  Com  Math
## Levels: Com Math
str(factom)
##  Factor w/ 2 levels "Com","Math": 1 2 1 1 2
length(factom)                          # 인자의 길이
## [1] 5
levels(facto)                           # 인자의 수준 확인
## [1] "11" "12" "13" "14" "15"
nlevels(factom)                         # 인자 수준의 수
## [1] 2
levels(facto)[2]                        # 특정한 위치의 수준
## [1] "12"
```

3.5.2. 인자 조작

인자에 새로운 수준을 추가할 수 있다. 옵션 levels를 이용하면 수준을 추가할 수 있다. 다음 예제를 보자. 인자 facto1에 새로운 수준 M을 추가하고, 새로운 자료 M을 인덱스 1에 추가했다. facto1[5] <- "F"는 NA를 추가한다. 왜냐하면, 수준 F를 미리 추가하지 않았기 때문에 다음과 같은 경고 메시지 "Warning: invalid factor level, NA generated"가 출력된다.

```
facto1 <- factor(fac, levels = c(11, 12, 13, 14, 15, "M"))        # 수준 M 추가
facto1
## [1] 12 11 12 13 14 14 15
## Levels: 11 12 13 14 15 M
facto1[1] <- "M"                                                   # 새로운 자료 M 추가
facto1
## [1] M  11 12 13 14 14 15
## Levels: 11 12 13 14 15 M
str(facto1)
##  Factor w/ 6 levels "11","12","13",..: 6 1 2 3 4 4 5
facto1[5] <- "F"                                                   # 새로운 자료 F 추가
## Warning: invalid factor level, NA generated
facto1
## [1] M    11   12   13   <NA> 14   15
## Levels: 11 12 13 14 15 M
```

factor() 함수는 명목형 자료를 만든다. 그러나 ordered()함수나, 옵션 ordered를 사용하면 순서형 자료로 변환할 수 있다.

```
letters <- c("A", "C", "C", "D", "F")
is.character(letters)                         # 문자형인지 확인
## [1] TRUE
is.factor(letters)                            # 인자인지 확인
## [1] FALSE
fletters <- factor(letters, ordered = TRUE)   # 순서형 자료로 만듬
fletters
## [1] A C C D F
```

```
## Levels: A < C < D < F
ordered(letters)                                    # 순서형 자료로 만듬
## [1] A C C D F
## Levels: A < C < D < F
fletters[1] > fletters[5]                           #  A < F
## [1] FALSE
fletters[2] == fletters[3]                          # c=c
## [1] TRUE
```

tapply(), split(), by() 함수를 인자에 적용할 수 있다. tapply()와 by() 함수는 인자의 수준별그룹에 특정한 함수를 적용하는 반면에 split() 함수는 인자의 수준별 그룹을 만드는데 사용된다. 이들 함수의 사용형식은 다음과 같다.

```
tapply(자료, 인덱스(인자 혹은 인자 리스트), 함수 .......)
split(자료, 분리조건(인자 혹은 인자 리스트),  ...)
by(자료, 인덱스(인자 혹은 인자 리스트, 함수, ..., )
```

다음 예제를 통해서 함수들의 기능을 살펴보자. brand는 문자형 벡터이다. as.factor()을 이용해서 brand를 인자로 변환하여 fbrand에 할당하였다. str()을 이용하여 fbrand의 구조를 확인한 결과 fbrand는 수준이 4개인 인자이다. tapply(sales, fbrand, mean)는 frand 수준(FA, LE, OR, ST)에 따라 sales를 분류하여 각 그룹의 평균을 구하였다. by(sales, fbrand, mean)도 tapply()와 같은 결과를 출력하지만, 출력형태가 다르다. split(sales,fbrand)은 frand 수준에 따라 sales를 분류하였다, 그 결과를 리스트 형식으로 출력한다. 따라서 spl은 형태가 리스트이므로 리스트 apply 함수인 lapply() 함수를 적용할 수 있다. lapply(spl, mean)는 frand 수준별 sales의 평균을 리스트 형식으로 반환하였다. tapply(dframe$Sales, list(dframe$Brand, dframe$Store), mean)는 Brand와 Store의 수준 조합에 따라 20개의 그룹으로 sales를 분류하여 각 그룹에 대한 평균을 구하였다. by(dframe$Sales, list(dframe$Brand, dframe$Store), mean)도 같은 목적으로 사용되지만, 수행방식과 결과 출력 형태가 tapply()와 조금 다르다. split(dframe, list(dframe$Brand, dframe$Store))는 Brand와 Store의 수준 조합에 따라 20개의 그룹으로 sales를 분리하였다. $FA.BU는 brand의 수준 FA와 Store의 수준 BU의 조합을 나타낸다.

```
brand <- c("FA", "FA", "FA", "FA", "LE", "LE", "LE", "LE", "ST", "ST", "ST",
          "ST", "OR", "OR", "OR", "OR", "FA", "LE", "OR", "ST")
fbrand <- as.factor(brand)                                    # 인자로 변환
str(fbrand)                                                   # fbrand 구조 확인
## Factor w/ 4 levels "FA","LE","OR",..: 1 1 1 1 2 2 2 2 4 4 ...
store <- c("DU", "SE", "BU", "IN", "DJ", "DJ", "DU", "SE", "BU", "IN", "IN",
          "SE", "BU", "DJ", "SE", "SE", "BU", "DU", "DJ", "IN")
sales <- c(2000, 2500, 2020, 1200, 2930, 1073, 2003, 1630, 1220, 2447, 1300,
          1789, 2723, 1999, 2586, 1579, 1700, 1356, 1798, 2003)
tapply(sales, fbrand, mean)                                   # tapply()
##   FA   LE   OR   ST
## 1884 1798 2137 1752
by(sales, fbrand, mean)                                       # by()
## fbrand: FA
## [1] 1884
## --------------------------------------------------------
## fbrand: LE
## [1] 1798
## --------------------------------------------------------
## fbrand: OR
## [1] 2137
## --------------------------------------------------------
## fbrand: ST
## [1] 1752
spl <- split(sales, fbrand)                                   # 수준에 따라 분류
spl
## $FA
## [1] 2000 2500 2020 1200 1700
##
## $LE
## [1] 2930 1073 2003 1630 1356
##
## $OR
## [1] 2723 1999 2586 1579 1798
##
## $ST
## [1] 1220 2447 1300 1789 2003
lapply(spl, mean)                                             # lapply()
```

```
## $FA
## [1] 1884
##
## $LE
## [1] 1798
##
## $OR
## [1] 2137
##
## $ST
## [1] 1752
dframe <- data.frame(Brand = brand, Store = store, Sales = sales)
dframe
##     Brand  Store  Sales
## 1     FA     DU    2000
## 2     FA     SE    2500
## 3     FA     BU    2020
## 4     FA     IN    1200
## 5     LE     DJ    2930
## 6     LE     DJ    1073
## 7     LE     DU    2003
## 8     LE     SE    1630
## 9     ST     BU    1220
## 10    ST     IN    2447
## 11    ST     IN    1300
## 12    ST     SE    1789
## 13    OR     BU    2723
## 14    OR     DJ    1999
## 15    OR     SE    2586
## 16    OR     SE    1579
## 17    FA     BU    1700
## 18    LE     DU    1356
## 19    OR     DJ    1798
## 20    ST     IN    2003
tapply(dframe$Sales, list(dframe$Brand, dframe$Store), mean)
##       BU    DJ    DU    IN    SE
## FA  1860    NA  2000  1200  2500
## LE    NA  2002  1680    NA  1630
## OR  2723  1898    NA    NA  2082
```

```
## ST    1220    NA    NA    1917  1789
by(dframe$Sales, list(dframe$Brand, dframe$Store), mean)
## : FA
## : BU
## [1] 1860
## -------------------------------------------------------
## : LE
## : BU
## [1] NA
## -------------------------------------------------------
## : OR
## : BU
## [1] 2723
## -------------------------------------------------------
## : ST
## : BU
## [1] 1220
## -------------------------------------------------------
## : FA
## : DJ
## [1] NA
## -------------------------------------------------------
## : LE
## : DJ
## [1] 2002
## -------------------------------------------------------
## : OR
## : DJ
## [1] 1898
## -------------------------------------------------------
## : ST
## : DJ
## [1] NA
## -------------------------------------------------------
## : FA
## : DU
## [1] 2000
## -------------------------------------------------------
## : LE
```

```
## : DU
## [1] 1680
## ------------------------------------------------------------
## : OR
## : DU
## [1] NA
## ------------------------------------------------------------
## : ST
## : DU
## [1] NA
## ------------------------------------------------------------
## : FA
## : IN
## [1] 1200
## ------------------------------------------------------------
## : LE
## : IN
## [1] NA
## ------------------------------------------------------------
## : OR
## : IN
## [1] NA
## ------------------------------------------------------------
## : ST
## : IN
## [1] 1917
## ------------------------------------------------------------
## : FA
## : SE
## [1] 2500
## ------------------------------------------------------------
## : LE
## : SE
## [1] 1630
## ------------------------------------------------------------
## : OR
## : SE
## [1] 2082
## ------------------------------------------------------------
```

```
## : ST
## : SE
## [1] 1789
spll <- split(dframe, list(dframe$Brand, dframe$Store))                    # split()
spll
## $FA.BU
##        Brand   Store   Sales
## 3       FA      BU      2020
## 17      FA      BU      1700
##
## $LE.BU
## [1]    Brand   Store   Sales
## <0 rows>  (or 0-length row.names)
##
## $OR.BU
##        Brand   Store   Sales
## 13      OR      BU      2723
##
## $ST.BU
##        Brand   Store   Sales
## 9       ST      BU      1220
##
## $FA.DJ
## [1]    Brand   Store   Sales
## <0 rows> (or 0-length row.names)
##
## $LE.DJ
##        Brand   Store   Sales
## 5       LE      DJ      2930
## 6       LE      DJ      1073
##
## $OR.DJ
##        Brand   Store   Sales
## 14      OR      DJ      1999
## 19      OR      DJ      1798
##
## $ST.DJ
## [1]    Brand   Store   Sales
## <0 rows> (or 0-length row.names)
```

```
##
## $FA.DU
##      Brand Store Sales
## 1      FA    DU  2000
##
## $LE.DU
##      Brand Store Sales
## 7      LE    DU  2003
## 18     LE    DU  1356
##
## $OR.DU
## [1]  Brand Store Sales
## <0 rows> (or 0-length row.names)
##
## $ST.DU
## [1]  Brand Store Sales
## <0 rows> (or 0-length row.names)
##
## $FA.IN
##      Brand Store Sales
## 4      FA    IN  1200
##
## $LE.IN
## [1]  Brand Store Sales
## <0 rows> (or 0-length row.names)
##
## $OR.IN
## [1]  Brand Store Sales
## <0 rows> (or 0-length row.names)
##
## $ST.IN
##      Brand Store Sales
## 10     ST    IN  2447
## 11     ST    IN  1300
## 20     ST    IN  2003
##
## $FA.SE
##      Brand Store Sales
## 2      FA    SE  2500
```

```
##
## $LE.SE
##       Brand  Store  Sales
## 8     LE     SE     1630
##
## $OR.SE
##       Brand  Store  Sales
## 15    OR     SE     2586
## 16    OR     SE     1579
##
## $ST.SE
##       Brand  Store  Sales
## 12    ST     SE     1789
```

함수 table(), xtabs()를 이용하여 범주형 자료에 대한 도수분포표와 분할표를 만들 수 있다.

다음예제를 보자. 위에서 설명한 것처럼 tapply(dframe$Sales, list(dframe$Brand, dframe $Store), length)는 Brand와 Store의 수준 조합에 따라 20개의 그룹으로 sales를 분류하여 각 그룹에 대한 자료의 크기를 구하였다. 즉 FA와 BU조합에 속하는 자료의 개수는 2개이다. FA와 DJ 조합에 속하는 자료의 개수는 0개이다. 그러나 tapply() 함수는 0을 결측치로 인식하여 NA로 나타내었다. table()과 xtabs() 함수를 이용하면 이러한 문제를 해결할 수 있다. table(brand)은 brand벡터에서 FA, LE, ST, OR의 도수를 반환한다. xtabs(~Brand, dframe)는 도수분포표를 만들 수 있는 또 다른 함수이다. 이 함수의 사용형식은 다음과 같다. xtabs(formula=~, data=data.frame ......) 여기서 formula의 형식은 분할표에 들어갈 변수 ~ 범주형 변수를 + 로 연결하여 나타낸다. ~의 왼쪽에 변수를 지정하지 않으면 분할표에 각 수준의 도수가 들어간다. xtabs(~Brand, dframe)는 brand의 도수분포를 반환하였다. table (brand, store)은 brand와 store 벡터의 분할표를 작성하였다. table(dframe1)은 Sex 수준 별로 brand와 store의 분할표를 작성하였다. table(dframe2)은 Store 수준에 따라 sex와 brand의 분할표를 작성하였다. xtabs(~., dframe2)는 table(dframe2)와 같은 결과를 출력하였다. 여기서 모든 변수를 지정할 때 "~."을 사용하였다. table (dframe$Brand, dframe$Store)은 Brand와 Store의 분할표를 작성하였다. xtabs(~Brand+Store, dframe)는 table(dframe$Brand, dframe$Store)과 같은 목적으로 사용되었다. 하지만 xtabs()는 출력 형태에서 변수이름을 표시하였다. xtabs(Sales~Store+Brand, dframe)에서 Sales를 분할표에 들어갈 변수(즉, formula의 왼쪽 변수)로 지정하였기 때문에 분할표의 각 셀 값은 각 수준에서 Sales의 합을 나타내었다.

```
brand <- c("FA", "FA", "FA", "FA", "LE", "LE", "LE", "LE", "ST", "ST", "ST",
        "ST", "OR", "OR", "OR", "OR", "FA", "LE", "OR", "ST")
store <- c("DU", "SE", "BU", "IN", "DJ", "DJ", "DU", "SE", "BU", "IN", "IN",
        "SE", "BU", "DJ", "SE", "SE", "BU", "DU", "DJ", "IN")
sales <- c(2000, 2500, 2020, 1200, 2930, 1073, 2003, 1630, 1220, 2447, 1300,
        1789, 2723, 1999, 2586, 1579, 1700, 1356, 1798, 2003)
dframe <- data.frame(Brand = brand, Store = store, Sales = sales)
ta <- table(brand)                                    # table()
ta
## brand
##  FA  LE  OR  ST
##   5   5   5   5
class(ta)
## [1] "table"
tx <- xtabs(~Brand, dframe)                           # xtabs()
tx
## Brand
##  FA  LE  OR  ST
##   5   5   5   5
class(tx)
## [1] "xtabs" "table"
tapply(dframe$Sales, list(dframe$Brand, dframe$Store), length)
##        BU  DJ  DU  IN  SE
## FA      2  NA   1   1   1
## LE     NA   2   2  NA   1
## OR      1   2  NA  NA   2
## ST      1  NA  NA   3   1
table(brand, store)                                   # 분할표 작성
##       store
## brand  BU  DJ  DU  IN  SE
##   FA    2   0   1   1   1
##   LE    0   2   2   0   1
##   OR    1   2   0   0   2
##   ST    1   0   0   3   1
sex <- c("F", "M", "M", "F", "M", "M", "F", "M", "M", "F", "M", "M", "F", "M",
```

```
   "M", "M", "F", "F", "M", "M")
dframe1 <- data.frame(Brand = brand, Store = store, Sex = sex)
dframe1
##      Brand  Store  Sex
## 1     FA     DU     F
## 2     FA     SE     M
## 3     FA     BU     M
## 4     FA     IN     F
## 5     LE     DJ     M
## 6     LE     DJ     M
## 7     LE     DU     F
## 8     LE     SE     M
## 9     ST     BU     M
## 10    ST     IN     F
## 11    ST     IN     M
## 12    ST     SE     M
## 13    OR     BU     F
## 14    OR     DJ     M
## 15    OR     SE     M
## 16    OR     SE     M
## 17    FA     BU     F
## 18    LE     DU     F
## 19    OR     DJ     M
## 20    ST     IN     M
table(dframe1)                    # 데이터 프레임 dframe1에 대한 분할표 작성
## , , Sex = F
##
##      Store
## Brand  BU  DJ  DU  IN  SE
##    FA   1   0   1   1   0
##    LE   0   0   2   0   0
##    OR   1   0   0   0   0
##    ST   0   0   0   1   0
##
## , , Sex = M
##
##      Store
## Brand  BU  DJ  DU  IN  SE
##    FA   1   0   0   0   1
```

```
##   LE     0   2    0    0    1
##   OR     0   2    0    0    2
##   ST     1   0    0    2    1
dframe2 <- data.frame(Sex = sex, Brand = brand, Store = store)
dframe2
##      Sex   Brand   Store
## 1     F     FA      DU
## 2     M     FA      SE
## 3     M     FA      BU
## 4     F     FA      IN
## 5     M     LE      DJ
## 6     M     LE      DJ
## 7     F     LE      DU
## 8     M     LE      SE
## 9     M     ST      BU
## 10    F     ST      IN
## 11    M     ST      IN
## 12    M     ST      SE
## 13    F     OR      BU
## 14    M     OR      DJ
## 15    M     OR      SE
## 16    M     OR      SE
## 17    F     FA      BU
## 18    F     LE      DU
## 19    M     OR      DJ
## 20    M     ST      IN
table(dframe2)                                    # 데이터 프레임 dframe2에 대한 분할표
## , , Store = BU
##
##   Brand
## Sex   FA   LE   OR   ST
##   F    1    0    1    0
##   M    1    0    0    1
##
## , , Store = DJ
##
##   Brand
## Sex   FA   LE   OR   ST
##   F    0    0    0    0
```

```
## M    0    2    2    0
##
## , , Store = DU
##
##     Brand
## Sex  FA  LE  OR  ST
##   F   1   2   0   0
##   M   0   0   0   0
##
## , , Store = IN
##
##     Brand
## Sex  FA  LE  OR  ST
##   F   1   0   0   1
##   M   0   0   0   2
##
## , , Store = SE
##
##     Brand
## Sex  FA  LE  OR  ST
##   F   0   0   0   0
##   M   1   1   2   1
xtabs(~., dframe2)                          # table(dframe2)와 결과 동일
## , , Store = BU
##
##     Brand
## Sex  FA  LE  OR  ST
##   F   1   0   1   0
##   M   1   0   0   1
##
## , , Store = DJ
##
##     Brand
## Sex  FA  LE  OR  ST
##   F   0   0   0   0
##   M   0   2   2   0
##
## , , Store = DU
##
```

```
## Brand
## Sex  FA  LE  OR  ST
##  F    1   2   0   0
##  M    0   0   0   0
##
## , , Store = IN
##
## Brand
## Sex  FA  LE  OR  ST
##  F    1   0   0   1
##  M    0   0   0   2
##
## , , Store = SE
##
## Brand
## Sex  FA  LE  OR  ST
##  F    0   0   0   0
##  M    1   1   2   1
table(dframe$Brand, dframe$Store)                # Brand와 Store 분할표
##
##      BU  DJ  DU  IN  SE
## FA    2   0   1   1   1
## LE    0   2   2   0   1
## OR    1   2   0   0   2
## ST    1   0   0   3   1
xtabs(~Brand + Store, dframe)                    # Brand와 Store 분할표
##       Store
## Brand  BU  DJ  DU  IN  SE
##   FA    2   0   1   1   1
##   LE    0   2   2   0   1
##   OR    1   2   0   0   2
##   ST    1   0   0   3   1
xtabs(Sales ~ Store + Brand, dframe)             # Sales를 formula= ~의 왼쪽 변수로 지정
##       Brand
## Store   FA    LE    OR    ST
##   BU  3720     0  2723  1220
##   DJ     0  4003  3797     0
##   DU  2000  3359     0     0
##   IN  1200     0     0  5750
```

```
## SE 2500 1630 4165 1789
a <- xtabs(Sales ~ Brand + Store, dframe)           # 각 셀이 Sales의 합
b <- xtabs(~Brand + Store, dframe)                   # 각 셀이 Sales 자료의 개수
a/b                                                  # 각 수준에서 Sales의 평균
##       Store
## Brand   BU   DJ   DU   IN   SE
##    FA 1860      2000 1200 2500
##    LE      2002 1680      1630
##    OR 2723 1898           2082
##    ST 1220           1917 1789
```

테이블에서도 행렬 연산을 동일하게 적용할 수 있다. 다음 예제를 통해서 테이블에서 연산을 살펴보자. a[2,3]는 테이블 a의 2행, 3열 원소를 추출하였다. a[,1]은 테이블 a의 1열 원소를 나타내었다. a[,-1]은 테이블에서 1열을 삭제하였다. a[c(1, 2), c(3, 4)]는 a의 1,2행과 3,4열을 추출하였다. apply(a, 1, sum), apply(a, 2, mean)를 적용하여 a의 각 행의 합과 각 열의 평균을 구하였다. 하지만 addmargins() 함수를 이용하면 좀 더 편리하게 행과 열의 합을 구할 수 있다. addmargins(a)는 a의 각 행과 각 열의 합, 그리고 전체 자료의 합을 구하였다.

```
a <- xtabs(Sales ~ Brand + Store, dframe)
a
##       Store
## Brand   BU   DJ   DU   IN   SE
##    FA 3720    0 2000 1200 2500
##    LE    0 4003 3359    0  630
##    OR 2723 3797    0    0 4165
##    ST 1220    0    0 5750 1789
a[2, 3]
## [1] 3359
a[, 1]
##   FA   LE   OR   ST
## 3720    0 2723 1220
a[, -1]
##       Store
## Brand   DJ   DU   IN   SE
##    FA    0 2000 1200 2500
##    LE 4003 3359    0 1630
```

```
##     OR    3797          0         0    4165
##     ST          0          0   5750     1789
a[c(1, 2), c(3, 4)]
##     Store
##  Brand    DU      IN
##     FA     2000   1200
##     LE     3359        0
apply(a, 1, sum)
##   FA      LE      OR      ST
## 9420  8992  10685   8759
apply(a, 2, mean)
##   BU     DJ     DU     IN     SE
## 1916  1950  1340  1738  2521
addmargins(a)
##     Store
##  Brand     BU       DJ       DU       IN       SE     Sum
##    FA     3720         0   2000   1200     2500    9420
##    LE          0    4003   3359         0     1630    8992
##    OR     2723    3797         0         0     4165  10685
##    ST     1220          0         0   5750     1789    8759
##    Sum   7663    7800   5359   6950   10084  37856
```

cut() 함수를 이용하면 수치형 자료를 그룹화 할 수 있다. cut() 함수를 table() 함수 혹은 xtabs() 함수를 함께 사용하면 수치형 자료의 도수분포표와 분할표를 만들 수 있다.

다음 예제를 통해서 수치형 자료를 그룹화 하여 분할표를 작성하는 방법을 살펴보자. cut(ferice$Ferti, bin1)는 변수 Ferti를 bin1에 따라 (19,21], (21,23], (23,25] 세 그룹으로 정의하였다. 즉 첫 번째 자료 값 20.4는 (19, 21] 사이에, 두 번째 자료 값 21.1은 (21, 23] 사이에 있다는 것을 나타낸다. table(cutferti)와 xtabs(~cutferti, ferice)는 ferti의 도수분포를 나타내었다. cut(ferti, bin1, labels=FALSE)에서 labels=FALSE로 지정하여 자료 값이 속하는 그룹의 위치를 나타낼 수 있다. 즉 20.4가 첫 번째 그룹 (19,21]에 속하기 때문에 1, 21.1은 두 번째 그룹 (21,23]에 속하기 때문에 2, 19.6은 1, 21.4는 2, 20.8은 1, 21.7은 2, 21.9는 2, 20.2는 1, 21.2는 2, 21.5는 2에 속하기 때문에 결과가 1 2 1 2 1 2 2 1 2 2로 나타났다. cut(ferti, bin1, labels=c("a", "b", "c"))에서 각 그룹의 이름을 a, b, c로 지정하였다. table(cutferti, cutrice)와 xtabs(~cutferti+cutrice)는 ferti와 rice의 분할표를 작성하였다.

```
ferti <- c(20.4, 21.1, 19.6, 21.4, 20.8, 21.7, 21.9, 20.2, 21.2, 21.5)
ferti
##  [1] 20.4 21.1 19.6 21.4 20.8 21.7 21.9 20.2 21.2 21.5
rice <- c(25.7, 27.3, 24.9, 26.5, 26.5, 27.5, 27.9, 24.7, 26.8, 27.7)
rice
##  [1] 25.7 27.3 24.9 26.5 26.5 27.5 27.9 24.7 26.8 27.7
ferice <- data.frame(Ferti = ferti, Rice = rice)
length(ferti)
## [1] 10
length(rice)
## [1] 10
bin1 <- seq(19, 25, 2)
bin1
## [1] 19 21 23 25
bin2 <- seq(24, 30, 2)
bin2
## [1] 24 26 28 30
cutferti <- cut(ferice$Ferti, bin1)
cutferti
##  [1] (19,21] (21,23] (19,21] (21,23] (19,21] (21,23] (21,23] (19,21]
##  [9] (21,23] (21,23]
## Levels: (19,21] (21,23] (23,25]
table(cutferti)                                   # Ferti의 도수분포
## cutferti
## (19,21] (21,23] (23,25]
##       4       6       0
xtabs(~cutferti, ferice)                          # Ferti의 도수분포
## cutferti
## (19,21] (21,23] (23,25]
##       4       6       0
cutrice <- cut(ferice$Rice, bin2)
cutrice
##  [1] (24,26] (26,28] (24,26] (26,28] (26,28] (26,28] (26,28] (24,26]
##  [9] (26,28] (26,28]
## Levels: (24,26] (26,28] (28,30]
table(cutrice)                                    # rice의 도수분포
## cutrice
## (24,26] (26,28] (28,30]
##       3       7       0
```

```
cutferti1 <- cut(ferti, bin1, labels = FALSE)                    # labels=FALS로 지정
cutferti1
## [1] 1 2 1 2 1 2 2 1 2 2
cutferti1 <- cut(ferti, bin1, labels = c("a", "b", "c"))         # label을 지정
cutferti1
## [1] a b a b a b b a b b
## Levels: a b c
table(cutferti, cutrice)                                         # 분할표작성
##          cutrice
## cutferti  (24,26] (26,28] (28,30]
##   (19,21]       3       1       0
##   (21,23]       0       6       0
##   (23,25]       0       0       0
xtabs(~cutferti + cutrice)                                       # 분할표 작성
##          cutrice
## cutferti  (24,26] (26,28] (28,30]
##   (19,21]       3       1       0
##   (21,23]       0       6       0
##   (23,25]       0       0       0
```

3.6. 데이터 프레임

데이터 프레임은 데이터 프레임 클래스를 가진 리스트이다. R에서 가장 널리 활용되는 자료구조이다. 외관상 데이터 프레임(data frame)은 행과 열을 갖는 행렬과 같은 이차원 구조이다. 그러나 행렬과 다른 점은 행렬은 모든 원소가 같은 자료형 이어야 하지만, 데이터 프레임은 열마다 다른 자료형을 가질 수 있다는 것이다. 데이터 프레임에서 열은 리스트의 구성요소이다. 데이터 프레임의 모든 열은 길이가 같아야한다. 데이터 프레임에서 열은 변수, 행은 관측이라고 명명하기도 한다. 일반적으로 자료분석에서 취급하는 자료들은 데이터 프레임 형태이다.

3.6.1. 데이터 프레임 생성

data.frame() 함수를 이용하여 데이터 프레임을 생성할 수 있다. 다음 자료를 이용하여 데이터 프레임을 만들어 보자.

ID	Gender	Major	Salary
1	M	Eng	2500
2	F	Math	2800
3	F	Com	2500
4	M	Eng	3000
5	M	Busi	2600

data.frame() 함수에서 ID, Gender, Major, Salary는 열 이름(변수명)을 나타내고, 옵션 stringsAsFactors는 입력된 문자 벡터를 factor로 바꿀 것인지를 지정한다. 이 옵션이 TRUE이면 문자 벡터를 factor로 변환하고, FALSE이면 변환하지 않는다. 디폴트값은 TRUE이다. factor는 통계학에서 범주형 자료와 같다.

```
id <- c(1:5)
gender <- c("M", "F", "F", "M", "M")
major <- c("Eng", "Math", "Com", "Eng", "Busi")
salary <- c(2500, 2800, 2500, 3000, 2600)
survey <- data.frame(ID = id, Gender = gender, Major = major, Salary = salary,
   stringsAsFactors = FALSE)
survey
##  ID  Gender   Major   Salary
## 1  1      M     Eng     2500
## 2  2      F     Math    2800
## 3  3      F     Com     2500
## 4  4      M     Eng     3000
## 5  5      M     Busi    2600
```

mode(), attributes(), str() 함수를 이용하여 데이터 프레임의 속성, 유형, 구조를 확인할 수 있다. 앞에서 언급하였듯이 데이터 프레임 survey의 mode는 리스트인 것을 확인 할 수 있다. attributes()는 데이터 프레임의 속성을 리스트 형식으로 보여준다. 결과를 보면 열 이름(변수명)이 ID, Gender, Major, Salary임을 확인할 수 있고,

row.names가 1 2 3 4 5이고, 클래스가 data.frame임을 알 수 있다. str()은 데이터 프레임의 구조를 간단하게 나타내 준다. 결과를 보면 survey는 데이터 프레임이고, 4개의 열(혹은 변수)과 5 개의 행(혹은 관측)으로 구성되어 있고, ID는 정수형, Gender와 Major은 문자형, 그리고 Salary는 수치형 원소로 이루어졌다는 것을 보여준다.

```
mode(survey)
## [1] "list"
attributes(survey)
## $names
## [1] "ID"    "Gender"  "Major"  "Salary"
##
## $row.names
## [1] 1 2 3 4 5
##
## $class
## [1] "data.frame"
str(survey)
## 'data.frame':    5 obs. of  4 variables:
##  $ ID       : int  1      2      3      4      5
##  $ Gender   : chr  "M"    "F"    "F"    "M"    ...
##  $ Major    : chr  "Eng"  "Math" "Com"  "Eng"  ...
##  $ Salary   : num  2500   2800   2500   3000   2600
```

컴퓨터 하드디스크, UBS, URL 등 외부에 파일로 저장된 자료를 불러와서 데이터 프레임을 생성할 수도 있다. 자료가 여러 가지 다양한 형식으로 되어 있기 때문에 자료를 불러오는 방법도 다양하다. 일반적으로 read.table() 함수를 많이 사용한다. 이때 sep 인자를 이용하여 구획 문자를 설정할 수 있다. 만약 자료들이 공백으로 구분되었다면 sep="", 콤마로 구분되었다면 sep=",", 세미콜론으로 구분되었다면 sep=";", 텝키로 구분되었다면 sep="\t"을 사용한다.

다음 예제를 통해서 외부 파일을 불러들여 데이터 프레임을 생성하는 방법을 살펴보자. 현재 c:/RData 디랙토리에 텍스트 파일 ex.txt, ex1.txt, ex2.txt, ex3.txt이 저장되어 있다. 파일의 내용은 다음과 같다.

ex.txt(공백)

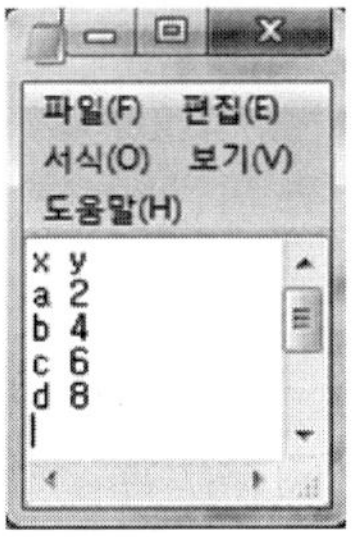

ex1.txt(,)

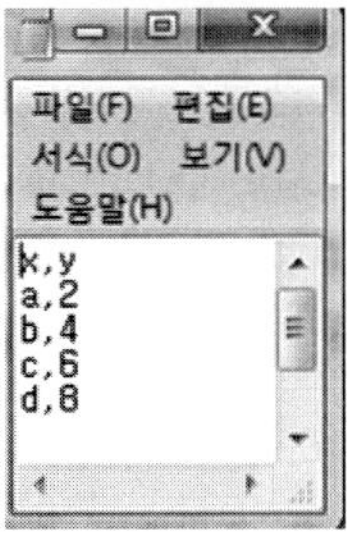

ex2.txt(;)

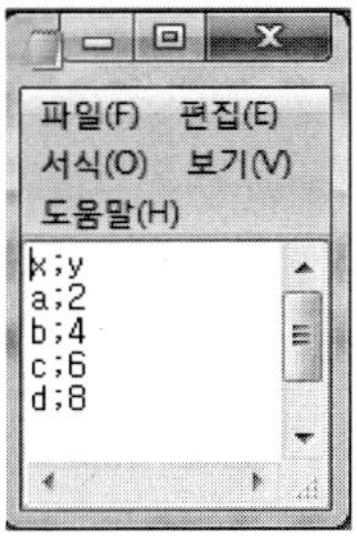

ex3.txt(Tab)

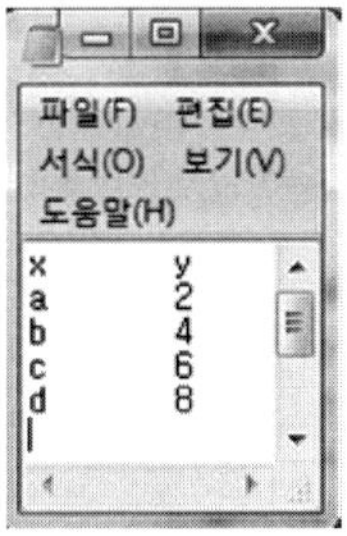

현재 작업 디랙토리가 c:/RData 이기 때문에 read.table()에 파일명만 지정하였다. getwd() 함수를 이용하면 현재 작업 디랙토리를 확인할 수 있다. read.table()을 이용할 경우 문자열은 자동적으로 인자(factor)로 취급한다. 옵션 stringsAsFcators= FALSE 이면 문자열을 변환하지 않고 그대로 사용한다. 아래 예제에서 white는 이 옵션이 TRUE이기 때문에 변수 x가 인자(factor)로 변환되었다. 반면에 comma는 옵션이 FALSE이므로 x는 문자열이다.

```
getwd()
## [1] "C:/RData"
white <- read.table("ex.txt", header = TRUE, sep = "", stringsAsFactors = TRUE)
white
##     x  y
## 1  a  2
## 2  b  4
## 3  c  6
## 4  d  8
comma <- read.table("ex1.txt", header = T, sep = ",", stringsAsFactors = FALSE)
comma

#     x  y
## 1  a  2
## 2  b  4
## 3  c  6
## 4  d  8
semicolon <- read.table("ex2.txt", header = T, sep = ";")
semicolon
#     x  y
## 1  a  2
```

```
## 2  b  4
## 3  c  6
## 4  d  8
tab <- read.table("ex3.txt", header = T, sep = "\t")
tab
#     x  y
## 1  a  2
## 2  b  4
## 3  c  6
## 4  d  8
str(white)
## 'data.frame':   4 obs. of  2 variables:
## $ x: Factor w/ 4 levels "a","b","c","d": 1 2 3 4
## $ y: int 2 4 6 8
str(comma)
## 'data.frame':   4 obs. of  2 variables:
## $ x: chr "a" "b" "c" "d"
## $ y: int  2 4 6 8
str(semicolon)
## 'data.frame':   4 obs. of  2 variables:
## $ x: Factor w/ 4 levels "a","b","c","d": 1 2 3 4
## $ y: int 2 4 6 8
```

현재 작업 디렉토리가 c:/RData가 아니면 파일이 저장된 위치를 명시해야한다. 만약 작업 디렉토리가 c:/이라면 다음과 같이 파일의 위치를 지정해야한다. 아래 결과에서 보듯이 파일 위치를 지정하지 않으면 “Warning: 파일 ‘ex.txt’를 여는데 실패했습니다: No such file or directory Error: 커넥션을 열 수 없습니다.”라는 메시지가 출력된다.

```
getwd()
## [1] "C:/"
white1 <- read.table("c://RData//ex.txt", header = TRUE, sep = "", stringsAsFactors  = TRUE)
white1
##  x y
## 1 a 2
## 2 b 4
```

```
## 3 c 6
## 4 d 8
white <- read.table("ex.txt", header = TRUE, sep = "", stringsAsFactors = TRUE)
## Warning: 파일 'ex.txt'를 여는데 실패했습니다: No such file or directory
## Error: 커넥션을 열 수 없습니다
```

read.csv()는 콤마로 분리된 자료를 불러들일 때 편의를 위해 만들어진 read.table()의 래퍼(wrapper)함수이다. read.csv2()는 세미콜론으로 분리된 자료를 불러들일 때 편의를 위해 만들어진 read.table()의 래퍼함수이다. read.delim()은 탭키로 분리된 자료를 불러들일 때 편의를 위해 만들어진 read.table()의 래퍼함수이다.

```
comma1 <- read.csv("ex1.txt", header = TRUE)
comma1
#     x  y
## 1  a  2
## 2  b  4
## 3  c  6
## 4  d  8
semicolon1 <- read.csv2("ex2.txt", header = TRUE)
semicolon1
#     x  y
## 1  a  2
## 2  b  4
## 3  c  6
## 4  d  8
tab1 <- read.delim("ex3.txt", header = TRUE)
tab1
#     x  y
## 1  a  2
## 2  b  4
## 3  c  6
## 4  d  8
```

read.csv()는 *.csv 파일로 저장된 자료를 불러들일 때 사용한다.

다음 예제를 통해서 *.csv 파일을 불러들여 데이터 프레임을 생성하는 방법을 살펴보자. 현재 c:/RData 디랙토리에 comma.csv 파일이 저장되어 있다. 그 내용은 다음과 같다.

comma.csv 파일

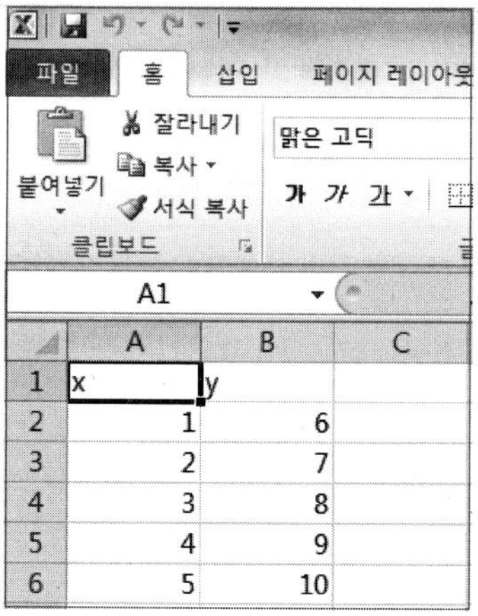


```
comma2 <- read.csv("comma.csv", header = TRUE)
comma2
##     x   y
## 1 1   6
## 2 2   7
## 3 3   8
## 4 4   9
## 5 5  10
```

read.xlsx() 함수를 이용하면 엑셀파일로부터 데이터 프레임 생성할 수 있다. read.xlsx를 사용하기 위해서 먼저 xlsx 패키지를 설치해야하고, xlsx패키지는 Java가 컴퓨터에 설치되어 있어야한다. 하지만, 엑셀 파일도 엑셀에서 파일을 열고 *.csv 파일형식으로 다시 저장하면 read.csv()함수를 이용하여 불러올 수 있다.

다음 예제를 통해서 엑셀파일로부터 데이터 프레임을 만드는 방법을 살펴보자. 현재 c:/RData 디랙토리에 excell.xlsx 파일이 저장되어 있다. 그 내용은 다음과 같다.

excell.xlsx 파일

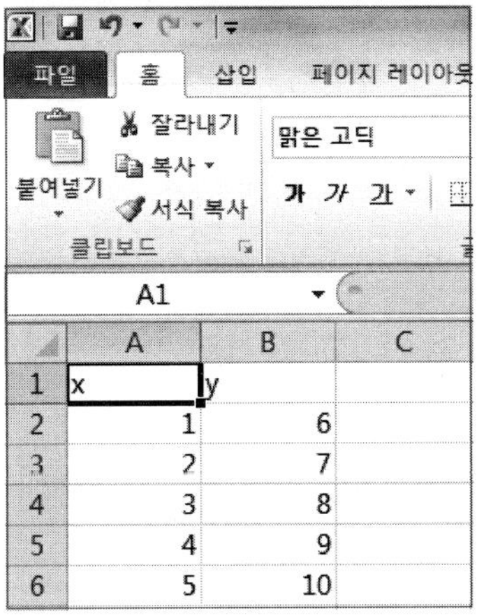

sheetIndex=sheet 번호, sheetName=sheet name을 지정하여, 해당 시트의 자료를 불러올 수 있다.

```
install.package("xlsx")
library("xlsx")
## Loading required package: rJava
## Loading required package: xlsxjars
excell <- read.xlsx("excell.xlsx", sheetIndex = 1)
excell
##     x  y
## 1 1  6
## 2 2  7
## 3 3  8
## 4 4  9
## 5 5 10
```

이외에도 여러 가지 자료형식의 자료를 불러올 수 있는 함수들이 많이 있다. 패키지 foreign은 여러 가지 형식의 파일을 읽어올 수 있는 많은 함수 들을 제공한다.

다음과 같은 방법으로 패키지 foreign이 제공하는 함수 리스트를 볼 수 있다. 여기서 spss 파일은 read.spss(), SAS XPORT 파일은 read.xport(), SAS Permanent 파일은 read.ssd(), 미니텝 파일은 read.mtp()를 이용하여 불러 올 수 있다.

```
install.packages("foreign")
library("foreign")
ls("package:foreign")
##  [1] "data.restore" "lookup.xport" "read.arff"   "read.dbf"
##  [5] "read.dta"     "read.epiinfo" "read.mtp"    "read.octave"
##  [9] "read.S"       "read.spss"    "read.ssd"    "read.systat"
## [13] "read.xport"   "write.arff"   "write.dbf"   "write.dta"
## [17] "write.foreign"
```

3.6.2. 데이터 프레임 조작

행렬과 리스트 조작에서 사용하던 방법으로 데이터 프레임을 조작할 수 있다.

다음 예제를 통해서 데이터 프레임에 접근하는 방법과 행/열의 정보 취득과 자료 정렬 방법에 대해서 살펴보자. 데이터 프레임 이름을 입력하면 그 내용을 볼 수 있다. 그러나 데이터 프레임 크기가 큰 경우 내용의 일부를 확인하려고 하는 경우 head(), tail()함수를 사용할 수 있다. $, [ ], [[ ]]과 [,], 그리고 drop= 은 리스트와 행렬에서와 동일하게 작용한다.

```
id <- c(1:5)
gender <- c("M", "F", "F", "M", "M")
major <- c("Eng", "Math", "Com", "Eng", "Busi")
salary <- c(2500, 2800, 2500, 3000, 2600)
survey <- data.frame(ID = id, Gender = gender, Major = major, Salary = salary,
            stringsAsFactors = FALSE)
survey
##   ID Gender Major Salary
## 1  1      M   Eng   2500
## 2  2      F  Math   2800
## 3  3      F   Com   2500
## 4  4      M   Eng   3000
## 5  5      M  Busi   2600
head(survey, n = 3)                    # survey 내용을 앞에서 3행만큼 출력
##   ID Gender Major Salary
## 1  1      M   Eng   2500
```

```
## 2  2       F    Math   2800
## 3  3       F    Com    2500

tail(survey, n = 3)                                   # survey 내용을 끝에서 3행만큼 출력
##  ID Gender  Major  Salary
## 3  3       F    Com    2500
## 4  4       M    Eng    3000
## 5  5       M    Busi   2600
subsurvey <- data.frame(ID = id[1:3], Gender = gender[1:3], Salary = salary[1:3])
subsurvey                                             # id[1:3], gender[1:3], salary[1:3] 부분만 추출
##  ID Gender  Salary
## 1  1       M   2500
## 2  2       F   2800
## 3  3       F   2500
survey$Salary                                         # Salary열을 벡터구조로 추출
## [1]  2500  2800  2500  3000  2600
survey[["Salary"]]                                    # Salary열 벡터구조로 추출
## [1]  2500  2800  2500  3000  2600
str(survey[["Salary"]])                               # 벡터구조로 출력
##  num [1:5]  2500  2800  2500  3000  2600
survey["Major"]                                       # Major 열 추출
##       Major
## 1     Eng
## 2     Math
## 3     Com
## 4     Eng
## 5     Busi
str(survey["Major"])                                  # 데이터 프레임 구조로 추출
## 'data.frame':   5 obs. of  1 variable:
##  $ Major: chr  "Eng" "Math" "Com" "Eng" ...
survey[2]                                             # 2열을 데이터 프레임 구조로 추출
##       Gender
## 1          M
## 2          F
## 3          F
## 4          M
## 5          M
survey[, 2]                                           # 2열을 벡터 구조로 추출
## [1] "M"  "F"  "F"  "M"  "M"
```

```
survey[[2]]                                  # 2열을 벡터 구조로 추출
## [1] "M"  "F"  "F"  "M"  "M"
survey[2:4, "Major"]                         # Major열 2~4행을 벡터 구조로 추출
## [1] "Math"  "Com"   "Eng"

survey[[2, "Major"]]                         # Major열 2행을 추출
## [1] "Math"
str(survey[2:4, "Major"])
##  chr [1:3] "Math" "Com" "Eng"
survey[2:4, "Major", drop = FALSE]           # Major열 2~4행을 데이터 프레임 구조로 추출
##     Major
## 2   Math
## 3   Com
## 4   Eng
str(survey[2:4, "Major", drop = FALSE])
## 'data.frame':   3 obs. of  1 variable:
##  $ Major: chr  "Math" "Com" "Eng"
survey[c(1, 2)]                              # 1,2열 추출
##   ID  Gender
## 1  1       M
## 2  2       F
## 3  3       F
## 4  4       M
## 5  5       M
survey[c(-1, -2)]                            # 1,2열 제외한 나머지 열 추출
##     Major    Salary
## 1   Eng      2500
## 2   Math     2800
## 3   Com      2500
## 4   Eng      3000
## 5   Busi     2600
survey[c(1, 2), ]                            # 1,2행 추출
##   ID  Gender  Major   Salary
## 1  1       M  Eng       2500
## 2  2       F  Math      2800
survey[c(1, 4, 3), ]                         # 1,4,3행 순서대로 추출
##   ID  Major   Salary
## 1  1   Eng     2500
## 4  4   Eng     3000
```

```
## 3  3   Com    2500
survey[c(2, 4), 2]                                          # 2,4행, 2열 추출
## [1] "F" "M"
survey[survey$Gender == "F", ]                              # Gender=F인 행만 추출
##  ID  Gender   Major  Salary
## 2  2       F    Math   2800
## 3  3       F    Com    2500
survey[survey$Major == "Eng" & survey$Salary > 2600, ]      # Major=Eng & Salary
                                                              >2600 인 행 추출
##  ID  Gender   Major  Salary
## 4  4       M   Eng     3000
subset(survey, Major == "Com", c(Gender, Salary))           # Gender와 Salary에 대해
                                                              Major=Com인 행 추출
##      Gender  Salary
## 3          F  2500
survey$Gender <- NULL                                       # Gender 열 삭제
survey
##  ID   Major    Salary
## 1  1  Eng       2500
## 2  2  Math      2800
## 3  3  Com       2500
## 4  4  Eng       3000
## 5  5  Busi      2600
```

nrow(), ncol(), names(), rownames(), dim() 그리고 colnames()를 이용하여 행과 열 정보를 얻을 수 있고, order() 함수를 사용하여, 자료를 정렬할 수 있다.

다음 예제를 통해서 위 함수들의 사용방법을 살펴보자. 아래 결과에서 두 변수 Gender와 Salary에 대해 자료를 정렬할 때 먼저 Gender에 대해서 정렬을 하고, 그 다음 F내에서 Salary를 정렬하고, M내에서 Salary를 정렬한다.

```
id <- c(1:5)
gender <- c("M", "F", "F", "M", "M")
major <- c("Eng", "Math", "Com", "Eng", "Busi")
salary <- c(2500, 2800, 2500, 3000, 2600)
survey <- data.frame(ID = id, Gender = gender, Major = major, Salary = salary,
                     stringsAsFactors = FALSE)
```

```
survey
##  ID  Gender   Major   Salary
## 1  1          M   Eng      2500
## 2  2          F   Math    2800
## 3  3          F   Com      2500
## 4  4          M   Eng      3000
## 5  5          M   Busi      2600
nrow(survey)                                          # 행 차원(수)
## [1] 5
ncol(survey)                                          # 열 차원
## [1] 4
dim(survey)                                           # 데이터 프레임 차원
## [1] 5 4
names(survey)                                         # 데이터 프레임 변수(열) 이름
## [1] "ID"    "Gender" "Major"  "Salary"
colnames(survey)                                      # 데이터 프레임 열 이름
## [1] "ID"    "Gender" "Major"  "Salary"
rownames(survey)                                      # 데이터 프레임 행 이름
## [1] "1" "2" "3" "4" "5"
salsort <- sort(survey$Salary)                        # Salary를 크기 순서대로 정렬
salsort
## [1] 2500 2500 2600 2800 3000
salorder <- order(survey$Salary)                      # 정렬 된 Salary 값의 원래 위치
salorder
## [1] 1 3 5 2 4
survey1 <- survey[salorder, ]                         # 1,3,5,2,4행 순서대로 나열하여 결과를 survey1에 할당
survey1
##  ID  Gender   Major   Salary
## 1  1          M   Eng      2500
## 3  3          F   Com      2500
## 5  5          M   Busi     2600
## 2  2          F   Math     2800
## 4  4          M   Eng      3000
rownames(survey1) <- c(1:nrow(survey1))               #행 이름 변경
survey1
##  ID  Gender   Major   Salary
## 1  1          M   Eng      2500
## 2  3          F   Com      2500
## 3  5          M   Busi     2600
```

```
## 4 2     F    Math   2800
## 5 4     M    Eng    3000
gesalorder <- order(survey$Gender, survey$Salary)          # 두 변수 Gender와 Salary에 대해 정렬
gesalorder
## [1] 3 2 1 5 4
survey2 <- survey[gesalorder, ]
survey2
##  ID Gender  Major  Salary
## 3 3     F    Com    2500
## 2 2     F    Math   2800
## 1 1     M    Eng    2500
## 5 5     M    Busi   2600
## 4 4     M    Eng    3000
```

데이터 프레임에 새로운 변수를 추가하거나, 기존에 있는 변수의 값을 변환하고, 두 개의 데이터 프로임을 결합하거나 병합할 수 있다.

다음 예제를 통해서 변수를 추가하고, 변수 값을 변환하고, 두 데이터 프레임을 병합하는 방법을 살펴보자. $를 이용하여 새로운 변수 grade를 추가하였다. rbind()를 이용하여 새로운 6 번째 새로운 관측을 추가하였다. 이 경우 추가 되는 관측의 변수 수와 이름이 survey 와 일치하여야한다. rbind(survey1, survey2)를 수행하면 survey2를 survey1아래에 결합한다. rbind를 이용할 때는 두 데이터 프레임의 변수 수와 이름이 같아야한다. cbind(rsurvey, survey3)를 실행하면 survey3가 rsurvey 오른쪽에 결합한다. 이 경우 두 데이터 프레임의 행의 수가 같아야한다. 만약에 cbind를 이용할 때 같은 변수가 있으면 각각 별도의 변수로 결합한다.

```
id <- c(1:5)
gender <- c("M", "F", "F", "M", "M")
major <- c("Eng", "Math", "Com", "Eng", "Busi")
salary <- c(2500, 2800, 2500, 3000, 2600)
survey <- data.frame(ID = id, Gender = gender, Major = major, Salary = salary,
  stringsAsFactors = FALSE)
survey
##  ID Gender  Major  Salary
## 1 1     M    Eng    2500
## 2 2     F    Math   2800
```

```
## 3  3        F    Com    2500
## 4  4        M    Eng    3000
## 5  5        M    Busi   2600
survey$grade <- c(3.5, 3.7, 4.2, 3.3, 2.9)                # 새로운 변수 추가
survey
##  ID  Gender  Major  Salary  grade
## 1  1        M    Eng    2500   3.5
## 2  2        F    Math   2800   3.7
## 3  3        F    Com    2500   4.2
## 4  4        M    Eng    3000   3.3
## 5  5        M    Busi   2600   2.9
rsurvey <- rbind(survey, list(ID = 6, Gender = "M", Major = "Law", Salary = 3000,
  grade = 3.9))
rsurvey                                                   # 6 번째 새로운 관측 추가
##  ID  Gender  Major  Salary  grade
## 1  1        M    Eng    2500    3.5
## 2  2        F    Math   2800    3.7
## 3  3        F    Com    2500    4.2
## 4  4        M    Eng    3000    3.3
## 5  5        M    Busi   2600    2.9
## 6  6        M    Law    3000    3.9
survey1 <- data.frame(ID = id[1:3], Gender = gender[1:3], Major = major[1:3],
  Salary = salary[1:3], stringsAsFactors = FALSE)
survey1
##  ID  Gender  Major  Salary
## 1  1        M    Eng    2500
## 2  2        F    Math   2800
## 3  3        F    Com    2500
survey2 <- data.frame(ID = id[4:5], Gender = gender[4:5], Major = major[4:5],
  Salary = salary[4:5], stringsAsFactors = FALSE)
survey2
##  ID  Gender  Major  Salary
## 1  4        M    Eng    3000
## 2  5        M    Busi   2600
survey3 <- data.frame(Job = c("office", "profession", "technician", "office",
  "technician", "office"), stringsAsFactors = FALSE)
survey3
```

```
##          Job
## 1   office
## 2   profession
## 3   technician
## 4   office
## 5   technician
## 6   office
survey4 <- data.frame(ID = c(1:6), Job = c("office", "profession", "technician",
   "office", "technician", "office"), stringsAsFactors = FALSE)
survey4
##   ID       Job
## 1  1    office
## 2  2    profession
## 3  3   technician
## 4  4    office
## 5  5    technician
## 6  6    office
survey5 <- rbind(survey1, survey2)                    # survey1, survey2를 행 결합
survey5
##   ID  Gender  Major  Salary
## 1  1       M    Eng    2500
## 2  2       F   Math    2800
## 3  3       F    Com    2500
## 4  4       M    Eng    3000
## 5  5       M   Busi    2600
survey6 <- cbind(rsurvey, survey3)                    # rsurvey와 survey3를 열 결합
survey6
##   ID  Gender  Major  Salary  grade        Job
## 1  1       M    Eng    2500    3.5     office
## 2  2       F   Math    2800    3.7     profession
## 3  3       F    Com    2500    4.2     technician
## 4  4       M    Eng    3000    3.3     office
## 5  5       M   Busi    2600    2.9     technician
## 6  6       M    Law    3000    3.9     office
survey7 <- cbind(rsurvey, survey4)                    # rsurvey와 survey4를 열 결합(동일 변수 존재)
survey7
##   ID  Gender  Major  Salary  grade  ID      Job
## 1  1       M    Eng    2500    3.5   1   office
## 2  2       F   Math    2800    3.7   2   profession
```

```
## 3 3     F   Com   2500   4.2   3   technician
## 4 4     M   Eng   3000   3.3   4   office
## 5 5     M   Busi  2600   2.9   5   technician
## 6 6     M   Law   3000   3.9   6   office
cbind(survey, rsurvey)                                  # 행 개수가 다른 경우
## Error: arguments imply differing number of rows: 5, 6
rbind(survey, survey6)                                  # 열 개수 다른 경우
## Error: numbers of columns of arguments do not match
```

데이터 프레임의 변수를 변형하기 위해서 $로 변수를 지정하고, 여기에 변형된 값을 할당한다. 하지만 transform(), within(), 그리고 mutate() 함수를 이용하면 좀 더 편리하다.

다음 예제를 통해서 변수 변형이 어떻게 이루어지는지 살펴보자. 데이터 프레임 exam을 만든다. exam을 exam1에 복사한다. exam의 Fina+10을 해서 exam1의 Fina변수에 할당한다. exam의 Mid+exam1의 Fina를 exam1의 새로운 변수 hap에 저장한다. exam1$hap/2를 exam1의 새로운 열 average에 배당한다. 아래 결과에서 보는바와 같이 exam1에는 새로운 열 hap와 average가 추가되었다. transform() 함수를 사용해서 exam의 변수 Mid와 Fina의 합과 평균을 새로운 변수 hap과 average에 저장하였다. 그 결과를 exam2에 배당하였다. exam의 Fina+10을 변수 Fina에 배당하고, 동시에 Mid+Fina을 새로운 변수 hap에 할당하였다. 그리고 그 결과를 데이터 프레임 exam3에 저장하였다. exam3의 내용을 검토해보면 hap의 값에 문제가 있음을 알 수 있다. 이러한 결과는 transform() 함수의 특징 때문에 생긴 결과이다. transform() 함수는 새로운 열들을 동시에 계산한다. 즉 Fina=Fina+10과 hap=Mid+Fina가 동시에 실행되기 때문에 Fina의 결과가 hap을 계산하는데 반영되지 않는다. 다시 말해서 hap에서 사용된 Fina은 새로 생성된 Fina가 아니라 exam에 있는 원래의 값이다. 코드 exam4 <- transform(exam, Fina=Fina+10, hap=Mid+Fina, average=hap/2)에서 새로운 열 Fina, hap, average가 동시에 계산되기 때문에 새로 생성된 변수 hap이 average를 계산하는데 사용될 수 없고, exam은 hap이라는 변수를 포함하고 있지 않기 때문에 "Error: 객체 'hap'를 찾을 수 없습니다."가 출력되었다. 따라서 새로 생성된 열의 값을 다른 새로운 열을 만드는데 사용하기 위해서 exam5에서 보는 봐와 같이 transform() 함수를 여러 번 호출해야 한다. transform() 함수의 이러한 불편한 점을 보완한 것이 within()과 mutate() 함수이다. 이것들은 새

로운 변수들을 순차적으로 계산하기 때문에 새로 생성된 열의 값을 다른 열을 생성하는데 사용할 수 있다. within()과 mutate()는 유사하나, exam6와 exam7에서 보는 것처럼 결과 출력에서 약간의 차이를 나타낸다. mutate()는 계산된 순서대로(Fina-hap-average) 출력된다. 하지만 within()은 추가 순서가 뒤섞이는(Fina-hap-average 아니고 Fina-average-hap)경우가 있다. 한편 muate()를 사용하기 위해서는 패키지 plyr이 설치되어 있어야한다.

```
mid <- c(23, 25, 12, 25, 29, 27)
fina <- c(21, 29, 20, 22, 20, 26)
exam <- data.frame(Mid = mid, Fina = fina)
exam
##      Mid   Fina
## 1    23    21
## 2    25    29
## 3    12    20
## 4    25    22
## 5    29    20
## 6    27    26
exam1 <- exam                              # exam 복사
exam1
##      Mid   Fina
## 1    23    21
## 2    25    29
## 3    12    20
## 4    25    22
## 5    29    20
## 6    27    26
exam1$Fina <- exam$Fina + 10               # exam$Fina+10을 exam1$Fina에 할당
exam1$hap <- exam$Mid + exam1$Fina         # exam$Mid + exam1$Fina을 exam1의 새로운
                                             열 hap에 배당
exam1$average <- exam1$hap/2               # exam1$hap/2를 exam1의 새로운 열average에
                                             배당
exam1
##      Mid   Fina   hap   average
## 1    23    31     54    27.0
## 2    25    39     64    32.0
## 3    12    30     42    21.0
## 4    25    32     57    28.5
```

```
## 5  29  30  59  29.5
## 6  27  36  63  31.5
exam2 <- transform(exam, hap = Mid + Fina, average = (Mid + Fina)/2)
exam2                                       # exam을 이용하여 새로운 열 hap와 average를 만듦.
##    Mid  Fina  hap  average
## 1  23   21    44   22.0
## 2  25   29    54   27.0
## 3  12   20    32   16.0
## 4  25   22    47   23.5
## 5  29   20    49   24.5
## 6  27   26    53   26.5
exam3 <- transform(exam, Fina = Fina + 10, hap = Mid + Fina)
exam3
##    Mid  Fina  hap
## 1  23   31    44
## 2  25   39    54
## 3  12   30    32
## 4  25   32    47
## 5  29   30    49
## 6  27   36    53
exam4 <- transform(exam, Fina = Fina + 10, hap = Mid + Fina, average = hap/2)
## Error: 객체 'hap'를 찾을 수 없습니다
exam5 <- transform(exam, Fina = Fina + 10)
exam5
##    Mid  Fina
## 1  23   31
## 2  25   39
## 3  12   30
## 4  25   32
## 5  29   30
## 6  27   36
exam5 <- transform(exam5, hap = Mid + Fina)
exam5
##    Mid  Fina  hap
## 1  23   31    54
## 2  25   39    64
## 3  12   30    42
## 4  25   32    57
## 5  29   30    59
```

```
## 6   27     36     63
exam5 <- transform(exam5, average = hap/2)
exam5
##     Mid   Fina   hap   average
## 1   23     31     54    27.0
## 2   25     39     64    32.0
## 3   12     30     42    21.0
## 4   25     32     57    28.5
## 5   29     30     59    29.5
## 6   27     36     63    31.5
exam6 <- within(exam, {                              # within()
  Fina <- Fina + 10
  hap <- Mid + Fina
  average <- hap/2
})
exam6
##     Mid   Fina   average   hap
## 1   23    31     27.0      54
## 2   25    39     32.0      64
## 3   12    30     21.0      42
## 4   25    32     28.5      57
## 5   29    30     29.5      59
## 6   27    36     31.5      63
install.packages("plyr")                             # 패키지 plyr 설치
library("plyr")                                      # 패키지 plyr 로딩
exam7 <- mutate(exam,                                # muate()
          Fina = Fina + 10,
          hap = Mid + Fina,
          average = hap/2)
exam7
##     Mid   Fina   hap   average
## 1   23     31     54    27.0
## 2   25     39     64    32.0
## 3   12     30     42    21.0
## 4   25     32     57    28.5
## 5   29     30     59    29.5
## 6   27     36     63    31.5
```

```
mid <- c(23, 25, 12, 25, 29, 27)
fina <- c(21, 29, 20, 22, 20, 26)
exam <- data.frame(Mid = mid, Fina = fina)
exam
##     Mid  Fina
## 1   23    21
## 2   25    29
## 3   12    20
## 4   25    22
## 5   29    20
## 6   27    26
exam1 <- exam                                    # exam 복사
exam1
##     Mid  Fina
## 1   23    21
## 2   25    29
## 3   12    20
## 4   25    22
## 5   29    20
## 6   27    26
exam1$Fina <- exam$Fina + 10                     # exam$Fina+10을 exam1$Fina에 할당
exam1$hap <- exam$Mid + exam1$Fina               # exam$Mid + exam1$Fina을 exam1의 새로운 열
                                                   hap에 배당
exam1$average <- exam1$hap/2                     # exam1$hap/2를 exam1의 새로운 열
                                                   average에 배당
exam1
##     Mid  Fina   hap  average
## 1   23    31    54   27.0
## 2   25    39    64   32.0
## 3   12    30    42   21.0
## 4   25    32    57   28.5
## 5   29    30    59   29.5
## 6   27    36    63   31.5
exam2 <- transform(exam, Fina = Fina + 10, hap = Mid + Fina)  # transform 사용
exam2
##     Mid  Fina   hap
## 1   23    31    44
## 2   25    39    54
## 3   12    30    32
## 4   25    32    47
```

```
## 5   29   30   49
## 6   27   36   53
exam3 <- transform(exam, Fina = Fina + 10, hap = Mid + Fina, average = hap/2)
## Error: 객체 'hap'를 찾을 수 없습니다
exam4 <- within(exam, {
  Fina <- Fina + 10
  hap <- Mid + Fina
  average <- hap/2
})
exam4
##     Mid  Fina  average  hap
## 1   23   31    27.0     54
## 2   25   39    32.0     64
## 3   12   30    21.0     42
## 4   25   32    28.5     57
## 5   29   30    29.5     59
## 6   27   36    31.5     63
install.packages("plyr")
library("plyr")
exam5 <- mutate(exam, Fina = Fina + 10, hap = Mid + Fina, average = hap/2)
exam5
##     Mid  Fina  hap  average
## 1   23   31    54   27.0
## 2   25   39    64   32.0
## 3   12   30    42   21.0
## 4   25   32    57   28.5
## 5   29   30    59   29.5
## 6   27   36    63   31.5
```

두 개 이상의 데이터 프레임이 공통으로 어떤 변수를 가질 때, merge() 함수는 공통변수를 기준변수로 하여 두 데이터 프레임을 열 결합한다. 이럴 때 변수가 같은 정보는 갖고 있으나 두 변수의 이름이 다른 경우에는 by.x와 by.y라는 인자를 사용하여 기준변수를 지정한다.

다음 예제를 통해서 merge()함수의 기능을 살펴보자. 코드 merge(grad1, grad3)를 실행하면 두 데이터 프레임 grad1과 grad3가 공통으로 Name이라는 변수를 가지고 있기 때문에 두 데이터 프레임의 Name에서 같은 값을 갖는 원소를 찾는다. 여기서 Park, Lee, Cho, Hong, Kang이다. 이 값들이 순서화 되어 두 데이터 프레임을 열 결합한다. merge(grad3, grad1, by="Name") 코드는 Name을 기준변수로 하여 grad1을 grad3 오른쪽에 결합한다. merge(grad1, grad2)는 grad1과 grad2를 열 결합한다. grad1과 grad2는 공통으로 갖는 변수가 한 개 이상이다(여기서 ID, Major). grad1과 grad2에서 두 변수 ID와 Major가 같은 값을 갖는 (1, Com)과 (4, Com)을 기준으로 grad1과 grad2가 결합되었다. merge(grad1, grad2, by.x="Name", by.y="Oirum")도 grad1과 grad2를 결합한다. grad1의 Name과 grad2의 Oirum은 변수 이름은 다르지만 둘 다 이름을 나타내는 변수이다. 따라서 이름을 기준으로 하여 두 데이터 프레임을 결합하려고한다면, by.x="Names", by.y="Oirum"과 같이 기준변수를 지정하면 된다. grad1과 grad2에 공통으로 있는 이름 Park, Cho, Kang을 기준으로 두 데이터 프레임이 결합되었다. grad1과 grad2는 이름 외에 ID와 Major를 공통변수로 가지고 있기 때문에 grad1의 ID와 Major은 ID.x와 Major.x로, grad2의 ID와 Major은 ID.y와 Major.y로 표시하였다. merge(grad1, grad2, by.x=c("Name", "Major", "ID"), by.y=c("Oirum", "Major", "ID"))에서는 이름 외에 Major와 ID도 기준변수로 지정하였기 때문에 grad1과 grad2에서 이름, Major, ID가 같은 값을 갖는 Park, Com, 1을 기준으로 grad1과 grad2가 결합되었다. merge(grad1, grad4)는 grad1과 grad4가 공통변수 Name을 기준변수로 grad1과 grad4를 결합하였다. 그러나 merge(grad1, grad4, all=TRUE)은 all=TRUE 때문에 두 데이터 프레임의 모든 행을 유지하면서 결합한다. grad1과 grad4를 결합하면 전체 행의 개수는 8개이지만, Park와 Hong을 공통으로 가지고 있기 때문에 두 데이터 프레임을 결합하면 6개가 된다. merge (grad1, grad4, all.x=TRUE)에서 all.x=TRUE는 grad1의 행을 유지하면서 두 데이터 프레임을 결합한다. 결과를 보면 grad1의 행의 개수 5개를 유지하면서 두 데이터 프레임을 결합한다. merge(grad1, grad4, all.y=TRUE)에서 all.y=TRUE는 grad4 행을 유지하면서 두 데이터 프레임을 결합한다. 결과를 보면 grad4의 행의 개수 3개를 유지하면서 두 데이터 프레임을 결합하였다. 마지막 코드는 결측치가 있을 경우 incomparables의 사용예제이다.

```
id <- c(1:5)
name <- c("Park", "Lee", "Cho", "Hong", "Kang")
mid <- c(23, 25, 12, 25, 29)
fina <- c(21, 29, 20, 22, 20)
major <- c("Com", "Math", "Com", "Com", "Math")
```

```
oirum <- c("Park", "Song", "Kang", "Cho", "Hawng")
major1 <- c("Com", "Com", "Math", "Com", "Busi")
report <- c(10, 9, 8, 9, 6)
number <- c(20141, 2012, 20143, 20144, 20145)
grad1 <- data.frame(ID = id, Name = name, Major = major, Mid = mid, Fina = fina)
grad1
##   ID  Name  Major  Mid  Fina
## 1 1   Park  Com    23   21
## 2 2   Lee   Math   25   29
## 3 3   Cho   Com    12   20
## 4 4   Hong  Com    25   22
## 5 5   Kang  Math   29   20
grad2 <- data.frame(ID = id, Oirum = oirum, Major = major1, Report = report)
grad2
##   ID  Oirum  Major  Report
## 1 1   Park   Com    10
## 2 2   Song   Com    9
## 3 3   Kang   Math   8
## 4 4   Cho    Com    9
## 5 5   Hawng  Busi   6
grad3 <- data.frame(Name = name, Hakbu = number)
grad3
##    Name   Hakbu
## 1  Park   20141
## 2  Lee    2012
## 3  Cho    20143
## 4  Hong   20144
## 5  Kang   20145
merge(grad1, grad3)                          # 기준변수 Name을 기준으로 grad1과
                                             grad3 병합
##    Name  ID  Major  Mid  Fina  Hakbu
## 1  Cho   3   Com    12   20    20143
## 2  Hong  4   Com    25   22    20144
## 3  Kang  5   Math   29   20    20145
## 4  Lee   2   Math   25   29    2012
## 5  Park  1   Com    23   21    20141
merge(grad3, grad1, by = "Name")             # by를 이용하여 기준변수 지정
##    Name  Hakbu  ID  Major  Mid  Fina
## 1  Cho   20143  3   Com    12   20
## 2  Hong  20144  4   Com    25   22
```

```
## 3   Kang     20145     5     Math     29     20
## 4   Lee      2012      2     Math     25     29
## 5   Park     20141     1     Com      23     21
merge(grad1, grad2)                                        # grad1과 grad2를 병합
##    ID   Major   Name   Mid   Fina   Oirum   Report
## 1  1    Com     Park   23    21     Park     10
## 2  4    Com     Hong   25    22     Cho      9
merge(grad1, grad2, by.x = "Name", by.y = "Oirum")         # 이름을 기준변수로 사용
##    Name   ID.x   Major.x   Mid   Fina   ID.y   Major.y   Report
## 1  Cho    3      Com       12    20     4      Com       9
## 2  Kang   5      Math      29    20     3      Math      8
## 3  Park   1      Com       23    21     1      Com       10
merge(grad1, grad2, by.x = c("Name", "Major", "ID"), by.y = c("Oirum", "Major",
  "ID"))
##    Name   Major   ID   Mid   Fina   Report                 # 이름, Major, ID를 기준변수
## 1  Park   Com     1    23    21     10
name1 <- c("Park", "Yune", "Hong")
sex <- c("F", "M", "F")
grad4 <- data.frame(Name = name1, Sex = sex)
grad4
##    Name   Sex
## 1  Park   F
## 2  Yune   M
## 3  Hong   F
merge(grad1, grad4)
##    Name   ID   Major   Mid   Fina   Sex
## 1  Hong   4    Com     25    22     F
## 2  Park   1    Com     23    21     F
merge(grad1, grad4, all = TRUE)                            # 모든 행을 유지한다.
##    Name   ID   Major   Mid   Fina   Sex
## 1  Cho    3    Com     12    20     <NA>
## 2  Hong   4    Com     25    22     F
## 3  Kang   5    Math    29    20     <NA>
## 4  Lee    2    Math    25    29     <NA>
## 5  Park   1    Com     23    21     F
## 6  Yune   NA   <NA>    NA    NA     M
merge(grad1, grad4, all.x = TRUE)                          # grad1의 행은 모두 유지한다.
##    Name   ID   Major   Mid   Fina   Sex
## 1  Cho    3    Com     12    20     <NA>
## 2  Hong   4    Com     25    22     F
```

```
## 3  Kang    5   Math    29   20   <NA>
## 4  Lee     2   Math    25   29   <NA>
## 5  Park    1   Com     23   21   F
merge(grad1, grad4, all.y = TRUE)                  # grad4의 행은 모두 유지한다.
##    Name  ID  Major  Mid  Fina  Sex
## 1  Hong   4  Com    25   22    F
## 2  Park   1  Com    23   21    F
## 3  Yune  NA  <NA>   NA   NA    M
name2 <- c("Park", "Yune", "Hong", NA, NA)
sex1 <- c("F", "M", "F", "M", "F")
grad5 <- data.frame(Name = name2, Sex = sex1)
grad5
##    Name  Sex
## 1  Park   F
## 2  Yune   M
## 3  Hong   F
## 4  <NA>   M
## 5  <NA>   F
name3 <- c("Park", "Kang", "Hong", NA, NA)
grad6 <- data.frame(Name = name3)
grad6
##    Name
## 1  Park
## 2  Kang
## 3  Hong
## 4  <NA>
## 5  <NA>
merge(grad5, grad6)                                # NA가 있는 경우
##    Name  Sex
## 1  Hong   F
## 2  Park   F
## 3  <NA>   M
## 4  <NA>   M
## 5  <NA>   F
## 6  <NA>   F
merge(grad5, grad6, incomparables = NA)            # incomparables 사용
##    Name  Sex
## 1  Hong   F
## 2  Park   F
```

summary(), apply(), lapply(), sapply(), tapply(), by(), 그리고 aggregate() 함수 등을 이용하여 데이터 프레임의 변수들을 요약할 수 있다.

다음 예제를 통해서 위 함수들의 기능을 살펴보자. summary() 함수는 데이터 프레임의 각 변수의 요약 통계를 출력한다. 아래 결과처럼 변수가 수치형 이면 그 변수의 최소값, 제일사분위수, 중앙값, 평균, 제삼사분위수, 최대값을 출력한다. 그리고 변수가 인자(factor)일 때는 변수의 도수를 나타낸다. apply() 함수는 행렬에서와 같은 역할을 한다. apply(grad1[, c("Mid", "Fina")], 2, mean)는 grad1의 변수 Mid와 Fina에 대해서 열 평균을 계산하였다. apply(grad1[, c(4, 5)], 1, sum)는 grad1의 변수 Mid와 Fina에 대해서 행 합을 구하였다. lapply() 함수와 sapply() 함수는 리스트에서와 같은 역할을 한다. lapply(grad1[,c(-1, -2, -3,-6)], mean)는 grad1의 변수 중에서 1열, 2열, 3열, 그리고 6열을 제외한 나머지 열에 대해서 평균을 구하고, 그 결과를 리스트 형식으로 출력하였다. sapply(grad1[, c(4, 5)], mean)는 grad1의 변수 중에서 4열과 5열의 평균을 계산하고 결과를 벡터 형식으로 나타내었다. tapply() 함수는 인자(factor)의 수준별로 함수를 적용하고 그 결과를 벡터, 행렬 혹은 리스트로 반환한다. tapply() 함수의 사용형식은 tapply(X, INDEX, FUN=NULL, ..., simplify=TRUE)와 같다. 여기서 X는 분석하고자 하는 자료로서 벡터형이다. INDEX에는 인자형으로 구성된 리스트가 온다. 그리고 FUN은 각 인자의 수준에 적용할 함수이름을 입력한다. tapply(grad1$Mid, grad1[, c("Major", "Sex")], mean)는 두 인자 Major와 Sex 수준의 조합(Com-M, Com-F, Math-M, Math-F)에 따라, Mid의 평균을 계산하여 결과를 행렬 형식으로 출력하였다. by() 함수도 tapply()와 같은 목적으로 사용할 수 있다. 사용형식도 tapply() 함수와 유사하다. 그러나 수행 방식이 좀 다르다. tapply()는 인자의 수준에 따른 벡터의 인덱스를 이용해서 그룹을 나누어 함수를 적용하지만, by()는 데이터 프레임의 행 번호를 사용하여 부분 데이터 프레임을 만들어 사용한다. by(grad1$Mid, grad1[, c("Major", "Sex")], mean)는 데이터 프레임 grad1의 행 번호를 이용해서 부분 그룹을 만들어 각 그룹에 함수를 적용한다. 또한 결과의 출력 형식이 tapply() 함수와는 다르다. aggregate() 함수도 이전 두 함수와 같은 목적으로 사용할 수 있다. 이 함수는 결과를 데이터 프레임 형식으로 반환한다. tapply(), by(), aggregate() 함수는 같은 목적으로 사용을 할 수 있으나, 그 수행 방법과 결과가 다르게 출력이 된다.

```
id <- c(1, 2, 3, 4, 5)
name <- c("Park", "Lee", "Cho", "Hong", "Kang")
mid <- c(23, 25, 12, 25, 29)
fina <- c(21, 29, 20, 22, 20)
major <- c("Com", "Math", "Com", "Com", "Math")
sex <- c("F", "F", "M", "M", "F")
grad1 <- data.frame(ID = id, Name = name, Major = major, Mid = mid,
            Fina = fina, Sex = sex)
grad1
##   ID Name Major Mid Fina Sex
## 1  1 Park  Com   23   21   F
## 2  2 Lee   Math  25   29   F
## 3  3 Cho   Com   12   20   M
## 4  4 Hong  Com   25   22   M
## 5  5 Kang  Math  29   20   F
summary(grad1)                                          # summary()
##       ID        Name     Major        Mid          Fina          Sex
## Min.    :1    Cho :1   Com :3   Min.   :12.0   Min.   :20.0   F:3
## 1st Qu. :2    Hong:1   Math:2   1st Qu.:23.0   1st Qu.:20.0   M:2
## Median      :3         Kang:1                  Median :25.0   Median :21.0
## Mean    :3    Lee :1            Mean   :22.8   Mean   :22.4
## 3rd Qu. :4    Park:1            3rd Qu.:25.0   3rd Qu.:22.0
## Max.    :5                      Max.   :29.0   Max.   :29.0
apply(grad1[, c("Mid", "Fina")], 2, mean)               # apply()
##  Mid   Fina
##  22.8  22.4
apply(grad1[, c(4, 5)], 1, sum)                         # apply()
## [1] 44 54 32 47 49
lapply(grad1[, c(-1, -2, -3, -6)], mean)                # lapply()
## $Mid
## [1] 22.8
##
## $Fina
## [1] 22.4
sapply(grad1[, c(4, 5)], mean)                          # sapply()
## Mid  Fina
## 22.8 22.4
tapply(grad1$Mid, grad1[, c("Major", "Sex")], mean)     # tapply()
```

```
##      Sex
##  Major  F    M
##  Com   23  18.5
##  Math  27   NA
by(grad1$Mid, grad1[, c("Major", "Sex")], mean)                        # by()
## Major: Com
## Sex: F
## [1] 23
## ------------------------------------------------------
## Major: Math
## Sex: F
## [1] 27
## ------------------------------------------------------
## Major: Com
## Sex: M
## [1] 18.5
## ------------------------------------------------------
## Major: Math
## Sex: M
## [1] NA
by(grad1[, c(4, 5)], grad1[, c("Major", "Sex")], summary)             # by()
## Major: Com
## Sex: F
##       Mid            Fina
##  Min.   :23     Min.   :21
##  1st Qu. :23    1st Qu. :21
##  Median :23     Median :21
##  Mean   :23     Mean   :21
##  3rd Qu. :23    3rd Qu. :21
##  Max.   :23     Max.   :21
## ------------------------------------------------------
## Major: Math
## Sex: F
##     Mid            Fina
##  Min.   :25     Min.   :20.0
##  1st Qu. :26    1st Qu. :22.2
##  Median :27     Median :24.5
##  Mean   :27     Mean   :24.5
##  3rd Qu. :28    3rd Qu. :26.8
```

```
##    Max.    :29        Max.    :29.0
## --------------------------------------------------------
## Major: Com
## Sex: M
##          Mid              Fina
##    Min.     :12.0    Min.     :20.0
##    1st Qu.  :15.2    1st Qu.  :20.5
##    Median   :18.5    Median   :21.0
##    Mean     :18.5    Mean     :21.0
##    3rd Qu.  :21.8    3rd Qu.  :21.5
##    Max.     :25.0    Max.     :22.0
## --------------------------------------------------------
## Major: Math
## Sex: M
## NULL
aggregate(grad1[, c(4, 5)], grad1[, c("Major", "Sex")], mean)          # aggregate()
##    Major  Sex   Mid    Fina
## 1  Com    F     23.0   21.0
## 2  Math   F     27.0   24.5
## 3  Com    M     18.5   21.
aggregate(cbind(Mid, Fina) ~ Major + Sex, grad1, mean)                 # aggregate()
##    Major  Sex   Mid    Fina
## 1  Com    F     23.0   21.0
## 2  Math   F     27.0   24.5
## 3  Com    M     18.5   21.0
```

3.7. 입력/출력

R은 다양한 입출력 기능을 제공하고 있다. 키보드에서 자료를 직접 입력하는 기능, 여러 가지 형태의 파일로 저장되어 있는 자료를 읽어 올 수 있는 기능, 그리고 URL을 통해 원격으로 파일에 접속해서 자료를 읽어올 수도 있다. 한편 화면으로 객체를 나타내고, 외부 파일로 자료를 출력할 수 있다.

키보드를 이용하여 자료를 입력하기 위해서 scan() 함수와 readline() 함수를 이용할 수 있다.

다음 예제를 통해서 scan()과 readline() 함수를 살펴보자. scan()과 readline()함수는 복합적이고 불규칙한 구조를 가진 자료를 읽기 위해 유용하게 사용된다. 키보드로부터 자료를 직접입력하기 위해서 scan(" ")를 입력하면 아래 예제와 같이 자료를 입력할 인덱스가 나타난다. 인덱스 다음에 자료를 입력하고, 마지막은 빈 행으로 남겨둔다. 그러면 키보드로 입력한 자료는 scana에 저장된다. scanb는 입력된 자료 중 정수가 아닌 자료가 있기 때문에 모든 자료를 실수로 읽어 들인다. scanc는 입력한 자료가 문자 형태이다. scan() 함수는 디폴트로 수치형 자료를 읽어 들이기 때문에 오류가 발생했다. 따라서 다른 유형의 자료를 읽기 위해서 what=이라는 인수를 이용하여 읽어 들일 자료의 유형을 지정해야한다. scand <- scan(" ", what=" ")에서는 인수 what=" "을 이용하여 읽어 들일 자료가 문자형을 인 것을 나타내었다. scane에서는 자료가 수치형과 문자형이 혼합되어있다. 이런 경우에는 모두 문자형으로 읽어 들인다. scanf <- scan(" ", what=list(d=numeric(), h=numeric(), l=character())) 에서는 첫 번째 원소는 수치형, 두 번째 원소도 수치형, 세 번째 원소는 문자형으로 읽어 들이 도록 지정하였다. 결과는 리스트 형식으로 출력한다. scang <- scan(" ", what=list(d=numeric(), h=numeric(), l=character()), sep =",")에서는 sep=인수를 이용하여 원소 구분을 ","로 바꾸었다. scanh <- scan(" ", what=list(d=numeric(), h=numeric(), l=character()), sep ="\n")에서는 sep= 인수를 이용하여 원소 구분을 줄 바꿈 "\n"으로 바꾸었다. scan(" ")에서 " "사이에 자료가 저장된 파일이름을 입력하면 외부 파일로부터 자료를 읽어 올수 있다. 현재 c:/RData 디랙토리에 텍스트 파일 ex6.txt가 저장되어 있다. 그 내용은 다음과 같다.

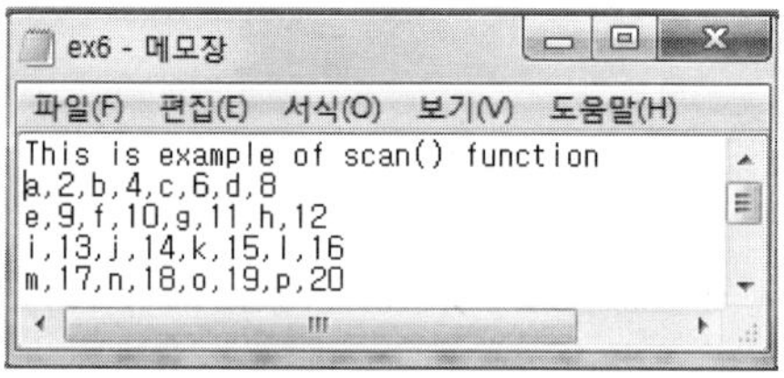
ex6 - 메모장
파일(F) 편집(E) 서식(O) 보기(V) 도움말(H)
This is example of scan() function
a,2,b,4,c,6,d,8
e,9,f,10,g,11,h,12
i,13,j,14,k,15,l,16
m,17,n,18,o,19,p,20

scan("ex6.txt",skip=1, nlines=3, what = list(c = character(),d = integer()), sep =",")을 이용하면 ex6.txt 파일을 첫 줄은 건너뛰고(skip=1), 3줄의 자료(nlines=3)를 읽어 들일 수 있다.

```
scana <- scan(" ")
1: 45 67 89
4: 90
5:
Read 4 items
scana
## [1] 45 67 89 90
scanb <- scan(" ")
1: 45 67.2
3: 89
4:
Read 3 items
scanb
## [1] 45.0 67.2 89.0
scanc <- scan(" ")
1: park lee
Error in scan(file, what, nmax, sep, dec, quote, skip, nlines, na.strings,  :
scan() expected 'a real', got 'park'
scand <- scan(" ", what = " ")
1: park lee cha
4:
Read 3 items
scand
## [1] "park" "lee"  "cha"
scane <- scan(" ", what = " ")
1: 45 67 park
4:
Read 3 items
scane
## [1] "45"   "67"   "park"
scanf <- scan("", what = list(d = numeric(), h = numeric(), l = character()))
1: 45 67 park
2: 34 67 lee
3:
Read 2 records
scanf
## $d
## [1] 45 37
## $h
## [1] 67 90
```

```
## $l
## [1] "park" "lee"
scang <- scan(" ",what=list(d = numeric(), h = numeric(), l = character()), sep = ",")
1: 45,67,park
2: 37,90,lee
3:
Read 2 records
scang
## $d
## [1] 45 37
## $h
## [1] 67 90
## $l
## [1] "park" "lee"
scanh <- scan(" ",what=list(d=numeric(), h=numeric(), l=character()), sep = "\n")
1: 45
1: 67
1: park
2: 37
2: 90
2: lee
3:
Read 2 records
scanh
## $d
## [1] 45 37
## $h
## [1] 67 90
## $l
## [1] "park" "lee"
scani <- scan("ex6.txt", skip = 1, nlines = 3, what = list(c = character(),
        d = integer()), sep = ",")
scani
## $c
##  [1] "a" "b" "c" "d" "e" "f" "g" "h" "i" "j" "k" "l"
##
## $d
##  [1]  2  4  6  8  9 10 11 12 13 14 15 16
```

readline()함수는 키보드로부터 한 줄을 읽어 들여 문자열로 나타낸다.

```
readlined <- readline(prompt = "DATA>")
## DATA>45 67 89 90
readlined
## [1]  "45 67 89 90"
```

자료가 테이블 형태로 잘 정리 되어 있는 경우는 read.table() 함수와 read.table()의 래퍼함수 read.csv(), read.delim(), read.fwf() 등을 사용해서 자료를 읽어 올 수 있다. 이늘 함수에 대한 자세한 설명은 데이터 프레임 생성에서 이미 소개하였다.

R 콘솔에서 변수명이나 식을 입력하면 그 내용이 모니터로 출력이 된다. 한편 모니터로 결과를 출력할 수 있는 또 다른 한 가지 방법은 print(), cat() 함수를 이용하는 것이다. 이 두 경우의 큰 차이점은 함수 내에서는 변수명이나 식을 입력하더라도 그 내용은 화면에 나타나지 않는다. 하지만 함수 내에서 print(), cat()을 사용한다면 그 내용을 화면에 나타낼 수 있다. 또한 print(), cat() 함수를 이용하면 다양한 형태의 출력을 할 수 있다.

다음 예제를 통해서 print(), cat() 함수를 살펴보자. R에서는 디폴트로 일곱 자릿수로 부동소수점을 출력한다. 그러나 print(), cat()함수에서 인수 digits를 이용하여 출력되는 자릿수를 지정할 수 있다. print()에서는 직접 인수를 사용할 수 있으나, cat()에서는 format() 함수를 이용하여 먼저 출력 형식을 지정하여야한다. 함수 vari()는 분산을 계산하는 함수이다. 함수 안에서 각 변수명을 입력하여 각 변수 n, meanx, devi2, sumdev의 값을 출력 하도록 하였다. 그러나 함수를 실행한 결과를 보면 분산값만 출력된 것을 볼 수 있다. 반면에 varii() 함수 내에서는 cat()함수를 사용하여 n, meanx, devi2, sumdev의 값을 출력 하도록 하였다. 실행 결과를 보면 모든 값이 지정된 형태에 따라 출력된 것을 볼 수 있다. 마지막에 있는 summ() 함수 안에 두 개의 cat() 함수를 사용하였다. 첫 번째 cat()에서 줄 바꿈 인수 "\n"을 사용하지 않았기 때문에 결과를 보면 x와 summ 값이 같은 줄에 출력 되었다. cat()를 사용 할 때는 줄 바꿈 인수를 이용하는 것이 편리하다. print(), cat() 함수에서는 여러 가지 인수를 사용하여 다양한 형태의 출력을 할 수 있다.

```
root <- sqrt(2)
root
## [1] 1.414214
print(root, digits = 4)
## [1] 1.414
cat(format(root, digits = 4), "\n")
## 1.414
vari <- function(x) {
  n <- length(x)
  n
  meanx <- mean(x)
  meanx
  devi2 <- (x - meanx)^2
  devi2
  sumdev <- sum(devi2)
  sumdev
  variance <- sumdev/(n - 1)
  return(variance)
}
x <- c(1:10)
vari(x)
## [1]  9.166667
varii <- function(x) {
  n <- length(x)
  cat("size of x = ", n, "\n")
  meanx <- mean(x)
  cat("mean of x = ", meanx, "\n")
  devi2 <- (x - meanx)^2
  cat("squares of deviation = ", devi2, "\n")
  sumdev <- sum(devi2)
  cat("sum of squares = ", sumdev, "\n")
  variance <- sumdev/(n - 1)
  cat("variance =", format(variance, digits = 4), "\n")

}
x <- c(1:10)
varii(x)
## size of x =  10
```

```
## mean of x =  5.5
## squares of deviation =  20.25 12.25 6.25 2.25 0.25 0.25 2.25 6.25 12.25 20.25
## sum of squares =  82.5
## variance = 9.167
summ <- function(x) {
  x <- c(1:10)
  summ <- sum(x)
  cat("x=", x)
  cat("sum=", summ, "\n")
}
x <- c(1:10)
summ(x)
## x= 1 2 3 4 5 6 7 8 9 10sum= 55
```

cat(), write.table() 함수를 이용하면 결과를 파일로 출력할 수 있다.

다음 예제를 통해서 그 기능을 살펴보자. variii(x)의 실행 결과를 cat() 함수를 이용하여 "c:/RData/variance.txt"에 저장하였다. 아래 그림과 같이 메모장을 이용하여 variance.txt 파일에 n, meanx, devi2, sumdev, 그리고 variance 값이 저장된 것을 확인 할 수 있다.

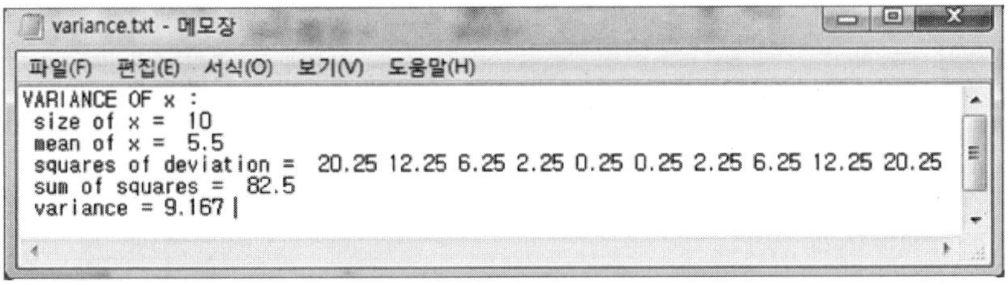


```
variii <- function(x) {
  n <- length(x)
  meanx <- mean(x)
  devi2 <- (x - meanx)^2
  sumdev <- sum(devi2)
  variance <- sumdev/(n - 1)
  cat("VARIANCE OF x :", "\n",
     "size of x = ", n, "\n",
     "mean of x = ", meanx, "\n",
     "squares of deviation = ", devi2, "\n",
```

```
        "sum of squares = ", sumdev, "\n",
        "variance =", format(variance, digits = 4), "\n",
        file = "c:\\RData\\variance.txt")
}
x
## [1] 1 2 3 4 5 6 7 8 9 10
variii(x)
```

write.table() 함수와 write.table()의 레퍼 함수를 이용하여 데이터 프레임을 파일로 저장할 수 있다.

다음 예제를 통해서 write.table() 함수를 살펴보자. 데이터 프레임 ferice를 write.table() 함수를 이용하여 "c:/RData/ferice.csv"에 저장하였다. sep = "," 인수는 자료들이 " , "로 분리되어 있기 때문에 사용하였다. write.table()의 레퍼 함수인 write.csv() 함수를 이용할 수 도 있다. 아래 그림과 같이 엑셀을 이용하여 ferice.csv 파일의 내용을 확인 할 수 있다.

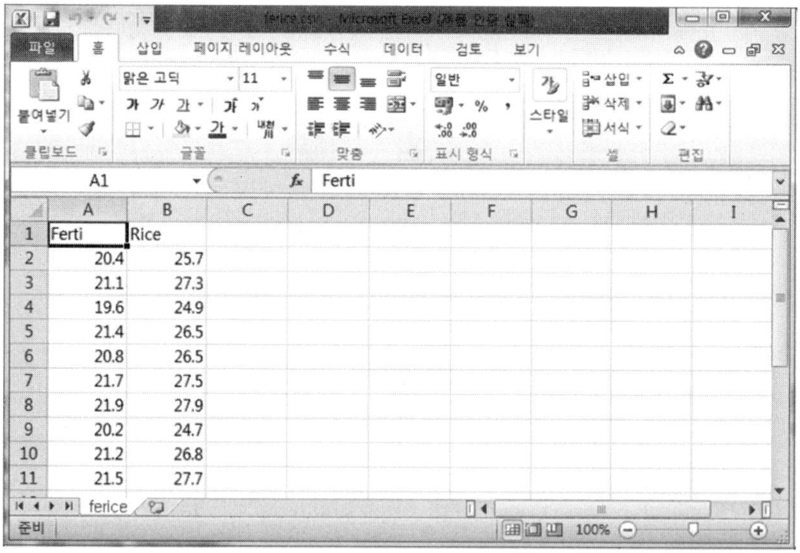

```
ferti <- c(20.4, 21.1, 19.6, 21.4, 20.8, 21.7, 21.9, 20.2, 21.2, 21.5)
ferti
## [1] 20.4 21.1 19.6 21.4 20.8 21.7 21.9 20.2 21.2 21.5
rice <- c(25.7, 27.3, 24.9, 26.5, 26.5, 27.5, 27.9, 24.7, 26.8, 27.7)
rice
## [1] 25.7 27.3 24.9 26.5 26.5 27.5 27.9 24.7 26.8 27.7
ferice <- data.frame(Ferti = ferti, Rice = rice)
ferice
##    Ferti Rice
## 1   20.4 25.7
## 2   21.1 27.3
## 3   19.6 24.9
## 4   21.4 26.5
## 5   20.8 26.5
## 6   21.7 27.5
## 7   21.9 27.9
## 8   20.2 24.7
## 9   21.2 26.8
## 10  21.5 27.7
write.table(ferice, file = "c:\\RData\\ferice.csv", row.names = FALSE, sep = ",")
```

PART 03

연습문제

1. 다음 자료를 이용하여 물음에 답하여라.(R을 이용하라)

v1	1	2	3	4	5	6	7	8	9	10
v2	20	21	22	23	24	25	26	27	28	20

❶ 위자료를 이용하여 벡터 v1과 v2를 생성하여라.

❷ v1 벡터의 5번 째 원소를 추출해서 vv1에 저장하라.

❸ v1과 v2를 결합하여 v3를 만들어라.

❹ v2벡터에 34를 추가하라.

❺ v1과 v2의 합을 구하라.

❻ v2 벡터의 5째 원소와 8번째 원소를 제거하고 그 결과를 v2_2에 저장하라.

❼ v1 벡터의 4째 원소와 5째 원소 사이에 새로운 원소 12를 삽입하고 그 결과를 v1_1에 저장하라.

❽ v2 벡터에서 짝수만 추출하여 v_even에 저장하라.

❾ v1 벡터에서 5이하인 원소를 추출하여 v1_5에 저장하라.

2. 다음 물음에 답하여라.(R을 이용하라)

❶ 다음 행렬을 R을 이용해서 생성하고 그 결과를 m_a와 m_b에 저장하라.

$$m\_a = \begin{pmatrix} 1\,2\,3 \\ 4\,5\,6 \end{pmatrix}, \quad m\_b = \begin{pmatrix} 3\,4\,5 \\ 7\,8\,9 \end{pmatrix}$$

❷ m_b 행렬의 전치행렬을 구하라.

❸ m_a행렬과 m_b행렬의 전치행렬의 곱을 구하라.

❹ m_a행렬의 1행과 3행의 원소를 추출하여 m_a_13에 저장하라.

5. 행렬 m_a의 행들의 평균을 구하라.

6. 표준편차를 구하는 함수를 정의하고, 그 함수를 이용하여 행렬 m_b의 각 열의 표준편차를 구하라.

7. 6 번에서 구한 표준편차 값을 행렬 m_b에 추가하고 행렬 m_b를 출력하라.

8. 행렬 m_a의 1행과 2행 사이에 (3,-6,7) 삽입하고 그 결과를 m_a_12에 저장하라.

3. 다음 물음에 답하라.

1. 다음 3개의 구성요소를 이용하여 리스트 lis를 생성하라.

   a. 20, 21, 22, 23, 24, 25, 26, 27, 28

   b. $\begin{pmatrix} 1\,2\,3 \\ 4\,5\,6 \end{pmatrix}$

   c. Park, Lee, Cha, Hong

2. 리스트 lis에서 c 원소를 제거하고 각 원소에 대한 평균을 구하라.

3. 리스트 lis에서 c 원소를 제거하고 각 원소에 대한 평균을 구하고, 그 결과를 벡터 형태로 반환 하라.

4. 다음 물음에 답하여라.

1. 자료 3, 3, 4, 5, 6, 7, 8을 팩터 형태로 fac에 저장하라.

2. 다음 자료를 이용하여 데이터프레임 dfrm을 생성하라.

v1	11	21	34	45	12	16	27	38	29	20
v2	20	21	22	23	24	25	26	27	28	20
v3	0	1	0	1	1	0	0	1	1	0

3. v3가 펙터 형태인지 확인하라. 아니면 팩터로 바꾸어라.

4. dfrm의 데이터 구조에 대한 정보를 나타내어라.

5. tapply()함수를 이용하여 v3별로 v1의 평균을 구하라.

6. v3에 대한 도수분포표를 만들어라.

7. 다음 표를 완성하라.

v1 \ v3	0	1
합		

8. v3의 수준을 0은 F로, 1은 M으로 변경하라.

❾ v1을 v1_class라는 범주형(팩터) 변수로 바꾸어라. (단 펙터의 Levels: (10,20] (20,30] (30,40] (40,50])

❿ 수준의 이름을 S, M, L, XL로 바꾸어라.

5. 다음 물음에 답하여라.

❶ 다음 자료를 엑셀을 이용해서 데이터 세트 ex.csv를 만들어 "c:/data" 디렉토리에 저장하라.

Sex	height	weight	Sex	height	weight
M	168.4	50.8	M	168.4	53.1
M	153.6	43.1	F	155.7	50.8
F	163.3	40.8	F	142.2	40.1
M	157.4	45.3	M	143.5	40.1
F	152.4	51.7	M	160	50.1
M	168.9	44.4	M	156.9	53.5
F	149.8	50.8	M	172.2	50.8
F	163.3	51.4	F	159.5	46.5
M	168.9	50.8	F	141.7	43.3
F	145.6	45.8	M	163.8	44.4
M	149.7	42.7	M	168.9	50.5
M	167.6	47.6	M	159.5	42.6
F	153.6	47.6	M	149.8	44.4
M	149.8	45.1	F	165.8	53.5
F	162.5	50.5	M	144.7	42.1
F	158.2	45.1	F	151.8	52.1
F	155.7	40.5			

❷ ❶번에서 저장한 파일을 R에서 읽어 ex_data에 저장하라.

❸ height가 160이상인 사람만 추출하여 ex_data1에 저장하라.

❹ height의 단위를 m로 변환하고, weight/height^{2}를 계산하고 새로운 변수 BMI를 ex_data에 추가하여라.

❺ 성별에 따라 BMI의 평균과 표준편차를 구하라.

❻ ex_data 데이터프레임의 (1,2)열과 (1,3)열을 cbind()함수, data.frame(), merge() 함수를 이용해서 결합해보라.

6. 다음 두 자료집합을 변수 name을 기준으로 병합(merge) 하여라.

name	dep	v1	v2	v3
Hong	Com	34	56	89
Kim	Math	25	45	87
Cho	Com	31	67	76
Cha	Math	34	54	89

name	Sex
Cha	M
Kim	F
Cho	M

PART 04

자료의 시각화

PART 04

자료의 시각화

분석을 위한 자료의 특징을 조사하기 위해서 대용량의 자료를 일일이 살펴보는 것은 아주 힘든 작업이다. 그래프를 이용하여 자료를 시각적으로 표현함으로써 많은 정보를 얻을 수 있다. R 언어의 큰 장점은 그래픽이다.

4.1. plot

R의 가장 기본 그래픽 함수는 plot() 함수이다. 기본적으로 plot() 함수는 산점도를 그리는데 사용된다. plot()은 제네릭(generic) 함수이기 때문에 주어진 객체의 클래스에 적합하게 그래프를 그려준다. 아래 예제와 같이 plot.lm() 함수는 lm() 회귀분석 함수의 결과 값에 plot() 함수를 적용하면 회귀진단에 필요한 네 가지 형태의 잔차 그림을 그려 준다. methods() 함수를 이용하면 각 클래스에 적합하게 만들어진 plot() 함수의 리스트를 볼 수 있다.

```
mid <- c(23, 25, 12, 25, 29, 27)
fina <- c(21, 29, 20, 22, 20, 26)
m <- lm(mid ~ fina)
m
## Call:
## lm(formula = mid ~ fina)
##
## Coefficients:
## (Intercept)        fina
##     10.985       0.544
plot(m)                                              # plot(lm())
```

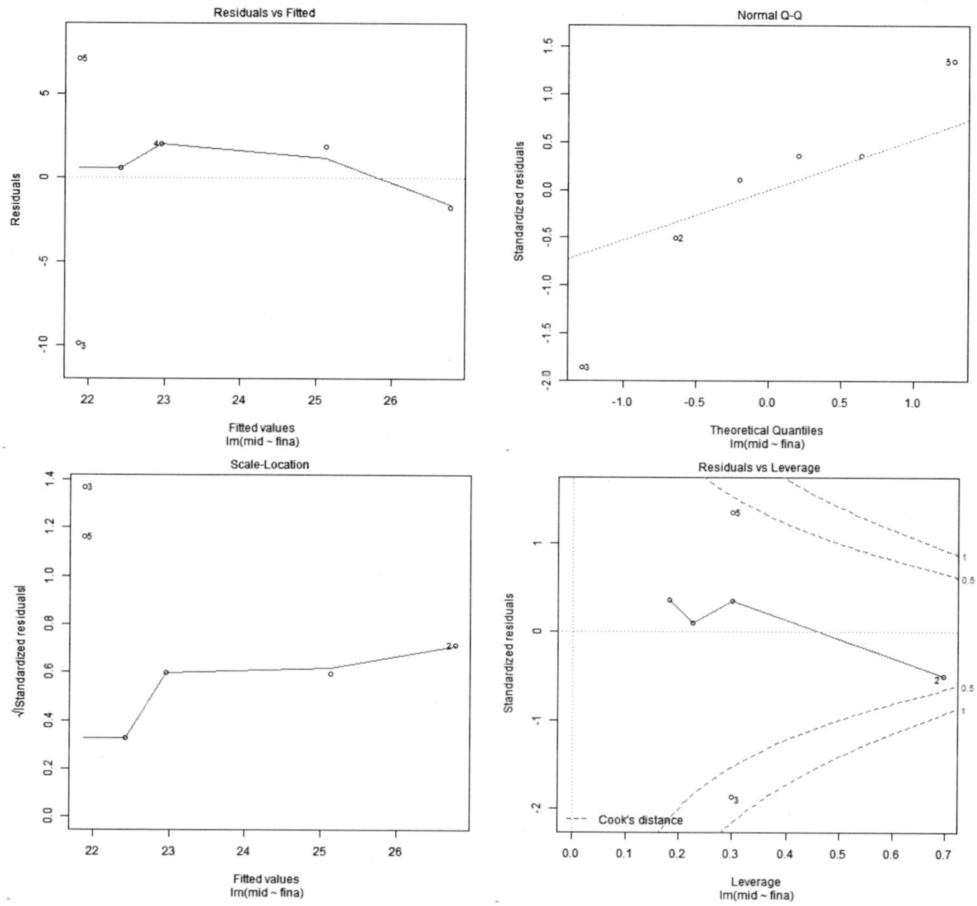

plot의 기본적인 사용형식은 다음과 같다.

plot(자료, main=, sub=, xlab=, ylab=, xlim=, ylim=, type=)
여기서 main= : 그래프 제목, sub= : 그래프 부제목, xlab= : x 축 제목, ylab= : y 축 제목
xlim= : x 축의 상한, 하한, ylim= : y 축의 상한, 하한, type= : 그래프의 형태

다른 인수를 사용하여 그래프를 더 정밀히 그릴 수 있다.

다음 예제를 통해서 plot() 함수를 이용해 간단하게 그래프를 그리는 방법을 살펴보자. plot(ferti, rice)은 가장 단순한 산점도를 그려준다. plot(ferti, rice, main=" ferti VS rice", type ="p")에서는 그래프 제목(main)과 그래프 형태(type=p)를 점으로 하도록 지정하였다. plot(ferti, rice, main="ferti VS rice", type ="p", pch=15)에서는 점의 모양(pch=15)을 지정하였다. plot(ferti, rice, main="ferti VS rice", xlim=

c(19, 22), ylim=c(24, 28), type="p")에서는 x, y축의 상한과 하한(xlim=c(19, 22), ylim=c(24, 28))을 지정하였다. plot(ferti, rice, main="ferti VS rice", xlim=c(19, 22), ylim=c(24, 28), xlab="Ferti", ylab="Rice", type="p")에서는 x, y축의 이름(xlab="Ferti", ylab="Rice")을 지정하였다.

```
ferti <- c(20.4, 21.1, 19.6, 21.4, 20.8, 21.7, 21.9, 20.2, 21.2, 21.5)
ferti
## [1] 20.4 21.1 19.6 21.4 20.8 21.7 21.9 20.2 21.2 21.5
rice <- c(25.7, 27.3, 24.9, 26.5, 26.5, 27.5, 27.9, 24.7, 26.8, 27.7)
rice
## [1] 25.7 27.3 24.9 26.5 26.5 27.5 27.9 24.7 26.8 27.7
plot(ferti, rice)
```

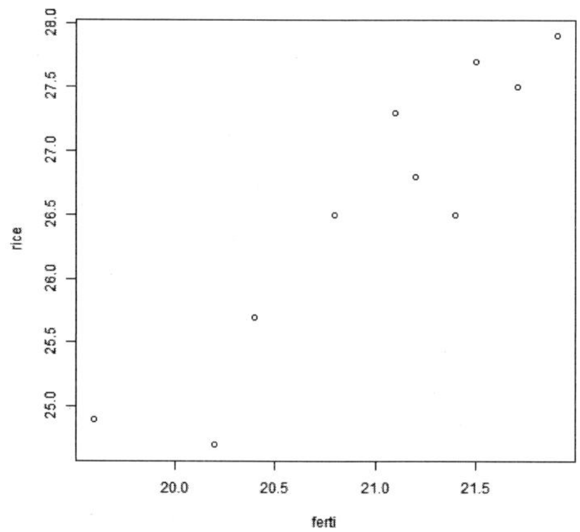


```
plot(ferti, rice, main = " ferti VS rice", type = "p")          # 제목 추가
```

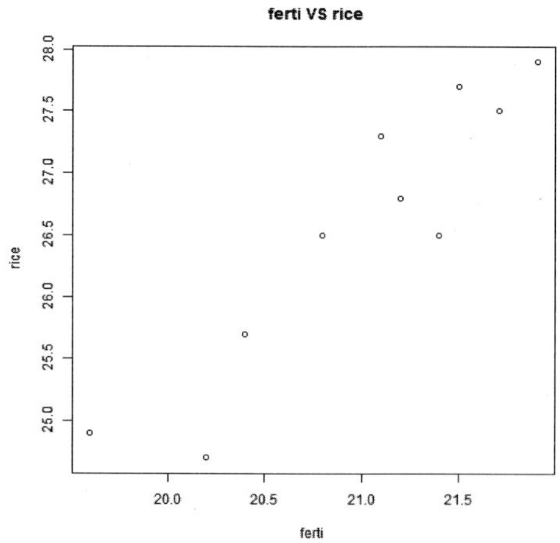


```
plot(ferti, rice, main = " ferti VS rice", type = "p", pch = 15)          # 점 모양 변경
```

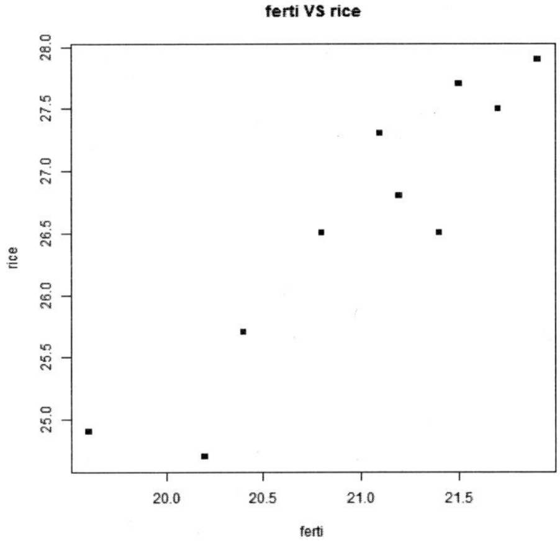


```
plot(ferti, rice, main = " ferti VS rice", xlim = c(19, 22), ylim = c(24, 28), type = "p")
                                                                        # x, y 축 상한, 하한 지정
```

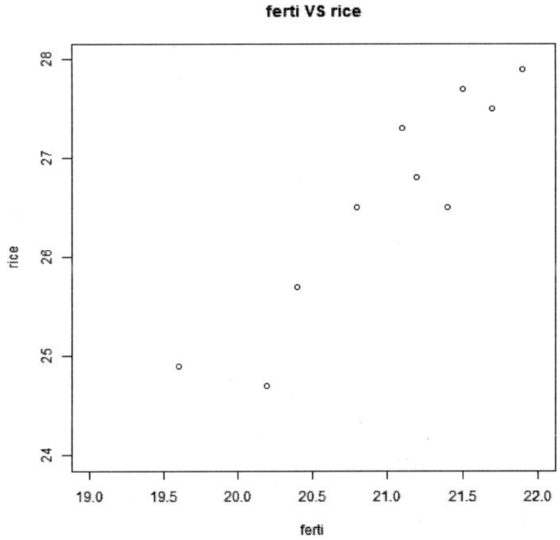


```
plot(ferti, rice, main = " ferti VS rice", xlim = c(19, 22), ylim = c(24, 28),
  xlab = "Ferti", ylab = "Rice", type = "p")                          # x, y축 이름 붙임
```

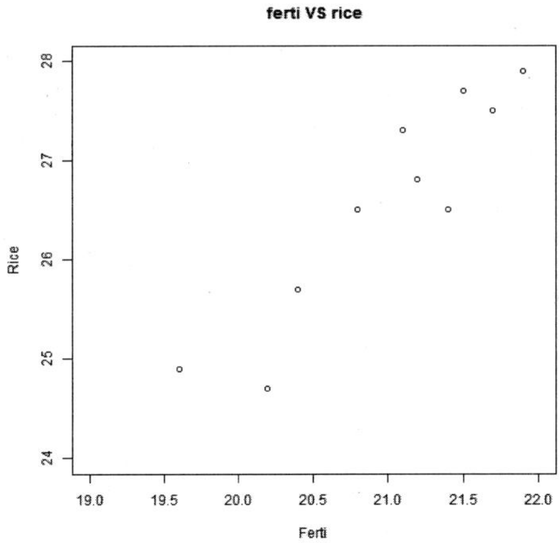

plot(범주형 변수)은 범주형 변수에 대한 막대그래프를 그린다. plot(데이터 프레임)은 데이터 프레임의 모든 변수의 쌍에 대한 산점도를 생성한다. plot(범주형 변수, 수치형 자료)는 인자의 수준에 따라 상자그림을 그린다. plot(범주형 변수, 범주형 변수)는 비율 누적 막대그래프를 그린다. plot(함수)는 주어진 함수를 그린다. plot(sin, -pi, 2 * pi, main="Sin Curve")은 $-\pi < x < 2\pi$ 사이에서 sine 함수의 곡선을 그린다. plot(normal,-3, 3, main="Standard Normal")은 $-3 < x < 3$ 사이에서 표준정규분포 곡선을 그린다. plot(분할표)는 모자이크 그림을 그린다.

```
brand <- c("FA", "FA", "FA", "FA", "LE", "LE", "LE", "LE", "ST", "ST", "ST",
   "ST", "OR", "OR", "OR", "OR", "FA", "LE", "OR", "ST")
store <- c("DU", "SE", "BU", "IN", "DJ", "DJ", "DU", "SE", "BU", "IN", "IN",
   "SE", "BU", "DJ", "SE", "SE", "BU", "DU", "DJ", "IN")
sales <- c(2000, 2500, 2020, 1200, 2930, 1073, 2003, 1630, 1220, 2447, 1300,
   1789, 2723, 1999, 2586, 1579, 1700, 1356, 1798, 2003)
dframe <- data.frame(Brand = brand, Store = store, Sales = sales)
plot(dframe$Brand)                                   # plot(범주형 변수)
```

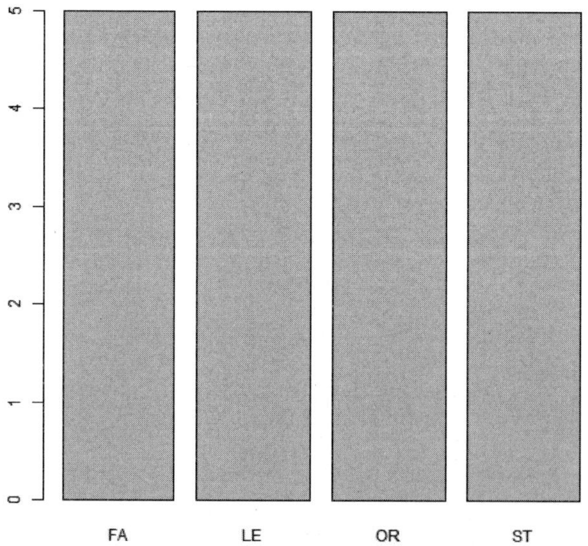

plot(dframe) # plot(데이터 프레임)

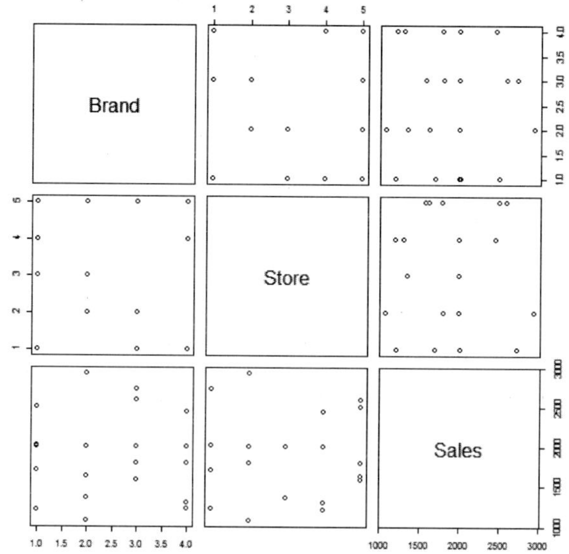

plot(dframe$Brand, dframe$Sales, main = "Sales VS Brand", xlab = "Brand", ylab ="Sales")

plot(범주형 변수, 수치형 자료)

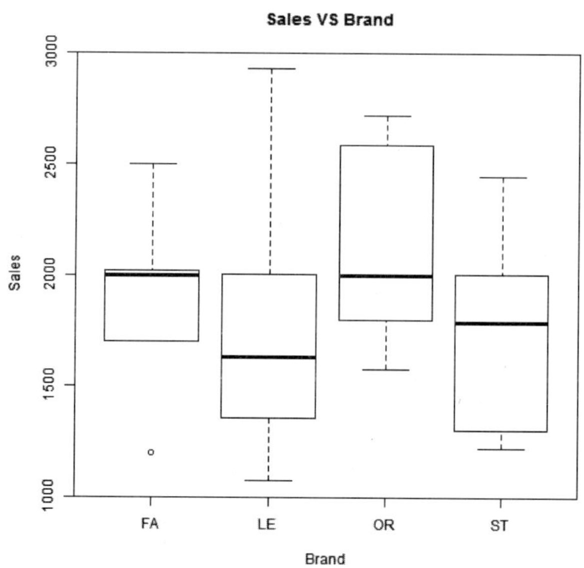

```
plot(dframe$Brand, dframe$Store, main = "Store VS Brand", xlab = "Brand", ylab = "Store")
```

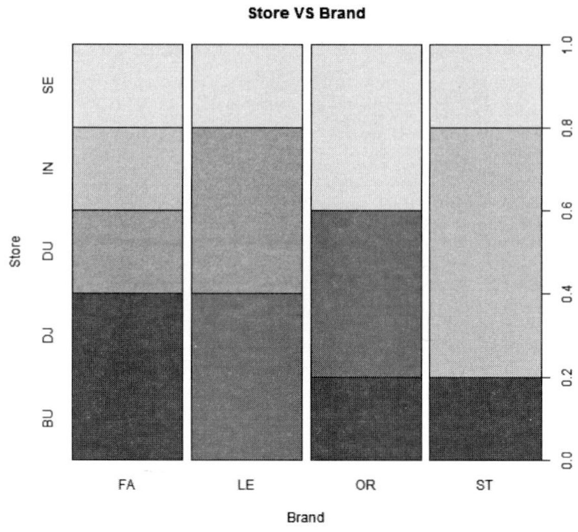


```
plot(sin, -pi, 2 * pi, main = " Sin Curve")                    # plot(함수)
```

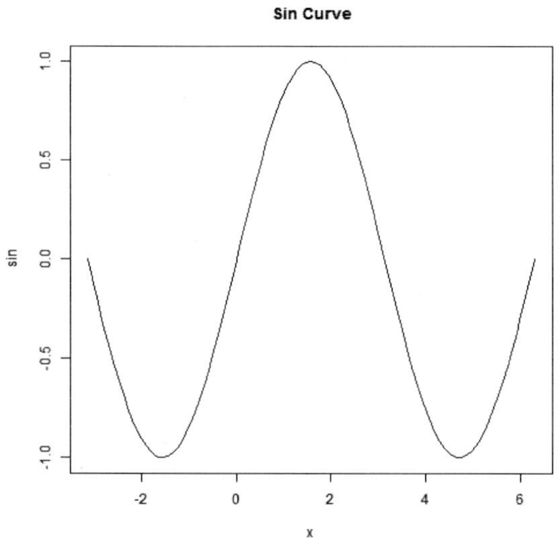


```
normal <- function(x) {
   1/sqrt(2 * pi) * exp(-(x^2)/2)
}                                                              # 표준정규 분포
plot(normal, -3, 3, main = "Standard Normal")                  # 표준정규분포 곡선
```

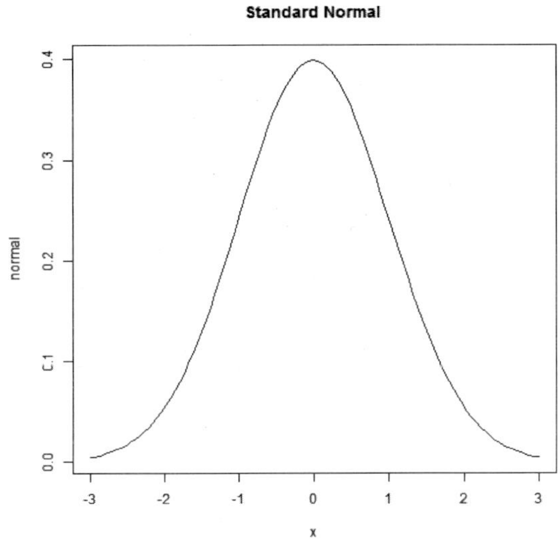


```
sex <- c("m", "f", "f", "f", "m", "m", "m", "f", "m", "f", "m", "m", "f", "f", "m", "f", "m", "f", "m", "f", "m",
         "m", "f", "f", "m", "f", "m", "f", "m", "f")
major <- c("m", "b", "m", "m", "e", "b", "b", "e", "m", "e", "e", "b", "m", "m", "b", "b", "b", "e", "m",
           "e", "e", "b", "m", "m", "m", "b", "b", "e", "m", "e")
job <- c("o", "p", "p", "o", "p", "o", "o", "o", "p", "o", "o", "p", "p", "o", "p", "o", "o", "p", "p", "o", "o",
         "p", "p", "o", "p", "o", "o", "p", "p", "o")
tabl <- xtabs(~sex + major + job)
tabl
## , , job = o
##
##    major
## sex b e m
##   f 2 4 3
##   m 4 2 1
##
## , , job = p
##
##    major
## sex b e m
##   f 1 2 3
##   m 3 1 4
plot(tabl, main = "Sex Vs Major Vs Job")                    # plot(분할표)
```

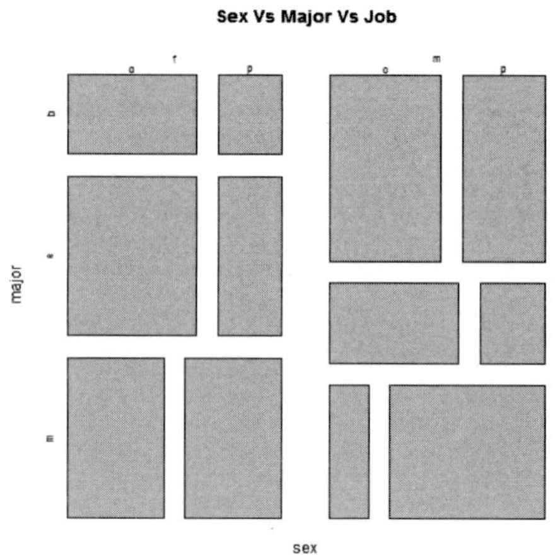

다음 예제는 N(0,1)과 t(3)의 밀도함수를 중첩해서 그린 것이다. par(new=TRUE)를 사용하면 그래프를 중첩해서 그릴 수 있다. 그러나 축 이름과 축의 눈금 값은 통일시켜야한다. plot()함수에서 “lty= ” 인자는 선으로 그래프를 그릴 때 선의 종류를 지정할 때 사용한다. legend() 함수를 이용하면 그래프에 범례를 붙일 수 있다. text() 함수를 이용하면 그래프에 텍스트를 넣을 수 있다. legend()와 text() 함수를 locator() 함수와 같이 사용하면, 그래프에 범례와 텍스트가 들어갈 위치를 편리하게 지정할 수 있다. locator() 함수를 호출하고, 커서를 그래프 위에서 클릭하면 커서의 위치를 정확하게 나타낸다.

```
normal <- function(x) {                                    # N(0,1)의 밀도함수
   1/sqrt(2 * pi) * exp(-(x^2)/2)
}
tdist <- function(x, df) {                                 # t(3)의 밀도함수
   (gamma((df + 1)/2)/sqrt(df * pi) * gamma(df/2)) * (1 + x^2/df)^(-(df + 1)/2)
}
x <- seq(-4, 4, length.out = 200)
plot(x, normal(x), ylab = "", main = "N(0,1) VS t(3)", type = "l", ylim = c(0,
   0.5))                                                   # N(0,1)의 밀도함수 그리기
par(new = TRUE)                                            # 그래프 중첩
plot(x, tdist(x, 3), ylab = "", type = "l", lty = 2, ylim = c(0, 0.5))  # t(3) 밀도함수그리기
legend(2, 0.45, c("N(0,1)", "t(3)"), lty = c(1, 3))        # 범례
text(0, 0.3, "t(3)")                                       # 그래프에 텍스트 추가
```

text(0, 0.41, "N(0,1)")

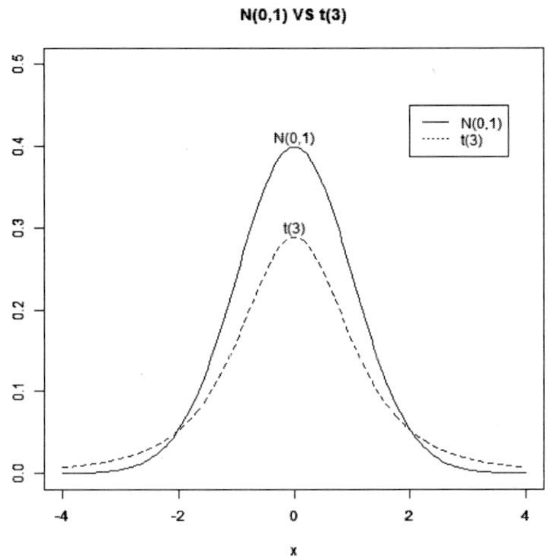


```
plot(x, normal(x), ylab = "", main = "N(0,1) VS t(3)", type = "l", ylim = c(0,0.5))
par(new = TRUE)
plot(x, tdist(x, 3), ylab = "", type = "l", lty = 2, ylim = c(0, 0.5))
lo <- locator(1)
lo
## $x
## [1] 2.420997
##
## $y
## [1] 0.4425049
legend(lo, c("N(0,1)", "t(3)"), lty = c(1, 3))   # 좌표 (2.240997, 0.442509) 상에 범례 추가
loo <- locator(2)
loo
## $x
## [1] -0.002738684 -0.002738684
##
## $y
## [1] 0.2991666 0.4055143
text(loo, c("t(3)", "N(0,1)"))                  # 좌표 (-0.002738684, 0.2991666) 상에 텍스트 t(3) 추가
                                                # 좌표 (-0.002738684, 0.4055143) 상에 텍스트 N(0,1) 추가
```

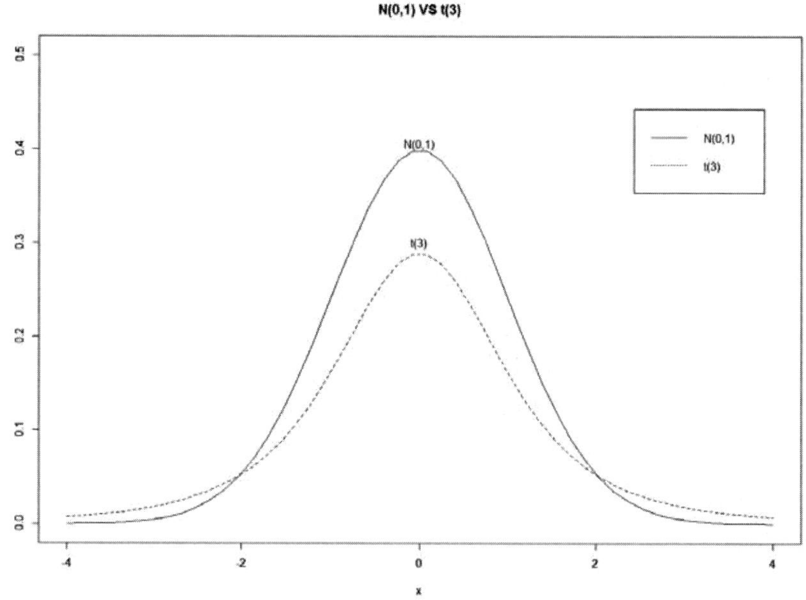

par() 함수는 그래프의 출력 형태를 지정할 수 있는 함수이다. par() 함수에서 제공하는 여러 가지 인수를 사용하여 그래프의 출력 형태를 조정할 수 있다. 위 예제에서 par(new=TRUE)는 그래프를 중첩해서 그리기 위해서 new= 인수를 사용하였다. par(mfrow=(c(m,n))는 한 페이지에 여러 개의 그래프를 출력하기 위해서 mfrow= 인수를 이용하였다. 이것의 의미는 한 페이지를 m×n 행렬로 분할하여 그래프를 출력한다. plot() 함수를 먼저 호출한 후 points(), lines(), text(). abline() 함수를 이용하면 그래프에 점, 선, 직선, 그리고 텍스트를 추가할 수 있다. plot() 함수와 같이 하나의 완성된 그래프를 그리는 함수를 고수준 그래프 함수라 하고, points(), lines(), ablines(), text(), legend() 함수 등과 같이 고수준 그래프 함수로 그린 그래프에 점, 선, 직선, 텍스트, 그리고 범례 등을 추가하는데 사용되는 함수이다. 이와 같은 함수를 저수준 그래프 함수라 한다. 저수준 함수를 이용하기 위해서는 반드시 고수준 함수를 이용하여 먼저 그래프를 그린 후에 사용해야 한다. par(mfrow = (c(2, 2)))는 한 페이지를 2×2 행렬로 나눈 후 행을 기준으로 그래프를 출력한다. plot(x, tdist(x, 3), ylab=" ", type="l", lty=1, ylim=c(0, 0.5))은 t(3)의 그래프를 선으로 그린 것이다. 아래 결과에서 (1,1)에 위치한 그래프이다. 이 그래프에 점을 추가하기 위해서 points (x, tdist(x, 3), pch=2)를 호출하였다. 그 결과는 (1,2)에 위치한 그래프다. plot(x, tdist(x, 3), ylab=" ", type="p", pch=3, ylim=c(0, 0.5))은 t(3)의 그래프를 점으로 그린 것이다. 그 그래프는 (2,1)에 있다. 이 그래프에 선을 추가하기 위해서 lines(x, tdist(x, 3), lty=1)을 이용하였다. (2,2)에 위치한 그래프이다.

```
normal <- function(x) {
  1/sqrt(2 * pi) * exp(-(x^2)/2)
}
tdist <- function(x, df) {
  (gamma((df + 1)/2)/sqrt(df * pi) * gamma(df/2)) * (1 + x^2/df)^(-(df + 1)/2)
}
x <- seq(-4, 4, length.out = 50)
par(mfrow = (c(2, 2)))                                    # 2 × 2 형태로 출력
plot(x, tdist(x, 3), ylab = "", type = "l", lty = 1, ylim = c(0, 0.5))
plot(x, tdist(x, 3), ylab = "", type = "l", lty = 1, ylim = c(0, 0.5))
points(x, tdist(x, 3), pch = 2)                           # 그래프에 점 추가
plot(x, tdist(x, 3), ylab = "", type = "p", pch = 3, ylim = c(0, 0.5))
plot(x, tdist(x, 3), ylab = "", type = "p", pch = 3, ylim = c(0, 0.5))
lines(x, tdist(x, 3), lty = 1)                            # 그래프에 선추가
```

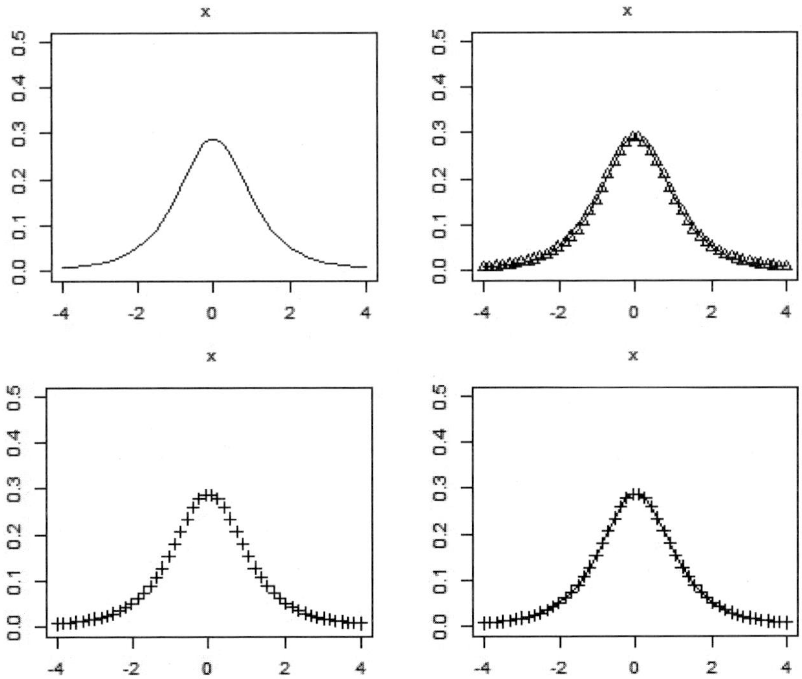

가장 기본적인 함수 plot() 함수 이외에 히스토그램(hist()), 상자그림(boxplot()), 막대그래프(barplot()) 등을 여러 가지 그래프를 그릴 수 있는 함수들이 있다.

```
brand <- c("FA", "FA", "FA", "FA", "LE", "LE", "LE", "LE", "ST", "ST", "ST",
   "ST", "OR", "OR", "OR", "OR", "FA", "LE", "OR", "ST")
sales <- c(2000, 2500, 2020, 1200, 2930, 1073, 2003, 1630, 1220, 2447, 1300,
   1789, 2723, 1999, 2586, 1579, 1700, 1356, 1798, 2003)
par(mfrow = (c(2, 2)))
hist(sales)                                                    # 히스트그램
boxplot(sales, main = "Boxplot of sales", ylab = "sales")     # 상자그림
salesm <- tapply(sales, fbrand, mean)

barplot(salesm, main = "Barplot", xlab= "Brand", ylab= "Mean of sales")   # 막대그리프

barplot(table(brand), main = "Barplot", xlab= "Brand", ylab= "Frequency")  # 막대그래프
```

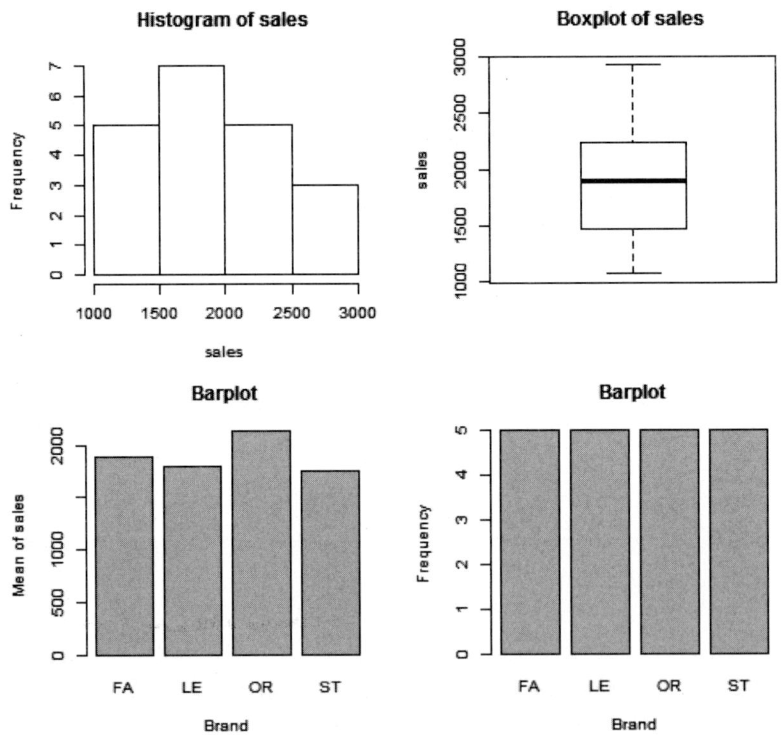

4.2. ggplot2

R에서 직접 제공하는 기본 함수를 이용하면 그래프를 작성할 수 있다. 그러나 자료를 좀 편리하고 세련되게 시각화 하고, 어떤 용도에 특화된 그래프를 그리기 위해서 R에서 사용할 수 있는 여러 가지 그래픽스 패키지가 개발되어있다. lattice, ggplot2, igraph 등 많은 그래픽스 패키지들이 있다. lattice와 ggplot2를 이용하면 기본 그래픽스들 보다 세련된 그래프를 작성할 수 있고, R에서 기본적으로 제공되지 않는 그래프도 그릴 수 도 있다. igraph는 네트워크 그래프를 작성하기 위해 만들어진 패키지이다. 여기서는 ggplot2 패키지를 간단히 소개하고자한다. ggplot2는 Hadley Wickham이 개발하였다. ggplot2는 "grammar of graphics" 개념을 근거로 하고 있기 때문에 문법 내에서 코드를 추가하거나 삭제하여 R에서 기본적으로 제공하는 그래픽스 함수에 비해서 그래프 변형이 용이하고, 그래프를 더 시각적으로 표현 할 수 있다. ggplot2를 사용하기 위해서 다음 문장을 이용하여 이 패키지를 설치하고, 로딩 하여야한다.

```
install.packages("ggplot2")
library(ggplot2)
```

ggplot2은 다음과 같이 + 연산자를 이용하여 여러 가지 그래프 요소를 합쳐서 그래프를 작성하고 다양하게 변형을 한다.

```
ggplot(data=, mapping=aes(x=, y=, ......)) + geom_*(인수) + stat_*(인수) + scale_*(인수) +
coord_*(인수) + position_*(인수) + .............
```

ggplot(data=data frame, mapping=aes(x=, y=))은 기본 지정이다. 여기서 data는 그래프를 그리고 싶은 자료를 의미한다. 자료는 항상 데이터 프레임 형태로 저장되어 있어야 한다. ggplot2를 이용해서 그래프를 작성하기 위해서 자료의 각 레코드를 그래픽 속성(aesthetics)에 대입(mapping)한다. aes() 함수는 이와 같은 역할을 한다. 그래픽 속성에는 x, y 그리고 도형의 모양, 색깔, 위치 등이 있다. 다음 자료가 dframe이라는 이름으로 데이터프레임 형태로 저장이 있다고 하자.

mid	fina	sex
23	21	F
25	26	F
21	20	M
25	22	M
29	27	F
27	26	M
24	23	F
27	26	M
22	21	F
29	28	M
28	27	F

위 자료를 이용하여 mid와 fina에 대한 산점도(scatter plot)을 작성한다고 해보자. 다음과 같이 기본을 지정한다.

```
ggplot(data=dframe, mapping=aes(x=mid, y=fina)
```

여기서 data=에 그래프를 작성하고 싶은 데이터 세트 이름 dframe을 지정하였다. 그리고 aes() 함수를 이용하여 x축에 mid를, y축에 fina를 대입(mapping)하였다. ggplot()만으로 그래프를 작성할 수 없다, 따라서 실제 산점도를 그리기 위해서 기하 객체(geometric object)를 지정해야 한다. 기하 객체는 실질적으로 그래프를 만드는 역할을 한다. 기하 객체는 geom_*()을 이용해서 지정한다. ggplot2에서 제공되는 기하 객체에는 점(point), 선(line), 막대(bar), 다각형(polygon), 상자그림(boxplot) 등 여러 가지가 있다. 산점도를 그리기 위해서 점 기하 객체 geom_point()가 필요하다. 기본 지정에 + 연산자를 이용하여 geom_point()를 추가하여 산점도를 작성할 수 있다. ggplot()에서 그래픽 속성을 대입 시킨 특징은 +로 연결된 그래프 요소에 그대로 전달된다. 아래 코드에서 geom_point()는 실제로 geom_point(aes(x=Mid, y=Fina))이다. 물론 속성을 재정의해서 사용할 수도 있다.

```
ggplot(data=dframe, mapping=aes(x=Mid, y=Fina)+
  geom_point()
```

이러한 요소들은 재사용을 위해서 변수에 할당할 수 있다.

```
scatter <- ggplot(data=dframe, mapping=aes(x=Mid, y=Fina)
scatter + geom_point()
```

```
mid <- c(23, 25, 21, 25, 29, 27, 24, 27, 22, 29, 28)
fina <- c(21, 26, 20, 22, 27, 26, 23, 26, 21, 28, 27)
sex <- c("F", "F", "M", "M", "F", "M", "F", "M", "F", "M", "F")
dframe <- data.frame(Mid = mid, Fina = fina, Sex = sex)
ggplot(dframe, aes(x = Mid, y = Fina)) +
  geom_point()
```

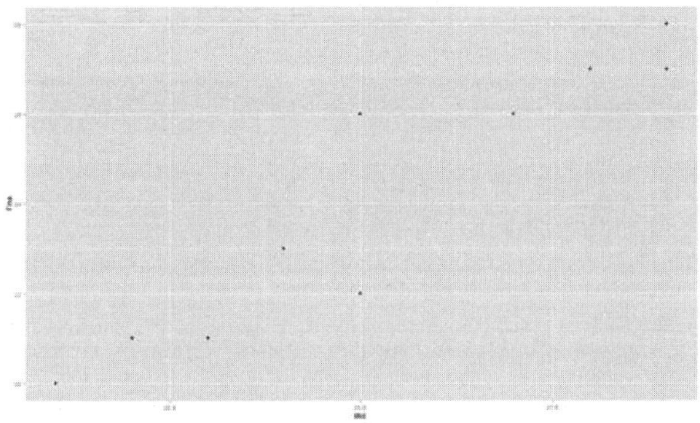

```
scatter <- ggplot(dframe, aes(x = Mid, y = Fina))
scatter + geom_point()
```

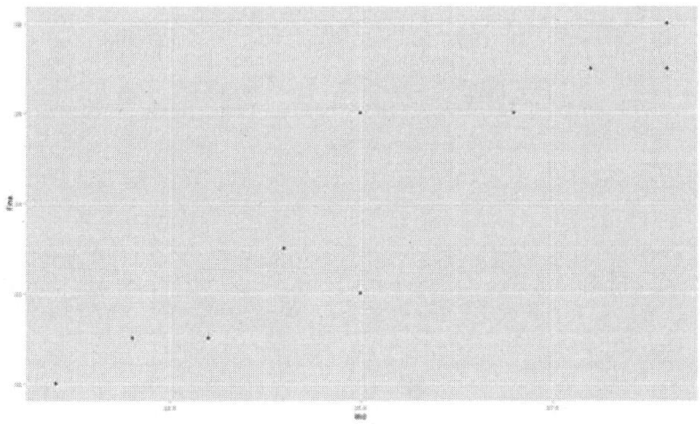

아래 그림과 같이 그래프 속성 colour=에 Sex를 대입하면 Sex 변수를 점의 색깔에 대입 할 수 있다. geom_point()에서도 그래프 속성 colour=에 Sex를 대입할 수 있다.

```
ggplot(dframe, aes(x = Mid, y = Fina, colour = Sex)) +
  geom_point()
```

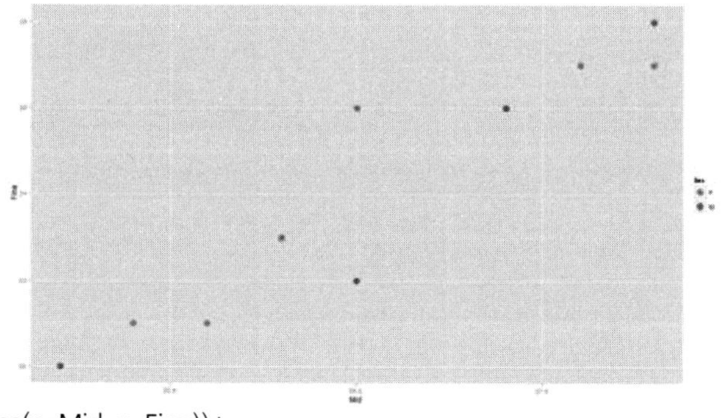

```
ggplot(dframe,aes(x=Mid, y=Fina))+
 geom_point(aes(colour=Sex))
```

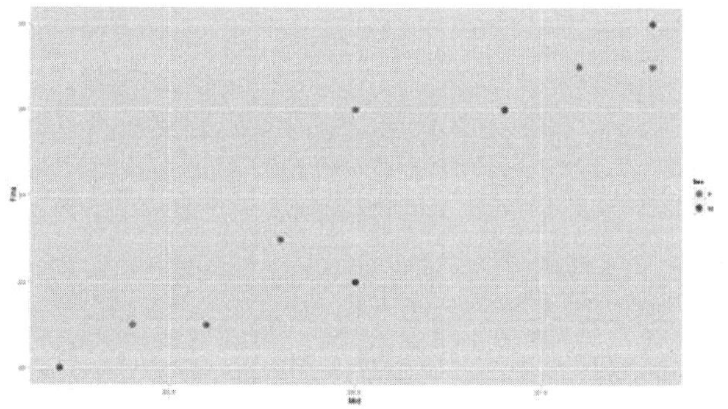

그러나 ggplot()에서 그래프 속성 colour=에 Sex를 대입한 경우는 + 연결된 다른 그래프 요소에는 모두 적용되지만, geom_point()에서 대입한 경우는 geom_point()에서만 적용된다.

다음, 아래에서 첫 번째 그림은 colour=Sex가 geom_point()와 geom_line() 모두에 적용되어 Sex 변수가 점과 선의 색깔에 모두 대입되었다. 그러나 두 번째는 colour=Sex가 geom_point()에만 적용되어 Sex 변수가 점의 색깔에만 대입되었다. geom_point()에서 점의 색깔, 크기, 모양 등을 설정(setting)할 수도 있다.

```
ggplot(dframe,aes(x=Mid, y=Fina, colour=Sex))+
  geom_point(size=4)+
  geom_line(size=1)
```

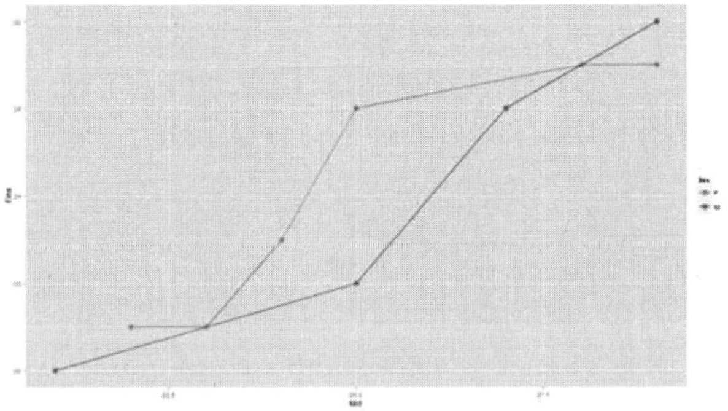

```
ggplot(dframe,aes(x=Mid, y=Fina))+
  geom_point(aes(colour=Sex), size=4)+
  geom_line(size=1)
```

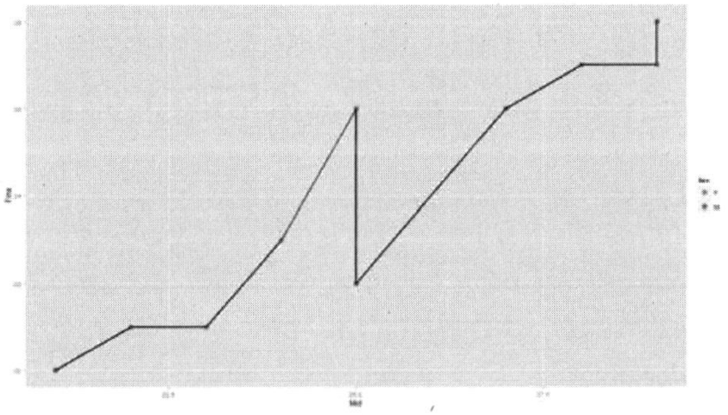

```
scatter + geom_point(colour="red", size=4, shape=10)
```

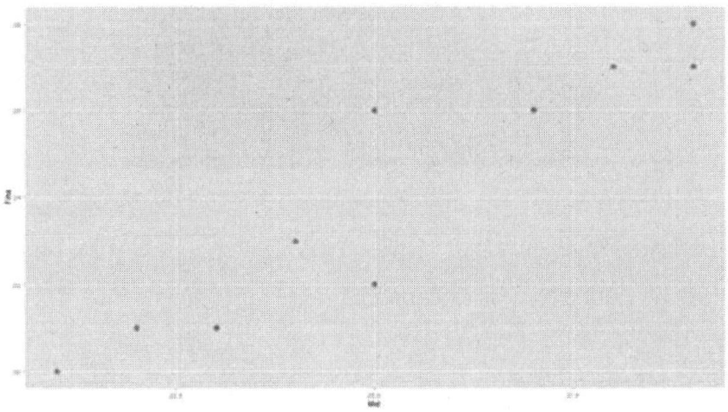

기하 객체를 이용해서 그래프를 작성하기 위해서 기하 객체에 맞는 자료가 필요하다. 예를 들어 히스토그램을 작성하기 위해서 주어진 자료를 몇 개의 그룹 혹은 빈(bin)으로 묶어 각 빈에 속하는 자료의 개수를 세어 이를 막대의 높이로 지정한다. 이처럼 stat_*()는 주어진 자료를 그래프로 작성하기 전에 변형하거나 요약하여 geom_*()에 필요한 자료를 생성하는 역할을 한다. 이러한 자료의 변형을 기하 객체에서 디폴트로 제공되는 경우도 많지만, stat_*()를 이용해서 이러한 작업을 해야 하는 경우도 있다. 예를 들어 geom_histogram()은 자동으로 stat_bin()을 사용하여 자료를 변형한 후에 히스토그램을 작성해준다. 이때 stat_bin()은 자료 변형을 통해 새로운 변수 count, density, ncount, ndensity를 생성한다. stat_*()에서 생성된 변수는 ..변수명.. 형태로 사용한다. 예를 들어 geom_histogram(aes(y=..density..))를 사용하여 y축에 density를 대입한다. 아래 첫 번째 그림은 디폴트로 count를 이용하여 히스토그램을 작성하였다. 두 번째 그림은 density를 y축에 대입하여 그린 그림이다. 그리고 세 번째 그림은 stat_function()을 이용하여 표준정규분포 곡선을 그린 것이다. geom_*()과 stat_*()는 결합해서 사용할 수 있다. 마지막 그림은 stat_bin()과 geom_bar()를 결합한 것이다. geom_histogram()은 stat_bin()과 geom_bar()을 결합한 결과와 같다.

```
ggplot(dframe,aes(x=Mid))+
  geom_histogram(binwidth=2)
```

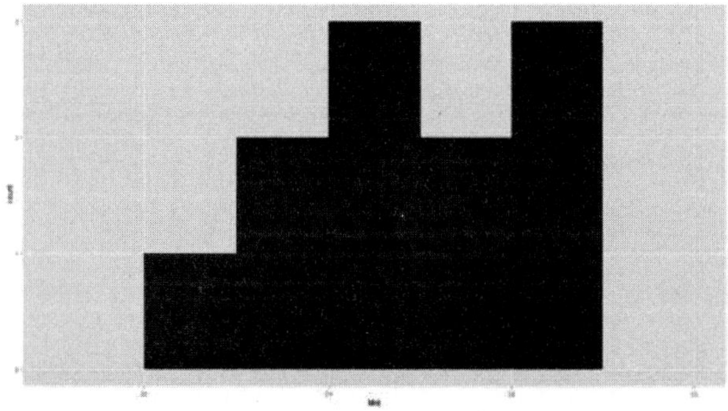

```
ggplot(dframe,aes(x=Mid))+
  geom_histogram(aes(y=..density..),binwidth=2)
```

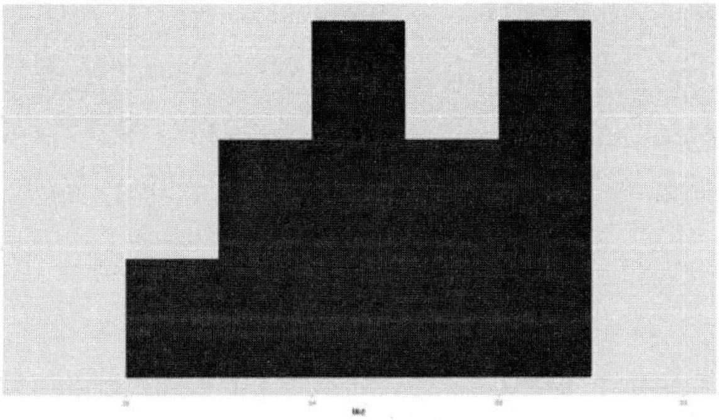

```
normal <- function(x) {
  1/sqrt(2 * pi) * exp(-(x^2)/2)
}
ggplot(data.frame(x=c(-3,3)),aes(x=x)) + stat_function(fun=normal, geom="line")
```

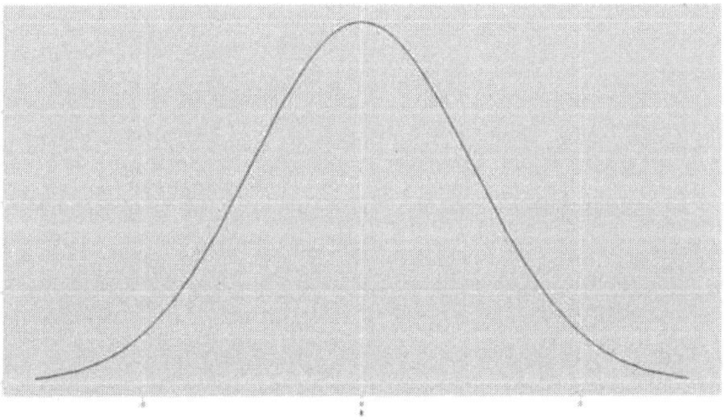

```
ggplot(dframe,aes(x=Mid))+
  stat_bin(geom="bar", binwidth=2)
```

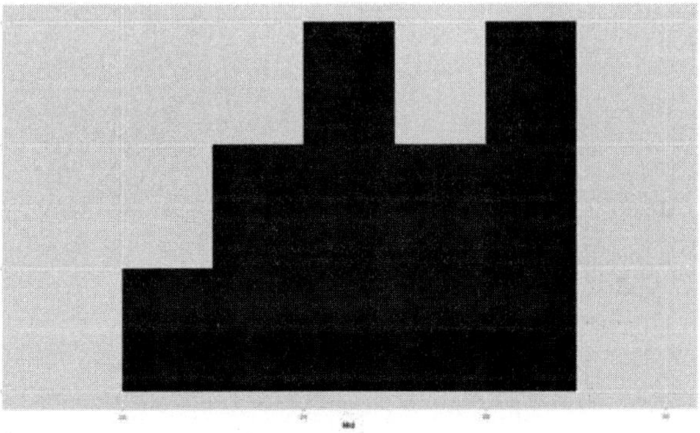

스케일(scale)은 자료 공간(data space)의 값들을 속성 공간의 값들로 대입(map)하는 과정을 제어한다. 대입된 자료를 시각화 하는데 필요한 속성 - 수평 및 수직 위치(position), 색상(colour), 크기(size), 모양(shape), 그리고 축(axes), 범례(legends) 등으로 컴퓨터가 이해할 수 있게 서식을 바꾸어 주는 작업이다. ggplot()은 자동으로 스케일링(scaling) 작업을 해준다. 그러나 직접 스케일링을 해야 할 경우에는 scale_*()을 사용해서 작업을 할 수 있다. 첫 번째 그림은 ggplot()이 자동으로 스케일링 작업을 해서 작성한 그림이다. 두 번째 코드에서 scale_colour_hue()는 디폴트 스케일이다. 따라서 두 그림이 동일하다.

```
ggplot(dframe,aes(x=Mid, y=Fina))+
 geom_point()
```

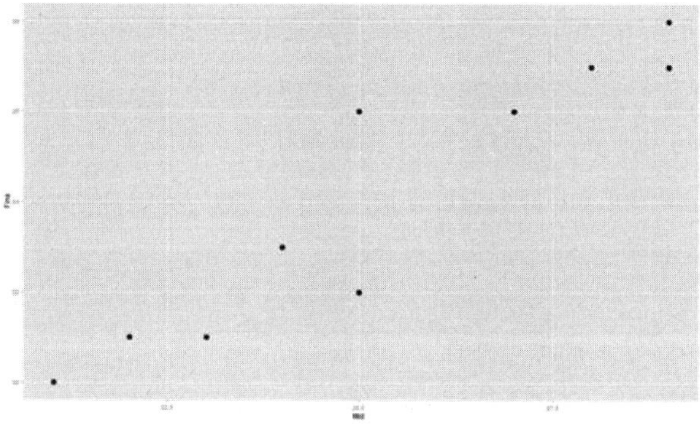

```
ggplot(dframe,aes(x=Mid, y=Fina))+
 geom_point(size=4)+
 scale_colour_hue()                        # 디폴트 스케일
```

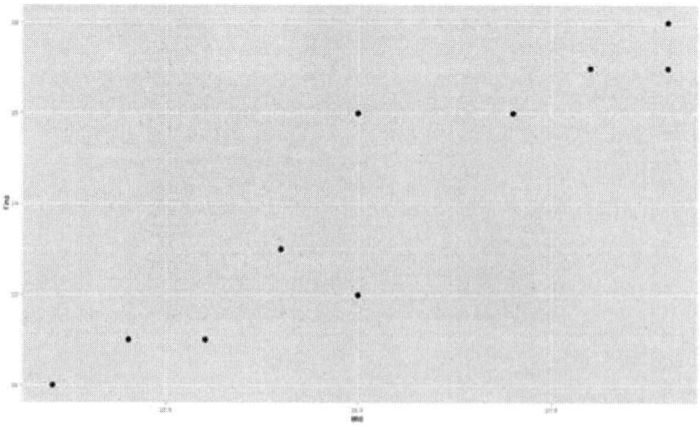

첫 번째 그림은 colour=에 변수 Sex를 대입했을 때 자동으로 스케일링 작업을 해서 작성한 그림이다. 두 번째는 scale_colour_hue(l=45)를 이용해서 색상의 척도(scale)를 변경하여 점들의 색깔을 진하게 만든 그림이다.

```
ggplot(dframe,aes(x=Mid, y=Fina, colour=Sex))+
  geom_point(size=4)
```

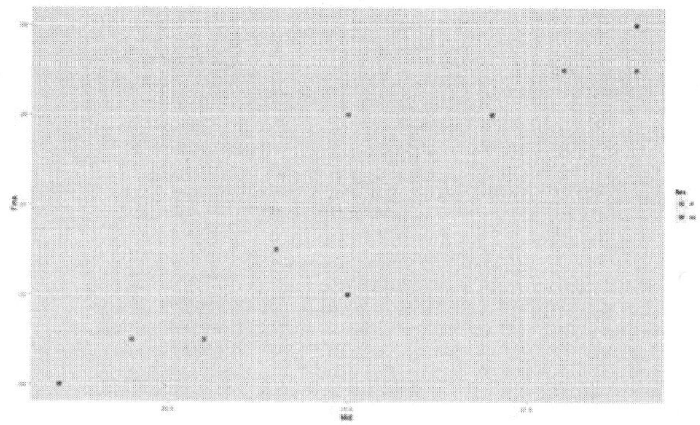

```
ggplot(dframe,aes(x=Mid, y=Fina, colour=Sex))+
  geom_point(size=4)+
  scale_colour_hue(l=45)
```

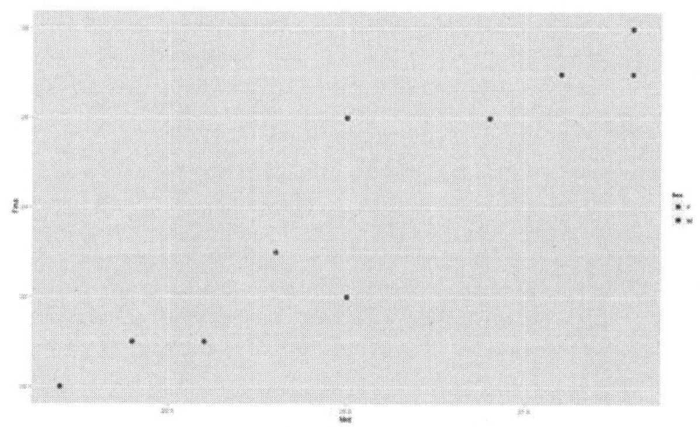

아래 첫 번째 그림은 수평(x) 및 수직(y) 위치를 자동으로 스케일링 작업을 해서 작성한 것이다. 두 번째는 scale_x_continuous(limits=c(20,29),breaks=c(20,22,24,6,28,30)), scale_y _continuous(limits=c(20,29),breaks=c(20,22,24,26,28,30))를 이용해서 축의 척도(scale)를 변경하여 축의 범위를 설정하였다.

```
ggplot(dframe,aes(x=Mid, y=Fina, colour=Sex))+
 geom_point(size=4)+
 scale_colour_hue(l=45)
```

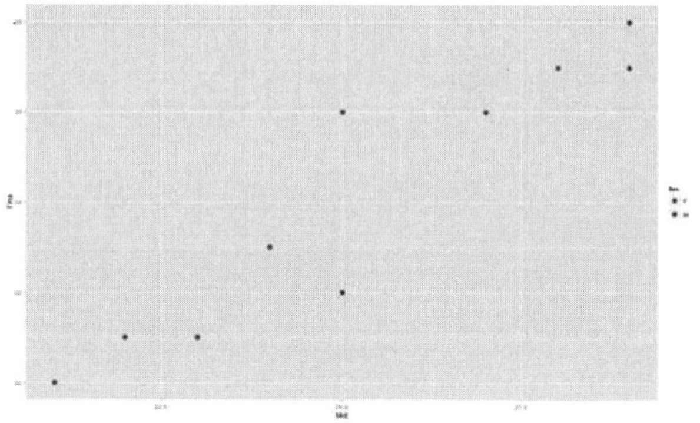

```
ggplot(dframe,aes(x=Mid, y=Fina, colour=Sex))+
 geom_point(size=4)+
 scale_colour_hue(l=45)+
 scale_x_continuous(limits=c(20,29),breaks=c(20,22,24,26,28,30))+
 scale_y_continuous(limits=c(20,29),breaks=c(20,22,24,26,28,30))
```

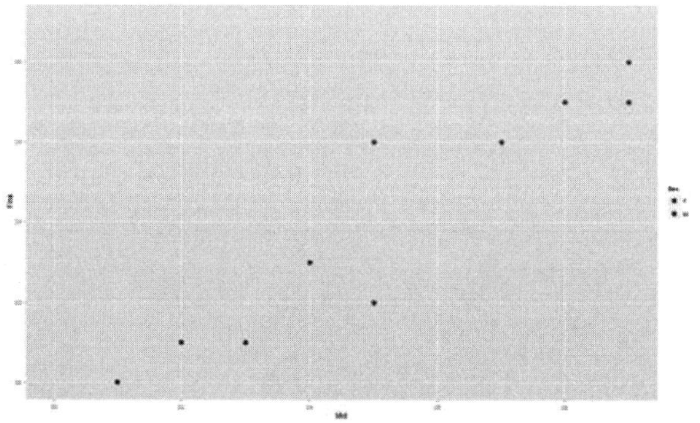

좌표계(coordinate system)는 객체의 좌표 값들을 그래프의 2차원 평면 값으로 대입하는 과정을 제어한다. 축과 격자 선을 조정하고, 기하객체의 모양을 변화시킨다. 직교좌표(carte sian)가 가장 많이 사용된다. coord_cartesian()은 디폴트이다. coord_flip()은 x축과 y축을 뒤바꾼다. coord_polar()은 원그래프를 그릴 때 사용한다.

```
ggplot(dframe,aes(x=Mid))+
  geom_histogram(binwidth=2)
ggplot(dframe,aes(x=Mid))+
  geom_histogram(binwidth=2)+
  coord_cartesian()
```

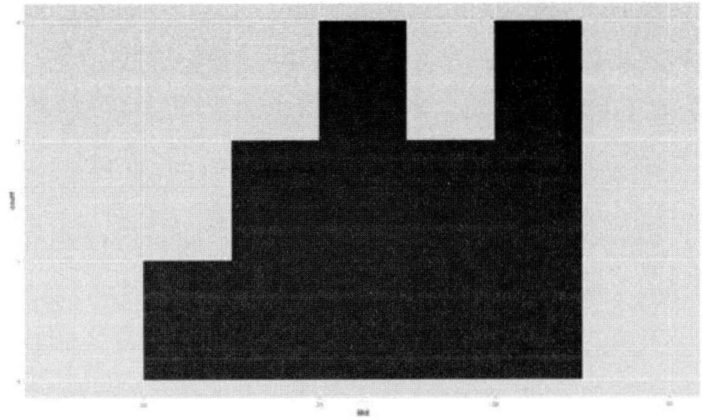

```
ggplot(dframe,aes(x=Mid))+
  geom_histogram(binwidth=2)+
  coord_flip()
ggplot(dframe,aes(x=Mid))+
  geom_histogram(binwidth=2)+
  coord_polar()
```

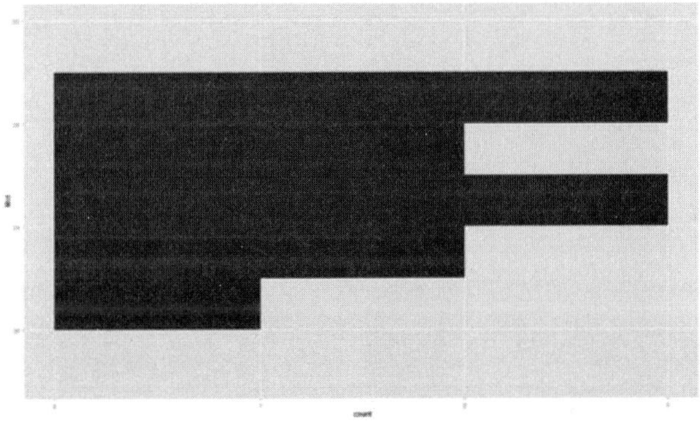

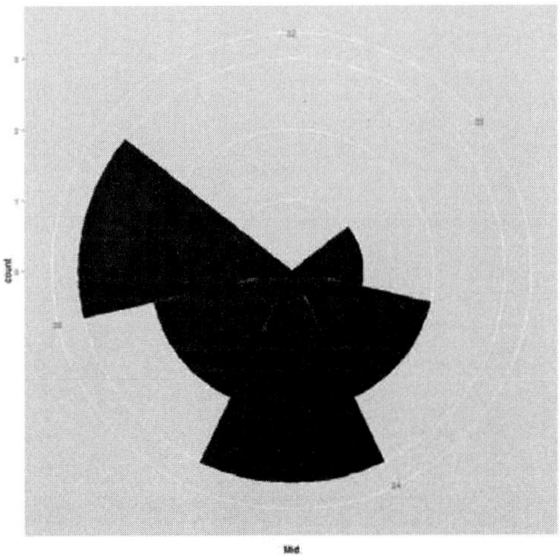

좌표계를 이용하여 축의 범위를 지정할 수 있다. scale_*()를 이용하는 경우 지정된 범위를 벗어나는 자료는 제거되기 때문에 그래프가 변형을 일으킬 수 있다. 그러나 좌표계를 이용하면 범위를 벗어나는 자료는 그대로 보존되며, 지정된 범위로 축소 혹은 확대해서 보여준다.

아래의 첫 번째 그림은 ggplot()이 자동으로 축의 눈금을 지정하여 그린 것이다. 두 번째는 scale_y_continuous(limits=c(25,29), breaks=c(25,27,29))를 이용해서 y의 눈금을 변경하여 작성한 그림이다. 결과를 보면 범위(25,29)를 벗어나는 자료 23,21,24,22를 제외하고 상자그림을 작성하였기 때문에 첫 번째 그림이 변경된 것을 알 수 있다. 세 번째는 coord_ cartesian(ylim=c(25,29))을 사용해서 y의 눈금을 변경하여 작성한 그림이다. 이 그림은 단지 첫 번째 그림을 지정된 범위(25,29)로 확대해서 보여준 것을 확인할 수 있다. 범위(25,29)를 벗어나는 자료가 제거되지 않았다.

```
ggplot(dframe,aes(x=Sex, y=Mid, colour=Sex))+
 geom_boxplot()
```

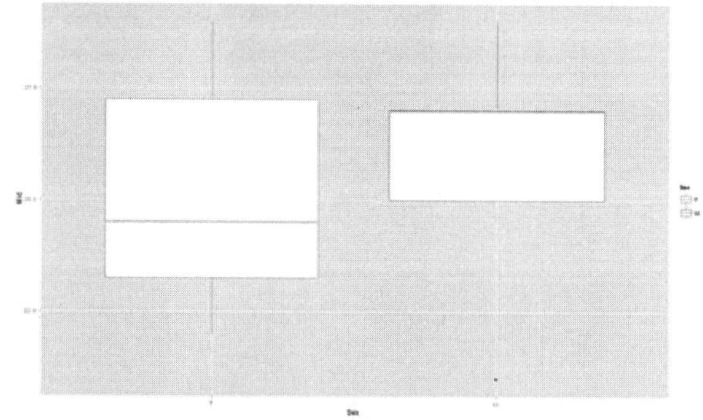

```
ggplot(dframe,aes(x=Sex, y=Mid, colour=Sex))+
 geom_boxplot()+
 scale_y_continuous(limits=c(25,29),breaks=c(25,27,29))
```

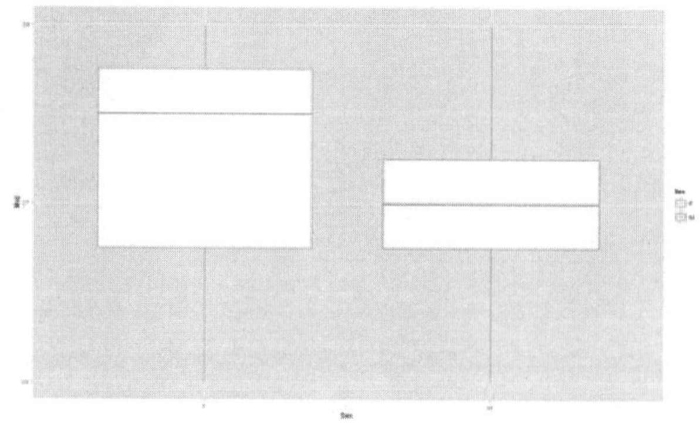

```
ggplot(dframe,aes(x=Sex, y=Mid, colour=Sex))+
  geom_boxplot()+
  coord_cartesian(ylim=c(25,29))
```

위치 조정(position adjustment)은 그래프를 겹쳐서 그릴 때 위치 조정하는 역할을 한다. 위치 조정은 이산형 자료에 주로 사용한다. 아래 두 번째 그림은 fill에 범주형 변수 Sex를 대입하여 성별에 따른 히스토그램을 겹쳐서 그린 것이다. 이때 막대들을 수직으로 누적해서 그린 누적막대그래프가 출력된다. 세 번째는 position=에 identity를 설정하여 위치를 조정하지 않고 그대로 두 개의 그래프를 겹쳐서 그린 것이다. 두 그래프가 완전히 겹쳐진다. 이 그림에서는 여자의 히스토그램이 남자 히스토그램 뒤에 겹쳐져있다. 세 번째는 position=에 dodge를 설정하여 두 그래프의 막대들이 묶인 군집막대그래프를 생성하였다. 네 번째는 position=에 fill을 설정하여 모든 막대 높이가 같은 누적막대그래프를 작성하였다. 마지막 그래프는 facet_grid(Sex~.)를 이용하여 남녀 그래프를 서로 다른 면(panel)에 출력하였다.

```
ggplot(dframe,aes(x=Mid))+
  geom_histogram(binwidth=2)+
  scale_x_continuous(limits=c(20,30),
  breaks=c(20,22,24,26,28,30))
```

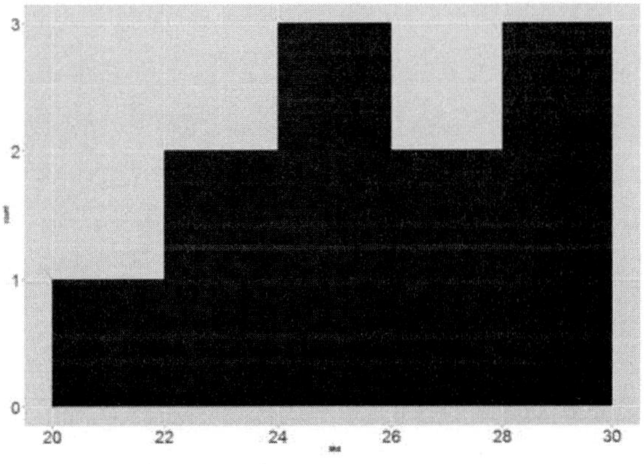

```
ggplot(dframe,aes(x=Mid, fill=Sex))+
  geom_histogram(binwidth=2)+
  scale_x_continuous(limits=c(20,30),
  breaks=c(20,22,24,26,28,30))
```

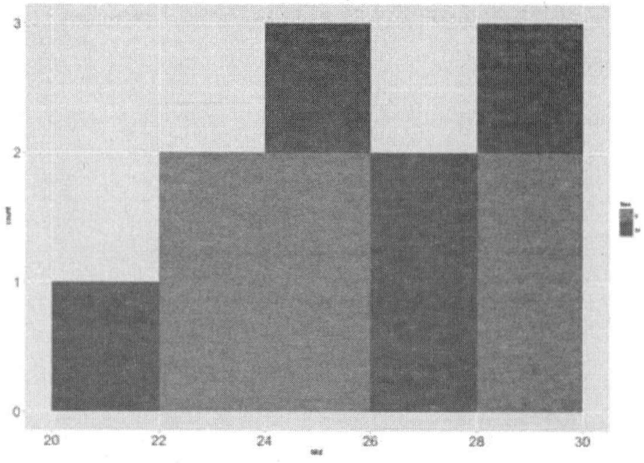


```
ggplot(dframe,aes(x=Mid, fill=Sex))+
  geom_histogram(binwidth=2,
  position="identity")+scale_x_continuous
  (limits=c(20,30),breaks=
  c(20,22,24,26,28,30))
```

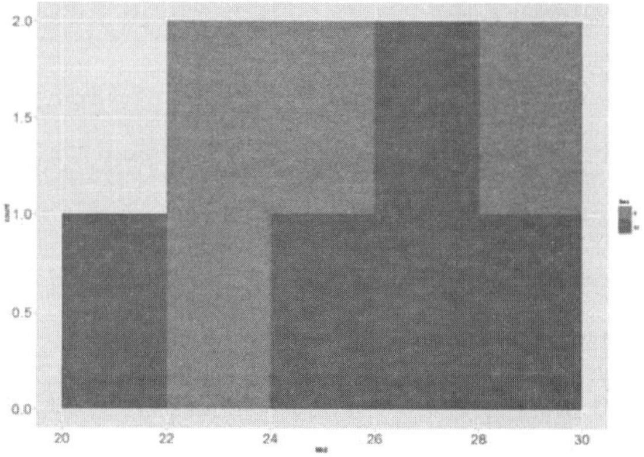


```
ggplot(dframe,aes(x=Mid, fill=Sex))+
  geom_histogram(binwidth=2,
  position="dodge")+scale_x_continuous
  (limits=c(20,30),breaks=
  c(20,22,24,26,28,30))
```

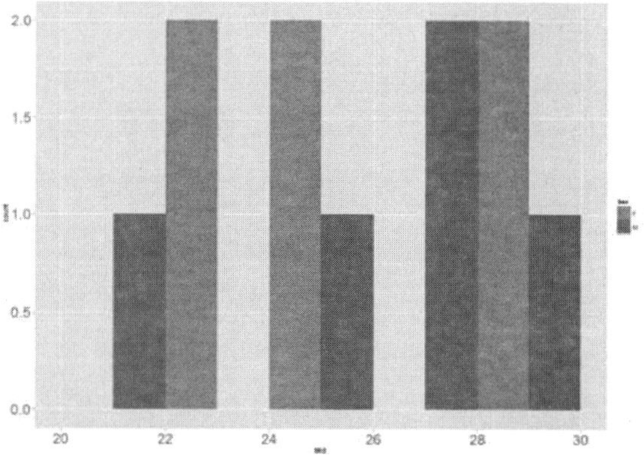

```
ggplot(dframe,aes(x=Mid, fill=Sex))+
 geom_histogram(binwidth=2,
 position="fill")+scale_x_continuous
 (limits=c(20,30),breaks=
 c(20,22,24,26,28,30))
```

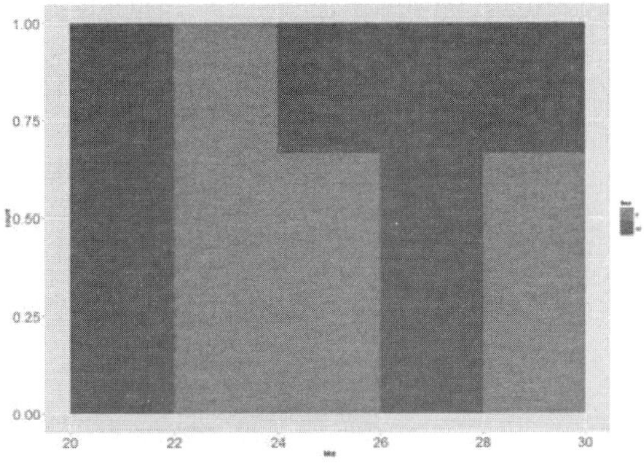


```
ggplot(dframe,aes(x=Mid, fill=Sex))+
 geom_histogram(binwidth=2)+
 scale_x_continuous(limits=
 c(20,30),breaks=
 c(20,22,24,26,28,30))+
 facet_grid(Sex~.)
```

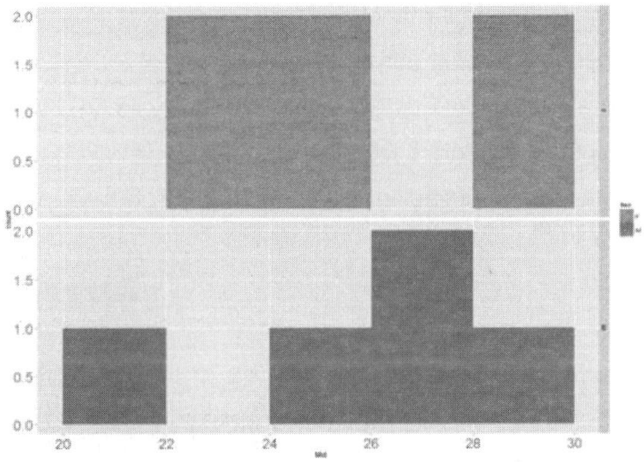

지금까지는 ggplot2를 이용해서 그래프를 그리기 위한 기본적인 내용을 설명하였다. 이외에도 하나의 그래프를 작성하기 위해서 더 많은 것이 필요하다, 예를 들어 축, 범례, 그래프 제목 등 여러 가지가 있다. ggtitle()를 이용하여 그래프의 제목을 설정할 수 있다. theme()을 사용하여 제목, 축 라벨, 축 눈금 등 그래프의 외형을 변경할 수 있다. 이때 element_text()을 이용하여 변경하고자 하는 속성을 설정한다. 첫 번째 그림은 ggplot2에서 디폴트로 제공되는 것이다. 두 번째 그림은 plot.title을 이용하여 제목의 외형을 변경하였다(글자의 크기-디폴트의 2배, 글씨 체-고딕, 글씨 색- 붉은 색, 제목의 위치-수직위 1.5).

```
ggplot(dframe,aes(x=Mid))+
 geom_histogram(binwidth=2)+
 scale_x_continuous(limits=c(20,30),breaks=c(20,22,24,26,28,30))+
 ggtitle("Histogram Of Mid")
```

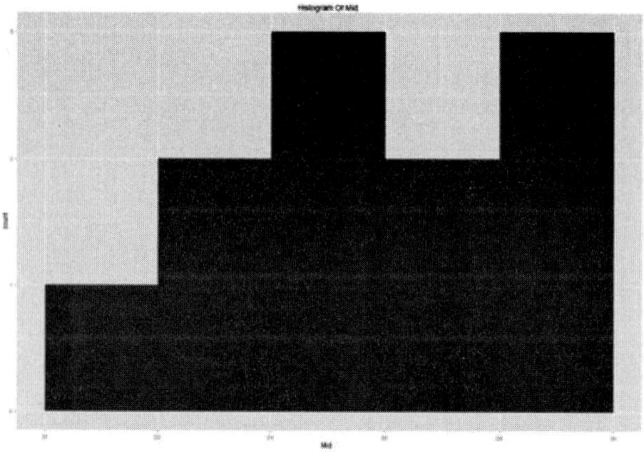

```
ggplot(dframe,aes(x=Mid))+
  geom_histogram(binwidth=2)+
  scale_x_continuous(limits=c(20,30),breaks=c(20,22,24,26,28,30))+
  ggtitle("Histogram Of Mid")+
  theme(plot.title=element_text(size=rel(2),face="bold",colour="red", vjust=1.5))
```

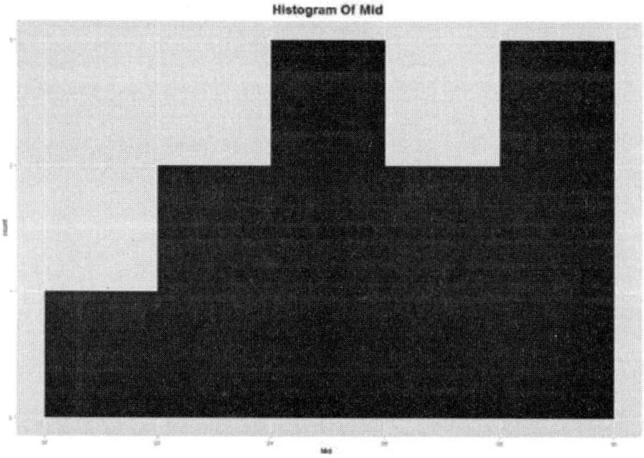

아래 첫 번째 그림은 axis.title.x와 axis.title.y를 사용하여 x, y축의 제목을 변경하였다. 두 번째는 axis, text, x와 axis, text, y를 이용하여 축 눈금의 외형을 변형하였다.

```
ggplot(dframe,aes(x=Mid))+
  geom_histogram(binwidth=2)+
  scale_x_continuous(limits=c(20,30),breaks=c(20,22,24,26,28,30))+
  ggtitle("Histogram Of Mid")+
```

```
theme(
    plot.title=element_text(size=rel(2),face="bold",colour="red",vjust=1.5),
    axis.title.x=element_text(size=rel(2), face="bold.italic",colour="blue"),
    axis.title.y=element_text(size=rel(2),face="bold.italic", colour="blue"))
```

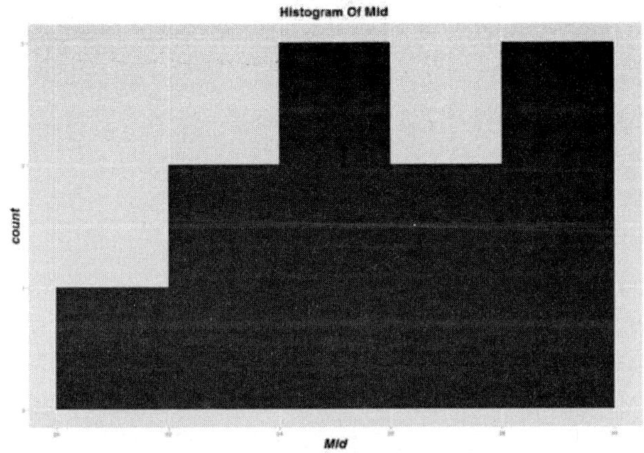


```
ggplot(dframe,aes(x=Mid))+
  geom_histogram(binwidth=2)+
  scale_x_continuous(limits=c(20,30),breaks=c(20,22,24,26,28,30))+
  ggtitle("Histogram Of Mid")+
  theme(
    plot.title=element_text(size=rel(2),face="bold",colour="red",vjust=1.5),
    axis.title.x=element_text(size=rel(2),face="bold.italic",colour="blue"),
    axis.title.y=element_text(size=rel(2),face="bold.italic",colour="blue"),
    axis.text.x=element_text(size=rel(2),face="bold",colour="blue"),
    axis.text.y=element_text(size=rel(2),face="bold",colour="blue"))
```

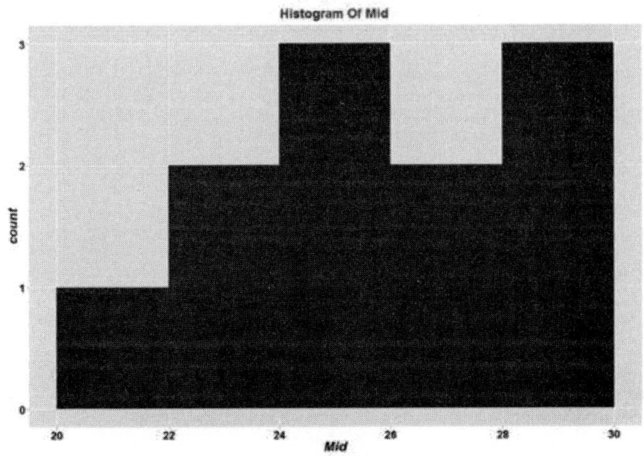

theme()를 사용하여 그래프 영역, 범례, 면 분할 속성들도 변형할 수 있다. 이때도 element_*()를 이용하여 필요한 속성을 설정한다. 아래 그림은 ggplot2에서 제공하는 기본 그림이다.

```
ggplot(dframe,aes(x=Mid, fill=Sex))+
  geom_histogram(binwidth=2)+
  scale_x_continuous(limits=c(20,30),breaks=c(20,22,24,26,28,30))+
  facet_grid(Sex~.)+
  ggtitle("Histogram of Mid conditional on Sex")
```

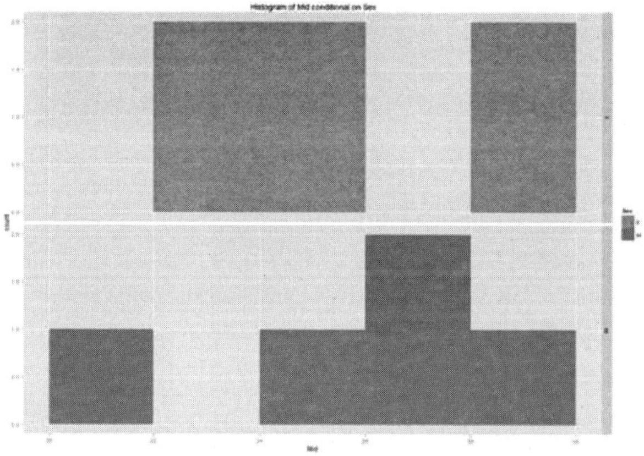

아래 그림은 theme()를 이용하여 제목, 축 라벨, 축 눈금을 변형하였다.

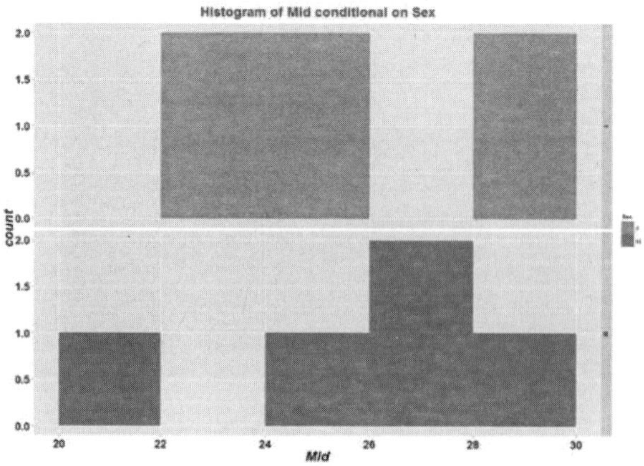

```
ggplot(dframe,aes(x=Mid, fill=Sex))+
  geom_histogram(binwidth=2)+
  scale_x_continuous(limits=c(20,30),breaks=c(20,22,24,26,28,30))+
  facet_grid(Sex~.)+
  ggtitle("Histogram of Mid conditional on Sex")+
  theme(
    plot.title=element_text(size=rel(2),face="bold",colour="red",vjust=1.5),
    axis.title.x=element_text(size=rel(2),face="bold.italic",colour="blue"),
    axis.title.y=element_text(size=rel(2),face="bold.italic",colour="blue"),
    axis.text.x=element_text(size=rel(2),face="bold",colour="blue"),
    axis.text.y=element_text(size=rel(2),face="bold",colour="blue"))
```

아래 그림은 theme()를 +연산자로 연결하여 위 그림의 범례(legend)의 모양을 변형하였다(배경=legend.background, 제목=legend.title, 항목=legend.text, 위치=legend.position),

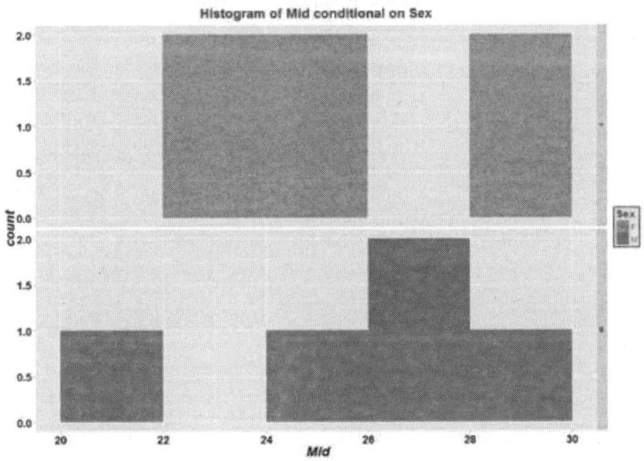


```
ggplot(dframe,aes(x=Mid, fill=Sex))+
  geom_histogram(binwidth=2)+
  scale_x_continuous(limits=c(20,30),breaks=c(20,22,24,26,28,30))+
  facet_grid(Sex~.)+
  ggtitle("Histogram of Mid conditional on Sex")+
  theme(
    plot.title=element_text(size=rel(2),face="bold",colour="red",vjust=1.5),
    axis.title.x=element_text(size=rel(2),face="bold.italic",colour="blue"),
    axis.title.y=element_text(size=rel(2),face="bold.italic",colour="blue"),
    axis.text.x=element_text(size=rel(2),face="bold",colour="blue"),
    axis.text.y=element_text(size=rel(2),face="bold",colour="blue"))+
```

```
theme(
  legend.background=element_rect(size=rel(1.5),colour="red", fill="yellow"),
  legend.title=element_text(size=rel(1.5), colour="red"),
  legend.text=element_text(colour="red", size=14),
  legend.position="right")
```

아래 그림은 theme()를 +연산자로 연결하여 위 그림의 분할 면의 모양을 변형하였다(배경=strip.background, 항목=strip.text).

```
ggplot(dframe,aes(x=Mid, fill=Sex))+
 geom_histogram(binwidth=2)+
 scale_x_continuous(limits=c(20,30),breaks=c(20,22,24,26,28,30))+
 facet_grid(Sex~.)+
 ggtitle("Histogram of Mid conditional on Sex")+
 theme(
  plot.title=element_text(size=rel(2),face="bold",colour="red",vjust=1.5),
  axis.title.x=element_text(size=rel(2),face="bold.italic",colour="blue"),
  axis.title.y=element_text(size=rel(2),face="bold.italic",colour="blue"),
  axis.text.x=element_text(size=rel(2),face="bold",colour="blue"),
  axis.text.y=element_text(size=rel(2),face="bold",colour="blue"))+
 theme(
  legend.background=element_rect(size=rel(1.5),colour="red", fill="yellow"),
  legend.title=element_text(size=rel(1.5), colour="red"),
  legend.text=element_text(colour="red", size=14),
  legend.position="right")+
  theme(
   strip.background=element_rect(fill="yellow"),
   strip.text.y=element_text(size=14, angle=0, face="bold"))
```

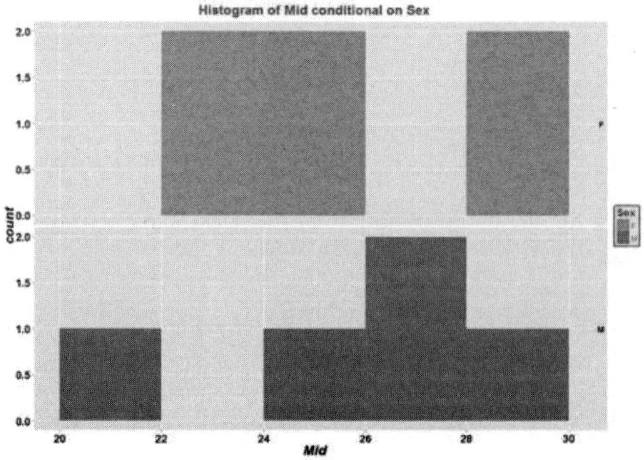

PART 05

다양한 그래프

PART 05

다양한 그래프

자료의 특징을 조사하기 위해서 자료를 일일이 살펴보는 것은 아주 힘든 작업이다. 그래프를 이용하여 자료를 시각적으로 표현함으로써 많은 정보를 얻을 수 있다. R 언어의 큰 장점은 그래픽이다. 이 장에서는 ggplot2를 이용해서 작성할 수 있는 몇 가지 그래프를 간단히 소개한다.

5.1. 막대그래프

막대그래프는 가장 널리 사용되고 있는 그래프이다. 막대그래프는 여러 가지 범주에 속하는 자료의 개수 혹은 자료의 값을 나타내기 위해서 많이 사용되고 있다. x축에는 각 범주가 오고, y축에는 자료의 빈도수 혹은 자료의 값이 올 수도 있다. 다음 자료를 이용하여 막대그래프를 작성하자.

Sex	Major	Mid	Final	Name
F	math	23	21	OTY
F	com	25	26	BJH
M	math	21	20	NAJ
M	com	25	22	PGY
F	com	29	27	RYJ
M	math	27	26	AJH
F	math	24	23	NOH
M	com	27	26	KHH
F	com	22	21	MDJ
M	com	29	28	KOS
F	math	28	27	PJP

ggplot2에서 막대그래프를 작성할 때는 geom_bar()를 사용한다. geom_bar()의 기본설정은 stat="bin"으로 각 범주의 빈도수를 구한다.

아래 그림은 각 범주의 빈도수를 y축으로 하는 그래프이다. 즉 Sex에 대한 막대그래프이다. 이 그래프를 그리기 위해서 기본적으로 ggplot(data=데이터프레임, aes(x=범주형 변수))를 정의하고, geom_bar()를 + 연산자로 연결하고 실행하면 그래프가 생성된다. 이때 디폴트로 stat="bin"으로 설정된다. 그리고 축 라벨과 눈금의 모양을 변형하였다. 만약 aes(x=연속형 변수를)대입하면 히스토그램을 작성한다.

```
mid <- c(23, 25, 21, 25, 29, 27, 24, 27, 22, 29, 28)
fina <- c(21, 26, 20, 22, 27, 26, 23, 26, 21, 28, 27)
sex <- c("F", "F", "M", "M", "F", "M", "F", "M", "F", "M", "F")
major <- c("math", "com", "math", "com", "com", "math", "math", "com", "com",
      "com", "math")
name <- c("OTY", "BJH", "NAJ", "PGY", "RYJ", "AJH", "NOH", "KHH", "MDJ","KOS",
      "PJP")
dframe <- data.frame(Mid=mid,Fina=fina,Sex=sex,Major=major,Name=name)
ggplot(dframe, aes(x=Sex))+
 geom_bar()+
 theme(
  axis.title=element_text(size=15,colour="red"),
  axis.text=element_text(size=rel(1.2),colour="blue"))
```

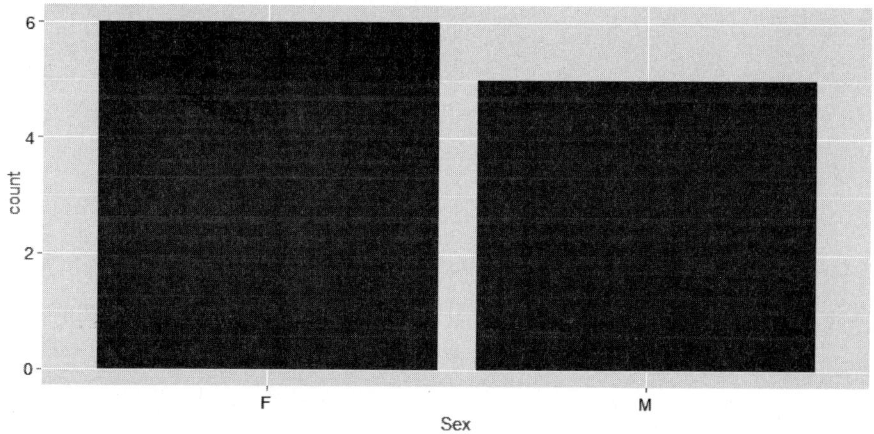

아래 그림은 각 범주에 속하는 어떤 자료 값을 y축으로 하는 그래프이다. 즉 Sex에 따른 중간고사 점수를 나타낸 그래프이다. 이 그래프를 그리기 위해서 기본적으로 ggplot(data=데이터프레임, aes(x=범주형 변수, y=변수))를 정의하고, geom_bar()를 + 연산자로 연결하고 실행하면 그래프가 생성된다. 이때 stat="identity"로 설정하여야한다. 그리고 y축의 스케일을 조정하였다. 이 경우 y축은 Mid의 합으로 나타난다.

```
ggplot(dframe, aes(x=Sex, y=Mid))+
 geom_bar(stat="identity",width=0.5)+
 scale_y_continuous(limits=c(0,160), breaks=(seq(0,160,20)))+
 theme(
  axis.title=element_text(size=15,colour="red"),
  axis.text=element_text(size=rel(1.2),colour="blue"))
```

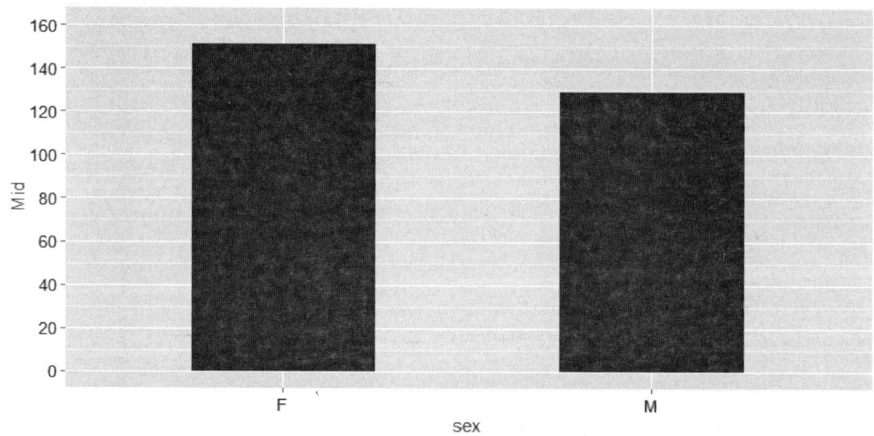

아래 그림은 Sex에 대한 막대그래프에서 y축을 상대도수로 나타낸 그래프이다. 먼저 xtabs() 함수를 이용하여 Sex에 대한 도수분포표를 만들고, prop.table() 함수를 이용하여 상대도수를 구한다. prop.table() 함수는 테이블 형태로 결과를 출력한다. ggplot2을 사용하기 위한 자료구조는 데이터프레임 형식이기 때문에 as.data.frame() 함수를 이용하여 ptabs를 데이터프레임 형식 dptabs로 바꾸었다. 그리고 데이터프레임 dptabs에 새로운 변수 relFreq를 첨가하였다. 그래프를 그리기 위해서 ggplot(dptabs, aes(x= Sex, y=relFreq))를 정의하고, geom _bar(stat="identity")를 + 연산자로 연결하고 축 모양을 변경하고, 실행하면 그래프가 생성된다.

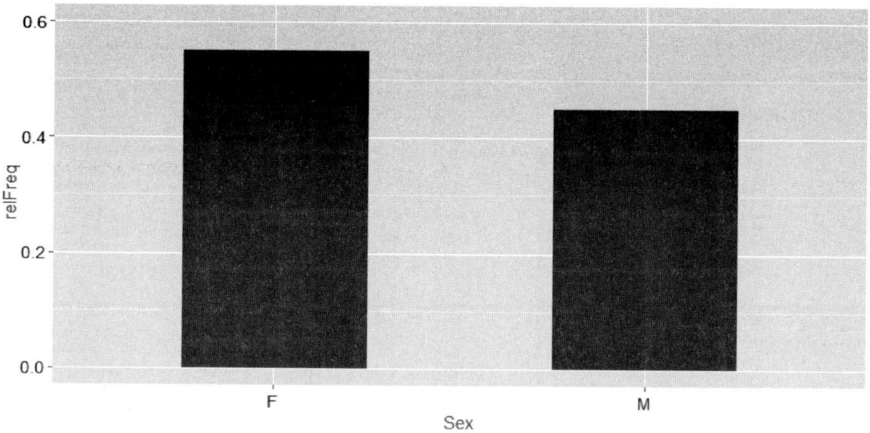


```
tabs <- xtabs(~Sex, data = dframe)                    # Sex 도수 구함
tabs
## Sex
## F M
## 6 5
ptabs <- prop.table(tabs)                             # Sex 상대도수 구함
ptabs
## Sex
##      F        M
## 0.5455  0.4545
dptabs <- as.data.frame(ptabs)                        # 데이터프레임 형식으로 변환
str(dptabs)
## 'data.frame':   2 obs. of  2 variables:
##  $ Sex  : Factor  w/ 2  levels  "F","M":  1 2
##  $ Freq : num   0.545   0.455
dptabs
##   Sex    Freq
## 1   F    0.5455
## 2   M   0.4545
dptabs$relFreq <- round(dptabs$Freq, digits = 2)      # 변수 relFreq 추가
dptabs
##   Sex     Freq    relFreq
## 1   F    0.5455    0.55
## 2   M   0.4545    0.45
ggplot(dptabs, aes(x=Sex, y=relFreq))+
  geom_bar(stat="identity", width=0.5)+
```

```
scale_y_continuous(limits=c(0,0.6), breaks=(seq(0,0.6,0.2)))+
theme(
  axis.title=element_text(size=15,colour="red"),
  axis.text=element_text(size=rel(1.2),colour="blue"))
```

아래 그림은 y축을 퍼센트로 나타내기 위해서 dptabs에 새로운 변수 percent를 추가하여, 그래프를 작성하였다.

```
dptabs$percent <- dptabs$Freq * 100                    # 변수 percent(백분율) 변수 생성
dptabs
##   Sex   Freq    percent
## 1  F    0.5455   54.55
## 2  M    0.4545   45.45
ggplot(dptabs, aes(x=Sex, y=percent))+
 geom_bar(stat="identity", width=0.5)+
 scale_y_continuous(limits=c(0,60), breaks=seq(0,60,20))+
 theme(
  axis.title=element_text(size=15,colour="red"),
  axis.text=element_text(size=rel(1.2),colour="blue"))
```

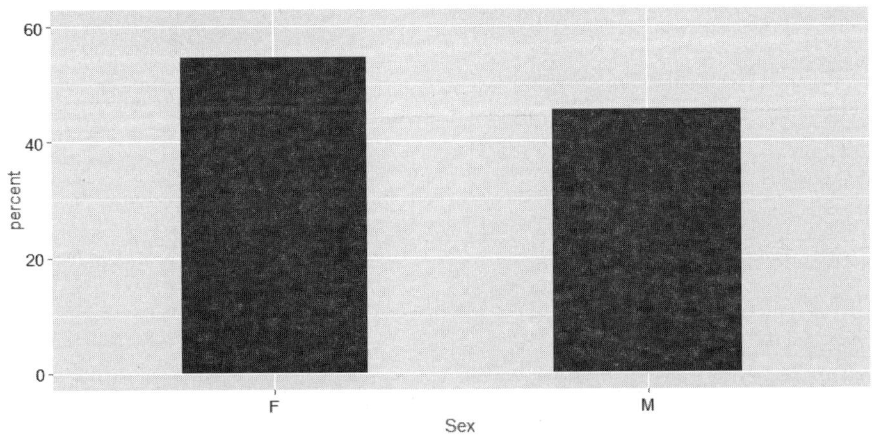

아래 그림은 geom_segment()를 이용해서 작성한 그래프이다.

```
ggplot(dptabs, aes(x=factor(Sex), y=percent))+
 geom_segment(aes(xend=factor(Sex)),yend=0, size=I(20))+
 scale_y_continuous(limits=c(0,60), breaks=seq(0,60,length.out=7))+
```

```
theme(
  axis.title=element_text(size=15,colour="red"),
  axis.text=element_text(size=rel(1.2),colour="blue"))
```

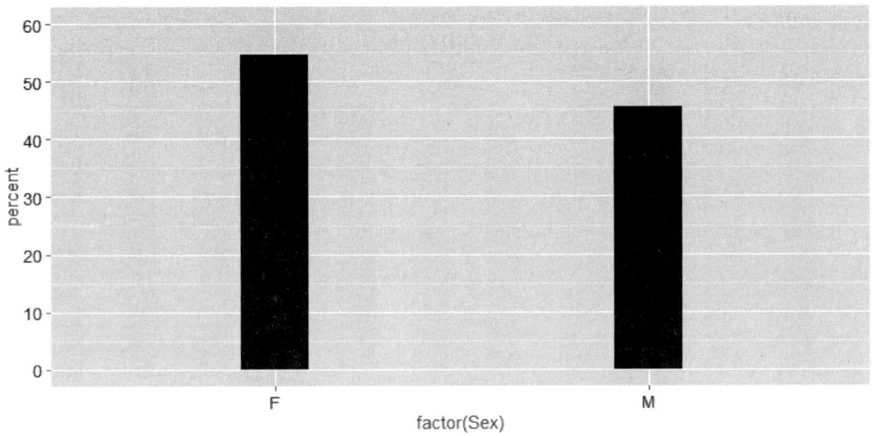

학생들의 중간과 기말고사의 평균점수를 비교하기 위해서 dframe에 mfMean 변수를 추가하였다. 그리고 그래프를 작성하기 위해서 ggplot(dframe, aes(x=Name, y=mfMean))를 정의하고, geom_bar(stat="identity", width=0.5)를 + 연산자로 연결한다. 그리고 축 모양을 변경하고, 실행하면 그래프가 생성된다. 두 번째 그림은 geom_segment()를 이용하여 작성한 것이다.

```
dframe$mfMean <- (dframe$Mid + dframe$Fina)/2
dframe
##     Mid  Fina  Sex  Major  Name  mfMean
## 1   23   21    F    math   OTY    22.0
## 2   25   26    F    com    BJH    25.5
## 3   21   20    M    math   NAJ    20.5
## 4   25   22    M    com    PGY    23.5
## 5   29   27    F    com    RYJ    28.0
## 6   27   26    M    math   AJH    26.5
## 7   24   23    F    math   NOH    23.5
## 8   27   26    M    com    KHH    26.5
## 9   22   21    F    com    MDJ    21.5
## 10  29   28    M    com    KOS    28.5
## 11  28   27    F    math   PJP    27.5
ggplot(dframe, aes(x=Name, y=mfMean))+
  geom_bar(stat="identity", width=0.5)+
  scale_y_continuous(limits=c(0,30), breaks=seq(0,30,length.out=7))+
```

```
theme(
  axis.title=element_text(size=15,colour="red"),
  axis.text=element_text(size=rel(1.2),colour="blue"))
```

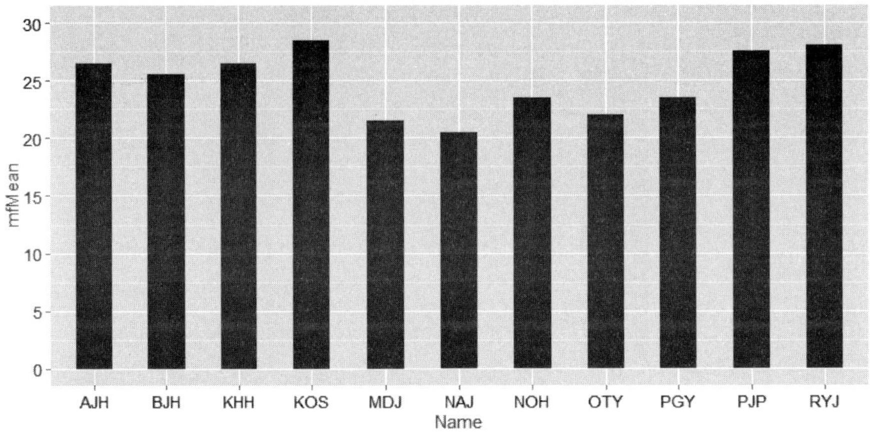


```
ggplot(dframe, aes(x=Name, y=mfMean))+
  geom_segment(aes(xend=Name),yend=0, size=I(10))+
  scale_y_continuous(limits=c(0,30), breaks=seq(0,30,length.out=7))+
  theme(
    axis.title=element_text(size=15,colour="red"),
    axis.text=element_text(size=rel(1.2),colour="blue"))
```

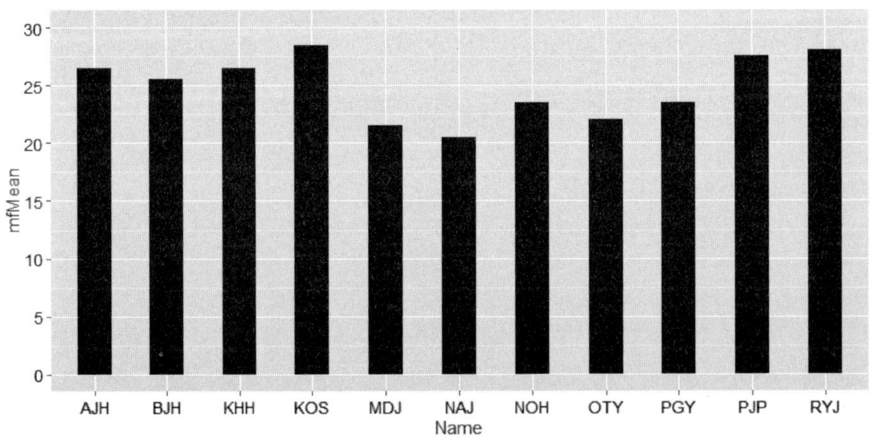

아래 그림은 막대를 크기순서 대로 정렬하기 위해서 이름을 mfMean의 크기 순서를 근거로 재정렬하기 위해서 reorder(dframe$Name,dframe$mfMean)함수를 사용하였다. reorder()함수는 첫 번째 인수의 범주형 변수를 두 번째 인수의 숫자 변수 크기에 따라 정렬한다.

```
ordermfMean <- reorder(dframe$Name, dframe$mfMean)
ordermfMean
## [1] OTY BJH NAJ PGY RYJ AJH NOH KHH MDJ KOS PJP
## attr(,"scores")
## AJH BJH KHH KOS MDJ NAJ NOH OTY PGY PJP RYJ          # 알파벳 순으로
## 26.5 25.5 26.5 28.5 21.5 20.5 23.5 22.0 23.5 27.5 28.0
## Levels: NAJ MDJ OTY NOH PGY BJH AJH KHH PJP RYJ KOS   # mfMean크기에 따라 정렬
ggplot(dframe, aes(x=ordermfMean, y=mfMean))+
 geom_bar(stat="identity", width=0.5)+
 scale_y_continuous(limits=c(0,30), breaks=seq(0,30,length.out=7))+
 theme(
  axis.title=element_text(size=15,colour="red"),
  axis.text=element_text(size=rel(1.2),colour="blue"))
```

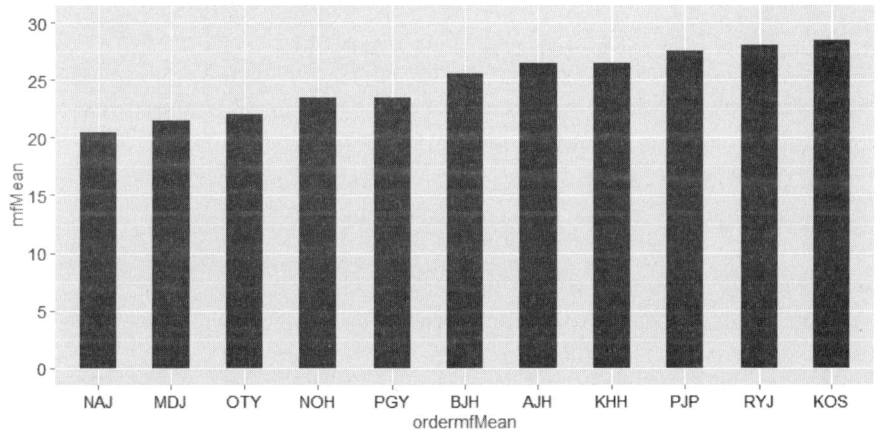

fill에 Sex를 대입해서 성별에 따라 색깔을 입혔다.

```
ggplot(dframe, aes(x=ordermfMean, y=mfMean, fill=Sex))+
 geom_bar(stat="identity", width=0.5)+
 scale_y_continuous(limits=c(0,30), breaks=seq(0,30,length.out=7))+
 theme(
  axis.title=element_text(size=15,colour="red"),
  axis.text=element_text(size=rel(1.2),colour="blue"))
```

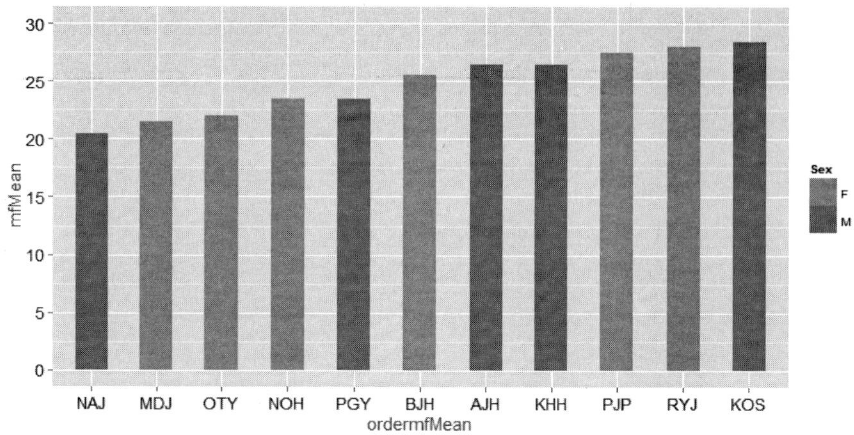

아래그림은 facet_grid()를 이용하여 성별에 따라 면을 분할에서 그래프를 작성하였다. 면 모양을 변경하기 위해서 strip.background()와 strip.text()를 사용하였다. 그리고 guides(fill =FALSE)를 사용하여 범례를 제거하였다.

```
ggplot(dframe, aes(x=Name, y=mfMean, fill=Sex))+
 geom_bar(stat="identity", width=0.5)+
 scale_y_continuous(limits=c(0,30), breaks=seq(0,30,length.out=7))+
 theme(
  axis.title=element_text(size=15,colour="red"),
  axis.text=element_text(size=rel(1.2),colour="blue"),
  strip.background=element_rect(fill="pink"),
  strip.text=element_text(size=rel(1.5), angle=0, face="bold"))+
 facet_grid(.~Sex, scales="free_x", space="free_x")+
  guides(fill=FALSE)
```

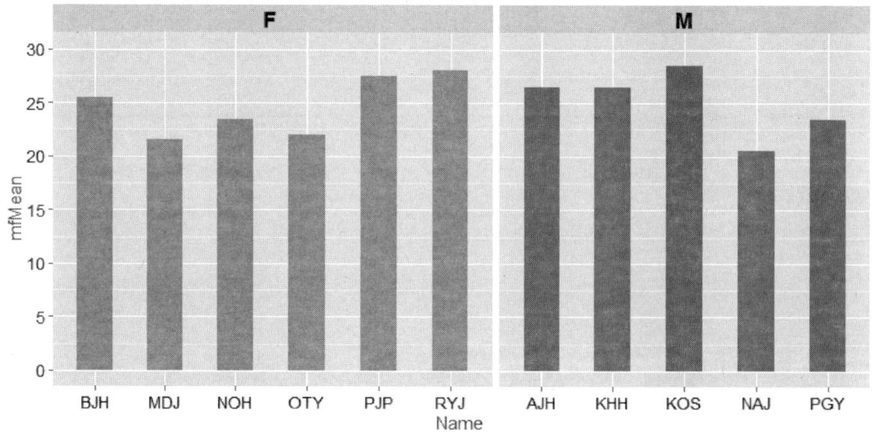

아래 그림은 막대의 크기를 순서대로 정렬하기 위해서 먼저 성별, 그리고 mfMean을 기준으로 이름을 정리하였다. 그리고 이름을 order_Sex_mfMean값을 수준으로 하는 팩터로 변환하였다. Name의 자료 값은 레벨값으로 기록되어있다. 다시 말해서 dframe 구조에서 Name의 2,4,7,8,.......이 갖는 의미는 Name의 자료값 OTY는 2번째 레벨값이고, BJH는 4번째 레벨값이라는 의미이다. 팩터는 레벨값을 가지는 벡터이다. 성별과 mfMean 값을 기준으로 정렬된 Name 변수를 이용하여 막대그래프를 작성하였다.

```
orderName_Sex_mfMean <- dframe$Name[order(dframe$Sex, dframe$mfMean)]
orderName_Sex_mfMean
##  [1] MDJ OTY NOH BJH PJP RYJ NAJ PGY AJH KHH KOS
## Levels: AJH BJH KHH KOS MDJ NAJ NOH OTY PGY PJP RYJ
dframe$Name <- factor(dframe$Name, levels = orderName_Sex_mfMean)
dframe$Name
##  [1] OTY BJH NAJ PGY RYJ AJH NOH KHH MDJ KOS PJP
## Levels: MDJ OTY NOH BJH PJP RYJ NAJ PGY AJH KHH KOS
str(dframe)
## 'data.frame':    11 obs. of  6 variables:
##  $ Mid   : num  23 25 21 25 29 27 24 27 22 29 ...
##  $ Fina  : num  21 26 20 22 27 26 23 26 21 28 ...
##  $ Sex   : Factor w/ 2 levels "F","M": 1 1 2 2 1 2 1 2 1 2 ...
##  $ Major : Factor w/ 2 levels "com","math": 2 1 2 1 1 2 2 1 1 1 ...
##  $ Name  : Factor w/ 11 levels "MDJ","OTY","NOH",..: 2 4 7 8 6 9 3 10 1 11 ...
##  $ mfMean: num  22 25.5 20.5 23.5 28 26.5 23.5 26.5 21.5 28.5 ...
ggplot(dframe, aes(x=Name, y=mfMean, fill=Sex))+
  geom_bar(stat="identity", width=0.5)+
  scale_y_continuous(limits=c(0,30), breaks=seq(0,30,length.out=7))+
  theme(
    axis.title=element_text(size=15,colour="red"),
    axis.text=element_text(size=rel(1.2),colour="blue"),
    strip.background=element_rect(fill="pink"),
    strip.text=element_text(size=rel(1.5), angle=0, face="bold"))+
  facet_grid(.~Sex, scales="free_x", space="free_x")+
  guides(fill=FALSE)
```

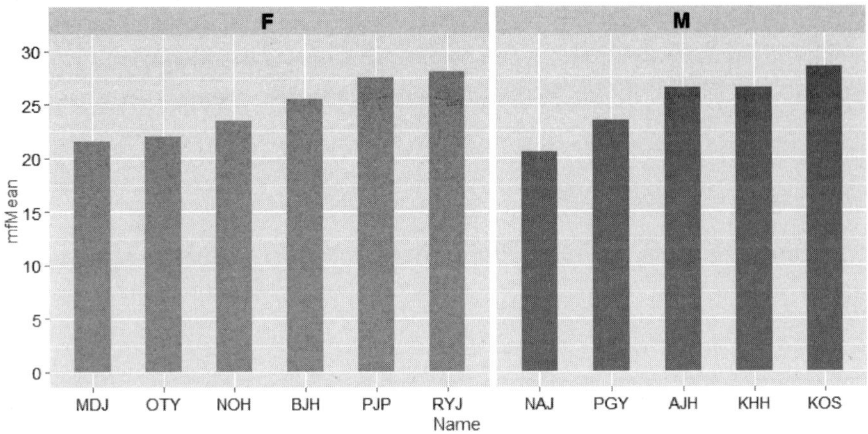

아래 그림은 fill에 Major 변수를 대입하여 누적막대그래프를 작성한 것이다. x축에 Sex, fill에 Major을 대입하면, x축에 Sex를 놓고, 막대를 Major으로 채운다. 여기서 legend.title와 legend.text는 범례를 변형하기 위해서 사용하였다. 그림을 통해서 여학생 중 com 전공자 3명, math 전공자가 3명, 반면에 남학생 중 com 전공자 3명, math 전공자가 2명인 것을 볼 수 있다.

```
ggplot(dframe, aes(x=Sex, fill=Major))+
 geom_bar(width=0.5)+
 theme(
  axis.title=element_text(size=15,colour="red"),
  axis.text=element_text(size=rel(1.2),colour="blue"),
  legend.title=element_text(colour="blue", size=rel(1.2)),
  legend.text=element_text(colour="red",size=rel(1.2)))
```

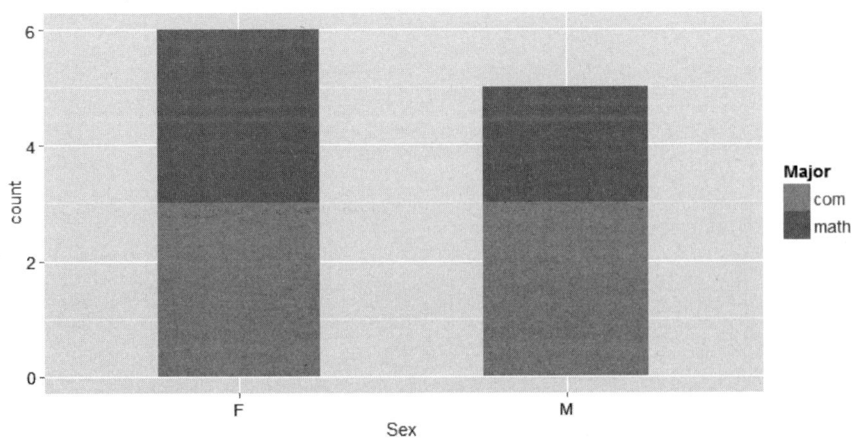

아래 그림은 비율누적막대그래프를 작성한 것이다. 이 그림을 작성하기 위해서 먼저 xtabs() 함수를 이용하여 Sex와 Major에 대한 분할표를 만들고, prop.table() 함수를 이용하여 행비율(margin=1)을 구한다. as.data.frame() 함수를 이용하여 pctabs를 데이터프레임 형식으로 바꾸었다. 그리고 그래프를 그리기 위해서 ggplot(dpctabs, aes (x=Sex, y=Freq, fill= Major))를 정의하고, geom_bar(stat="identity")를 + 연산자로 연결하고, 축과 범례모양을 변형하였다. 이 그림을 통해서 여자는 com:math= 0.5:0.5, 남자는 com:math= 0.6:0.4로 분할된 것을 확인할 수 있다. 두 막대가 분할된 패턴을 보고 두 변수 Sex와 Major사이의 연관성을 파악할 수 있다.

```
ctabs <- xtabs(~Sex + Major, data = dframe)                    # 분할표 작성
ctabs
##    Major
## Sex com math
##   F   3    3
##   M   3    2
pctabs <- prop.table(ctabs, margin = 1)                        # 행비율율 구함
pctabs
##    Major
## Sex com  math
##   F  0.5  0.5
##   M  0.6  0.4
dpctabs <- as.data.frame(pctabs)
dpctabs
##   Sex Major Freq
## 1  F   com   0.5
## 2  M   com   0.6
## 3  F   math  0.5
## 4  M   math  0.4
str(dpctabs)
## 'data.frame':   4 obs. of  3 variables:
##  $ Sex  : Factor w/ 2 levels "F","M": 1 2 1 2
##  $ Major: Factor w/ 2 levels "com","math": 1 1 2 2
##  $ Freq : num  0.5 0.6 0.5 0.4
ggplot(dpctabs, aes(x=Sex, y=Freq, fill=Major))+
  geom_bar(stat="identity", width=0.5)+
  theme(
```

```
  axis.title=element_text(size=15,colour="red"),
  axis.text=element_text(size=rel(1.2),colour="blue"),
  legend.title=element_text(colour="blue", size=rel(1.2)),
  legend.text=element_text(colour="red",size=rel(1.2)))
```

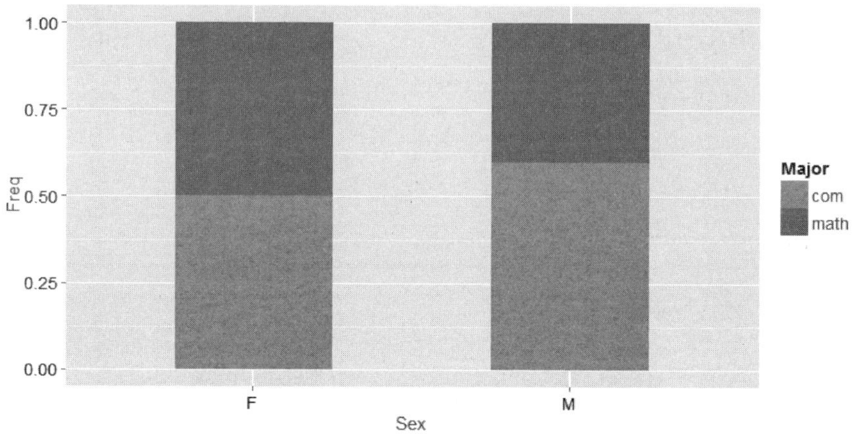

아래 그림은 100%누적막대그래프를 작성한 것이다. 이 그래프를 작성하기 위해서 데이터 프레임 dpctabs에 새로운 변수 percent를 생성하였다. 여기서 scale_fill_discrete()는 범례항목들의 순서를 그래프 모양과 맞추어 주기위해서 사용하였다.

```
dpctabs$percent <- dpctabs$Freq * 100                    # 변수 percent(백분율) 변수 생성
dpctabs
##    Sex  Major  Freq  percent
## 1  F    com    0.5   50
## 2  M    com    0.6   60
## 3  F    math   0.5   50
## 4  M    math   0.4   40
ggplot(dpctabs, aes(x=Sex, y=percent, fill=Major))+
 geom_bar(stat="identity", width=0.5)+
 scale_fill_discrete(limits=c("math","com"))+
 theme(
  axis.title=element_text(size=15,colour="red"),
  axis.text=element_text(size=rel(1.2),colour="blue"),
  legend.title=element_text(colour="blue", size=rel(1.2)),
  legend.text=element_text(colour="red",size=rel(1.2)))
```

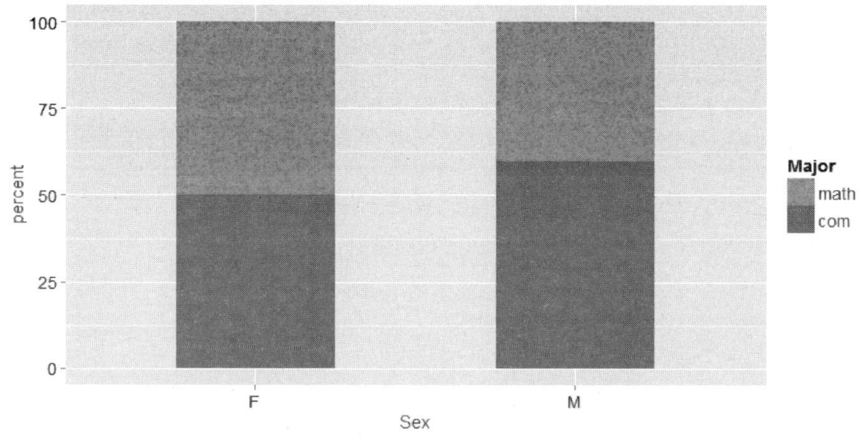

아래 그림은 군집막대그래프를 그린 것이다. 이 그래프를 작성하기 위해서 geom_bar() 함수의 인수 position="dodge"로 설정하였다.

```
ggplot(dpctabs, aes(x=Sex, y=percent, fill=Major))+
 geom_bar(stat="identity",width=0.5, position="dodge")+
 theme(
  axis.title=element_text(size=15,colour="red"),
  axis.text=element_text(size=rel(1.2),colour="blue"),
  legend.title=element_text(colour="blue", size=rel(1.2)),
  legend.text=element_text(colour="red",size=rel(1.2)))
```

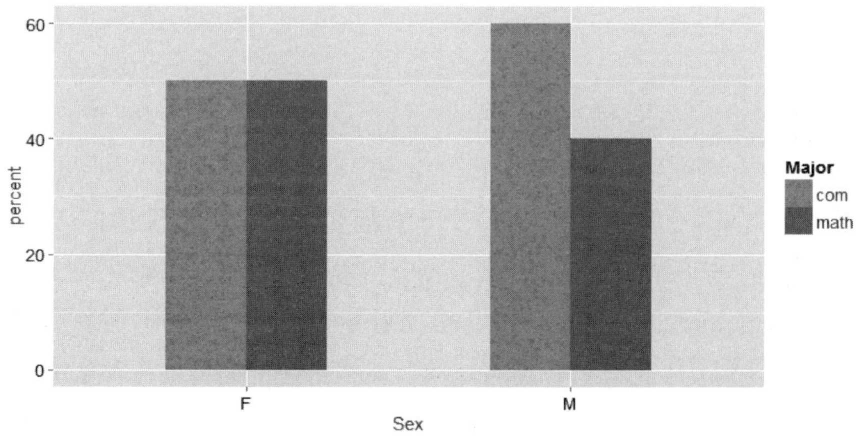

아래 그림은 geom_text() 함수를 이용하여 그래프에 라벨을 추가하였다. 군집막대그래프에는 position=position_dodge()를 지정하고 막대 간 거리를 숫자로 지정한다. 디폴터는 0.9이다.

```
ggplot(dpctabs, aes(x=Sex, y=percent, fill=Major, ymax=max(y)))+
 geom_bar(stat="identity",width=0.5, position="dodge")+
 theme(
  axis.title=element_text(size=15,colour="red"),
  axis.text=element_text(size=rel(1.2),colour="blue"),
  legend.title=element_text(colour="blue", size=rel(1.2)),
  legend.text=element_text(colour="red",size=rel(1.2)))+
 geom_text(aes(label=percent),vjust=1.5,size=6,hjust=0.2,position=position_dodge(0.5),
      size=6)
```

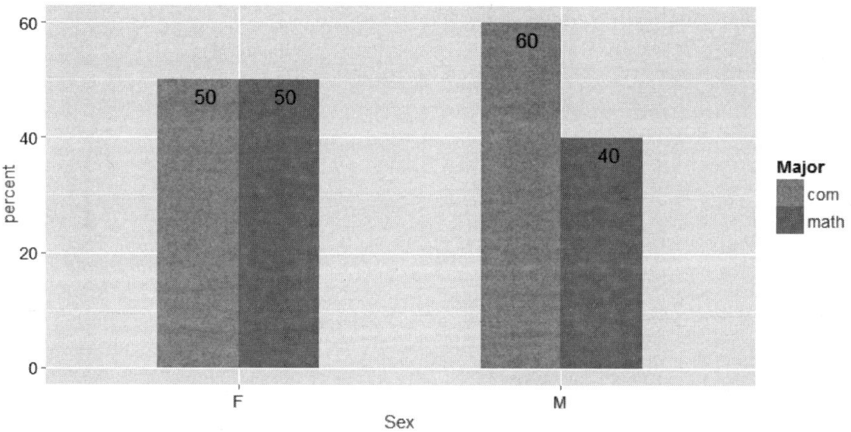

다음 코드는 성별을 기준으로 각 전공 별 중간고사의 평균을 누적막대그래프로 나타내고, 그래프에 라벨을 추가한 것이다. 그래프를 작성하기 위해서 먼저 ddply{plyr} 함수를 이용하여 (Sex, Major) 조합에 대한 평균을 구하였다. 누적막대그래프에 라벨을 추가하기 위해서 성별의 각 수준에서 평균의 누적합을 구해야한다. 누적합을 구하기 전에 자료가 (Sex, Major)을 기준으로 정렬이 되어있어야 한다. 자료가 정렬 되어있지 않다면, order() 함수 혹은 arrange{plyr} 함수를 이용하여 자료를 정리한 후 ddply() 함수를 이용하여 각 수준의 누적합을 구한다. 이 누적합을 geom_text()의 y에 대입하여 라벨을 추가한다.

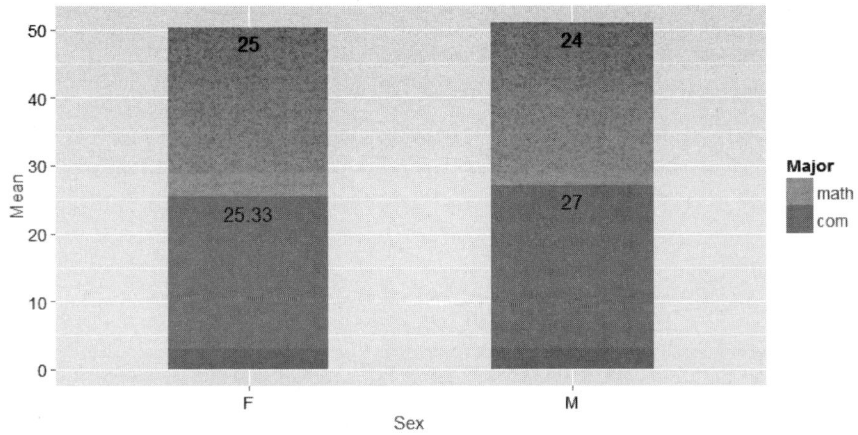


```
mm_Sex_Major <- ddply(dframe, .(Sex, Major), summarize, Mean=round(mean(Mid),2)
mm_Sex_Major
##    Sex  Major   Mean
## 1   F    com    25.33
## 2   F    math   25.00
## 3   M   com     27.00
## 4   M   math    24.00
ordermm_Sex_Major <- mm_Sex_Major[with(mm_Sex_Major,order(Sex,Major)),]
ordermm_Sex_Major
##    Sex  Major   Mean
## 1   F    com    25.33
## 2   F    math   25.00
## 3   M   com     27.00
## 4   M   math    24.00
cumSum <- ddply(ordermm_Sex_Major, "Sex", transform, Cum = cumsum(Mean))
                                                          # 평균의 누적합
cumSum
##    Sex   Major   Mean    Cum
## 1   F     com     25.33   25.33
## 2   F     math    25.00   50.33
## 3   M     com     27.00   27.00
## 4   M     math    24.00   51.00
ggplot(cumSum, aes(x=Sex, y=Mean, fill=Major))+
  geom_bar(stat="identity", width=0.5)+
  scale_fill_discrete(limits=c("math","com"))+
```

```
theme(
  axis.title=element_text(size=15,colour="red"),
  axis.text=element_text(size=rel(1.2),colour="blue"),
  legend.title=element_text(colour="blue", size=rel(1.2)),
  legend.text=element_text(colour="red",size=rel(1.2)))+
geom_text(aes(y=Cum, label=Mean), vjust=1.5, colour="black", size=6 )
```

5.2. 히스토그램

히스토그램은 양적자료의 분포를 요약하는데 유용하게 이용할 수 있다. 히스토그램은 양적자료를 몇 개의 구간으로 나누어 각 구간에 속하는 도수 혹은 상대도수를 사각형 막대로 나타낸 그래프이다. ggplot2에서는 히스토그램을 작성하기 위해서 기하객체 geom_histogram()을 사용한다. 히스토그램은 구간의 수 즉 빈(bin)의 수에 따라 그래프 모양이 바뀌기 때문에 빈의 수를 지정하여야한다. geom_histogram()에서는 기본적으로 30개의 빈으로 자료를 묶는다. geom_histogram()에서 binwidth 인수를 이용하면 빈의 너비를 지정할 수 있다. 기본 설정은 binwidth=범위/30이다.

아래 그림은 스터지 공식 $[1+3.322\log_{10}n]$을 이용하여 빈의 개수와 너비를 결정하고, 히스토그램을 작성한 것이다. 빈의 개수 5개, 빈의 너비(binwidth=2)를 2로하고, 첫 번째 빈의 시작(origin=20.5)을 20.5로 하여 2(빈의 너비)씩 증가하면서, 22.5, 24.5, 26.5, 28.5에 경계를 만들었다.

```
nbins <- ceiling(1 + 3.322 * log10(11))                              # 빈의 수 결정
nbins
## [1] 5
## [1] 5
bin_width <- ceiling((max(dframe$Mid) - min(dframe$Mid))/nbins)      # 빈의 너비 결정
bin_width
## [1] 2
## [1] 2
lowl <- min(dframe$Mid) - 1 * 0.5                                    # 첫 번째 빈의 하한
lowl
## [1] 20.5
ggplot(dframe, aes(x=Mid))+
```

```
geom_histogram(binwidth=bin_width, origin=20.5, colour="white")+
scale_x_continuous(limits=c(20.5,30.5),breaks=seq(20.5,30.5,2))+
theme(
  axis.title=element_text(size=15,colour="red"),
  axis.text=element_text(size=rel(1.2),colour="blue"))
```

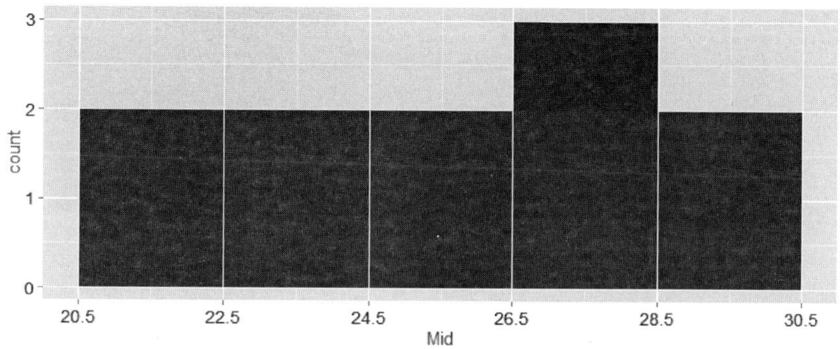

아래 두 그림은 geom_histogram()에서 인수 right가 TRUE 혹은 FALSE로 설정되었을 때 그래프의 차이를 나타내고 있다. right=TRUE는 왼쪽 경계는 열려 있고, 오른쪽 경계는 닫혀있다는 의미이다. 즉 (20,22], (22,24], (24,26], (26,28], (28,30]과 같이 구간이 만들어 진다. 그러나 right=FALSE는 왼쪽 경계는 닫혀 있고, 오른쪽 경계는 열려있다는 의미이다. 즉 [20,22), [22,24), [24,26), [26,28), [28,30)과 같이 구간이 만들어 진다. geom_histogram()에서 기본은 FALSE로 설정되어 있다.

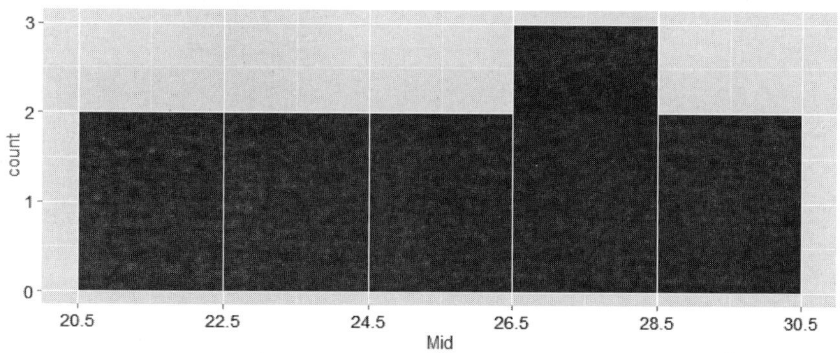


```
ggplot(dframe, aes(x=Mid))+
  geom_histogram(binwidth=bin_width,origin=20.5,colour="white",right=TRUE)+
  scale_x_continuous(limits=c(20.5,30.5),breaks=seq(20.5,30.5,2))+
```

```
theme(
  axis.title=element_text(size=15,colour="red"),
  axis.text=element_text(size=rel(1.2),colour="blue"))
```

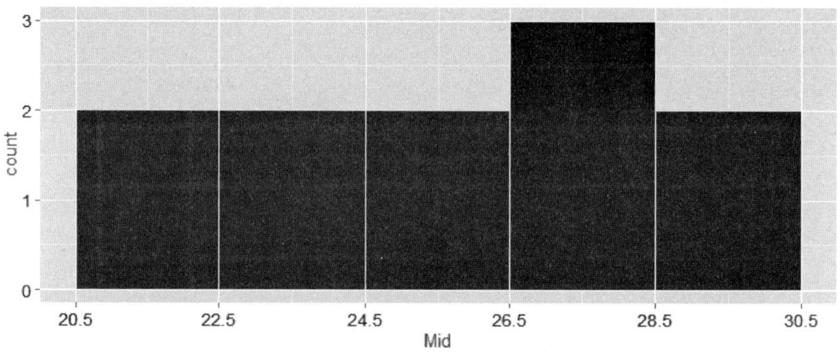


```
ggplot(dframe, aes(x=Mid))+
  geom_histogram(binwidth=bin_width,origin=20.5,colour="white",right=FALSE)+
  scale_x_continuous(limits=c(20.5,30.5),breaks=seq(20.5,30.5,2))+
  theme(
    axis.title=element_text(size=15,colour="red"),
    axis.text=element_text(size=rel(1.2),colour="blue"))
```

y축에 ..density..를 대입해서 density로 히스토그램을 작성한 것이다.

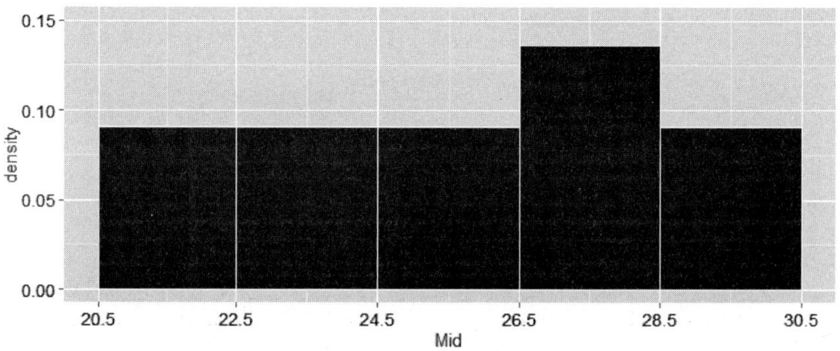


```
ggplot(dframe, aes(x=Mid,y=..density..))+
  geom_histogram(binwidth=bin_width,origin=20.5,colour="white")+
  scale_x_continuous(limits=c(20.5,30.5),breaks=seq(20.5,30.5,2))+
  scale_y_continuous(limits=c(0,0.15),breaks=round(seq(0,0.15,length.out=4),digits=2))+
  theme(
```

```
    axis.title=element_text(size=15,colour="red"),
    axis.text=element_text(size=rel(1.2),colour="blue"))
```

아래 그림은 자료의 분포와 이론적 분포를 비교하기 위해서 geom_density()를 +로 연결하여 밀도함수 곡선을 겹쳐서 작성하였다.

```
ggplot(dframe, aes(x=Mid,y=..density..))+
  geom_histogram(binwidth=bin_width,origin=20.5,colour="white",fill="grey")+
  geom_density(size=1)+
  scale_x_continuous(limits=c(20.5,30.5),breaks=seq(20.5,30.5,2))+
  scale_y_continuous(limits=c(0,0.15),breaks=round(seq(0,0.15,length.out=4),digits=2))+
  theme(
    axis.title=element_text(size=15,colour="red"),
    axis.text=element_text(size=rel(1.2),colour="blue"))
```

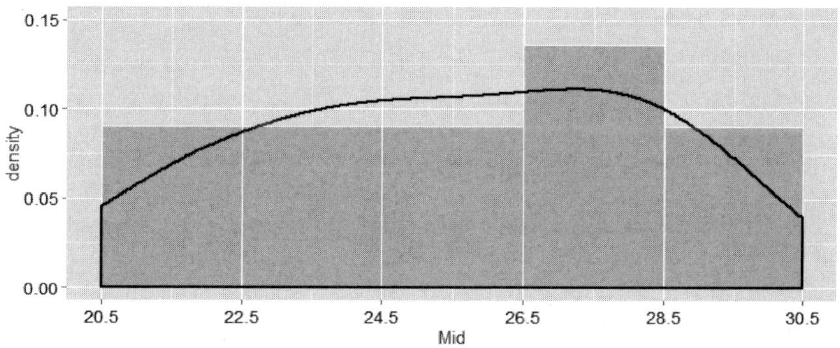

아래 그림은 fill에 Sex를 대입하여 히스토그램의 막대들이 누적된 그래프를 작성한 것이다.

```
ggplot(dframe, aes(x=Mid, fill=Major))+
  geom_histogram(binwidth=bin_width,origin=20.5,colour="white")+
  scale_x_continuous(limits=c(20.5,30.5),breaks=seq(20.5,30.5,2))+
  theme(
    axis.title=element_text(size=15,colour="red"),
    axis.text=element_text(size=rel(1.2),colour="blue"))
```

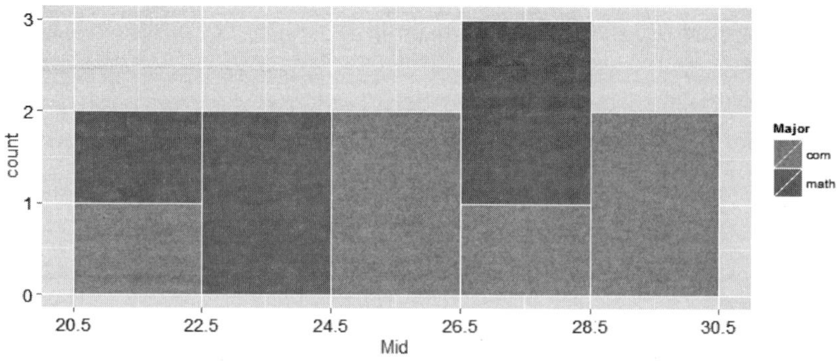

아래 그림은 position="dodge"를 설정하여 히스토그램의 막대들을 군집으로 나타낸 그래프를 작성한 것이다.

```
ggplot(dframe, aes(x=Mid, fill=Major))+
  geom_histogram(binwidth=bin_width,origin=20.5,colour="white",
          position="dodge")+
  scale_x_continuous(limits=c(20.5,30.5),breaks=seq(20.5,30.5,2))+
  scale_y_continuous(limits=c(0,2),breaks=seq(0,2))+
  theme(
   axis.title=element_text(size=15,colour="red"),
   axis.text=element_text(size=rel(1.2),colour="blue"))
```

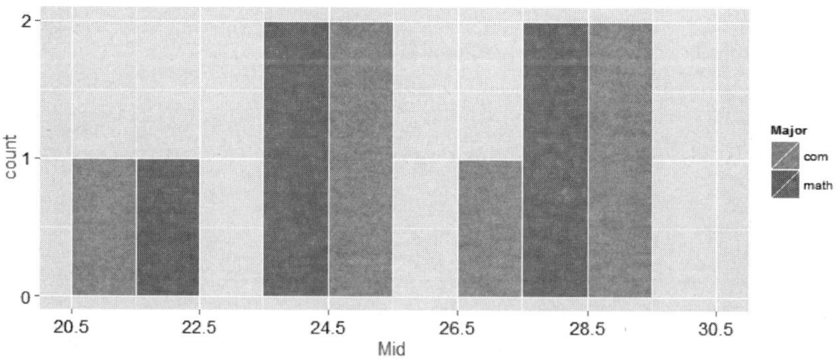

다음 그림은 position="identity"를 설정하여 히스토그램의 막대들을 겹쳐서 나타낸 그래프를 작성한 것이다.

```
ggplot(dframe, aes(x=Mid, fill=Major))+
  geom_histogram(binwidth=bin_width,origin=20.5,colour="white",
         position="identity")+
  scale_x_continuous(limits=c(20.5,30.5),breaks=seq(20.5,30.5,2))+
  scale_y_continuous(limits=c(0,2),breaks=seq(0,2))+
  theme(
   axis.title=element_text(size=15,colour="red"),
   axis.text=element_text(size=rel(1.2),colour="blue"))
```

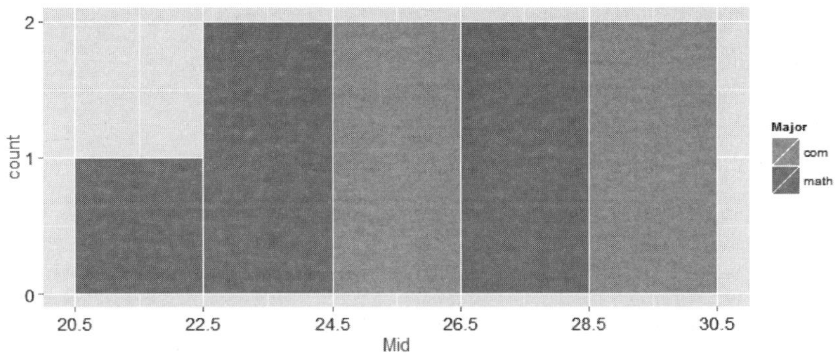

아래 그림은 facet_grid()를 이용하여 중간고사 성적의 분포를 전공에 따라 분할하여 그래프를 작성한 것이다. guides(fill=FALSE)는 범례를 삭제하기 위해서 사용하였다. 분할된 두 그래프를 합치면 위 그래프와 같은 형태의 그래프가 된다.

```
ggplot(dframe, aes(x=Mid, fill=Major))+
  geom_histogram(binwidth=bin_width, origin=20.5,colour="white")+
  scale_x_continuous(limits=c(20.5,30.5), breaks=seq(20.5,30.5,2))+
  scale_y_continuous(limits=c(0,2),breaks=seq(0,2))+
  theme(
   axis.title=element_text(size=15,colour="red"),
   axis.text=element_text(size=rel(1.2),colour="blue"),
   strip.background=element_rect(fill="pink"),
   strip.text.y=element_text(size=14, angle=-90, face="bold"))+
  facet_grid(Major~.)+
  guides(fill=FALSE)
```

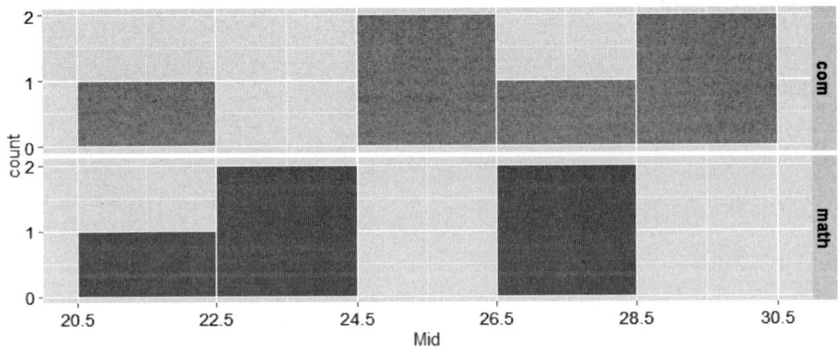

아래 그림은 facet_grid(Sex~.)를 이용하여 중간고사 성적의 분포를 전공을 기준으로 성별에 따라 분할하여 그래프를 작성한 것이다.

```
ggplot(dframe, aes(x=Mid, fill=Major))+
  geom_histogram(binwidth=bin_width, origin=20.5,colour="white")+
  scale_x_continuous(limits=c(20.5,30.5), breaks=seq(20.5,30.5,2))+
  scale_y_continuous(limits=c(0,2),breaks=seq(0,2))+
  theme(
    axis.title=element_text(size=15,colour="red"),
    axis.text=element_text(size=rel(1.2),colour="blue"),
    strip.background=element_rect(fill="pink"),
    strip.text.y=element_text(size=14, angle=-90, face="bold"))+
  facet_grid(Sex~.)
```

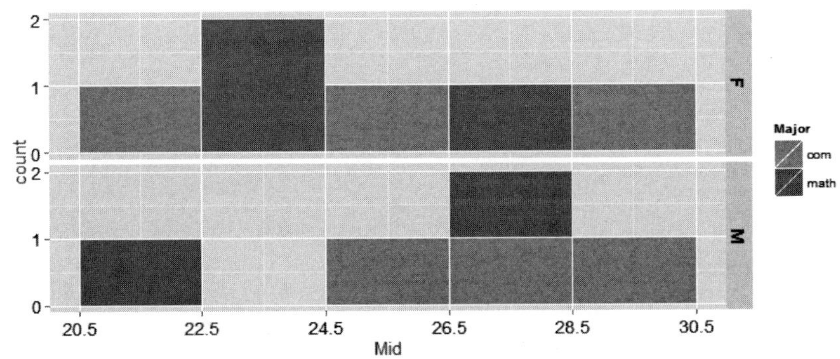

5.3. 점도표

점도표는 막대그래프와 마찬가지로 여러 가지 범주에 속하는 자료의 개수 혹은 자료의 값을 나타내기 위해서 많이 사용되고 있다. x축에는 각 범주가 오고, y축에는 자료의 빈도수 혹은 자료의 값이 올 수도 있다. 또한 점도표는 히스토그램 같이 양적자료의 분포를 요약하는데 유용하게 이용할 수 있다. 특히 자료가 양적인 자료인 경우 두 그룹이상의 자료의 분포를 비교하기 위해서 유용하게 사용되고 있다. ggplot2에서 geom_dotplot()을 이용하여 점도표를 작성한다.

아래 그림은 질적자료 Sex에 대한 점도표를 작성한 것이다. geom_dotplot()를 이용해서 점도표를 작성하였다. 점의 개수가 Sex의 도수를 나타낸다. geom_dotplot()은 기본적으로 y축을 나타낸다. 그러나 이것은 별의미가 없다. scale_y_continuous(breaks=NULL)와 axis.title.y=element_blank ()를 이용하여 y축을 제거하였다. coord_fixed()는 y축과 x축의 척도의 비를 나타낸다.

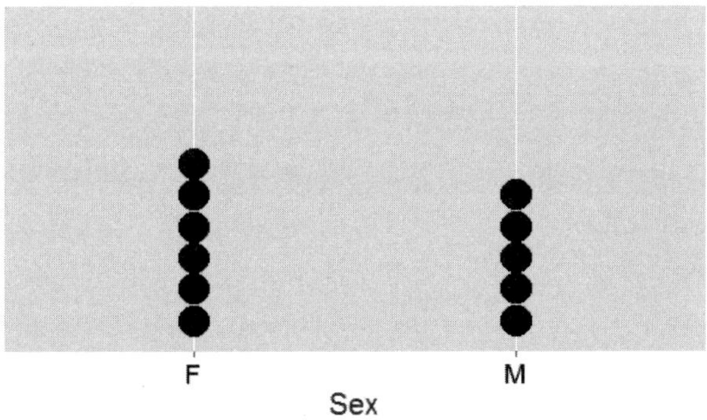


```
mid <- c(23, 25, 21, 25, 29, 27, 24, 27, 22, 29, 28)
fina <- c(21, 26, 20, 22, 27, 26, 23, 26, 21, 28, 27)
sex <- c("F", "F", "M", "M", "F", "M", "F", "M", "F", "M", "F")
major <- c("math","com","math","com","com","math","math","com","com","com","math")
name <- c("OTY","BJH","NAJ","PGY","RYJ","AJH","NOH","KHH","MDJ","KOS","PJP")
dframe <- data.frame(Mid=mid,Fina=fina,Sex=sex,Major=major,Name=name)
 ggplot(dframe, aes(x=Sex))+
 geom_dotplot(dotsize=3)+
 scale_y_continuous(breaks=NULL)+
 theme(
  axis.title.y=element_blank(),
```

```
 axis.title=element_text(size=20,colour="red"),
 axis.text=element_text(size=rel(1.5),colour="blue"))+
coord_fixed(ratio=1)
```

다음 그림은 x 축의 각 범주에 대한 도수를 y축에 나타내었다. 도수를 나타내기 위해서 먼저 xtabs()를 이용하여 Sex에 대한 도수분포표를 작성하고, ggplot2를 사용하기 위해서 테이블 형태의 tabs를 data.frame()를 이용하여 데이터프레임 형태로 변환하여 dtabs를 만들었다. 그리고 dtabs와 geom_point()객체를 이용하여 도수를 그래프에 *로 추가하였다.

```
tabs <- xtabs(~Sex, data = dframe)                    # Sex의 도수분포
tabs
## Sex
## F M
## 6 5
dtabs <- data.frame(tabs)
dtabs
##   Sex Freq
## 1  F    6
## 2  M    5
ggplot(dframe, aes(x=Sex))+
 geom_dotplot(dotsize=2)+
 geom_point(data=dtabs, aes(x=Sex, y=Freq),colour="red", shape=8, size=6)+
 theme(
  axis.title=element_text(size=15,colour="red"),
  axis.text=element_text(size=rel(1.2),colour="blue"))+
 coord_fixed(ratio=1/15)
```

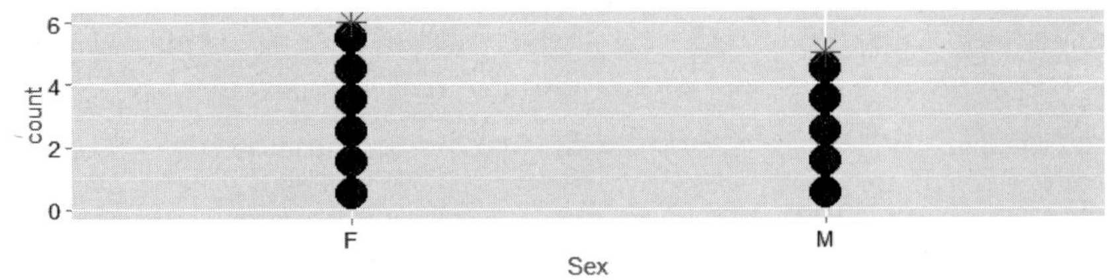

다음 그림은 x 축의 각 범주에 대한 상대도수를 y축에 나타내었다. prob.table()를 이용하여 각 범주에 대한 상대도수를 구하고, 그 값을 그래프에 추가하였다. 아래 프로그램에서 ylab()은 y축 제목을 변경하기 위해서 사용하였다. 그림에서 ⊕로 표시된 부분이 각 범주의 상대도수를 나타낸다.

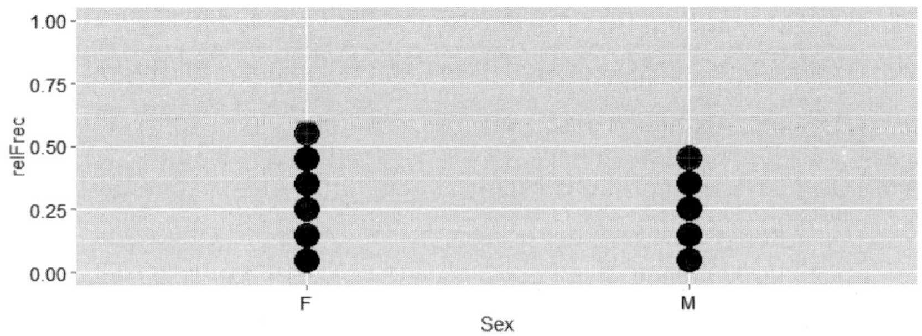


```
tabs <- xtabs(~Sex, data = dframe)                # Sex의 도수분포
tabs
## Sex
## F M
## 6 5
ptabs <- prop.table(tabs)                         # Sex의 상대도수 계산
ptabs
##    Sex
##     F       M
## 0.5455  0.4545
dptabs <- as.data.frame(ptabs)                    # ptabs를 데이터프레임 형식으로 바꿈
dptabs
##    Sex    Freq
## 1   F     0.5455
## 2   M     0.4545
dptabs$relFreq <- round(dptabs$Freq, digits = 2)
dptabs
##    Sex    Freq    relFreq
## 1   F   0.5455     0.55
## 2   M   0.4545     0.45
ggplot(dframe, aes(x=Sex))+
  geom_dotplot(dotsize=2)+
  geom_point(data=dptabs, aes(x=Sex, y=relFreq),colour="red", shape=10, size=8)+
  theme(
```

```
  axis.title=element_text(size=15,colour="red"),
  axis.text=element_text(size=rel(1.2),colour="blue"))+
 ylab("relFreq")+
 coord_fixed(ratio=1/1.5)
```

다음 그래프는 성별에 따라 중간고사 점수를 점도표로 작성하고, 각 범주의 평균을 추가하였다. 먼저 ddply{plyr}함수를 이용하여 성별에 따라 중간고사의 평균을 계산하였다. ddply함수는 결과를 데이터프레임 형식으로 나타내기 때문에 새로운 데이터프레임 sexMean이 생성되었다. 데이터프레임 sexMean과 기하 객체 geom_point()를 이용하여 그래프에 평균을 추가하였다. 그림에서 ⊕로 표시된 부분이 평균을 나타낸다.

```
sexMean <- ddply(dframe, "Sex", summarize, Mean = mean(Mid))
sexMean
##    Sex    Mean
## 1  F      25.17
## 2  M      25.80
ggplot(dframe, aes(x=Sex, y=Mid))+
 geom_dotplot(binaxis="y", binwidth=1, dotsize=0.5,stackdir="center")+
 geom_point(data=sexMean, aes(x=Sex, y=Mean), size=6, colour="red",shape=10)+
 scale_y_continuous(limits=c(20,30), breaks=seq(20,30,2.5))+
 theme(
  axis.title=element_text(size=15,colour="red"),
  axis.text=element_text(size=rel(1.2),colour="blue"))
```

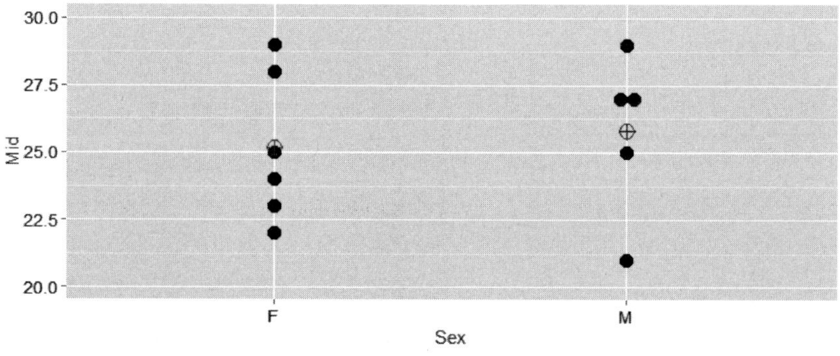

다음 그래프는 성별을 기준으로 전공별 중간고사 성적을 점도표로 표시하고, 각 수준의 평균을 추가하였다. 그리고 그래프에 라벨을 첨가하였다. 먼저 ddply{plyr}함수를 이용하여 (Sex, Major)조합에 대한 평균을 계산하고, 새로운 데이터프레임 sex_major_Mean을 만들었다. 그리고 geom_dotplot()를 이용하여 그래프에 평균을 추가하고, annotate()를 이용하여 라벨 "Mean"을 첨가하였다.

```
sex_major_Mean <- ddply(dframe, .(Sex, Major), summarize, Mean = mean(Mid))
sex_major_Mean
##   Sex  Major  Mean
## 1  F   com    25.33
## 2  F   math   25.00
## 3  M   com    27.00
## 4  M   math   24.00
ggplot(dframe, aes(x=Sex, y=Mid, fill=Major))+
  geom_dotplot(binaxis="y",position="dodge",stackdir="center")+
  geom_dotplot(data=sex_major_Mean,aes(x=Sex,y=Mean),dotsize=1.5,position="dodge",
binaxis="y",colour="white")+
  theme(
   axis.title=element_text(size=15,colour="red"),
   axis.text=element_text(size=rel(1.2),colour="blue"))+
  annotate("text", x="F", y=c(25.3),label=c("Mean"),hjust=1,vjust=0, size=5)+
  annotate("text", x="F", y=c(25),label=c("Mean"),hjust=-1,vjust=0, size=5)+
  annotate("text", x="M", y=c(27),label=c("Mean"),hjust=1,vjust=0, size=5)+
  annotate("text", x="M", y=c(24),label=c("Mean"),hjust=-1,vjust=0, size=5)
```

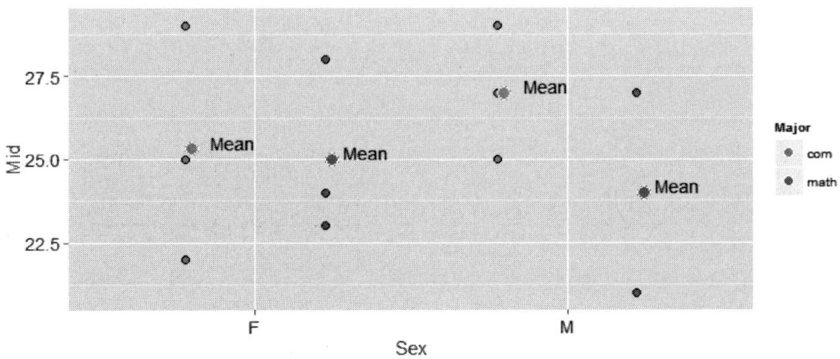

다음 그림은 facet_grid(.~Major)를 이용하여 중간고사 성적의 분포를 성별을 기준으로 전공에 따라 분할하여 그래프를 작성한 것이다.

```
ggplot(dframe, aes(x=Sex, y=Mid, fill=Major))+
 geom_dotplot(binaxis="y",position="dodge",stackdir="center")+
 geom_dotplot(data=sex_major_Mean,aes(x=Sex,y=Mean),dotsize=1.5,position="dodge",
binaxis="y",colour="white")+
 theme(
  axis.title=element_text(size=15,colour="red"),
  axis.text=element_text(size=rel(1.2),colour="blue"),
  strip.background=element_rect(fill="pink"),
  strip.text.x=element_text(size=14, angle=0, face="bold"))+
 facet_grid(.~Major)+
 guides(fill=FALSE)
```

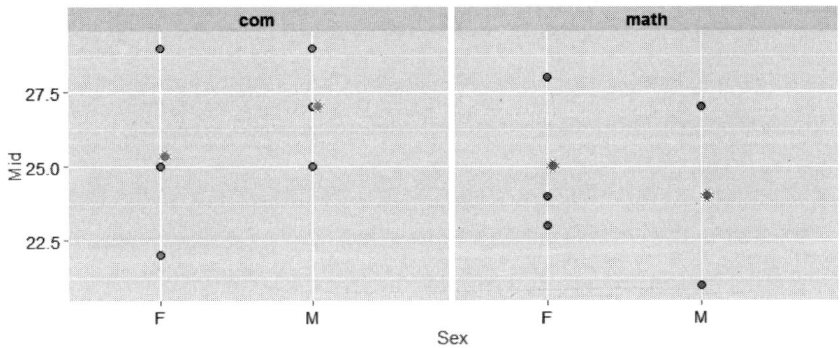

다음은 양적자료에 대한 점도표를 작성한 것이다. 이 그래프는 자료의 개별적인 값을 점으로 나타낸 것이다. ggplot2는 기본적으로 y축을 나타낸다. 그러나 이것은 별의미가 없다. 따라서

scale_y_continuous(breaks=NULL)와 axis.title.y=element_blank ()를 이용하여 y축을 제거하였다. coord_fixed()을 이용하여 y축과 x축의 척도의 비를 조절하였다.

```
ggplot(dframe, aes(x=Mid))+
 geom_dotplot(dotsize=1)+
 scale_y_continuous(breaks=NULL)+
 scale_x_continuous(limits=c(21,29), breaks=seq(21,29,1))+
```

```
theme(
  axis.title.y=element_blank(),
  axis.title=element_text(size=15,colour="red"),
  axis.text=element_text(size=rel(1.2),colour="blue"))+
coord_fixed(ratio=2)
```

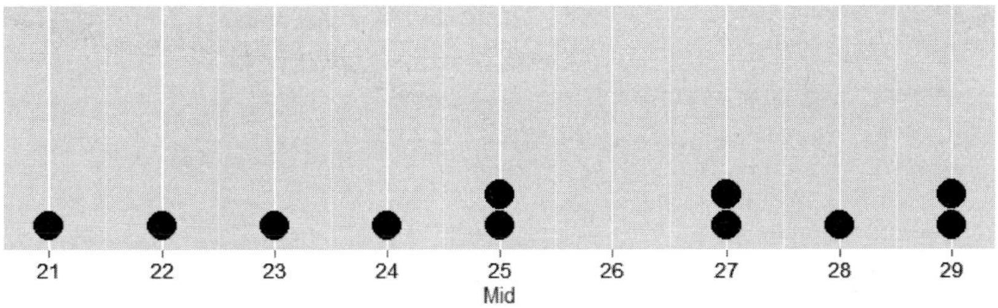

다음 그래프는 fill에 Sex를 대입해서 성별에 따라 색깔을 입혔다. 남녀의 자료 값이 같은 위치에 있을 때 stackgroups=TRUE를 이용하여 점을 누적해서 쌓는다. 즉 stackgroups는 position ="stack"와 같은 역할을 한다. binpositions ="all"은 여러 개의 그룹별로 점을 표시할 때 모든 자료를 이용하여 점의 위치를 결정한다.

```
ggplot(dframe, aes(x=Mid, fill=Sex))+
 geom_dotplot(stackgroups=TRUE, binpositions="all")+
 scale_y_continuous(breaks=NULL)+
 scale_x_continuous(limits=c(21,29), breaks=seq(21,29,1))+
 theme(
  axis.title.y=element_blank(),
  axis.title=element_text(size=15,colour="red"),
  axis.text=element_text(size=rel(1.2),colour="blue"),
  legend.title=element_text(colour="blue", size=rel(1.2)),
  legend.text=element_text(colour="red",size=rel(1.2)))+
 coord_fixed(ratio=2)
```

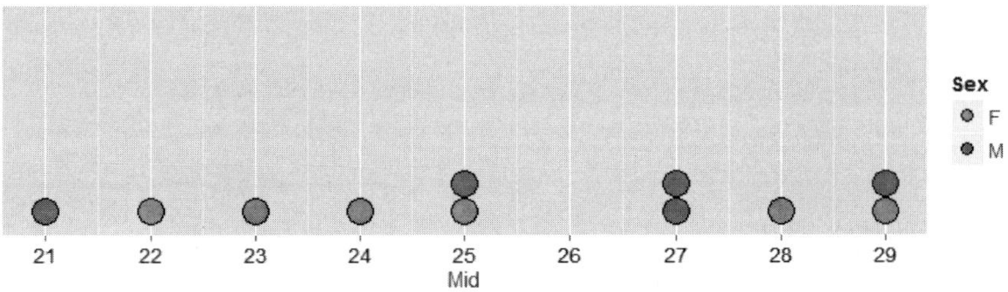

다음 그래프는 facet_grid()를 이용하여 성별에 따라 면을 분리해서 중간고사에 대한 점도표를 작성한 것이다.

```
ggplot(dframe, aes(x=Mid, fill=Sex))+
 geom_dotplot()+
 scale_y_continuous(breaks=NULL)+
 scale_x_continuous(limits=c(21,29), breaks=seq(21,29,1))+
 theme(
  axis.title.y=element_blank(),
  axis.title=element_text(size=15,colour="red"),
  axis.text=element_text(size=rel(1.2),colour="blue"),
  strip.background=element_rect(fill="pink"),
  strip.text=element_text(size=rel(1.2), angle=0, face="bold"))+
 facet_grid(Sex~.)+
 guides(fill=FALSE)
```

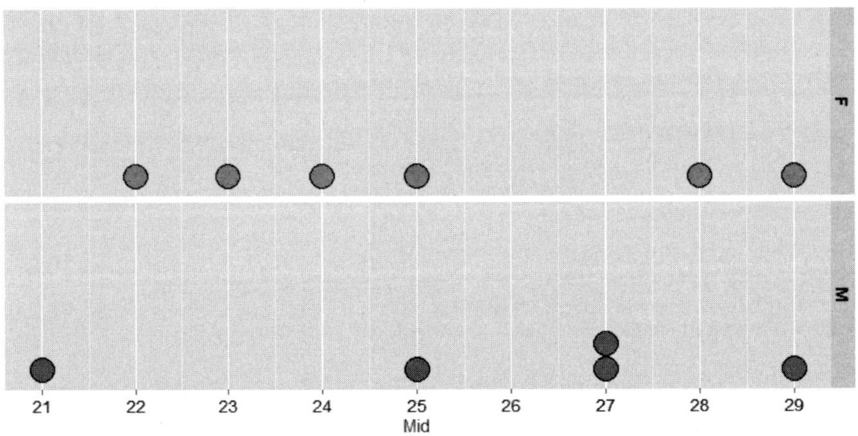

점도표에서도 히스토그램과 마찬가지로 binwidth를 이용하여 bin의 너비를 조절할 수 있다. 기본은 범위/30이다(빈의 수=30개).

다음 그림은 기본인 binwidth=범위/30으로 작성한 그래프이다.

```
ggplot(dframe, aes(x=Mid))+
 geom_dotplot()+
 scale_x_continuous(limits=c(21,30),breaks=seq(21,30,1))+
 scale_y_continuous(breaks=NULL)+
```

```
  theme(
    axis.title.y=element_blank(),
    axis.title=element_text(size=15,colour="red"),
    axis.text=element_text(size=rel(1.2),colour="blue"))+
coord_fixed(ratio=2)
```

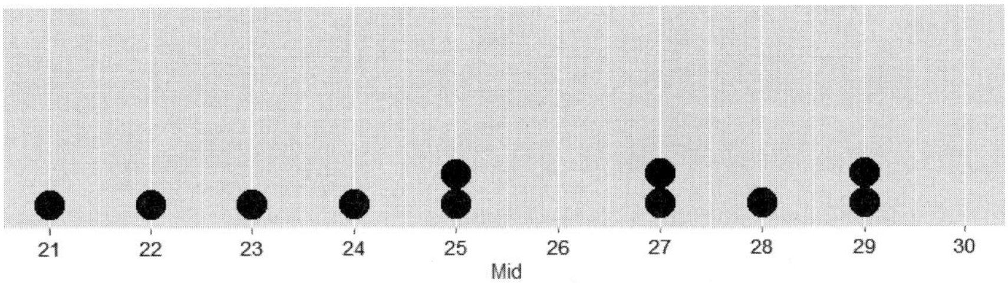

다음 그림은 binwidth=1.6으로 해서 작성한 그래프이다. bin의 수(5개)를 줄였기 때문에 위 그림과 비교했을 때 점 기둥들이 해당 자료 값 위에 위치하지 않고 (21,22), (23,24), (25,26), (27,28), (29,30)으로 묶어서 나타난 것을 볼 수 있다.

```
ggplot(dframe, aes(x=Mid))+
  geom_dotplot(binwidth=1.6)+
  scale_x_continuous(limits=c(21,30),breaks=seq(21,30,1))+
  scale_y_continuous(breaks=NULL)+
  theme(
    axis.title.y=element_blank(),
    axis.title=element_text(size=15,colour="red"),
    axis.text=element_text(size=rel(1.2),colour="blue"))+
  coord_fixed(ratio=5)
```

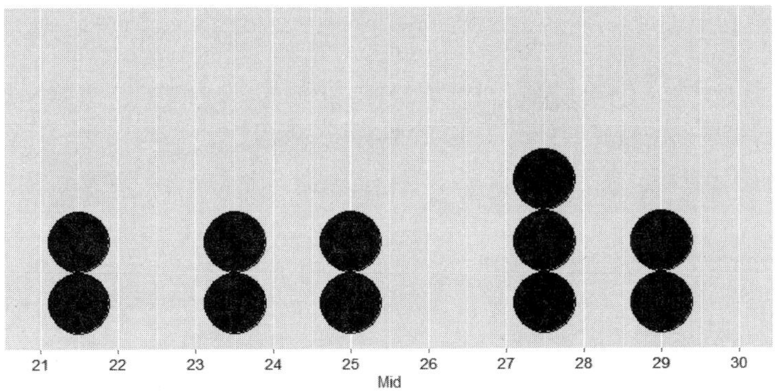

다음 그림은 점도표를 히스토그램 형식으로 작성하기 위해서 method="histodot"를 사용하였고, 히스토그램과 비교하기 위해서 히스토그램위에 점도표를 나타내었다.

```
ggplot(dframe, aes(x=Mid))+
 geom_histogram(binwidth=2, fill="white", colour="black", right=TRUE)+
 geom_dotplot(binwidth=2,method="histodot")+
 theme(
  axis.title=element_text(size=15,colour="red"),
  axis.text=element_text(size=rel(1.2),colour="blue"))
```

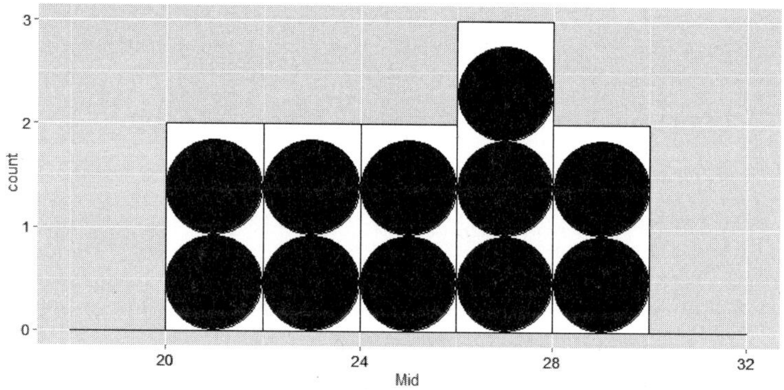

5.4. 상자그림

상자그림은 자료의 특징을 종합적으로 나타내기 위해 관측값의 최솟값, 제1사분위수, 중앙값, 제3분위수, 최댓값을 이용하여 작성한 그래프이다. 이 그림은 자료의 중심의 위치, 자료의 흩어진 정도, 분포의 형태, 그리고 이상치에 관한 정보를 나타낸다. 그룹별로 자료의 특성을 비교할 때 유용하게 사용할 수 있다.

다음 그림은 두 정규분포에서 임의로 추출된 자료를 혼합하여 상자그림을 작성하였다. ggpot2에서는 geom_boxplot()을 이용하여 상자그림을 작성할 수 있다.

```
set.seed(80989)
rnor1 <- rnorm(50, 5, 2)
rnor1
## [1]  4.197 4.719 6.178 4.675 5.231 4.110 4.141 3.036 8.443 6.086 5.266
## [12] 4.683 8.147 4.389 1.270 4.191 6.378 1.493 4.888 6.478 5.474 5.286
```

```
## [23]  3.325  4.129  3.666  2.772  2.693  6.184  7.330  8.111  6.307  3.177  5.100
## [34]  4.594  8.045  5.035  3.030  7.292  3.154  6.402  4.277  9.350  3.117  4.335
## [45]  3.427  3.631  9.560  2.532  5.418  3.581
set.seed(80989)
rnor2 <- rnorm(50, 20, 2)
rnor2
##  [1]  19.20  19.72  21.18  19.67  20.23  19.11  19.14  18.04  23.44  21.09  20.27
## [12]  19.68  23.15  19.39  16.27  19.19  21.38  16.49  19.89  21.48  20.47  20.29
## [23]  18.32  19.13  18.67  17.77  17.69  21.18  22.33  23.11  21.31  18.18  20.10
## [34]  19.59  23.05  20.03  18.03  22.29  18.15  21.40  19.28  24.35  18.12  19.34
## [45]  18.43  18.63  24.56  17.53  20.42  18.58
rnormal <- append(rnor1, rnor2)
dist1 <- rep("N(5,2)", 50)
dist2 <- rep("N(20,2)", 50)
dist <- append(dist1, dist2)
total <- rep("total", 100)
dframe <- data.frame(Mixednormal = rnormal, Dist = dist, Total = total)
head(dframe)
##     Mixednormal   Dist     Total
## 1     4.197       N(5,2)   total
## 2     4.719       N(5,2)   total
## 3     6.178       N(5,2)   total
## 4     4.675       N(5,2)   total
## 5     5.231       N(5,2)   total
## 6     4.110       N(5,2)   total
ggplot(dframe, aes(x=factor(Total), y=Mixednormal))+
  geom_boxplot(width=0.5,linetype="longdash", fill="grey", outlier.colour="red")+
  scale_y_continuous(limit=c(0,26),breaks=round(seq(0,26,length.out=7),digits=2))+
  theme(
    axis.title.x=element_blank(),
    axis.text=element_text(size=15),
    axis.title.y=element_text(size=15))
```

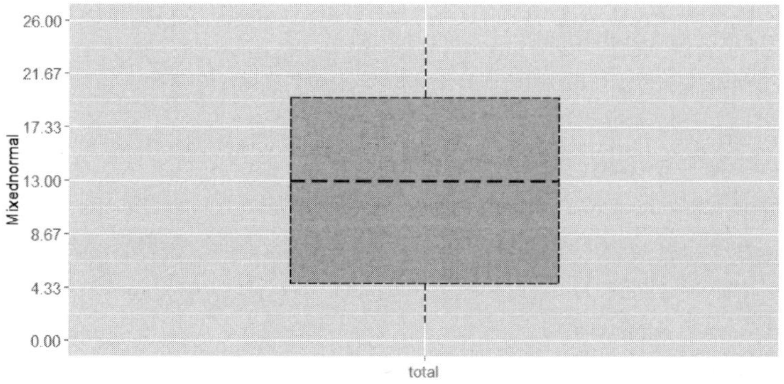

다음 그림은 상자그림에 평균을 추가하기 위해 stat_summary()을 사용하였다. 그리고 중앙값에 대한 95% 신뢰구간($\pm 1.58 * IQR/\sqrt{n}$)을 나타내기 위해서 notch=TRUE로 선언하였다. 또한 상자그림에 라벨을 붙이려고 먼저 fivenum()함수를 이용해서 최솟값, 제1사분위수, 중앙값, 제3사분위수, 최댓값 그리고 95% 신뢰구간을 구하였다. 그 다음에 annotate()를 사용하여 계산 된 값들을 라벨로 첨가하였다.

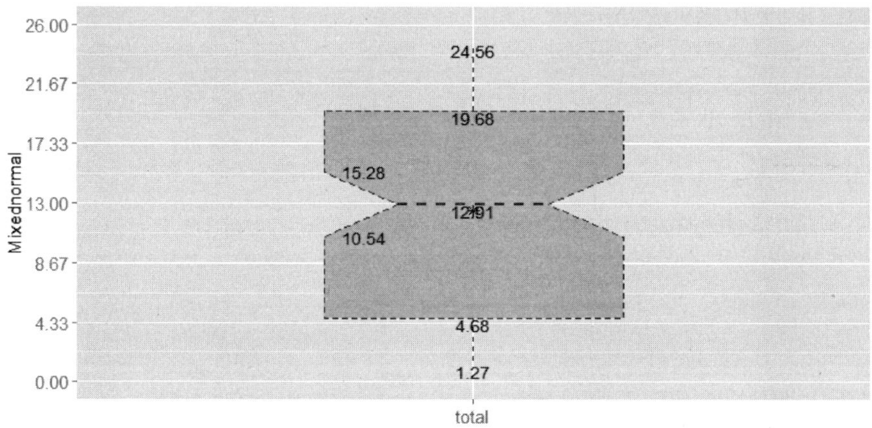


```
five <- fivenum(dframe$Mixednormal)
five
## [1]  1.270  4.679 12.915 19.679 24.560
unotch <- five[3] + 1.58 * (five[4] - five[2])/sqrt(100)
unotch
## [1] 15.28
lnotch <- five[3] - 1.58 * (five[4] - five[2])/sqrt(100)
lnotch
## [1] 10.54
ggplot(dframe, aes(x=factor(Total), y=Mixednormal))+
  geom_boxplot(width=0.5,notch=TRUE,linetype="dashed",fill="grey",
          outlier.colour ="red")+
  stat_summary(fun.y="mean", geom="point",shape=8,size=3)+
  scale_y_continuous(limit=c(0,26),breaks=round(seq(0,26,length.out=7),digits=2))+
  theme(
    axis.title.x=element_blank(),
    axis.text=element_text(size=15),
    axis.title.y=element_text(size=15))+
```

```
annotate("text", x="total", y=c(1.27,4.68,12.91,19.68,24.56),
        label=c("1.27","4.68","12.91","19.68","24.56"), vjust=1, size=5)+
annotate("text", x="total", y=c(10.54,15.28), label=c("10.54","15.28"), hjust=3, size=5)
```

다음 그림은 두 정규분포 각각에서 임의로 50개씩 표본을 추출하고, 각 50개의 자료에 대한 상자그림과 혼합한 100개의 자료에 대한 상자그림을 작성하였다. 그리고 그래프에 라벨을 붙이기 위해 데이터프레임 dframe에서 정규분포 N(5,2)에서 추출된 자료를 선택하여 dframe_n52를 만들고, N(20,2)에서 추출된 자료를 선택하여 dframe_n202를 만들었다. 그 다음 각 데이터프레임을 이용하여 각 자료에 대한 다섯 숫자 통계량과 95% 신뢰구간을 구하였다. 그 결과와 annotate()를 이용하여 그래프에 라벨을 추가하였다.

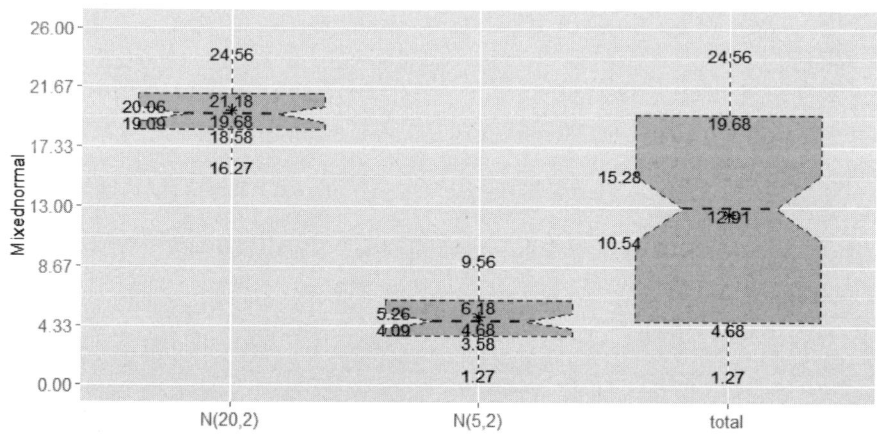


```
dframe_n52 <- subset(dframe, Dist == "N(5,2)")
head(dframe_n52)
##     Mixednormal    Dist     Total
## 1      4.197      N(5,2)    total
## 2      4.719      N(5,2)    total
## 3      6.178      N(5,2)    total
## 4      4.675      N(5,2)    total
## 5      5.231      N(5,2)    total
## 6      4.110      N(5,2)    total
five_n52 <- fivenum(dframe_n52$Mixednormal)
five_n52
```

```
## [1] 1.270 3.581 4.679 6.184 9.560
unotch_n52 <- five_n52[3] + 1.58 * (five_n52[4] - five_n52[2])/sqrt(50)
unotch_n52
## [1] 5.26
lnoutch_n52 <- five_n52[3] - 1.58 * (five_n52[4] - five_n52[2])/sqrt(50)
lnoutch_n52
## [1] 4.097
dframe_n202 <- subset(dframe, Dist == "N(20,2)")
head(dframe_n202)
##      Mixednormal    Dist     Total
## 51     19.20        N(20,2)  total
## 52     19.72        N(20,2)  total
## 53     21.18        N(20,2)  total
## 54     19.67        N(20,2)  total
## 55     20.23        N(20,2)  total
## 56     19.11        N(20,2)  total
five_n202 <- fivenum(dframe_n202$Mixednormal)
five_n202
## [1] 16.27 18.58 19.68 21.18 24.56
unotch_n202 <- five_n202[3] + 1.58 * (five_n202[4] - five_n202[2])/sqrt(50)
unotch_n202
## [1] 20.26
lnoutch_n202 <- five_n202[3] - 1.58 * (five_n202[4] - five_n202[2])/sqrt(50)
lnoutch_n202
## [1] 19.1
ggplot(dframe)+
 geom_boxplot(aes(x=factor(Total),y=Mixednormal),notch=TRUE,linetype="dashed",
                 fill="grey", outlier.colour="red") +
 geom_boxplot(aes(x=factor(Dist),y=Mixednormal),notch=TRUE, linetype="dashed",
                 fill="grey",outlier.colour="red")+
 stat_summary(aes(x=factor(Total), y=Mixednormal), fun.y="mean", geom="point",
                 shape=8,size=3)+
 stat_summary(aes(x=factor(Dist), y=Mixednormal), fun.y="mean", geom="point",
                shape=8,size=3)+
 scale_y_continuous(limit=c(0,26),breaks=round(seq(0,26,length.out=7),digits=2))+
 theme(
  axis.title.x=element_blank(),
  axis.text=element_text(size=15),
  axis.title.y=element_text(size=15))+
```

```
annotate("text", x="N(20,2)", y=c(16.27,18.58,19.68,21.18,24.56),
         label=c("16.27","18.58","19.68","21.18","24.56"),vjust=1, size=5)+
annotate("text", x="N(5,2)", y=c(6.18,4.68,3.58,1.26,9.56),
         label=c("6.18","4.68","3.58","1.27","9.56"), vjust=1, size=5)+
annotate("text", x="total", y=c(1.27,4.68,12.91,19.68,24.56),
         label=c("1.27","4.68","12.91","19.68","24.56"), vjust=1, size=5)+
annotate("text", x="N(20,2)", y=c(19.09,20.26),label=c("19.09","20.06"), hjust=2.5,
         size=5)+
annotate("text", x="N(5,2)", y=c(4.09,5.26),label=c("4.09","5.26"), hjust=3, size=5)+
annotate("text", x="total", y=c(10.54,15.28),label=c("10.54","15.28"), hjust=3, size=5)
```

다음 그림은 상자그림과 점도표를 겹쳐서 작성하였다. 아래 그림에서 total은 N(5,2)와 N(20,2)에서 추출한 자료를 혼합한 것이기 때문에 분명히 서로 다른 두 개의 그룹으로 나누어져 있다. 이러한 사실이 상자그림에서는 두 그룹이 한데 뭉쳐서 있어서 나타나 보이지 않는다. 반면에 점도표에서는 분명히 나타나 있다. 이처럼 상자그림과 점도표를 겹쳐서 사용하면 관측값들이 밀집된 정도를 파악할 수 있다. 점도표를 보면, 한 그룹은 제3사분위수 주위에 밀집되어있고, 다른 한 그룹은 제1사분위수 주위에 모여 있는 것을 볼 수 있다. 두 그룹 N(5,2)와 N(20,2)을 따로 분리해서 상자그림을 작성하여 비교할 수 있다. 여기서 두 상자그림 사이에는 큰 차이가 있다는 것을 알 수 있다.

```
ggplot(dframe)+
 geom_boxplot(aes(x=factor(Total), y=Mixednormal),notch=TRUE, linetype= "dashed",
              fill="grey",outlier.colour="red") +
 geom_dotplot(aes(x=factor(Total),y=Mixednormal),binaxis="y",stackdir="center",
              fill="white",dotsize=0.7)+
 geom_boxplot(aes(x=factor(Dist), y=Mixednormal),notch=TRUE, linetype="dashed",
              fill="grey", outlier.colour="red")+
 geom_dotplot(aes(x=factor(Dist),y=Mixednormal),binaxis="y",stackdir="center",
              fill="white", dotsize=0.7)+
 stat_summary(aes(x=factor(Total), y=Mixednormal), fun.y="mean", geom="point",
              shape=8,size=3)+
 stat_summary(aes(x=factor(Dist), y=Mixednormal), fun.y="mean",geom="point",
              shape=8,size=3)+
 scale_y_continuous(limit=c(0,26),breaks=seq(0,26,length.out=5))+
```

```
theme(
  axis.title.x=element_blank(),
  axis.text=element_text(size=15),
  axis.title.y=element_text(size=15))+
annotate("text", x="N(20,2)", y=c(16.27,18.58,19.68,21.18,24.56),
          label=c("16.27","18.58","19.68","21.18","24.56"),vjust=1, size=5)+
annotate("text", x="N(5,2)", y=c(6.18,4.68,3.58,1.26,9.56),
          label=c("6.18","4.68","3.58","1.27","9.56"), vjust=1, size=5)+
annotate("text", x="total", y=c(1.27,4.68,12.91,19.68,24.56),
          label=c("1.27","4.68","12.91","19.68","24.56"), vjust=1, size=5)+
annotate("text", x="N(20,2)", y=c(19.09,20.26),label=c("19.09","20.06"), hjust=2.5,
          size=5)+
annotate("text", x="N(5,2)", y=c(4.09,5.26),label=c("4.09","5.26"), hjust=3, size=5)+
annotate("text", x="total", y=c(10.54,15.28),label=c("10.54","15.28"), hjust=3, size=5)
```

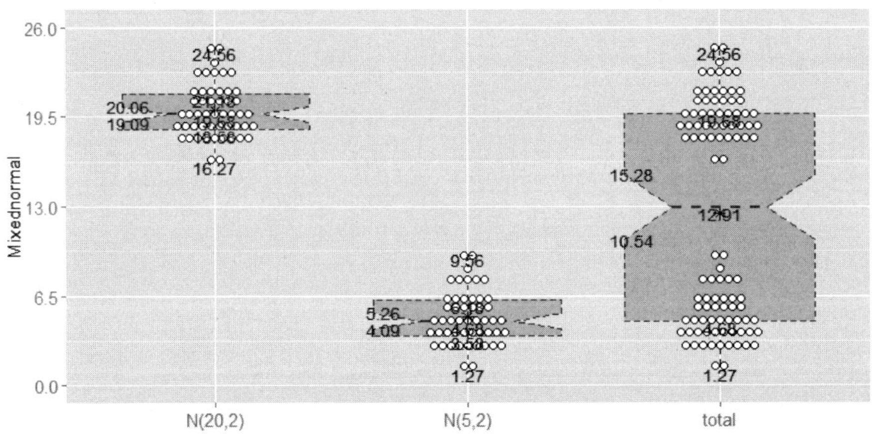

다음 그림은 fill에 Dist를 대입하여 즉 aes(fill=factor(Dist))를 이용해서 각 그룹에 색상을 입혔다. notchwidth는 notch의 너비를 지정한다.

```
ggplot(dframe, aes(x=factor(Dist), y=Mixednormal))+
  geom_boxplot(aes(fill=factor(Dist)), width=0.7, notch=TRUE,linetype="dashed",
               notchwidth=0.6)+
  stat_summary(fun.y="mean", geom="point",shape=8,size=3)+
  scale_y_continuous(limit=c(0,26),breaks=seq(0,26,length.out=5))+
  theme(
   axis.title.x=element_blank(),
```

```
    axis.text=element_text(size=15),
    axis.title.y=element_text(size=15))+
  annotate("text", x="N(20,2)", y=c(16.27,18.58,19.68,21.18,24.56),
           label=c("16.27","18.58","19.68","21.18","24.56"),vjust=1, size=5)+
  annotate("text", x="N(5,2)", y=c(6.18,4.68,3.58,1.26,9.56),
           label=c("6.18","4.68","3.58","1.27","9.56"), vjust=1, size=5)+
  annotate("text", x="N(20,2)", y=c(19.09,20.26),label=c("19.09","20.06"), hjust=2.5,
           size=5)+
  annotate("text", x="N(5,2)", y=c(4.09,5.26),label=c("4.09","5.26"),hjust=3, size=5)+
  guides(fill=FALSE)
```

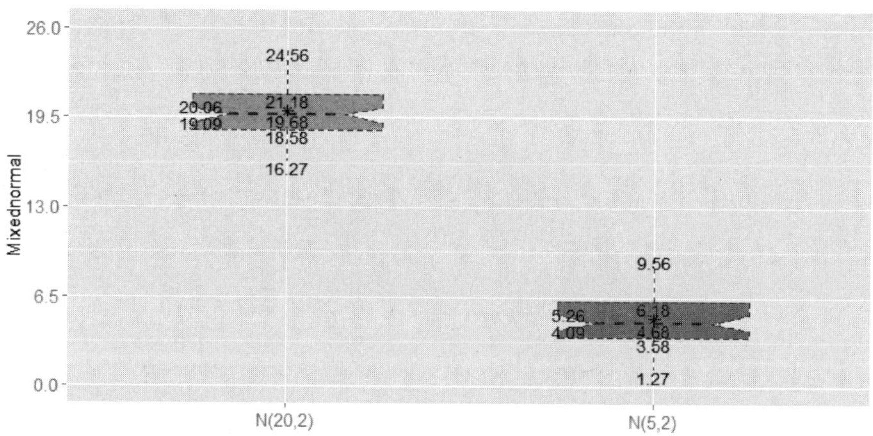

5.5. 원그래프

원그래프는 질적 변수에 대한 도수분포표에서 각 범주의 상대도수에 360^0를 곱해서 나오는 각도로 원을 분할하여 작성한 그래프이다.

다음 그림은 Sex에 대한 원그래프를 작성한 것이다. ggplot2에서는 geom_bar()+coord_polar()를 이용하여 원그래프를 작성할 수 있다. 그래프를 작성하기 ggplot(data=데이터프레임, aes(x=factor(1), fill=factor(Sex))를 정의하고 geom_bar()+coord_polar()를 +로 연결하다. 이때 width=1은 원을 완전히 채우기 위해서 사용하였고, theta="y"는 원을 y축의 값(count)에 따라 분할하기 위해 사용하였다. 아래 그림을 보면 원을 11등분(1조각=32.73^0)해서 6조각(196.4^0)이 여자, 5조각(163.6^0)이 남자를 나타낸다.

```
mid <- c(23,25,21,25,29,27,24,27,22,29,28)
fina <- c(21,26,20,22,27,26,23,26,21,28,27)
sex <- c("F","F","M","M","F","M","F","M","F","M","F")
major <- c("math","com","math","com","com","math","math","com","com","com", "math")
dframe <- data.frame(Mid=mid, Fina=fina, Sex =sex, Major=major)
ggplot(dframe, aes(x=factor(1), fill=factor(Sex)))+
  geom_bar(width=1)+
  coord_polar(theta = "y")+
  scale_y_continuous(breaks=seq(0,10,1))+
  theme(
    axis.title=element_text(size=15,colour="red"),
    axis.text=element_text(size=rel(1.2),colour="blue"))
```

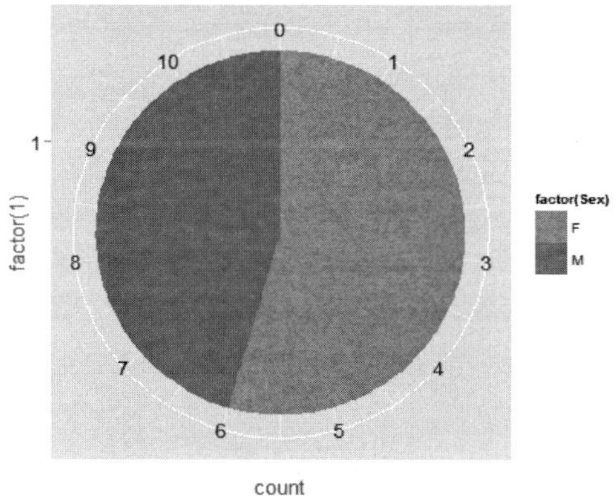

다음 그림은 상대도수를 이용하여 원그래프를 작성하였다.

```
tabs <- xtabs(~Sex, data=dframe)
ptabs <- prop.table(tabs)
dptabs <- as.data.frame(ptabs)
ggplot(dptabs, aes(x=factor(1),fill=factor(Sex), y=Freq))+
  geom_bar(width=1, stat="identity")+
  coord_polar(theta="y")+
  scale_y_continuous(breaks=seq(0,1,0.1))+
  theme(
    axis.title=element_text(size=15,colour="red"),
    axis.text=element_text(size=rel(1.2),colour="blue"))+
  annotate("text", x="Freq", y=c(0.45,0.55),
           label=c("0.55","0.45"), vjust=-10, size=5)
```

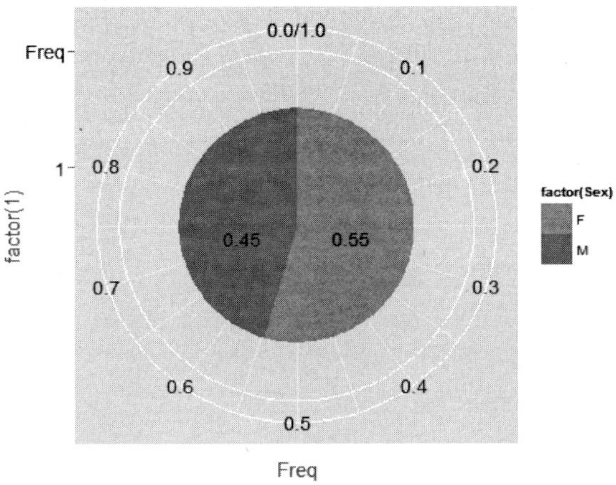

다음 그림은 백분율을 이용하여 원그래프를 작성하였다.

```
dptabs$percent <- dptabs$Freq*100
ggplot(dptabs, aes(x=factor(1), fill=factor(Sex), y=percent))+
 geom_bar(stat="identity", width=1)+
 coord_polar(theta="y")+
 scale_y_continuous(breaks=seq(0,100,10))+
 theme(
  axis.title=element_text(size=15,colour="red"),
  axis.text=element_text(size=rel(1.2),colour="blue"))+
 annotate("text", x="Freq", y=c(45,55),
        label=c("54.55","45.45"), vjust=-10, size=5)
```

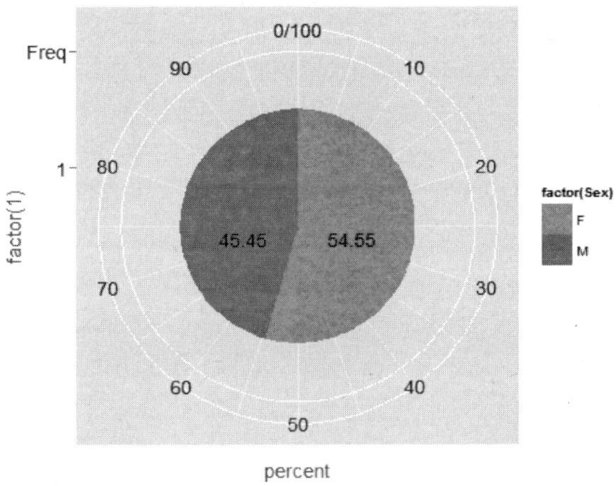

다음 그림은 성별을 기준으로 전공별 중간고사 성적을 원그래프 표시하고, 각 수준의 평균을 추가하였다. 그리고 그래프에 라벨을 첨가하였다.

```
sex_major_Mean <- ddply(dframe, .(Sex, Major), summarize,
                        mean=round(mean(Mid), 2))
ggplot(sex_major_Mean, aes(x=Sex, y=mean, fill=Major))+
 geom_bar(stat="identity", width=0.8)+
 coord_polar(theta="y")+
 scale_y_continuous(breaks=seq(0,50,2))+
 theme(
  axis.title=element_text(size=15,colour="red"),
  axis.text=element_text(size=rel(1.2),colour="blue"))+
 annotate("text", x="mean", y=c(20,24,27,30),
        label=c("27.00","25.33","25.00","24.00"), vjust=-10, size=5)
```

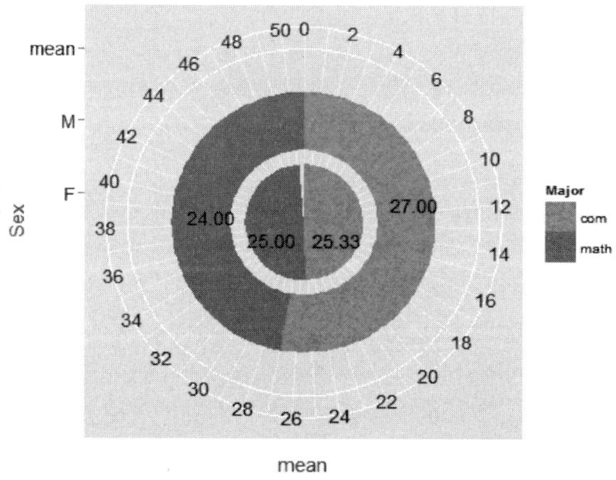

5.6. 산점도

산점도는 두 양적변수 간의 관계를 보여주기 위해서 사용된다. 이 그림은 두 변수 중 한 변수는 x축에 다른 한 변수는 y에 대입하여 서로 대응되는 관측값을 점으로 표시한다. 점들이 가지는 추세를 보고 두 변수의 관계를 파악할 수 있다.

다음 그림은 두 연속 변수 salary와 purchase에 대한 산점도를 그린 것이다. ggplot2

에서는 기하 객체 geom_point()를 사용하여 산점도를 작성할 수 있다. 먼저 기본적으로 ggplot(데이터프레임, aes(x=변수, y=변수))를 정의하고 geom_point()를 +로 결합해서 산점도를 작성할 수 있다.

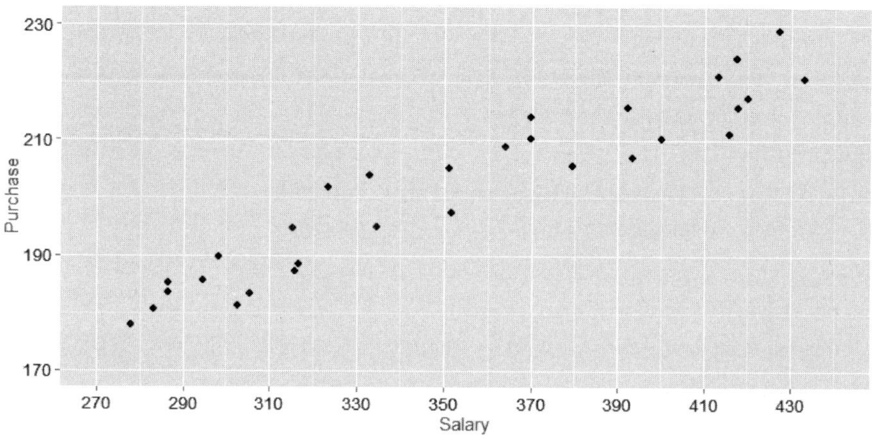


```
sex <- c("F","F","M","F","M","F","M","M","F","F","M","F","M","M","M","M","M","F","M","F","M",
         "F","F","F","F","M","F","M","M","M")
orderr <- c(0,0,1,1,0,0,1,1,0,1,1,0,0,1,0,1,0,0,0,1,0,1,1,0,1,0,1,1,0,1)
salary <- c(277.9,283.1,286.4,286.4,294.6,298.2,302.8,305.5,315.2,315.9,316.6,323.5,
            332.9,334.6,351.2,351.7,363.8,369.9,369.9,379.2,392.3,393.2,399.9,413.3,
            415.6,417.3,417.6,420.0,427.1,433.1)
purchase <- c(177.9,180.5,183.5,185.1,185.6,189.8,181.1,183.2,194.6,187.2,188.5,201.8,
              203.8,194.8,205.1,197.3,208.9,210.2,214.0,205.4,215.6,206.9,210.2,221.0,
              211.2,224.2,215.6,217.3,228.9,220.6)
dframe <- data.frame(Sex=sex, Order=orderr, Salary=salary, Purchase=purchase)
head(dframe)
##    Sex  Order  Salary  Purchase
## 1  F    0      277.9   177.9
## 2  F    0      283.1   180.5
## 3  M    1      286.4   183.5
## 4  F    1      286.4   185.1
## 5  M    0      294.6   185.6
## 6  F    0      298.2   189.8
ggplot(dframe,aes(x=Salary, y=Purchase))+
  geom_point(size=3)+
  scale_x_continuous(limits=c(270,440),breaks=seq(270,440,20))+
```

```
 scale_y_continuous(limits=c(170,230),breaks=seq(170,230,20))+
 theme(
  axis.title=element_text(size=15,colour="red"),
  axis.text=element_text(size=rel(1.2),colour="blue"))
```

다음 그림은 geom_text()를 이용하여 산점도의 점에 라벨을 붙였다.

```
ggplot(dframe,aes(x=Salary, y=Purchase))+
 geom_point(size=3)+
 scale_x_continuous(limits=c(270,440),breaks=seq(270,440,20))+
 scale_y_continuous(limits=c(170,230),breaks=seq(170,230,20))+
 theme(
  axis.title=element_text(size=15,colour="red"),
  axis.text=element_text(size=rel(1.5),colour="blue"))+
 geom_text(aes(label=interaction(Salary,Purchase)),colour="blue", size=4)
```

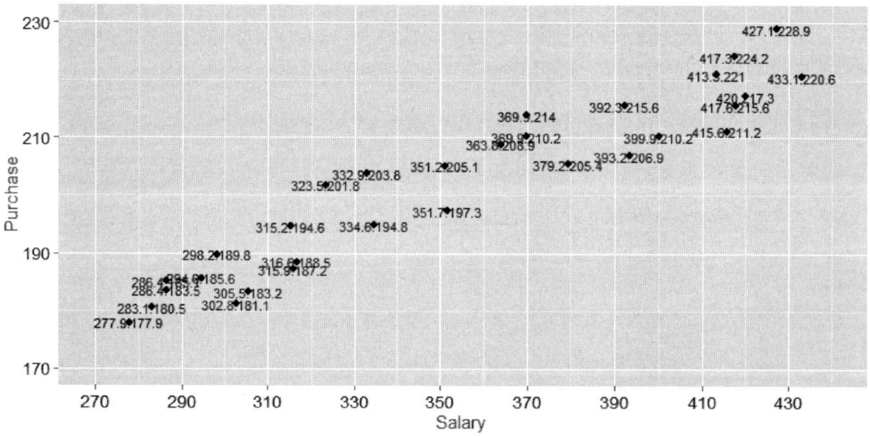

다음 그림은 stat_smooth()를 이용하여 산점도에 추정된 회귀직선을 추가하였다. 여기서 method는 회귀직선을 추정하는 방법을 지정하고, se는 회귀직선에 대한 95% 신뢰대 표기를 설정한다. 기본적으로 추정된 회귀직선과 신뢰대를 함께 표기하도록 설정되어 있다. se=FALSE로 설정하면 신뢰대를 나타내지 않는다.

```
ggplot(dframe,aes(x=Salary, y=Purchase))+
 geom_point(size=3)+
```

```
stat_smooth(method=lm, size=1, se=FALSE)+
scale_x_continuous(limits=c(270,440),breaks=seq(270,440,20))+
scale_y_continuous(limits=c(170,230),breaks=seq(170,230,20))+
theme(
  axis.title=element_text(size=15,colour="red"),
  axis.text=element_text(size=rel(1.2),colour="blue"))+
geom_text(aes(label=interaction(Salary,Purchase)),colour="blue", size=4)
```

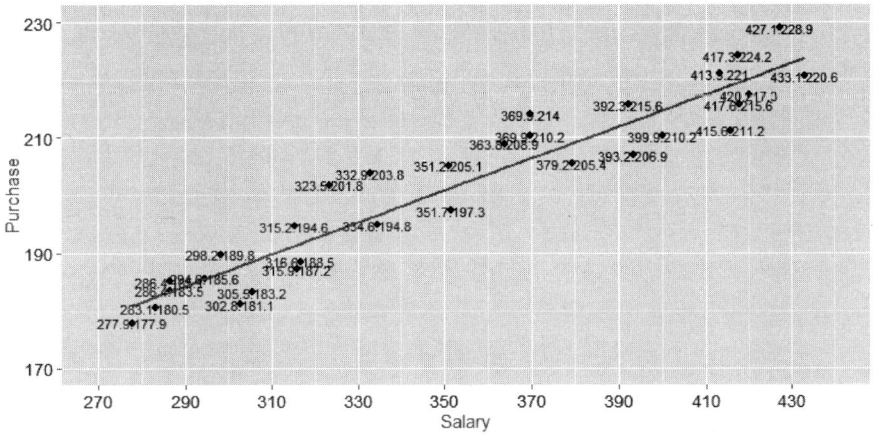

다음 그림은 추정된 회귀직선 식과 결정계수 값을 산점도에 추가하였다. lm()을 이용하여 Purchase를 종속변수, Salary를 독립변수로 두고 회귀직선을 추정하고 결정계수를 구하였다. 그리고 annotate()를 이용하여 산점도에 추가하였다. parse=TRUE로 설정하여 수식이 수학식 형태로 표현되게 하였다.

```
fitted <- lm(Purchase ~ Salary, dframe)
summary(fitted)
##
## Call:
## lm(formula = Purchase ~ Salary, data = dframe)
## Residuals:
##    Min      1Q     Median    3Q      Max
## -7.773   -3.822   -0.859   3.737   8.281
## Coefficients:
##                    Estimate Std.   Error t   value     Pr(>|t|)
## (Intercept)   104.1134        6.2029      16.8   3.8e-16 ***
## Salary              0.2764        0.0174      15.9   1.5e-15 ***
```

```
## Signif. codes: 0 '***' 0.001 '**' 0.01 '*' 0.05 '.' 0.1 ' ' 1
## Residual standard error: 4.78 on 28 degrees of freedom
## Multiple R-squared:  0.9,   Adjusted R-squared: 0.897
## F-statistic: 252 on 1 and 28 DF,  p-value: 1.55e-15
ggplot(dframe,aes(x=Salary, y=Purchase))+
 geom_point(size=3)+
 stat_smooth(method=lm, size=1, se=FALSE)+
 scale_x_continuous(limits=c(270,440),breaks=seq(270,440,20))+
 scale_y_continuous(limits=c(170,230),breaks=seq(170,230,20))+
 theme(
  axis.title=element_text(size=15,colour="red"),
  axis.text=element_text(size=rel(1.2),colour="blue"))+
 annotate("text", x=360, y=180, label="italic(y)==104+0.276*italic(x)", parse=TRUE,
         size=7)+
 annotate("text", x=400, y=180, label="italic(r)^2==0.9", parse=TRUE,  size=7)
```

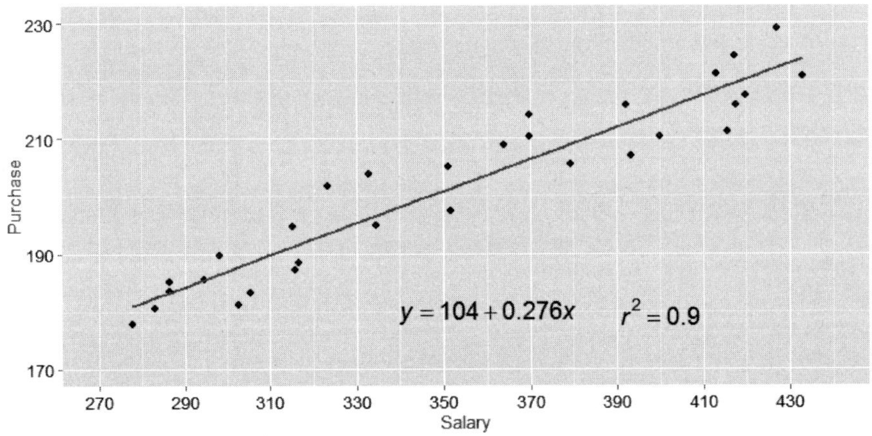

다음 그림은 se=TRUE(디폴터)를 이용하여 회귀직선에 대한 95% 신뢰대를 표시하였다. level=0.99를 이용하여 99% 신뢰대를 표시할 수도 있다.

```
ggplot(dframe,aes(x=Salary, y=Purchase))+
 geom_point(size=3)+
 stat_smooth(method=lm, size=1, se=TRUE)+
 scale_x_continuous(limits=c(270,440),breaks=seq(270,440,20))+
 scale_y_continuous(limits=c(170,230),breaks=seq(170,230,20))+
 theme(
```

```
  axis.title=element_text(size=15,colour="red"),
  axis.text=element_text(size=rel(1.2),colour="blue"))+
annotate("text", x=360, y=175, label="italic(y)==104+0.276*italic(x)", parse=TRUE,
         size=7)+
annotate("text", x=420, y=175, label="italic(r)^2==0.9", parse=TRUE, size=7)
```

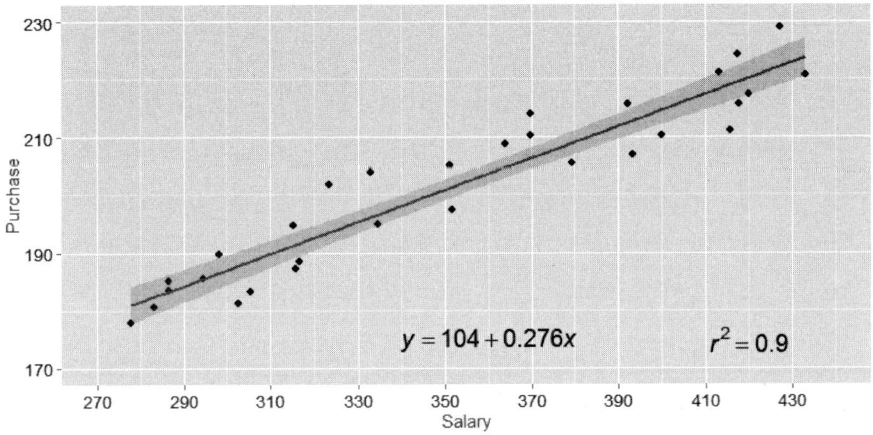

다음 그림은 colour에 Order을 대입하여 Order의 범주에 따라 점의 색깔을 다르게 표시하였다. 그리고 geom_text()에서도 colour에 Order을 대입하여 Order의 범주에 따라 라벨의 색깔을 달리 하였다.

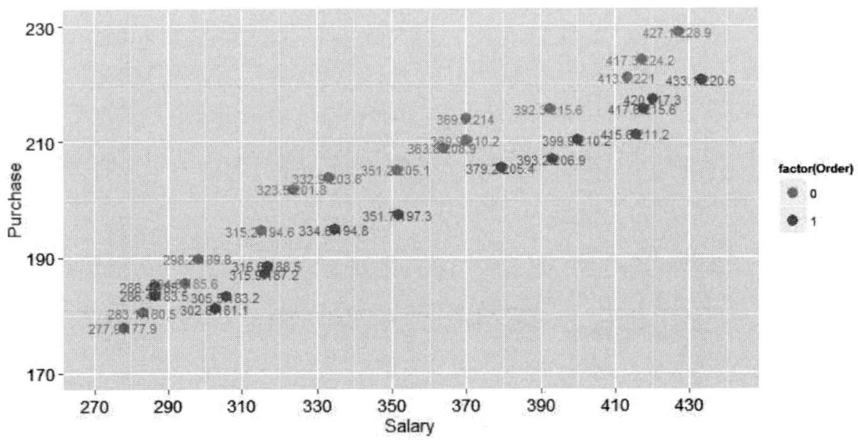


```
ggplot(dframe,aes(x=Salary, y=Purchase, colour=factor(Order)))+
  geom_point(size=4)+
```

```
scale_x_continuous(limits=c(270,440),breaks=seq(270,440,20))+
scale_y_continuous(limits=c(170,230),breaks=seq(170,230,20))+
theme(
  axis.title=element_text(size=15,colour="red"),
  axis.text=element_text(size=rel(1.2),colour="blue"))+
geom_text(aes(label=interaction(Salary,Purchase), colour=factor(Order)), size=4)
```

다음 그림은 추정된 회귀직선 식과 결정계수 값을 산점도에 추가하였다. lm()을 이용하여 Purchase를 종속변수, Salary를 독립변수로 두고 Order의 범주에 따라 회귀직선을 각각 추정하고 결정계수를 구하였다. 그리고 이것들을 annotate()를 이용하여 산점도에 추가하였다. parse =TRUE로 설정하여 수식이 수학식 형태로 표현되게 하였다. 중앙에 있는 직선은 전체 자료에 대한 추정된 회귀직선이다.

```
dframe1 <- subset(dframe, Order == 0)
dframe2 <- subset(dframe, Order == 1)
dframe1
##      Sex  Order  Salary  Purchase
## 1     F     0    277.9    177.9
## 2     F     0    283.1    180.5
## 5     M     0    294.6    185.6
## 6     F     0    298.2    189.8
## 9     F     0    315.2    194.6
## 12    F     0    323.5    201.8
## 13    M     0    332.9    203.8
## 15    M     0    351.2    205.1
## 17    M     0    363.8    208.9
## 18    F     0    369.9    210.2
## 19    M     0    369.9    214.0
## 21    M     0    392.3    215.6
## 24    F     0    413.3    221.0
## 26    M     0    417.3    224.2
## 29    M     0    427.1    228.9
dframe2
##      Sex  Order  Salary  Purchase
## 3     M     1    286.4    183.5
## 4     F     1    286.4    185.1
```

```
## 7   M   1   302.8   181.1
## 8   M   1   305.5   183.2
## 10  F   1   315.9   187.2
## 11  M   1   316.6   188.5
## 14  M   1   334.6   194.8
## 16  M   1   351.7   197.3
## 20  F   1   379.2   205.4
## 22  F   1   393.2   206.9
## 23  F   1   399.9   210.2
## 25  F   1   415.6   211.2
## 27  F   1   417.6   215.6
## 28  M   1   420.0   217.3
## 30  M   1   433.1   220.6
fitted <- lm(Purchase ~ Salary, dframe)
summary(fitted)
## Call:
## lm(formula = Purchase ~ Salary, data = dframe)
## Residuals:
##    Min      1Q    Median   3Q     Max
## -7.773   -3.822   -0.859  3.737  8.281
## Coefficients:
##               Estimate Std.  Error t   value    Pr(>|t|)
## (Intercept)  104.1134     6.2029    16.8   3.8e-16 ***
## Salary         0.2764     0.0174    15.9   1.5e-15 ***
## Signif. codes:  0 '***' 0.001 '**' 0.01 '*' 0.05 '.' 0.1 ' ' 1
## Residual standard error: 4.78 on 28 degrees of freedom
## Multiple R-squared:  0.9,   Adjusted R-squared:  0.897
## F-statistic:  252 on 1 and 28 DF,  p-value: 1.55e-15
fitted1 <- lm(Purchase ~ Salary, dframe1)
summary(fitted1)
## Call:
## lm(formula = Purchase ~ Salary, data = dframe1)
## Residuals:
##    Min      1Q    Median   3Q     Max
##  -4.222   -1.901   0.073  1.125   5.502
## Coefficients:
##               Estimate Std.  Error t   value     Pr(>|t|)
## (Intercept)  95.7253     5.5491    17.2    2.4e-10 ***
## Salary        0.3109     0.0158    19.7    4.5e-11 ***
```

```
## Signif. codes:  0 '***' 0.001 '**' 0.01 '*' 0.05 '.' 0.1 ' ' 1
## Residual standard error: 2.94 on 13 degrees of freedom
## Multiple R-squared:  0.968,  Adjusted R-squared:  0.965
## F-statistic:  389 on 1 and 13 DF,  p-value: 4.54e-11
fitted2 <- lm(Purchase ~ Salary, dframe2)
summary(fitted2)
## Call:
## lm(formula = Purchase ~ Salary, data = dframe2)
## Residuals:
##     Min      1Q  Median    3Q     Max
## -4.052  -1.451   0.001  1.641  4.178
## Coefficients:
##              Estimate Std.  Error t  value     Pr(>|t|)
## (Intercept)  107.0448     4.2355   25.3    1.9e-12 ***
## Salary          0.2580     0.0117   22.0    1.1e-11 ***
## Signif. codes:  0 '***' 0.001 '**' 0.01 '*' 0.05 '.' 0.1 ' ' 1
## Residual standard error: 2.34 on 13 degrees of freedom
## Multiple R-squared:  0.974,  Adjusted R-squared:  0.972
## F-statistic:  483 on 1 and 13 DF,  p-value: 1.15e-11
ggplot(dframe, aes(x=Salary,y=Purchase, colour=factor(Order)))+
  geom_point()+
  stat_smooth(method=lm,aes(fill=factor(Order)),size=1,se=FALSE)+
  stat_smooth(method=lm,colour="blue",size=1,se=FALSE)+
  scale_x_continuous(limits=c(270,440),breaks=seq(270,440,20))+
  scale_y_continuous(limits=c(170,230),breaks=seq(170,230,20))+
  theme(
    axis.title=element_text(size=15,colour="red"),
    axis.text=element_text(size=rel(1.2),colour="blue"))+
  annotate("text",x=375,y=230,label="italic(y)==95.73+0.311*italic(x)",parse=TRUE,
           size=5,colour="red")+
  annotate("text",x=375,y=225,label="italic(r)^2==0.97",parse=TRUE,size=5,
           colour="red")+
  annotate("text",x=300,y=205,label="italic(y)==104.11+0.28*italic(x)",parse=TRUE,
           size=5, colour="blue")+
  annotate("text",x=300,y=200,label="italic(r)^2==0.90",parse=TRUE,size=5,
           colour="blue")+
  annotate("text",x=375,y=195,label="italic(y)==107.04+0.25*italic(x)",parse=TRUE,
           size=5,colour="green")+
  annotate("text",x=375,y=190,label="italic(r)^2==0.97",parse=TRUE,size=5,
           colour="green")
```

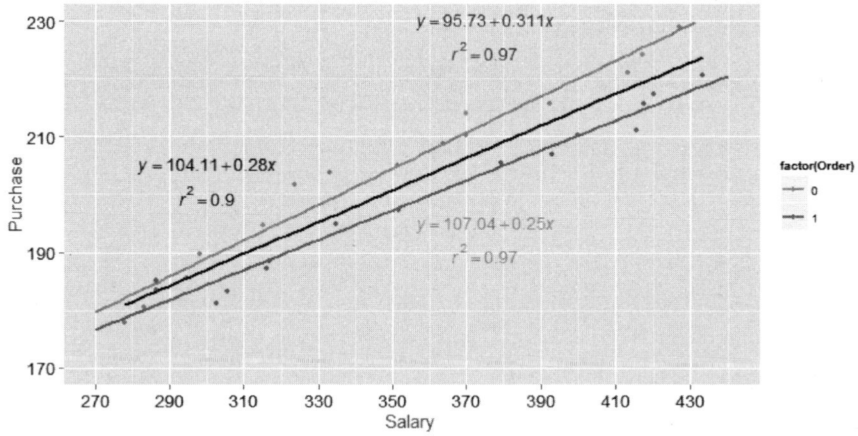

5.7. 꺾은선그래프

꺾은선그래프는 일반적으로 한 변수의 변화에 따른 다른 한 변수의 변화를 나타낼 때 많이 사용하는 그래프이다. 한 변수가 시간을 나타내는 경우 시간의 변화에 따라 다른 한 변수의 변화를 나타내는 시계열 그래프를 작성하는데 많이 사용된다. 또한 각 범주에서 측정된 관측값이나 통계량의 추세를 선으로 나타내어 사용할 수 있다. 이러한 경우 대부분 시간이나 범주를 x축에 나타낸다.

다음 그림은 Month와 Profit에 대한 꺾은선그래프를 작성하였다. ggplot(데이터프레임, aes(x=변수, y=변수))를 지정하고 geom_line()를 +로 연결하여 꺾은선그래프를 그린다. 그리고 그래프에 점을 추가하기 위해서 geom_point()를 사용하였다.

```
month <- seq(1,12,1)
profit <- c(155.2,154.3,148,145.2,147.2,159,162.9,161.5,160,149.1,
        153.1,155.2)
dframe <- data.frame(Month=month, Profit=profit)
ggplot(dframe, aes(x=Month, y=Profit))+
 geom_line(size=1, colour="red",linetype="longdash")+
 geom_point(size=4, shape=16)+
 scale_x_continuous(limits=c(1,12),breaks=seq(1,12,1))+
 theme(
```

```
axis.title=element_text(size=15,colour="red"),
axis.text=element_text(size=rel(1.2),colour="blue"))
```

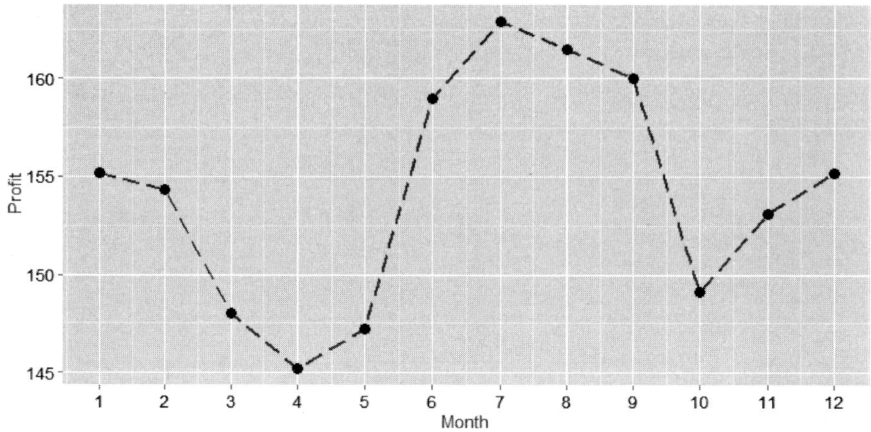

다음 그림은 Add 변수의 평균을 꺾은선 그래프로 작성한 것이다. x축에 범주형 자료를 대입하고, y축에는 Add 변수의 평균을 대입하여 꺾은선그래프를 작성하였다. ddply{plyr}을 이용하여 Add변수에 대한 평균을 계산하였다. x축에 범주형 변수가 올 때는 데이터를 묶을 때 기준이 되는 변수를 group에 대입해야한다. group=1은 Add를 기준으로 데이터들을 선으로 연결하라는 의미이다.

```
additive <- c("A1", "A1", "A1", "A1", "A1", "A1", "A1", "A1", "A2", "A2", "A2",
              "A2", "A2", "A2", "A2", "A2", "A3", "A3", "A3", "A3", "A3", "A3", "A3",
              "A3", "A4", "A4", "A4", "A4", "A4", "A4", "A4", "A4")
temp <- c("T1", "T1", "T2", "T2", "T3", "T3", "T4", "T4", "T1", "T1", "T2",
          "T2", "T3", "T3", "T4", "T4", "T1", "T1", "T2", "T2", "T3", "T3", "T4",
          "T4", "T1", "T1", "T2", "T2", "T3", "T3", "T4", "T4")
residue <- c(89, 82, 85, 77, 69, 75, 75, 70, 82, 84, 76, 63, 74, 79, 72, 68,
        61, 64, 58, 57, 64, 69, 61, 63, 68, 71, 56, 65, 61, 59, 55, 51)
dframe <- data.frame(Add = additive, Temp = temp, Resi = residue)
dframe
##     Add   Temp   Resi
## 1   A1    T1     89
## 2   A1    T1     82
## 3   A1    T2     85
## 4   A1    T2     77
```

```
## 5   A1   T3   69
## 6   A1   T3   75
## 7   A1   T4   75
## 8   A1   T4   70
## 9   A2   T1   82
## 10  A2   T1   84
## 11  A2   T2   76
## 12  A2   T2   63
## 13  A2   T3   74
## 14  A2   T3   79
## 15  A2   T4   72
## 16  A2   T4   68
## 17  A3   T1   61
## 18  A3   T1   64
## 19  A3   T2   58
## 20  A3   T2   57
## 21  A3   T3   64
## 22  A3   T3   69
## 23  A3   T4   61
## 24  A3   T4   63
## 25  A4   T1   68
## 26  A4   T1   71
## 27  A4   T2   56
## 28  A4   T2   65
## 29  A4   T3   61
## 30  A4   T3   59
## 31  A4   T4   55
## 32  A4   T4   51
adframe <- ddply(dframe, "Add", summarise, mean_Resi = mean(Resi))
adframe
##    Add mean_Resi
## 1   A1    77.75
## 2   A2    74.75
## 3   A3    62.12
## 4   A4    60.75
ggplot(adframe,aes(x=Add, y=mean_Resi, group=1))+
  geom_line(size=1)+
  geom_point(size=4)+
  theme(
```

```
  axis.title=element_text(size=15,colour="red"),
  axis.text=element_text(size=rel(1.2),colour="blue"))
```

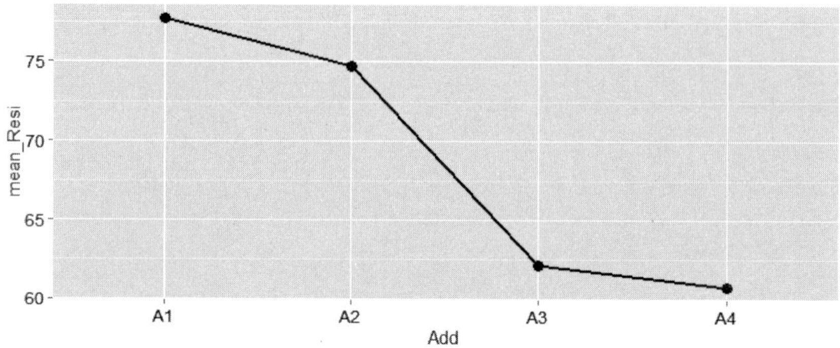

다음 그림은 Temp 변수의 평균을 꺾은선 그래프로 작성한 것이다.

```
tdframe <- ddply(dframe, "Temp", summarise, tmean_Resi = mean(Resi))
tdframe
##    Temp  tmean_Resi
## 1   T1       75.12
## 2   T2       67.12
## 3   T3       68.75
## 4   T4       64.38
ggplot(tdframe,aes(x=Temp, y=tmean_Resi, group=1))+
 geom_line(size=1)+
 geom_point(size=4)+
 theme(
  axis.title=element_text(size=15,colour="red"),
  axis.text=element_text(size=rel(1.2),colour="blue"))
```

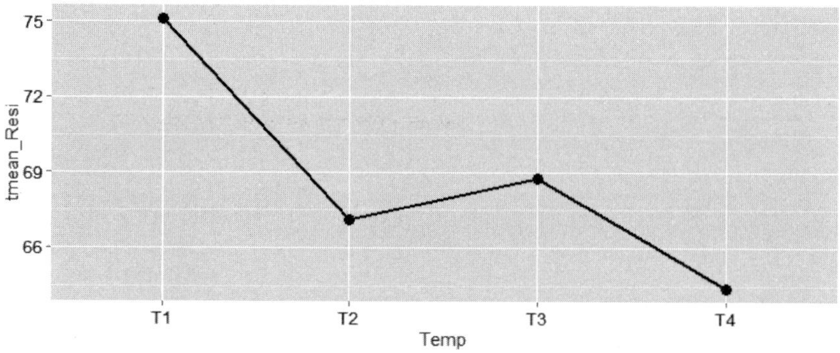

다음 그림은 Add와 Temp 변수의 조합에 대한 평균을 꺾은선 그래프로 작성한 것이다. group=Temp를 대입하여 Temp를 사용해서 변수를 그룹화 하여 선으로 연결하라는 의미이다.

```
atdframe <- ddply(dframe, c("Add", "Temp"), summarise, Atmean_Resi = mean(Resi))
atdframe
##     Add  Temp  Atmean_Resi
## 1   A1   T1    85.5
## 2   A1   T2    81.0
## 3   A1   T3    72.0
## 4   A1   T4    72.5
## 5   A2   T1    83.0
## 6   A2   T2    69.5
## 7   A2   T3    76.5
## 8   A2   T4    70.0
## 9   A3   T1    62.5
## 10  A3   T2    57.5
## 11  A3   T3    66.5
## 12  A3   T4    62.0
## 13  A4   T1    69.5
## 14  A4   T2    60.5
## 15  A4   T3    60.0
## 16  A4   T4    53.0
ggplot(atdframe,aes(x=Add, y=Atmean_Resi,group=Temp,colour=Temp))+
  geom_line(size=1)+
  geom_point(size=4,aes(shape=Temp))+
  theme(
    axis.title=element_text(size=15,colour="red"),
    axis.text=element_text(size=rel(1.2),colour="blue"))
```

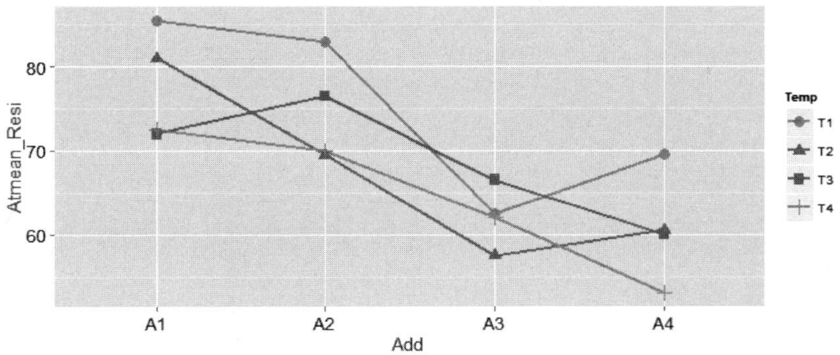

PART 06

자료의 정리 및 요약

PART 06

자료의 정리 및 요약

6.1. 자료의 종류

자료분석 과정을 간단히 요약하면, 자료분석은 주어진 문제를 이해하고, 문제를 해결하기 위해서 자료를 수집하고, 수집된 자료를 도표, 그래프 그리고 수치로 요약/정리하여 탐색하고, 모델을 개발하고, 개발된 모형을 평가한다. 이러한 과정을 통해서 자료에 내포된 정보를 찾아내는 분야가 자료분석이다. 자료에는 범주형 자료와 양적자료로 구분할 수 있다. 범주형 자료는 성별이나, 전공 등과 같이 관측 대상의 특성이 여러 범주로 구분되는 자료이다. 이것은 문자나 숫자로 표현할 수 있다. 이때 숫자는 숫자 고유의 의미를 가지는 것이 아니라 단지 범주를 나타낼 뿐이다, 즉 숫자는 문자와 같은 역할을 한다. R에서는 범주형 자료와 비슷한 의미로 요인(factor)이라는 용어를 사용한다.

양적자료는 측정된 결과를 숫자로 표현하고, 이때 숫자는 고유의 의미를 가진다. 양적인 자료는 셀 수 있는 값으로 관측되는 이산형 자료와 셀 수 없는 값으로 관측되는 연속형 자료로 구분된다. 자료가 범주형인가, 양적자료인가에 따라 분석 방법이 달라진다.

6.2. 도표를 이용한 자료 정리

도표로 자료를 요약하기 위해서 도수분포표와 분할표 등을 이용할 수 있다. 도수분포표는 일변량 자료를 도표로 나타낼 때 사용하고, 분할표는 이변량 자료를 도표로 작성할 때 이용할 수 있다. R에서는 table(), xtabs(), prob.table() 함수 등을 사용하여 도수분포표와 분할표를 작성할 수 있다.

6.2.1. 도수분포표

도수는 자료를 중복되지 않은 몇 개의 범주로 분할하였을 때 각 범주에 속하는 자료의 개수이다. 그리고 상대도수는 각 범주의 도수를 전체 도수로 나눈 값이다. 도수분포표는 각 범주의 도수와 상대도수를 표로 정리한 것이다. 도수분포표에 백분율(상대도수×100)과 누적백분율을 포함할 수도 있다. 자료가 범주형인가, 양적자료인가에 따라 도수분포표를 작성하는 과정이 다르다.

6.2.1.1. 범주형 자료의 도수분포표

범주형 자료의 도수분포표는 각 범주에 속하는 도수와 상대도수를 표로 정리한 것이다.

다음 자료는 확률 및 통계를 수강하는 11명 학생의 성적이다. 여기서 11명 학생 중 남녀의 비율을 알아보기 위해서 성별에 대한 도수분포표를 작성하라.

Sex	Major	Mid	Final	Name
F	math	23	21	OTY
F	com	25	26	BJH
M	math	21	20	NAJ
M	com	25	22	PGY
F	com	29	24	RYJ
M	math	27	26	AJH
F	math	24	23	NOH
M	com	27	26	KHH
F	com	22	21	MDJ
M	com	29	28	KOS
F	math	28	27	PJP

성별은 F, M 두 가지 범주로 분할되어 있다. 따라서 성별에 대한 도수분포표는 다음과 같이 작성할 수 있다.

범주	도수	상대도수	백분율	누적백분율
F	6	0.55	55	55
M	5	0.45	45	100
합계	11	1.0	100	

R 프로그램

위의 자료가 c:/RData/score.csv에 저장 되어있다면, read.csv()를 이용하여 자료를 읽어온다.

table()함수 혹은 xtbas() 함수를 이용해서 각 범주의 도수를 구할 수 있다. xtabs() 함수는 데이터프레임에 대한 도수분포표를 만들 때 주로 사용한다. prop.table()함수를 이용하여 상대도수를 구하고, 상대도수×100 해서 백분율을 구하고, cumsum()함수를 이용해서 누적백분율을 계산한다.

```
score <- read.csv("c://RData//score.csv")                    # 데이터 파일 읽기
score
##      Sex  Major  Mid  Final   Name
## 1    F    math   23   21      OTY
## 2    F    com    25   26      BJH
## 3    M    math   21   20      NAJ
## 4    M    com    25   22      PGY
## 5    F    com    29   24      RYJ
## 6    M    math   27   26      AJH
## 7    F    math   24   23      NOH
## 8    M    com    27   26      KHH
## 9    F    com    22   21      MDJ
## 10   M    com    29   28      KOS
## 11   F    math   28   27      PJP
table_freq <- table(score$Sex)                                 # 도수분포표
table_freq
##
## F M
## 6 5
xtabs_freq <- xtabs(data = score, ~Sex)                        # 도수분포표
xtabs_freq
##  Sex
##   F M
##   6 5
relFreq <- prop.table(xtabs_freq)                              # 상대도수
relFreq
##  Sex
##    F         M
```

```
## 0.5455  0.4545
percent <- relFreq * 100                                    # 백분율
percent
##  Sex
##    F       M
## 54.55  45.45
cum_percent <- cumsum(percent)                              # 누적백분율
cum_percent
##     F       M
## 54.55  100.00
```

6.2.1.2. 양적 자료의 도수분포표

양적자료는 자료가 범주화 되어있지 않기 때문에 인접한 자료를 몇 개의 그룹으로 묶은 후 각 그룹에 속하는 도수와 상대도수를 구하고 이것을 이용하여 도수분포표를 작성한다. 연속형 자료를 몇 개의 그룹으로 묶는 과정을 살펴보자.

❶ 자료의 최솟값과 최댓값을 구한다.

❷ 자료의 개수에 따라 계급의 수를 정한다. 계급의 수를 정하는 방법 중 하나는 스터지 공식(Sturges' rule)을 이용하는 것이다. 스터지 공식은 다음과 같다.
$k=[1+1.322\log_{10}n]$, 여기서 k는 계급의 수, n은 전체도수, [x]는 x보다 큰 정수 중 가장 작은 정수를 나타낸다.

❸ 계급폭을 계산한다. 그 결과를 올림한다.

$$\text{계급폭}=\frac{\text{최댓값}-\text{최솟값}}{\text{계급의 수}}$$

❹ 어떤 관측값도 계급의 경계에 놓이지 않게 첫 번째 계급의 하한을 정한다. 여기에 계급의 폭을 더하여 상한을 구한다. 그리고 같은 방법으로 나머지 계급의 하한과 상한을 구한다.

❺ 각 계급의 도수를 상대도수를 구한다.

위의 자료에서 Mid에 대한 도수분포표를 작성해보자.

❶ 자료의 최솟값=21, 최댓값=29

❷ 스터지 공식을 이용하여 계급의 수를 정한다.
$k=[1+3.322\log_{10}n]=[1+3.322\log_{10}11]=5$

❸ 계급폭을 계산한다.

$$\text{계급폭} = \frac{\text{최댓값} - \text{최솟값}}{\text{계급의 수}} = \frac{29-21}{5} = 1.4 \doteq 2$$

❹ 첫 번째 계급의 하한=21-1×0.5=20.5

첫 번째 계급의 상한=20.5 2=22.5

따라서 각 계급은 다음과 같다.

(20.5, 22,5), (22.5, 24.5), (24.5, 26.5), (26.5, 28.5), (28.5, 30.5)

❺ 각 계급의 도수를 상대도수를 구한다.

Mid의 도수분포표는 다음과 같다.

계급	도수	상대도수	백분율	누적백분율
20.5~22.5	2	0.1818	18.18	18.18
22.5~24.5	2	0.1818	18.18	36.36
24.5~26.5	2	0.1818	18.18	54.55
26.5~28.5	3	0.2727	27.27	81.82
28.5~30.5	2	0.1818	18.18	100
합계	11	1.00	100	

R 프로그램

스터지공식을 이용해서 계급의 수 nbins를 계산하고, 계급너비 bin_width와 첫 번째 계급의 하한과 마지막 계급의 상한을 계산하였다. cut() 함수를 이용하여 각 계급을 구하였다. 그리고 table()함수 혹은 xtbas() 함수를 이용해서 각 범주의 도수를 구할 수 있다. prop.table()함수를 이용하여 상대도수를 구하고, 상대도수×100 해서 백분율을 구하고, cumsum()함수를 이용해서 누적백분율을 계산한다.

```
nbins <- ceiling(1 + 3.322 * log10(11))                           # 계급의 수
nbins
## [1] 5
bin_width <- ceiling((max(score$Mid) - min(score$Mid))/nbins)     # 계급의 너비
bin_width
## [1] 2
first_class_l <- min(score$Mid) - 1 * 0.5                         # 첫 번째 계급의 하한
first_class_l
```

```
## [1] 20.5
last_class_u <- first_class_l + nbins * bin_width                     # 마지막 계급의 상한
last_class_u
## [1] 30.5
qclass <- cut(score$Mid, breaks = seq(first_class_l, last_class_u, bin_width))
qclass
##  [1]  (22.5,24.5] (24.5,26.5] (20.5,22.5] (24.5,26.5] (28.5,30.5]
##  [6]  (26.5,28.5] (22.5,24.5] (26.5,28.5] (20.5,22.5] (28.5,30.5]
## [11] (26.5,28.5]
## Levels: (20.5,22.5] (22.5,24.5] (24.5,26.5] (26.5,28.5] (28.5,30.5]
quan_freq <- xtabs(~qclass, data = score)                             # 각 계급의 도수
quan_freq
## qclass
## (20.5,22.5] (22.5,24.5] (24.5,26.5] (26.5,28.5] (28.5,30.5]
##           2           2           2           3           2
quan_relFreq <- prop.table(quan_freq)                                 # 각 계급의 상대도수
quan_relFreq
## qclass
## (20.5,22.5] (22.5,24.5] (24.5,26.5] (26.5,28.5] (28.5,30.5]
##      0.1818      0.1818      0.1818      0.2727      0.1818
quan_percent <- quan_relFreq * 100                                    # 각 계급의 백분율
quan_percent
## qclass
## (20.5,22.5] (22.5,24.5] (24.5,26.5] (26.5,28.5] (28.5,30.5]
##       18.18       18.18       18.18       27.27       18.18
quan_cum_percent <- cumsum(quan_percent)                              # 누적 백분율
quan_cum_percent
## (20.5,22.5] (22.5,24.5] (24.5,26.5] (26.5,28.5] (28.5,30.5]
##       18.18       36.36       54.55       81.82      100.00
```

6.2.2. 분할표

분할표는 두 범주형 변수의 관측 값을 요약한 표이다. 이것은 두 범주형 변수 간의 관계를 살펴보기 위해서 많이 사용된다.

위의 자료에서 Mid와 Major에 대한 분할표를 작성해보자.

구분		Major		합계
		com	math	
Sex	F	3	3	6
	M	3	2	5
합계		6	5	11

행백분율, 열백분율, 그리고 전체 백분율을 추가 할 수 있다. 행백분율은 각 셀의 도수를 행합계로 나누고 100을 곱한 값이고 열백분율은 각 셀의 도수를 열합계로 나누고 100을 곱한 값이다. 예를 들어 셀(1,1)의 행백분율은 셀(1,1)의 도수를 1행의 합으로 나누고 100을 곱한 값이다. 그리고 셀(1,1)의 열백분율은 셀(1,1)의 도수를 1열의 합으로 나누고 100을 곱한 값이다. 셀(1,1)의 전체 백분율은 셀(1,1)의 도수를 전체 합으로 나누고 100을 곱한 값이다.

위의 분할표에 행백분율, 열백분율, 그리고 전체 백분율을 첨가 해보자.

도수 행백분율 열백분율 전체백분율		Major		합계
		com	math	
Sex	F	3	3	6
		50	50	100
		50	60	
		27.27	27.27	54.54
	M	3	2	5
		60	40	100
		50	40	
		27.27	18.18	45.45
합계		6	5	11
		100	100	
		54.45	45.45	100

R 프로그램

table()함수 혹은 xtbas() 함수를 이용해서 분할표를 작성할 수 있다. addmargins()을 이용해서 행, 열 합계를 계산한다. 여기서 인수 margin에 2를 지정하면 행합계, 1을 지정하면 열합계를 나타낸다. prop.table()함수를 이용하여 행백분율, 열백분율, 그리고 전체백분율을 구할 수 있다. 이때 margin에 1을 지정하면 행백분율, 2를 지정하면 열백분율, 지정하지 않으면 전체백분율을 계산한다.

```
conting_table <- xtabs(~Sex + Major, data = score)
conting_table
##    Major
## Sex com math
##  F  3   3
##  M  3   2
addmargins(conting_table)
##     Major
## Sex   com math Sum
##  F    3   3   6
##  M    3   2  5
##  Sum  6   5 11
rper_conting_table <- prop.table(conting_table, margin = 1) * 100
addmargins(rper_conting_table, margin = 2)
##    Major
## Sex com math Sum
##  F 50  50  100
##  M 60  40  100
cper_conting_table <- prop.table(conting_table, margin = 2) * 100
addmargins(cper_conting_table, margin = 1)
##     Major
## Sex   com math
##  F    50  60
##  M    50  40
##  Sum 100 100
per_conting_table <- prop.table(conting_table) * 100
addmargins(per_conting_table)
##     Major
## Sex     com   math    Sum
##  F    27.27 27.27 54.55
##  M    27.27 18.18 45.45
##  Sum  54.55 45.45 100.00
```

6.3. 그래프를 이용한 자료 정리

6.3.1. 범주형 자료의 요약

6.3.1.1. 막대그래프

막대그래프는 범주형 자료의 도수분포표에서 각 범주의 도수, 상대도수 혹은 백분율을 막대높이로 표시한 그림이다. x축에 범주형 자료의 각 범주를 나타내고 y축에 각 범주의 도수나 상대도수를 나타낸다.

다음 자료는 30명 고객에 대해서 인쇄물 광고에 대한 반응 여부를 조사한 것이다. 반응여부에 대한 막대그래프를 작성해보자.(0-반응, 1-무반응)

Sex	Residence	Age	Response
F	A	23	1
F	A	45	0
M	C	39	1
M	C	35	1
F	B	35	1
M	B	37	0
F	C	53	1
M	A	50	1
F	D	35	1
M	D	34	0
F	D	65	1
F	A	29	0
F	C	48	1
M	B	59	1
M	D	67	0
F	A	60	0
F	B	38	1
M	B	42	0
F	C	46	1
M	C	55	0
M	C	32	1
F	D	36	1

F	D	42	1
M	A	59	1
M	A	67	0
F	B	63	0
F	B	54	1
F	C	32	1
M	C	34	1
F	D	35	1

x축에 Response를 나타내고, y축에 도수나 상대도수 혹은 백분율을 막대높이로 나타낸다. 첫 번째 그림은 도수, 두 번째 그림은 상대도수 그리고 마지막 그림은 백분율을 막대높이로 한 그래프다.

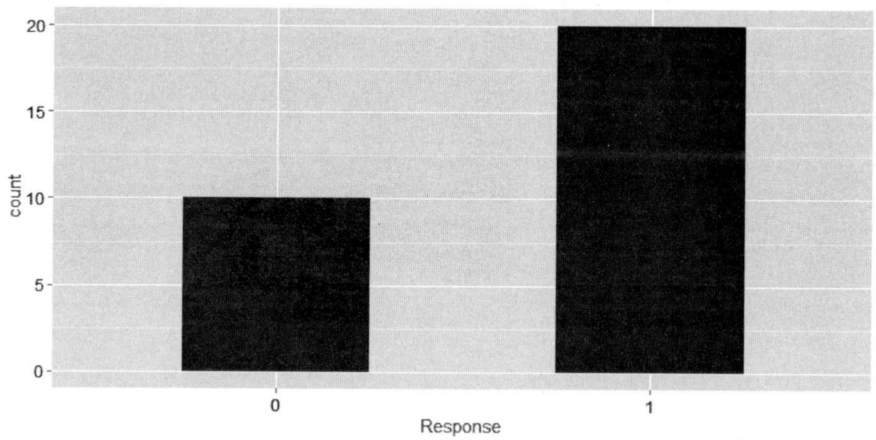

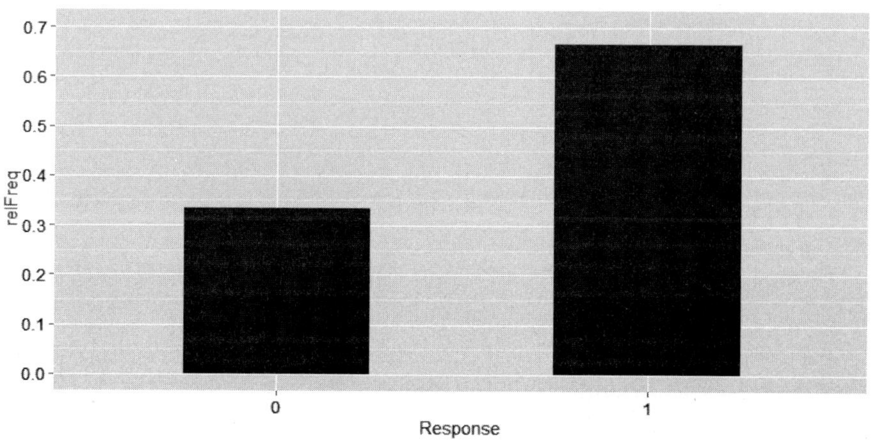

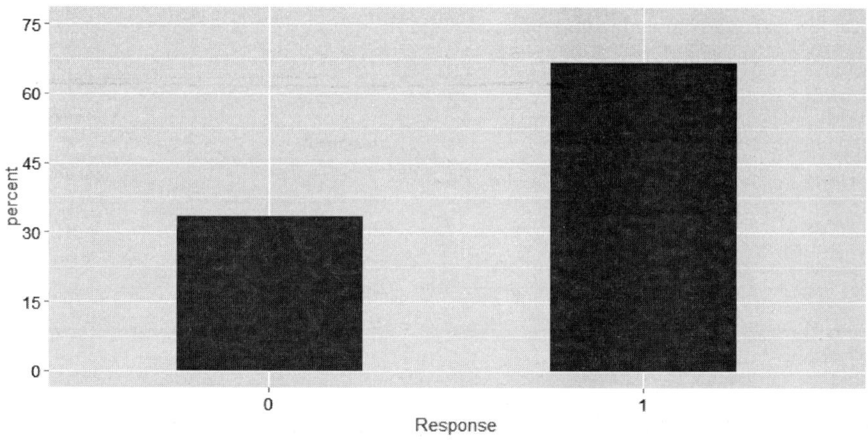

R 프로그램

위의 자료가 c:/RData/response.csv에 저장 되어있다면, read.csv()를 이용하여 자료를 읽어온다. 처음에는 Response 변수의 타입이 숫자로 되어있다. as.factor()를 사용해서 펙터(범주형)로 변형시켰다. 그리고 geom_bar()를 이용해서 막대그래프를 작성한다. 이때 디폴터로 stat="bin"으로 지정된다.

```
response <- read.csv("c://RData//response.csv")
head(response)
##    Sex  Residence  Age   Response
## 1   F      A        23      1
## 2   F      A        45      0
## 3   M      C        39      1
## 4   M      C        35      1
## 5   F      B        35      1
## 6   M      B        37      0
str(response)
## 'data.frame' :   30 obs. of  4 variables:
##  $ Sex       : Factor w/ 2 levels "F","M": 1 1 2 2 1 2 1 2 1 2 ...
##  $ Residence : Factor w/ 4 levels "A","B","C","D": 1 1 3 3 2 2 3 1 4 4 ...
##  $ Age       : int  23 45 39 35 35 37 53 50 35 34 ...
##  $ Response  : int  1 0 1 1 1 0 1 1 1 0 ...
response$Response <- as.factor(response$Response)
str(response)
```

```
## 'data.frame':   30 obs. of  4 variables:
##  $ Sex      : Factor w/ 2 levels "F","M": 1 1 2 2 1 2 1 2 1 2 ...
##  $ Residence: Factor w/ 4 levels "A","B","C","D": 1 1 3 3 2 2 3 1 4 4 ...
##  $ Age      : int  23 45 39 35 35 37 53 50 35 34 ...
##  $ Response : Factor w/ 2 levels "0","1": 2 1 2 2 2 1 2 2 2 1 ...
ggplot(response, aes(x=Response))+
  geom_bar(width=0.5)+
  theme(
    axis.title=element_text(size=15,colour="red"),
    axis.text=element_text(size=rel(1.2),colour="blue"))+
  xlab("Response")
```

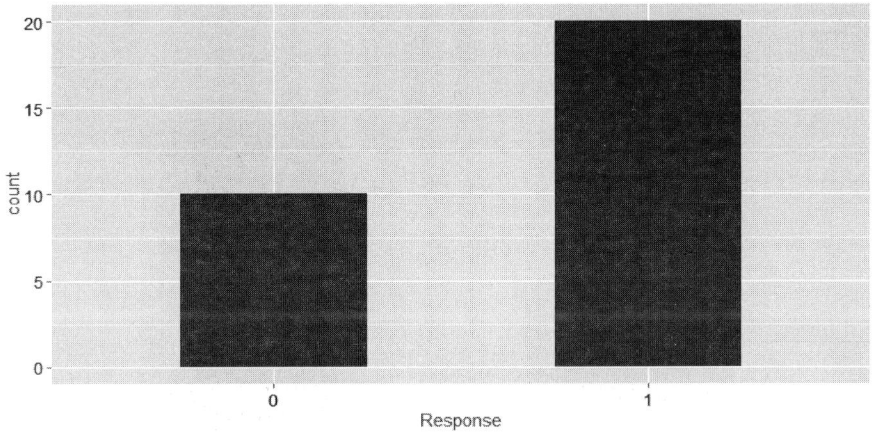

R 프로그램

아래 그림은 막대높이를 상대도수로 표시하기 위해서 prop.table()를 이용해서 상대도수를 구하였다. prop.table()의 실행 결과는 relFreq에 테이블 형식으로 저장되었다. ggplot2()를 이용하기 위해서 as.data.dframe()을 사용하여 relFreq를 데이터 프레임 형식으로 변환해야한다. prop.table()의 실행 결과 값 Freq를 y에 대입한다. 이때 geom_bar()의 stat="identity"로 지정되어야한다.

```
xtabs_freq <- xtabs(~Response, data = response)
xtabs_freq
## Response
##  0  1
## 10 20
```

```
relFreq <- prop.table(xtabs_freq)
drelFreq <- as.data.frame(relFreq)
drelFreq
##   Response    Freq
##        1         0 0.3333
##        2         1 0.6667
ggplot(drelFreq, aes(x=Response, y=Freq))+
 geom_bar(stat="identity", width=0.5)+
 scale_y_continuous(limits=c(0,0.7), breaks=(seq(0,0.7,0.1)))+
 theme(
  axis.title=element_text(size=15,colour="red"),
  axis.text=element_text(size=rel(1.2),colour="blue"))+
 ylab("relFreq")
```

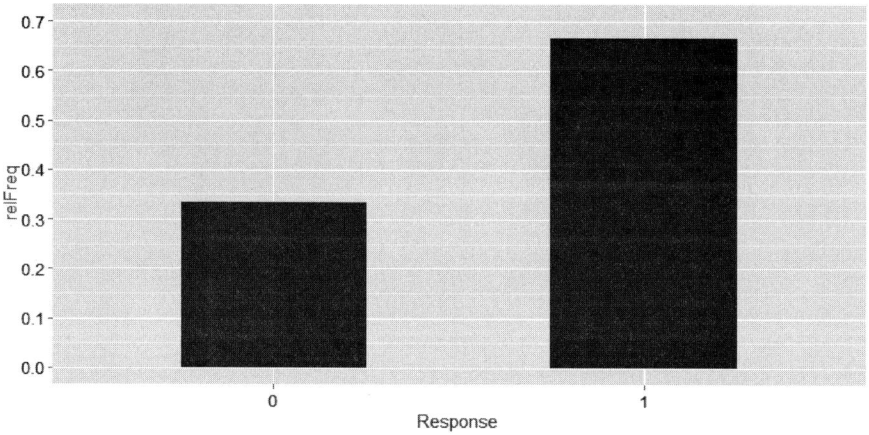

R 프로그램

아래 그림은 막대높이를 백분율로 표시하기 위해서 상대도수×100을 해서 백분율을 계산하여 drelFreq에 새로운 변수 percent로 추가하였다. y에 새로운 변수 percent를 대입한다. 이때 geom_bar()의 stat="identity"로 지정되어야한다.

```
drelFreq$percent <- drelFreq$Freq * 100
drelFreq
##     Response   Freq      percent
## 1      0      0.3333    33.33
## 2      1      0.6667    66.67
```

```
ggplot(drelFreq, aes(x=Response, y=percent))+
 geom_bar(stat="identity", width=0.5)+
 scale_y_continuous(limits=c(0,75), breaks=(seq(0,75,15)))+
 theme(
  axis.title=element_text(size=15,colour="red"),
  axis.text=element_text(size=rel(1.2),colour="blue"))+
 ylab("percent")
```

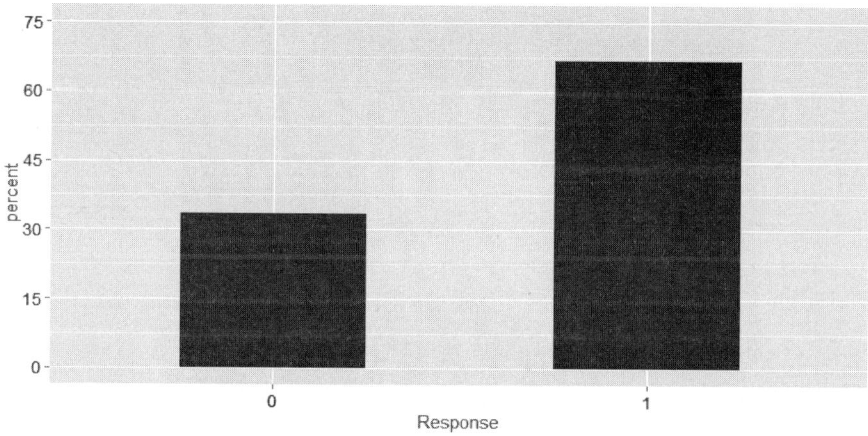

6.3.1.2. 원그래프

원그래프는 범주형 자료의 도수분포표에서 각 범주의 도수, 상대도수 혹은 백분율의 크기에 따라 원을 분할한 것이다. 각 범주의 원조각의 크기를 $360^0 \times$상대도수로 구할 수 있다.

위의 인쇄물 광고 자료에서 Response에 대한 원그래프를 작성해보자. 아래 첫 번째 그림은 원을 30등분(1조각=12^0)해서 10조각(120^0)이 0(반응), 20조각(240^0)이 1(무반응)를 나타낸다. 두 번째 그림은 상대도수 그리고 마지막 그림은 백분율을 부채꼴의 크기로 한 그래프다.

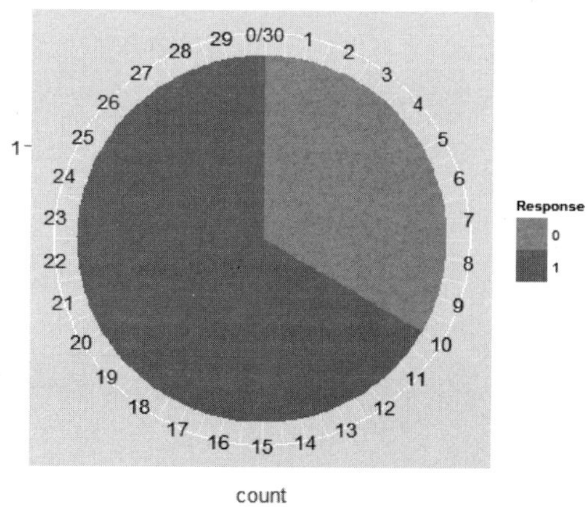

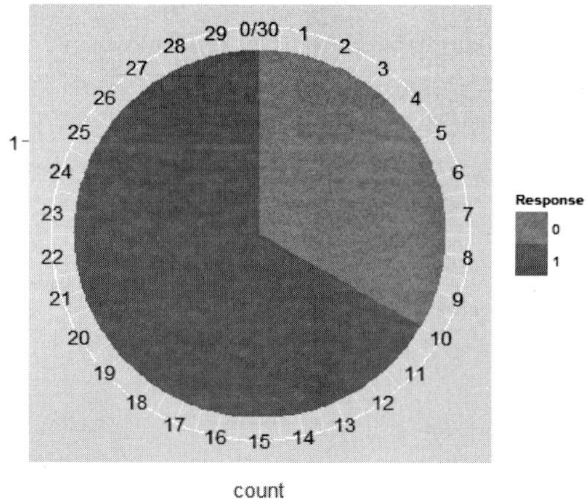
0/30
1
2
3
4
5
6
7
8
9
10
11
12
13
14
15
16
17
18
19
20
21
22
23
24
25
26
27
28
29
1
Response
0
1
count

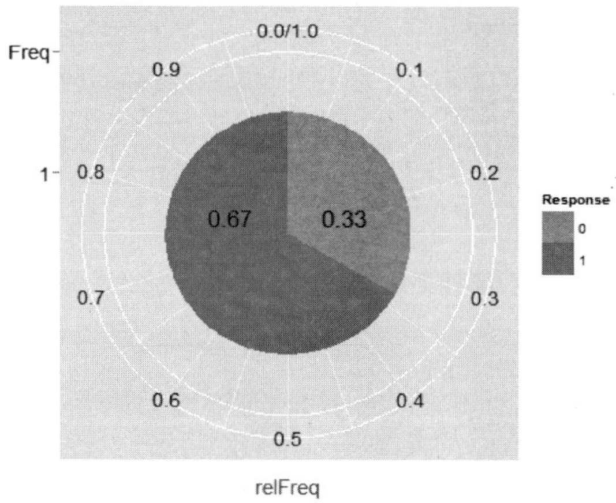
Freq
1
0.0/1.0
0.1
0.2
0.3
0.4
0.5
0.6
0.7
0.8
0.9
0.67
0.33
Response
0
1
relFreq

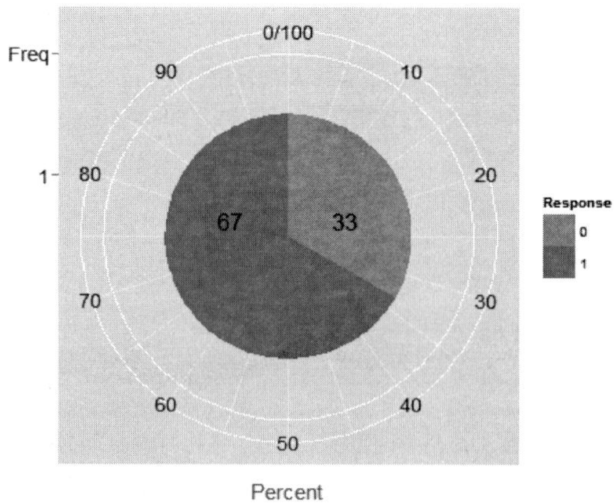
Freq
1
0/100
10
20
30
40
50
60
70
80
90
67
33
Response
0
1
Percent

R 프로그램

geom_bar()+coord_polar()을 이용해서 원그래프를 작성한다.

```
ggplot(response, aes(x=factor(1), fill=Response))+
 geom_bar(width=1)+
 coord_polar(theta = "y")+
 scale_y_continuous(breaks=seq(0,30,1))+
 theme(
  axis.title=element_text(size=15,colour="red"),
  axis.text=element_text(size=rel(1.2),colour="blue"),
  axis.title.y=element_blank())
```

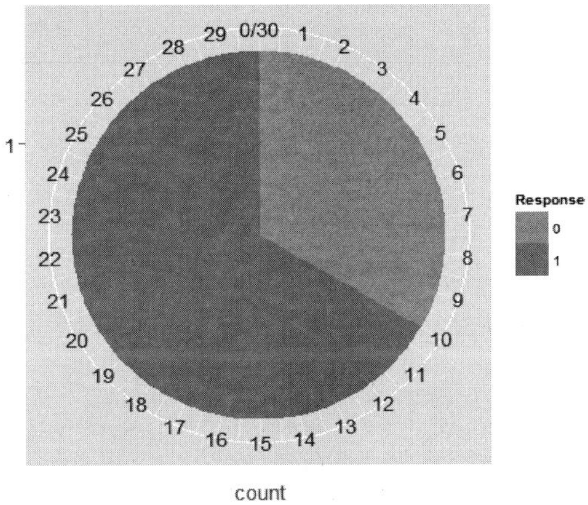


```
xtabs_freq <- xtabs(~Response, data=response)
relFreq <- prop.table(xtabs_freq)
drelFreq <- as.data.frame(relFreq)
ggplot(drelFreq, aes(x=factor(1),fill=Response, y=Freq))+
 geom_bar(width=1, stat="identity")+
 coord_polar(theta="y")+
 scale_y_continuous(breaks=seq(0,1,0.1))+
 theme(
  axis.title=element_text(size=15,colour="red"),
  axis.text=element_text(size=rel(1.2),colour="blue"),
  axis.title.y=element_blank())+
 annotate("text", x="Freq", y=c(0.45,0.55),
          label=c("0.33","0.67"), vjust=-10, size=6)+
 ylab("relFreq")
```

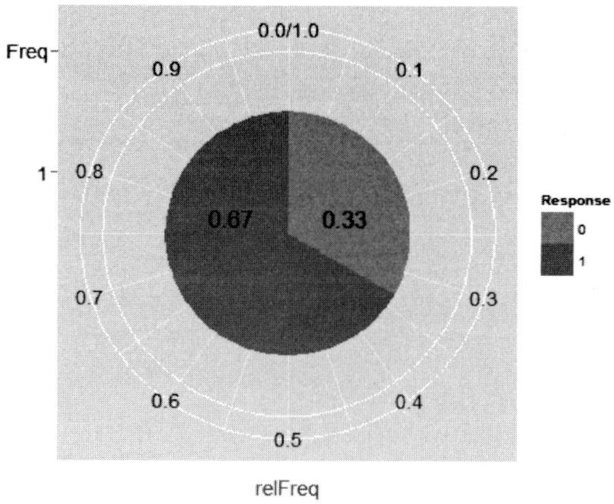


```
drelFreq$percent <- drelFreq$Freq * 100
ggplot(drelFreq, aes(x=factor(1),fill=Response, y=percent))+
  geom_bar(width=1, stat="identity")+
  coord_polar(theta="y")+
  scale_y_continuous(limits=c(0,100),breaks=seq(0,100,10))+
  theme(
    axis.title=element_text(size=15,colour="red"),
    axis.text=element_text(size=rel(1.2),colour="blue"),
    axis.title.y=element_blank())+
  annotate("text", x="Freq", y=c(45,55),
              label=c("33","67"), vjust=-10, size=6)+
  ylab("Percent")
```

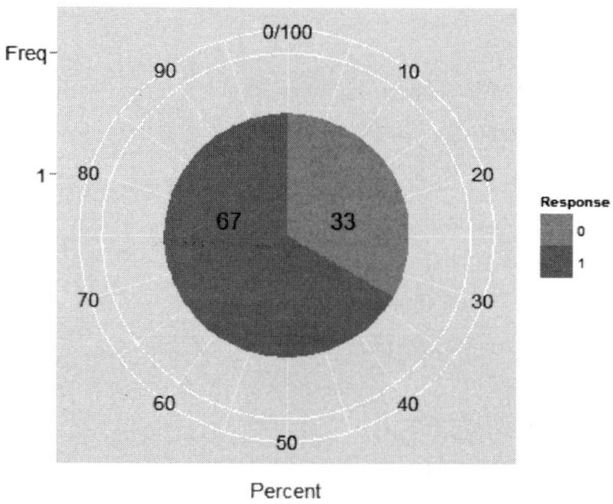

6.3.1.3. 점도표

점도표는 개별적인 자료 값을 수평선상에 점으로 나타낸 그래프이다. x축에 범주형 자료의 각 범주를 나타내고 각 범주에 속하는 도수만큼 점을 쌓는다.

섹션 6.2.1.1의 확률 및 통계 성적 자료에서 Major에 대한 점도표를 작성해보자. x축에 Major를 대입하고, Major의 각 범주에 해당하는 도수만큼 점을 쌓아서 그래프를 작성한다. Major에 대한 점도표에서 점 기둥이 막대그래프의 막대 역할을 한다. 즉 점의 개수가 각 범주의 도수를 나타낸다.

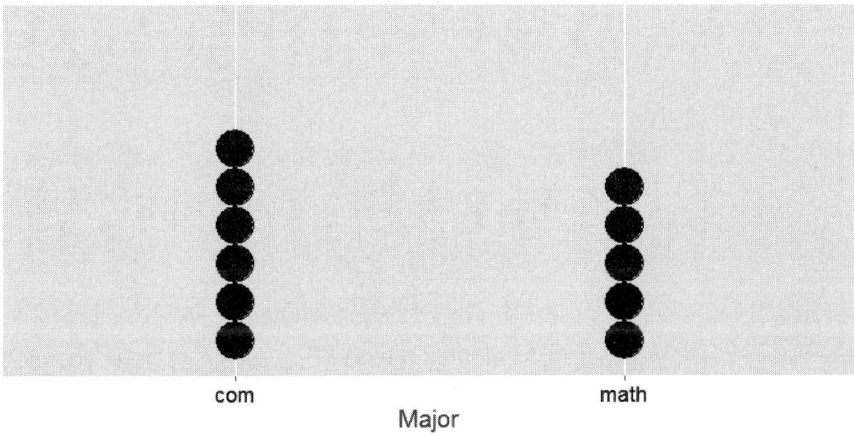

R 프로그램

geom_dotplot()을 이용해서 점도표를 작성한다. scale_y_continuous()와 axis.title.y는 y축을 제거하기 위해 사용되었다.

```
ggplot(score, aes(x=Major))+
  geom_dotplot(dotsize=3)+
  scale_y_continuous(breaks=NULL)+
  theme(
    axis.title.y=element_blank(),
    axis.title=element_text(size=20,colour="red"),
    axis.text=element_text(size=rel(1.5),colour="blue"))
```

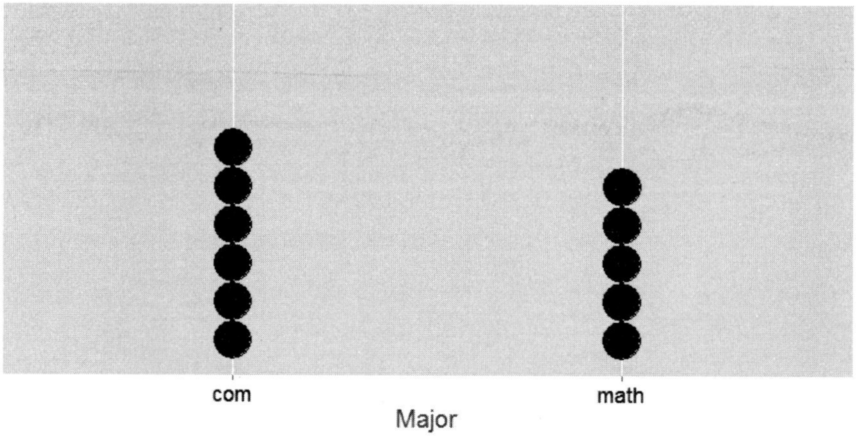

6.3.1.4. 누적막대그래프

누적막대그래프는 범주형 자료의 도수분포표에서 각 범주의 도수를 막대로 쌓아서 작성한 그림이다. 이것은 원그래프의 원 조각을 막대로 누적해서 나타낸 것과 같다.

섹션 6.3.1.1의 인쇄물 광고 설문 자료에서 Residence에 대한 누적막대그래프를 작성해보자. 30명 중 A 지역 7명을 막대로 표시하고 그 위에 누적해서 B 지역 7명, C 지역 9명, 그리고 D 지역 7명을 쌓아서 그래프를 작성하였다.

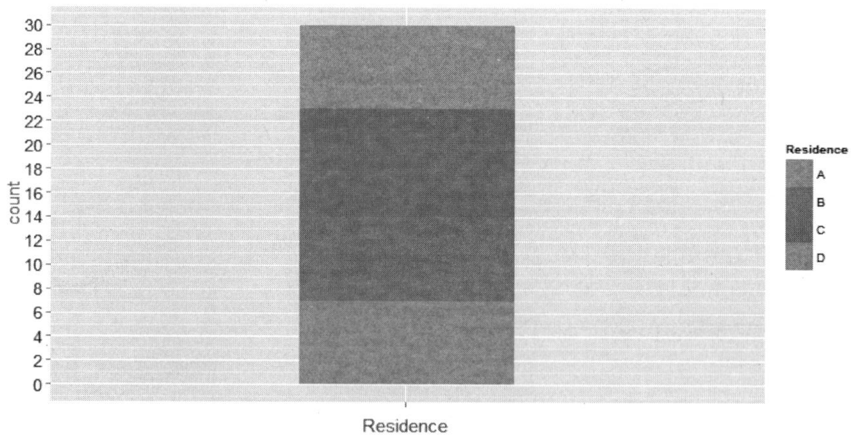

R 프로그램

geom_bar()를 이용해서 누적막대그래프를 작성한다. 한 개의 집단만을 대상으로 막대그래프를 작성하기 위해 x에 factor(1)을 대입하였다.

```
ggplot(response, aes(x=factor(1), fill=Residence))+
  geom_bar(width=0.3)+
  scale_y_continuous(breaks=seq(0,30,2))+
  theme(
    axis.title=element_text(size=15,colour="red"),
    axis.text=element_text(size=rel(1.2),colour="blue"),
    axis.text.x=element_blank())+
  xlab("Residence")
```

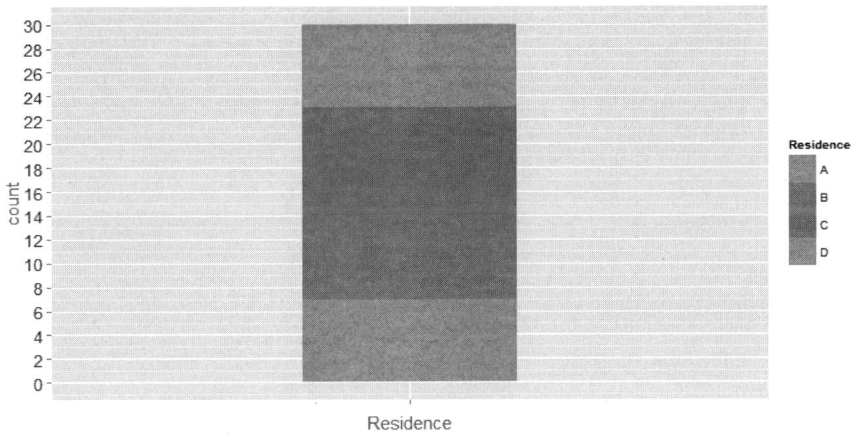

6.3.1.5. 비율누적막대그래프

비율누적막대그래프는 범주형 자료의 도수분포표에서 각 범주의 상대도수 혹은 백분율을 막대로 쌓아서 작성한 그림이다. 이때 막대의 총 높이는 항상 1 혹은 100이다. 이것은 원그래프의 원 조각을 막대로 누적해서 나타낸 것과 같다. 이 그래프는 두 범주형 변수의 관계를 파악하기 위해서 많이 이용된다.

섹션 6.3.1.1의 인쇄물 광고 설문 자료에서 Residence에 대한 비율누적막대그래프를 작성해보자. 총 30명의 응답자 중에 A 지역에 23%, B 지역에 23%, C지역에 30%, 그리고 D 지역에 23%가 거주하고 있다.

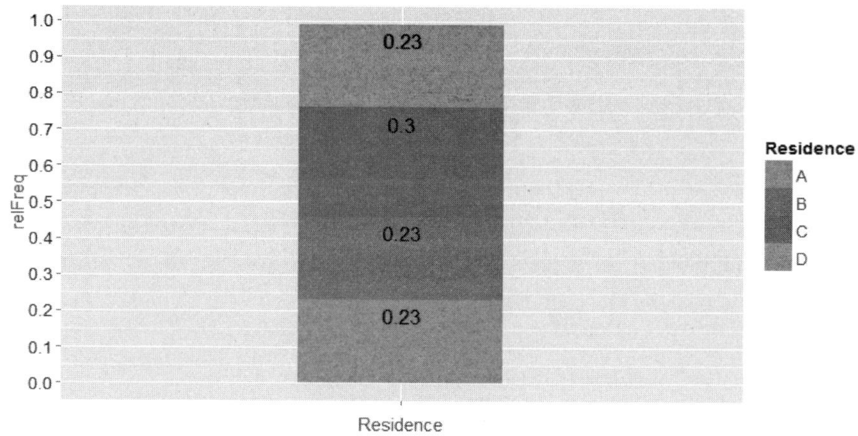

R 프로그램

geom_bar()를 이용해서 비율누적막대그래프를 작성한다. y축에 상대도수를 대입하기 위해서 상대도수를 계산하고, 데이터프레임 drelFreq를 만들었다. 그래프에 라벨을 추가하기 위해서 상대도수의 누적합을 구하였다. 그리고 geom_text를 이용하여 그래프에 라벨을 표기하였다. 마지막으로 xlab()와 ylab()를 사용해서 축 이름을 변경하였다.

```
xtabs_freq <- xtabs(~Residence, data=response)
relFreq <- prop.table(xtabs_freq)
drelFreq <- as.data.frame(relFreq)
drelFreq$Freq <- round(drelFreq$Freq,digits=2)
drelFreq$cumsum <- cumsum(drelFreq$Freq)
drelFreq
ggplot(drelFreq, aes(x=factor(1),fill=Residence, y=Freq))+
 geom_bar(width=0.3, stat="identity")+
 scale_y_continuous(breaks=seq(0,1,0.1))+
 theme(
  axis.title=element_text(size=15,colour="red"),
  axis.text=element_text(size=rel(1.2),colour="blue"),
  axis.text.x=element_blank(),
  legend.title=element_text(colour="blue", size=rel(1.2)),
  legend.text=element_text(colour="red",size=rel(1.2)))+
 geom_text(aes(y=cumsum, label=Freq), vjust=1.5, colour="black", size=6 )+
 xlab("Residence")+
 ylab("relFreq")
```

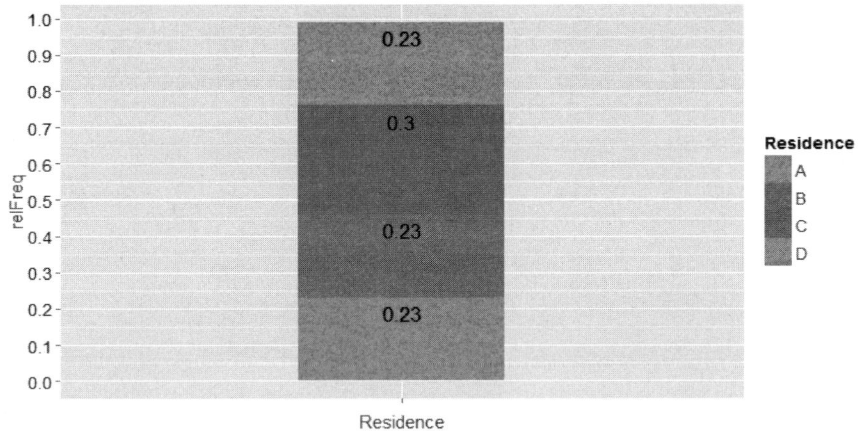

섹션 6.3.1.1의 인쇄물 광고 설문 자료에서 두 변수 Sex와 Response에 대한 비율누적막대그래프를 작성해보자.

먼저 Sex와 Response에 대한 분할표를 작성한다.

도수 행백분율		Response		합계
		0	1	
Sex	F	4	13	17
		25.53	76.47	100
	M	6	7	13
		46.15	53.85	100
합계		10	20	30

x 축에 Sex를 나타내고 Response로 막대를 채운다. 즉 분할표에서 각 셀의 행백분율의 크기에 비례하게 막대를 누적해서 쌓는다. 이 그래프를 통해서 여자들에 비해서 남자들이 광고에 반응을 더 많이 했다는 것을 알 수 있다. 여성의 막대와 남성의 막대가 가지는 패턴이 좀 다르게 나타났다. 따라서 광고에 대한 반응여부는 성별에 따라 좀 차이가 있다고 추측 할 수 있다.

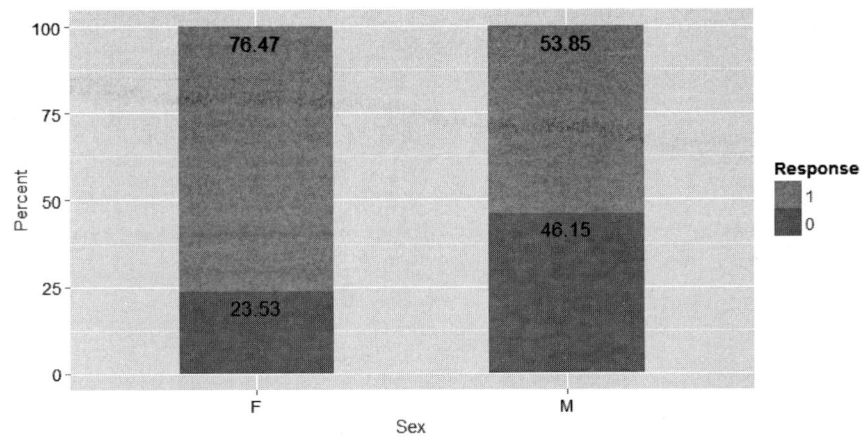

R 프로그램

geom_bar()를 이용해서 비율누적막대그래프를 작성한다. y축에 백분율을 대입하기 위해서 백분율을 계산하고, 데이터프레임 drper_conting_table를 만들었다. 그래프에 라벨을 추가하기 위해서 백분율의 누적합을 구하였다. 누적합을 구하기 위해서 자료가 정렬이 되어 있어야한다. order()를 사용해서 (Sex, Response)을 기준으로 자료를 정렬하였다. scale_fill_discrete(limits=c("1","0"))는 범례의 형태를 막대와 일치시키기 위해서 사용하였다.

```
conting_table <- xtabs(~Sex + Response, data = response)
conting_table
##      Response
## Sex  0  1
##   F   4  13
##   M  6  7
rper_conting_table <- round((prop.table(conting_table,margin=1 )*100), digits=2)
rper_conting_table
##      Response
## Sex     0       1
##   F  23.53   76.47
##   M  46.15   53.85
drper_conting_table <- as.data.frame(rper_conting_table)
drper_conting_table
##    Sex  Response   Freq
## 1    F       0       23.53
```

```
## 2    M    0    46.15
## 3    F    1    76.47
## 4    M    1    53.85
order_Sex_Response <- drper_conting_table[with(drper_conting_table, order(Sex,
                Response)), ]
order_Sex_Response
##    Sex  Response   Freq
## 1   F     0       23.53
## 3   F     1       76.47
## 2   M     0       46.15
## 4   M     1       53.85
cumSum_Freq <- ddply(order_Sex_Response,"Sex",transform,Cum =cumsum(Freq))
cumSum_Freq
#     Sex  Response   Freq     Cum
## 1  F       0       23.53    23.53
## 2  F       1       76.47   100.00
## 3  M       0       46.15    46.15
## 4  M       1       53.85   100.00
ggplot(cumSum_Freq, aes(x=Sex, y=Freq, fill=Response))+
 geom_bar(stat="identity", width=0.5)+
 scale_fill_discrete(limits=c("1","0"))+
 theme(
  axis.title=element_text(size=15,colour="red"),
  axis.text=element_text(size=rel(1.2),colour="blue"),
  legend.title=element_text(colour="blue", size=rel(1.2)),
  legend.text=element_text(colour="red",size=rel(1.2)))+
 geom_text(aes(y=Cum, label=Freq), vjust=1.5, colour="black", size=6 )+
 ylab("Percent")
```

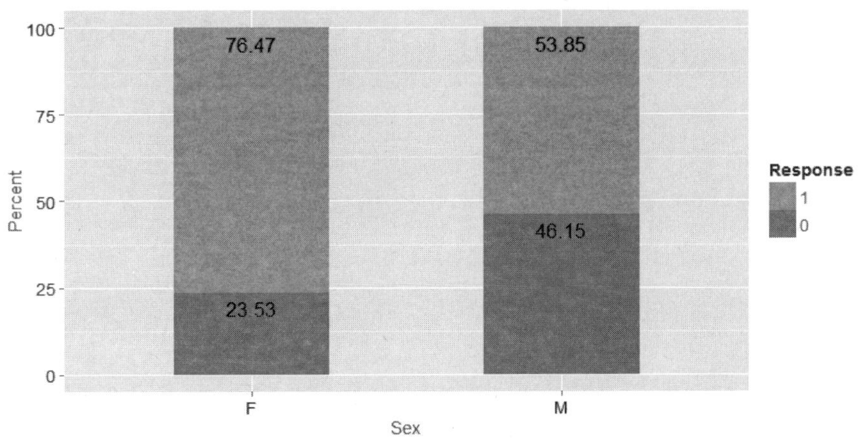

6.3.1.6. 군집막대그래프

군집막대그래프는 범주형 자료의 도수분포표에서 각 범주의 도수나 상대도수 혹은 백분율의 크기를 막대로 옆으로 겹쳐서 나타낸 그림이다. 이 그래프는 두 범주형 변수의 관계를 파악하기 위해서 많이 이용된다.

섹션 6.3.1.1의 인쇄물 광고 설문 자료에서 Sex와 Residence에 대한 군집막대그래프를 작성해보자. 먼저 Sex와 Residence에 대한 분할표를 작성한다. x축에 Sex를 나타내고 Residence로 막대를 채운다. 즉 분할표에서 각 셀의 행백분율을 옆으로 겹쳐서 막대로 나타낸다. 이 그래프를 통해서 응답자 중에 여자들은 D 지역에, 남자들은 C지역에 거주하는 사람이 많다는 것을 파악할 수 있다.

도수 행백분율		Residence A	B	C	D	합계
Sex	F	4	4	4	5	17
		23.53	23.53	23.53	29.41	100
	M	3	3	5	2	13
		23.08	23.08	38.46	15.38	100
합계		7	7	9	7	30

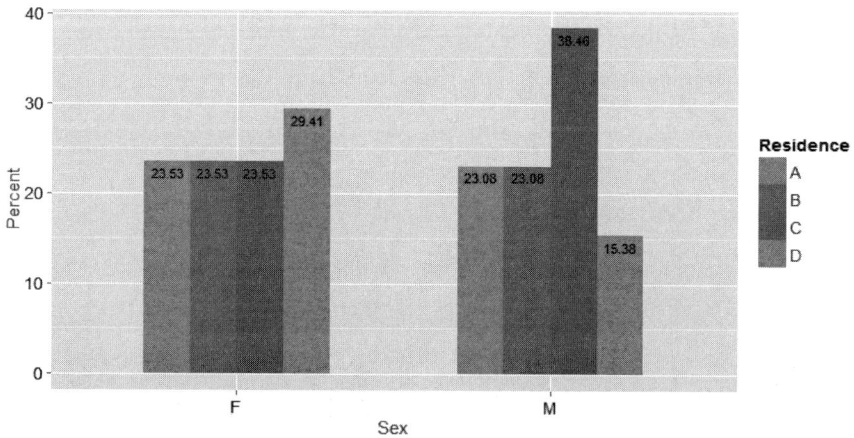

R 프로그램

geom_bar()를 이용해서 군집막대그래프를 작성한다. y축에 백분율을 대입하기 위해서 백분율을 계산하고, 데이터프레임 drper_conting_table를 만들었다. 막대를 옆으로 겹치게 하기 위해서 position="dodge"를 사용하였다. geom_text()를 이용해서 그래프에 라벨을 추가하면서, position=position_dodge()를 지정하고 막대 간 거리를 숫자로 지정하였다.

```
conting_table <- xtabs(~Sex + Residence, data = response)
rper_conting_table <- round((prop.table(conting_table,margin=1 )*100), digits=2)
drper_conting_table <- as.data.frame(rper_conting_table)
ggplot(drper_conting_table, aes(x=Sex, y=Freq, fill=Residence,ymax=max(y)))+
 geom_bar(stat="identity",width=0.6, position="dodge")+
 scale_y_continuous(limits=c(0,40),breaks=seq(0,40,5))+
 theme(
  axis.title=element_text(size=15,colour="red"),
  axis.text=element_text(size=rel(1.2),colour="blue"),
  legend.title=element_text(colour="blue", size=rel(1.2)),
  legend.text=element_text(colour="red",size=rel(1.2)))+
 geom_text(aes(label=Freq),vjust=1.5,size=4,hjust=0.5,position=position_dodge(0.6))+
 ylab("Percent")
```

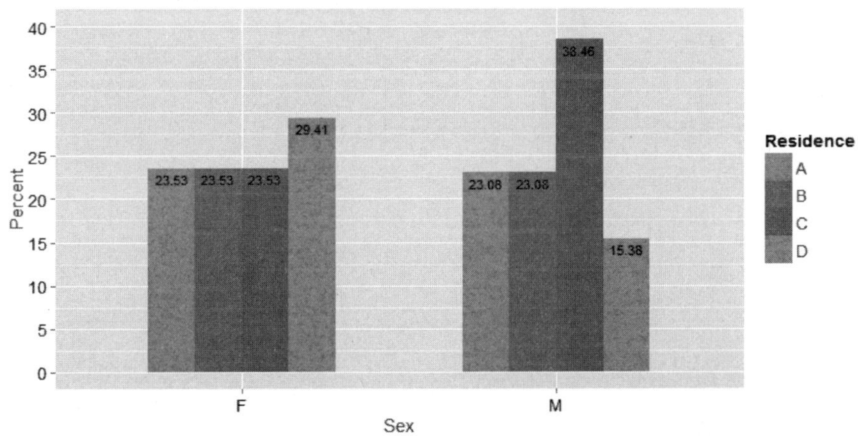

6.3.1.7. 모자이크 그림

모자이크 그림(mosaic plot)은 분할표에서 각 셀의 도수, 혹은 백분율의 크기에 비례하여 사각형을 분할하여 작성한 그림이다. 변수를 입력한 순서대로 사각형을 도수의 크기에 비례해서 분할한다. 즉 첫 번째 변수의 크기에 비례하게 사각형을 분할하고, 그 다음 두 번째 변수, 세 번째 변수 등에 의해서 분할된다.

섹션 6.3.1.1의 인쇄물 광고 설문 자료에서 Response에 대한 모자이크 그림을 작성해보자. 먼저 Response에 대한 도수분포표를 작성한다.

Response	도수	상대도수	백분율	누적백분율
0	10	0.33	33	33
1	20	0.67	67	100
합계	30	1.0	100.00	

각 범주의 크기에 비례하여 사각형을 분할하여 모자이크 그림을 작성한다. 반응을 하지 않은 사람이 더 많다는 사실을 알 수 있다.

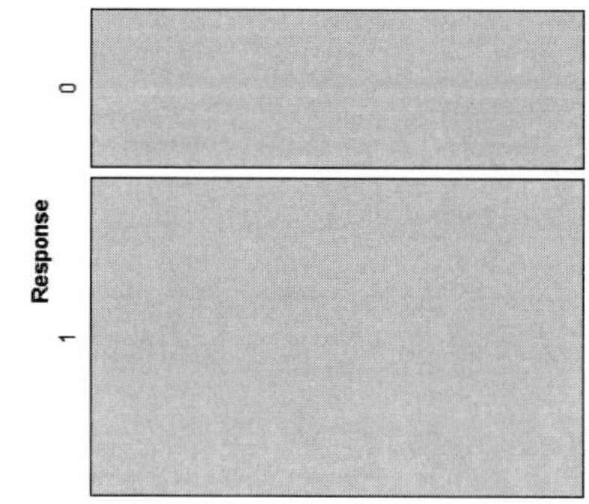

R 프로그램

mosaic{vcd}를 이용해서 모자이크그림을 작성한다. mosaic를 사용하기 위해서 팩키지 vcd를 먼저 설치해야한다.

```
install.packages("vcd")
library("vcd")
mosaic(~Response+Residence, data=response)
```

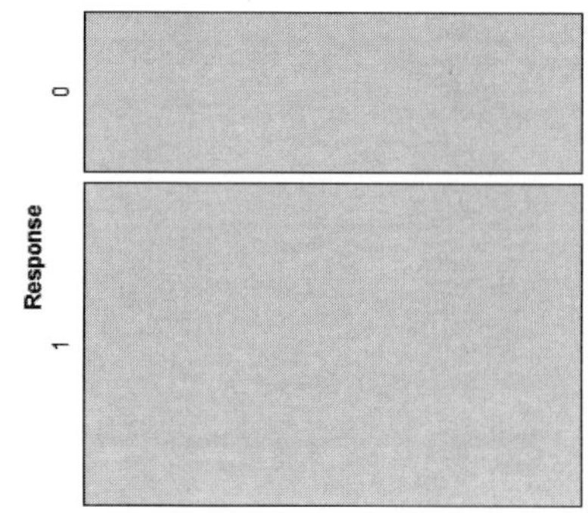

섹션 6.3.1.1의 인쇄물 광고 설문 자료에서 Response와 Sex에 대한 모자이크 그림을 작성해보자. 먼저 Response와 Sex 대한 도수분포표를 작성한다. 그리고 모자이크 그림을 작성하기 위해 먼저 Response의 각 범주의 도수 크기에 비례하여 사각형을 분할하고, 그 다음 0와 1의 사각형을 Sex의 각 범주의 크기에 비례해서 분할한다.

도수 / 행백분율		Sex F	Sex M	합계
Response	0	4	6	10
		40	60	100
	1	13	7	20
		65	35	100
합계		17	13	30

아래 그림에서 광고에 반응 하지 않은 사람이 반응한 사람보다 많고, 반응하지 않은 사람 중 F가 M 보다 많고, 반응자 중에는 M이 F보다 더 많다는 것을 파악할 수 있다.

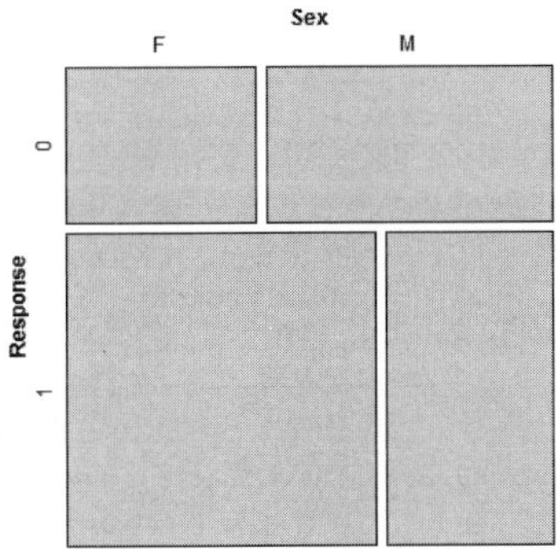

R 프로그램

```
mosaic(~Response+Sex, data=response)
```

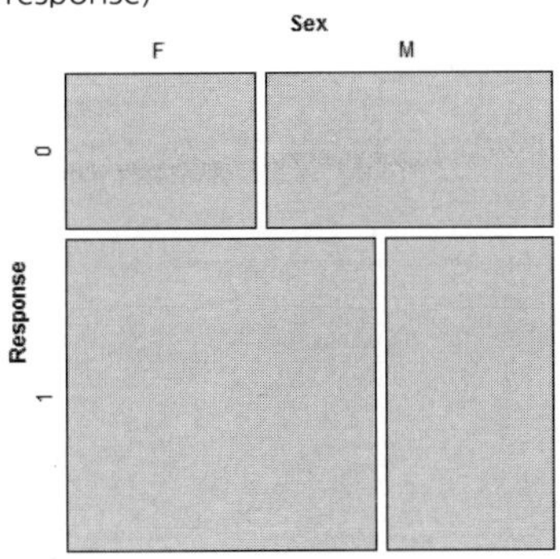

섹션 6.3.1.1의 인쇄물 광고 설문 자료에서 Response와 Sex 그리고 Residence에 대한 모자이크 그림을 작성해보자. 먼저 Residence를 기준으로 Response와 Sex에 대한 도수분포표를 작성한다.

Residence = A

도수		Sex		합계
행백분율		F	M	
Response	0	3	1	4
		75	25	100
	1	1	2	3
		33.33	66.67	100
합계				7

Residence = B

도수		Sex		합계
행백분율		F	M	
Response	0	1	2	3
		33.33	66.67	100
	1	3	1	4
		75	25	100
합계		4	3	7

Residence = C

도수		Sex		합계
행백분율		F	M	
Response	0	0	1	1
		0	100	100
	1	4	4	8
		50	50	100
합계		4	5	9

Residence = D

도수		Sex		합계
행백분율		F	M	
Response	0	0	2	2
		0	100	100
	1	5	0	5
		100	0	100
합계		5	2	7

모자이크 그림을 작성하기 위해 먼저 Response의 각 범주의 도수 크기에 비례하여 사각형을 분할하고, 그 다음 0와 1의 사각형을 Sex의 각 범주의 크기에 비례해서 분할한다. 마지막으로 (0, F), (0, M), (1, F), (1, M)의 사각형을 Residence의 각 범주의 크기에 비례해서 분할한다.

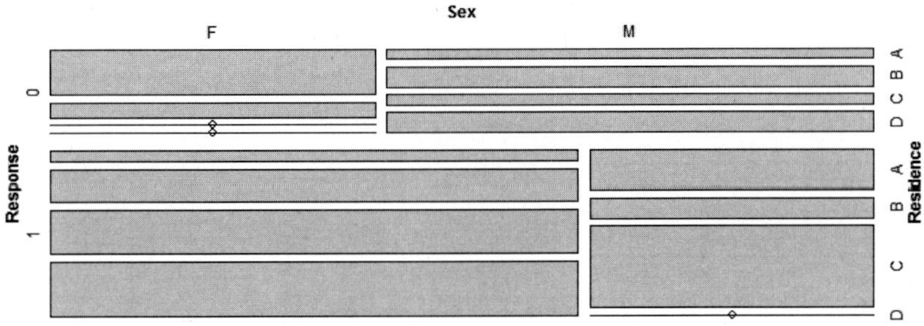

위 그림에서 반응자가 반응하지 않은 사람보다 적고, 반응자 중에는 남자가 여자보다 많으며, 반응한 남자 중에는 B, D지역에 거주하는 사람이 많다. 반응한 여자 중에는 A지역 거주자가 많고, C, D 지역 거주자는 없다. 반면에 반응하지 않은 여자 중에는 D지역 거주자가 가장 많으며, 반응하지 않은 남자 중에는 C 지역 거주자가 많고, D 지역 거주자는 없다 것을 알 수 있다.

R 프로그램

```
mosaic(~Response+Sex+Residence, data=response)
```

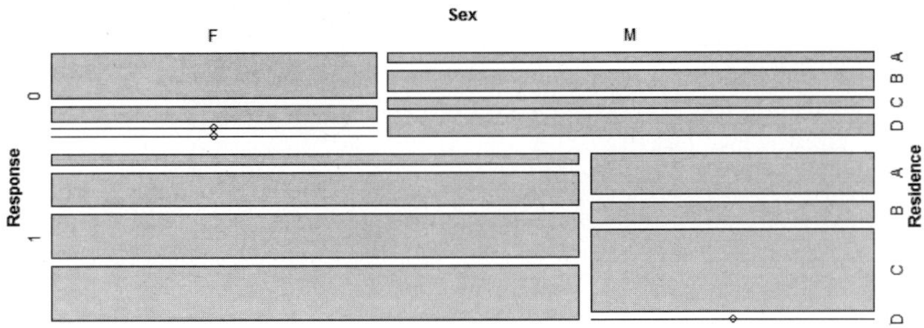

6.3.2. 양적 자료의 요약

6.3.2.1. 히스토그램

히스토그램은 연속형 자료의 도수분포표에서 각 계급의 도수, 상대도수 혹은 백분율을 막대의 넓이로 표현한 그래프이다. 이때 막대의 높이는 계급의 상대도수 밀도(=계급의 상대도수/계급간격)를 나타낸다. 각 계급의 너비가 등간격일 경우는 막대높이와 넓이가 같기 때문에 막대 높이가 도수나 상대도수 혹은 백분율이 된다. 히스토그램을 이용하면 자료의 분포를 요약할 수 있다.

섹션 6.2.1.1의 확률 및 통계 성적 자료에서 Final에 대한 히스토그램을 작성해보자.

❶ 막대(bin)의 수를 결정한다. 스터지 공식을 이용한다.

$k = [1 + 3.322\log_{10}n] = [1 + 3.322\log_{10}11] = 5$

❷ bin의 너비를 계산한다.

$$bin\text{의 너비} = \frac{\text{최댓값} - \text{최솟값}}{\text{계급의 수}} = \frac{28-20}{5} = 1.6 \doteq 2$$

❸ 첫 번째 bin의 하한 = 20- 1×0.5= 19.5

첫 번째 bin의 상한 = 19.5 +2 =21.5. 따라서 각 bin은 다음과 같다.

(19.5, 21,5), (21.5, 23.5), (23.5, 25.5), (25.5, 26.5), (26.5, 28.5)

❹ 각 bin의 도수를 이용해서 히스토그램을 작성한다. (x축-Final, y축-도수)

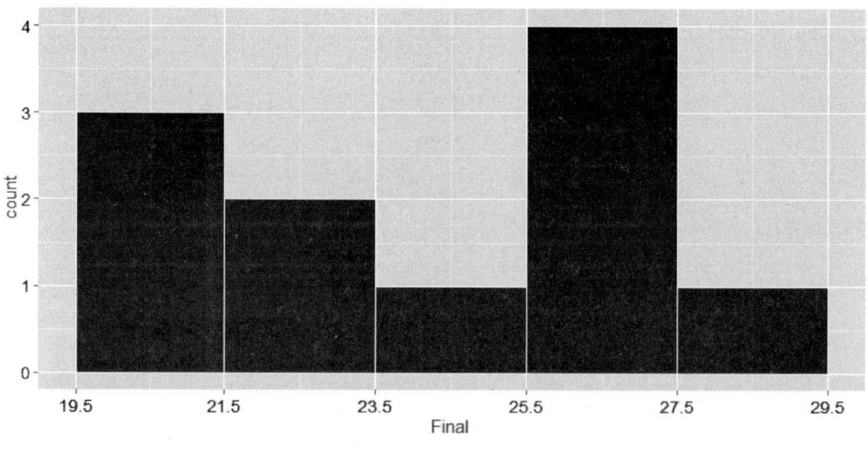

다음 그림은 계급의 상대도수 밀도를 이용하여 히스토그램을 작성하였다. 첫 번째 빈의 상대도수 밀도=(상대도수/2 = 0.2727/2=0.136)이다. 여기서 상대도수는 빈의 넓이이다.

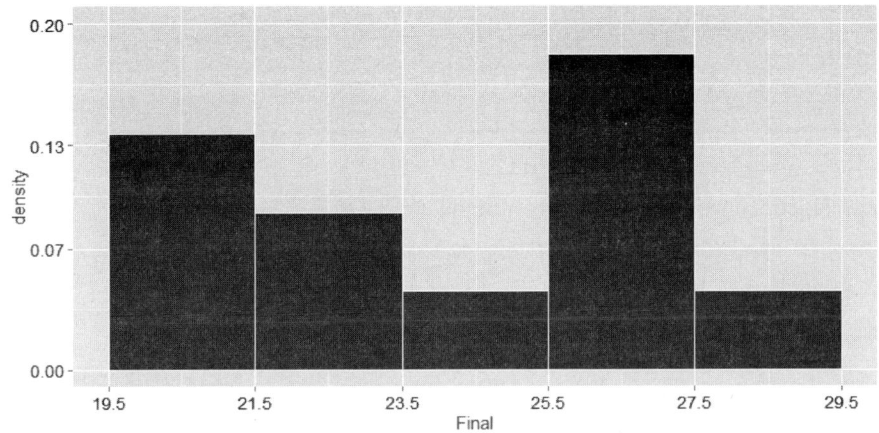

R 프로그램

geom_histogram()을 이용해서 히스토그램을 작성한다.

```
nbins <- ceiling(1 + 3.322 * log10(11))
bin_width <- ceiling((max(score$Final) - min(score$Final))/nbins)
first_bin_l <- min(score$Final) - 1 * 0.5
last_bin_u <- first_bin_l + nbins * bin_width
ggplot(score, aes(x=Final))+
  geom_histogram(binwidth=bin_width, origin=first_bin_l, colour="white")+
  scale_x_continuous(limits=c(first_bin_l,last_bin_u),breaks=seq(first_bin_l,last_bin_u,
                    bin_width))+
  theme(
    axis.title=element_text(size=15,colour="red"),
    axis.text=element_text(size=rel(1.2),colour="blue"))
```

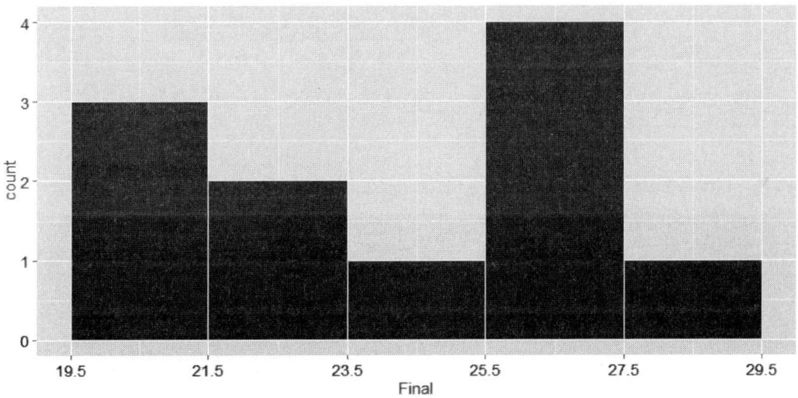

R 프로그램

다음 그림은 계급의 상대도수 밀도(..density..)를 이용하여 히스토그램을 작성하였다.

```
ggplot(score, aes(x=Final,y=..density..))+
 geom_histogram(binwidth=bin_width,origin=first_bin_l,colour="white")+
 scale_x_continuous(limits=c(first_bin_l,last_bin_u),breaks=seq(first_bin_l,last_bin_u,
                  bin_width))+
 scale_y_continuous(limits=c(0,0.20),breaks=round(seq(0,0.20,length.out=4),digits=2))+
 theme(
  axis.title=element_text(size=15,colour="red"),
  axis.text=element_text(size=rel(1.2),colour="blue"))
```

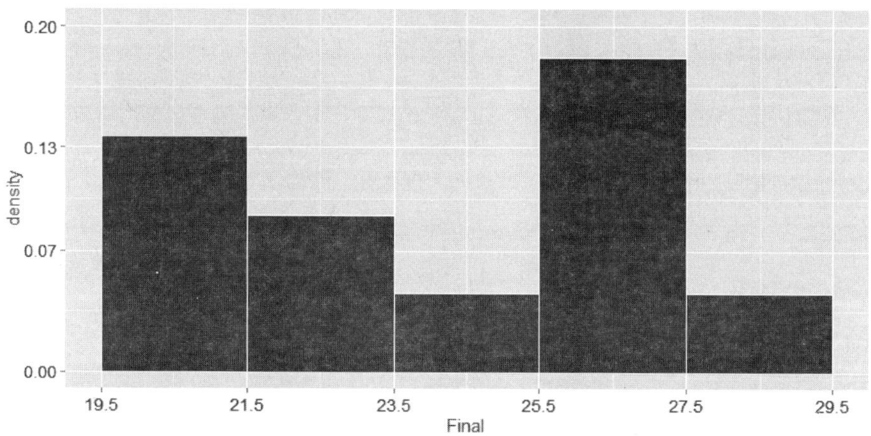

6.3.2.2. 점도표

점도표는 개별적인 자료 값을 수평선상에 점으로 나타낸 그래프이다. 히스토그램과 만찬가지로 자료의 분포를 요약하기 위해 많이 사용된다.

섹션 6.2.1.1의 확률 및 통계 성적 자료에서 Final에 대한 점도표를 작성해보자. 수평선상에 자료 값을 나타낼 눈금을 표시한다. 그리고 수평선상에 자료 값과 대응되는 위치에 점을 표시한다. 겹치는 값이 있으면 점을 계속 쌓아올린다.

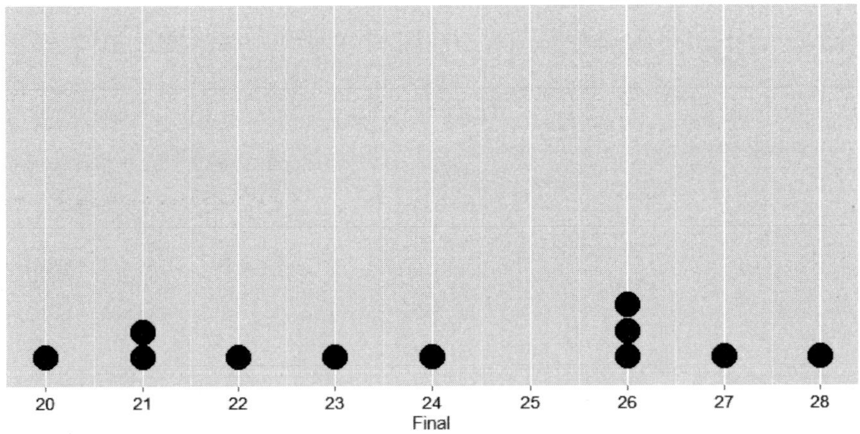

R 프로그램

geom_dotplot()을 이용해서 점도표를 작성한다. scale_y_continuous()와 axis.title.y는 y축을 제거하기 위해 사용되었다.

```
ggplot(score, aes(x=Final))+
  geom_dotplot(dotsize=1)+
  scale_y_continuous(breaks=NULL)+
  scale_x_continuous(limits=c(20,28), breaks=seq(20,28,1))+
  theme(
    axis.title.y=element_blank(),
    axis.title=element_text(size=15,colour="red"),
    axis.text=element_text(size=rel(1.2),colour="blue"))
```

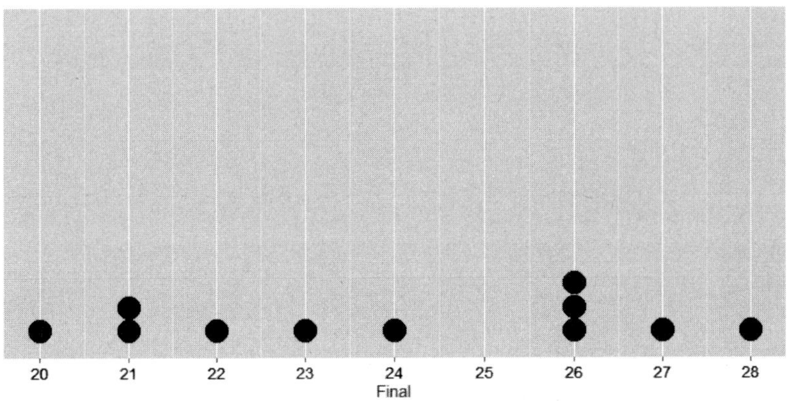

다음 그림은 N(0,1)에서 5,000개의 임의 표본을 추출하여 그 자료를 이용해서 점도표를 작성한 것이다. 이 그림을 통해서 5000개의 자료에 대한 분포를 요약 할 수 있다.

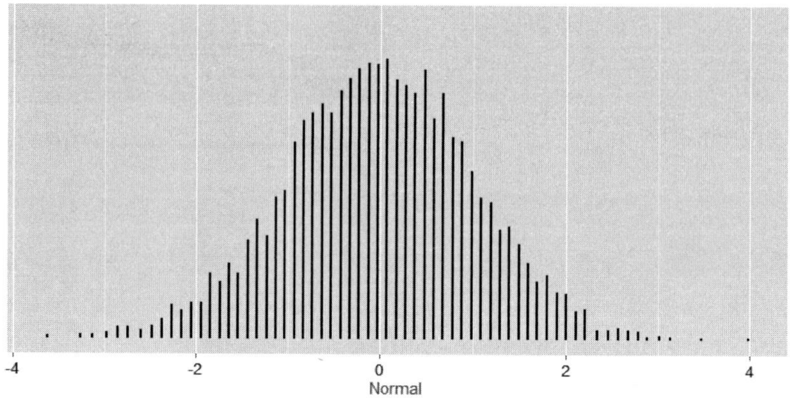

R 프로그램

점도표에서도 히스토그램과 마찬가지로 binwidth를 이용하여 bin의 너비를 조절할 수 있다. 기본은 범위/30이다(빈의 수=30개). 아래 그림은 76개의 빈을 이용해서 그린 그림이다.

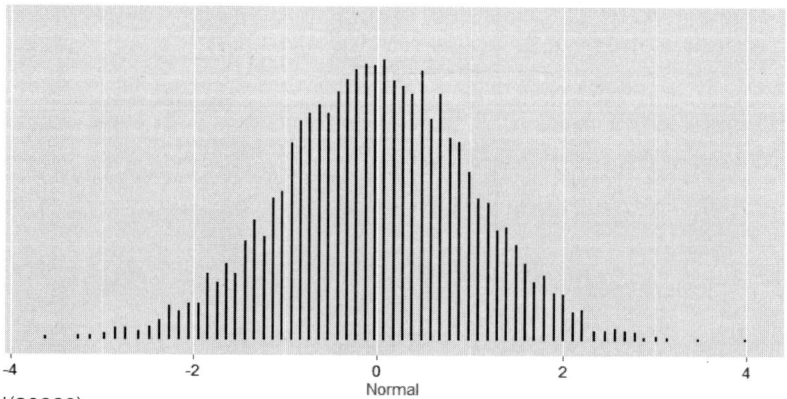


```
set.seed(80989)
rnor <- rnorm(5000, 0, 1)
dframe <- data.frame(Normal = rnor)
head(dframe)
ggplot(dframe, aes(x=Normal))+
  geom_dotplot(binwidth=0.1,dotsize=0.15)+
  scale_y_continuous(breaks=NULL)+
```

```
theme(
  axis.title.y=element_blank(),
  axis.title=element_text(size=15,colour="red"),
  axis.text=element_text(size=rel(1.2),colour="blue"))
```

6.3.2.3. 줄기와 잎 그림

줄기와 잎 그림은 자료 값을 줄기와 잎 두 부분으로 분할하여 줄기를 크기순서대로 나열하고 해당 줄기에 잎을 나열해서 작성한 그림이다. 이것은 원자료 값을 그대로 복원 할 수 있다. 줄기와 잎 그림을 작성하는 절차는 다음과 같다.

1. 자료 값의 자리 수를 고려하여 자료 값을 줄기와 잎으로 분리한다. 이때 높은 자리에 있는 숫자를 줄기 나머지 숫자를 잎으로 한다.
2. 줄기를 크기순서에 따라 수직으로 나열한다.
3. 각 줄기에 해당하는 잎을 줄기 오른 쪽에 크기 순서대로 나열한다.
4. 수직선을 이용하여 줄기와 잎을 구분한다,
5. 줄기와 잎의 단위를 지정해준다.
6. 줄기의 수는 줄기에 붙어 있는 잎의 수에 따라 2개 혹은 5개로 조정할 수 있다.

다음 자료를 이용하여 줄기와 잎 그림을 작성해보자.

44	48	50	52	52	52	53	54	54	55	56	58	58	57	62	63	65	66	70	75

십 자리를 줄기, 일자리를 잎으로 한다. 줄기를 크기 순서대로 나열하고, 잎을 해당 줄기에 크기 순서대로 나열한다. 그리고 잎의 단위를 표시한다.

```
The decimal point is 1 digit(s) to the right of the |
  4 | 48
  5 | 022234456788
  6 | 2356
  7 | 05
```

다음 그림은 각 줄기를 두 개로 늘려서 작성한 그림이다. 이때 아래 줄기에는 (0~4)의 잎을 나열하고, 윗 줄기에는 (5~9)의 잎을 나열한다.

```
The decimal point is 1 digit(s) to the right of the |
  4 | 4
  4 | 8
  5 | 0222344
  5 | 56788
  6 | 23
  6 | 56
  7 | 0
  7 | 5
```

R 프로그램

stem()을 이용해서 줄기와 잎그림을 작성한다. 인수 scale는 각 줄기의 수를 지정한다.

```
stem_leaf <- c(44, 48, 50, 52, 52, 52, 53, 54, 54, 55, 56, 58, 58, 57, 62, 63,
               65, 66, 70, 75)
stem(stem_leaf)
##  The decimal point is 1 digit(s) to the right of the |
##  4 | 48
##  5 | 022234456788
##  6 | 2356
##  7 | 05
stem(stem_leaf, scale = 2)
##  The decimal point is 1 digit(s) to the right of the |
##  4 | 4
##  4 | 8
##  5 | 0222344
##  5 | 56788
##  6 | 23
##  6 | 56
##  7 | 0
##  7 | 5
```

6.3.3. 이변량 양적 자료의 요약

6.3.3.1. 산점도

이변량 양적자료는 측정대상에 대해 두 가지 특성을 양적 변수로 측정한 것이다. 이 두 변수 사이의 관계를 분석하기 위해서 산점도 분석을 많이 이용하고 있다. 두 양적 변수 X, Y가 쌍으로 n개 관측되었을 때, 관측된 n개의 자료를 $(x_1, y_1),(x_2,y_2)$, $\cdots$ (x_n, y_n)로 나타내자. 산점도는 xy-좌표상에 n개의 자료를 점으로 나타낸 것이다. 산점도에 나타난 점들이 가지는 경향을 분석하여 두 변수사이의 관계를 예측할 수 있다.

다음 자료는 33명의 키와 몸무게에 대한 자료이다. 키와 몸무게의 관계를 조사하기 위해서 키와 몸무게에 대한 산점도를 작성해보자. (c:/RData/body.csv에 저장되어 있다면)

Sex	height	weight	Sex	height	weight
M	168.4	50.8	M	168.4	53.1
M	153.6	43.1	F	155.7	50.8
F	163.3	40.8	F	142.2	40.1
M	157.4	45.3	M	143.5	40.1
F	152.4	51.7	M	160	50.1
M	168.9	44.4	M	156.9	53.5
F	149.8	50.8	M	172.2	50.8
F	163.3	51.4	F	159.5	46.5
M	168.9	50.8	F	141.7	43.3
F	145.6	45.8	M	163.8	44.4
M	149.7	42.7	M	168.9	50.5
M	167.6	47.6	M	159.5	42.6
F	153.6	47.6	M	149.8	44.4
M	149.8	45.1	F	165.8	53.5
F	162.5	50.5	M	144.7	42.1
F	158.2	45.1	F	151.8	52.1
F	155.7	40.5			

x축에 키, y축에 몸무게를 대입하고, (168.4, 50.8) 좌표상에 점을 찍는다. 나머지 자료에 대해서도 각 좌표상에 점을 찍는다. 키와 몸무게가 강하지는 않지만 서로 비례한다는 것을 볼 수 있다.

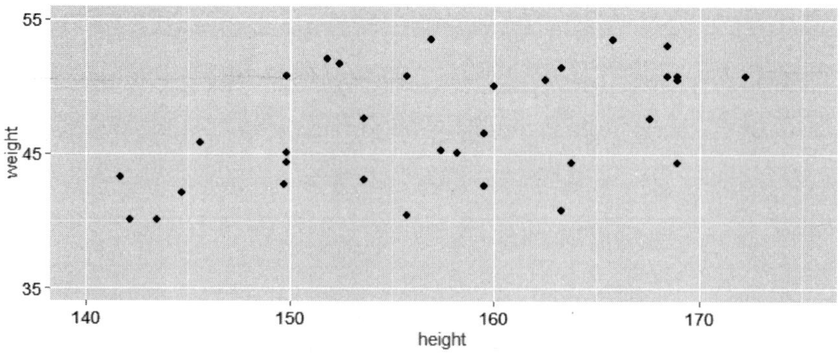

R 프로그램

geom_point()를 이용해서 산점도를 작성한다.

```
Body <- read.csv("c://RData//body.csv")
ggplot(Body,aes(x=height, y=weight))+
 geom_point(size=3)+
 scale_x_continuous(limits=c(140,175),breaks=seq(140,175,10))+
 scale_y_continuous(limits=c(35,55),breaks=seq(35,55,10))+
 theme(
  axis.title=element_text(size=15,colour="red"),
  axis.text=element_text(size=rel(1.2),colour="blue"))
```

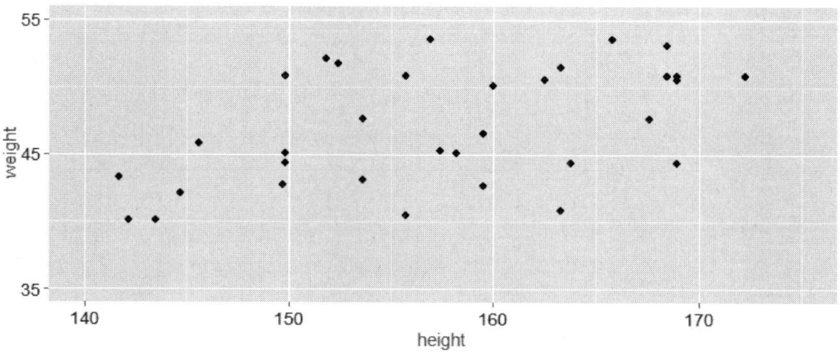

산점도에서 점들이 퍼져있는 경향이 양의 방향으로 선형이면 두 변수는 양의 선형관계가 있다. 혹은 양의 상관관계가 있다고 한다. 선형관계의 강도는 점들이 퍼져있는 경향을 근사적으로 나타낼 수 있는 직선을 산점도에 나타낼 수 있다. 점들이 이 직선 주위에 가까이 있을수록 상관관계가 강하다. 그림 (a)는 (b)보다 점들이 양의 방향으로 직선 주위에 더 가까이 모여 있 있기 때문에 (a)가 (b)보다 양의 선형관계가 더 강하다. 그림 (c)는 (d)보다 점들이 음의 방향으로 더 가까이 있기 때문에 (c)가 (d)보다 음의 선형관계가 더 강하다. (e) x 값의 변화에 따라 y 값의 변화가 거의 없기 때문에 두 변수는 선형관계 즉 상관관계가 없다. 마지막으로 (f)는 선형관계는 없지만, 두 변수가 아무런 관계가 없는 것은 아니다. (예, 곡선관계는 있을 수 있다.)

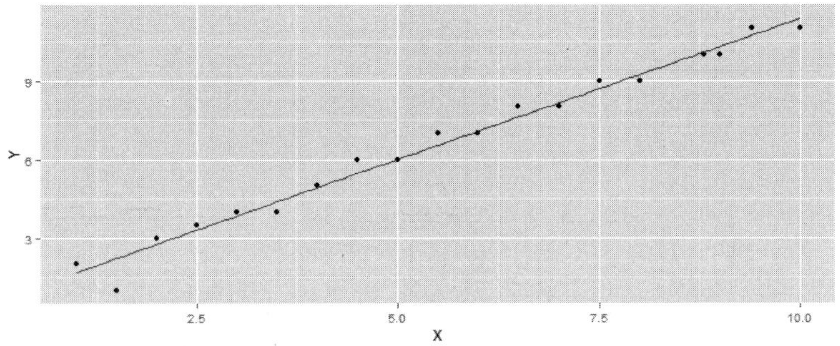

(a) 강한 양의 상관

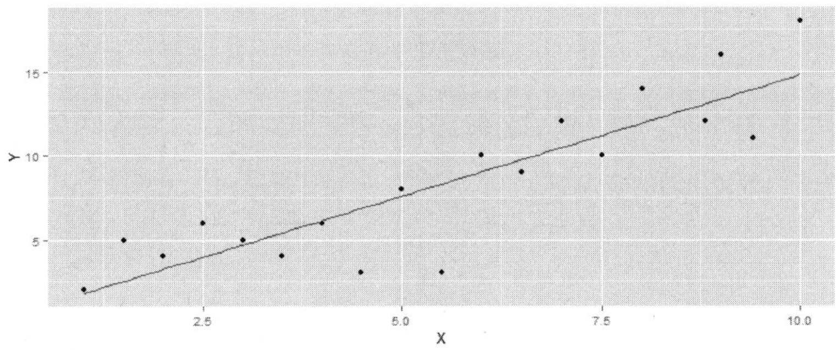

(b) 약한 양의 상관

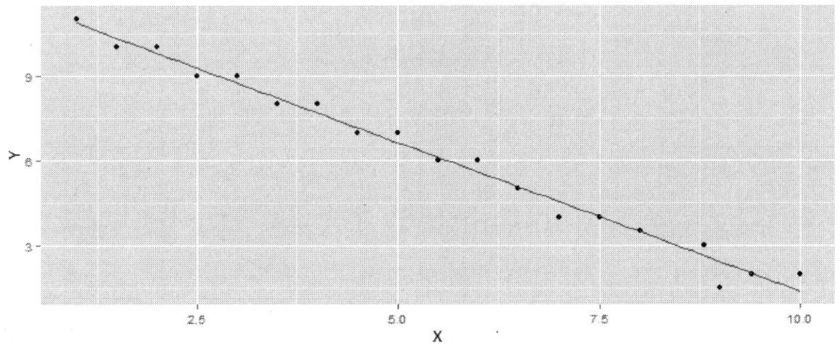

(c) 강한 음의 상관

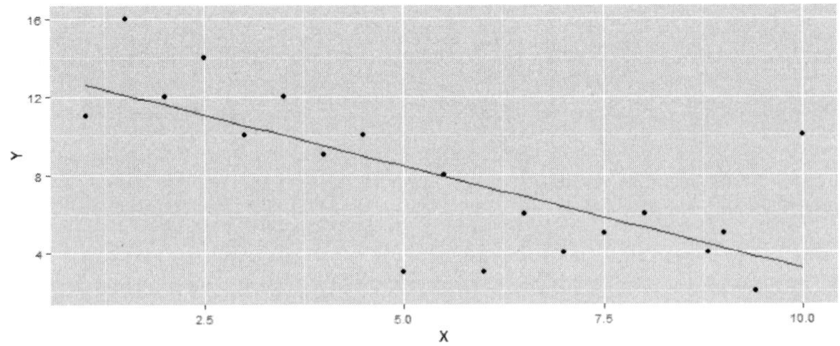

(d) 약한 음의 상관

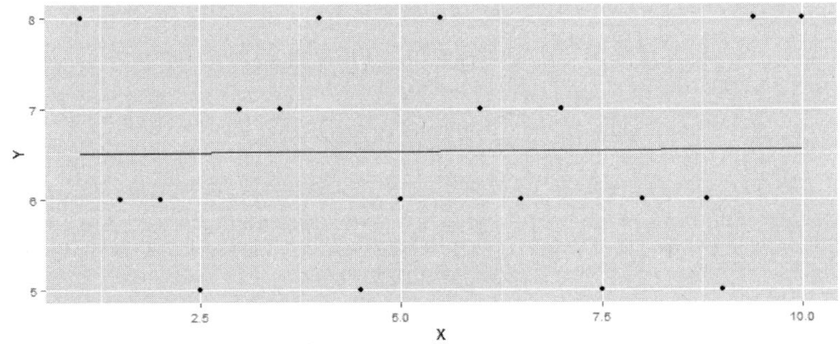

(e) 상관관계 없음

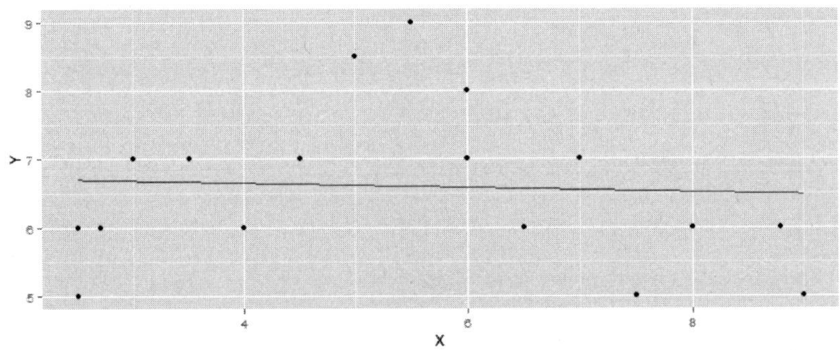

(f) 곡선관계

]

6.3.3.2. 상관계수

상관계수는 두 양적 변수 사이의 선형관계의 정도를 나타내는 수치 측도이다. 상관계수는 -1과 1사이의 값을 가진다. 상관계수가 1에 가까울수록 양의 상관이 강하고, -1에 가까운 값을 가질수록 음의 상관이 강하다. 그리고 0에 가까운 값을 가지면 선형관계의 강도가 떨어진다. 상관계수는 두 변수 사이의 선형관계를 측정하는 측도이기 때문에 상관계수가 0인 경우는 두 변수 사이에 선형관계가 없다는 의미이다. 두 변수 사이에 선형이 아닌 다른 어떤 관계가 있을 수 있다. 두 양적 변수 X, Y가 쌍으로 n개 관측되었을 때, 관측된 n개의 자료를 $(x_1, y_1), (x_2, y_2), \cdots, (x_n, y_n)$이라 하면 표본상관계수는 다음과 같이 계산할 수 있다. 표본상관계수는 두 변수의 표준점수의 곱의 합을 (n-1)로 나눈 값으로 정의된다.

$$r = \frac{1}{n-1}\sum_{i=1}^{n}\left(\frac{x_i - \overline{x}}{s_x}\right)\left(\frac{y_i - \overline{y}}{s_y}\right)$$

여기서 $\overline{x}$와 $\overline{y}$는 x_i와 y_i $, i = 1, 2, \cdots, n$의 평균이고 s_x와 s_y는 x_i와 $y_i, i = 1, 2, \cdots, n$의 표본표준편차이다. 계산상 편리를 위해 위식을 다음과 같이 변경하여 사용한다.

$$r = \frac{\sum_{i=1}^{n} x_i y_i - n\overline{x}\overline{y}}{\sqrt{\left(\sum_{i=1}^{n} x_i^2 - n(\overline{x})^2\right)\left(\sum_{i=1}^{n} y_i^2 - n(\overline{y})^2\right)}}$$

표본상관계수는 표준점수를 이용하기 때문에 변수의 단위와 무관하게 사용할 수 있다. 다음 은 산점도와 상관계수의 관계를 나타낸 그림이다.

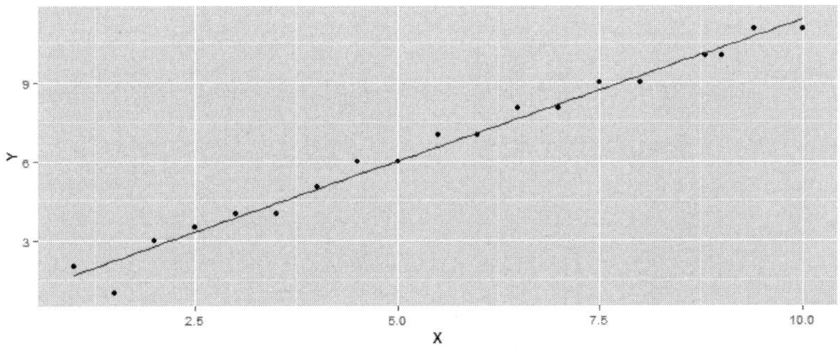

(a) 강한 양의 상관(r=0.991)

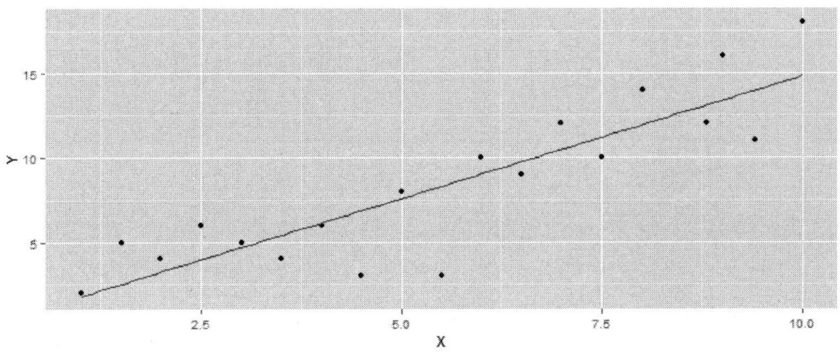

(b) 약한 양의 상관(r=0.874)

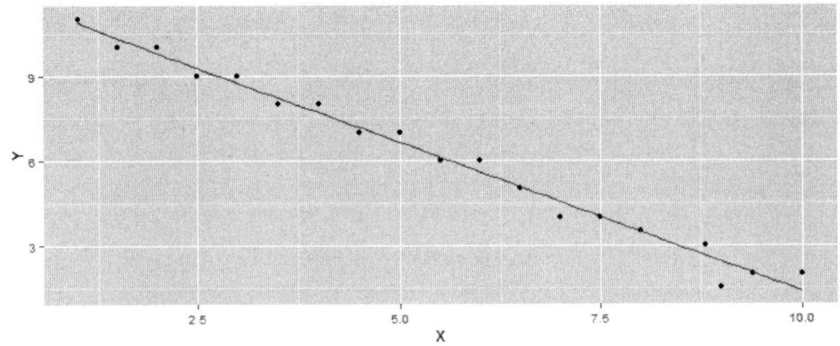

(c) 강한 음의 상관(r=-0.992)

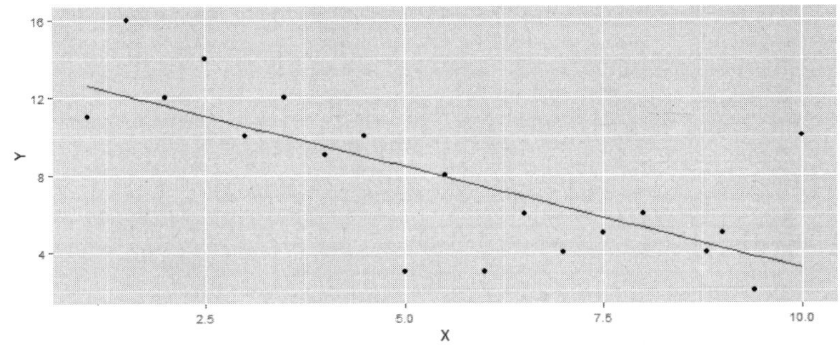

(d) 약한 음의 상관(r=-0.731)

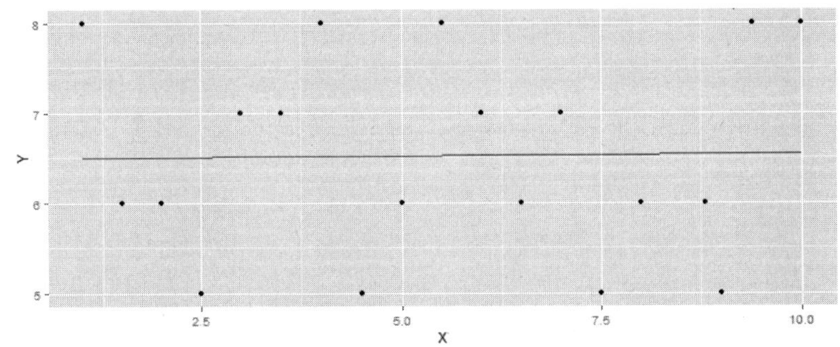

(e) 상관관계 없음(r=0.012)

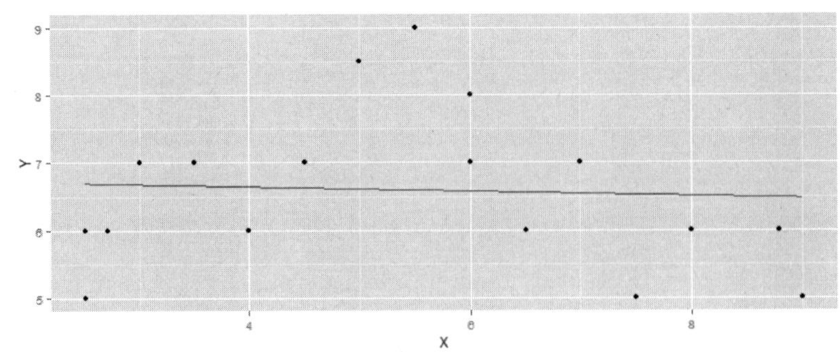

(f) 곡선관계(r=-0.06)

33명의 키와 몸무게에 대한 자료를 이용하여, 키와 몸무게의 관계를 조사하기 위해서 키와 몸무게에 대한 상관계수 계산해보자. 계산의 편의성을 위해서 보조계산표를 만들었다.

height (x)	weight (y)	height ^2	weight ^2	height* weight	height (x)	weight (y)	height ^2	weight ^2	height * weight
168.4	50.8	28358.5	2580.6	8554.7	168.4	53.1	28358.5	2819.6	8942.0
153.6	43.1	23592.9	1857.6	6620.1	155.7	50.8	24242.4	2580.6	7909.5
163.3	40.8	26666.8	1664.6	6662.6	142.2	40.1	20220.8	1608.0	5702.2
157.4	45.3	24774.7	2052.0	7130.2	143.5	40.1	20592.2	1608.0	5754.3
152.4	51.7	23225.7	2672.8	7879.0	160	50.1	25600.0	2510.0	8016.0
168.9	44.4	28527.2	1971.3	7499.1	156.9	53.5	24617.6	2862.2	8394.1
149.8	50.8	22440.0	2580.6	7609.8	172.2	50.8	29652.8	2580.6	8747.7
163.3	51.4	26666.8	2641.9	8393.6	159.5	46.5	25440.2	2162.2	7416.7
168.9	50.8	28527.2	2580.6	8580.1	141.7	43.3	20078.8	1874.8	6135.6
145.6	45.8	21199.3	2097.6	6668.4	163.8	44.4	26830.4	1971.3	7272.7
149.7	42.7	22410.0	1823.2	6392.1	168.9	50.5	28527.2	2550.2	8529.4
167.6	47.6	28089.7	2265.7	7977.7	159.5	42.6	25440.2	1814.7	6794.7
153.6	47.6	23592.9	2265.7	7311.3	149.8	44.4	22440.0	1971.3	6651.1
149.8	45.1	22440.0	2034.01	6755.9	165.8	53.5	27489.6	2862.2	8870.3
162.5	50.5	26406.2	2550.2	8206.2	144.7	42.1	20938.0	1772.4	6091.8
158.2	45.1	25027.2	2034.01	7134.8	151.8	52.1	23043.2	2714.4	7908.7
155.7	40.5	24242.4	1640.25	6305.85					

$\sum_{i=1}^{n} x_i^2$=819701.1, $\sum_{i=1}^{n} y_i^2$=73576.55, $\sum_{i=1}^{n} x_i y_i$=244819.6, $\bar{x}$=157.3667, $\bar{y}$= 47.02727이다. 따라서 표본상관계수 r은 다음과 같이 구할 수 있다.

$$r = \frac{\sum_{i=1}^{n} x_i y_i - n\bar{x}\bar{y}}{\sqrt{(\sum_{i=1}^{n} x_i^2 - n(\bar{x})^2)(\sum_{i=1}^{n} y_i^2 - n(\bar{y})^2)}} =$$

$$\frac{244819.6 - 33 \times 157.3667 \times 47.02727}{\sqrt{(819701.1 - 33 \times 157.3667^2)(73576.5 - 33 \times 47.02727^2)}} = 0.4958$$

산점도와 상관계수를 근거로 해서 키와 몸무게는 강한 선형관계를 갖지는 않는다.

R 프로그램

상관계수를 구하는 공식을 이용해서 직접계산하기 위해서 데이터프레임 Body에 새로운 변수 height_2, weight_2, 그리고 hei_wei를 추가하였다.

```
Body$height_2 <- Body$height^2                    # x_i^2
Body$weight_2 <- Body$weight^2                    # y_i^2
Body$hei_wei <- Body$height * Body$weight         # xy
Body
##     Sex  height  weight  height_2  weight_2  hei_wei
## 1    M   168.4   50.8    28359     2581      8555
## 2    M   153.6   43.1    23593     1858      6620
## 3    F   163.3   40.8    26667     1665      6663
## 4    M   157.4   45.3    24775     2052      7130
## 5    F   152.4   51.7    23226     2673      7879
## 6    M   168.9   44.4    28527     1971      7499
## 7    F   149.8   50.8    22440     2581      7610
## 8    F   163.3   51.4    26667     2642      8394
## 9    M   168.9   50.8    28527     2581      8580
## 10   F   145.6   45.8    21199     2098      6668
## 11   M   149.7   42.7    22410     1823      6392
## 12   M   167.6   47.6    28090     2266      7978
## 13   F   153.6   47.6    23593     2266      7311
## 14   M   149.8   45.1    22440     2034      6756
## 15   F   162.5   50.5    26406     2550      8206
## 16   F   158.2   45.1    25027     2034      7135
## 17   F   155.7   40.5    24242     1640      6306
## 18   M   168.4   53.1    28359     2820      8942
## 19   F   155.7   50.8    24242     2581      7910
## 20   F   142.2   40.1    20221     1608      5702
## 21   M   143.5   40.1    20592     1608      5754
## 22   M   160.0   50.1    25600     2510      8016
## 23   M   156.9   53.5    24618     2862      8394
## 24   M   172.2   50.8    29653     2581      8748
## 25   F   159.5   46.5    25440     2162      7417
## 26   F   141.7   43.3    20079     1875      6136
```

```
## 27  M  163.8  44.4  26830  1971  7273
## 28  M  168.9  50.5  28527  2550  8529
## 29  M  159.5  42.6  25440  1815  6795
## 30  M  149.8  44.4  22440  1971  6651
## 31  F  165.8  53.5  27490  2862  8870
## 32  M  144.7  42.1  20938  1772  6092
## 33  F  151.8  52.1  23043  2714  7909
sum_height_2 <- sum(Body$height_2)                    # $\sum_{i=1}^{n} x_i^2$
sum_height_2
## [1] 819701
sum_weight_2 <- sum(Body$weight_2)                    # $\sum_{i=1}^{n} y_i^2$
sum_weight_2
## [1] 73577
sum_hei_wei <- sum(Body$hei_wei)                      # $\sum_{i=1}^{n} x_i y_i$
sum_hei_wei
## [1] 244820
mean_height <- mean(Body$height)                      # $\bar{x}$
mean_height
## [1] 157.4
mean_weight <- mean(Body$weight)                      # $\bar{y}$
mean_weight
## [1] 47.03
corr_hei_wei <- (sum_hei_wei - 33 * mean_height * mean_weight)/
  sqrt((sum_height_2 - 3 * mean_height^2) * (sum_weight_2 - 33 * mean_weight^2))
corr_hei_wei                                          # 상관계수
## [1] 0.4958
```

R 프로그램

cor()함수를 이용해서 상관계수를 구할 수 있다.

```
cor(Body$height, Body$weight)
## [1] 0.4958
```

6.3.3.3 회귀직선

산점도에서 점들이 퍼져있는 경향을 나타낼 수 있는 함수를 이용하여 두 양적 변수의 관계를 표현할 수 있는 모형을 찾을 수 있을 것이다. 점들이 지나가는 경향이 선형으로 나타났다면 두 변수의 관계를 다음과 같은 직선으로 표시할 수 있다.

$$y = a + bx$$

여기서 a는 $x=0$일 때 y값을 나타내는 절편이고, b는 x의 단위 변화량에 대한 y의 변화율을 나타내는 직선의 기울기를 나타낸다. 이러한 직선을 회귀직선이라 한다. 이 직선은 최소자승법에 의해서 추정할 수 있다. 두 양적 변수 X, Y가 쌍으로 n개 관측되었을 때, 관측된 n개의 자료를 $(x_1, y_1), (x_2, y_2), \cdots, (x_n, y_n)$이라 하면 최소자승법을 이용하여 구한 a와 b의 값은 다음과 같다.

$$a = \overline{y} - b\overline{x}$$

$$b = \frac{\sum_{i=1}^{n} x_i y_i - n\overline{x}\,\overline{y}}{\sum_{i=1}^{n} x_i^2 - n(\overline{x})^2}$$

섹션 6.3.3.1의 키와 몸무게 자료를 이용하여 height와 weight의 회귀직선을 구해보자. 상관계수 계산을 위한 보조계산표에서

$$b = \frac{\sum_{i=1}^{n} x_i y_i - n\overline{x}\,\overline{y}}{\sum_{i=1}^{n} x_i^2 - n(\overline{x})^2} = \frac{244819.6 - 33 \times 157.3667 \times 47.02727}{819701.1 - 33 * 157.3667^2} = 0.2428$$

$$a = \overline{y} - b\overline{x} = 47.02727 - 0.2428361 * 157.3667 = 8.8129$$

따라서 추정된 회귀직선은 $y = 8.8129 + 0.2428x$이다. 키가 1단위 증가하면 몸무게는 평균적으로 0.2428 비율로 증가한다. 키가 160cm인 사람의 몸무게는 평균적으로 47.66kg로 예측된다.

R 프로그램

회귀계수를 구하는 공식을 이용해서 직접계산하기 하였다.

```
b <- (sum_hei_wei - 33 * mean_height * mean_weight)/(sum_height_2 - 33 * mean_height^2)
a <- mean_weight - b * mean_height
```

```
b
## [1] 0.2428
a
## [1] 8.813
```

R 프로그램

lm() 함수를 이용하여 회귀직선을 추정하고, coefficients()를 이용하여 회귀계수를 추출하였다.

```
least <- lm(weight ~ height, data = Body)
coefficients(least)
## (Intercept)     height
##      8.8130     0.2428
```

6.4. 수치를 이용한 자료 요약

6.4.1. 중심위치측도

중심위치측도는 자료의 전체를 대표 할 수 있는 대푯값을 의미한다. 중심위치측도에는 평균, 중앙값, 절사평균 등이 있다.

6.4.1.1 평균

평균은 전체 자료의 합을 자료의 개수로 나눈 값이다. 이것은 일반적으로 가장 널리 사용되고 있는 측도이다. 크기가 n인 자료 $x_1, x_2, \cdots x_n$에 대한 평균은 다음과 같이 계산할 수 있다. 평균은 $\bar{x}$로 표시를 한다.

$$\bar{x} = \frac{\sum_{i=1}^{n} x_i}{n}$$

평균은 이상치에 민감한 측도이다. 자료에 이상치가 존재하는 경우에는 중심위치측도로 적당하지 못하다.

다음 자료는 확률 및 통계를 수강하는 학생의 성적이다. 이 자료에 대한 평균을 구해보자.

64	68	70	72	72	72	73	74	74	75	76	78	78	77	82	83	85	86	90	95

$$\bar{x}=\frac{\sum_{i=1}^{n}x_i}{n}=\frac{64+68+70+72+72+\cdots+85+86+90+95}{20}=\frac{1544}{20}=77.2$$

성적의 평균은 77.2이다. 20명의 학생의 성적을 대표할 수 있는 점수는 77.2이다.

R 프로그램

공식을 직접 이용하기 위해서 평균을 계산할 수 있는 Mean()함수를 정의하였다.

```
Mean <- function(x) {
  n <- length(x)
  sum_x <- sum(x)
  mean_x <- sum_x/n
  return(mean_x)
}
x <- c(64, 68, 70, 72, 72, 72, 73, 74, 74, 75, 76, 78, 78, 77, 82, 83, 85, 86, 90, 95)
Mean(x)
## [1] 77.2
```

R 프로그램

R의 기본함수인 mean() 함수를 이용해서 평균을 계산하였다.

```
x <- c(64, 68, 70, 72, 72, 72, 73, 74, 74, 75, 76, 78, 78, 77, 82, 83, 85, 86, 90, 95)
mean(x)
## [1] 77.2
```

6.4.1.2. 중앙값

평균은 대부분의 자료들이 가진 경향에서 벗어나는 자료 즉 이상치에 대해서 민감하게 영향을 받는다. 이러한 문제를 해결하기 위해서 이상치에 둔감한 중앙값을 이용한다. 중앙값은 n개의 자료를 크기 순서대로 나열 했을 때 (n+1)/2에 해당되는 관측값이다. 크기가 n인 자료를 $x_1, x_2, \cdots x_n$라고 하면 중앙값을 다음과 같이 계산할 수 있다. 먼저 n개의 자료를 크기 순서대로 나열한다. 순서화된 자료를 $x_{(1)} < x_{(2)} < \cdots < x_{(n)}$으로 나타내자. 그리고 중앙값의 위치 (n+1)/2를 구한다. 마지막으로 그 위치에 해당하는 관측 값이 중앙값이다. n이 홀수일 때와 짝수일 때의 중앙값은 다르게 계산된다. n이 홀수일 때 중앙값은 $x_{((n+1)/2)}$이고, 짝수일 때는 $\frac{(x_{(\frac{n}{2})} + x_{(\frac{n}{2}+1)})}{2}$가 중앙값이다.

섹션 6.4.1.1의 확률 및 통계 성적 자료에 대한 중앙값을 구해보자. 먼저 자료를 크기순서 대로 나열한다.

64	68	70	72	72	72	73	74	74	75	76	78	78	77	82	83	85	86	90	95

n=20이므로 중앙값의 위치는 (20+1)/2=10.5이다. 따라서 중앙값은 $x_{(10)}$와 $x_{(11)}$의 평균이다. 따라서

$$\text{중앙값} = \frac{75+76}{2} = 75.5$$

이다.

R 프로그램

공식을 직접 이용하기 위해서 중앙값을 계산할 수 있는 함수 Median()를 정의하였다.

```
Median <- function(x){
  y <- sort(x)
  n <- length(x)
  half <- (n+1)%/%2
  if(n%%2==1){
   Median <- y[half]}
  else {Median <- mean(y[half+0:1])}
  return(Median)
  }
x <- c(64, 68, 70, 72, 72, 72, 73, 74, 74, 75, 76, 78, 78, 77, 82, 83, 85, 86, 90, 95)
Median(x)
## [1] 75.5
```

R 프로그램

R의 기본함수인 median()을 이용해서 중앙값을 계산하였다.

```
median(x)
## [1] 75.5
```

6.4.1.3. α%-절단평균

평균은 대부분의 자료들이 가진 경향에서 벗어나는 자료 즉 이상치에 대해서 민감하게 영향을 받는다. 이러한 문제를 해결하기 위해서 α%-절단평균은 자료를 크기 순서대로 나열하고, 양쪽 끝에서 각각 α%에 해당하는 자료를 잘라내고 남은 자료를 이용하여 평균을 구한 값이다. 이것은 자료에 이상치가 존재하는 경우 중심위치 측도로 평균보다 더 적합하게 사용될 수 있다.

다음 자료는 확률 및 통계를 수강하는 학생의 성적이다. 이 자료에 대한 5%-절단평균을 구해보자.

64	68	70	72	72	72	73	74	74	75	76	78	78	77	82	83	85	86	90	95

자료를 크기 순서대로 나열한다.

64	68	70	72	72	72	73	74	74	75	76	77	78	78	82	83	85	86	90	95

$n \times \alpha = 20 \times 0.05 = 1$이므로 양쪽 끝에서 각각 한 개씩을 잘라낸다. 그리고 나머지 자료

	68	70	72	72	72	73	74	74	75	76	77	78	78	82	83	85	86	90	

를 이용해서 평균을 구한다.

$$\alpha\% - \text{절단 평균} = \frac{\sum_{i=2}^{19} x_{(i)}}{n-2} = \frac{68+70+72+72+\cdots+85+86+90}{18} = 76.94$$

R 프로그램

공식을 직접 이용하기 위해서 절단평균을 계산할 수 있는 trim_mean()함수를 정의하였다.

```
trim_mean <- function(x, trim) {
  n <- length(x)
  trimmed_l <- floor(n * trim) + 1
  trimmed_u <- n + 1 - trimmed_l
  x <- sort(x)
  y <- x[trimmed_l:trimmed_u]
  trimmed_mean <- mean(y)
  return(trimmed_mean)
}
x <- c(64, 68, 70, 72, 72, 72, 73, 74, 74, 75, 76, 78, 78, 77, 82, 83, 85, 86, 90, 95)
trim_mean(x, 0.05)
## [1] 76.94
```

R 프로그램

R의 기본함수인 mean()을 이용해서 절단평균을 계산하였다. 인수 trim을 이용하여 α을 지정한다.

```
mean(x, trim = 0.05)
## [1] 76.94
```

6.4.2. 산포도

자료의 특징 중 자료의 중심의 위치와 더불어 산포도도 자료에 대한 많은 정보를 제공한다. 산포도는 자료가 흩어진 정도를 나타내는 측도이다. 산포도가 크면 자료가 퍼져있는 정도가 크다는 의미이다. 두 자료가 같은 중심의 위치를 가진다 할지라도 다른 산포도를 가지면 두 자료는 완전히 다른 특성을 가지게 된다. 산포도를 측정할 수 있는 측도에는 범위, 분산과 표준편차, 그리고 변동계수 등이 있다.

6.4.2.1. 범위

범위는 자료의 최댓값과 최솟값의 차이를 말한다. 범위는 양 끝점만 이용하기 때문에 정보의 손실이 많고 이상치에도 아주 민감하다. 아래 그림에서 그룹1과 그룹2의 자료의 특징을 비교해보면 중심의 위치는 22로 같고, 범위도 4로 같다. 그러나 실제로 그룹2가 그룹 1보다 자료들이 흩어진 정도가 더 작다. 이와 같은 현상은 범위가 양 끝점만 이용하고 (21~23)사이에 있는 자료들의 분포는 무시하기 때문이다.

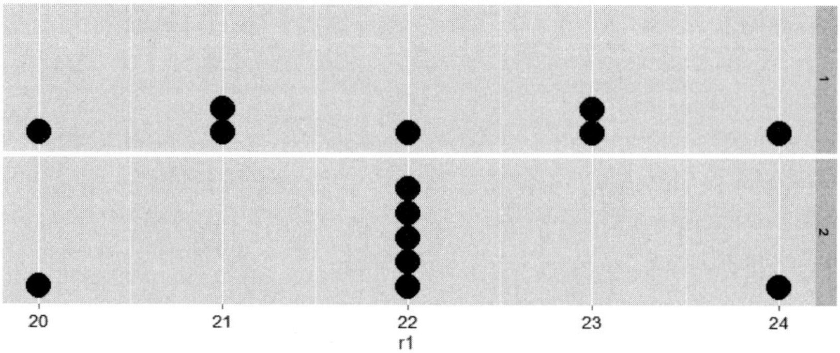

섹션 6.4.1.1의 확률 및 통계 성적 자료에 대한 범위를 구해보자.

범위 = 최댓값 - 최솟값 = 95-64=31

R 프로그램

공식을 직접 이용하기 위해서 범위를 계산할 수 있는 Range()함수를 정의하였다.

```
Range <- function(x){
  Range <- max(x)- min(x)
  return(Range)
}
Range(x)
## 31
```

R 프로그램

R의 기본함수인 range()와 diff()를 이용해서 범위를 계산하였다.

```
range(x)
## [1] 64 95
diff(range(x))
## [1] 31
```

6.4.2.2. 분산과 표준편차

분산은 자료들이 평균에서부터 떨어져 있는 정도를 나타내는 값이다. 따라서 분산을 정의하기 전에 각 관측값의 편차를 정의하자. 관측된 n개의 자료를 $x_1, x_2, \cdots, x_n$이라 할 때 각 관측값의 편차는 $x_i - \overline{x},\ i=1,2,\cdots,n$이다. 관측값들이 평균에 대하여 얼마나 흩어져 있는가는 편차의합으로 나타낼 수 있을 것이다. 그러나 편차의합은 항상 0이기 때문에 측도로 이용할 수 없다. 우리의 관심은 편차의 크기이므로 편차의 제곱합을 이용하여 자료들이 평균에서부터 떨어져 있는 정도를 나타낸다. 분산은 편차의 제곱합을 (n-1)로 나눈 값으로 정의하고, 표준편차는 분산의 제곱근 값으로 정의한다. 분산은 S^2으로 표준편차는 S로 나타낸다.

$$S^2 = \frac{\sum_{i=1}^{n}(x_i - \overline{x})^2}{n-1} = \frac{\sum_{i=1}^{n}x_i^2 - n(\overline{x})^2}{n-1}$$

$$S = \sqrt{S^2}$$

이다. 분산이나 표준편차가 크면 클수록 관측값들이 평균에서부터 멀리 떨어져 있다는 의미이다. 즉 산포도가 크다는 의미이다.

섹션 6.4.1.1의 확률 및 통계 성적 자료에 대한 분산과 표준편차를 구해보자.

$n=20,\ \sum_{i=1}^{n}x_i^2 = 120310,\ \overline{x} = 77.2$

$$S^2 = \frac{\sum_{i=1}^{n}x_i^2 - n(\overline{x})^2}{n-1} = \frac{120310 - 20\times 77.2\times 77.2}{19} = 58.589$$

$$S = \sqrt{S^2} = \sqrt{58.589} = 7.654$$

R 프로그램

공식을 직접 이용하기 위해서 분산을 계산할 수 있는 Variance()함수를 정의하였다.

```
Variance <- function(x){
 n <- length(x)
 deviation <- x-mean(x)
 sum_deviation_2 <- sum(deviation^2)
 var <- sum_deviation_2/(n-1)
```

```
  return(var)
}
x <- c(64, 68, 70, 72, 72, 72, 73, 74, 74, 75, 76, 78, 78, 77, 82, 83, 85, 86, 90, 95)
Variance(x)
## [1] 58.59
std <- sqrt(Variance(x))
std
## [1] 7.654
```

R 프로그램

R의 기본함수인 var()와 sd()를 이용해서 분산과 표준편차를 계산하였다.

```
var(x)
## [1] 58.59
sd(x)
## [1] 7.654
```

6.4.2.3. 변동계수

변동계수는 각 그룹 간 자료의 크기가 차이가 크거나, 측정 단위가 다를 경우 각 그룹의 산포도를 비교하고자할 때 사용한다. 이러한 경우에 표준편차를 이용해서 산포도를 비교할 수 없다. 표준편차는 자료의 크기에 영향을 많이 받기 때문이다. 그러나 변동계수는 평균에 대한 표준편차의 상대적 크기를 나타내기 때문에 자료의 크기와 측정 단위에 영향을 받지 않는다. 변동계수는 다음과 같이 계산할 수 있다.

$$\text{변동계수} = \frac{S}{\bar{x}} \times 100$$

다음 자료는 신생아 10명에 대한 몸무게를 측정하였다. 자료 1은 몸무게를 kg으로, 자료 2는 g으로 측정하였다. 두 자료에 대한 표준편차와 변동계수를 구해보자.

자료1	4.0	3.2	2.8	3.4	2.9	3.3	4.2	2.8	3.5	3.7
자료2	4000	3200	2800	3400	2900	3300	4200	2800	3500	3700

자료 1과 자료 2의 표준편차와 변동계수는 다음 표와 같다.

그룹	평균	표준편차	변동계수
자료 1(kg)	3.38	0.4848	14.34
자료 2(g)	3380	484.8	14.34

두 자료는 측정 단위만 다를 뿐 실제로는 같은 크기의 자료이다. 그러나 평균과 표준편차는 자료 2가 자료 1 보다 1,000배가 더 크다. 반면에 변동계수는 동일하다는 것을 알 수 있다. 이것은 평균과 표준편차는 단위에 영향을 받는 반면에 변동계수는 단위와 무관하다는 의미이다. 표준편차는 자료 2가 더 크지만, 변동계수가 같기 때문에 두 자료는 산포도가 동일하다.

R 프로그램

공식을 직접 이용하기 위해서 변동계수를 계산할 수 있는 CV()함수를 정의하였다.

```
CV <- function(x) {
  cv <- (sd(x)/mean(x)) * 100
  return(cv)
}
cx1 <- c(4, 3.2, 2.8, 3.4, 2.9, 3.3, 4.2, 2.8, 3.5, 3.7)
CV(cx1)
## [1] 14.35
```

6.4.3. 상대적 위치 측도

상대적 위치 측도는 모든 관측값들에 대한 어떤 특정 관측값의 상대적 위치를 나타내는 수치이다. 상대적 위치를 나타내는 측도에는 백분위수, 사분위수, 표준점수 등이 있다.

6.4.3.1. 제p백분위수

제p백분위수는 자료를 크기 순서대로 나열했을 때 제p백분위수보다 작은 자료는 p%가 있고, 큰 자료는 (100-p)%가 있도록 전체 자료를 나누는 값이다. n개의 자료를 $x_1, x_2, \cdots, x_n$이라 할 때 제p백분위수는 $x_{\left(\frac{p(n+1)}{100}\right)}$이다. 제p백분위수는 다음과 같이 계산할 수 있다. 먼저 n개의 자료를 크기 순서대로 나열한다. 순서화된 자료를 $x_{(1)} < x_{(2)} < \cdots$

$< x_{(n)}$으로 나타내자. 그리고 제p백분위수의 위치 $\frac{p(n+1)}{100}$를 구한다. 마지막으로 그 위치에 해당하는 관측값 $x_{(\frac{p(n+1)}{100})}$이 이 자료의 제p백분위수이다. $\frac{p(n+1)}{100}$의 값이 정수가 아니면 보간법을 사용한다. 예를 들어 $n=20$일 때 제10백분위수의 위치는 $\frac{10(20+1)}{100}=2.1$이다. 제10백분위수는 $x_{(2)}$와 $x_{(3)}$ 사이에 존재하다. 따라서 제10백분위수=$x_{(2)}+0.1\times(x_{(3)}-x_{(2)})$이다. 제50백분위수의 위치는 $\frac{50(20+1)}{100}=10.5$이므로 제50백분위수=$x_{(10)}+0.5\times(x_{(11)}-x_{(10)})$이다. 제50백분위수는 중앙값이다.

섹션 6.4.1.1의 확률 및 통계 성적 자료에 대한 제25백분위수와 제75백분위수를 구해보자. 자료를 크기 순서대로 나열한다.

64	68	70	72	72	72	73	74	74	75	76	77	78	78	82	83	85	86	90	95

n=20이므로 제25백분위수의 위치는 $\frac{25(20+1)}{100}=5.25$이다. 따라서 제25백분위수는 $x_{(5)}$와 $x_{(6)}$사이에 존재한다. 보간법을 이용해서 제25백분위수를 구하면 다음과 같다.

$$\text{제25백분위수} = x_{(5)}+0.25\times(x_{(6)}-x_{(5)})=72+0.25\times(72-72)=72.$$

n=20이므로 제75백분위수의 위치는 $\frac{75(20+1)}{100}=15.75$이다. 따라서 제75백분위수는 $x_{(15)}$와 $x_{(16)}$사이에 존재한다. 보간법을 이용해서 제75백분위수를 구하면 다음과 같다.

$$\text{제75백분위수} = x_{(15)}+0.75\times(x_{(16)}-x_{(55)})=82+0.75\times(83-82)=82.75.$$

여기서 82.75보다 작은 자료가 75%(15개), 큰 자료가 25%(5개) 존재한다는 것을 알 수 있다.

R 프로그램

공식을 직접 이용하기 위해서 제p백분위수를 계산할 수 있는 percentile()함수를 정의하였다. 여기서 p는 %값을 입력해야한다.

```
percentile <- function(x,p){
  n <- length(x)
  index <-(n+1)*p/100
  low <- floor(index)
  upper <- ceiling(index)
  y <- sort(x)
  weight <- index-low
  percentile <- y[low]+weight*(y[upper]-y[low])
  return(percentile)
}
x <- c(64, 68, 70, 72, 72, 72, 73, 74, 74, 75, 76, 78, 78, 77, 82, 83, 85, 86, 90, 95)
percentile(x, 25)
## [1] 72
percentile(x, 75)
## [1] 82.75
percentile(x, 10)
## [1] 68.2
```

R 프로그램

R의 기본함수인 quantile()을 이용해서 제p백분위수를 계산하였다. R에서는 1+(n−1)×p가 정수이면 $x_{(1+(n-1)\times p)}$의 값이 제p백분위수이고, 정수가 아니면 가중평균값을 제p백분위수로 하였다. n=20일 때 제75백분위수는 1+(n−1)×p=1+(20−1)×0.75=15.25이므로, $x_{(15)}$와 $x_{(16)}$의 가중평균 0.75×82+0.25×83=82.25이다.

```
quantile(x, 0.25)
## 25%
## 72
quantile(x, 0.75)
##  75%
## 82.25
quantile(x, 0.1)
##  10%
## 69.8
```

6.4.3.2. 사분위수

사분위수는 제25백분위수와 제75백분위수이다. 즉 자료를 크기 순서대로 나열해서 사 등분했을 때 25%에 해당되는 관측값을 제1사분위수(Q_1), 75%에 해당되는 관측값을 제3사분위수(Q_3)라 한다. n개의 자료 $x_1, x_{2,} \cdots, x_n$을 순서대로 $x_{(1)} < x_{(2)} < \cdots < x_{(n)}$ 나열하자. 제1사분위수 Q_1은 $x_{(\frac{(n+1)}{4})}$이고, 제3사분위수 Q_3는 $x_{(\frac{3(n+1)}{4})}$이다. $\frac{n+1}{4}$와 $\frac{3(n+1)}{4}$의 값이 정수가 아니면 보간법을 이용해야한다. 예를 들어 n=20일 때 $\frac{n+1}{4} = \frac{20+1}{4} = 5.25$이므로 Q_1은 $x_{(5)}$와 $x_{(6)}$ 사이에 있는 값 $x_{(5)} + 0.25 \times (x_{(6)} - x_{(5)})$이다. $\frac{3(n+1)}{4} = \frac{3(21)}{4} = 15.75$이므로 Q_3은 $x_{(15)}$와 $x_{(16)}$ 사이에 있는 값 $x_{(15)} + 0.75 \times (x_{(16)} - x_{(15)})$이다.

다음 자료에 대한 Q_1과 Q_3를 구해보자.

21	26	20	22	24	26	23	26	21	28	27

자료를 크기순서 대로 나열한다.

20	21	21	22	23	24	26	26	26	27	28

n=11이므로 Q_1의 위치$= \frac{n+1}{4} = \frac{12}{4} = 3$이기 때문에 $Q_1 = 21$이다. 그리고 Q_3의 위치 $= \frac{3(n+1)}{4} = \frac{3(12)}{4} = 9$이므로 $Q_3 = 26$이다.

R 프로그램

제p백분위수경우와 같다.

6.4.3.3. 사분위수 범위

산포도 측도 범위 혹은 분산 및 표준편차는 이상치에 민감하다. 사분위수 범위(IQR)는 이상치에 대해 둔감한 산포도 척도이다. 사분위수 범위는 $Q_3 - Q_1$로 정의된다.

섹션 6.4.1.1의 확률 및 통계 성적 자료에 대한 사분위수 범위를 구해보자.

64	68	70	72	72	72	73	74	74	75	76	77	78	78	82	83	85	86	90	95

$Q_1 = 72$, $Q_3 = 82.75$이므로 사분위수 범위(IQR)= $Q_3 - Q_1 = 82.75 - 72 = 10.75$이다.

R 프로그램

공식을 직접 이용하기 위해서 사분위수를 계산할 수 있는 IQRR()함수를 정의하였다.

```
percentile <- function(x,p){
  n <- length(x)
  index <-(n+1)*p/100
  low <- floor(index)
  upper <- ceiling(index)
  y <- sort(x)
  weight <- index-low
  percentile <- y[low]+weight*(y[upper]-y[low])
  return(percentile)
}
IQRR <- function(x){
      Q1 <- percentile(x,25)
      Q3 <- percentile(x,75)
      IQR <- Q3-Q1
      cat("lower qurtile:", Q1,"\n", "upper qurtile:",Q3,"\n", "IQR:", IQR, "\n" )
}
x <- c(64, 68, 70, 72, 72, 72, 73, 74, 74, 75, 76, 78, 78, 77, 82, 83, 85, 86, 90, 95)
IQR(x)
## lower qurtile: 72
##  upper qurtile: 82.75
##  IQR: 10.75
```

R 프로그램

R의 기본함수인 IQR을 이용할 수 있다.

6.4.3.4. 표준점수

평균과 표준편차를 이용하여 어떤 관측값이 평균으로부터 어느 정도 위치에 있는 자료인가를 알 수 있다면, 어떤 자료의 상대적 위치를 찾는데 많은 도움이 될 것이다. 표준점수는 각 관측값들이 평균으로부터 떨어진 정도를 나타내는 측도이다. n개의 자료 $x_1, x_2, \cdots, x_n$이라 할 때 각 관측값의 표준점수(z_i)는 다음과 같이 정의된다.

$$z_i = \frac{x_i - \overline{x}}{s_x}, \quad i = 1,2,3,\cdots n,$$

여기서 $\overline{x}$: 표본평균, s_x: 표준편차를 나타낸다. $x_i = \overline{x} + z_i s_x$이므로 x_i는 평균에서부터 표준편차의 z_i배 만큼 떨어져있는 관측값이다. 따라서 어떤 자료의 표준점수 값이 크면 클수록 평균에서 멀리 떨어진 자료이다. 표준점수는 척도가 서로 다른 자료의 상대적 크기를 비교할 때 많이 이용되고 있다. 예를 들어 확률 및 통계를 A, B 두 강좌 개설해서 완전히 독립적으로 수업을 실시하였다. 그리고 학기 말에 성적이 제일 좋은 학생에게 선물을 주기로 하였다. A반에서 성적이 제일 좋은 학생의 점수 90점, B 반에서 성적이제일 좋은 학생은 85점이었다. 절대적으로 두 점수를 비교하면 A반 학생에게 선물을 주어야한다. 그러나 A, B반 수업이 완전히 독립적으로 실시되었기 때문에 두 반의 수업 환경은 완전히 다르다. 따라서 각 점수의 상대적 위치를 조사하기 위해서 각 반의 평균과 표준편차를 조사하였다. A반의 평균은 평균이 85점, 표준편차가 5점이고, B은 평균이 73점, 표준편차가 4점이었다. A반 학생의 원점수 90점에 대한 표준점수는 $2(=(90-85)/5)$점이고, B반 학생의 원점수 85점에 대한 표준점수는 $3(=(85-73)/4)$점이다. 85점이 90점 보다 상대적으로 더 높은 위치에 있다. 표준점수의 평균은 0이고, 표준편차는 1이다.

다음 자료에 대한 표준점수를 구해보자.

21	26	20	22	24	26	23	26	21	28	27

자료의 평균과 표준편차를 구하면 $\overline{x} = 24$, $s_x = 2.76$이다. $z_1 = \frac{21-24}{2.76} = -1.09$이다. 나머지 자료에 대해서도 같은 방법으로 각 자료에 대한 표준점수를 계산할 수 있다. 결과를 정리하면 다음 표와 같다.

x_i	21	26	20	22	24	26	23	26	21	28	27
z_i	-1.09	0.73	-1.45	-0.73	0.00	0.73	0.36	0.73	1.09	1.45	1.09

R 프로그램

공식을 직접 이용하기 위해서 표준점수를 계산하기위해서 zscore()정의하였다.

```
 zscore <- function(x) {
   Mean <- mean(x)
   Std <- sd(x)
   Zscore <- (x - Mean)/Std
   return(Zscore)
}
x <- c(21,26,20,22,24,26,23,26,21,28,27)
zscore(xt)
## [1] -1.0882 0.7255 -1.4510 -0.7255 0.0000 0.7255 -0.3627 0.7255
## [9] -1.0882 1.4510 1.0882
```

R 프로그램

R의 기본함수인 scale()를 이용하였다.

```
scale(xt)
##        [,1]
## [1,] -1.0882
## [2,] 0.7255
## [3,] -1.4510
## [4,] -0.7255
## [5,] 0.0000
## [6,] 0.7255
## [7,] -0.3627
## [8,] 0.7255
## [9,] -1.0882
## [10,] 1.4510
## [11,] 1.0882
## attr(,"scaled:center")
## [1] 24
## attr(,"scaled:scale")
## [1] 2.757
```

6.4.4. 비대칭도와 첨도

자료의 분포의 형태를 나타내는 측도에는 비대칭도와 첨도가 있다.

6.4.4.1. 비대칭도

비대칭도는 자료의 분포 모양이 대칭인지, 왼쪽으로 꼬리가 긴 모양인지, 혹은 오른쪽으로 꼬리가 긴 모양인지를 나타내는 측도이다. 비대칭도가 0이면 대칭이고, 음이면 왼쪽으로 꼬리가 길고, 양이면 오른쪽으로 꼬리가 긴 형태의 분포를 가진다. 비대칭도는 다음과 같이 계산할 수 있다.

$$\text{비대칭도} = \frac{n}{(n-1)(n-2)}\sum_{i=1}^{n}\left(\frac{x_i - \overline{x}}{S_x}\right)^3$$

다음 자료에 세 그룹의 자료에 대한 분포곡선을 그리고 각 그룹의 비대칭도를 계산하라.

그룹1	그룹2	그룹3	그룹1	그룹2	그룹3
20	20	20	21.5	21	23
21	20	21	21.5	21	23
21	20	21	22	21	23
21	20	22	22	21	23
21	20	22	22	21	23
21	20	22	22	22	23
21.5	20	22	22	22	23
21.5	20	22	23	23	23

각 그룹의 자료에 대한 분포의 형태는 다음과 같다.

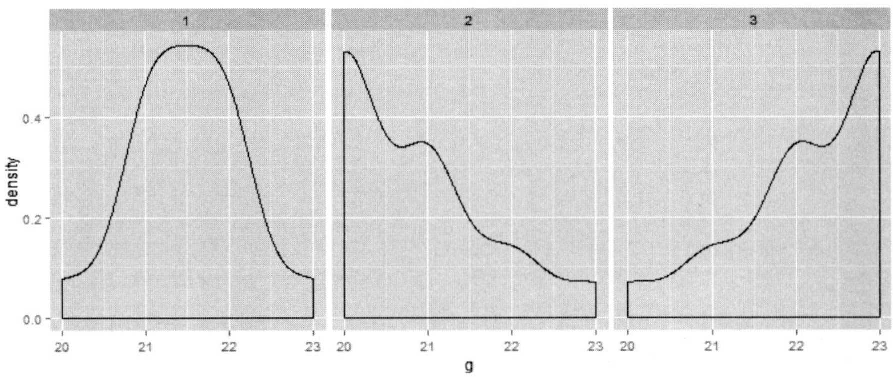

각 그룹의 자료에 대한 평균과 표준편차는 다음과 같다.

$$\overline{x_1} = 21.5,\quad \overline{x_2} = 20.75,\quad \overline{x_3} = 22.25,\quad S_1 = 0.68,\quad S_2 = 0.93,\quad S_3 = 0.93$$

❶ $\sum_{i=1}^{n}(\frac{x_{1i}-\overline{x_1}}{S_1})^3 = 0$이므로 그룹1의 비대칭도는 0이다. 위 그림1의 그래프를 보면 분포의 모양이 대칭임을 확인 할 수 있다.

❷ $\sum_{i=1}^{n}(\frac{x_{2i}-\overline{x_2}}{S_2})^3 = 14.87$이므로 그룹2의 비대칭도= $\frac{16}{15\times 14}\times 14.87 = 1.13$이다. 위 [그림 2]의 그래프를 보면 분포의 모양이 오른 쪽으로 긴 분포임을 알 수 있다.

❸ $\sum_{i=1}^{n}(\frac{x_{3i}-\overline{x_3}}{S_3})^3 = -14.87$이므로 그룹 3의 비대칭도= $\frac{16}{15\times 14}\times(-14.87) = -1.13$이다. 위 [그림 3]의 그래프를 보면 분포의 모양이 왼쪽 쪽으로 긴 분포임을 알 수 있다.

R 프로그램

공식을 직접 이용하기 위해서 비대칭도를 계산하기위해서 skew()를 정의하였다.

```
skew <- function(x) {
  n <- length(x)
  sum_3 <- sum(((x - mean(x))/sd(x))^3)
  Skewness <- sum_3 * n/((n - 1) * (n - 2))
  return(Skewness)
}
g1 <- c(20, 21, 21, 21, 21, 21, 21.5, 21.5, 21.5, 21.5, 22, 22, 22, 22, 22, 23)
g2 <- c(20, 20, 20, 20, 20, 20, 20, 20, 21, 21, 21, 21, 21, 22, 22, 23)
g3 <- c(20, 21, 21, 22, 22, 22, 22, 22, 23, 23, 23, 23, 23, 23, 23, 23)
skew(g1)
## [1] 0
skew(g2)
## [1] 1.133
skew(g3)
## [1] -1.133
```

R 프로그램

R에서는 skewness{e1071} 함수를 이용해서 비대칭도를 구할 수 있다. 이 함수를 이용하기 위해서 패키지 e1071 먼저 설치해야한다. R에서는 3가지 종류의 알고리즘을 제공하고 있다. 기본적으로는 type=3로 설정되어 있다.

```
install.packages("e1071")
library("e1071")
skewness(g1,type=2)
## [1] 0
skewness(g2, type=2)
## [1] 1.133193
skewness(g3, type=2)
[1] -1.133193
```

R 프로그램

세 그룹 자료에 대한 분포 곡선을 geom_density()를 이용하여 작성하였다.

```
cg <- c(g1,g2,g3)
dist1 <- rep("1", 16)
dist2 <- rep("2", 16)
dist3 <- rep("3",16)
dist <- c(dist1,dist2,dist3)
dcg <- data.frame(g=cg,dist=dist)
ggplot(dcg, aes(x=g))+geom_density()+facet_grid(.~dist)
```

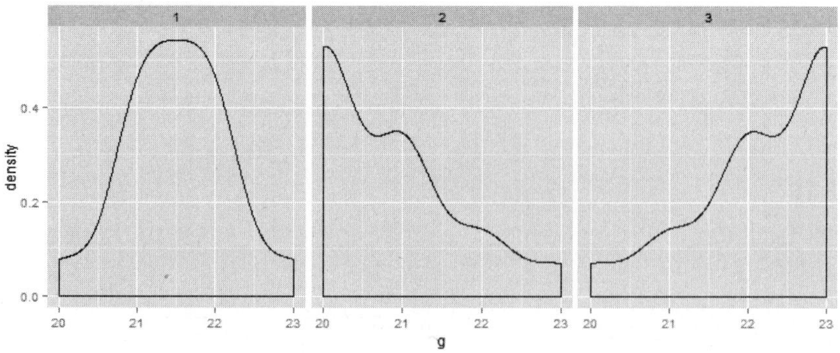

6.4.4.2. 첨도

첨도는 분포 모양이 대칭인 자료에 대해서 종모양 분포에 비해서 상대적으로 꼬리가 짧은 분포인지 긴 분포 인지를 나타내는 측도이다. 첨도는 다음과 같이 계산할 수 있다.

$$첨도=\frac{n(n+1)}{(n-1)(n-2)(n-3)}\sum_{i=1}^{n}(\frac{x_i-\overline{x}}{S_x})^4-\frac{3(n-1)(n-1)}{(n-2)(n-3)}$$

첨도의 값이 양이면 종모양 분포에 비해서 상대적으로 긴 꼬리를 갖는 분포 형태를 나타내고 음이면 종모양 분포에 비해서 짧은 꼬리를 갖는 분포의 형태를 나타낸다. 종모양 분포의 첨도는 0이다.

다음 자료에 세 그룹의 자료에 대한 분포곡선을 그리고 각 그룹의 첨도를 계산하라.

그룹 1	그룹 2	그룹 3	그룹 1	그룹 2	그룹 3
18	22	21	23	23	23
19	22	22	23	23	23
22	22	22	24	24	24
22	22	22	24	24	24
23	23	23	27	24	24
23	23	23	28	24	25
23	23	23			

각 그룹의 자료에 대한 분포의 형태는 다음과 같다.

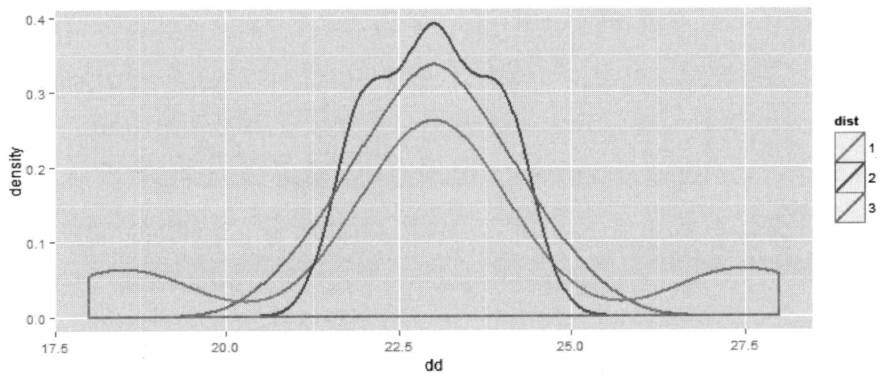

각 그룹의 자료에 대한 평균과 표준편차는 다음과 같다.

$$\overline{x_1}=23,\quad \overline{x_2}=23,\quad \overline{x_3}=23,\quad S_1=2.67,\quad S_2=0.82,\quad S_3=1.08$$

❶ $\sum_{i=1}^{n}(\frac{x_{1i}-\overline{x_1}}{S_1})^4=34.38399$이므로

그룹 1의 첨도= $\frac{13\times14}{12\times11\times10}\times34.38399-\frac{3\times12\times12}{11\times10}=0.8135$이다.

위 [그림 1](dist1)의 그래프를 보면 [그림 3](dist3)에 비해서 상대적으로 긴 꼬리를 가진 분포의 모양을 띠고 있다.

❷ $\sum_{i=1}^{n}(\frac{x_{2i}-\overline{x_2}}{S_2})^4=18$이므로

[그룹 2]의 첨도= $\frac{13\times14}{12\times11\times10}\times18-\frac{3\times12\times12}{11\times10}=-1.4453$이다.

위 [그림 2](dist1)의 그래프(dist2)는 [그림 3](dist3)에 비교해서 상대적으로 짧은 꼬리를 가진 분포의 모양을 띠고 있다.

❸ $\sum_{i=1}^{n}(\frac{x_{3i}-\overline{x_3}}{S_3})^4=27.91837$이므로

그룹 3의 첨도= $\frac{13\times14}{12\times11\times10}\times27.91837-\frac{3\times12\times12}{11\times10}=-0.07792]$이다.

위 [그림 3](dist3)의 그래프는 종모양에 가까운 분포의 모양을 띠고 있다.

세 그룹의 자료에 대한 비대칭도는 모두 0이므로 각 그룹의 자료에 대한 분포의 형태는 모두 대칭이다. 그림3의 자료에 대한 첨도가 0에 가장 가까운 값을 가지므로 종모양에 가장 근접한 분포의 모양이라 할 수 있다. [그림 1]의 첨도는 양의 값을 가지므로 [그림 3]과 비교했을 때 상대적으로 긴 꼬리를 가진 분포의 모양을 띠고 있다. [그림 2]의 첨도는 음의 값을 가지므로 [그림 3]과 비교했을 때 상대적으로 짧은 꼬리를 가진 분포의 모양을 띠고 있다. 이러한 결과를 위 그림에서 확인할 수 있다.

R 프로그램

공식을 직접 이용하기 위해서 첨도를 계산하기위해서 kurt()를 정의하였다.

```
kurt <- function(x) {
  n <- length(x)
  sum_4 <- sum(((x - mean(x))/sd(x))^4)
  Kurtosis <- (sum_4 * n * (n + 1)/((n - 1) * (n - 2) * (n - 3))) -
        ((3 * (n - 1) * (n - 1))/((n - 2) * (n - 3)))
  return(Kurtosis)
}
d1 <- c(18, 19, 22, 22, 23, 23, 23, 23, 23, 24, 24, 27, 28)
kurt(d1)
## [1] 0.8136
d2 <- c(22, 22, 22, 22, 23, 23, 23, 23, 23, 24, 24, 24, 24)
kurt(d2)
## [1] -1.445
d3 <- c(21, 22, 22, 22, 23, 23, 23, 23, 23, 24, 24, 24, 25)
kurt(d3)
## [1] -0.07792
```

R 프로그램

R에서는 kurtosis{e1071} 함수를 이용해서 첨도를 구할 수 있다. 이 함수를 이용하기 위해서 패키지 e1071 먼저 설치해야한다. R에서는 3가지 종류의 알고리즘을 제공하고 있다. 기본적으로는 type=3로 설정되어 있다.

```
kurtosis(d1,type=2)
## [1] 0.8135503
kurtosis(d2,type=2)
## [1] -1.445455
kurtosis(d3,type=2)
## [1] -0.07792208
```

R 프로그램

세 그룹 자료에 대한 분포 곡선을 geom_density()를 이용하여 작성하였다.

```
d1 <- c(18,19,22,22,23,23,23,23,23,24,24,27,28)
d2 <- c(22,22,22,22,23,23,23,23,23,24,24,24,24)
d3 <- c(21,22,22,22,23,23,23,23,23,24,24,24,25)
dd <- c(d1,d2,d3)
dist1 <- rep("1",13)
dist2 <- rep("2",13)
dist3 <- rep("3",13)
dist <- c(dist1,dist2,dist3)
ddd <- data.frame(dd=dd,dist=dist)
ggplot(ddd,aes(x=dd, colour=dist))+
  geom_density(size=1)
```

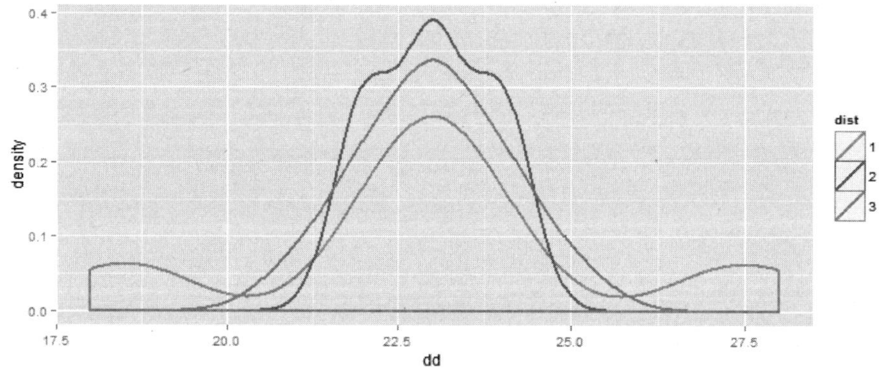

6.4.5. 상자그림

양적자료의 특성을 파악하기 위해서 자료를 크기 순서대로 나열하여 사등분 하면 최솟값, 제1사분위수, 중앙값, 제3사분위수, 최댓값을 구할 수 있다. 상자그림은 이 숫자들을 이용해서 자료들의 분포 모양을 상자형태의 그림으로 나타낸 것이다. 이 그림을 통해서 자료의 중심의 위치, 산포도, 비대칭도 그리고 이상치 유무 등과 같은 자료에 대한 기본적인 정보를 얻을 수 있다. 상자그림은 다음과 같이 작성할 수 있다.

❶ 최솟값, 제1사분위수, 중앙값, 제3사분위수, 최댓값을 구한다.

❷ 수평선(수직선)상에 제1사분위수와 제3사분위수를 이용하여 상자를 하나 만든다.

❸ 상자를 중앙값을 이용하여 분할한다.

❹ 다음과 같이 양쪽 안 울타리를 만든다.

$$f_L = Q_1 - 1.5IQR,\ \ f_U = Q_3 + 1.5IQR$$

❺ 다음과 같이 양쪽 바깥울타리를 만든다.

$$F_L = Q_1 - 3IQR,\ F_U = Q_3 + 3IQR$$

❻ 양쪽 안울타리 안쪽에 있으면서 울타리에 가장 가까운 값을 찾아낸다. 이 관측값을 인접값이라 한다.

❼ 상자의 양끝과 인접값을 연결한다.

❽ 그래프의 형태는 다음과 같다.

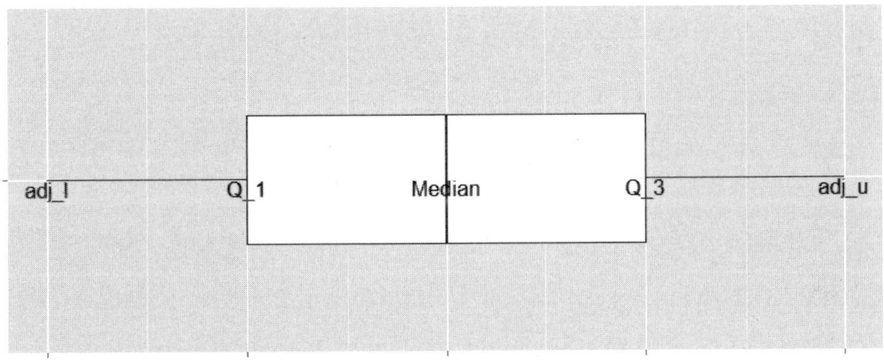

❾ 안울타리와 바깥울타리 사이에 있는 관측값을 이상치로 간주하고 *로 나타낸다. 바깥울타리를 벗어나는 관측값을 특별한 이상치라고 한다.

❿ 여러 가지 형태의 상자그림

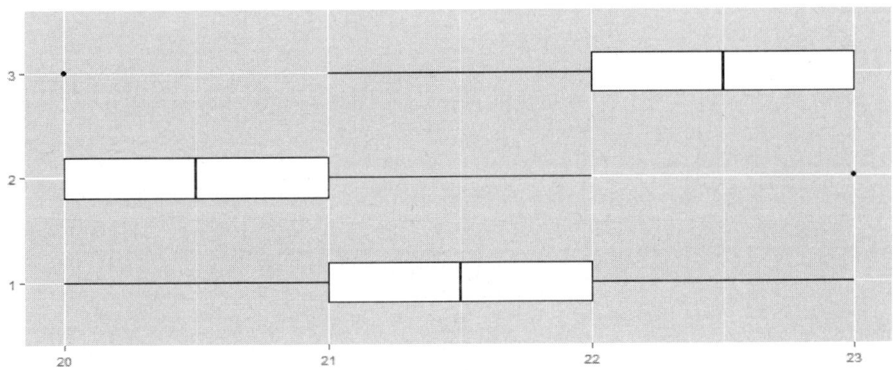

[그림 1]은 분포가 대칭인 자료의 상자그림, [그림 2]는 분포가 오른쪽으로 꼬리가 긴 형태를 갖는 자료의 상자그림, 그리고 [그림 3]은 왼쪽으로 꼬리가 긴 형태를 갖는 자료의 상자그림을 나타낸다.

다음 자료에 대한 상자그림을 작성하고 자료의 특성을 설명하라.

68	68	70	72	72	72	72	74	74	74	76	78	78	82	84	84	84	86	90	91

❶ 중앙값 계산

중앙값 위치= $\frac{20+1}{2}=10.5$, 중앙값= $\frac{x_{(10)}+x_{(11)}}{2}=\frac{74+76}{2}=75$

❷ 사분위수 계산

제1사분위수 위치= $\frac{21}{4}=5.25$, $Q_1=72+0.25(72-72)=72$.

제3사분위수 위치= $\frac{3\times 21}{4}=15.75$, $Q_3=84+0.75(84-84)=84$.

❸ 안울타리 계산

$f_L=Q_1-1.5IQR=72-1.5(84-72)=54$, $f_U=Q_3+1.5IQR=84+1.5(84-72)=102$

❹ 바깥울타리 계산

$F_L=Q_1-3IQR=72-3\times 12=36$, $F_U=Q_3+3IQR=84+3\times 12=120$

❺ 인접값을 찾는다.

안 울타리 안에 있으면서 울타리에 가장 가까운 값 68과 91이다.

❻ 수평선상에 (72, 84)로 상자를 하나 그린다. 이상자를 75로 분할한다. 양쪽에 인접값을 나타낸다. 그리고 상자의 양 끝과 인접값을 선으로 연결한다. 안울타리를 벗어나는 관측값이 있으면 *로 나타낸다. 그러면 다음과 같은 상자그림을 완성할 수 있다.

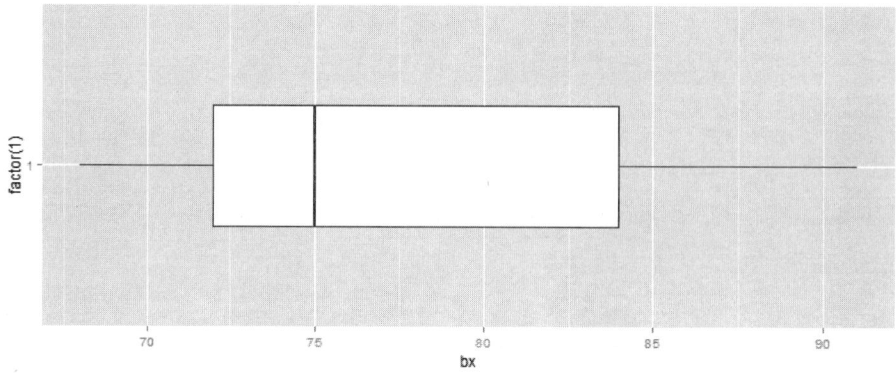

전체 자료 중에서 25%는 (68, 72) 사이에, 25%는 (72, 75) 사이에, 25%는 (75, 84) 사이에 25%는 (84,91) 사이에 분포되어 있다.

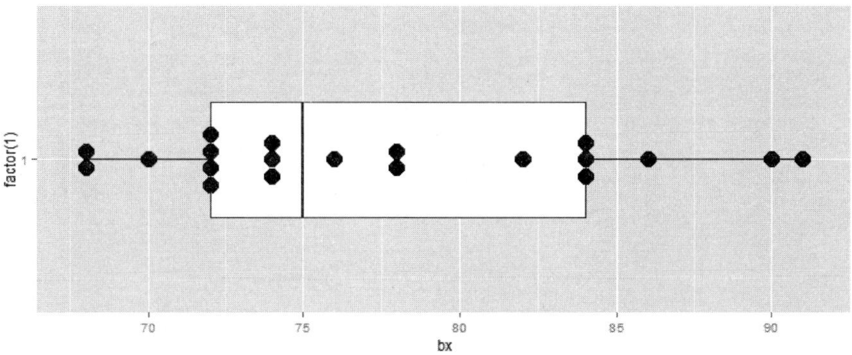

위 그림을 보면 10개의 자료가 (68, 75) 사이에, 나머지 10개의 자료가 (75, 91)에 분포되어 있다. 중앙값에서 최솟값까지의 거리는 7이고, 중앙값에서 최댓값까지의 거리는 16이므로 중앙값과 최솟값사이의 점의 밀도가 중앙값과 최댓값 사이의 점의 밀도 보다 더 높다. 따라서 위의 자료는 전체적으로 오른쪽으로 꼬리가 긴 분포의 형태를 가진다. 상자그림과 점도표를 동시에 작성하면 더 많은 정보를 얻을 수 있다.

R 프로그램

geom_boxplot()함수를 이용하여 상자그림을 작성하였다.

```
bx <- c(68,68,70,72,72,72,72,74,74,74,76,78,78,82,84,84,84,86,90,91)
dbx <- data.frame(bx)
ggplot(dbx, aes(x=factor(1), y=bx))+geom_boxplot(width=0.5)+
  coord_flip()
```

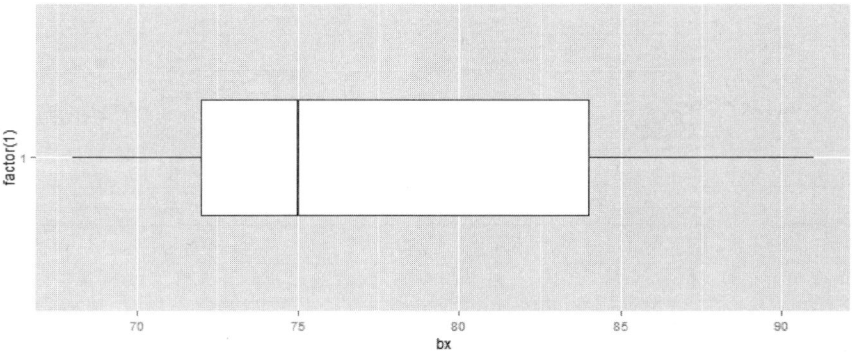

```
ggplot(dbx)+
 geom_boxplot(aes(x=factor(1), y=bx), width=0.5) +
 geom_dotplot(aes(x=factor(1),y=bx), binaxis="y", stackdir="center",dotsize=0.7)+
 coord_flip()
```

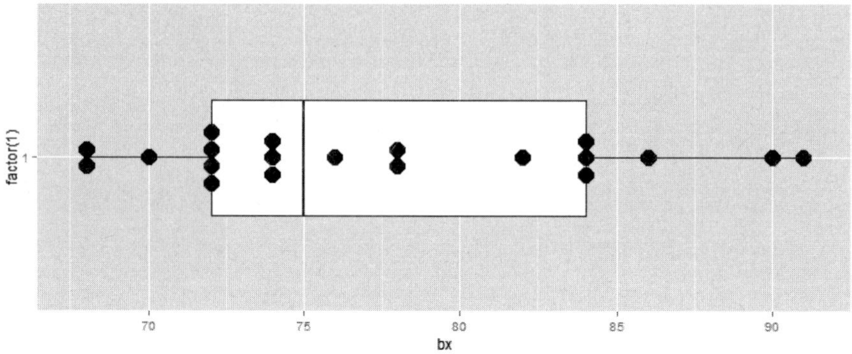

6.4.6. R에서 자료 요약

R에서는 자료를 요약하는 몇 가지 함수를 제공한다.

다음 자료는 33명의 키와 몸무게에 대한 자료이다. R 함수를 이용해서 다음 자료를 요약해보자. (c:/RData/body.csv에 저장되어 있다면)

Sex	height	weight	Sex	height	weight
M	168.4	50.8	M	168.4	53.1
M	153.6	43.1	F	155.7	50.8
F	163.3	40.8	F	142.2	40.1
M	157.4	45.3	M	143.5	40.1
F	152.4	51.7	M	160	50.1
M	168.9	44.4	M	156.9	53.5
F	149.8	50.8	M	172.2	50.8
F	163.3	51.4	F	159.5	46.5
M	168.9	50.8	F	141.7	43.3
F	145.6	45.8	M	163.8	44.4
M	149.7	42.7	M	168.9	50.5
M	167.6	47.6	M	159.5	42.6
F	153.6	47.6	M	149.8	44.4
M	149.8	45.1	F	165.8	53.5
F	162.5	50.5	M	144.7	42.1
F	158.2	45.1	F	151.8	52.1
F	155.7	40.5			

R 프로그램

summary()를 이용하여 자료를 요약할 수 있다. 이 함수는 범주형 자료에 대해서 각 범주의 도수를 출력하고, 양적인 자료의 최솟값, Q_1, 중앙값, 평균, Q_3, 최댓값을 출력한다.

summary(body[c(2,3)])은 데이터프레임 body에서 2번째, 3번째 변수에 대해서 자료를 요약한다.

```
body <- read.csv("c://RData//body.csv")
body
##      Sex   height   weight
## 1    M     168.4    50.8
## 2    M     153.6    43.1
## 3    F     163.3    40.8
## 4    M     157.4    45.3
## 5    F     152.4    51.7
## 6    M     168.9    44.4
## 7    F     149.8    50.8
## 8    F     163.3    51.4
## 9    M     168.9    50.8
## 10   F     145.6    45.8
## 11   M     149.7    42.7
## 12   M     167.6    47.6
## 13   F     153.6    47.6
## 14   M     149.8    45.1
## 15   F     162.5    50.5
## 16   F     158.2    45.1
## 17   F     155.7    40.5
## 18   M     168.4    53.1
## 19   F     155.7    50.8
## 20   F     142.2    40.1
## 21   M     143.5    40.1
## 22   M     160.0    50.1
## 23   M     156.9    53.5
## 24   M     172.2    50.8
## 25   F     159.5    46.5
## 26   F     141.7    43.3
## 27   M     163.8    44.4
```

```
## 28  M      168.9     50.5
## 29  M      159.5     42.6
## 30  M      149.8     44.4
## 31  F      165.8     53.5
## 32  M      144.7     42.1
## 33  F      151.8     52.1
summary(body)
##    Sex        height           weight
##   F:15    Min.    :142    Min.     :40.1
##   M:18    1st Qu. :150    1st Qu.  :43.3
##           Median  :157    Median   :46.5
##           Mean    :157    Mean     :47.0
##           3rd Qu. :164    3rd Qu.  :50.8
##           Max.    :172    Max.     :53.5
summary(body[c(2, 3)])
##     height              weight
##   Min.    :142     Min.     :40.1
##   1st Qu. :150     1st Qu.  :43.3
##   Median  :157     Median   :46.5
##   Mean    :157     Mean     :47.0
##   3rd Qu. :164     3rd Qu.  :50.8
##   Max.    :172     Max.     :53.5
```

R 프로그램

describe{Hmisc}를 이용해서 양적 자료의 제p백분위수를 얻을 수 있다(p=5%,10%, 25%,50%, 75%,90%,95%). 몇 개의 가장 작은 자료와 가장 큰 자료를 얻을 수 있다. 범주형 자료에 대해서는 각 범주의 도수와 상대도수를 출력한다.

```
install.packages("Hmisc")
library("Hmisc")
describe(body[c(1,2)])
 2  Variables     33  Observations
---------------------------------------------------------------------------
Sex
     n   missing   unique
    33         0        2
```

```
F (15, 45%), M (18, 55%)
---------------------------------------------------------------------------
height
 n  missing  unique  Mean    .05    .10    .25    .50    .75    .90    .95
33        0      24  157.4  143.0  144.9  149.8  157.4  163.8  168.8  168.9

lowest : 141.7 142.2 143.5 144.7 145.6, highest: 165.8 167.6 168.4 168.9 172.2
---------------------------------------------------------------------------
```

R 프로그램

basicStats{fBasics}를 이용하여 양적 자료에 대한 기술 통계(자료 수, 결측치 수, 최솟값, 최댓값, Q_1, Q_3, 평균, 중앙값, 평균의 표준오차, 모평균의 신뢰구간, 분산, 표본표준편차, 왜도, 첨도)를 얻을 수 있다.

```
install.packages("fBasics")
library("fBasics")
basicStats(body$height)
##                 X..body.height
## nobs                33.000000
## NAs                  0.000000
## Minimum            141.700000
## Maximum            172.200000
## 1. Quartile        149.800000
## 3. Quartile        163.800000
## Mean               157.366667
## Median             157.400000
## Sum               5193.100000
## SE Mean              1.532561
## LCL Mean           154.244942
## UCL Mean           160.488392
## Variance            77.508542
## Stdev                8.803894
## Skewness            -0.121766
## Kurtosis            -1.171754
```

6.5. 그룹별 자료 비교

각 그룹 간에 자료를 비교하기 위해서 두 개 이상의 그룹으로 이루어진 자료를 정리하는 방법에 대해서 설명한다. 예를 들어 백화점의 구매금액 자료를 지역별로 비교, 월 소득 자료를 지역별로 비교, 자동차 연비 비교, 등 여러 가지 경우가 있다.

다음 자료는 A과목을 수강하는 30명 학생의 점수이다. 이 자료를 이용해서 각 그룹별 성적의 분포를 비교해보자. (c:/RData/sscore.csv에 저장되어 있다면)

Sex	Major	Score	Sex	Major	Score
M	math	60	F	com	58
F	math	62	F	math	58
M	math	66	M	com	62
F	com	62	F	math	60
F	com	62	F	math	67
F	math	57	M	com	63
F	math	61	M	math	66
M	com	65	F	math	61
M	math	61	F	math	56
M	math	57	M	math	57
F	com	56	M	com	64
F	com	60	F	math	61
F	com	66	F	com	59
F	math	61	M	math	55
F	com	63	F	math	62

Score를 남, 여 그룹별로 비교하기 위해서 성별에 따라 Score의 수치요약을 다음과 같이 구하였다.

구분		Score							
		평균	표준편차	변동계수	중앙값	Q1	Q3	왜도	첨도
Sex	F	60.53	2.94	4.86	61	58.5	62.0	0.31	-0.41
	M	61.45	3.83	6.23	62	58.5	64.5	-0.32	-1.49

남녀의 평균과 중앙값을 비교해보면 남자가 약간 더 높고, 변동계수, Q_1 그리고 Q_3를 비교해보면 남학생들 사이의 성적의 산포도가 여학생의 산포도에 비해서 더 크다. 그리고 여자의 성적의 분포 형태는 약간 오른쪽 꼬리가 길고, 남자의 성적의 분포의 형태는 약간 왼쪽 꼬리가 긴 분포의 형태 따른 다는 것을 알 수 있다.

R 프로그램

ddply{plyr} 함수를 이용하여 데이터프레임을 지정된 변수를 기준으로 분할하고, 분할된 자료마다 선언된 특정함수를 적용하고, 그 결과를 재조합하여 데이터프레임 형태로 출력한다. 아래 프로그램은 Sex를 기준으로 summarise() 함수를 이용하여 Score에 대한 여러 가지 요약 통계를 구하였다. 여기서 skewness(), kurtosis() 함수를 이용하기 위해서 e1071 패키지가 설치되어 있어야한다.

```
sscore <- read.csv("c://RData//sscore.csv")
dscore <- ddply(sscore, .(Sex), summarise, Mean=mean(Score), Stdev=sd(Score),
          Median=median(Score),skew=skewness(Score),kurt=kurtosis(Score),
          Q1=quantile(Score,0.25),Q3=quantile(Score,0.75), CV=(Stdev/Mean)*100)
dscore
##   Sex   Mean      Stdev    Median   skew        kurt        Q1    Q3     CV
## 1  F    60.63158  2.947891   61     0.3057891  -0.4083268   58.5  62.0   4.861972
## 2  M    61.45455  3.830500   62    -0.3172148  -1.4852444   58.5  64.5   6.233061
```

수치 자체가 요약이기는 하지만 전체를 한 눈에 파악하기는 힘들다. 그래프를 이용하여 자료들을 시각화 한다면 여러 그룹의 자료를 비교하기가 더 용이하다.

위의 자료를 점도표와 상자 그림을 이용하여 남녀 두 그룹의 성적을 비교해보자.

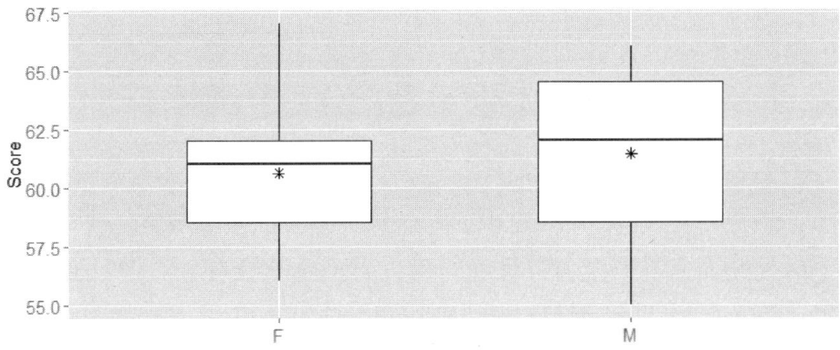

위 그림을 보면 남학생이 여학생에 비해서 중심의 위치가 조금 높은 것을 볼 수 있다. 여학생의 Q_3와 남학생의 중앙값이 같다. 따라서 남학생이 여학생보다 성적이 높은 사람이 많다. 그러나 최고 점수는 여학생이고 최저점수는 남학생임을 볼 수 있다. 상자의 길이가 남학생이 더 길기 때문에 남학생의 산포도가 여학생에 비해서 더 크다는 것을 알 수 있다. 이상치는 존재하지 않는 것으로 나타났다. 여학생의 성적의 분포는 오른쪽으로 꼬리가 약간 긴 형태이고, 남학생의 성적의 분포는 왼쪽으로 꼬리가 약간 긴 형태임을 알 수 있다.

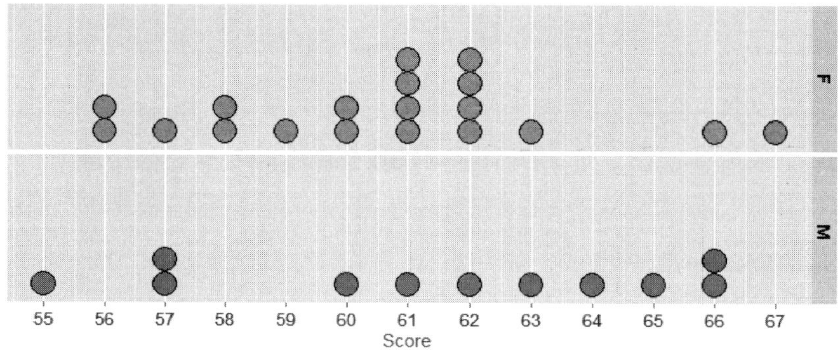

여학생의 성적은 중심의 위치 주변에 많이 모여 있다. 반면에 남학생의 성적은 중심의 위치에서 멀리 떨어져 있음을 볼 수 있다. 이상치는 아니지만 여학생 중에서 2명은 다른 학생에 비해 성적이 높고, 남학생 중에서 3명은 나머지 학생에 비해서 성적이 낮다는 것을 알 수 있다.

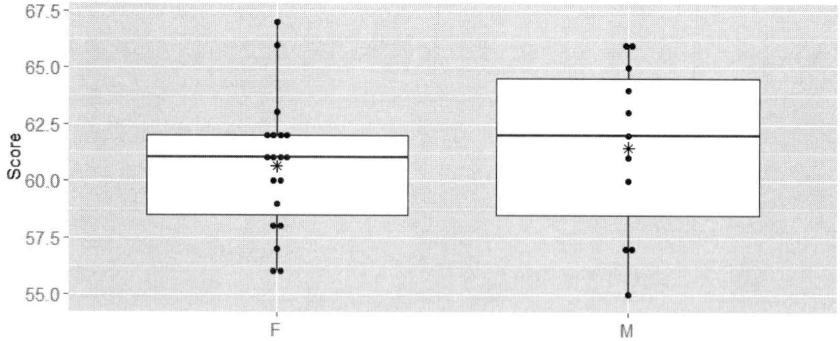

상자그림과 점도표를 겹쳐서 작성하면 자료를 좀 더 시각적으로 나타낼 수 있다. 최솟값과 Q_1사이에 위치하는 여학생의 성적의 산포도가 남학생의 성적 비해 작다. Q_1과 중앙값 사이의 산포도는 여학생이 남학생에 비해 더 작다. 중앙값과 Q_3사이의 산포도는 여학생이 남학생에 비해서 더 작다. Q_3와 최댓값 사이의 산포도는 여학생이 남학생에 비해 크다.

R 프로그램

geom_boxplot()와 geom_dotplot()을 이용하여 상자그림과 점도표를 그린다.

```
sscore <- read.csv("c://RData//sscore.csv")
ggplot(sscore, aes(x=factor(Sex), y=Score))+
 geom_boxplot(width=0.7)+
 stat_summary(fun.y="mean", geom="point",shape=8,size=3)+
 theme(
  axis.title.x=element_blank(),
  axis.text=element_text(size=15),
  axis.title.y=element_text(size=15))
```

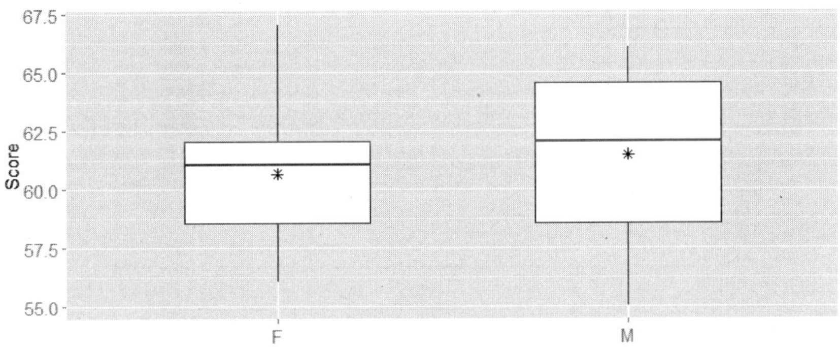


```
ggplot(sscore, aes(x=Score, fill=Sex))+
 geom_dotplot()+
 scale_y_continuous(breaks=NULL)+
 scale_x_continuous(limits=c(55,67), breaks=seq(55,67,1))+
  theme(
  axis.title.y=element_blank(),
  axis.title=element_text(size=15,colour="red"),
  axis.text=element_text(size=rel(1.2),colour="blue"),
  strip.background=element_rect(fill="pink"),
  strip.text=element_text(size=rel(1.2), angle=0, face="bold"))+
 facet_grid(Sex~.)+
 guides(fill=FALSE)
```

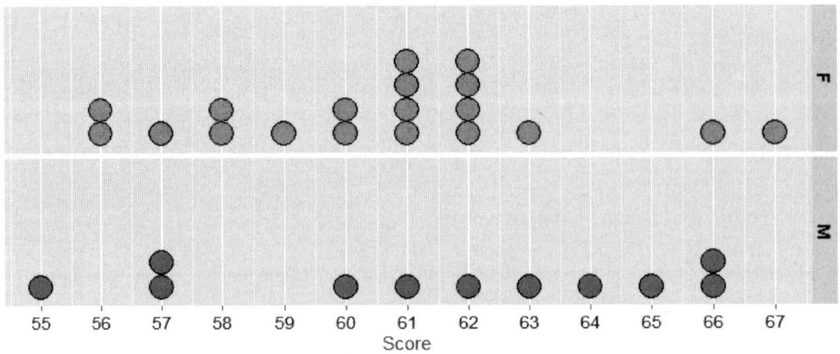


```
ggplot(sscore)+
 geom_boxplot(aes(x=factor(Sex), y=Score),outlier.colour="red") +
 geom_dotplot(aes(x=factor(Sex),y=Score),binaxis="y",stackdir="center",dotsize=0.7)+
 stat_summary(aes(x=factor(Sex), y=Score), fun.y="mean", geom="point",
        shape=8,size=3)+
 theme(
  axis.title.x=element_blank(),
  axis.text=element_text(size=15),
  axis.title.y=element_text(size=15))
```

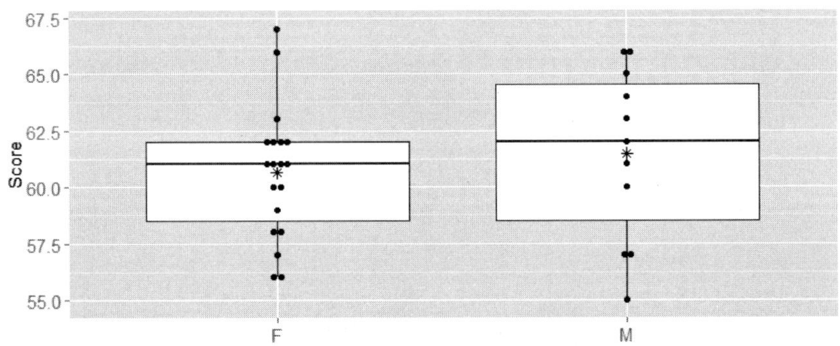

위의 자료를 성별을 기준으로 전공별 성적을 비교해보자.

구분		Score							
Sex	Major	평균	중앙값	표준편차	Q_1	Q_3	CV	왜도	첨도
F	com	60.8	61.0	3.15	58.8	62.3	5.2	0.10	-1.26
	math	60.5	61.0	2.94	59.0	61.5	4.9	0.43	-0.13
M	com	63.5	63.5	1.29	62.8	64.3	2.0	0.00	-2.07
	math	60.3	60.0	4.38	57.0	63.5	7.3	0.26	-1.78

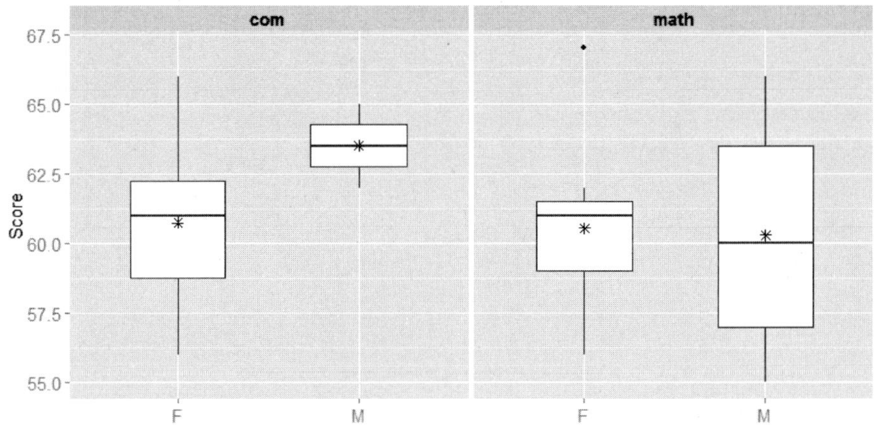

R 프로그램

ddply{plyr} 함수를 이용하여 데이터프레임을 지정된 변수를 기준으로 분할하고, 분할된 자료마다 선언된 특정함수를 적용하고, 그 결과를 재조합하여 데이터프레임 형태로 출력한다. 아래 프로그램은 (Sex, Major)을 기준으로 summarise() 함수를 이용하여 Score에 대한 여러 가지 요약 통계를 구하였다. 여기서 skewness(), kurtosis() 함수를 이용하기 위해서 e1071 패키지가 설치되어 있어야한다.

```
dscore <- ddply(sscore, .(Sex, Major), summarise, Mean=mean(Score),
          Stdev=sd(Score), Median=median(Score),skew=skewness(Score),
          kurt=kurtosis(Score), Q1=quantile(Score,0.25),
          Q3=quantile(Score,0.75), CV=(Stdev/Mean)*100)
dscore
##   Sex Major     Mean    Stdev Median      skew       kurt    Q1    Q3       CV
## 1   F   com 60.75000 3.150964   61.0 0.1048840 -1.2676451 58.75 62.25 5.186771
## 2   F  math 60.54545 2.944949   61.0 0.4281840 -0.1334269 59.00 61.50 4.864031
## 3   M   com 63.50000 1.290994   63.5 0.0000000 -2.0775000 62.75 64.25 2.033062
## 4   M  math 60.28571 4.386125   60.0 0.2622434 -1.7855197 57.00 63.50 7.275563
```

R 프로그램

geom_boxplot()을 이용하여 상자그림을 그린다.

```
ggplot(sscore, aes(x=factor(Sex), y=Score))+
  geom_boxplot(width=0.7)+
```

```
stat_summary(fun.y="mean", geom="point",shape=8,size=3)+
theme(
  axis.title.x=element_blank(),
  axis.text=element_text(size=15),
  axis.title.y=element_text(size=15),
  strip.background=element_rect(fill="pink"),
  strip.text.x=element_text(size=15, angle=0, face="bold"))+
facet_grid(.~Major)
```

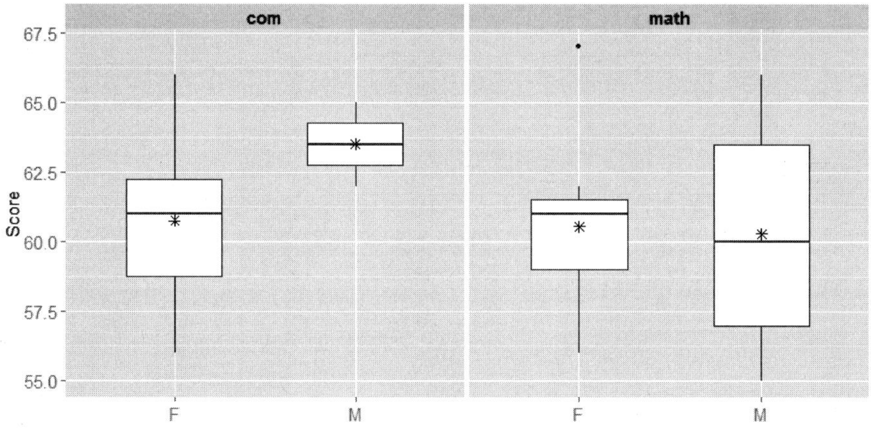

PART 06

연습문제

1. 주어진 자료는 학생 30명을 대상으로 취업 관련 설문조사를 실시한 것이다. (R을 이용해서 풀어라.)

Index	Sex	Major	Job	Income
1	F	com	A	2400
2	F	math	A	2300
3	M	eng	B	2300
4	M	math	C	2300
5	M	math	A	2600
6	F	busi	B	2500
7	F	com	B	2400
8	M	eng	C	2500
9	F	busi	C	2400
10	M	com	B	2700
11	M	eng	A	2400
12	F	math	B	2400
13	F	com	B	2500
14	M	busi	C	2400
15	F	eng	A	2200
16	F	com	A	2300
17	F	math	A	2500
18	M	eng	B	2400
19	M	math	C	2400
20	M	math	A	2400
21	F	busi	B	2400

22	F	com	B	2500
23	M	eng	C	2300
24	F	busi	C	2500
25	M	com	B	2500
26	M	eng	A	2500
27	F	math	B	2400
28	F	com	B	2300
29	M	busi	C	2700
30	F	eng	A	2300

❶ 성별(sex)에 대한 도수분포표를 완성하라.

범주	도수	상대도수	백분율	누적백분율
F				
M				
합계				

❷ 성별(sex)와 전공(major)에 대한 분할표를 완성하라.

도수 행백분율 열백분율 전체백분율		Major com	 math	 eng	 busi	합계
Sex	F					
	M					
합계						

3 ggplot 2를 이용하여 Sex에 대한 막대그래프를 작성하라.

4 3에서 작성한 막대그래프의 y-축을 퍼센트로 나타내어라.

5 ggplot2를 이용하여 Sex와 Major에 대한 비율 누적 막대그래프를 작성하라.

6 Sex와 Major 그리고 Job에 대한 모자이크 그림을 작성하라.

7 Sex에 대한 원그래프를 작성하라.

2. 다음 자료를 이용하여 다음 물음에 답하여라. (R을 이용하라.)

Group	Data	Group	Data	Group	Data	Group	Data
0	6.3	0	13.5	1	19.7	1	22.1
0	4.1	0	7.5	1	18.7	1	19.4
0	5.7	0	18.8	1	19.9	1	25.9
0	14.0	0	9.0	1	23.2	1	16.9
0	7.5	0	4.3	1	28.3	1	18.3
0	4.5	0	9.4	1	24.1	1	16.3
0	17.5	0	10.8	1	15.1	1	19.3
0	11.7	0	19.2	1	23.9	1	24.8
0	9.0	0	10.4	1	20.9	1	21.6
0	14.2	0	11.8	1	14.1	1	17.1

1 Data를 Group별로 비교하기 위해서 Group에 따라 Data의 수치요약 값으로 다음 표를 채워라.

구분		Score							
		평균	표준편차	변동계수	중앙값	Q1	Q3	왜도	첨도
Group	0								
	1								

2 전체 자료를 이용해서 Data에 대한 상자그림을 작성하라.

3 group별로 상자그림과 혼합한 40개의 자료에 대한 상자그림을 동시에 작성하여라.

4 면을 분할하여 group별로 점도표를 작성하라.

3. 다음 자료에 대해서 물음에 답하여라.

23.3	15.2	15.8	25.8	15.9	21.6	26.8	26.3	18.7	10.9
30.0	22.7	22.2	19.9	22.0	19.3	21.7	18.4	18.5	21.6

❶ 위자료에 대한 평균을 구하라.

❷ 위자료에 대한 5%-절단평균을 구하라.

❸ 위자료에 대한 중앙값을 구하라.

❹ 위자료에 대한 90백분위수를 구하라.

❺ 위자료에 사분위수를 구하라.

❻ 위자료에 대한 분산과 표준편차를 구하라.

❼ 위자료에 대한 왜도와 첨도를 구하라.

❽ 사분위수 범위를 구하라.

❾ 위자료에 대한 변동계수를 구하라.

❿ R을 이용해서 ❶~❾문제를 풀어라.

4. 3번 자료를 이용해서 다음 물음에 답하여라.

❶ 도수분포표를 작성하라.

❷ R을 이용해서 도수분포표를 작성하라.

❸ R을 이용해서 줄기와 잎 그림을 그려라.

❹ ggplot 2를 이용해서 히스토그램을 작성하라

5. 다음 표는 어느 고등학교에서 물리를 선택한 한 학생의 성적과 화학을 선택한 한 학생의 성적을 비교하기 위해서 각 과목의 학교 평균과 표준편차를 나타낸 것이다. 두 학생 중 어느 학생이 상대적으로 더 높은 점수를 받았다고 할 수 있는가?

구분	물리	화학
학생 성적	90	80
학교 평균	85	70
학교 표준편차	4	4

PART 07

확률 및 확률 분포

7.1. 표본공간과 사건
7.2. 확률의 정의
7.3. 순열과 조합
7.4. 조건부 확률과 독립사상
7.5. 베이즈 정리
7.6. 확률변수
7.7. 이산확률분포 _ •이산확률변수의 기댓값과 분산 •결합확률분포
7.8. 연속확률분포 _ •연속확률변수의 기댓값과 분산 •결합확률분포
7.9. 여러 가지 확률분포 _ •이항분포 •초기하분포 •포아송 분포 •정규분포 •t 분포 •카이제곱분포 •F 분포 •이항분포의 정규근사 •중심극한정리

PART 07

확률 및 확률 분포

7.1. 표본공간과 사건

확률이란 어떤 불확실한 현상이 일어날 가능성을 말한다. 예를 들어 내일 비올 확률, 윷놀이에서 모가 나올 확률, A팀이 월드컵에서 우승할 가능성 등 수많은 예들이 있다. 우리는 일상 생활에서 알게 모르게 가능성 즉 확률이라는 말을 많이 사용하고 있다. 이러한 확률 개념은 통계학의 기초가 된다. 확률은 불확실한 어떤 사건이 일어날 가능성을 나타내기 때문에 확률의 개념을 소개하기 전에 먼저 표본공간과 사건에 대해서 알아보자. 표본공간은 어떤 실험을 통해서 일어날 수 있는 모든 가능한 결과들의 집합이다.

여기서 실험이란 어떤 현상에 대해 자료를 얻는 과정으로 한 가지 이상의 결과를 가지며, 나타날 가능성이 있는 모든 결과 중에 적어도 하나는 실험을 통해서 나타나야한다. 실험에서 일어 날 수 있는 개개의 결과를 표본공간의 원소라 한다. 표본공간은 이산형표본공간과 연속형표본공간으로 나눌 수 있다. 이산형표본공간은 표본공간이 유한집합이거나 가산무한집합일 때를 말하고, 연속형표본공간은 표본공간이 불가산무한집합일 때를 말한다. 사건은 표본공간의 부분집합이다.

하나의 원소로 이루어진 사건을 단순사건이라 한다. 실험에서 일어난 결과가 사건 E의 원소이면 사건 E가 일어났다고 한다. 표본공간에 속하는 원소 중에서 E에 속하지 않은 원소들의 집합을 E의 여사건이라 하고 E^c로 표시한다. 두 사건 E_1와 E_2가 동시에 일어나거나, E_1이 일어나거나, 혹은 E_2가 일어나는 경우를 E_1과 E_2의 합사건이라하고 $E_1 \cup E_2$로 표시한다. 두 사건 E_1와 E_2가 동시에 일어나거나 경우를 E_1와 E_2의 교사건이라하고 $E_1 \cap E_2$로 나타낸다. 두 사건이 동시에 일어 날 수 없을 때, 즉 $E_1 \cap E_2 = \Phi$일 때 두 사건 E_1와 E_2을 서로 배반사건이라 한다.

동전을 두 번 던지는 실험에서 표본공간과 앞면이 한 번 나올 사건을 구해보자. 동전의 앞면을 H, 뒷면을 T로 표시하자. 그러면 표본공간 S와 앞면이 한 번 나올 사건 E는 다음과 같다.

$$S=\{HH, HT, TH, TT\},\ E=\{HT, TH\}$$

여기서 S는 유한집합이므로 이산형표본공간이다. $E \subseteq S$이다. E_1={앞면이 두 번 나옴}={HH}, E_2={앞면이 한 번도 나오지 않는다.}={TT}는 서로 배반사건이다. $E \cup E_1$={HH, HT, TH}={앞면이 한 번 이상 나온다}. E_2는 $E \cup E_1$의 여사건이다.

한 개의 동전을 첫 번째 H가 나올 때 까지 계속해서 던지는 실험에서 표본공간과 H가 네 번째 처음 나올 사건을 다음과 같다.

$$S=\{H, TH, TTH, TTTH, \cdots\},\ E=\{TTTH\}$$

여기서는 표본공간은 가산무한집합이므로 이산형표본공간이다.

R 프로그램

sample() 함수를 이용하면 동전 던지는 실험을 실시할 수 있다. replace=TRUE는 같은 항목을 여러 번 선택할 수 있다.

```
sample(c("H", "T"), 1, replace = TRUE)              # 동전 한 번 던져서 나온 결과
## [1] "H"
sample(c("H", "T"), 2, replace = TRUE)              # 동전을 두 번 던져서 나온 결과
## [1] "H" "T“
sample(c("H", "T"), 5, replace = TRUE)              # 동전을 다섯 번 던져서 나온 결과
## [1] "T" "T" "T" "T" "H"
sample(c(1, 2, 3, 4, 5, 6), 1, replace = TRUE)      # 주사위를 한번 던져서 나온 결과
## [1] 5
```

어떤 전구공장에서 생산되는 전구의 수명을 측정하는 실험에서 표본공간과 전구 수명이 1,000이상일 사건은 다음과 같다.

$$S=\{x|x \geq 0, x:\text{ 전구의 수명}\},\ E=\{x|x \geq 1000\}$$

여기서 S는 불가산무한집합이므로 S는 연속형표본공간이다.

7.2. 확률의 정의

사건 E가 일어날 확률 P(E)는 사건 E의 상대도수의 극한값으로 정의된다. 즉 실험을 무한히 반복했을 때 사건 E가 나타날 비율이다. P(E)는 다음과 같이 나타낼 수 있다.

$$P(E)=\lim_{n\to\infty}\frac{n(E)}{n}$$

여기서 n은 실험 횟수, n(E)는 n회 실험 중에 나타난 E의 횟수이다. 아래 그림은 동전을 던지는 모의실험의 결과를 그래프로 나타낸 것이다. 그림을 보면 실험 횟수가 점점 많아지면 실험에서 나타나는 앞면의 개수와 뒷면의 개수가 같아진다. 즉 앞면이 일어날 확률이 0.5에 접근하는 것을 볼 수 있다.

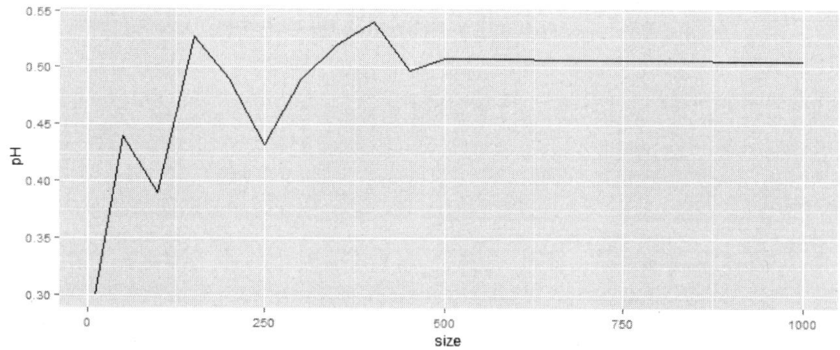

고전적 확률의 정의는 표본공간의 모든 원소가 나타날 가능성이 같을 경우 사건 E가 일어날 확률 P(E)는 다음과 같이 정의된다.

$$P(E) = \frac{|E|}{|S|}$$

여기서 $|S|$와 $|E|$는 S와 E가 유한집합이면 그 집합의 카디날리티이다. S가 연속형표본공간 이면 $|S|$와 $|E|$는 넓이, 길이 등이 될 수도 있다.

다음과 같은 성질을 만족하는 P(E)를 사건 E가 일어날 확률이라 한다.

❶ 표본공간 S에 대해서 $P(S)=1$

❷ 임의의 사건 E에 대해서 $0 \le P(E) \le 1$

❸ 서로 배반인 $E_1, E_2, \cdots$에 대해서

$P(E_1 \cup E_2 \cup \cdots)=P(E_1) + P(E_2) + \cdots$

이를 확률의 공리라고 한다. 이러한 확률의 공리로부터 몇 가지 성질을 얻을 수 있다.

❶ $P(\Phi) = 0$

❷ $P(E_1 \cup E_2) = P(E_1) + P(E_2) + P(E_1 \cap E_2)$

❸ $E_1 \cap E_2 = \Phi$ 이면 $P(E_1 \cup E_2) = P(E_1) + P(E_2)$

❹ 서로 배반 사건인 $E_1, E_2, \cdots, E_n$에 대해서

$P(E_1 \cup E_2 \cup \cdots \cup E_n) = P(E_1) + P(E_2) + \cdots + P(E_n)$

❺ 사건 E에 대해서 $P(E^c) = 1 - P(E)$

❻ $E_1 \subseteq E_2$ 이면 $P(E_1) \leq P(E_2)$

주사위를 한 번 던져서 나타나는 눈의 수를 관찰하는 실험을 실시하였다. 이때 표본공간, 나타나는 눈의 수가 짝수, 나타나는 눈의 수가 2 이상, 나타나는 눈의 수가 4 이하, 나타나는 눈의 수가 홀수일 확률을 구해보자. 표본공간을 S, E_1={눈의 수=짝수}, E_2={눈의 수 $\geq$ 2}, E_3={눈의 수 $\leq$ 4}, E_4={눈의 수=홀수}라 하면 S, E_1, E_2, E_3, E_4는 다음과 같이 나타낼 수 있다.

$S=\{1,2,3,4,5,6\}$, $E_1=\{2,4,6\}$, $E_2=\{2,3,4,5,6\}$, $E_3=\{1,2,3,4\}$, $E_4=\{1,3,5\}$

$P(S)=\frac{6}{6}=1$, $P(E_1)=\frac{3}{6}=\frac{1}{2}$, $P(E_2)=\frac{5}{6}$, $P(E_3)=\frac{4}{6}=\frac{2}{3}$, $P(E_4)=\frac{3}{6}=\frac{1}{2}$,

$P(E_1 \cap E_2)=\frac{3}{6}=\frac{1}{2}$

$P(E_1 \cup E_2) = P(E_1) + P(E_2) + P(E_1 \cap E_2)=\frac{1}{2}+\frac{5}{6}-\frac{1}{2}=\frac{5}{6}$

$E_1 \cap E_4 = \Phi$이기 때문에 $P(E_1 \cup E_4) = P(E_1) + P(E_4) = \frac{1}{2}+\frac{1}{2}=1$

E_4는 E_1의 여사건이기 때문에 $P(E_4) = 1 - P(E_1)$

$E_1 \subseteq E_2$ 이기 때문에 $P(E_1) \leq P(E_2)$

7.3. 순열과 조합

순열은 서로 다른 n개의 원소 중에서 r개를 추출하여 일렬로 세우는 방법의 가지 수이다. 일반적으로 순열은 ${}_nP_r$로 나타낸다. 그리고 다음과 같이 계산할 수 있다.

$$_nP_r = n(n-1)(n-2)\cdots(n-r+1)$$

특히 n개를 모두 일렬로 세우는 방법이 가지 수는 $n!$이고, 다음과 같이 계산한다.

$$n! = n(n-1)(n-2)\cdots 2 \cdot 1$$

단 여기서 0!=1로 정의한다. 따라서

$$_nP_r = n(n-1)(n-2)\cdots(n-r+1) = \frac{n!}{(n-r)!}$$

이다.

서로 다른 다섯 장의 카드를 일렬로 세우는 방법의 수는 5!=120가지다.

다섯 장 카드 중 두 장을 선택해서 일렬로 나열하는 방법의 수는 $_5P_2 = 5 \times 4 = 20$ 이다.

R 프로그램

순열 값을 직접 계산하기 위해서 permu() 함수를 만들었다.

```
permu <- function(n,r){
  if(r==0){p=1} else
  {p <- prod(n:(n-r+1))}
  cat("permutation:", p)
}
permu(5, 2)
## permutation: 20
```

R 프로그램

R에서 제공되는 gamma() 혹은 factorial()을 이용하면 $n!$을 계산 할 수 있다.

```
gamma(5+1)                # 5!
## [1] 120
factorial(5,4)            # 5!
## [1] 120
```

조합은 서로 다른 n개의 원소 중에서 r개를 추출하는 방법의 가지 수이다. 일반적으로 조합은 ${}_nC_r$ 혹은 $\binom{n}{r}$로 나타낸다. 그리고 다음과 같이 계산할 수 있다.

$${}_nC_r = \frac{n!}{r!(n-r)!} = \frac{{}_nP_r}{r!} = {}_nC_{n-r}$$

다섯 장 카드 중 두 장을 선택하는 방법의 수 ${}_5C_2 = \frac{5!}{2!3!} = 10$이다.

R 프로그램

조합 값을 직접 계산하기 위해서 combi() 함수를 만들었다.

```
combi <- function(n,r){
  if(r==0) {c=1} else
  {c <- prod(n:1)/(prod(r:1)*prod((n-r):1))}
  cat("combination:", c)
}
combi(5,3)
## combination: 10
```

R 프로그램

R에서 제공되는 choose()을 이용하면 ${}_nC_r$을 계산 할 수 있다. combn()함수를 이용하면 모든 조합을 출력 할 수 있다.

```
choose(5, 3)
## [1] 10
combn(5, 3)
##      [,1] [,2] [,3] [,4] [,5] [,6] [,7] [,8] [,9] [,10]
## [1,]    1    1    1    1    1    1    2    2    2     3
## [2,]    2    2    2    3    3    4    3    3    4     4
## [3,]    3    4    5    4    5    5    4    5    5     5
```

7.4. 조건부 확률과 독립사상

두 사건 A, B에 대해서 사건 A가 일어났다면, 실험에서 표본공간을 A로 생각할 수 있다. 따라서 A가 일어났다는 가정 하에서 B가 일어날 조건부 확률 $P(B|A)$는 다음과 같이 정의된다.

$$P(B|A) = \frac{P(A \cap B)}{P(A)}, \quad \text{여기서 } P(A) > 0$$

조건부 확률은 표본공간이 원래 표본공간 S에서 일어난 사건 A로 축소된 표본공간에서의 확률이다. 조건부 확률로부터 다음과 같은 곱사건의 확률을 유도할 수 있다.

$$P(A \cap B) = P(B|A)P(A) = P(A|B)P(B)$$

여기서 $P(A) > 0$, $P(B) > 0$이다.

만약 $P(B|A) = P(B)$이면 사건 A와 B는 서로 독립이다. 따라서 A와 B는 서로 독립이면

$$P(A \cap B) = P(A)P(B)$$

이다.

컴퓨터 칩이 회사 I과 II에서 생산된다. 각 공장에서 만든 칩을 각각 25개와 20개를 추출하여 품질 검사를 한 결과가 다음 표와 같다. 한 개의 칩을 선택하였을 때 그 칩이 불량품이라는 조건하에서 그 칩이 회사 I에서 만들어 확률을 계산해보자.

구분		칩		합계
		양품	불량품	
회사	I	20	5	25
	II	18	2	20
합계		38	7	45

$$\text{P(회사 I|불량품)} = \frac{P(\text{회사}I \cap \text{불량품})}{P(\text{불량품})} = \frac{\frac{5}{45}}{\frac{7}{45}} = \frac{5}{7}.$$

한 개의 칩을 선택하였을 때 그 칩이 불량품이라는 조건하에서 그 칩이 회사 II에서 만들어 확률을 계산해보자.

$$P(\text{회사 II}|\text{불량품}) = \frac{P(\text{회사}II \cap \text{불량품})}{P(\text{불량품})} = \frac{\frac{2}{45}}{\frac{7}{45}} = \frac{2}{7}.$$

7.5. 베이즈 정리

표본공간 S가 $i \neq j,\ i,j = 1,2,\cdots k$에 대해서 $A_i \cap A_j = \Phi$이고, $\bigcup_{i=1}^{k} A_i = S$일 때, $\{A_1, A_2, \cdots, A_k\}$를 S의 뷰할이라 한다. 임의의 사건 $B \subseteq S$도 다음과 같이 분할된다.

$$B = (B \cap A_1) \cup (B \cap A_2) \cup \cdots \cup (B \cap A_k)$$

따라서 사건 B의 확률을 다음과 같이 구할 수 있다.

$$P(B) = \sum_{i=1}^{k} P(B \cap A_i) = \sum_{i=1}^{k} P(B|A_i)P(A_i)$$

사건 B가 일어났다는 조건하에서 사건 $A_i, i = 1,2,\cdots,k$가 일어날 확률 $P(A_i|B)$은 다음과 같이 정의된다. 이를 베이즈 정리라고 한다.

$$P(A_i|B) = \frac{P(A_i \cap B)}{P(B)} = \frac{P(B|A_i)P(A_i)}{\sum_{i=1}^{k} P(B|A_i)P(A_i)}$$

$P(A_i)$는 사건 B가 일어나기 전에 사건 A_i가 일어날 확률이므로 사전확률이라 하고, $P(A_i|B)$는 사건 B가 일어 난 후에 A_i가 일어날 확률이므로 사후확률이라 한다. 베이즈 정리는 사전에 주어진 정보를 이용하여 사전확률을 개선시키기 위해서 사용된다.

A 제조회사는 생산라인 1,2,3에서 제품을 생산한다. 생산라인 1,2,3에서 각각 전체 생산량의 20%, 30%, 50%를 생산한다. 각 생산라인의 불량률은 1%, 2%, 3%이다. 이 회사에서 생산된 제품 중에서 임의로 추출한 하나의 제품이 불량품일 때, 이 불량품이 생산라인 1,2,3에서 생산되었을 확률을 구해보자.

이 회사에서 생산되는 전 제품의 집합을 S라 하고, 전체 제품 중에서 추출된 제품이 생산라인 i에서 생산된 사건을 $A_i, i = 1,2,3$라고 하자. 그리고 B를 그 제품이 불량품일 사건이라고 하자. 그러면 $i \neq j,\ i,j = 1,2,3$에 대해서 $A_i \cap A_j = \Phi$이고, $\bigcup_{i=1}^{3} A_i = S$이

다. 또한

$$B=(B\cap A_1)\cup(B\cap A_2)\cup B\cap A_3)$$

이다. 따라서

$$P(B)=\sum_{i=1}^{3}P(B\cap A_i)=\sum_{i=1}^{3}P(B|A_i)P(A_i)$$

이다.

$$P(A_1)=0.2, P(A_2)=0.3, P(A_3)=0.5$$

이고

$$P(B|A_1)=0.01,\ P(B|A_2)=0.02,\ P(B|A_3)=0.03$$

이므로

$$P(B)=\sum_{i=1}^{3}P(B|A_i)P(A_i)=(0.2)(0.01)+(0.3)(0.02)+(0.5)(0.03)=0.023$$

불량품이 생산라인 1에서 생산되었을 확률

$$P(A_1|B)=\frac{P(B|A_1)P(A_1)}{\sum_{i=1}^{3}P(B|A_i)P(A_i)}=\frac{(0.2)(0.01)}{0.023}=0.087$$

불량품이 생산라인 2에서 생산되었을 확률

$$P(A_2|B)=\frac{P(B|A_2)P(A_2)}{\sum_{i=1}^{3}P(B|A_i)P(A_i)}=\frac{(0.3)(0.02)}{0.023}=0.261$$

불량품이 생산라인 3에서 생산되었을 확률

$$P(A_3|B)=\frac{P(B|A_3)P(A_3)}{\sum_{i=1}^{3}P(B|A_i)P(A_i)}=\frac{(0.5)(0.03)}{0.023}=0.652$$

7.6. 확률변수

확률변수는 표본공간 S상에서 정의된 실수 값을 갖는 하나의 함수이다. 확률변수는 일반적으로 대문자 X, Y 등으로 나타낸다. 확률변수가 취할 수 있는 값이 유한개이거나, 가산 무한개인 경우를 이산확률변수라 하고, 셀 수 없는 경우를 연속확률변수라 한다.

동전을 두 번 던지는 실험에서 확률변수 X를 H의 개수로 정의하자. 동전을 두 번 던지는 실험에서 표본공간 $S=\{HH, HT, TH, TT\}$이다. S에 함수 X를 취하면 X의 함수값은 $X(HH)=2$, $X(HT)=1, X(TH)=1$, $X(TT)=0$이다. 이를 표로 정리하면 다음과 같다.

S	HH	HT	TH	TT
X=x	2	1	1	0

확률변수 X가 취하는 값이 유한개이므로 확률변수 X는 이산확률변수이다.

컴퓨터 칩의 수명을 조사하는 실험에서 확률변수 X를 컴퓨터 칩의 수명이라고 정의하면 확률변수 X는 0보다 큰 모든 실수를 가지질수 있는 함수가 된다. 따라서 확률변수 X는 연속확률변수이다.

7.7. 이산확률분포

이산확률분포는 이산확률변수가 취할 수 있는 모든 가능한 값에 대응하는 확률의 분포이다. 이러한 이산확률분포는 표, 그래프, 그리고 수학적 모형으로 표시할 수 있다. 이 수학적 모형을 확률질량함수라 한다. 확률질량함수는 확률변수 X가 임의의 실수 x가 될 확률 즉 P(X=x)이다. P(X=x)는 다음과 같은 성질을 가진다.

❶ 모든 x에 대해서 $P(X=x) \geq 0$

❷ $\sum_{all\, x} P(X=x)=1$

그리고 $P(a<X\leq b)$는 다음과 같이 구할 수 있다.

$$P(a<X\leq b)=\sum_{a<x\leq b} P(X=x)$$

동전을 두 번 던지는 실험에서 확률변수 X를 H의 개수로 정의하자. 이때 확률변수 X의 확률분포는 다음과 같다.

x	0	1	2	합계
P(X=x)	$\frac{1}{4}$	$\frac{1}{2}$	$\frac{1}{4}$	1

확률질량함수로 나타내면 다음과 같다.

$$P(X=x)=\begin{cases}\binom{2}{x}\left(\frac{1}{2}\right)^x\left(\frac{1}{2}\right)^{2-x}, & x=0,1,2,\\ 0 & ,\text{그외}\end{cases}$$

그리고 $P(1 \le X \le 2)$는 다음과 같이 구할 수 있다.

$$P(1 \le X \le 2) = P(X=1)+P(X=2) = \frac{3}{4}.$$

확률변수 X의 (누적)분포함수는 다음과 같이 정의된다.

$$F(x) = P(X \le x) = \sum_{u \le x} P(X=u)$$

동전을 두 번 던지는 실험에서 확률변수 X를 H의 개수로 정의하자. 이때 확률변수 X의 분포함수는 다음과 같다.

$$F(x)=\begin{cases}0, & x<0\\ \frac{1}{4}, & 0 \le x < 1\\ \frac{3}{4}, & 1 \le x < 2\\ 1, & 2 \le x\end{cases}$$

7.7.1. 이산확률변수의 기댓값과 분산

이산확률변수의 기댓값 혹은 평균은 확률분포의 중심의 위치를 나타낸다. 기댓값은 E(X) 혹은 μ로 표시한다. 그리고 다음과 같이 정의된다.

$$E(X) = \sum_{all\, x} xP(X=x)$$

분산은 확률분포의 산포도를 나타낸다. 분산은 Var(X) 혹은 σ^2로 표시한다. 그리고 다음과 같이 정의된다.

$$Var(X) = E(X-\mu)^2 = \sum_{all\, x}(x-\mu)^2 P(X=x)$$

표준편차 $\sigma = SD(X) = \sqrt{Var(X)}$ 이다. 분산은 다음과 같이 변형해서 사용할 수도 있다.

$$Var(X) = E(X-\mu)^2 = E(X^2) - \mu^2$$

평균과 분산은 다음과 같은 몇 가지 성질을 가지고 있다.

상수 a와 b에 대해서

❶ $E(a) = a$

❷ $Var(a) = 0$

❸ $E(aX+b) = aE(X) + b$

❹ $Var(aX+b) = a^2 Var(X) + b$

동전을 두 번 던지는 실험에서 확률변수 X를 H의 개수로 정의하자.

$$E(X) = \sum_{x=0,1,2} xP(X=x) = 0 \times P(X=0) + 1 \times P(X=1) + 2 \times P(X=2)$$

$$= 0 \times \frac{1}{4} + 1 \times \frac{1}{2} + 2 \times \frac{1}{4} = 1$$

이다. 그리고

$$E(X^2) = \sum_{x=0,1,2} x^2 P(X=x) = 0^2 \times P(X=0) + 1^2 \times P(X=1) + 2^2 \times P(X=2)$$

$$= 0 \times \frac{1}{4} + 1 \times \frac{1}{2} + 4 \times \frac{1}{4} = \frac{3}{2}$$

따라서

$$Var(X) = E(X^2) - \mu^2 = \frac{3}{2} - 1^2 = \frac{1}{2},\ SD(X) = \sqrt{Var(X)} = \sqrt{\frac{1}{2}} = 0.71$$

이다.

새로운 변수 Y=5+10X의 평균과 분산은 다음과 같이 구할 수 있다.

$$E(Y) = E(5+10X) = 5 + 10E(X) = 5 + 10 \times 1 = 15.$$

$$Var(Y) = Var(5+10X) = 100\,Var(X) = 100 \times \frac{1}{2} = 50.$$

7.7.2. 결합확률분포

어떤 한 실험에서 관심 있는 사건이 두 가지 이상일 때, 각각의 사건은 물론 각 사건들 사이의 관계에 대한 정보를 얻고자 할 때가 많다. 이때 한 실험에서 두 개 이상의 확률 변수를 정의하여 이들의 결합된 확률분포를 생각할 수 있다. 이처럼 결합확률분포는 두 개 이상의 확률변수들의 결합된 확률분포이다. 예를 들어 동전을 던지는 실험에서 나타나는 앞면의 수와 뒷면의 수의 관계에 대해서 관심이 있을 때 확률변수 X는 앞면의 수, 확률변수 Y는 뒷면의 수라고 정의하고, 두 확률변수의 결합확률분포를 이용해서 두 변수의 관계를 조사할 수 있다. 두 확률변수 X, Y의 결합확률질량함수는 다음과 같이 정의된다.

$$p(x,y) = P(X=x,\ \ Y=y)$$

한 변수의 확률질량함수에서 성립하던 성질들이 결합확률질량함수에서도 그대로 적용된다.

X와 Y의 확률질량함수는 (X,Y)의 결합확률질량함수로부터 다음과 같이 구할 수 있다.

$$p(x) = P(X=x) = \sum_{all\, y} P(X=x,\ Y=y)$$

$$p(y) = P(Y=y) = \sum_{all\, x} P(X=x,\ Y=y)$$

$p(x)$를 X의 주변확률질량함수, $p(y)$를 Y의 주변확률질량함수라고 한다.

두 확률변수 X와 Y가 독립일 필요충분조건은 모든 (x,y)에 대해서

$$p(x,y) = P(X=x,\ \ Y=y) = P(X=x)P(Y=y) = p(x)p(y)$$

이다.

공분산은 두 확률변수 사이의 상호관계를 나타내는 척도이다. 일반적으로 Cov(X,Y) 혹은 σ_{XY}로 표시한다. 공분산은 다음과 같이 정의 된다.

$$Cov(X,Y) = E((X-E(X))(Y-E(Y))) = \sum_{all\ x}\sum_{all\ y}(x-E(X))(y-E(Y))P(X=x,\ Y=y)$$

$$= E(XY) - E(X)E(Y)$$

공분산은 각 변수의 척도에 따라 변하기 때문에 변수의 척도에 영향을 받지 않는 새로운 측도 상관계수를 정의한다. 일반적으로 ρ_{XY}로 표시한다. 상관계수는 다음과

같이 정의된다.

$$\rho_{XY} = \frac{Cov(X,Y)}{\sigma_x \sigma_y}$$

상관계수는 두 변수 사이의 선형관계의 정도와 방향에 대한 측도로 사용되며 다음과 같은 성질을 갖는다.

$$-1 \le \rho_{XY} \le 1$$

상관계수가 0에 가까울수록 선형관계가 약하고, 1과 -1 가까울수록 선형관계가 강하다. 여기서 부호는 방향을 나타낸다. +는 양의 방향, - 음의 방향을 나타낸다.

두 확률변수 X, Y가 독립이면 E(XY)=E(X)E(Y)이다. 따라서 Cov(X,Y)=0이므로 ρ_{XY}=0이다. 그러나 ρ_{XY}=0 인 경우 X와 Y가 독립이 아닌 경우도 있다.

동전을 3번 던지는 실험에서 확률변수 X를 앞면의 개수, 확률변수 Y를 뒷면의 개수라고 했을 때 두 확률변수의 결합확률분포는 다음의 표와 같다.

x \ y	0	1	2	3	합계
0	0	0	0	$\frac{1}{8}$	$\frac{1}{8}$
1	0	0	$\frac{3}{8}$	0	$\frac{3}{8}$
2	0	$\frac{3}{8}$	0	0	$\frac{3}{8}$
3	$\frac{1}{8}$	0	0	0	$\frac{1}{8}$
합계	$\frac{1}{8}$	$\frac{3}{8}$	$\frac{3}{8}$	$\frac{1}{8}$	1

X의 주변확률분포는 다음과 같다.

x	0	1	2	3	합계
P(X=x)	$\frac{1}{8}$	$\frac{3}{8}$	$\frac{3}{8}$	$\frac{1}{8}$	1

Y의 주변확률분포는 다음과 같다.

y	0	1	2	3	합계
P(Y=y)	$\frac{1}{8}$	$\frac{3}{8}$	$\frac{3}{8}$	$\frac{1}{8}$	1

(X,Y)의 공분산 Cov(X,Y)는 다음과 같이 구할 수 있다.

$$E(XY) = \sum_{x=0}^{3}\sum_{y=0}^{3} xyP(X=x,\ Y=y)$$

$$= 1\times 2\times \frac{3}{8} + 2\times 1\times \frac{3}{8} = \frac{6}{8} + \frac{6}{8} = \frac{12}{8} = \frac{3}{2}$$

$$E(X) = 1\times \frac{3}{8} + 2\times \frac{3}{8} + 3\times \frac{1}{8} = \frac{12}{8} = \frac{3}{2}$$

$E(Y) = \frac{3}{2}$ 이므로

$$Cov(X,Y) = E(XY) - E(X)E(Y) = \frac{3}{2} - \frac{3}{2}\times\frac{3}{2} = \frac{3}{2} - \frac{9}{4} = -\frac{3}{4}$$

이다.

(X,Y)의 상관계수 ρ_{XY}는 다음과 같이 구할 수 있다.

$$E(X^2) = \sum_{x=0}^{3} x^2 P(X=x) = 1^2\times\frac{3}{8} + 2^2\times\frac{3}{8} + 3^2\times\frac{1}{8} = \frac{24}{8} = 3$$

$$E(Y^2) = \sum_{x=0}^{3} y^2 P(Y=y) = 1^2\times\frac{3}{8} + 2^2\times\frac{3}{8} + 3^2\times\frac{1}{8} = \frac{24}{8} = 3$$

따라서

$$Var(X) = E(X^2) - (E(X))^2 = 3 - (\frac{3}{2})^2 = 3 - \frac{9}{4} = \frac{3}{4},\ \sigma_x = \sqrt{Var(x)} = \sqrt{\frac{3}{4}} = 0.87$$

$$Var(Y) = E(Y^2) - (E(Y))^2 = 3 - (\frac{3}{2})^2 = 3 - \frac{9}{4} = \frac{3}{4},$$

$\sigma_y = \sqrt{Var(Y)} = \sqrt{\frac{3}{4}} = 0.87$이므로

$$\rho_{XY} = \frac{Cov(X,Y)}{\sigma_x\sigma_y} = \frac{-\frac{3}{4}}{\sqrt{\frac{3}{4}}\sqrt{\frac{3}{4}}} = -1$$

이다. 상관계수가 -1라는 것은 동전을 던지는 실험에서 H가 하나 증가하면, T는 하나 줄어든다는 의미이다. 즉 모든 (x,y)는 Y=-X+3의 위에 위치한다.

$P(X=0, Y=0)=0$이고 $P(X=0)P(Y=0)=\frac{1}{64}$이므로

$P(X=0, Y=0) \neq P(X=0)P(Y=0)$이다. 따라서 X, Y는 독립이 아니다.

다음 (X,Y)의 결합확률분포를 이용해서 ρ_{XY}=0 이지만, X와 Y가 서로 독립이 아님을 확인하자.

x \ y	-1	0	1
0	1/8	1/8	1/8
1	0	5/8	0

X의 주변확률분포를 구하자.

x	0	1	합계
P(X=x)	$\frac{3}{8}$	$\frac{5}{8}$	1

Y의 주변확률분포를 구하자.

y	-1	0	1	합계
P(Y=y)	$\frac{1}{8}$	$\frac{6}{8}$	$\frac{1}{8}$	1

X와 Y 평균은

$E(X)=1\times\frac{5}{8}=\frac{5}{8}$, $E(Y)=-1\times\frac{1}{8}+1\times\frac{1}{8}=0$

이다. 그리고

$$E(XY)=\sum_{x=0,1}\sum_{y=-1,0,1} xyP(X=x, Y=y)$$

$$=0$$

이다. 따라서

$Cov(X,Y)=E(XY)-E(X)E(Y)=0-0=0$이므로

ρ_{XY}=0이다. 그러나

$P(X=0, Y=-1) = \frac{1}{8}$ 이고 $P(X=0)P(Y=-1) = \frac{3}{64}$ 이므로

$P(X=0, Y=-1) \neq P(X=0)P(Y=-1)$ 이다. 따라서 X, Y는 독립이 아니다.

7.8. 연속확률분포

연속확률분포는 연속확률변수가 어떤 구간 내에 있을 확률로서 확률분포를 나타낸다. 연속확률분포를 나타내는 함수를 확률밀도함수라 하고, f(x)로 표시한다. 확률밀도함수는 다음과 같은 성질을 가진다.

❶ 모든 x에 대해서 $f(x) \geq 0$

❷ $\int_{-\infty}^{\infty} f(x)dx = 1$

그리고 $P(a < X \leq b)$는 다음과 같이 구할 수 있다.

$$P(a < X \leq b) = \int_{a}^{b} f(x)\,dx$$

연속확률변수 X=x가 될 확률 P(X=x)=0이다. 따라서 확률변수가 연속이면

$$P(a \leq X \leq b) = P(a < X \leq b) = P(a < X < b)$$

이다.

확률변수 X의 (누적)분포함수는 다음과 같이 정의된다.

$$F(x) = P(X \leq x) = \int_{-\infty}^{x} f(u)\,du$$

연속확률변수 X가 다음과 같은 함수를 가질 때, 이 함수가 확률밀도함수가 되기 위해서 상수 c값을 구해보자.

$$f(x) = \begin{cases} \frac{cx}{4}, & 0 \leq x \leq 3 \\ 0, & \text{그외} \end{cases}$$

❶ $f(x) \geq 0$ 가 만족되어야 하므로 $c \geq 0$.

❷ $\int_0^3 \frac{cx}{4}\,dx = 1$이 되어야하므로,

$\int_0^3 \frac{cx}{4}\,dx = [\frac{cx^2}{8}]_0^3 = 1$에서

$[\frac{cx^2}{8}]_0^3 = \frac{9c}{8} = 1$이므로 $c = \frac{8}{9}$.

따라서

$$f(x) = \begin{cases} \frac{2x}{9}, & 0 \le x \le 3 \\ 0, & \text{그외} \end{cases}$$

이다.

X의 분포함수 F(X)는 다음과 같다.

❶ $x < 0$일 때

$$F(x) = P(X \le x) = \int_0^x 0\,du = 0$$

❷ $0 \le x < 3$일 때

$$F(x) = P(X \le x) = \int_0^x \frac{2u}{9}\,du = [\frac{2u^2}{18}]_0^x = \frac{x^2}{9}$$

❸ $3 \le x$일 때

$$F(x) = P(X \le x) = \int_0^3 \frac{2u}{9}\,du = 1$$

따라서

$$F(x) = \begin{cases} 0 & x < 0 \\ \frac{x^2}{9}, & 0 \le x < 3 \\ 1 & 3 \le x \end{cases}$$

연속확률분포에서 분포함수와 확률밀도함수는 다음과 같은 관계가 있다.

$$\frac{dF(x)}{dx} = f(x)$$

위의 분포함수 F(x)를 미분하면 확률밀도함수를 얻을 수 있다.

$$f(x) = \frac{dF(x)}{dx} = \begin{cases} \frac{2x}{9}, & 0 \le x \le 3 \\ 0, & \text{그외} \end{cases}$$

7.8.1. 연속확률변수의 기댓값과 분산

연속확률변수의 기댓값 혹은 평균은 다음과 같이 정의된다.

$$E(X) = \int_{-\infty}^{\infty} xf(x)\,dx$$

분산은 다음과 같이 정의된다.

$$Var(X) = E(X-\mu)^2 = \int_{-\infty}^{\infty} (x-\mu)^2 f(x)\,dx$$

표준편차 $\sigma = SD(X) = \sqrt{Var(X)}$ 이다. 분산은 다음과 같이 변형해서 사용할 수도 있다.

$$Var(X) = E(X-\mu)^2 = E(X^2) - \mu^2$$

연속확률변수 X의 확률밀도함수가 다음과 같다고 하자.

$$f(x) = \begin{cases} \frac{2x}{9}, & 0 \le x \le 3 \\ 0, & \text{그외} \end{cases}$$

X의 기댓값 E(X)는 다음과 같이 구할 수 있다.

$$E(X) = \int_0^3 xf(x)dx = \int_0^3 x \bullet \frac{2x}{9}\,dx = \int_0^3 \frac{2x^2}{9}\,dx = [\frac{2x^3}{27}]_0^3 = \frac{54}{27} = 2$$

X의 분산 Var(X)는 다음과 같이 구할 수 있다.

$$E(X^2) = \int_0^3 x^2 \bullet \frac{2x}{9}\,dx = \int_0^3 \frac{2x^3}{9}\,dx = [\frac{2x^4}{36}]_0^3 = \frac{81}{18} = \frac{9}{2}$$

$$Var(x) = E(X^2) - \mu^2 = \frac{9}{2} - 2^2 = \frac{1}{2}$$

이다.

7.8.2. 결합확률분포

두 연속확률변수 X, Y의 결합확률밀도함수는 f(x,y)로 표시한다. 결합확률밀도함수는 다음과 같은 성질을 가진다.

❶ 모든 x, y에 대해서 $f(x,y) \ge 0$

❷ $\int_{-\infty}^{\infty}\int_{-\infty}^{\infty} f(x,y)dxdy = 1$

그리고 $P(a < X \le b, c < Y \le d)$는 다음과 같이 구할 수 있다.

$$P(a < X \le b, c < Y \le d) = \int_a^b \int_c^d f(x,y)\, dydx$$

X와 Y의 주변확률밀도함수는 다음과 같이 정의된다.

$$f(x) = \int_{-\infty}^{\infty} f(x,y)dy$$

$$f(y) = \int_{-\infty}^{\infty} f(x,y)dx$$

$f(x)$를 X의 주변확률밀도함수, $f(y)$를 Y의 주변확률밀도함수라고 한다.

두 확률변수 X와 Y가 독립일 필요충분조건은 모든 (x,y)에 대해서

$$f(x,y) = f(x)f(y)$$

이다.

공분산은 다음과 같이 정의 된다.

$$Cov(X,Y) = E((X-E(X))(Y-E(Y))) = \int_{-\infty}^{\infty}\int_{-\infty}^{\infty} (x-E(X))(y-E(Y))f(x,y)dxdy$$
$$= E(XY) - E(X)E(Y)$$

연속확률변수 X, Y가 다음 함수를 가질 때 이 함수가 결합확률밀도함수가 되기 위해서 상수 c를 구해보자.

$$f(x,y) = \begin{cases} cxy, & 0 \le x \le 1, 0 \le y \le 1 \\ 0, & \text{그외} \end{cases}$$

❶ $f(x,y) \ge 0$ 가 만족되어야 하므로 $c \ge 0$.

❷ $\int_{-\infty}^{\infty}\int_{-\infty}^{\infty} f(x,y)dxdy = 1$이므로

$\int_0^1\int_0^1 cxy\ dxdy = 1$ 에서

$\int_0^1 [\frac{cx^2y}{2}]_0^1\ dy = \int_0^1 \frac{cy}{2}\ dy = [\frac{cy^2}{4}]_0^1 = \frac{c}{4} = 1$이므로 $c = 4$.

따라서

$$f(x,y)=\begin{cases}4xy, & 0\le x\le 1,\ 0\le y\le 1\\ 0, & \text{그외}\end{cases}$$

이다.

$$P(0\le X\le 1, 0\le Y\le \frac{1}{2})=\int_0^1\int_0^{\frac{1}{2}}4xy\ dydx=\int_0^1[\frac{4xy^2}{2}]_0^{\frac{1}{2}}\ dx=\int_0^1\frac{x}{2}\ dx$$

$$=[\frac{x^2}{4}]_0^1=\frac{1}{4}$$

X의 주변확률밀도함수는 다음과 같다.

$$f(x)=\int_0^1 4xy\ dy=2x\text{이므로}$$

$$f(x)=\begin{cases}2x, & 0\le x\le 1\\ 0, & \text{그외}\end{cases}$$

이다.

Y의 주변확률밀도함수는 다음과 같다.

$$f(y)=\int_0^1 4xy\ dx=2y\text{이므로}$$

$$f(y)=\begin{cases}2y, & 0\le y\le 1\\ 0, & \text{그외}\end{cases}$$

이다.

모든 x, y에 대해서 $f(x,y)=f(x)f(y)$가 성립하기 때문에 확률변수 X와 Y는 독립이다.

두 연속확률변수 X와 Y의 공분산은 다음과 같이 구할 수 있다.

$$E(X)=\int_0^1 xf(x)=\int_0^1 2x^2\,dx=[\frac{2x^3}{3}]_0^1=\frac{2}{3},\quad E(Y)=\frac{2}{3}$$

$$E(XY)=\int_0^1\int_0^1 xy\cdot 4xy\,dxdy=\int_0^1\int_0^1 4x^2y^2\,dxdy=\int_0^1[\frac{4y^2x^3}{3}]_0^1\,dy$$

$$=\int_0^1\frac{4y^2}{3}\,dy=[\frac{4y^3}{9}]_0^1=\frac{4}{9}$$

따라서 $Cov(X,Y) = E(XY) - E(X)E(Y) = \frac{4}{9} - \frac{2}{3} \times \frac{2}{3} = 0$.

X와 Y가 독립이기 때문에 $Cov(X,Y) = 0$이고 $\rho_{XY} = 0$이다.

7.9. 여러 가지 확률분포

7.9.1. 이항분포

이항분포는 베르누이시행을 기반으로 하는 분포이다. 베르누이시행은 어떤 실험에서 나올 수 있는 결과가 단 두 가지만 있는 시행이다. 이때 두 가지 중 하나를 성공, 다른 하나를 실패로 표현하며, S와 F로 나타낸다. 성공이 일어날 확률이 p인 동일한 베르누이시행을 n번 독립적으로 시행했을 때, n번 중에서 성공의 횟수를 확률변수 X로 정의하면, X는 시행횟수가 n이고 성공률이 p인 이항분포를 따른다. 확률변수 X가 모수 n,p를 갖는 이항분포를 따를 때 $X \sim B(n,p)$로 표기한다. 이항분포의 확률질량함수는 다음과 같다.

$$P(X=x) = \begin{cases} \binom{n}{x} (p)^x (1-p)^{n-x}, & x = 0,1,\cdots,n \\ 0 & \text{그외} \end{cases}$$

이항분포의 평균과 분산은 다음과 같다.

$$E(X) = np, \quad Var(X) = np(1-p)$$

확률질량함수의 모양은 모수 n과 p에 의해서 결정된다. 아래 그림은 B(5,0.3)과 B(10,0.5)의 확률질량함수를 그린 것이다.

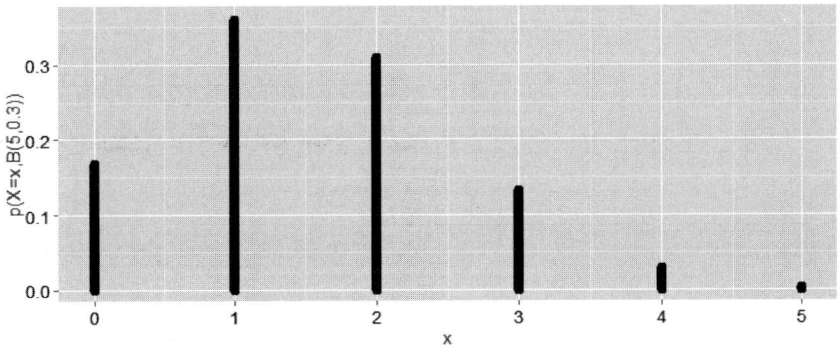

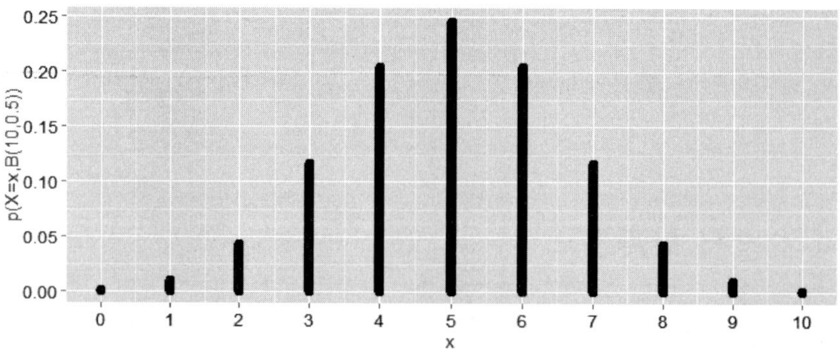

R 프로그램

```
x <- c(0:10)
b <- dbinom(x,10,0.5)
db <- data.frame(x=x, px=b)
db
ggplot(db, aes(x=x, y=px)) +
  geom_segment(aes(xend=x), yend=0, size=I(3), lineend="round")+
  scale_x_continuous(limits=c(0,10), breaks=seq(0,10,1))+
  theme(
    axis.title=element_text(size=15,colour="red"),
    axis.text=element_text(size=rel(1.2),colour="blue"))+
  ylab("p(X=x,B(10,0.5))")
```

B(10,0.5)의 확률질량함수값 P(X=x)와 분포함수값 $P(X \le x)$은 다음과 같다.

B(10,0.5)

x	P(X=x)	$P(X \le x)$
0	0.000977	0.000977
1	0.009766	0.010742
2	0.043945	0.054688
3	0.117188	0.171875
4	0.205078	0.376953
5	0.246094	0.623047
6	0.205078	0.828125
7	0.117188	0.945313
8	0.043945	0.989258
9	0.009766	0.999023
10	0.000977	1

R 프로그램

dbinom(x,n,p)는 P(X=x)를 출력하고, pbinom(x,n,p)는 $P(X \leq x)$를 출력한다. write.csv()함수를 결과를 .csv 파일 형식로 지정된 디렉토리에(여기서는 c:\RData\filename.csv) 저장한다. 결과는 엑셀에서 파일 형식을 .csv로 지정해서 확인할 수 있다.

```
x <- c(0:10)
b <- dbinom(x,10,0.5)
db <- data.frame(x=x, px=b)
db
##      x        px
## 1    0    0.0009766
## 2    1    0.0097656
## 3    2    0.0439453
## 4    3    0.1171875
## 5    4    0.2050781
## 6    5    0.2460938
## 7    6    0.2050781
## 8    7    0.1171875
## 9    8    0.0439453
## 10   9    0.0097656
## 11   10   0.0009766
write.csv(db,"c://RData/binomial.csv",row.names=TRUE)
p <- pbinom(x,10,0.5)
dp <- data.frame(X=x, Fx=p)
dp
##      X        Fx
## 1    0    0.0009766
## 2    1    0.0107422
## 3    2    0.0546875
## 4    3    0.1718750
## 5    4    0.3769531
## 6    5    0.6230469
## 7    6    0.8281250
## 8    7    0.9453125
## 9    8    0.9892578
## 10   9    0.9990234
## 11   10   1.0000000
write.csv(dp,"c://RData/pbinomial.csv",row.names=TRUE)
```

동전을 10번 던지는 실험을 실시했을 때 확률변수 X를 H의 개수로 정의하면, 동전을 10번 던지는 것은 베르누이 시행을 독립적으로 10번 시행하는 실험과 같기 때문에 $X \sim B(10,0.5)$ 이다.

확률질량함수는 다음과 같다.

$$P(X=x)=\begin{cases}\binom{10}{x}(\frac{1}{2})^x(\frac{1}{2})^{5-x}, & x=0,1,\cdots,10\\ 0 & \text{그외}\end{cases}$$

앞면의 개수가 5개일 확률은 다음과 같이 계산할 수 있다.

$$P(X=5)=\binom{10}{5}(\frac{1}{2})^5(\frac{1}{2})^5=\frac{10!}{5!5!}=(\frac{1}{2})^{10}=0.246094$$

앞면의 개수가 5개 이하일 확률은 다음과 같다.

$$P(X\le 5)=\sum_{x=0}^{5}P(X=x)=0.623047$$

확률변수 X의 평균과 분산은 다음과 같다.

$$E(X)=10\times 0.5=5$$
$$Var(X)=10\times 0.5\times 0.5=2.5$$
$$SD(X)=\sqrt{2.5}=1.58$$

동전을 10번 던져서 앞면이 나오는 횟수의 평균과 분산이 5, 2.5라는 사실을 알고 있다. 컴퓨터를 이용한 가상 실험(시뮬레이션)을 통해서 실험횟수가 커짐에 따라 평균값이 5와 2.5에 점점 가까워지는 것을 알 수 있다. 시뮬레이션 프로그램은 다음과 같다.

R 프로그램

n번 동전 던지기를 반복하는 함수 bernoulli()함수를 정의한다. 함수 인자에서, n은 시행횟수, r은 반복횟수이다. rbinom(k,n,p)는 B(n,p)에서 난수 k개를 발생시킨다. 이 함수를 이용하여 동전을 던지는 가상 실험을 실시한다. 실험을 반복할 때 마다, 생성 되는 앞면의 개수 count를 저장하기 위해서 길이가 r인 빈 벡터를 rx를 준비한다. rx[i]에는 i-번째 실험에서 나타나는 앞면의 수가 저장되어 있다.

```
bernoulli <- function(n, r) {
  rx <- c(length(r))
  rsum <- 0
```

```
    for (i in 1:r) {
        count <- 0
        for (j in 1:n) {
            result <- rbinom(1, 1, 0.5)
            if (result == 1)
                    count <- count + 1
        }
        rx[i] <- count
    }
    # print(rx)
    rmean <- mean(rx)
    rvar <- var(rx)
    cat("mean", rmean, "variance", rvar)
}
bernoulli(10, 10)
## mean 5.4 variance 1.378
bernoulli(10, 100)
## mean 5.29 variance 2.39
bernoulli(10, 1000)
## mean 5.007 variance 2.409
bernoulli(10, 10000)
## mean 4.999 variance 2.519
bernoulli(10, 100000)
## mean 4.998 variance 2.5
```

7.9.2. 초기하분포

크기가 N인 유한모집단에서 M개는 어떤 특별한 특성(예: 불량품)을 가지고 나머지 N-M개는 특별한 특성(예: 정상적인 제품)을 가지지 않는 것들이라 하자. 이 모집단으로부터 n개의 표본을 비복원으로 임의 추출할 때, 확률변수 X를 n개 중 특별한 특성을 가지지고 있는 것들의 개수라 하면, 확률변수 X는 초기하분포를 따른다. 확률변수 X가 모수 n,M,N인 초기하분포를 따를 때 $X \sim HYP(n,M,N)$로 표기한다. 초기하분포의 확률질량함수는 다음과 같다.

$$P(X=x) = \begin{cases} \dfrac{\binom{M}{x}\binom{N-M}{n-x}}{\binom{N}{n}}, & x=0,1,2,\cdots,\min(M,n) \\ 0 & \text{그외} \end{cases}$$

초기하분포의 평균과 분산은 다음과 같다.

$$E(X)=np,\ \ Var(X)=np(1-p)\frac{N-n}{N-1},\ p=\frac{M}{N}$$

확률질량함수의 모양은 모수 n,M,N에 의해서 결정된다. 아래 그림은 HYP(3,3,10)과 HYP(3,6,10)의 확률질량함수를 그린 것이다.

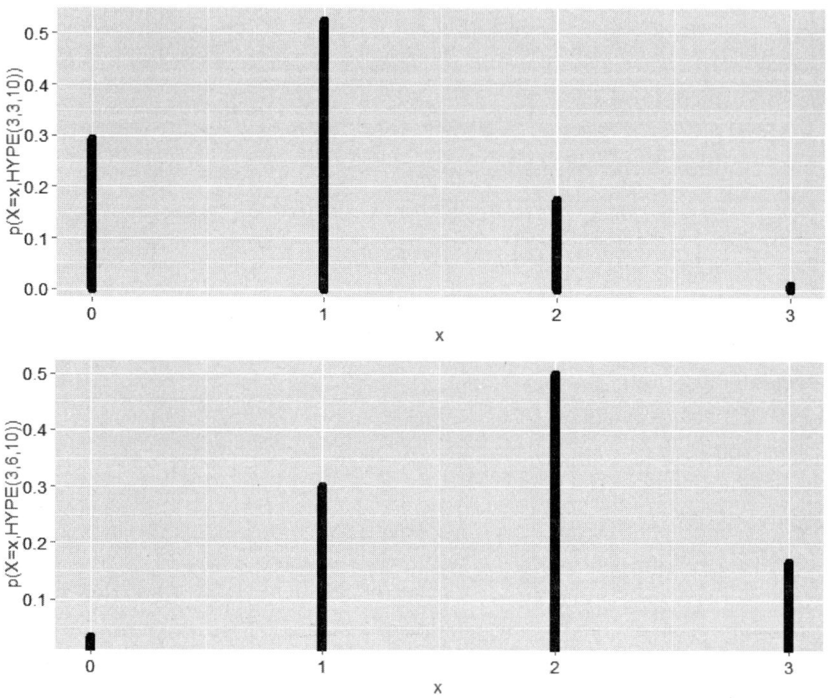

R 프로그램

```
x <- c(0:3)
b <- dhyper(x,6,4,3)
db <- data.frame(x=x, px=b)
db
##       x          px
## 1     0       0.03333333
## 2     1       0.30000000
## 3     2       0.50000000
## 4     3       0.16666667
ggplot(db, aes(x=x, y=px)) +
  geom_segment(aes(xend=x), yend=0, size=I(3), lineend="round")+
```

```
  scale_x_continuous(limits=c(0,3), breaks=seq(0,3,1))+
  theme(
    axis.title=element_text(size=15,colour="red"),
    axis.text=element_text(size=rel(1.2),colour="blue"))+
  ylab("p(X=x,HYPE(3,6,10))")
```

HYP(3,6,10)의 확률질량함수값 P(X=x)와 분포함수값 $P(X \le x)$은 다음과 같다.

HYP(3,6,10)

x	P(X=x)	F(x)
0	0.033333	0.033333
1	0.300000	0.333333
2	0.500000	0.833333
3	0.166667	1

R 프로그램

dhyper(x,m,n,k)는 P(X=x), phyper(x,m,n,k)는 $F(x) = P(X \le x)$값을 출력한다. 여기서 m은 모집단 내에서 특별한 특성을 가진 것의 개수, n은 특별한 특성을 가지지 않는 나머지 개수, k는 모집단에서 임의 추출하는 표본의 수이다. colnames()는 데이터프레임의 열변수 이름을 바꾸는 함수이다.

```
x <- c(0:3)
pphyper <- cbind(dhyper(x, 6, 4, 3), phyper(x, 6, 4, 3))
pphyper
dpphyper <- data.frame(x=x, pphyper)
colnames(dpphyper) <- c("x", "P(X=x)", "F(x)")
dpphyper
##    x    P(X=x)       F(x)
## 1  0   0.03333333   0.03333333
## 2  1   0.30000000   0.33333333
## 3  2   0.50000000   0.83333333
## 4  3   0.16666667   1.00000000
write.csv(dpphyper,"c://RData/hyper.csv",row.names=TRUE)
```

모집단에서 n개를 복원으로 추출하면 $X \sim B(n, \frac{M}{N})$을 따른다. $X \sim HYP(n,M,N)$이고, $N \to \infty$, $M \to \infty$이고 $\frac{M}{N} \to p$ 이면 $\lim_{N \to \infty} \frac{\binom{M}{x}\binom{N-M}{n-x}}{\binom{N}{n}} = \binom{n}{x}(\frac{M}{N})^x(1-\frac{M}{N})^{n-x}$이다.

x	HYP(5,50,1000)	B(5,0.05)
0	0.77337	0.77378
1	0.20438	0.20363
2	0.02115	0.02143
3	0.00107	0.00113
4	0.00003	0.00003
5	0	0

N, M 값이 크기 때문에, 각 x에서 HYP(5,50,1000)과 B(5, 0.05)의 확률질량함수 값이 근사적으로 같다는 것을 확인할 수 있다.

흰 공 6개와 검은 공 4개가 들어있는 주머니 속에서 3 개의 공을 비복원으로 추출하는 실험에서 확률변수 X를 뽑힌 공 3개 중에서 흰 공의 개수라 하면 확률변수 $X \sim HYP(3,6,10)$을 따른다. X의 확률질량함수는 다음과 같다.

$$P(X=x) = \begin{cases} \dfrac{\binom{6}{x}\binom{4}{3-x}}{\binom{10}{3}}, & x=0,1,2,3 \\ 0 & \text{그외} \end{cases}$$

3개 중 흰 공이 한 개일 확률은 다음과 같다.

$$P(X=1) = \frac{\binom{6}{1}\binom{4}{2}}{\binom{10}{3}} = \frac{\frac{6!}{5!} \times \frac{4!}{2!2!}}{\frac{10!}{3!7!}} = 0.30$$

흰 공이 두 개 이상일 확률은 다음과 같다.

$$P(X \geq 2) = 1 - P(X \leq 1) = 1 - \sum_{x=0}^{1} \frac{\binom{6}{x}\binom{4}{3-x}}{\binom{10}{3}} = 1 - 0.33 = 0.67$$

확률변수 X의 평균과 분산은 다음과 같다.

$$E(X) = np = 3 \times \frac{6}{10} = 1.8$$

$$Var(X) = np(1-p)\frac{N-n}{N-1} = 3 \times \frac{6}{10} \times (1-\frac{6}{10})\frac{10-3}{10-1} = 0.56$$

$$SD(X) = \sqrt{0.56} = 0.75$$

흰 공 6개와 검은 공 4개가 들어있는 주머니 속에서 3개의 공을 비복원으로 추출하는 시뮬레이션을 실시하였다. 그 결과 실험횟수가 커짐에 따라 이론적 분포에 점점 가까워지는 것을 알 수 있다.

R 프로그램

rhyper(p,m,n,k)는 초기하분포에서 난수를 발생시키는 함수이다.

```
hyp <- function(n,r){
  rx <- c()
   for(i in 1:r){
    for(j in 1:n){
      result <- rhyper(1,6,4,3)
      if(result == 0) rx <- c(rx,0)
      else if(result == 1) rx <- c(rx,1)
      else if(result == 2) rx <- c(rx,2)
      else rx <- c(rx,3)
    }
  }
  return(rx)
}
hhy <- hyp(10, 10)
hhy
##   [1]  2 1 3 1 3 1 2 3 1 2 2 2 2 2 2 1 2 1 3 1 1 3 2 2 1 2 3 2 3 1 3 2 2 2
##   [36] 0 2 1 2 1 2 1 2 2 2 3 1 3 3 1 2 2 2 1 2 2 2 2 2 1 2 1 1 1 3 3 2 2 3 2
##   [71]  2 2 1 2 2 2 3 2 1 2 0 1 3 2 1 3 1 2 2 2 1 2 2 2 0 1 1 2 2 2
thy <- table(hhy)
thy
## hhy
##   0  1   2   3
##   3  28  52  17
pthy <- prop.table(thy)
```

```
pthy
## hhy
##    0     1     2     3
##  0.03  0.28  0.52  0.17
dthy <- data.frame(pthy)
dthy
##    hhy   Freq
## 1  0     0.03
## 2  1     0.28
## 3  2     0.52
## 4  3     0.17
hhy <- hyp(10, 100)
thy <- table(hhy)
pthy <- prop.table(thy)
dthy <- data.frame(pthy)
dthy
##    hhy   Freq
## 1  0     0.030
## 2  1     0.306
## 3  2     0.491
## 4  3     0.173
hhy <- hyp(10, 1000)
thy <- table(hhy)
pthy <- prop.table(thy)
dthy <- data.frame(pthy)
dthy
##    hhy   Freq
## 1  0     0.0338
## 2  1     0.3073
## 3  2     0.4947
## 4  3     0.1642
```

7.9.3. 포아송 분포

포아송 분포는 단위시간 혹은 단위영역에서 일어나는 사건의 수에 대한 분포이다. 예를 들어 주어진 시간 동안 어느 백화점을 방문하는 고객의 수, 한 페이지 당 오타의 수, 주어진 시간동안 서버에 접촉하는 수 등 여러 가지 상황들이 있다. 주어진 단위시간 혹은 단위영역에서 발생한 사건의 수를 확률변수 X라 하면, 확률변수 X는 평균 사건발생률이 μ인 포아송분포를 따른다. 확률변수 X가 모수 μ인 포아송분포를 따를 때 $X \sim P(\mu)$로 표기한다. 포아송분포의 확률질량함수는 다음과 같다.

$$P(X=x) = \begin{cases} \dfrac{e^{-\mu}\mu^x}{x!}, & x = 0,1,2,\cdots, \mu \geq 0 \\ 0 & \text{그외} \end{cases}$$

포아송분포의 평균과 분산은 다음과 같다.

$$E(X) = \mu,\ Var(X) = \mu$$

확률질량함수의 모양은 모수 μ에 의해서 결정된다. 아래 그림은 P(3)과 P(6)의 확률질량함수를 그린 것이다.

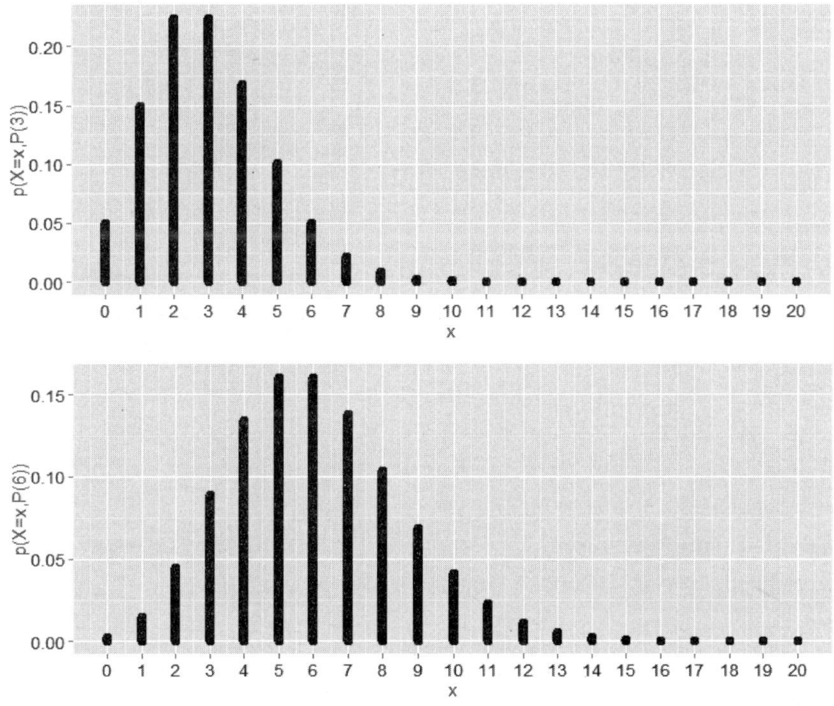

R 프로그램

```
x <- c(0:20)
b <- dpois(x,6)
db <- data.frame(x=x, px=b)
ggplot(db, aes(x=x, y=px)) +
```

```
geom_segment(aes(xend=x), yend=0, size=I(3), lineend="round")+
scale_x_continuous(limits=c(0,20), breaks=seq(0,20,1))+
theme(
  axis.title=element_text(size=15,colour="red"),
  axis.text=element_text(size=rel(1.2),colour="blue"))+
ylab("p(X=x,P(6))")
```

P(3)의 확률질량함수값 P(X=x)와 분포함수값 $P(X \le x)$은 다음과 같다.

P(3)

x	P(X=x)	$P(X \le x)$	x	P(X=x)	$P(X \le x)$
0	0.049787	0.049787	9	0.002701	0.998898
1	0.149361	0.199148	10	0.00081	0.999708
2	0.224042	0.42319	11	0.000221	0.999929
3	0.224042	0.647232	12	0.000055	0.999984
4	0.168031	0.815263	13	0.000013	0.999997
5	0.100819	0.916082	14	0.000003	0.999999
6	0.050409	0.966491	15	0.000001	1
7	0.021604	0.988095	16	0.000000	1
8	0.008102	0.996197			

R 프로그램

```
x <- c(0:16)
pppois <- cbind(dpois(x,3), ppois(x,3))
dpppois <- data.frame(x=x, pppois)
colnames(dpppois) <- c("x", "P(X=x)", "F(x)")
dpppois
##      x      P(X=x)          F(x)
## 1    0   4.978707e-02  0.04978707
## 2    1   1.493612e-01  0.19914827
## 3    2   2.240418e-01  0.42319008
## 4    3   2.240418e-01  0.64723189
## 5    4   1.680314e-01  0.81526324
## 6    5   1.008188e-01  0.91608206
## 7    6   5.040941e-02  0.96649146
## 8    7   2.160403e-02  0.98809550
```

```
## 9   8    8.101512e-03   0.99619701
## 10  9    2.700504e-03   0.99889751
## 11  10   8.101512e-04   0.99970766
## 12  11   2.209503e-04   0.99992861
## 13  12   5.523758e-05   0.99998385
## 14  13   1.274713e-05   0.99999660
## 15  14   2.731529e-06   0.99999933
## 16  15   5.463057e-07   0.99999988
## 17  16   1.024323e-07   0.99999998
write.csv(dpppois,"c://RData/pois.csv",row.names=TRUE)
```

$X \sim B(n,p)$ 이고, $n \to \infty$, $p \to 0$, $np \to \mu$ 이면 $\lim_{n\to\infty} \binom{n}{x} p^x (1-p)^{n-x} = \frac{e^{-\mu}\mu^x}{x!}$ 이다.

x	P(1)	B(1000,0.001)	x	P(1)	B(1000,0.001)
0	0.367879	0.367695	6	0.000511	0.000506
1	0.367879	0.368063	7	0.000073	0.000072
2	0.18394	0.184032	8	0.000009	0.000009
3	0.061313	0.061283	9	0.000001	0.000001
4	0.015328	0.01529	10	0.000000	0.000000
5	0.003066	0.003049			

n크고, p가 작기 때문에 B(1000, 0.001)과 P(1)의 확률질량함수 값이 같다는 것을 확인할 수 있다. 다음은 이 두 개의 확률분포를 그래프로 나타낸 것이다.

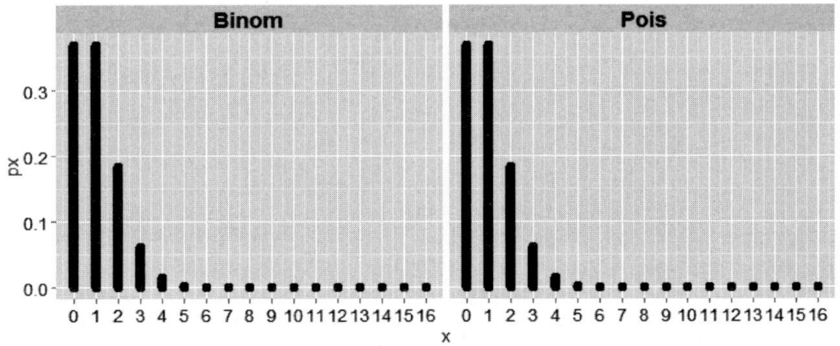

이 그래프에서 두 확률분포가 거의 완전히 겹치는 것을 볼 수 있다.

R 프로그램

```
x <- c(0:16)
dp <- dpois(x,1)
db <- dbinom(x,1000,0.001)
dpb <- c(dp,db)
dist1 <- rep("Pois", 17)
dist2 <- rep("Binom", 17)
dist <- c(dist1,dist2)
ddpb <- data.frame(x=x, px=dpb, dist=dist)
head(ddpb)
##     x   px          dist
## 1   0   0.367879441 Pois
## 2   1   0.367879441 Pois
## 3   2   0.183939721 Pois
## 4   3   0.061313240 Pois
## 5   4   0.015328310 Pois
## 6   5   0.003065662 Pois
ggplot(ddpb, aes(x=x, y=px)) +
  geom_segment(aes(xend=x), yend=0, size=I(3), lineend="round")+
  scale_x_continuous(limits=c(0,16), breaks=seq(0,16,1))+
  theme(
    axis.title=element_text(size=15,colour="red"),
    axis.text=element_text(size=rel(1.2),colour="blue"),
    strip.background=element_rect(fill="pink"),
    strip.text=element_text(size=rel(1.5), angle=0, face="bold"))+
 facet_grid(.~dist)
```

페이지 당 오타수를 확률변수 X라하고, $X \sim P(0.1)$를 따른다고 하자. 그러면 X의 확률질량함 수는 다음과 같다,

$$P(X=x)=\begin{cases}\dfrac{e^{-0.1}0.1^x}{x!}, & x=0,1,2,\cdots \\ 0 & \text{그외}\end{cases}$$

어떤 페이지에 오타가 하나도 없을 확률은 다음과 같다.

$$P(X=0)=\frac{e^{-0.1}0.1^0}{0!}=0.904$$

오타가 2개 이상 나올 확률은 다음과 같다,

$$P(X \geq 2) = 1 - P(X \leq 1) = 1 - \sum_{x=0}^{1} \frac{e^{-0.1} 0.1^x}{x!} = 1 - 0.995 = 0.005$$

확률변수 X의 평균과 분산은 다음과 같다.

$$E(X) = 0.1, \ Var(X) = 0.1$$

다음 그래프는 P(6)에서 난수를 10개, 100개, 1000개를 발생 시켜서 각각에 대한 확률분포를 그래프로 나타내었다. 아래 그림에서 P(6)는 P(6)의 확률분포이다. 난수의 개수가 점점 커지면 난수의 확률분포가 P(6) 분포에 점점 가까이 가는 것을 볼 수 있다.

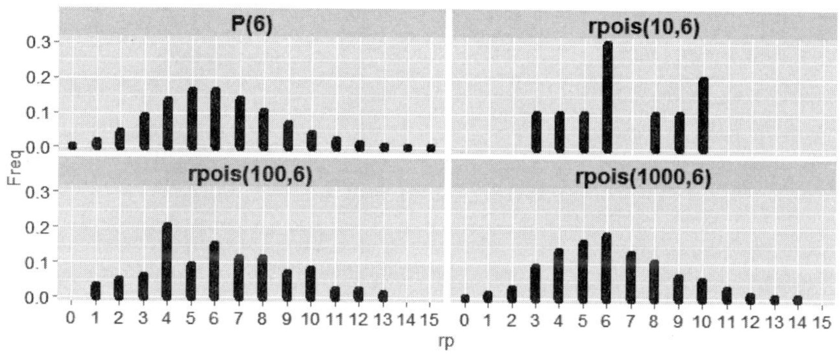

R 프로그램

rpois(n,μ)를 이용해서 난수 10개, 100개, 그리고 1000개를 발생시킨다. dpois(x,p)를 이용해서 확률질량함수값을 구하고, 각각에 대한 데이터프레임을 만들고, rbind()를 이용하여 4개의 데이터프레임을 결합한다. 결합된 데이터프레임을 이용해서 그래프를 그린다.

```
rp <- rpois(10,6)
trp <- table(rp)
ptrp <- prop.table(trp)
dptrp1 <- data.frame(ptrp)
l <- length(dptrp1$rp)
dptrp1$count <- rep("rpois(10,6)",l)
dptrp1
##     rp  Freq     count
## 1   1    0.1   rpois(10,6)
```

```
## 2  3    0.1   rpois(10,6)
## 3  5    0.2   rpois(10,6)
## 4  6    0.4   rpois(10,6)
## 5  10   0.1   rpois(10,6)
## 6  11   0.1   rpois(10,6)
rp <- rpois(100,6)
trp <- table(rp)
ptrp <- prop.table(trp)
dptrp2 <- data.frame(ptrp)
l <- length(dptrp2$rp)
dptrp2$count <- rep("rpois(100,6)",l)
dptrp2
##     rp  Freq    count
## 1   2   0.01  rpois(100,6)
## 2   3   0.10  rpois(100,6)
## 3   4   0.06  rpois(100,6)
## 4   5   0.11  rpois(100,6)
## 5   6   0.23  rpois(100,6)
## 6   7   0.10  rpois(100,6)
## 7   8   0.11  rpois(100,6)
## 8   9   0.11  rpois(100,6)
## 9   10  0.05  rpois(100,6)
## 10  11  0.07  rpois(100,6)
## 11  12  0.03  rpois(100,6)
## 12  13  0.01  rpois(100,6)
## 13  14  0.01  rpois(100,6)
rp <- rpois(1000,6)
trp <- table(rp)
ptrp <- prop.table(trp)
dptrp3 <- data.frame(ptrp)
l <- length(dptrp3$rp)
dptrp3$count <- rep("rpois(1000,6)",l)
dptrp3
##     rp  Freq      count
## 1   0   0.005  rpois(1000,6)
## 2   1   0.011  rpois(1000,6)
## 3   2   0.045  rpois(1000,6)
## 4   3   0.091  rpois(1000,6)
## 5   4   0.133  rpois(1000,6)
```

```
## 6   5   0.145   rpois(1000,6)
## 7   6   0.172   rpois(1000,6)
## 8   7   0.125   rpois(1000,6)
## 9   8   0.104   rpois(1000,6)
## 10  9   0.068   rpois(1000,6)
## 11  10  0.046   rpois(1000,6)
## 12  11  0.032   rpois(1000,6)
## 13  12  0.010   rpois(1000,6)
## 14  13  0.007   rpois(1000,6)
## 15  14  0.004   rpois(1000,6)
## 16  15  0.002   rpois(1000,6)
rp <- c(0:15)
Freq <- dpois(rp,6)
dptrp4 <- data.frame(rp=factor(rp), Freq=Freq)
l <- length(dptrp4$rp)
dptrp4$count <- rep("P(6)",l)
dptrp4
##     rp      Freq      count
## 1    0   0.0024788    P(6)
## 2    1   0.0148725    P(6)
## 3    2   0.0446175    P(6)
## 4    3   0.0892351    P(6)
## 5    4   0.1338526    P(6)
## 6    5   0.1606231    P(6)
## 7    6   0.1606231    P(6)
## 8    7   0.1376770    P(6)
## 9    8   0.1032577    P(6)
## 10   9   0.0688385    P(6)
## 11  10   0.0413031    P(6)
## 12  11   0.0225290    P(6)
## 13  12   0.0112645    P(6)
## 14  13   0.0051990    P(6)
## 15  14   0.0022281    P(6)
## 16  15   0.0008913    P(6)
dptrp12 <- rbind(dptrp1,dptrp2,dptrp3,dptrp4)
dptrp12
##     rp      Freq        count
## 1    1    0.1000000   rpois(10,6)
## 2    3    0.1000000   rpois(10,6)
```

```
## 3   5   0.2000000  rpois(10,6)
## 4   6   0.4000000  rpois(10,6)
## 5   10  0.1000000  rpois(10,6)
## 6   11  0.1000000  rpois(10,6)
## 7   2   0.0100000  rpois(100,6)
## 8   3   0.1000000  rpois(100,6)
## 9   4   0.0600000  rpois(100,6)
## 10  5   0.1100000  rpois(100,6)
## 11  6   0.2300000  rpois(100,6)
## 12  7   0.1000000  rpois(100,6)
## 13  8   0.1100000  rpois(100,6)
## 14  9   0.1100000  rpois(100,6)
## 15  10  0.0500000  rpois(100,6)
## 16  11  0.0700000  rpois(100,6)
## 17  12  0.0300000  rpois(100,6)
## 18  13  0.0100000  rpois(100,6)
## 19  14  0.0100000  rpois(100,6)
## 20  0   0.0050000  rpois(1000,6)
## 21  1   0.0110000  rpois(1000,6)
## 22  2   0.0450000  rpois(1000,6)
## 23  3   0.0910000  rpois(1000,6)
## 24  4   0.1330000  rpois(1000,6)
## 25 5   0.1450000  rpois(1000,6)
## 26 6   0.1720000  rpois(1000,6)
## 27 7   0.1250000  rpois(1000,6)
## 28 8   0.1040000  rpois(1000,6)
## 29 9   0.0680000  rpois(1000,6)
## 30 10  0.0460000  rpois(1000,6)
## 31 11  0.0320000  rpois(1000,6)
## 32 12  0.0100000  rpois(1000,6)
## 33 13  0.0070000  rpois(1000,6)
## 34 14  0.0040000  rpois(1000,6)
## 35 15  0.0020000  rpois(1000,6)
## 36 0   0.0024788  P(6)
## 37 1   0.0148725  P(6)
## 38 2   0.0446175  P(6)
## 39 3   0.0892351  P(6)
## 40 4   0.1338526  P(6)
## 41 5   0.1606231  P(6)
```

```
## 42 6    0.1606231    P(6)
## 43 7    0.1376770    P(6)
## 44 8    0.1032577    P(6)
## 45 9    0.0688385    P(6)
## 46 10   0.0413031    P(6)
## 47 11   0.0225290    P(6)
## 48 12   0.0112645    P(6)
## 49 13   0.0051990    P(6)
## 50 14   0.0022281    P(6)
## 51 15   0.0008913    P(6)
ggplot(dptrp12, aes(x=rp, y=Freq)) +
 geom_segment(aes(xend=rp), yend=0, size=I(3), lineend="round")+
 scale_x_discrete(limits=c("0","1","2","3","4","5","6","7","8","9",
                          "10","11","12","13","14","15" ))+
 theme(
  axis.title=element_text(size=15,colour="red"),
  axis.text=element_text(size=rel(1.2),colour="blue"),
  strip.background=element_rect(fill="pink"),
  strip.text=element_text(size=rel(1.5), angle=0, face="bold"))+
 facet_wrap(~count, nrow=2)
```

7.9.4. 정규분포

정규분포는 자료분석에서 가장 중요한 분포이다. 연속확률변수 X가 평균 μ와 분산 σ^2을 모수로 하는 정규분포를 따른다면 $X \sim N(\mu, \sigma^2)$로 표시한다. 정규분포의 확률밀도함수는 다음과 같다.

$$f(x) = \frac{1}{\sqrt{2\pi}\,\sigma} e^{-\frac{(x-\mu)^2}{2\sigma^2}}, \quad -\infty < x < \infty, \ -\infty < \mu < \infty, 0 < \sigma$$

정규분포의 평균과 분산은 다음과 같다.

$$E(X) = \mu, \ Var(X) = \sigma^2$$

정규분포의 확률밀도함수는 다음 성질을 갖는 종모양의 곡선이다.

❶ $f(x)$는 평균 μ에 대해서 대칭이다.

❷ 평균 μ와 표준편차 σ에 대해서 다음이 성립한다.

$$P(\mu - \sigma \le X \le \mu + \sigma) = 0.683$$

$$P(\mu - 2\sigma \le X \le \mu + 2\sigma) = 0.954$$

$$P(\mu - 3\sigma \le X \le \mu + 3\sigma) = 0.997$$

확률밀도함수의 모양은 모수 μ와 σ에 의해서 결정된다. 아래 그림은 N(3,4)와 N(4,1)의 확률밀도함수를 나타낸 것이다.

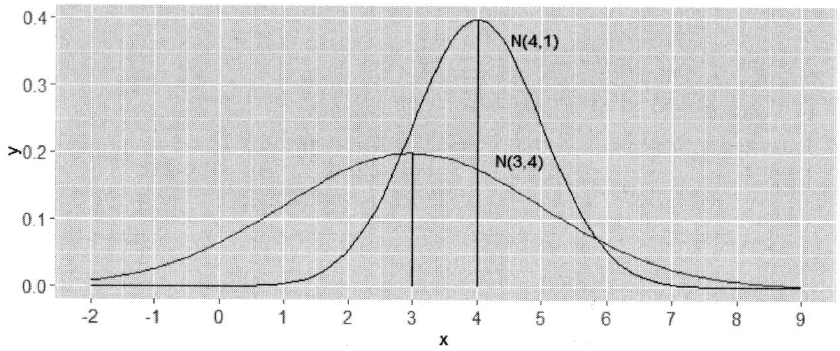

평균은 확률분포의 중심의 위치를 나타내고, 분산은 확률분포의 산포도를 나타낸다. 평균에서 함수 값이 최대이고, N(3,4)의 분산이 N(4,1) 보다 크기 때문에 N(3,4)의 곡선이 N(4,1)의 곡선 보다 퍼진 정도가 크다.

R 프로그램

확률밀도함수의 그래프를 그리기 위해서 stat_function()을 사용하였다. fun에 작성할 함수이름을 지정하고, args=list()에 함수의 추가 인자를 넣는다.

```
x <- c(-2,9)
dx <- data.frame(x)
f <- ggplot(dx, aes(x=x))
f + stat_function(fun=dnorm, args=list(mean=3, sd=2), colour="red")+
  stat_function(fun=dnorm,args=list(mean=4, sd=1), colour="blue")+
  geom_segment(aes(x=c(3,4), y=0, xend =c(3,4),yend=c(dnorm(3,3,2),dnorm(4,4,1))))+
  scale_x_continuous(limits=c(-2,9),breaks=seq(-2,9,1))+
  theme(
    axis.text=element_text(size=15),
    axis.title=element_text(size=15))+
  annotate("text", x=4, y=0.38, label="N(4,1)", vjust=1,hjust=-0.7, size=5)+
  annotate("text", x=4, y=0.2, label="N(3,4)", vjust=1,hjust=-0.4, size=5)
```

N(4,1)에서 다음 확률을 계산해보자.

$$P(\mu-\sigma \leq X \leq \mu+\sigma) = P(3 \leq X \leq 5) = 0.6826$$
$$P(\mu-2\sigma \leq X \leq \mu+2\sigma) = P(2 \leq X \leq 6) = 0.9544$$
$$P(\mu-3\sigma \leq X \leq \mu+3\sigma) = P(1 \leq X \leq 7) = 0.9973$$

정규곡선에서 $(\mu-\sigma,\mu+\sigma)$ 사이의 면적이 0.6826, $(\mu-2\sigma,\mu+2\sigma)$사이의 면적이 0.9544, 그리고 $(\mu-3\sigma,\mu+3\sigma)$ 사이의 면적이 0.9973임을 볼 수 있다.

$X \sim N(\mu,\sigma^2)$에서 확률 $P(a \leq X \leq b)$을 계산하기 위해서 표준정규분포표를 이용하여야한다. 표준정규분포는 평균이 0이고 분산이 1인 정규분포이다. 확률변수 X를 다음과 같이 표준화 시키면

$$Z = \frac{X-\mu}{\sigma}$$

표준화된 확률변수 Z는 평균이 0이고 분산이 1인 정규분포를 따른다. 그리고 $Z \sim N(0,1)$로 표시한다. 확률밀도함수는 다음과 같다.

$$\phi(z) = \frac{1}{\sqrt{2\pi}} e^{-\frac{z^2}{2}}, \quad -\infty \leq z \leq \infty$$

주어진 α값에 대해서 $P(Z \leq z_\alpha) = 1-\alpha$를 만족하는 z_α는 표준정규분포의 (1-α)백분위수이다. z_α이 주어지면 1-α을 구할 수 있고, 역으로 1-α이 주어지면 z_α을 얻을 수 있다. R언어에서 pnorm() 함수를 이용하여 z_α이 주어지면 1-α을 구할 수 있고, qnorm()을 이용하면 1-α가 주어졌을 때 z_α을 얻을 수 있다.

$X \sim N(\mu,\sigma^2)$에서 확률 $P(a \leq X \leq b)$은 다음과 같이 계산할 수 있다.

$$P(a \leq X \leq b) = P(\frac{a-\mu}{\sigma} \leq \frac{X-\mu}{\sigma} \leq \frac{b-\mu}{\sigma}) = P(\frac{a-\mu}{\sigma} \leq Z \leq \frac{b-\mu}{\sigma})$$
$$= P(Z \leq \frac{b-\mu}{\sigma}) - P(Z \leq \frac{a-\mu}{\sigma})$$

다음 표는 $P(Z \leq z)$와 $P(Z \geq z_\alpha) = \alpha$를 만족하는 100(1-$\alpha$) 백분위수 z_α의 일부를 나타낸 것이다.

표준정규분포표($P(Z \leq z)$)		100(1−α) 백분위수(z_α)($P(Z \geq z_\alpha) = \alpha$)	
z	$P(Z \leq z)$	α	z_α
0	0.5	0.5	0
0.01	0.503989	0.503989	-0.01
0.5	0.691462	0.691462	-0.5
1	0.841345	0.841345	-1
1.28	0.899727	0.899727	-1.28
1.29	0.901475	0.901475	-1.29
1.64	0.949497	0.949497	-1.64
1.65	0.950529	0.950529	-1.65
1.96	0.975002	0.975002	-1.96
2.33	0.990097	0.990097	-2.33
2.34	0.990358	0.990358	-2.34

R 프로그램

pnorm()을 이용해서 $P(Z \leq z)$를 구하고, qnorm()을 이용해서 $P(Z \geq z_\alpha) = \alpha$를 만족하는 z_α를 구하였다. 인자 lower.tail=FALSE은 $P(Z \geq z_\alpha) = \alpha$를 의미한다.

```
z <- seq(-3,3,0.01 )
prob <- pnorm(z)
dprob <- data.frame(z=z, p=prob)
head(dprob)
##        z          p
## 1  -3.00   0.001349898
## 2  -2.99   0.001394887
## 3  -2.98   0.001441242
## 4  -2.97   0.001488999
## 5  -2.96   0.001538195
## 6  -2.95   0.001588870
write.csv(dprob, "c://RData//normal.csv")
prob <- seq(0,1,0.001)
quan <- qnorm(prob,lower.tail=FALSE)
dquan <- data.frame(p=prob, z=quan)
head(dquan)
##        p        z
## 1  0.000   Inf
## 2  0.001   3.090232
```

```
## 3  0.002   2.878162
## 4  0.003   2.747781
## 5  0.004   2.652070
## 6  0.005   2.575829
write.csv(dquan, "c://RData//inormal.csv")
```

확률 및 통계 과목을 수강하는 학생 100명에 대한 성적의 분포가 N(60,25)을 따를 때 성적이 70점인 학생의 위치는 다음과 같이 구할 수 있다.

$$P(X \le 70) = P(Z \le \frac{70-60}{5}) = P(Z \le 2) = 0.9772$$

이므로 70점은 상위 2.3% 정도에 해당되는 점수다.

상위 10%에 들기 위해서 몇 점 이상을 받아야 하는지를 생각해보자.

$P(X \ge x) = 0.1$를 만족하는 x를 구하면 된다.

$$P(X \ge x) = P(Z \ge \frac{x-60}{5}) = 0.1$$

을 만족하는 $\frac{x-60}{5} = 1.282$이므로 $x = 60 + 1.282 \times 5 = 66.41$이다. 적어도 66.41이상은 되어야 상의 10%네에 들 수 있다.

다음 그래프는 N(0,1)에서 난수를 10개, 100개, 1000개를 발생 시켜서 각각에 대한 확률분포를 그래프로 나타내었다. 아래 그림에서 곡선은 N(0,1)의 곡선이다.

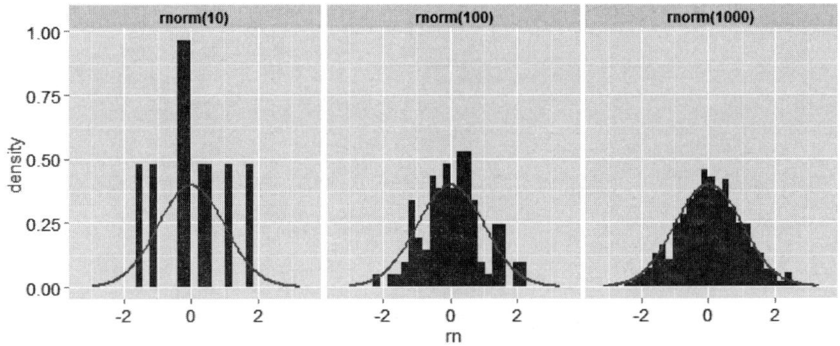

R 프로그램

rnorm()을 이용해서 N(0,1)에서 난수를 발생시킨다.

```
rn <- rnorm(10)
drn1 <- data.frame(rn=rn)
drn1$dist <- rep("rnorm(10)",10)
rn <- rnorm(100)
drn2 <- data.frame(rn=rn)
drn2$dist <- rep("rnorm(100)",100)
rn <- rnorm(1000)
drn3 <- data.frame(rn=rn)
drn3$dist <- rep("rnorm(1000)",1000)
drn <- rbind(drn1,drn2,drn3)
ggplot(drn, aes(x=rn))+
 geom_histogram(aes(y=..density..))+
 stat_function(fun=dnorm, size=1, colour="red")+
 theme(
  axis.title=element_text(size=15,colour="red"),
  axis.text=element_text(size=rel(1.2),colour="blue"),
  strip.background=element_rect(fill="pink"),
  strip.text=element_text(size=rel(1), angle=0, face="bold"))+
 facet_grid(.~dist)
```

7.9.5. t 분포

$X_1, X_2, \cdots, X_n$을 평균이 μ이고, 분산이 σ^2인 정규모집단에서 추출한 임의 표본이라고 하면 표본평균은 $\overline{X} \sim N(\mu, \frac{\sigma^2}{n})$를 따른다. 그리고

$$Z = \frac{\overline{X} - \mu}{\sigma / \sqrt{n}} \sim N(0,1)$$

따른다. 그러나 모분산을 모르는 경우 σ 대신에 표본표준편차 S를 이용하여 Z를 사용해야한다. Z에 σ대신 S를 입력한 확률변수를 T로 정의하였다.

$$T = \frac{\overline{X} - \mu}{S / \sqrt{n}}$$

확률변수 T는 자유도가 n-1인 t-분포를 따르고, $T \sim t(n-1)$로 표시한다. 자유도가 k인 t-분포의 확률밀도함수는 다음과 같다.

$$f(t) = \frac{\Gamma(\frac{k+1}{2})}{\Gamma(\frac{k}{2})\sqrt{k\pi}}(1+\frac{t^2}{k})^{-\frac{k+1}{2}}, \quad -\infty \le t \le \infty$$

t-분포는 0에 대해서 대칭이고, 표준정규분포보다는 꼬리가 약간 두텁다. 자유도가 커지면 점점 표준정규분포에 수렴한다.

$T \sim t(k)$의 평균과 분산은 다음과 같다.

$$E(T) = 0, \ Var(T) = \frac{k}{k-2}, \quad k > 2$$

확률밀도함수의 모양은 모수 k에 의해서 결정된다. 아래 그림은 t(5)와 t(10)의 확률밀도함수를 나타낸 것이다.

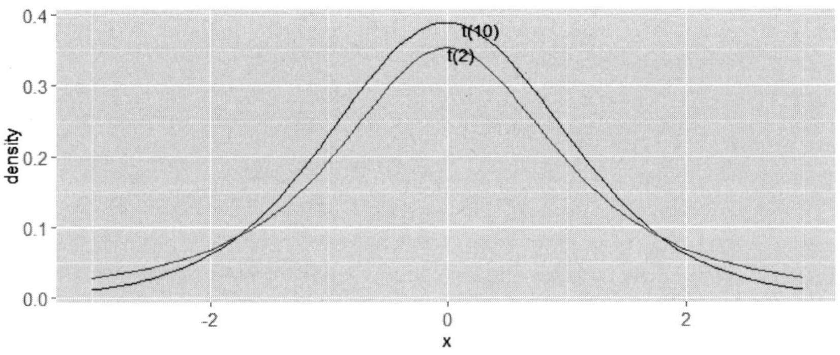

R 프로그램

```
x <- c(-3,3)
dx <- data.frame(x)
p <- ggplot(dx, aes(x=x))
p + stat_function(fun=dt, args=list(df=2), colour="red")+
  stat_function(fun=dt, args=list(df=10), colour="blue")+
  theme(
    axis.text=element_text(size=15),
    axis.title=element_text(size=15))+
  annotate("text", x=0, y=dt(0,2), label="t(2)", vjust=1,hjust=0, size=5)+
  annotate("text", x=0, y=dt(0,10), label="t(10)", vjust=1,hjust=-0.4, size=5)+
  ylab("density")
```

아래 그래프에서 t-분포는 0에 대해서 대칭이고, 표준정규분포보다는 꼬리가 약간 두텁다는 것을 확인할 수 있다.

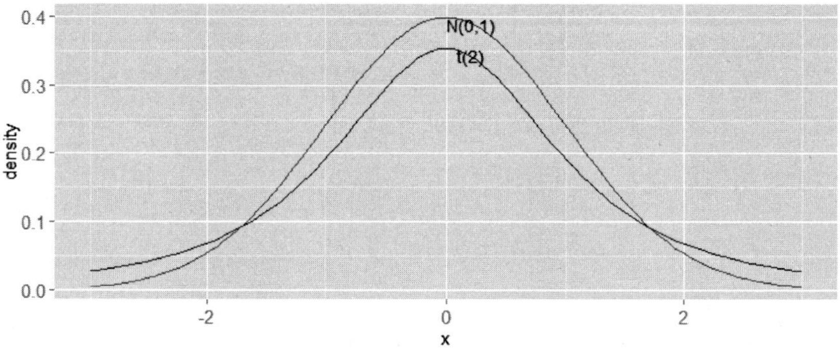

다음 그림은 t-분포에서 자유도가 커지면 점점 표준정규분포에 수렴하는 것을 볼 수 있다.

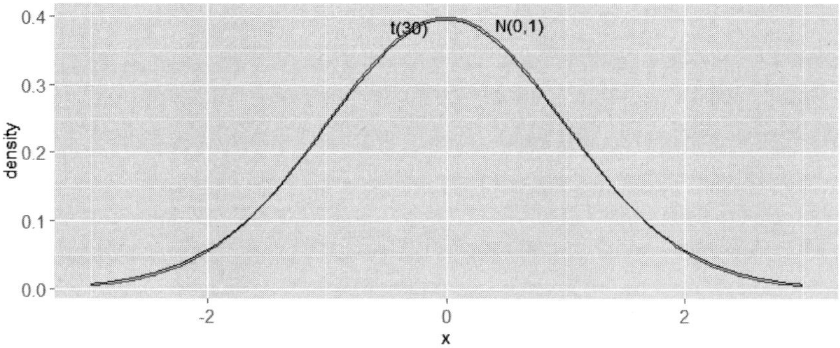

다음 표는 $P(T \le t(k,\alpha)) = 1-\alpha$를 만족하는 $100(1-\alpha)$ 백분위수 $t(k,\alpha)$의 일부를 나타낸 것이다.

100(1-α) 백분위수($t(k,\alpha)$)($P(T \le t(k,\alpha)) = 1-\alpha$)						
k \ 1-α	0.999	0.995	0.99	0.975	0.95	0.9
1	318.3088	63.65674	31.82052	12.7062	6.313752	3.077684
2	22.32712	9.924843	6.964557	4.302653	2.919986	1.885618
3	10.21453	5.840909	4.540703	3.182446	2.353363	1.637744
4	7.173182	4.604095	3.746947	2.776445	2.131847	1.533206
5	5.89343	4.032143	3.36493	2.570582	2.015048	1.475884
6	5.207626	3.707428	3.142668	2.446912	1.94318	1.439756
7	4.78529	3.499483	2.997952	2.364624	1.894579	1.414924
8	4.500791	3.355387	2.896459	2.306004	1.859548	1.396815
9	4.296806	3.249836	2.821438	2.262157	1.833113	1.383029
10	4.1437	3.169273	2.763769	2.228139	1.812461	1.372184

R 프로그램

qt()함수를 이용하여 $100(1-\alpha)$백분위수 $t(k,\alpha)$를 구하였다.

```
tzz <- c(0.9,0.95,0.975,0.990,0.995,0.999)
deff <- rep(1:10,c(6,6,6,6,6,6,6,6,6,6))
pqt <- qt(tzz,deff)
dpqt <- data.frame(deff=deff, tzz=tzz, pqt=pqt)
rre <- xtabs(pqt~deff+tzz, data=dpqt)
rre
##     tzz
## deff      0.9       0.95      0.975       0.99      0.995       0.999
##   1  3.077684   6.313752  12.706205  31.820516  63.656741  318.308839
##   2  1.885618   2.919986   4.302653   6.964557   9.924843   22.327125
##   3  1.637744   2.353363   3.182446   4.540703   5.840909   10.214532
##   4  1.533206   2.131847   2.776445   3.746947   4.604095    7.173182
##   5  1.475884   2.015048   2.570582   3.364930   4.032143    5.893430
##   6  1.439756   1.943180   2.446912   3.142668   3.707428    5.207626
##   7  1.414924   1.894579   2.364624   2.997952   3.499483    4.785290
##   8  1.396815   1.859548   2.306004   2.896459   3.355387    4.500791
##   9  1.383029   1.833113   2.262157   2.821438   3.249836    4.296806
##   10 1.372184   1.812461   2.228139   2.763769   3.169273    4.143700
drre <- data.frame(rre)
write.csv(drre, "c://RData//int.csv")
```

R 프로그램

pt()함수를 이용하면 $t(k,\alpha)$가 주어졌을 때 $P(T \le t(k,\alpha))$를 구할 수 있다.

```
t_a <- c(3.077684, 6.313752, 12.706205, 31.820516, 63.656741, 318.308839, 1.885618,
   2.919986, 4.302653, 6.964557, 9.924843, 22.327125)
dff <- rep(1:2, c(6, 6))
pt_a <- round(pt(t_a, dff), digits = 3)
pt_a
## [1] 0.900 0.950 0.975 0.990 0.995 0.999 0.900 0.950 0.975 0.990 0.995
## [12] 0.999
dpt_a <- data.frame(dff = dff, t_a = t_a, pt_a = factor(pt_a))
dpt_a
##    dff        t_a   pt_a
```

```
]## 1  1    3.078  0.9
## 2   1    6.314  0.95
## 3   1   12.706  0.975
## 4   1   31.821  0.99
## 5   1   63.657  0.995
## 6   1  318.309  0.999
## 7   2    1.886  0.9
## 8   2    2.920  0.95
## 9   2    4.303  0.975
## 10  2    6.965  0.99
## 11  2    9.925  0.995
## 12  2   22.327  0.999
tdpt_a <- xtabs(t_a ~ dff + pt_a, data = dpt_a)
tdpt_a
##    pt_a
##  dff   0.9   0.95  0.975   0.99  0.995   0.999
##    1 3.078  6.314 12.706 31.821 63.657 318.309
##    2 1.886  2.920  4.303  6.965  9.925  22.327
```

다음 그래프는 $t(10)$에서 난수를 10개, 100개, 1000개를 발생 시켜서 각각의 난수에 대한 확률분포를 그래프로 나타내었다. 아래 그림에서 곡선은 $t(10)$의 곡선이다.

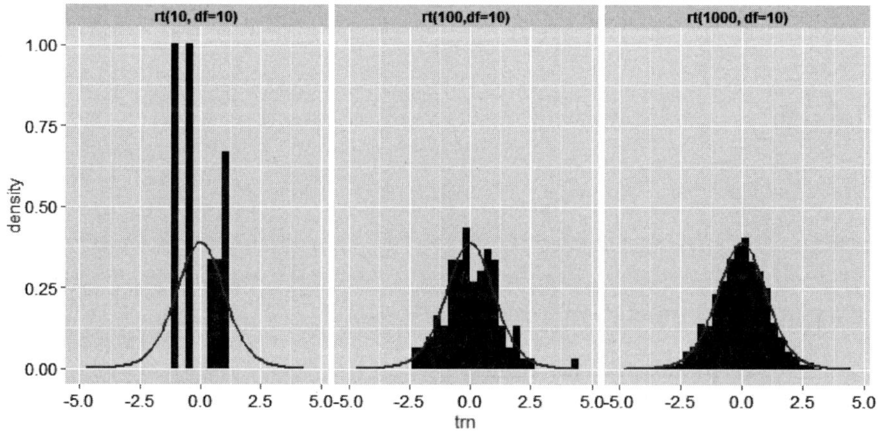

R 프로그램

rt()을 이용해서 $t(10)$에서 난수를 발생시킨다.

```
trn <- rt(10,df=10)
dtrn1 <- data.frame(trn=trn)
dtrn1$dist <- rep("rt(10, df=10)",10)
trn <- rt(100, df=10)
dtrn2 <- data.frame(trn=trn)
dtrn2$dist <- rep("rt(100,df=10)",100)
trn <- rt(1000,df=10)
dtrn3 <- data.frame(trn=trn)
dtrn3$dist <- rep("rt(1000, df=10)",1000)
dtrn <- rbind(dtrn1,dtrn2,dtrn3)
ggplot(dtrn, aes(x=trn))+
 geom_histogram(aes(y=..density..))+
 stat_function(fun=dt,args=list(df=10), size=1, colour="red")+
 theme(
  axis.title=element_text(size=15,colour="red"),
  axis.text=element_text(size=rel(1.2),colour="blue"),
  strip.background=element_rect(fill="pink"),
  strip.text=element_text(size=rel(1), angle=0, face="bold"))+
 facet_grid(.~dist)
```

7.9.6. 카이제곱분포

$X_1, X_2, \cdots, X_n$을 평균이 μ이고, 분산이 σ^2인 정규모집단에서 추출한 임의 표본이라고 하면, 확률변수

$$X = \frac{\sum_{i=1}^{n}(X_i - \overline{X})^2}{\sigma^2} = \frac{(n-1)S^2}{\sigma^2}$$

는 자유도가 (n-1)인 카이제곱분포를 따른다. 그리고 $X \sim \chi^2(n-1)$로 표시한다. 자유도가 k인 카이분포의 확률밀도함수는 다음과 같다.

$$f(\chi) = \frac{1}{\Gamma(\frac{k}{2})2^{\frac{k}{2}}}\chi^{\frac{k}{2}-1}e^{-\frac{\chi}{2}}, \quad 0 \le \chi$$

이러한 카이제곱분포는 모분산에 대한 통계적 추론과, 범주형 자료분석 등에서 활용된다.

$X \sim \chi^2(k)$의 평균과 분산은 다음과 같다.

$$E(X) = k,\ Var(X) = 2k$$

확률밀도함수의 모양은 모수 k에 의해서 결정된다. 아래 그림은 $\chi^2(2), \chi^2(4), \chi^2(6)$과 $\chi^2(10)$의 확률밀도함수를 나타낸 것이다.

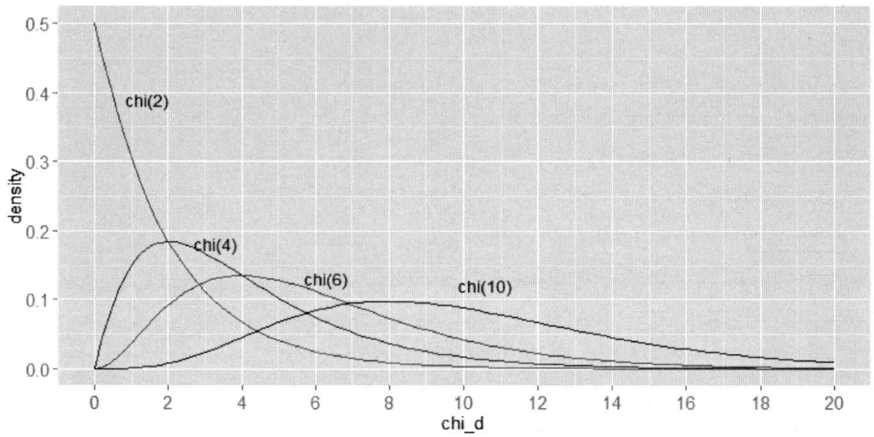

R 프로그램

```
chi_d <- c(0,20)
dchi_d <- data.frame(chi_d)
ggplot(dchi_d, aes(x=chi_d))+
  stat_function(fun=dchisq, args=list(df=2), colour="red")+
  stat_function(fun=dchisq, args=list(df=4), colour="blue")+
  stat_function(fun=dchisq, args=list(df=6), colour="brown")+
  stat_function(fun=dchisq, args=list(df=10), colour="black")+
  scale_x_continuous(limits=c(0,20),breaks=seq(0,20,2))+
  theme(
    axis.text=element_text(size=15),
    axis.title=element_text(size=15))+
  annotate("text", x=0, y=0.4, label="chi(2)", vjust=1,hjust=-0.7, size=5)+
  annotate("text", x=2, y=0.19, label="chi(4)", vjust=1,hjust=-0.6, size=5)+
  annotate("text", x=5, y=0.14, label="chi(6)", vjust=1,hjust=-0.6, size=5)+
  annotate("text", x=9, y=0.1, label="chi(10)", vjust=-0.6,hjust=-0.6, size=5)+
  ylab("density")
```

$X \sim \chi^2(k)$에서 $k \rightarrow \infty \ (k \geq 30)$ 이면 X의 분포는 N$(k, 2k)$로 접근한다. 아래그림은 $\chi^2(50)$과 N(50, 100)의 확률질량함수를 나타낸 것이다.

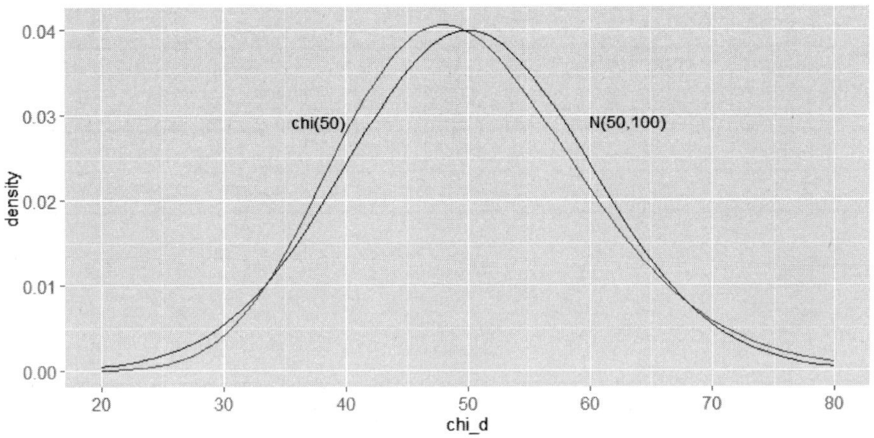

R 프로그램

```
chi_d <- c(20,80)
dchi_d <- data.frame(chi_d)
ggplot(dchi_d, aes(x=chi_d))+
  stat_function(fun=dchisq, args=list(df=50), colour="red")+
  stat_function(fun=dnorm, args=list(mean=50, sd=sqrt(2*50)), colour="blue")+
  scale_x_continuous(limits=c(20,80),breaks=seq(20,80,10))+
  theme(
    axis.text=element_text(size=15),
    axis.title=element_text(size=15))+
  annotate("text", x=40, y=0.03, label="chi(50)", vjust=1,hjust=1, size=5)+
  annotate("text", x=60, y=0.03, label="N(50,100)", vjust=1,hjust=0, size=5)+
  ylab("density")
```

다음 표는 $P(X \leq \chi(k,\alpha)) = 1-\alpha$를 만족하는 $100(1-\alpha)$ 백분위수 $\chi(k,\alpha)$의 일부를 나타낸 것이다.

100(1−α) 백분위수($\chi(k,\alpha)$)($P(X \leq \chi(k,\alpha)) = 1-\alpha$)								
k ＼ 1−α	0.01	0.025	0.05	0.1	0.9	0.95	0.975	0.99
1	0.0002	0.001	0.0039	0.01579	2.70554	3.84145	5.02388	6.63489
2	0.0201	0.0506	0.1026	0.21072	4.60517	5.99146	7.37775	9.21034

3	0.1148	0.2158	0.3518	0.58437	6.25138	7.81472	9.34840	11.3448
4	0.2971	0.4844	0.7107	1.06362	7.77944	9.48772	11.1432	13.2767
5	0.5543	0.8312	1.1455	1.61030	9.23635	11.0705	12.8325	15.0862
6	0.8720	1.2373	1.6354	2.20413	10.6446	12.5915	14.4493	16.8118
7	1.2390	1.6899	2.1674	2.83310	12.0170	14.0671	16.0127	18.4753
8	1.6465	2.1797	2.7326	3.48953	13.3615	15.5073	17.5345	20.0902
9	2.0879	2.7004	3.3251	4.16815	14.6836	16.9189	19.0227	21.6659
10	2.5582	3.247	3.9403	4.86518	15.9871	18.3070	20.4831	23.2092

R 프로그램

qchisq()함수를 이용하여 100(1−α)백분위수 $\chi(k,\alpha)$를 구하였다.

```
alpha_1 <- c(0.01, 0.025, 0.05, 0.1, 0.99, 0.975, 0.95, 0.9)
deff <- rep(1:10, each=8)
chi_k_a <- round(qchisq(alpha_1, deff), digits = 4)
dchi_k_a <- data.frame(deff = deff, alpha_1 = alpha_1, chi_k_a = chi_k_a)
head(dchi_k_a)
##     deff  alpha_1  chi_k_a
## 1    1     0.010   0.0002
## 2    1     0.025   0.0010
## 3    1     0.050   0.0039
## 4    1     0.100   0.0158
## 5    1     0.990   6.6349
## 6    1     0.975   5.0239
chi_table <- xtabs(chi_k_a ~ deff + alpha_1, data = dchi_k_a)
chi_table
##    alpha_1
##    deff  0.01    0.025    0.05    0.1     0.9      0.95     0.975    0.99
##      1  0.0002  0.0010  0.0039  0.0158  2.7055   3.8415   5.0239   6.6349
##      2  0.0201  0.0506  0.1026  0.2107  4.6052   5.9915   7.3778   9.2103
##      3  0.1148  0.2158  0.3518  0.5844  6.2514   7.8147   9.3484  11.3449
##      4  0.2971  0.4844  0.7107  1.0636  7.7794   9.4877  11.1433  13.2767
##      5  0.5543  0.8312  1.1455  1.6103  9.2364  11.0705  12.8325  15.0863
##      6  0.8721  1.2373  1.6354  2.2041 10.6446  12.5916  14.4494  16.8119
##      7  1.2390  1.6899  2.1673  2.8331 12.0170  14.0671  16.0128  18.4753
##      8  1.6465  2.1797  2.7326  3.4895 13.3616  15.5073  17.5345  20.0902
##      9  2.0879  2.7004  3.3251  4.1682 14.6837  16.9190  19.0228  21.6660
##     10  2.5582  3.2470  3.9403  4.8652 15.9872  18.3070  20.4832  23.2093
dchi_table <- data.frame(chi_table)
write.csv(dchi_table, "c://RData//ichi.csv")
```

다음 표는 $\chi(k,\alpha)$가 주어졌을 때 $P(X \le \chi(k,\alpha))$의 일부를 나타낸 것이다.

$P(X \le \chi(k,\alpha))$					
$\chi(k,\alpha)$ ＼k	10	11	12	13	14
9.342	0.5	0.41	0.327	0.253	0.191
15.987	0.9	0.858	0.808	0.75	0.686
18.307	0.95	0.925	0.893	0.854	0.807
20.483	0.975	0.961	0.942	0.916	0.884

R 프로그램

pchisq()함수를 이용하면 $\chi(k,\alpha)$가 주어졌을 때 $P(X \le \chi(k,\alpha))$를 구할 수 있다.

```
chi_a <- rep(c(9.342, 15.987, 18.307, 20.483), 5)
dff <- rep(10:14, each=4)
pchi_a <- round(pchisq(chi_a, dff), digits = 3)
pchi_a
##  [1] 0.500 0.900 0.950 0.975 0.410 0.858 0.925 0.961 0.327 0.808 0.893
## [12] 0.942 0.253 0.750 0.854 0.916 0.191 0.686 0.807 0.884
dpchi_a <- data.frame(dff = dff, chi_a = chi_a, pchi_a = factor(pchi_a))
dpchi_a
##     dff    chi_a  pchi_a
## 1   10     9.342  0.5
## 2   10    15.987  0.9
## 3   10    18.307  0.95
## 4   10    20.483  0.975
## 5   11     9.342  0.41
## 6   11    15.987  0.858
## 7   11    18.307  0.925
## 8   11    20.483  0.961
## 9   12     9.342  0.327
## 10  12    15.987  0.808
## 11  12    18.307  0.893
## 12  12    20.483  0.942
## 13  13     9.342  0.253
## 14  13    15.987  0.75
## 15  13    18.307  0.854
## 16  13    20.483  0.916
## 17  14     9.342  0.191
## 18  14 1   5.987  0.686
```

```
## 19  14      18.307    0.807
## 20  14      20.483    0.884
write.csv(dpchi_a, "c://RData//chi.csv")
```

다음 그래프는 $\chi^2(10)$ 에서 난수를 10개, 100개, 1000개를 발생 시켜서 각각의 난수에 대한 확률분포를 그래프로 나타내었다. 아래 그림에서 곡선은 $\chi^2(10)$ 의 곡선이다.

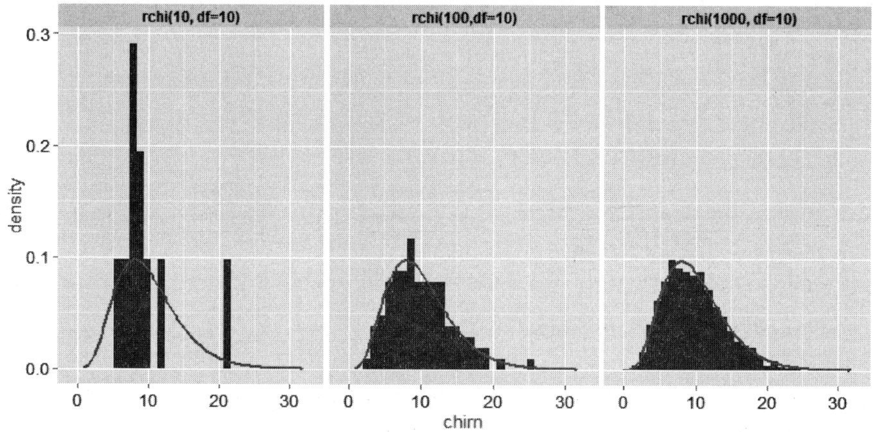

R 프로그램

rchisq()을 이용해서 $\chi^2(10)$ 에서 난수를 발생시킨다.

```
chirn <- rchisq(10,df=10)
dchirn1 <- data.frame(chirn=chirn)
dchirn1$dist <- rep("rchi(10, df=10)",10)
chirn <- rchisq(100, df=10)
dchirn2 <- data.frame(chirn=chirn)
dchirn2$dist <- rep("rchi(100,df=10)",100)
chirn <- rchisq(1000,df=10)
dchirn3 <- data.frame(chirn=chirn)
dchirn3$dist <- rep("rchi(1000, df=10)",1000)
dchirn <- rbind(dchirn1,dchirn2,dchirn3)
ggplot(dchirn, aes(x=chirn))+
  geom_histogram(aes(y=..density..))+
  stat_function(fun=dchisq,args=list(df=10), size=1, colour="red")+
  theme(
    axis.title=element_text(size=15,colour="red"),
    axis.text=element_text(size=rel(1.2),colour="blue"),
```

```
  strip.background=element_rect(fill="pink"),
  strip.text=element_text(size=rel(1), angle=0, face="bold"))+
facet_grid(.~dist)
```

7.9.7. F 분포

$X_1, X_2, \cdots, X_m$을 평균이 μ_x이고, 분산이 σ_x^2인 정규모집단에서 추출한 임의 표본이라고 하고, $Y_1, Y_2, \cdots, Y_n$을 평균이 μ_y이고, 분산이 σ_y^2인 정규모집단에서 추출한 임의 표본이라고 할 때 확률변수

$$F = \frac{(m-1)S_x^2/\sigma_x^2(m-1)}{(n-1)S_y^2/\sigma_y^2(n-1)} \quad = \frac{S_x^2/\sigma_x^2}{S_y^2/\sigma_y^2}$$

는 분자의 자유도가 m-1, 분모의 자유도가 n-1인 F분포를 따른다. $F \sim F(m-1, n-1)$로 표시한다. 여기서

$$S_x^2 = \frac{\sum_{i=1}^{m}(X_i - \overline{X})^2}{m-1}, \quad S_y^2 = \frac{\sum_{i=1}^{n}(Y_i - \overline{Y})^2}{n-1}$$

이다. $F \sim F(k_1, k_2)$의 확률밀도함수는 다음과 같다.

$$f(f) = \frac{\Gamma(\frac{k_1+k_2}{2})}{\Gamma(\frac{k_1}{2})\Gamma(\frac{k_2}{2})}(\frac{k_1}{k_2})^{\frac{k_1}{2}} f^{\frac{k_1}{2}-1}(1+\frac{k_1}{k_2}f)^{-\frac{k_1+k_2}{2}}, \quad 0 \le f$$

이러한 F분포는 독립인 두 정규모집단의 분산의 비에 대한 통계적 추론과, 분산분석 등에서 활용된다.

$F \sim F(k_1, k_2)$의 평균과 분산은 다음과 같다.

$$E(F) = \frac{k_2}{k_2-2},\ k_2 > 2,\ Var(F) = \frac{2k_2^2(k_1+k_2-2)}{k_1(k_2-2)^2(k_2-4)},\ k_2 > 4$$

확률밀도함수의 모양은 모수 k_1과 k_2에 의해서 결정된다. 아래 그림은 $F(2,2)$, $F(5,5)$, $F(10,10)$과 $F(30,30)$의 확률밀도함수를 나타낸 것이다.

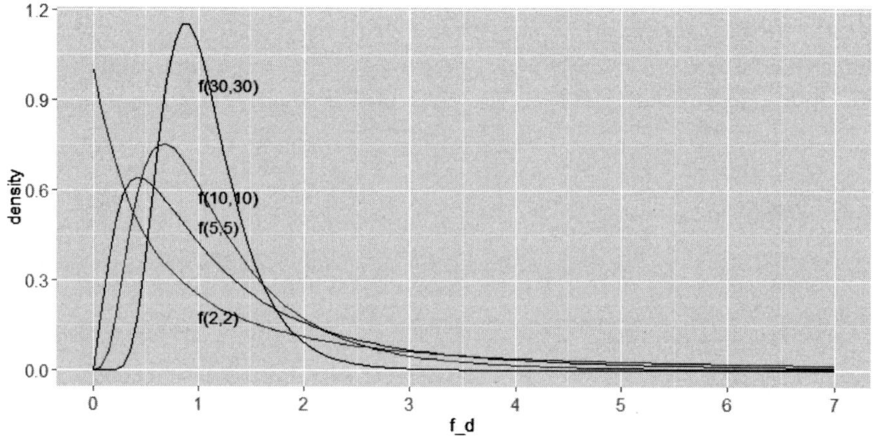

R 프로그램

```
f_d <- c(0,7)
df_d <- data.frame(f_d)
ggplot(df_d, aes(x=f_d))+
  stat_function(fun=df, args=list(df1=2,df2=2), colour="red")+
  stat_function(fun=df, args=list(df1=5,df2=5), colour="blue")+
  stat_function(fun=df, args=list(df1=10,df2=10), colour="brown")+
  stat_function(fun=df, args=list(df1=30,df2=30), colour="black")+
  scale_x_continuous(limits=c(0,7),breaks=seq(0,7,1))+
  theme(
    axis.text=element_text(size=15),
    axis.title=element_text(size=15))+
  annotate("text", x=1, y=0.2, label="f(2,2)", vjust=1,hjust=0, size=5)+
  annotate("text", x=1, y=0.5, label="f(5,5)", vjust=1,hjust=0, size=5)+
  annotate("text", x=1, y=0.6, label="f(10,10)", vjust=1,hjust=0, size=5)+
  annotate("text", x=1, y=0.9, label="f(30,30)", vjust=-0.6,hjust=0, size=5)+
  ylab("density")
```

다음 표는 $P(F \le f(k_1,k_2,\alpha)) = 1-\alpha$를 만족하는 $100(1-\alpha)$ 백분위수 $f(k_1,k_2,\alpha)$의 일부를 나타낸 것이다.

$\alpha=0.01$, $100(1-\alpha)$ 백분위수$(f(k_1,k_2,\alpha))(P(F\le f(k_1,k_2,\alpha))=1-\alpha)$								
k_2 ＼ k_1	1	2	3	4	5	6	7	8
1	4052.1	4999.5	5403.3	5624.58	5763.65	5858.98	5928.35	5981.07
2	98.502	99	99.166	99.2494	99.2993	99.3326	99.3564	99.3742
3	34.116	30.816	29.456	28.7099	28.2371	27.9107	27.6717	27.4892
4	21.197	18	16.694	15.977	15.5219	15.2069	14.9758	14.7989
5	16.258	13.273	12.06	11.3919	10.967	10.6723	10.4555	10.2893
6	13.745	10.924	9.7795	9.1483	8.7459	8.4661	8.26	8.1017
7	12.246	9.5466	8.4513	7.8466	7.4604	7.1914	6.9928	6.84
8	11.258	8.6491	7.591	7.0061	6.6318	6.3707	6.1776	6.0289
9	10.561	8.0215	6.9919	6.4221	6.0569	5.8018	5.6129	5.4671
10	10.044	7.5594	6.5523	5.9943	5.6363	5.3858	5.2001	5.0567

R 프로그램

qf()함수를 이용하여 $100(1-\alpha)$백분위수 $f(k_1,k_2,\alpha)$를 구하였다.

```
alpha_1 <- c(0.01, 0.025, 0.05, 0.1, 0.99, 0.975, 0.95, 0.9)
deff2 <- rep(1:10, each = 8)
f_k_a1 <- round(qf(alpha_1, df1 = 1, df2 = deff2, lower.tail = FALSE), digits = 4)
f_k_a2 <- round(qf(alpha_1, df1 = 2, df2 = deff2, lower.tail = FALSE), digits = 4)
f_k_a3 <- round(qf(alpha_1, df1 = 3, df2 = deff2, lower.tail = FALSE), digits = 4)
f_k_a4 <- round(qf(alpha_1, df1 = 4, df2 = deff2, lower.tail = FALSE), digits = 4)
f_k_a5 <- round(qf(alpha_1, df1 = 5, df2 = deff2, lower.tail = FALSE), digits = 4)
f_k_a6 <- round(qf(alpha_1, df1 = 6, df2 = deff2, lower.tail = FALSE), digits = 4)
f_k_a7 <- round(qf(alpha_1, df1 = 7, df2 = deff2, lower.tail = FALSE), digits = 4)
f_k_a8 <- round(qf(alpha_1, df1 = 8, df2 = deff2, lower.tail = FALSE), digits = 4)
f_k_a9 <- round(qf(alpha_1, df1 = 9, df2 = deff2, lower.tail = FALSE), digits = 4)
f_k_a10 <- round(qf(alpha_1, df1 = 10, df2 = deff2, lower.tail = FALSE), digits = 4)
df_k_a1 <- data.frame(dff1 = 1, dff2 = deff2, alpha_1 = alpha_1, f_k_a = f_k_a1)
df_k_a2 <- data.frame(dff1 = 2, dff2 = deff2, alpha_1 = alpha_1, f_k_a = f_k_a2)
df_k_a3 <- data.frame(dff1 = 3, dff2 = deff2, alpha_1 = alpha_1, f_k_a = f_k_a3)
df_k_a4 <- data.frame(dff1 = 4, dff2 = deff2, alpha_1 = alpha_1, f_k_a = f_k_a4)
df_k_a5 <- data.frame(dff1 = 5, dff2 = deff2, alpha_1 = alpha_1, f_k_a = f_k_a5)
df_k_a6 <- data.frame(dff1 = 6, dff2 = deff2, alpha_1 = alpha_1, f_k_a = f_k_a6)
df_k_a7 <- data.frame(dff1 = 7, dff2 = deff2, alpha_1 = alpha_1, f_k_a = f_k_a7)
df_k_a8 <- data.frame(dff1 = 8, dff2 = deff2, alpha_1 = alpha_1, f_k_a = f_k_a8)
```

```
df_k_a9 <- data.frame(dff1 = 9, dff2 = deff2, alpha_1 = alpha_1, f_k_a = f_k_a9)
df_k_a10 <- data.frame(dff1 = 10, dff2 = deff2, alpha_1 = alpha_1, f_k_a = f_k_a10)
df_k_a <- rbind(df_k_a1, df_k_a2, df_k_a3, df_k_a4, df_k_a5, df_k_a6, df_k_a7,
   df_k_a8, df_k_a9, df_k_a10)
head(df_k_a)
##      dff1  dff2  alpha_1       f_k_a
## 1     1     1     0.010    4052.1807
## 2     1     1     0.025     647.7890
## 3     1     1     0.050     161.4476
## 4     1     1     0.100      39.8635
## 5     1     1     0.990       0.0002
## 6     1     1     0.975       0.0015
f_table <- xtabs(f_k_a ~ dff2 + dff1 + alpha_1, data = df_k_a)
f_table
## , , alpha_1 = 0.01
##
##     dff1
##     dff2          1          2          3          4          5          6          7
##      1    4052.1807  4999.5000  5403.3520  5624.5833  5763.6496  5858.9861  5928.3557
##      2      98.5025    99.0000    99.1662    99.2494    99.2993    99.3326    99.3564
##      3      34.1162    30.8165    29.4567    28.7099    28.2371    27.9107    27.6717
##      4      21.1977    18.0000    16.6944    15.9770    15.5219    15.2069    14.9758
##      5      16.2582    13.2739    12.0600    11.3919    10.9670    10.6723    10.4555
##      6      13.7450    10.9248     9.7795     9.1483     8.7459     8.4661     8.2600
##      7      12.2464     9.5466     8.4513     7.8466     7.4604     7.1914     6.9928
##      8      11.2586     8.6491     7.5910     7.0061     6.6318     6.3707     6.1776
##      9      10.5614     8.0215     6.9919     6.4221     6.0569     5.8018     5.6129
##     10      10.0443     7.5594     6.5523     5.9943     5.6363     5.3858     5.2001
----------------------------------------------------- 중략 -----------------------------------------------------
df_table <- data.frame(f_table)
write.csv(df_table, "c://RData//if.csv")
```

$F(k_1,k_2,\alpha)$와 $F(k_2,k_1,1-\alpha)$는 다음과 같은 관계가 있다.

$$F(k_1,k_2,\alpha) = \frac{1}{F(k_2,k_1,1-\alpha)}$$

$$F(10,20,0.95) = \frac{1}{F(20,10,0.05)} = \frac{1}{0.42592} = 2.3479,$$

다음 표는 $f(k_1,k_2,\alpha)$가 주어졌을 때 $P(F \le f(k_1,k_2,\alpha))$의 일부를 나타낸 것이다.

$k_1 = 30$, $P(F \le f(k_1,k_2,\alpha))$					
$f(k_1,k_2,\alpha) \setminus k_2$	20	30	40	50	60
1.0114	0.50004	0.51228	0.519656	0.524647	0.528268
1.7382	0.899995	0.932171	0.94891	0.958899	0.965424
2.0391	0.950002	0.972277	0.982175	0.987383	0.990451
2.3486	0.975	0.988853	0.993988	0.996318	0.997532

R 프로그램

pf()함수를 이용하면 $f(k_1,k_2,\alpha)$가 주어졌을 때 $P(F \le f(k_1,k_2,\alpha))$를 구할 수 있다.

```
f_a <- c(1.0114, 1.7382, 2.0391, 2.3486)
dff1 <- 30
dff2 <- rep(c(20, 30, 40, 50, 60), each = 4)
dpx <- pf(f_a, df1 = dff1, df2 = dff2)
dpx
## [1]  0.5000 0.9000 0.9500 0.9750 0.5123 0.9322 0.9723 0.9889 0.5197 0.9489
## [11] 0.9822 0.9940 0.5246 0.9589 0.9874 0.9963 0.5283 0.9654 0.9905 0.9975
ddpx <- data.frame(dff1 = dff1, dff2 = dff2, f_a = f_a, dpx = dpx)
ddpx
##    dff1 dff2   f_a    dpx
## 1    30   20 1.011 0.5000
## 2    30   20 1.738 0.9000
## 3    30   20 2.039 0.9500
## 4    30   20 2.349 0.9750
## 5    30   30 1.011 0.5123
## 6    30   30 1.738 0.9322
## 7    30   30 2.039 0.9723
## 8    30   30 2.349 0.9889
## 9    30   40 1.011 0.5197
## 10   30   40 1.738 0.9489
## 11   30   40 2.039 0.9822
## 12   30   40 2.349 0.9940
## 13   30   50 1.011 0.5246
## 14   30   50 1.738 0.9589
## 15   30   50 2.039 0.9874
## 16   30   50 2.349 0.9963
## 17   30   60 1.011 0.5283
```

```
## 18  30    60    1.738    0.9654
## 19  30    60    2.039    0.9905
## 20  30    60    2.349    0.9975
write.csv(ddpx,"c://RData//f.csv")
```

다음 그래프는 $f(10,10)$에서 난수를 10개, 100개, 1000개를 발생 시켜서 각각의 난수에 대한 확률분포를 그래프로 나타내었다. 아래 그림에서 곡선은 $f(10,10)$의 곡선이다.

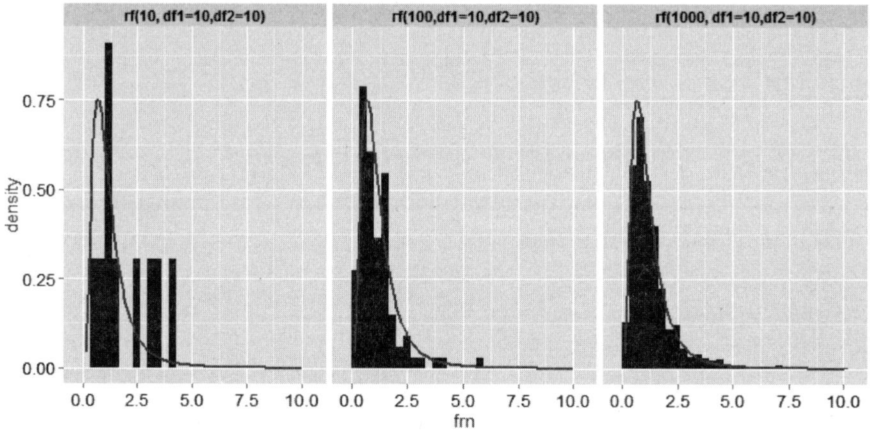

R 프로그램

rf()을 이용해서 $f(10,10)$에서 난수를 발생시킨다.

```
frn <- rf(10,df1=10,df2=10)
dfrn1 <- data.frame(frn=frn)
dfrn1$dist <- rep("rf(10, df1=10,df2=10)",10)
frn <- rf(100, df1=10,df2=10)
dfrn2 <- data.frame(frn=frn)
dfrn2$dist <- rep("rf(100,df1=10,df2=10)",100)
frn <- rf(1000,df1=10,df2=10)
dfrn3 <- data.frame(frn=frn)
dfrn3$dist <- rep("rf(1000, df1=10,df2=10)",1000)
dfrn <- rbind(dfrn1,dfrn2,dfrn3)
ggplot(dfrn, aes(x=frn))+
  geom_histogram(aes(y=..density..))+
  stat_function(fun=df,args=list(df1=10,df2=10), size=1, colour="red")+
  theme(
    axis.title=element_text(size=15,colour="red"),
    axis.text=element_text(size=rel(1.2),colour="blue"),
```

```
    strip.background=element_rect(fill="pink"),
    strip.text=element_text(size=rel(1), angle=0, face="bold"))+
  facet_grid(.~dist)
```

7.9.8. 이항분포의 정규근사

이항분포에서 추출된 자료가 근사적으로 정규분포를 따르기 위해서 어느 정도의 표본 크기가 되어야하는지 살펴보자. 아래 그래프는 B(5,0.3), B(10,0.3), B(15,0.3), B(30,0.3) 그리고 B(50,03)로부터 100개의 난수를 발생시켜서 각각의 히스토그램과 정규분포를 나타낸 것이다. 일반적으로 np >5이고, np(1-p) >5이면 B(n,p)는 근사적으로 N(np, np(1-p))를 따른다고 한다. 아래 그림에서 n=15,30,50일 경우에는 이항분포의 정규근사가 유효해 보인다.

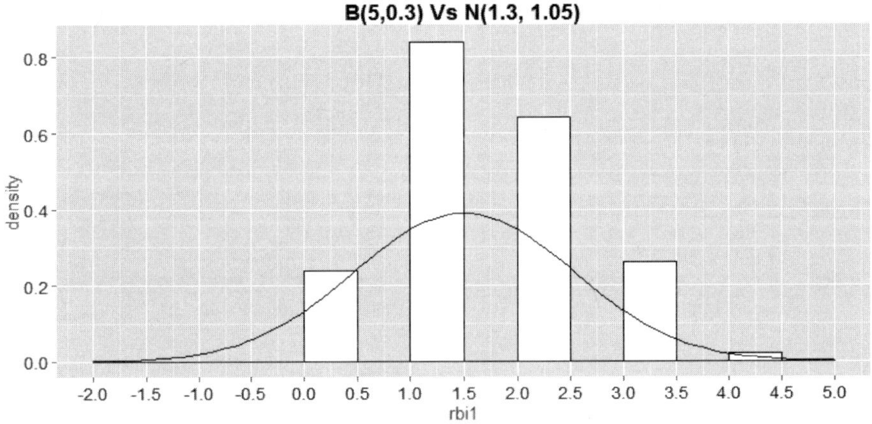

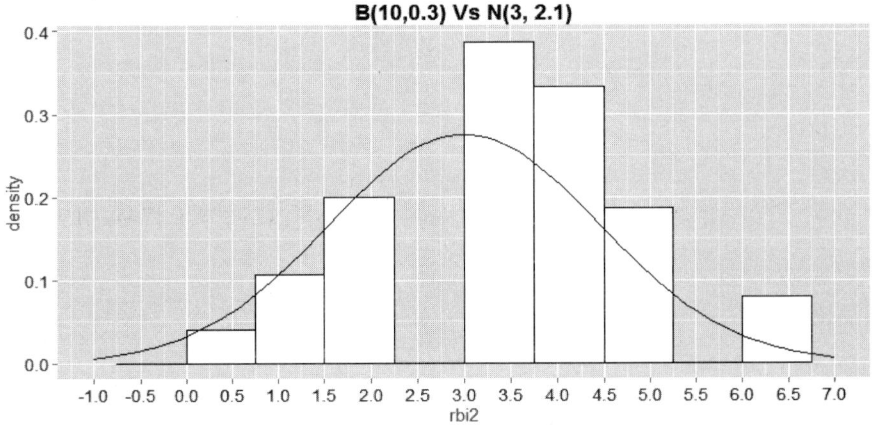

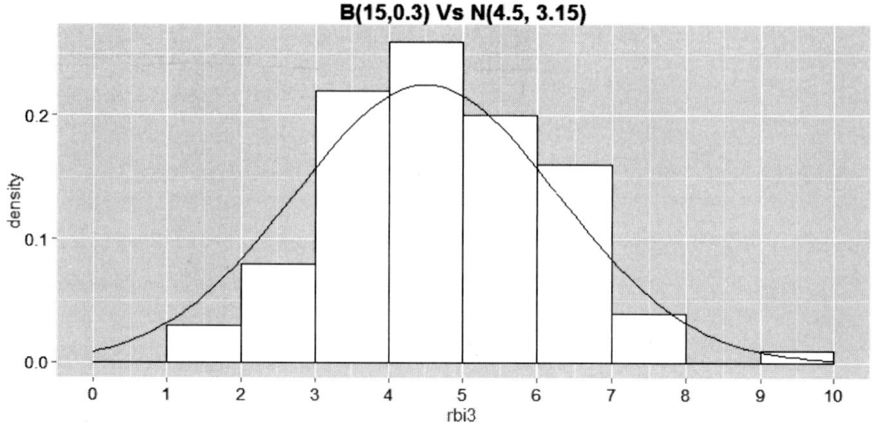

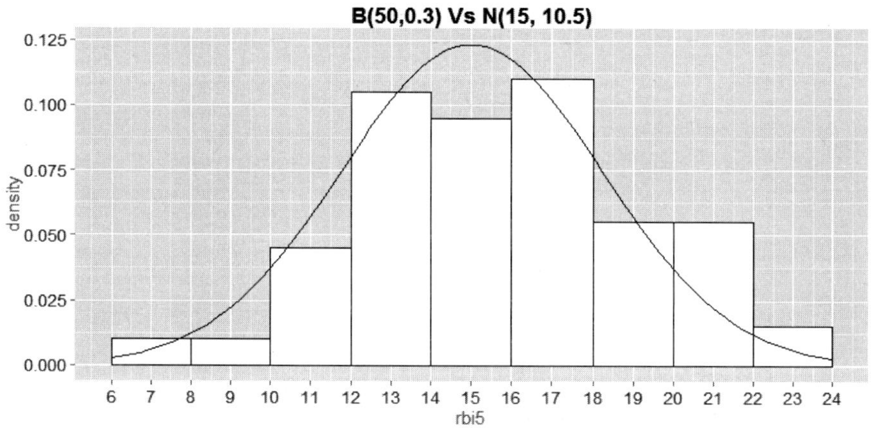

R 프로그램

```
r <- 100
p <- 0.3
nnn <- c(5, 10, 15, 30, 50)
rbi1 <- c()
rbi2 <- c()
rbi3 <- c()
rbi4 <- c()
rbi5 <- c()
for(i in 1:5){
try <- nnn[i]
if (i==1) rbi1 <- c(rbi1,rbinom(r, try,0.3))
  else if (i==2) rbi2 <- c(rbi2, rbinom(r, try, 0.3))
```

```
    else if (i==3) rbi3 <- c(rbi3,rbinom(r, try,0.3))
    else if (i==4) rbi4 <- c(rbi4, rbinom(r, try, 0.3))
    else  rbi5 <- c(rbi5,rbinom(r, try,0.3))
  }
drbi1 <- data.frame(rbi1)
drbi2 <- data.frame(rbi2)
drbi3 <- data.frame(rbi3)
drbi4 <- data.frame(rbi4)
drbi5 <- data.frame(rbi5)
ceil <- ceiling(1+3.322*log10(100))
width <- (max(drbi1$rbi1)-min(drbi1$rbi1))/ceil
ggplot(drbi1, aes(x=rbi1)) +
  geom_histogram(aes(y=..density..),binwidth=width,fill="white", colour="black")+
  stat_function(fun=dnorm, args=list(mean=5*0.3, sd=sqrt(5*0.3*0.7)))+
  scale_x_continuous(limits=c(-2,5),breaks=seq(-2,5, 0.5))+
  theme(
   axis.title=element_text(size=15,colour="red"),
   axis.text=element_text(size=rel(1.2),colour="blue"))+
  ggtitle("B(5,0.3) Vs N(1.3, 1.05)")+
  theme(plot.title=element_text(size=rel(1.5), face="bold"))
```

7.9.9. 중심극한정리

$X_1, X_2, \cdots, X_n$을 평균이 μ이고, 분산이 σ^2인 정규모집단에서 추출한 임의 표본이라고 하면, 표본평균 $\overline{X}$ 는

$$\overline{X} \sim N(\mu, \frac{\sigma^2}{n})$$

를 따른다. 그러나 모집단의 분포가 정규분포가 아닐 때도 표본평균 $\overline{X}$가 정규분포를 따를 까? 물론 경우에 따라 다르겠지만 $n \to \infty$이면 모집단 분포에 관계없이 $\overline{X}$가 정규분포를 따른다는 것은 잘 알려진 사실이다. 이처럼 중심극한정리는 평균이 μ이고, 분산이 σ^2인 모집단에서 크기가 n인 임의표본을 추출했을 때 $n \to \infty$로 하면 모집단 분포에 관계없이 표본평균 $\overline{X}$는 근사적으로

$$\overline{X} \approx N(\mu, \frac{\sigma^2}{n})$$

따른다는 사실이다.

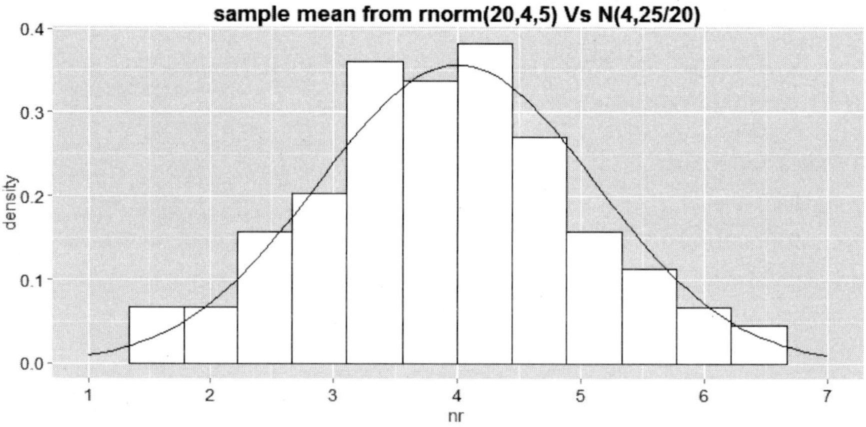

앞의 그래프는 N(4,25)로부터 크기가 20인 임의표본을 100개를 만들어 각각의 표본에 대한 표본평균 $\overline{X}$를 계산하고, 100개의 표본평균대한 히스토그램과 N$(4, \frac{25}{20})$의 확률질량함수곡선을 겹쳐서 그린 것이다. 아래그림에서 $\overline{X} \sim N(4, \frac{25}{20})$ 임을 볼 수 있다.

R 프로그램

```
nr <- c()
for(r in 1:100){
  xx <- rnorm(20,4,5)
  nr <- c(nr,mean(xx))
}
nbin <- ceiling(1+3.322*log10(100))
wbin <- (max(nr)-min(nr))/nbin
dm <- data.frame(nr)
ggplot(dm, aes(x=nr))+
  geom_histogram(aes(y=..density..),binwidth=wbin, fill="white", colour="black")+
  stat_function(fun=dnorm, args=list(mean=4,sd=sqrt(25/20)))+
  scale_x_continuous(limits=c(1,7),breaks=seq(1,7,1))+
  theme(
    axis.title=element_text(size=15,colour="red"),
    axis.text=element_text(size=rel(1.2),colour="blue"))+
  ggtitle("sample mean from rnorm(20,4,5) Vs N(4,25/20)")+
  theme(plot.title=element_text(size=rel(1.5), face="bold"))
```

아래 그래프는 다음 모집단에서 크기가 10개인 임의표본 100개와 크기가 30인 임의표본 100개를 만들어서 각각의 표본에 대한 표본평균 $\overline{X}$를 계산하고, 각각의 표본평균 100개에 대한 히스토그램과 밀도곡선 그리고 $N(4.5, \frac{8.25}{10})$와 $N(4.5, \frac{8.25}{30})$의 확률질량함수곡선을 겹쳐서 그린 것이다.

x	0	1	2	3	4	5	6	7	8	9
P(X=x)	$\frac{1}{10}$	$\frac{1}{10}$	$\frac{1}{10}$	$\frac{1}{10}$	$\frac{1}{10}$	$\frac{1}{10}$	$\frac{1}{10}$	$\frac{1}{10}$	$\frac{1}{10}$	$\frac{1}{10}$

아래 그림에서 모집단이 정규분포와 전혀 다를 경우, 표본의 크기가 10개일 지라도 표본평균의 분포가 정규분포와 가까움을 알 수 있다. 두 번째 그림은 표본의 크기가 30개인 경우이다. 이 그림을 첫 번째 그림과 비교해보면 정규분포와 더 가까운 것을 알 수 있다. 이처럼 $n \to \infty$이면 정규분포와 더 가까운 분포를 가진다.

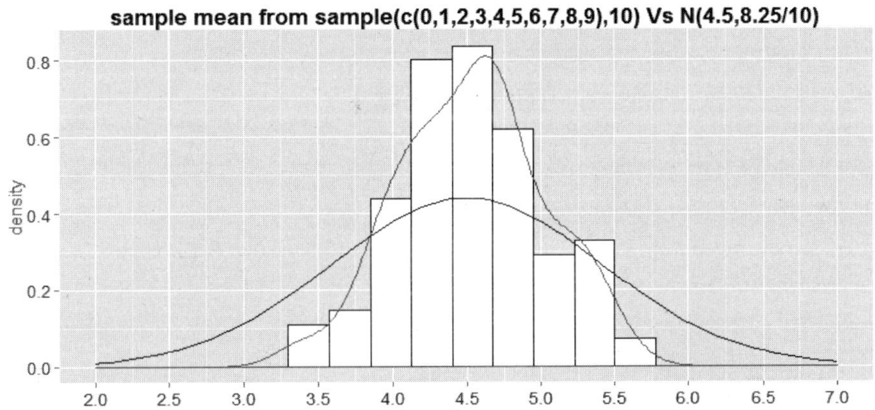

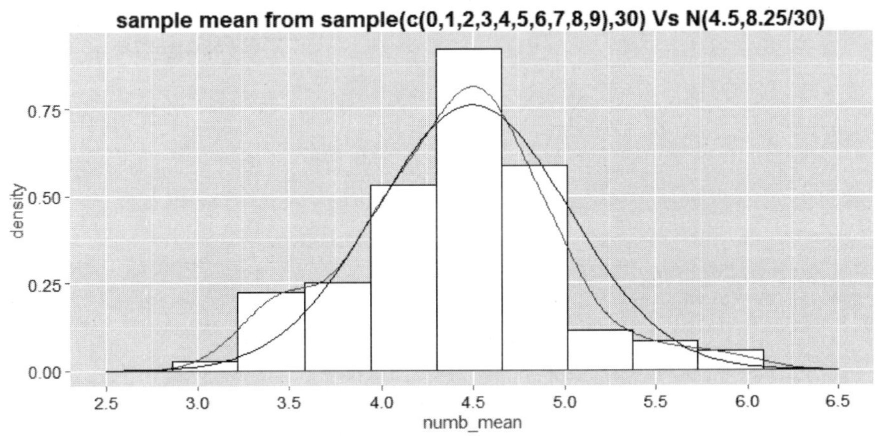

R 프로그램

```
numb <- seq(0,9,1)
numb
numb_mean <- c()
for(r in 1:100){
  nums <- sample(numb,10,replace=TRUE)
  numb_mean <- c(numb_mean, mean(nums))
}
numb_mean
nbin <- ceiling(1+3.322*log10(100))
wbin <- (max(numb_mean)-min(numb_mean))/nbin
dm_numb <- data.frame(numb_mean)

ggplot(dm-numb, aes(x=numb_mean))+
  geom_histogram(aes(y=..density..),binwidth=wbin, fill="white", colour="black")+
  geom_density(colour="red")+
  stat_function(fun=dnorm, args=list(mean=4.5,sd=sqrt(8.25/10)))+
  scale_x_continuous(limits=c(2,7),breaks=seq(2,7,0.5))+
  theme(
    axis.title=element_text(size=15,colour="red"),
    axis.text=element_text(size=rel(1.2),colour="blue"))+
  ggtitle("sample mean from sample(c(0,1,2,3,4,5,6,7,8,9),10) Vs N(4.5,8.25/10)")+
  theme(plot.title=element_text(size=rel(1.5), face="bold"))
```

연습문제

1. R을 이용해서 베르누이시행을 30회 실시하고 그 결과를 ber에 저장하라.

2. 주머니 속에 1부터 5까지 번호가 적힌 공 5개가 들어 있다. R을 이용해서 한 번에 세 개씩 공을 추출할 수 있는 모든 경우를 구하라.

3. 어느 피자 가게에서 A, B, C 세 가지 토핑 중에서 손님 들이 추가로 원하는 토핑이 무엇 인가를 조사하기 위해서 1000명 고객의 자료를 조사 하였다. 그 결과는 다음과 같다.

손님들이 원한 토핑	손님수
A	50
B	70
C	100
A + B	200
A + C	150
B + C	100
A + B + C	50
추가 토핑 암함	280
합계	1000

❶ 토핑 A를 추가로 원한 고객은 몇 %인가?

❷ 토핑 B와 C를 동시에 원한 고객은 몇 %인가?

❸ 토핑 A를 원한 사람 중에서 토핑 C를 원한 고객은 몇 %인가?

❹ 토핑 A를 원한 사람 중에서 토핑 C를 원한 고객의 비율과 토핑 C를 원한 고객의 비율에 대한 비를 계산하라.

4. 어느 자동차 회사에서 새로운 자동차 두 종류를 테스트하고 있다. 자동차 테스트에 지원한 고객들에게 자동차를 선택하도록 한 다음 시승 후에 만족도를 조사하였다. 고객 중 60%가 자동차 I을 선택했고, 40%는 자동차 II를 선택하였다. 자동차 I을 선택한 사람 중에서 60%가 만족을 했고, 40%는 그렇지 않았다. 자동차 II의 경우에는 70%가 만족을 하였고, 30%는 그렇지 않았다. 다음 물음에 답하여라.

❶ 자동차 시승 후 만족한 사람은 몇 %인가.

❷ 한 사람을 선택한 다음 만족 여부를 물어보았고, 그 사람은 그렇다고 하였다. 이 사람이 자동차 I을 선택했을 확률은 얼마나 될 까요?

❸ 한 사람을 선택한 다음 만족 여부를 물어보았고, 그 사람은 그렇다고 하였다. 이 사람이 자동차 II를 선택했을 확률은 얼마나 될 까요?

5. 어느 커피 전문점에서 샌드위치를 같이 팔기 위해서 고객 100명에게 설문조사를 하였습니다. 75명은 샌드위치를 사고, 25명은 그렇지 않다. 샌드위치를 구입한 고객 75명 중에서 45명은 커피를 구매하고, 30명은 그렇지 않다. 샌드위치를 구매하지 않은 고객 25명 중에 10명은 커피를 구매하고, 나머지는 그렇지 않는다고 하였다.

❶ 샌드위치를 구매할 고객의 비율은 얼마인가?

❷ 커피를 구매할 고객의 비율은 얼마인가?

❸ 샌드위치를 구매하고 커피를 구매하지 않을 고객의 비율은 얼마인가?

❹ 커피와 샌드위치를 동시에 구매하는 고객의 비율은 얼마인가?

❺ 커피를 구매한 고객 중에서 샌드위치를 구매할 고객의 비율은 얼마인가?

❻ 커피 구매와 샌드위치 구매가 독립이라고 할 수 있는가?

6. R을 이용해서 동전을 100회 던지는 시행을 실시하라. 그 결과를 coin에 저장하라.

7. 6번 시행에서 앞면이 몇 번 나왔는지 확인하라. (1=H, 0=T)

8. 4지 선다형 문제가 5 문제가 주어졌다고 하자. 랜덤하게 답을 한다고 할 때 다음 확률을 구하여라. (확률 계산은 R을 이용하라.)

❶ 정확하게 두 문제 맞힐 확률은 얼마인가?

❷ 세 문제 이상 맞힐 확률은 얼마인가?

❸ 전부 다 틀릴 확률은 얼마인가?

❹ 전부다 맞을 확률은 얼마인가?

❺ 기대치와 분산을 계산하라.

9. $X \sim P(10)$ 일 때 R을 이용해서 다음 확률을 구하라.

❶ P(X=5)

❷ $P(X \le 5)$

❸ $P(X > 6)$

❹ $P(3 < X \le 7)$

❺ 기대치와 분산을 계산하라.

10. 공정한 동전 5개를 동시에 던졌을 때, 확률변수 X를 5개 중 앞면의 개수로 정의하였다. 다음 물음에 답하여라.

❶ X의 확률분포는 무엇인가?

❷ R을 이용해서 다음 표를 완성하라.

x	P(X=x)
0	
1	
2	
3	
4	
5	

❸ ❷에서 만든 표를 이용하여 확률변수 X의 기댓값과 분산을 계산하라.

❹ X의 확률분포에 대한 기댓값과 분산을 np와 np(1-p))를 이용해서 구하라.

❺ ❸번과 ❹번을 비교해보라.

11. 두 확률변수 X와 Y가 다음과 같은 결합확률분포를 따를 때 다음 물음에 답하여라.

x \ y	0	1	2	3
0	0	0	0	$\frac{1}{8}$
1	0	0	$\frac{3}{8}$	0
2	0	$\frac{3}{8}$	0	0
3	$\frac{1}{8}$	0	0	0

❶ 확률변수 X의 주변확률분포를 구하라.

❷ 확률변수 Y의 평균과 분산을 구하라.

❸ 공분산 Cov(X,Y)를 계산하라.

❹ 상관계수 Corr(X,Y)를 계산하라.

❺ 두 확률변수가 독립이라 할 수 있는가?

12. 다음 물음에 답하여라.

❶ N(4,16)에서 크기가 20인 랜덤 표본을 추출하고, 그 결과를 nrand에 저장하라.

❷ ggplot2를 사용하여 생성된 표본에 대한 히스토그램과 N(4,16)의 확률밀도 함수 곡선을 겹쳐서 그려라.

13. ggplot2를 이용하여 N(0,1)과 t(30)의 확률밀도함수 곡선을 겹쳐서 그려라.

14. $T \sim t(k)$일 때 $P(T \geq t(k,\alpha)) = \alpha$ 을 만족하는 $t(k,\alpha)$을 R을 이용해서 구하라.

자유도(k) \ α	0.1	0.05	0.025	0.01	0.005
11					
12					
13					
14					

15. N(10, 16)인 모집단에서 추출한 임의 표본 $X_1, X_2, \cdots, X_{25}$의 평균을 $\overline{X}$, 표본분산을 S^2라고 할 때 다음 물음에 답하여라. (R을 이용해라.)

❶ 확률변수 $T = \dfrac{\overline{X} - 10}{S/\sqrt{25}}$는 어떤 확률 분포를 따르는가?

❷ 위와 같은 표본을 100개를 만들고, 각 표본에 대한 $\overline{X}_i$ 와 S_i, $i = 1,2, \cdots, 100$을 계산하라.

❸ ❷에서 계산한 평균과 표준편차를 이용하여 $T_i, i = 1,2, \cdots 100$을 계산하라.

❹ T_i의 히스토그램과 자유도가 24인 t_분포의 확률밀도함수 곡선을 겹처시 그려라.

16. 확률변수 X가 다음과 같은 확률밀도함수를 가질 때 다음 물음에 답하여라.

$$f(x) = \begin{cases} \dfrac{cx}{4}, & 0 \le x \le 4 \\ 0\ , & \text{그외} \end{cases}$$

❶ $f(x)$가 확률밀도함수가 되도록 c값을 구하라.

❷ 확률변수 X의 기댓값과 분산을 구하라.

❸ $P(X \le 2)$를 구하라.

❹ $P(3 \le X \le 4)$를 구하라.

17. 다음과 같은 모집단으로부터 크기가 40인 랜덤표본을 만든다고 하자.

x	1	2	3
P(X=x)	$\frac{1}{4}$	$\frac{1}{2}$	$\frac{1}{4}$

❶ 크기가 40인 랜덤표본을 100개 만들어라.

❷ 각 표본의 표본평균을 계산하라.

❸ 표본평균의 근사적 확률분포를 구하라.

❹ 100개의 표본평균의 히스토그램과 ❸에서 구한 근사적 확률분포의 확률밀도함수 곡선을 겹쳐서 그려라.

PART 08

추정과 검정

8.1. 점추정
8.2. 구간추정
8.3. 가설검정
8.4. 모평균에 대한 추정과 검정 _ •표본의 크기가 큰 경우 •표본의 크기가 작은 경우
8.5. 모비율에 대한 추정과 검정
8.6. 두 모집단 분산비에 대한 추정과 검정
8.7. 두 모집단 평균에 대한 추정과 검정 _ •표본의 크기가 큰 경우 •표본의 크기가 작은 경우 •쌍체표본에 대한 두 모평균 비교
8.8. 두 모집단 모비율에 대한 추정과 검정

PART 08

추정과 검정

8.1. 점추정

우리는 불확실한 사실을 가능한 정확하게 추측하기를 원하는 경우가 많다. 관심의 대상이 되는 모집단의 모수는 우리가 정확하게 추측하기를 원하는 불확실한 사실을 나타내는 것이다. 이러한 모수는 모집단에서 추출한 자료를 기초로 하여 통계적 이론에 의한 결론을 내리게 된다. 하나의 모수를 하나의 값으로 추정하는 것을 점추정이라한다, 모수를 추정하기 위해 사용하는 통계량을 추정량이라 하고, 관측된 자료를 이용해서 계산된 추정량의 값을 추정치라고 한다. 이러한 추정량의 정밀도를 나타내는 측도는 추정량의 표준편차이다. 따라서 추정량의 표준편차를 표준오차라고 한다. 표준오차가 작을수록 정밀도가 높은 더 좋은 추정량이다.

예를 들어 모평균 μ에 대한 추정량은 여러 가지가 있지만 표본평균 $\overline{X}$를 추정량으로 사용했을 때가 표준오차가 가장 작은 경우이다. 따라서 일반적으로 모평균에 대한 추정량으로 표본평균을 이용한다. 표본평균의 표준오차는 $\sigma/\sqrt{n}$ 이다. 여기서 σ는 모집단의 표준편차, n은 표본의 크기를 나타낸다. 그러나 점추정량이 모수에 어느 정도 가까이 있을까? 즉 점추정량에 대한 신뢰도는 얼마나 되는가 하는 것이다. 점추정량은 이러한 신뢰도에 대한 정보는 가지고 있지 않다. 신뢰도에 대한 정보를 얻기 위해서는 표본평균에 분포를 알아야한다. 만약 모집단이 $N(\mu, \sigma^2)$를 따른다면 표본평균 $\overline{X}$도 $N(\mu, \frac{\sigma^2}{n})$을 따른다. 따라서

$$p(|\frac{\overline{X}-\mu}{\sigma/\sqrt{n}}| \le 2) = p(|\overline{X}-\mu| \le 2\frac{\sigma}{\sqrt{n}}) = 0.954$$

이다. 이것은 신뢰수준 95.4%로 표본평균과 모평균의 차가 $2\frac{\sigma}{\sqrt{n}}$ 이내 있다는 의미이

다. 즉 표본을 100개 만들고, 각 표본에 대해서 표본평균 100개를 구한다. 이 100개의 표본평균 중 95.4% 정도는 모평균과 차이가 $2\frac{\sigma}{\sqrt{n}}$ 이내 있다는 의미이다.

다음은 모의실험을 통해서 위 사실을 확인 해보려고 한다. 다음 표는 모집단 N(4,25)에서 표본의 크기가 20개인 100개의 표본을 만들었다. 100개의 표본평균을 모평균 μ의 점추정치로 이용했을 때 추정치의 95% 오차의 한계 $1.96*\frac{5}{\sqrt{20}}=2.19$를 벗어나는 추정치를 F로 나타내었다. 결과를 보면 100개의 추정치 중 적어도 95% 이상 즉 95개 이상의 추정치는 오차한계 내에 있고, 나머지는 추정치의 오차의 한계를 벗어난다. 이것은 신뢰수준의 의미를 나타낸다.

error	confi	error	confi	error	confi	error	confi	error	confi
1.7601	T	2.1348	T	0.5066	T	1.2335	T	1.7827	T
1.2702	T	0.9857	T	1.097	T	1.9577	T	1.4712	T
2.0613	T	0.3921	T	0.9039	T	0.3163	T	0.1794	T
1.5883	T	1.1575	T	0.3009	T	0.6508	T	1.2792	T
0.1164	T	0.1468	T	1.3976	T	0.5225	T	1.1773	T
0.1247	T	0.7728	T	0.1171	T	1.2171	T	0.4961	T
1.6149	T	1.6992	T	0.7313	T	1.7381	T	0.6311	T
0.1994	T	0.5681	T	1.3118	T	0.1132	T	2.3053	F
0.4549	T	1.8547	T	1.0926	T	0.5012	T	1.5307	T
1.7986	T	0.9504	T	0.0285	T	0.4078	T	0.1109	T
1.1691	T	0.8583	T	0.5003	T	0.3223	T	1.8448	T
0.3903	T	0.0441	T	0.1528	T	1.4339	T	1.5716	T
1.5728	T	0.9433	T	1.6057	T	2.0064	T	0.1904	T
0.1034	T	0.1051	T	1.8161	T	0.7238	T	2.0445	T
0.9393	T	0.4282	T	1.9871	T	0.9134	T	0.0643	T
0.5776	T	1.0275	T	1.1648	T	1.1055	T	1.1468	T
1.3674	T	1.5989	T	0.9056	T	1.5887	T	0.6998	T
1.0697	T	0.1163	T	0.3657	T	3.1909	F	1.5369	T
0.8874	T	1.173	T	0.1613	T	0.7048	T	1.0182	T
2.2601	F	0.6665	T	1.6526	T	0.5461	T	0.4557	T

R 프로그램

```
nr_point <- c()
for(r in 1:100){
 xx <- rnorm(20,4,5)
 nr_point <- c(nr_point,mean(xx))
}
nr_point
##   [1]  2.880 5.482 5.586 3.386 5.290 6.054  3.969 2.969  4.261 3.321 4.520
##  [12]  3.778 3.948 4.177 3.545 5.365 4.767  2.082 2.224  4.223 3.225 4.188
##  [23]  3.287 3.165 3.759 4.056 6.759 3.981  5.302 4.767  2.846 3.907 3.621
##  [34]  3.826 2.516 3.012 4.969 3.473 3.824  3.805 1.610  5.335 4.449 3.806
##  [45]  2.924 4.987 4.480 3.268 5.168 3.574  2.262 2.863  2.922 3.197 3.825
##  [56]  5.312 4.077 3.550 4.078 2.147 4.407  5.372 3.761  4.821 3.499 3.322
##  [67]  4.680 4.189 2.746 6.144 4.947 4.321  5.622 5.762  3.611 4.186 4.818
##  [78]  4.428 3.202 3.484 4.142 3.664 6.349  3.758 3.853  2.693 4.105 3.441
##  [89]  5.067 5.891 3.179 3.169 4.213 4.004  2.851 3.680  5.043 1.995 4.613
## [100]  4.275
error <- round(abs(nr_point-4),digits=4)
error
##  [1]  1.1204 1.4820 1.5857 0.6139 1.2899 2.0541 0.0314 1.0306 0.2613 0.6793
## [11]  0.5204 0.2216 0.0517 0.1765 0.4545 1.3646 0.7667 1.9181 1.7755 0.2231
## [21]  0.7754 0.1878 0.7126 0.8348 0.2409 0.0558 2.7588 0.0187 1.3024 0.7666
## [31]  1.1545 0.0928 0.3791 0.1736 1.4843 0.9875 0.9693 0.5268 0.1764 0.1948
## [41]  2.3904 1.3347 0.4491 0.1945 1.0756 0.9871 0.4803 0.7324 1.1683 0.4262
## [51]  1.7379 1.1374 1.0781 0.8033 0.1747 1.3116 0.0767 0.4496 0.0780 1.8532
## [61]  0.4074 1.3719 0.2392 0.8208 0.5015 0.6779 0.6803 0.1894 1.2545 2.1443
## [71]  0.9466 0.3210 1.6219 1.7621 0.3889 0.1861 0.8184 0.4283 0.7984 0.5156
## [81]  0.1419 0.3357 2.3494 0.2416 0.1466 1.3075 0.1051 0.5589 1.0667 1.8912
## [91]  0.8211 0.8307 0.2133 0.0037 1.1493 0.3200 1.0433 2.0046 0.6134 0.2752
stderr <- 1.96*5/sqrt(20)
stderr
## [1] 2.191
conffi <- ifelse (error<=stderr, "T", "F")
conffi
##  [1] "T" "T" "T" "T" "T" "T" "T" "T" "T" "T" "T" "T" "T" "T" "T" "T" "T"
## [18] "T" "T" "T" "T" "T" "T" "T" "T" "T" "F" "T" "T" "T" "T" "T" "T" "T"
## [35] "T" "T" "T" "T" "T" "T" "F" "T" "T" "T" "T" "T" "T" "T" "T" "T" "T"
```

```
## [52] "T" "T" "T" "T" "T" "T" "T" "T" "T" "T" "T" "T" "T" "T" "T" "T" "T"
## [69] "T" "T" "T" "T" "T" "T" "T" "T" "T" "T" "T" "T" "T" "T" "F" "T" "T"
## [86] "T" "T" "T" "T" "T" "T" "T" "T" "T" "T" "T" "T" "T" "T" "T"
dpoint <- data.frame(error=error, conffi=conffi)
head(dpoint)
##     error  conffi
## 1  1.1204   T
## 2  1.4820   T
## 3  1.5857   T
## 4  0.6139   T
## 5  1.2899   T
## 6  2.0541   T
write.csv(dpoint, "c://RData//point.csv")
```

8.2. 구간추정

점추정은 추정량의 신뢰도에 대한 정보는 가지고 있지 않다. 점추정량과 추정량의 신뢰도에 대한 정보를 포함하고 있는 추정방법이 구간추정이다. 일반적으로 모수 θ에 대한 100(1-α)% 신뢰구간 혹은 구간추정은

$$P(l(X_1, X_2, \cdots, X_n) \le \theta \le u(X_1, X_2, \cdots, X_n)) = 1-\alpha$$

를 만족하는 구간 $(l(X_1, X_2, \cdots, X_n), u(X_1, X_2, \cdots, X_n))$이다. 이때 100(1$-\alpha$)%를 신뢰수준 혹은 신뢰계수라 한다. 여기서 100(1-α)% 신뢰구간이라는 의미는 모집단에서 표본의 크기가 n인 표본을 무한히 만들었을 때 표본이 바뀔 때 마다 신뢰구간(구간추정)도 무한히 만들어 질 것이다. 이 신뢰구간 중에서 100(1-α)%정도는 신뢰구간이 모수를 포함하리라고 기대 할 수 있다는 것이다. 이와 같은 사실을 모의실험을 실시하여 확인하였다.

다음 표는 모집단 N(4,25)에서 표본의 크기가 20개인 100개의 표본을 만들었다. 100개의 표본평균을 이용하여 모평균 μ에 대한 95% 구간추정을 하였다. 결과를 보면 100개의 구간 중 적어도 95% 이상 즉 95개 이상의 구간은 모평균 $\mu=4$를 포함하고, 나머지는 모평균 μ를 포함하고 하지 않는다. 이것은 신뢰수준의 의미를 나타낸다.

lower_ bound	upper_ bound	conffi	lower_ bound	upper_ bound	conffi	lower_ bound	upper_ bound	conffi
0.1596	4.5422	T	2.203	6.5856	T	3.5351	7.9177	T
2.3248	6.7074	T	2.3576	6.7402	T	−0.1587	4.2239	T
0.8577	5.2403	T	2.1886	6.5712	T	1.528	5.9107	T
2.0744	6.457	T	3.2363	7.6189	T	−0.2167	4.1659	T
−0.5866	3.796	F	1.8608	6.2434	T	2.5256	6.9082	T
0.7022	5.0848	T	1.2732	5.6558	T	1.1618	5.5444	T
1.271	5.6536	T	3.9595	8.3421	T	4.0576	8.4402	F
1.2897	5.6723	T	1.0692	5.4519	T	1.9214	6.304	T
3.0266	7.4092	T	1.8981	6.2807	T	1.5199	5.9025	T
1.0111	5.3937	T	0.4339	4.8165	T	1.4121	5.7947	T
1.9916	6.3743	T	0.8742	5.2568	T	1.3294	5.712	T
2.7009	7.0835	T	2.4395	6.8221	T	1.8462	6.2288	T
1.1451	5.5277	T	1.8355	6.2181	T	−0.7382	3.6444	F
1.2003	5.5829	T	0.7344	5.1171	T	1.9189	6.3015	T
0.0389	4.4215	T	1.9834	6.366	T	1.122	5.5046	T
2.1053	6.4879	T	1.4611	5.8437	T	1.4135	5.7961	T
0.5736	4.9562	T	1.9784	6.361	T	−0.0743	4.3083	T
0.0523	4.435	T	2.251	6.6336	T	2.217	6.5996	T
2.8437	7.2263	T	2.4154	6.798	T	0.168	4.5506	T
3.7031	8.0857	T	0.3327	4.7153	T	2.109	6.4916	T

lower_bound	upper_bound	conffi	lower_bound	upper_bound	conffi
0.6148	4.9974	T	0.8975	5.2801	T
2.4091	6.7918	T	1.6835	6.0661	T
0.4967	4.8793	T	0.7921	5.1747	T
1.5316	5.9142	T	2.3013	6.6839	T
1.733	6.1156	T	3.2877	7.6703	T
−0.0516	4.331	T	0.7594	5.142	T
1.7433	6.1259	T	2.0696	6.4522	T
0.2008	4.5834	T	0.8182	5.2008	T
2.2062	6.5889	T	1.3701	5.7527	T
1.0673	5.4499	T	1.2473	5.6299	T
0.2643	4.6469	T	1.0753	5.4579	T
0.4492	4.8319	T	0.8674	5.25	T
1.7157	6.0983	T	0.1843	4.5669	T
0.5353	4.918	T	0.1413	4.5239	T
2.7842	7.1668	T	1.481	5.8636	T
1.2589	5.6415	T	1.621	6.0036	T
2.5189	6.9015	T	0.3991	4.7818	T
2.0109	6.3935	T	2.2182	6.6008	T
2.4636	6.8462	T	4.2362	8.6189	F
1.3527	5.7353	T	1.5629	5.9455	T

R 프로그램

```
nr_point <- c()
mu <- 4
sigma <- 5
rr <- 20
z_alpha <- qnorm(0.975)
for(r in 1:100){
  xx <- rnorm(rr,mu,sigma)
  nr_point <- c(nr_point,mean(xx))
}
stderr <- z_alpha*sigma/sqrt(rr)
lower_bound <- round(nr_point - stderr, digits=4)
upper_bound <- round(nr_point + stderr, digits=4)
conffi <- ifelse (lower_bound < mu & mu < upper_bound, "T", "F")
confi_inter <- data.frame(lower_bound=lower_bound,upper_bound= upper_bound, conffi=conffi)
head(confi_inter)
##    lower_bound   upper_bound    conffi
## 1      -4.7501       -0.3674        F
## 2       3.9702        8.3528        T
## 3      -2.0885        2.2941        F
## 4       0.1713        4.5539        T
## 5       1.8534        6.2360        T
## 6       3.3940        7.7766        T
write.csv(confi_inter, "c://RData//inter.csv")
```

8.3. 가설검정

가설검정은 모집단의 분포나 모수 등에 대한 가설을 세우고 모집단에서 추출한 자료를 이용하여 가설의 채택여부를 결정하는 통계적 방법이다. 가설검정의 원리에 대해서 설명하기로 하자. 먼저 모수에 대한 가설을 설정해야한다. 가설에는 귀무가설과 대립가설 두 가지가 있다. 대립가설은 관측된 자료로부터 확실한 근거를 찾아 새로이 입증하고자하는 가설로서 일반적으로 H_1으로 나타낸다. 귀무가설 H_0는 대립가설에 상반되는 가설로서 대립가설을 입증할 확실한 근거가 없을 때 받아들이는 가설이다.

일반적으로 모수 θ에 대한 가설의 형태는 다음 세 가지 중 하나이다.(θ_0 는 주어진 상수)

❶ $H_0 : \theta = \theta_0,\ H_1 : \theta > \theta_0$, ❷ $H_0 : \theta = \theta_0,\ H_1 : \theta < \theta_0$, ❸ $H_0 : \theta = \theta_0,\ H_1 : \theta \neq \theta_0$

귀무가설과 대립가설은 서로 상반되는 것이 원칙이나 $H_0 : \theta = \theta_0$로 하더라도 검정방법은 동일하다. 통계적 가설 검정은 표본의 정보를 근거로 하기 때문에 오류가 생길 수도 있다. 이러한 오류에는 두 가지가 있다. 다음 표는 두 가지오류를 요약한 것이다.

검정결과 \ 실제현상	H_0 : 참	H_0 : 거짓(H_1 :참)
H_0 : 수락	정상적인 결정	제2종 오류
H_0 : 기각	제1종 오류	정상적인 결정

두 오류를 최소화 해주는 검정이 가장 좋은 검정이다. 그러나 두 종류의 오류를 동시에 최소화 할 수는 없다. 따라서 제1종 오류의 허용한계를 주고 제2종 오류를 최소화하는 검정방법을 찾는다. 유의수준은 제1종 오류의 최대허용한계를 의미한다.

두 가설 중에서 하나를 선택하는데 사용하는 통계량을 검정통계량이라 한다. 관측된 자료를 이용하여 검정통계량을 계산했을 때 그 값이 어느 영역에 속하면 H_0를 기각한다. 이때 이 영역을 기각역이라 한다.

유의확률 p_값은 관측된 자료로부터 구한 검정통계량 값을 근거로 H_0를 기각할 수 있는 최소 유의수준이다. p_값이 유의수준보다 작으면 H_0를 기각한다. p_값이 작을수록 H_0를 기각할 증거가 뚜렷해진다. 유의수준이 100α%라는 의미는 모집단에서 표본의 크기가 n인 표본을 무한히 만들었을 때 표본이 바뀔 때 마다 p_값도 무한히 만들어 질 것이다. 이 p_값들 중에서 100α%는 H_0가 참인데도 불구하고 H_0를 기각하는 오류를 범한다는 의미이다. 이와 같은 사실을 모의실험을 실시하여 확인하였다.

다음 표는 모집단 N(4,25)에서 표본의 크기가 20개인 100개의 표본을 만들었다. 100개의 표본평균을 이용하여 모평균 μ에 대해 유의수준 5%에서 가설 $H_0 : \mu = 4$, $H_1 : \mu \neq 4$을 검정하였다. 모평균 μ=4인데도 불구하고 가설 H_0를 기각하는 오류가 5% 정도 생긴 것을 볼 수 있다. 나머지는 정상적인 결론을 가져왔다. 이것은 유의수준의 의미를 나타낸다.

z_0	p_value	conffi	z_0	p_value	conffi	z_0	p_value	conffi
0.4307	0.6667	Accept H0	-1.780	0.0751	Accept H0	-0.315	0.7528	Accept H0
0.4542	0.6497	Accept H0	-0.616	0.5376	Accept H0	1.027	0.3044	Accept H0
0.9012	0.3675	Accept H0	1.4831	0.138	Accept H0	0.1497	0.881	Accept H0
0.9562	0.339	Accept H0	2.6328	0.0085	Reject H0	-0.8197	0.4124	Accept H0
-0.326	0.7439	Accept H0	-0.347	0.7284	Accept H0	1.9969	0.0458	Reject H0
-1.029	0.3031	Accept H0	-0.603	0.5459	Accept H0	-0.2574	0.7969	Accept H0
1.0315	0.3023	Accept H0	-0.713	0.4756	Accept H0	-1.1937	0.2326	Accept H0
-0.804	0.4214	Accept H0	-1.596	0.1104	Accept H0	1.649	0.0991	Accept H0
2.864	0.0042	Reject H0	0.1423	0.8868	Accept H0	-1.392	0.1639	Accept H0
0.8713	0.3836	Accept H0	-0.747	0.4551	Accept H0	-0.2369	0.8127	Accept H0
0.7618	0.4462	Accept H0	-1.382	0.1668	Accept H0	0.2364	0.8131	Accept H0
0.448	0.6542	Accept H0	0.1419	0.8872	Accept H0	-0.003	0.9976	Accept H0
-1.129	0.2589	Accept H0	0.1111	0.9115	Accept H0	0.9945	0.32	Accept H0
0.0864	0.9311	Accept H0	-1.341	0.1797	Accept H0	0.4196	0.6748	Accept H0
0.5274	0.5979	Accept H0	0.2501	0.8025	Accept H0	-1.3961	0.1627	Accept H0
0.5025	0.6153	Accept H0	-1.436	0.1509	Accept H0	-1.8184	0.069	Accept H0
0.3541	0.7233	Accept H0	1.0031	0.3158	Accept H0	1.9002	0.0574	Accept H0
1.3775	0.1684	Accept H0	-1.623	0.1046	Accept H0	-0.1026	0.9183	Accept H0
0.428	0.6687	Accept H0	1.2643	0.2061	Accept H0	-0.1978	0.8432	Accept H0
0.1227	0.9023	Accept H0	0.9828	0.3257	Accept H0	-1.0911	0.2752	Accept H0

z_0	p_value	conffi	z_0	p_value	conffi
1.313	0.1892	Accept H0	0.4956	0.6202	Accept H0
-1.4028	0.1607	Accept H0	0.0799	0.9363	Accept H0
0.1662	0.868	Accept H0	-0.0031	0.9975	Accept H0
-1.1387	0.2548	Accept H0	-0.3253	0.745	Accept H0
0.6743	0.5001	Accept H0	-0.425	0.6708	Accept H0
0.5495	0.5827	Accept H0	0.0239	0.9809	Accept H0
-0.3626	0.7169	Accept H0	-0.0321	0.9744	Accept H0
-0.4704	0.6381	Accept H0	0.2217	0.8245	Accept H0
1.6848	0.092	Accept H0	2.1446	0.032	Reject H0
1.8158	0.0694	Accept H0	-0.2192	0.8265	Accept H0
1.8054	0.071	Accept H0	0.189	0.8501	Accept H0
1.2211	0.222	Accept H0	0.6298	0.5288	Accept H0
0.4253	0.6706	Accept H0	-0.8964	0.37	Accept H0
0.9377	0.3484	Accept H0	-0.6596	0.5095	Accept H0
-0.814	0.4156	Accept H0	-0.9181	0.3586	Accept H0
-0.3542	0.7232	Accept H0	-0.505	0.6136	Accept H0
-0.4875	0.6259	Accept H0	-0.0278	0.9778	Accept H0
-0.3504	0.726	Accept H0	0.5083	0.6112	Accept H0
-0.1688	0.866	Accept H0	-1.5229	0.1278	Accept H0
-0.2065	0.8364	Accept H0	0.5591	0.5761	Accept H0

R 프로그램

```
nr_point <- c()
mu <- 4
sigma <- 5
rr <- 20
alpha <- 0.05
for(r in 1:100){
  xx <- rnorm(rr,mu,sigma)
  nr_point <- c(nr_point,mean(xx))
}
stderr <- sigma/sqrt(rr)
z_0 <- round((nr_point - mu)/stderr, digits=4)
absz_0 <- abs(z_0)
p_value <- round(2*pnorm(absz_0,lower.tail=FALSE),digits=4)
conffi <- ifelse (p_value > alpha, "Accept H0", "Reject H0")
confi_test <- data.frame(z_0=z_0,p_value,conffi=conffi)
head(confi_test)
##          z_0   p_value     conffi
## 1     0.4307    0.6667   Accept H0
## 2     0.4542    0.6497   Accept H0
## 3     0.9012    0.3675   Accept H0
## 4     0.9562    0.3390   Accept H0
## 5    -0.3267    0.7439   Accept H0
## 6    -1.0299    0.3031   Accept H0
write.csv(confi_test, "c://RData//test.csv")
```

8.4. 모평균에 대한 추정과 검정

8.4.1. 표본의 크기가 큰 경우

8.4.1.1. 모분산 σ^2을 아는 경우

$X_1, X_2, \cdots, X_n$을 평균이 μ이고, 분산이 σ^2인 모집단에서 추출한 임의 표본이라고 하면, $n \to \infty$일 때 표본평균은 근사적으로 $\overline{X} \sim N(\mu, \frac{\sigma^2}{n})$를 따른다. 따라서 표준화 된 변

수 Z는

$$Z = \frac{\overline{X} - \mu}{\sigma / \sqrt{n}} \sim N(0,1)$$

를 따른다. 이러한 사실을 이용하여 모평균에 대한 추정과 검정을 할 수 있다.

표본평균 $\overline{X}$를 모평균의 점추정량으로 사용한다. 이때 추정오차는 $|\overline{X}-\mu|$이다. 추정량의 정확도를 나타내는 측도는 추정량의 분산 혹은 표준편차이다. 추정량의 표준편차를 표준오차라고 한다. 모평균의 추정량 표본평균의 표준오차는 $SD(\overline{X}) = \frac{\sigma}{\sqrt{n}}$이다. 표준오차가 작을수록 추정량의 정확도는 높아진다. 정규분포를 이용하면 추정오차에 대한 $100(1-\alpha)\%$ 오차의 한계를 구 할 수 있다. 표본평균의 $100(1-\alpha)\%$ 추정오차한계는 $z_{\alpha/2}\frac{\sigma}{\sqrt{n}}$이다. 여기서 $z_{\alpha/2}$는 표준정규분포의 $100(1-\alpha)\%$ 백분위수이다.

일반적으로 모수 θ에 대한 $100(1-\alpha)\%$ 신뢰구간 혹은 구간추정은

$$P(l(X_1, X_2, \cdots, X_n) \le \theta \le u(X_1, X_2, \cdots, X_n)) = 1 - \alpha$$

를 만족하는 구간 $(l(X_1, X_2, \cdots, X_n), u(X_1, X_2, \cdots, X_n))$이다. 이때 $100(1-\alpha)\%$를 신뢰수준 혹은 신뢰계수라 한다. 따라서 모평균 μ에 대한 $100(1-\alpha)\%$ 신뢰구간은 다음과 같이 구할 수 있다.

$$Z = \frac{\overline{X} - \mu}{\sigma / \sqrt{n}} \sim N(0,1)$$

이기 때문에 정규분포의 성질에서

$$P(|Z| \le z_{\alpha/2}) = P(\overline{X} - z_{\alpha/2}\frac{\sigma}{\sqrt{n}} \le \mu \le \overline{X} + z_{\alpha/2}\frac{\sigma}{\sqrt{n}}) = 1 - \alpha$$

이다. 관측값이 $x_1, x_2, \cdots, x_n$일 때 모평균 μ에 대한 $100(1-\alpha)\%$ 구간추정은

$$(\overline{x} - z_{\alpha/2}\frac{\sigma}{\sqrt{n}},\ \overline{x} + z_{\alpha/2}\frac{\sigma}{\sqrt{n}})$$

이다.

미지의 모평균에 대한 어떤 주장 즉 가설을 인정할 것인지 기각할 것인지를 관측된 자료를 이용해서 어떻게 검정할 수 있는지를 알아보자. 먼저 모평균에 대한 가설을

세운다. 모평균에 대한 가설은 다음과 같이 세 가지를 생각 할 수 있다.

❶ $H_0 : \mu = \mu_0$, ❷ $H_0 : \mu = \mu_0$, ❸ $H_0 : \mu = \mu_0$
$H_1 : \mu > \mu_0$ $H_1 : \mu < \mu_0$ $H_1 : \mu \neq \mu_0$

유의수준 α를 정한다. 관측된 자료 $x_1, x_2, \cdots, x_n$을 이용하여 검정통계량 Z_0을 다음과 같이 계산한다.

$$z_0 = \frac{\bar{x} - \mu_0}{\sigma / \sqrt{n}}$$

검정통계량은 H_0하에서 근사적으로 표준정규분포를 따르기 때문에 표준정규분포표 혹은 통계패키지에서 제공되는 함수를 이용해서 p_값을 계산한다. p_값은 가설의 형태에 따라 다음 세 가지 방법으로 계산할 수 있다.

가설 $H_0 : \mu = \mu_0 \ \ vs \ H_1 : \mu > \mu_0$에 대해서 p_값$= P(Z > z_0)$, $H_0 : \mu = \mu_0 \ \ vs \ H_1 : \mu < \mu_0$에 대해서 p_값$= P(Z < z_0)$, 그리고 $H_0 : \mu = \mu_0 \ \ vs \ H_1 : \mu \neq \mu_0$에 대해서 p_값 $= 2P(Z > |z_0|)$이다. 마지막으로 유의수준 α와 p_값을 비교하여 p_값 $\leq \alpha$이면 유의수준 α에서 귀무가설 H_0을 기각한다고 결론을 내린다. 이 문장은 관측된 자료로 부터 유의수준 α에서 모평균이 μ_0라고 할 수 있는 충분한 근거를 찾을 수 없다. 즉 H_1을 만족할 만한 충분한 근거가 있다는 의미이다.

다음 자료는 신상아 몸무게의 평균을 알기 위하여 50명을 임의로 추출하여 몸무게를 조사한 자료이다.(단, 단위는 g이고 모집단의 표준편차는 464이라고 한다.) 이 자료를 이용하여 모평균 μ에 대한 점추정과 구간추정 그리고 가설검정을 해보자.

3459	3610	3033	3033	4450	3430	3585	2580	2466	3714
3629	3374	3345	2675	3629	3493	3686	3545	4070	4019
3342	2948	3062	3515	3410	2665	3515	3317	4195	3147
3062	3811	3295	3657	3345	2892	3474	2637	2977	3120
3345	2948	3050	4769	3119	3629	3487	3147	2920	2835

모평균 μ의 점추정치는 표본평균으로 $\bar{x}$=3349.2이고, 추정량의 표준오차 $\frac{\sigma}{\sqrt{n}} = \frac{464}{\sqrt{50}}$=65.62, 추정량의 95% 추정오차한계 $z_{\alpha/2}\frac{\sigma}{\sqrt{n}} = 1.96*65.62 = 128.6$이다.

모평균 μ에 대한 95% 신뢰구간 혹은 구간추정은 다음과 같다.

$$(\bar{x}-z_{\alpha/2}\frac{\sigma}{\sqrt{n}},\ \bar{x}+z_{\alpha/2}\frac{\sigma}{\sqrt{n}}) = (3349-128.6, 3349+128.6) = (3221, 3478)$$

이다.

모평균 μ가 3400이라고 할 수 있는지 유의수준 5%에서 검정을 해보자.

❶ 가설 $H_0 : \mu = 3400$ vs $H_1 : \mu \neq 3400$

❷ 유의수준 α=0.05

❸ 검정통계량 $z_0 = \dfrac{\bar{x}-\mu}{\sigma/\sqrt{n}} = \dfrac{3349.2-3400}{65.62} = -0.7742$

❹ p_값 $= 2\times P(Z \geq |z_0|) = 0.44$

❺ p_값이 유의수준 0.05 보다 크기 때문에 H_0를 유의수준 5%에서 수락한다. 즉 유의수준 5%에서 평균이 3400이 아니라고 할 수 있는 근거가 없다.

R 프로그램

표본의 크기가 크고, 모분산을 알고 있는 경우 모평균에 대한 추론을 하기 위하여 함수 muinference()를 정의하였다. 인자에서 alter는 양측검정(alter="two")을 단측검정 중에서 좌측검정이면(alter="less"), 우측검정이면 (alter="greater")로 지정한다.

```
muinference <- function(x,mu0,sigma,alpha,alter){
 n <- length(x)
 x_mean <- mean(x)
 stderr <- sigma/sqrt(n)
 z_0 <- (x_mean-mu)/stderr
 alpha_half <- 1-alpha/2
 z_alpha <- qnorm(alpha_half)
 limit <- z_alpha*stderr
 cat("Point estimate of mu :", x_mean, "\n", "Standard_Error:", stderr, "\n",
   "limit_error:",limit, "\n")
 az_0 <- abs(z_0)
 if (alter=="two") { pvalue <- 2*pnorm(az_0,lower.tail=FALSE)
    cat("Two-side test :\n", "z_0:",z_0,",pvalue:",pvalue, ",alpha:", alpha )}
 else if (alter=="less") {pvalue <- pnorm(z_0)
    cat("One-side test :\n", "z_0:",z_0,",pvalue:",pvalue, ",alpha:", alpha )}
```

```
  else {pvalue <- pnorm(z_0,lower.tail=FALSE)
     cat("One-side test :\n", "z_0:",z_0,",pvalue:",pvalue, ",alpha:", alpha )}
  result <- ifelse( pvalue < alpha, "Reject H0", "Accept H0" )
  cat(",result:", result, "\n")
  l_boud <- x_mean - z_alpha*stderr
  u_boud <- x_mean + z_alpha*stderr
  cat("100(1-alpha)%_Confidence Interval:", l_boud, u_boud)
}
x <- c(3459, 3629, 3342, 3062, 3345, 3610, 3374, 2948, 3811, 2948, 3033, 3345,
   3062, 3295, 3050, 3033, 2675, 3515, 3657, 4769, 4450, 3629, 3410, 3345,
   3119, 3430, 3493, 2665, 2892, 3629, 3585, 3686, 3515, 3474, 3487, 2580,
   3545, 3317, 2637, 3147, 2466, 4070, 4195, 2977, 2920, 3714, 4019, 3147,
   3120, 2835)
mu0 <- 3400
sigma <- 464
alpha <- 0.05
alter <- "two"
muinference(x, mu0, sigma, alpha, alter)
## Point estimate of mu : 3349
##  Standard_Error: 65.62
##  limit_error: 128.6
## Two-side test :
##  z_0: -0.7742 ,pvalue: 0.4388 ,alpha: 0.05,result: Accept H0
## 100(1-alpha)%_Confidence Interval: 3221 3478
```

R 프로그램

R에서 제공하는 z.test{TeachingDemos}함수를 이용해서 모평균에 대한 통계적 추론을 실시하였다. 인자에서 alternative는 가설의 형태를 지정한다. 양측검정(alternative=two.sided), 좌측검정(alternative="less"), 우측검정(alternative="greater")로 지정한다.

```
install.packages("TeachingDemos")
library("TeachingDemos")
x <- c(3459, 3629, 3342, 3062, 3345, 3610, 3374, 2948, 3811, 2948, 3033, 3345,
   3062, 3295, 3050, 3033, 2675, 3515, 3657, 4769, 4450, 3629, 3410, 3345,
   3119, 3430, 3493, 2665, 2892, 3629, 3585, 3686, 3515, 3474, 3487, 2580,
   3545, 3317, 2637, 3147, 2466, 4070, 4195, 2977, 2920, 3714, 4019, 3147,
```

```
  3120, 2835)
mu0 <- 3400
sigma <- 464
z.test(x,mu0,sigma,alternative="two.sided")
##        One Sample z-test
## data:  x
## z = -0.7742, n = 50.00, Std. Dev. = 464.00, Std. Dev. of the sample mean =
## 65.62, p-value = 0.4388
## alternative hypothesis: true mean is not equal to 3400
## 95 percent confidence interval:
## 3220.588 3477.812
## sample estimates:
## mean of x
##  3349.2
```

8.4.1.2. 모분산 σ^2을 모르는 경우

$X_1, X_2, \cdots, X_n$을 평균이 μ이고, 분산이 σ^2인 모집단에서 추출한 임의 표본이라고 하면, $n \rightarrow \infty$ 일 때 표본평균은 근사적으로 $\overline{X} \sim N(\mu, \frac{\sigma^2}{n})$ 를 따른다. 따라서 표준화 된 변수 Z는

$$Z = \frac{\overline{X} - \mu}{\sigma / \sqrt{n}} \sim N(0,1)$$

를 따른다. 여기서 σ^2을 모르는 경우 확률변수 Z에 σ대신 표본표준편차 S를 사용하더라도 $n \rightarrow \infty$ 이므로 역시 $Z \sim N(0,1)$를 따른다. 따라서 관측된 자료 $x_1, x_2, \cdots, x_n$를 이용하여 S를 계산해서 σ대신 사용하면 모평균의 구간추정과 가설검정은 분산을 아는 경우와 같은 방법으로 할 수 있다. 여기서 프로그램만 소개한다.

R 프로그램

muinference1()에서는 모분산을 모르기 때문에 σ대신에 S를 계산해서 사용하였다. 좌측검정($H_0 : \mu = 3400$ vs $H_1 : \mu < 3400$)을 실시하기 위해서 alter="less"로 지정하였다.

```
muinference1 <- function(x,mu0,alpha,alter){
  n <- length(x)
  x_mean <- mean(x)
  sigma <- sd(x)
  stderr <- sigma/sqrt(n)
  z_0 <- (x_mean-mu0)/stderr
  alpha_half <- 1-alpha/2
  z_alpha <- qnorm(alpha_half)
  limit <- z_alpha*stderr
  cat("Point estimate of mu :", x_mean, "\n", "Standard_Error:", stderr, "\n",
      "limit_error:",limit, "\n")
  az_0 <- abs(z_0)
  if (alter=="two") { pvalue <- 2*pnorm(az_0,lower.tail=FALSE)
                      cat("Two-side test :\n", "z_0:",z_0,",pvalue:",pvalue, ",alpha:", alpha )}
  else if (alter=="less") {pvalue <- pnorm(z_0)
                      cat("One-side test :\n", "z_0:",z_0,",pvalue:",pvalue, ",alpha:", alpha )}
  else  {pvalue <- pnorm(z_0,lower.tail=FALSE)
        cat("One-side test :\n", "z_0:",z_0,",pvalue:",pvalue, ",alpha:", alpha )}
  result <- ifelse( pvalue < alpha, "Reject H0", "Accept H0" )
  cat(",result:", result, "\n")
  l_boud <- x_mean - z_alpha*stderr
  u_boud <- x_mean + z_alpha*stderr
  cat("100(1-alpha)%_Confidence Interval:", l_boud, u_boud)
}
mu0 <- 3400
alpha <- 0.05
alter <- "less"
muinference1(x, mu0, alpha, alter)
## Point estimate of mu : 3349
##  Standard_Error: 65.66
##  limit_error: 128.7
## One-side test :
##  z_0: -0.7737 ,pvalue: 0.2195 ,alpha: 0.05,result: Accept H0
## 100(1-alpha)%_Confidence Interval: 3221 3478
```

R 프로그램

R에서 제공하는 z.test{TeachingDemos}함수를 이용해서 모평균에 대한 통계적 추론을 실시하였다. 모분산을 모르기 때문에 σ대신에 S를 계산해서 사용하였다.

```
install.packages("TeachingDemos")
library("TeachingDemos")
x <- c(3459, 3629, 3342, 3062, 3345, 3610, 3374, 2948, 3811, 2948, 3033, 3345,
   3062, 3295, 3050, 3033, 2675, 3515, 3657, 4769, 4450, 3629, 3410, 3345,
   3119, 3430, 3493, 2665, 2892, 3629, 3585, 3686, 3515, 3474, 3487, 2580,
   3545, 3317, 2637, 3147, 2466, 4070, 4195, 2977, 2920, 3714, 4019, 3147,
   3120, 2835)
mu0 <- 3400
z.test(x,mu0,sd(x),alternative="less")

##        One Sample z-test

## data: x
## z = -0.7737, n = 50.000, Std. Dev. = 464.256, Std. Dev. of the sample mean =
## 65.656, p-value = 0.2195
##alternative hypothesis: true mean is less than 3400
## 95 percent confidence interval:
##    -Inf 3457.194
## sample estimates:
## mean of x
##  3349.2
```

8.4.2. 표본의 크기가 작은 경우

8.4.2.1. 모집단이 정규모집단이고 모분산 σ^2을 아는 경우

$X_1, X_2, \cdots, X_n$을 평균이 μ이고, 분산이 σ^2인 정규모집단에서 추출한 임의 표본이라고 하면 표본평균은 $\overline{X} \sim N(\mu, \frac{\sigma^2}{n})$를 따른다. 그리고

$$Z = \frac{\overline{X} - \mu}{\sigma / \sqrt{n}} \sim N(0,1)$$

따른다. 따라서 $n \to \infty$이고 분산을 알고 있는 경우와 같은 방법으로 모평균에 대한 추

론을 할 수 있다.

8.4.2.2. 모집단이 정규모집단이고 모분산 σ^2을 모르는 경우

$X_1, X_2, \cdots, X_n$을 평균이 μ이고, 분산이 σ^2인 정규모집단에서 추출한 임의 표본이라고 하면 표본평균은 $\overline{X} \sim N(\mu, \frac{\sigma^2}{n})$ 를 따른다. 그리고

$$Z = \frac{\overline{X} - \mu}{\sigma / \sqrt{n}} \sim N(0,1)$$

따른다. 그러나 모분산을 모르는 경우 σ 대신에 표본표준편차 S를 이용하여 Z를 사용해야한다. Z에 σ대신 S를 입력한 확률변수를 T로 정의하였다.

$$T = \frac{\overline{X} - \mu}{S / \sqrt{n}} \sim t(n-1)$$

을 이용하여 모평균의 구간추정과 가설검정을 할 수 있다.

모평균 μ에 대한 $100(1-\alpha)\%$ 신뢰구간은 다음과 같이 구할 수 있다.

$$T = \frac{\overline{X} - \mu}{S / \sqrt{n}} \sim t(n-1)$$

이기 때문에 t-분포의 성질에서

$$P(|T| \le t(n-1, \frac{\alpha}{2}) = P(\overline{X} - t(n-1, \frac{\alpha}{2})\frac{S}{\sqrt{n}} \le \mu \le \overline{X} + t(n-1, \frac{\alpha}{2})\frac{S}{\sqrt{n}}) = 1 - \alpha$$

이다. 관측값이 $x_1, x_2, \cdots, x_n$일 때 모평균 μ에 대한 100(1-α)% 구간추정은

$$(\overline{x} - t(n-1, \frac{\alpha}{2})\frac{S}{\sqrt{n}},\ \overline{x} + t(n-1, \frac{\alpha}{2})\frac{S}{\sqrt{n}})$$

이다.

미지의 모평균에 대한 어떤 주장 즉 가설을 인정할 것인지 기각할 것인지를 관측된 자료를 이용해서 어떻게 검정할 수 있는지를 알아보자. 먼저 모평균에 대한 가설을 세운다. 모평균에 대한 가설은 다음과 같이 세 가지를 생각 할 수 있다.

❶ $H_0 : \mu = \mu_0$
$H_1 : \mu > \mu_0$

❷ $H_0 : \mu = \mu_0$
$H_1 : \mu < \mu_0$

❸ $H_0 : \mu = \mu_0$
$H_1 : \mu \neq \mu_0$

유의수준 α를 정한다. 관측된 자료 $x_1, x_2, \cdots, x_n$을 이용하여 검정통계량 T_0를 다음과 같이 계산한다.

$$t_0 = \frac{\overline{x} - \mu_0}{S/\sqrt{n}}$$

검정통계량은 H_0하에서 $T \sim t(n-1)$ 따르기 때문에 t-분포표 혹은 통계패키지에서 제공되는 함수를 이용해서 p_값을 계산한다. p_값은 가설의 형태에 따라 다음 세 가지 방법으로 계산할 수 있다.

가설 $H_0 : \mu = \mu_0 \;\; vs \; H_1 : \mu > \mu_0$에 내해서 p_값$= P(T > t_0)$, $H_0 : \mu = \mu_0 \;\; vs \; H_1 \cdot \mu < \mu_0$에 대해서 p_값$= P(T < t_0)$, 그리고 $H_0 : \mu = \mu_0 \;\; vs \; H_1 : \mu \neq \mu_0$에 대해서 p_값 $= 2P(T > |t_0|)$이다. 마지막으로 유의수준 α와 p_값을 비교하여 p_값 $\le \alpha$이면 유의수준 α에서 귀무가설 H_0을 기각한다고 결론을 내린다. 이 문장은 관측된 자료로 부터 유의수준 α에서 모평균이 μ_0라고 할 수 있는 충분한 근거를 찾을 수 없다. 즉 H_1을 만족할 만한 충분한 근거가 있다는 의미이다.

t-분포를 이용해서 모평균의 통계적 추론을 실시하기 위해서 표본을 추출한 모집단이 정규분포를 따라야한다. Q_Q그림을 통해서 모집단이 정규분포를 따르는지를 확인할 수 있다. Q_Q그림은 관측된 자료의 분포의 분위수(quantile)와 표준정규분포의 분위수를 산점도로 그린 것이다. Q_Q 그림에 나타난 점들이 기울기가 1인 직선 주위에 가까이 있으면 정규성을 가지고 그렇지 않으면 정규성에서 벗어난다. 다음 그림은 N(0,1)과 U(0,1)에서 추출한 난수에 대한 Q_Q 그림을 작성한 것이다. N(0,1)의 그림은 점들이 직선 주의에 놓여있고, u(0,1)의 그림은 약간 S 형태를 취하고 있음을 볼 수 있다.

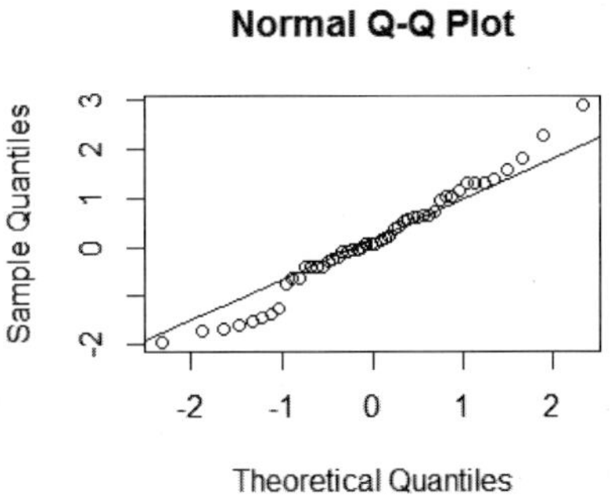

N(0,1)

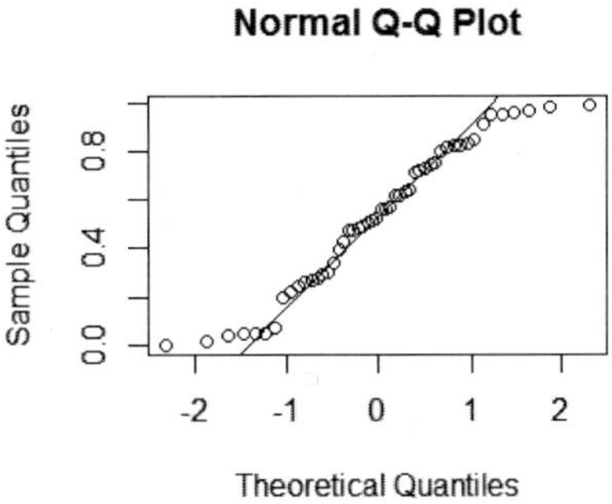

U(0,1)

R 프로그램

qqnorm()과 qqline()을 이용해서 Q_Q 그림을 작성하였다.

```
par(mfrow=c(1,2))
r_norm <- rnorm(50)
qqnorm(r_norm, sub="N(0,1)")
qqline(r_norm)
r_uniform <- runif(50, min=0, max=1)
qqnorm(r_uniform, sub="U(0,1)")
qqline(r_uniform)
```

다음 자료는 신생아 몸무게의 평균을 알기 위하여 20명을 임의로 추출하여 몸무게를 조사한 자료이다(단, 단위는 g이고 정규모집단이고, 분산은 모른다.). 이 자료를 이용하여 모평균 μ에 대한 점추정과 구간추정 그리고 가설검정을 해보자.

3667.88	3231.125	3427.591	4442.571	3601.025
3245.472	3150.274	3463.626	3129.773	3058.642
3445.105	3764.592	2956.474	3601.229	3373.583
3754.601	3948.463	2921.33	3026.114	3747.857

모평균 μ의 점추정치는 표본평균으로 $\bar{x}$=3447.87이고, 추정량의 표준오차 $\frac{S}{\sqrt{n}}=\frac{380.56}{\sqrt{20}}$=85.097, 추정량의 95% 추정오차한계 $t(19,0.025)\frac{S}{\sqrt{n}}=2.093*85.097=178.108$ 이다.

모평균 μ에 대한 95% 신뢰구간 혹은 구간추정은 다음과 같다.

$$\left(\bar{x}-t(19,0.025)\frac{S}{\sqrt{n}},\ \bar{x}+t(19,0.025)\frac{S}{\sqrt{n}}\right)=(3269.76, 3625.98)$$

이다.

모평균 μ가 3400이라고 할 수 있는지 유의수준 5%에서 검정을 해보자.

❶ 가설 $H_0: \mu=3400$ vs $H_1: \mu \neq 3400$

❷ 유의수준 α=0.05

❸ 검정통계량 $t_0 = \dfrac{\overline{x} - \mu}{S/\sqrt{n}} = \dfrac{3447.87 - 3400}{85.097} = 0.5625$

❹ p_값 $= 2 \times P(T \geq |t_0|) = 2 \times P(T \geq 0.5625) = 0.5804$

❺ p_값이 유의수준 0.05 보다 크기 때문에 H_0를 유의수준 5%에서 수락한다. 즉 유의수준 5%에서 평균이 3400이 아니라고 할 수 있는 근거가 없다.

❻ Q_Q 그림을 보면 20개의 점들이 거의 직선위에 있고, Shapiro 검정에서 p_값이 0.05보다 크기 때문에 유의수준 5%에서 정규분포를 따르지 않는다고 할 수 있는 근거는 없다. 즉 정규성이 만족된다.

R 프로그램

정규모집단이고 모분산을 모르기 때문에 σ대신에 S를 계산해서 사용하였다. mu_t_test()에서는 t-분포를 이용하였다. 정규성을 검토하기 위해서 Q_Q그림과 Shapiro.test()를 이용하였다.

```
mu_t_test <- function(x,mu0,alpha,alter){
 qqnorm(x)
 qqline(x)
 s <- shapiro.test(x)
 n <- length(x)
 x_mean <- mean(x)
 sigma <- sd(x)
 stderr <- sigma/sqrt(n)
 t_0 <- (x_mean-mu0)/stderr
 alpha_half <- 1-alpha/2
 t_alpha <- qt(alpha_half,n-1)
 limit <- t_alpha*stderr
 cat("Point estimate of mu =", x_mean, "\n","SD=",sigma,"\n", "Standard_Error=", stderr, "\n",
   "limit_error=",limit, "\n")
 at_0 <- abs(t_0)
 if (alter=="two") { pvalue <- 2*pt(at_0,n-1,lower.tail=FALSE)
   cat("Two-side test :\n", "t_0=",t_0,"df=", n-1,",pvalue=",pvalue, ",alpha=", alpha )}
 else if (alter=="less") {pvalue <- pt(t_0,n-1)
   cat("One-side test :\n", "t_0=",t_0,"df=", n-1,",pvalue=",pvalue, ",alpha=", alpha )}
 else  {pvalue <- pt(t_0,n-1,lower.tail=FALSE)
   cat("One-side test :\n", "t_0=",t_0,"df=", n-1,",pvalue=",pvalue, ",alpha=", alpha )}
```

```
  result <- ifelse( pvalue < alpha, "Reject H0", "Accept H0" )
  cat(",result;", result, "\n")
  l_boud <- x_mean - t_alpha*stderr
  u_boud <- x_mean + t_alpha*stderr
  cat("100(1-alpha)%_Confidence Interval:", l_boud, u_boud)
  cat("\n")
  return(s)
}
x <-c(3667.88, 3245.472, 3231.125, 3150.274, 3427.591, 3463.626, 4442.571, 3129.773,
   3601.025, 3058.642, 3445.105, 3754.601, 3764.592, 3948.463, 2956.474, 2921.330,
   3601.229, 3026.114, 3373.583, 3747.857)
mu0 <- 3400
alpha <- 0.05
alter <- "two"
mu_t_test(x,mu0,alpha,alter)
```

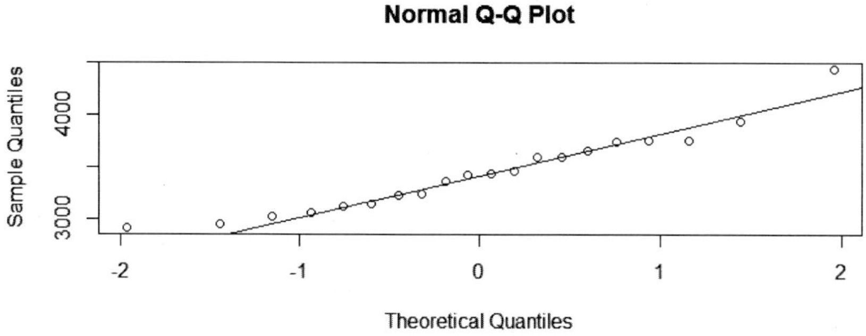


```
## Point estimate of mu = 3447.866
## SD= 380.5648
## Standard_Error= 85.09687
## limit_error= 178.1098
## Two-side test :
## t_0= 0.5624925 df= 19 ,pvalue= 0.5803573 ,alpha= 0.05,result; Accept H0
## 100(1-alpha)%_Confidence Interval: 3269.757 3625.976

##       Shapiro-Wilk normality test
## data: x
## W = 0.9459, p-value = 0.3096
```

R 프로그램

R에서 제공하는 t.test()함수를 이용해서 모평균에 대한 통계적 추론을 실시하였다.

```
x <-c(3667.88, 3245.472, 3231.125, 3150.274, 3427.591, 3463.626, 4442.571, 3129.773,
   3601.025, 3058.642, 3445.105, 3754.601, 3764.592, 3948.463, 2956.474, 2921.330,
   3601.229, 3026.114, 3373.583, 3747.857)
mu0 <- 3400
t.test(x,mu=mu0,alternative="two.sided")
##       One Sample t-test
## data: x
## t = 0.5625, df = 19, p-value = 0.5804
## alternative hypothesis: true mean is not equal to 3400
## 95 percent confidence interval:
## 3269.757 3625.976
## sample estimates:
## mean of x
## 3447.866
```

8.5. 모비율에 대한 추정과 검정

$X_1, X_2, \cdots, X_n$을 어떤 특성을 갖는 개체의 비율이 p인 이항모집단에서 임의 추출한 표본이라고 하자. 이때 X_i는 i-번째 개체가 특성을 가지면 1, 그렇지 않으면 0으로 정의할 수 있다. 그러면 $\sum_{i=1}^{n} X_i$는 n개 중에서 특성을 가지는 개체 수가 된다. 이를 확률변수 X로 나타내면 X ~ $B(N,p)$를 따른다. 이때 p는 모비율이고, 이 모비율의 점추정량으로 표본비율 $\hat{p}$을 사용한다. 표본비율은 다음과 같이 정의된다.

$$\hat{p} = \frac{X}{n} = \frac{\sum_{i=1}^{n} X_i}{n}$$

표본비율의 표준오차는 다음과 같다.

$$SD(\hat{p}) = \sqrt{\frac{\hat{p}(1-\hat{p})}{n}}$$

중심극한정리를 이용하면 $\hat{p} \approx N(p, \frac{p(1-p)}{n})$이므로 표준화된 변수

$$Z = \frac{\hat{p} - p}{\sqrt{\frac{p(1-p)}{n}}} \approx N(0,1)$$

이다. 그러나 모비율 p는 모르는 값이기 때문에 $\sqrt{\frac{p(1-p)}{n}}$ 대신 $\sqrt{\frac{\hat{p}(1-\hat{p})}{n}}$ 를 사용한다. 정규분포를 이용하면 추정오차에 대한 100(1-α)% 오차의 한계를 구 할 수 있다. 표본비율의 100(1-α)% 추정오차한계는 $z_{\alpha/2}\sqrt{\frac{\hat{p}(1-\hat{p})}{n}}$ 이다. 그리고 정규분포를 이용하여 모비율에 대한 100(1-α)%의 신뢰구간과 가설검정을 실시 할 수 있다.

$$P(|Z| \le z_{\alpha/2}) = P(\hat{p} - z_{\alpha/2}\sqrt{\frac{\hat{p}(1-\hat{p})}{n}} \le p \le \hat{p} + z_{\alpha/2}\sqrt{\frac{\hat{p}(1-\hat{p})}{n}}) = 1-\alpha$$

이다. 관측값이 $x_1, x_2, \cdots, x_n$일 때 모비율 p에 대한 100(1-α)% 구간추정은

$$(\hat{p} - z_{\alpha/2}\sqrt{\frac{\hat{p}(1-\hat{p})}{n}}, \hat{p} + z_{\alpha/2}\sqrt{\frac{\hat{p}(1-\hat{p})}{n}})$$

이다.

미지의 모비율에 대한 어떤 주장 즉 가설을 인정할 것인지 기각할 것인지를 관측된 자료를 이용해서 어떻게 검정할 수 있는지를 알아보자. 먼저 모비율에 대한 가설을 세운다. 모비율에 대한 가설은 다음과 같이 세 가지를 생각 할 수 있다.

❶(1) $H_0 : p = p_0$, $H_1 : p > p_0$ ❷ $H_0 : p = p_0$, $H_1 : p < p_0$ ❸ $H_0 : p = p_0$, $H_1 : p \neq p_0$

유의수준 α를 정한다. 관측된 자료 $x_1, x_2, \cdots, x_n$을 이용하여 검정통계량 Z_0을 다음과 같이 계산한다.

$$z_0 = \frac{\hat{p} - p_0}{\sqrt{p_0(1-p_0)/n}}$$

$np_0 \ge 5$와 $np_0(1-p_0)$을 만족하면 검정통계량은 H_0하에서 근사적으로 표준정규분포를 따르기 때문에 표준정규분포표 혹은 통계패키지에서 제공되는 함수를 이용해서 p_값을 계산한다. p_값은 가설의 형태에 따라 다음 세 가지 방법으로 계산할 수 있다.

가설 $H_0 : p = p_0 \;\; vs \;\; H_1 : p > p_0$에 대해서 p_값$= P(Z > z_0)$, $H_0 : p = p_0 \;\; vs \;\; H_1 : p < p_0$에 대해서 p_값$= P(Z < z_0)$, 그리고 $H_0 : p = p_0 \;\; vs \;\; H_1 : p \neq p_0$에 대해서 p_값$= 2P(Z > |z_0|)$

이다. 마지막으로 유의수준 α와 p_값을 비교하여 p_값 $\le \alpha$이면 유의수준 α에서 귀무가설 H_0을 기각한다고 결론을 내린다. 이 문장은 관측된 자료로 부터 유의수준 α에서 모비율이 p_0라고 할 수 있는 충분한 근거를 찾을 수 없다. 즉 H_1을 만족할 만한 충분한 근거가 있다는 의미이다.

성공이 일어날 확률 $p=0.8$인 베르누이 시행을 100회 시행 했을 때 성공이 84번 일어났다. 이때 모비율의 점추정량은 표본비율 $\hat{p}=\frac{84}{100}=0.84$이다.

추정치의 표준오차 $SD(\hat{p}) = \sqrt{\frac{\hat{p}(1-\hat{p})}{n}} = \sqrt{\frac{0.84\times0.16}{100}} = 0.0367$,

95%추정오차한계는 $1.96\times\sqrt{\frac{\hat{p}(1-\hat{p})}{n}} = 1.96\times0.0367 = 0.0719$이다.

모비율 p에 대한 95% 신뢰구간은

$$\left(\hat{p}-z_{\alpha/2}\sqrt{\frac{\hat{p}(1-\hat{p})}{n}},\ \hat{p}+z_{\alpha/2}\sqrt{\frac{\hat{p}(1-\hat{p})}{n}}\right) = (0.84-0.0719,\ 0.84+0.0719)$$
$$= (0.768, 0.912)$$

성공이 일어날 확률이 0.8이라고 할 수 있는지 유의수준 5%로 검정해보자.

❶ $H_0 : p=0.8\ \ vs\ H_1 : p\neq 0.8$

❷ 유의수준 5%

❸ $z_0 = \frac{\hat{p}-p_0}{\sqrt{p_0(1-p_0)/n}} = \frac{0.84-0.8}{\sqrt{0.8(1-0.8)/100}} = 1$

❹ p_값$=2P(Z>|z_0|)$=2×0.1586553=0.3173

❺ p_값이 유의수준 5% 크기 때문에 H_0를 유의수준 5%에서 수락한다. 즉 유의수준 5%에서 모비율이 0.8이 아니라고 할 수 있는 근거가 없다.

R 프로그램

모비율에 대한 통계적 추론을 위해 p_z_test() 함수를 정의하였다. 여기서 x는 성공의 횟수이다. sample()함수를 이용해서 성공확률 p=0.8인 베르누이 시행을 100번 실시하였다. 난수 발생이기 때문에 실행할 때 마다 성공의 횟수는 변한다. 시행 때 마다 동일한 결과를 원하면 set.seed()함수를 이용해서 초기치를 지정하면 된다.

```
p_z_test <- function(x,n, p0,alpha,alter){
  phat <- x/n
  stderr <- sqrt(phat*(1-phat)/n)
  stderrp0 <- sqrt(p0*(1-p0)/n)
  z_0 <- (phat-p0)/stderrp0
  alpha_half <- 1-alpha/2
  z_alpha <- qnorm(alpha_half)
  limit <- z_alpha*stderr
  cat("Point estimate of p=",phat,"₩n", "Standard_Error=", stderr,"₩n", "limit_error=",
    limit, "₩n")
  az_0 <- abs(z_0)
  if (alter=="two") { pvalue <- 2*pnorm(az_0,lower.tail=FALSE)
      cat("Two-side test :₩n", "z_0=",z_0,",pvalue=",pvalue, ",alpha=", alpha )}
  else if (alter=="less") {pvalue <- pnorm(z_0)
      cat("One-side test :₩n", "z_0=",z_0, ",pvalue=",pvalue, ",alpha=", alpha )}
  else  {pvalue <- pnorm(z_0,lower.tail=FALSE)
      cat("One-side test :₩n", "z_0=",z_0,",pvalue=",pvalue, ",alpha=", alpha )}
  result <- ifelse( pvalue < alpha, "Reject H0", "Accept H0" )
  cat(",result;", result, "₩n")
  l_boud <- phat - z_alpha*stderr
  u_boud <- phat + z_alpha*stderr
  cat("100(1-alpha)%_Confidence Interval:", l_boud, u_boud)
}
r01 <- sample(c(0,1),100,replace=TRUE, prob=c(0.2,0.8))
x <- sum(r01)
n <- 100
p0 <- 0.8
alpha <- 0.05
alter <- "two"
p_z_test(x,n,p0,alpha,alter)
## Point estimate of p = 0.84
## Standard_Error= 0.03666061
## limit_error= 0.07185347
## Two-side test :
## z_0= 1 ,pvalue= 0.3173105 ,alpha= 0.05,result; Accept H0
## 100(1-alpha)%_Confidence Interval: 0.7681465 0.9118535
```

R 프로그램

R에서 제공하는 prop.test()함수를 이용하였다. 여기서 correct인자는 Yates의 연속성 수정을 사용할 것인지를 결정한다. TRUE가 디폴트이고, 수정하겠다는 의미다. 여기서도 x는 성공의 횟수이다. R에서는 검정통계량을 $\chi^2(1)$을 이용한다. $Z^2=\chi^2(1)$이므로 정규분포을 이용해서 구한 검정통계량 값(z_0)을 제곱하면 X-squared와 같다.

```
r01 <- sample(c(0,1),100,replace=TRUE, prob=c(0.2,0.8))
x <- sum(r01)
n <- 100
p0 <- 0.8
prop.test(x,n, p=p0, alternative="two.sided",correct="FALSE")
## 1-sample proportions test without continuity correction
## data: x out of 100, null probability p0
## X-squared = 1, df = 1, p-value = 0.3173
## alternative hypothesis: true p is not equal to 0.8
## 95 percent confidence interval:
## 0.7557973 0.8990471
## sample estimates:
##   p
## 0.84
```

8.6. 두 모집단 분산비에 대한 추정과 검정

$X_1, X_2, \cdots, X_m$을 평균이 μ_x이고, 분산이 σ_x^2인 정규모집단에서 추출한 임의 표본이라고 하고, $Y_1, Y_2, \cdots, Y_n$을 평균이 μ_y이고, 분산이 σ_y^2인 정규모집단에서 추출한 임의 표본이라고 하면 두 모집단이 서로 독립일 때 확률변수

$$F=\frac{(m-1)S_x^2/\sigma_x^2(m-1)}{(n-1)S_y^2/\sigma_y^2(n-1)} = \frac{S_x^2/\sigma_x^2}{S_y^2/\sigma_y^2}$$

는 분자의 자유도가 m-1, 분모의 자유도가 n-1인 F 분포를 따른다. 이 분포를 이용해서 모분산비에 대한 추정과 검정을 실시 할 수 있다.

모분산비 σ_x^2/σ_y^2에 대한 $100(1-\alpha)\%$ 신뢰구간은 다음과 같다.

$$P(F(m-1,n-1,1-\alpha/2) \le F \le F(m-1,n-1,\alpha/2)) = 1-\alpha$$

이다. 따라서 관측된 자료 $x_1, x_2, \cdots, x_m$과 $y_1, y_2, \cdots, y_n$에 대해서 모분산비 σ_x^2/σ_y^2에 대한 100(1-α)% 신뢰구간

$$\left(\frac{s_x^2/s_y^2}{F(m-1, n-1, \alpha/2)}, \frac{s_x^2/s_y^2}{F(m-1, n-1, 1-\alpha/2)} \right)$$

이다.

두 모집단의 모분산비에 대한 가설검정에 대해서 알아보자. 먼저 모분산비에 대한 가설을 세운다. 모분산비에 대한 가설은 다음과 같이 세 가지를 생각 할 수 있다.

❶ $H_0 : \sigma_x^2 = \sigma_y^2$, $H_1 : \sigma_x^2 > \sigma_y^2$ ❷ $H_0 : \sigma_x^2 = \sigma_y^2$, $H_1 : \sigma_x^2 < \sigma_y^2$ ❸ $H_0 : \sigma_x^2 = \sigma_y^2$, $H_1 : \sigma_x^2 \neq \sigma_y^2$

유의수준 α를 정한다. 관측된 자료 $x_1, x_2, \cdots, x_m$과 $y_1, y_2, \cdots, y_n$을 이용하여 검정통계량 f_0을 다음과 같이 계산한다.

$$f_0 = \frac{s_x^2}{s_y^2}$$

검정통계량은 H_0하에서 $F(m-1, n-1)$를 따르기 때문에 F_분포표 혹은 통계패키지에서 제공되는 함수를 이용해서 p_값을 계산한다. p_값은 가설의 형태에 따라 다음 세 가지 방법으로 계산할 수 있다.

가설 $H_0 : \sigma_x^2 = \sigma_y^2$ vs $H_1 : \sigma_x^2 > \sigma_y^2$에 대한 p_값$= P(F > f_0)$, $H_0 : \sigma_x^2 = \sigma_y^2$ vs $H_1 : \sigma_x^2 < \sigma_y^2$에 대한 p_값$= P(F < f_0)$, 그리고 $H_0 : \sigma_x^2 = \sigma_y^2$ vs $H_1 : \sigma_x^2 \neq \sigma_y^2$에 대한 p_값은 $2P(F > f_0)$ 혹은 $2P(F < f_0)$ 중에서 1보다 작은 값을 p_값으로 한다. 마지막으로 유의수준 α와 p_값을 비교하여 p_값 $\leq \alpha$이면 유의수준 α에서 귀무가설 H_0을 기각한다고 결론을 내린다. 이 문장은 관측된 자료로 부터 유의수준 α에서 모분산비가 1이라고 할 수 있는 충분한 근거를 찾을 수 없다. 즉 H_1을 만족할 만한 충분한 근거가 있다는 의미이다.

두 정규모집단 N(4,4)와 N(2,1)에서 추출한 표본의 크기가 각각 50개, 30개인 임의표본을 이용하여 모분산비에 대한 구간추정과 가설검정을 실시해보자.

N(4,4)-x					N(2,1)-y		
6.741917	6.609739	3.386723	4.9109	4.411997	2.321925	1.632765	0.956881
2.870604	8.573291	0.437383	5.409675	3.277885	1.216161	2.185231	1.909814

4.726257	1.222279	3.656165	6.070207	5.516326	3.575728	2.581824	2.623518
5.265725	3.442422	6.429349	2.782147	2.54659	2.642899	3.399737	1.046477
4.808537	3.733357	7.790387	5.00991	1.263438	2.089761	1.272708	1.457171
3.787751	5.271901	3.139062	0.565983	4.865636	2.276551	3.302543	2.580996
7.023044	3.431494	3.485461	2.431082	2.377214	2.679289	2.335848	2.768179
3.810682	-1.31291	0.473674	2.298185	6.888203	2.089833	3.038506	2.463768
8.036847	-0.88093	4.920195	-0.82842	3.137108	-0.99309	2.920729	1.114224
3.874572	6.640227	2.72001	4.072245	5.311296	2.284883	2.720878	0.900219

아래 두 개의 상자그림을 비교해보면 N(4,4)에서 추출한 표본의 분산이 N(1,1)에서 추출한 표본의 분산이 더 클 것으로 예상된다.

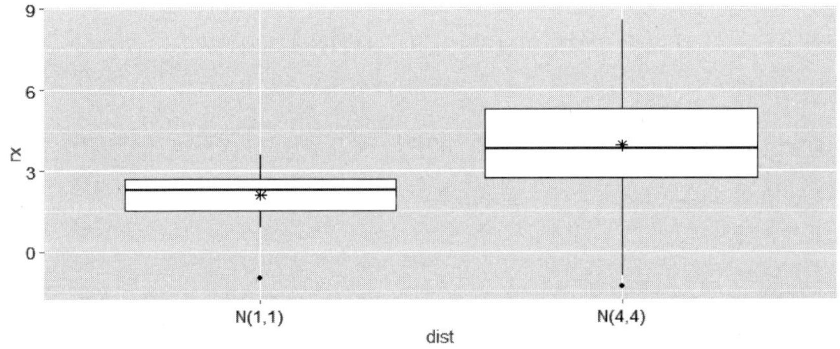

아래 두 개의 Q_Q그림을 살펴보면 관측된 자료들이 거의 일직선상에 놓여 있으므로 정규성이 성립함을 알 수 있다.

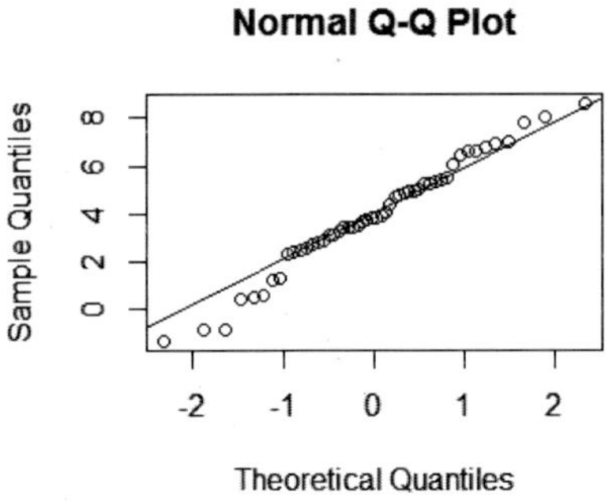

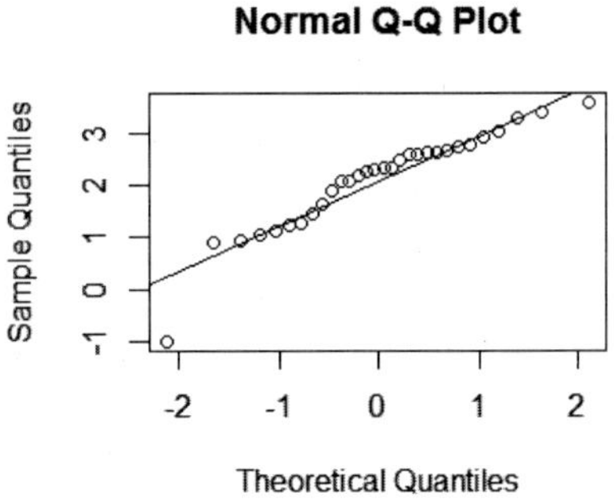

정규성이 성립하기 때문에 F분포를 이용하여 모분산비에 대한 신뢰구간과 가설검정을 할 수 있다.

$S_x^2 = 5.3035$, $S_y^2 = 0.8931$, F(49,29,0.025)=1.9903, F(49,29,0.975)=0.532이므로 σ_x^2/σ_y^2

에 대한 95% 신뢰구간

$$\left(\frac{s_x^2/s_y^2}{F(m-1,n-1,\alpha/2)}, \frac{s_x^2/s_y^2}{F(m-1,n-1,1-\alpha/2)}\right)=\left(\frac{5.9382}{1.9903}, \frac{5.9382}{0.532}\right)=(2.9836,11.162)$$

이다. 구간 내에 1이 포함되어 있지 않기 때문에 분산이 차이가 있다는 것을 짐작할 수 있다.

두 모집단의 분산이 같다고 할 수 있는지 유의수준 5%에서 가설 검정을 해보자.

❶ $H_0 : \sigma_x^2 = \sigma_y^2 \ vs \ H_1 : \sigma_x^2 \neq \sigma_y^2$

❷ 유의수준 5%

❸ $f_0 = \frac{s_x^2}{s_y^2} = \frac{5.3035}{0.8931} = 5.938$

❹ $2P(F > f_0) = 2P(F > 5.938)$ =0.000이고, $2P(F < f_0) = 2P(F < 5.938) = 1.999998$이므로 p_값은 0.000이다.

❺ p_값이 유의수준 5% 작기 때문에 H_0를 유의수준 5%에서 기각한다. 즉 유의수준 5%에서 모분산이 다르다고 할 수 있는 근거가 있다.

R 프로그램

```
set.seed(42)
xx <- rnorm(50, mean = 4, sd = 2)
dx <- data.frame(rx=xx)
dx$dist <- rep("N(4,4)",50)
head(dx)
##          rx       dist
## 1   6.741917   N(4,4)
## 2   2.870604   N(4,4)
## 3   4.726257   N(4,4)
## 4   5.265725   N(4,4)
## 5   4.808537   N(4,4)
## 6   3.787751   N(4,4)
xx <- rnorm(30, mean = 2, sd = 1)
dy <- data.frame(rx=xx)
dy$dist <- rep("N(1,1)",30)
head(dy)
```

```
##          rx       dist
## 1   2.321925   N(1,1)
## 2   1.216161   N(1,1)
## 3   3.575728   N(1,1)
## 4   2.642899   N(1,1)
## 5   2.089761   N(1,1)
## 6   2.276551   N(1,1)
dxy <- rbind(dx,dy)
ggplot(dxy, aes(x=dist, y=rx)) +
 geom_boxplot()+
 stat_summary(fun.y="mean", geom="point",shape=8,size=3)+
 theme(
  axis.title=element_text(size=15,colour="red"),
  axis.text=element_text(size=rel(1.2),colour="blue"))
```

R 프로그램

모분산비에 대한 통계적 추론을 위해 v_ratio_test() 함수를 정의하였다. 난수 발생이기 때문에 실행할 때 마다 x, y가 변한다. 시행 때 마다 동일한 결과를 얻기 위해서 set.seed()함수를 이용해서 초기치를 지정하였다.

```
v_ratio_test <- function(x,y, ratio=1, alpha, alter){
 par(mfrow=c(1,2))
 qqnorm(x)
 qqline(x)
 sx <- shapiro.test(x)
 qqnorm(y)
 qqline(y)
 sy <- shapiro.test(y)
 m <- length(x)
 n <- length(y)
 varx <- var(x)
 vary <- var(y)
 v_ratio <- varx/vary
 alpha_half <- 1 - alpha/2
 f_alpha1 <- qf(alpha/2,m-1,n-1,lower.tail=FALSE)
 f_alpha2 <- qf(alpha_half,m-1,n-1,lower.tail=FALSE)
 pvalue1 <- 2*pf(v_ratio,m-1,n-1, lower.tail=FALSE)
```

```
  pvalue2 <- 2*pf(v_ratio,m-1,n-1)
  cat("Var(x)=", varx, "Var(y)=", vary, "₩n")
  if (alter=="two") {
    if (pvalue1 < 1 ) {pvalue <- pvalue1}
        else {pvalue <- pvalue2}
     cat("Two-side test :₩n", "v_ratio=",v_ratio, "df1=",m-1, "df2=", n-1, "₩n",
         "pvalue=",pvalue, ",alpha=", alpha )}
  else if (alter=="less") {pvalue <- pf(v_ratio,m-1,n-1)
     cat("One-side test :₩n", "v_ratio=",v_ratio, "df1=",m-1, "df2=", n-1, "₩n",
         ",pvalue=",pvalue, ",alpha=", alpha )}
  else  {pvalue <- pf(v_ratio,m-1,n-1,lower.tail=FALSE)
     cat("One-side test :₩n", "v_ratio=",v_ratio, "df1=", m-1, "df2=", n-1, "₩n",
         ",pvalue=",pvalue, ",alpha=", alpha )}
  result <- ifelse( pvalue < alpha, "Reject H0", "Accept H0" )
  cat(",result;", result, "₩n")
  l_boud <- v_ratio/f_alpha1
  u_boud <- v_ratio/f_alpha2
  cat("100(1-alpha)%_Confidence Interval:", l_boud, u_boud, "₩n")
  return(list(sx,sy))
  cat("Shapiro-Wilk normality test", sx, "₩n")
  cat("Shapiro-Wilk normality test", sy)
 }
set.seed(42)
x <- rnorm(50, mean = 4, sd = 2)
y <- rnorm(30, mean = 2, sd = 1)
alpha <- 0.05
alter <- "two"
v_ratio_test(x,y,ratio=1,alpha,alter)
## Var(x)= 5.303591 Var(y)= 0.893124
## Two-side test :
## v_ratio= 5.938248 df1= 49 df2= 29
## pvalue= 2.372468e-06 ,alpha= 0.05,result; Reject H0
## 100(1-alpha)%_Confidence Interval: 2.983513 11.17232
## [[1]]
##      Shapiro-Wilk normality test
## data: x
## W = 0.9802, p-value = 0.5611
## [[2]]
##      Shapiro-Wilk normality test
```

```
## data: y
## W = 0.9148, p-value = 0.01965
```

R 프로그램

R에서 제공하는 var.test()함수를 이용하였다.

```
set.seed(42)
x <- rnorm(50, mean = 4, sd = 2)
y <- rnorm(30, mean = 2, sd = 1)
var.test(x,y,ratio=1,alternative="two.sided")

##         F test to compare two variances
##  data:  x and y
## F = 5.9382, num df = 49, denom df = 29, p-value = 2.372e-06
## alternative hypothesis: true ratio of variances is not equal to 1
## 95 percent confidence interval:
##  2.983513 11.172317
## sample estimates:
## ratio of variances
##         5.938248
```

8.7. 두 모집단 평균에 대한 추정과 검정

8.7.1. 표본의 크기가 큰 경우

8.7.1.1. 모분산을 아는 경우

$X_1, X_2, \cdots, X_m$ 을 평균이 μ_x이고, 분산이 σ_x^2인 모집단에서 추출한 임의 표본이라고 하고, $Y_1, Y_2, \cdots, Y_n$을 평균이 μ_y이고, 분산이 σ_y^2인 모집단에서 추출한 임의 표본이라고 하면 두 모집단이 서로 독립이고 $m, n \to \infty$ 일 때 확률변수

$$\overline{X} - \overline{Y} \approx N(\mu_x - \mu_y, \frac{\sigma_x^2}{m} + \frac{\sigma_y^2}{n})$$

를 따른다. 따라서 표준화 된 변수 Z는

$$Z = \frac{(\overline{X} - \overline{Y}) - (\mu_x - \mu_y)}{\sqrt{\frac{\sigma_x^2}{m} + \frac{\sigma_y^2}{n}}} \sim N(0,1)$$

를 따른다. 이러한 사실을 이용하여 모평균에 대한 추정과 검정을 할 수 있다.

표본평균 $\overline{X} - \overline{Y}$는 $\mu_x - \mu_y$의 점추정량으로 사용한다. 추정량의 표준편차인 표준오차는 $SD(\overline{X} - \overline{Y}) = \sqrt{\frac{\sigma_x^2}{m} + \frac{\sigma_y^2}{n}}$ 이다. 표본평균의 100(1-α)% 추정오차한계는 $z_{\alpha/2}\sqrt{\frac{\sigma_x^2}{m} + \frac{\sigma_y^2}{n}}$ 이다.

모평균의 차 $\mu_x - \mu_y$에 대한 100(1-α)%의 신뢰구간은 다음과 같다.

$$P(|Z| \le z_{\alpha/2}) = P((\overline{X} - \overline{Y}) - z_{\alpha/2}\sqrt{\frac{\sigma_x^2}{m} + \frac{\sigma_y^2}{n}} \le \mu_x - \mu_y \le (\overline{X} - \overline{Y}) + z_{\alpha/2}\sqrt{\frac{\sigma_x^2}{m} + \frac{\sigma_y^2}{n}}) = 1 - \alpha$$

이다. 관측된 자료가 $x_1, x_2, \cdots, x_m$과 $y_1, y_2, \cdots, y_n$일 때 모평균의 차 $\mu_x - \mu_y$에 대한 100(1-α)% 신뢰구간은

$$((\overline{x} - \overline{y}) - z_{\alpha/2}\sqrt{\frac{\sigma_x^2}{m} + \frac{\sigma_y^2}{n}},\ (\overline{x} - \overline{y}) + z_{\alpha/2}\sqrt{\frac{\sigma_x^2}{m} + \frac{\sigma_y^2}{n}})$$

이다.

모평균의 차에 대한 가설검정에 대해서 알아보자. 먼저 모평균의 차에 대한 가설을 세운다. 모평균의 차에 대한 가설은 다음과 같이 세 가지를 생각 할 수 있다.

❶ $H_0 : \mu_x = \mu_y$
$H_1 : \mu_x > \mu_y$

❷ $H_0 : \mu_x = \mu_y$
$H_1 : \mu_x < \mu_y$

❸ $H_0 : \mu_x = \mu_y$
$H_1 : \mu_x \ne \mu_y$

유의수준 α를 정한다. 관측된 자료 $x_1, x_2, \cdots, x_m$과 $y_1, y_2, \cdots, y_n$ 을 이용하여 검정통계량 Z_0을 다음과 같이 계산한다.

$$z_0 = \frac{(\overline{X} - \overline{Y})}{\sqrt{\frac{\sigma_x^2}{m} + \frac{\sigma_y^2}{n}}}$$

검정통계량은 H_0하에서 근사적으로 표준정규분포를 따르기 때문에 표준정규분포표 혹은 통계패키지에서 제공되는 함수를 이용해서 p_값을 계산한다. p_값은 가설의 형태에 따라 다음 세 가지 방법으로 계산할 수 있다.

가설 $H_0 : \mu_x = \mu_y \ \ vs \ H_1 : \mu_x > \mu_y$에 대한 p_값$= P(Z > z_0)$, $H_0 : \mu_x = \mu_y \ \ vs \ H_1 : \mu_x < \mu_y$에 대한 p_값$= P(Z < z_0)$, 그리고 $H_0 : \mu_x = \mu_y \ \ vs \ H_1 : \mu_x \neq \mu_y$에 대한 p_값 $= 2P(Z > |z_0|)$이다. 마지막으로 유의수준 α와 p_값을 비교하여 p_값 $\leq \alpha$이면 유의수준 α에서 귀무가설 H_0을 기각한다고 결론을 내린다. 이 문장은 관측된 자료로 부터 유의수준 α에서 모평균이 같다고 할 수 있는 충분한 근거를 찾을 수 없다. 즉 H_1을 만족할 만한 충분한 근거가 있다는 의미이다.

두 모집단에서 서로 독립적으로 표본의 크기가 각각 50개, 50개인 임의표본을 만들었다. 이 자료를 이용하여 모평균 차에 대한 구간추정과 가설검정을 실시해보자. 두 모집단은 다음과 같다.

모집단 I	x	20	21	22	23	24	25	26	27	28	29
	P(X=x)	$\frac{1}{10}$	$\frac{1}{10}$	$\frac{1}{10}$	$\frac{1}{10}$	$\frac{1}{10}$	$\frac{1}{10}$	$\frac{1}{10}$	$\frac{1}{10}$	$\frac{1}{10}$	$\frac{1}{10}$

모집단 II	x	0	1	2	3	4	5	6	7	8	9
	P(X=x)	$\frac{1}{10}$	$\frac{1}{10}$	$\frac{1}{10}$	$\frac{1}{10}$	$\frac{1}{10}$	$\frac{1}{10}$	$\frac{1}{10}$	$\frac{1}{10}$	$\frac{1}{10}$	$\frac{1}{10}$

다음 자료는 두 모집단에서 추출한 표본이다.

모집단 I-x					모집단 II-y				
26	24	21	24	21	4	5	6	2	5
23	29	23	23	27	6	7	7	3	7
22	23	26	25	26	1	2	9	0	8
24	25	27	29	25	5	0	9	7	8
23	24	29	24	24	5	1	0	5	3
23	24	20	25	26	4	2	9	3	4
22	30	30	30	23	9	6	9	6	8
26	21	28	23	29	1	9	9	4	8
22	24	27	20	23	5	2	5	7	9
20	22	22	23	24	2	6	1	4	8

먼저 그래프를 통해서 관측된 자료를 탐색해보자. 아래 상자그림에서 *로 나타난 점이 각 자료의 평균을 나타낸다. 관측된 자료를 비교했을 때는 두 집단의 평균이 많은 차이가 있음을 판단할 수 있다.

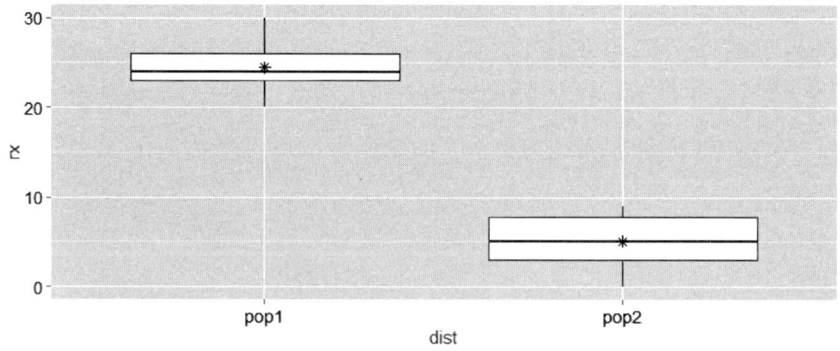

이 관측된 자료가 가지는 정보를 이용하여 두 모집단의 평균을 비교해보자. m=50, n=50으로 대표본이고 $\bar{x}=24.48$, $\bar{y}=5.1$, $\sigma_x^2=8.25, \sigma_y^2=8.25$, $z_\alpha=1.96$이므로 $\mu_x-\mu_y$에 대한 95% 신뢰구간은 다음과 같다.

$$((\bar{x}-\bar{y})-z_{\alpha/2}\sqrt{\frac{\sigma_x^2}{m}+\frac{\sigma_y^2}{n}},\ (\bar{x}-\bar{y})+z_{\alpha/2}\sqrt{\frac{\sigma_x^2}{m}+\frac{\sigma_y^2}{n}})$$

$$=((24.48-5.1)-1.96\sqrt{\frac{8.25}{50}+\frac{8.25}{50}},\ (24.48-5.1)+1.96\sqrt{\frac{8.25}{50}+\frac{8.25}{50}})$$

$$=(18.25,\ 20.51)$$

두 모집단의 평균이 같다고 할 수 있는지 유의수준 5%로 검정해보자.

❶ $H_0: \mu_x=\mu_y \ vs \ H_1: \mu_x \neq \mu_y$

❷ 유의수준 5%

❸ $z_0=\dfrac{\bar{x}-\bar{y}}{\sqrt{\dfrac{\sigma_x^2}{m}+\dfrac{\sigma_y^2}{n}}}=\dfrac{24.48-5.1}{\sqrt{\dfrac{8.25}{50}+\dfrac{8.25}{50}}}=33.74$

❹ p_값$=2P(Z>|z_0|)$=2×0.000=0.000

❺ p_값이 유의수준 5% 작기 때문에 H_0를 유의수준 5%에서 기각한다. 즉 유의수준 5%에서 두 모집단의 모평균이 차이가 없다고 할 수 있는 근거가 없다.

R 프로그램

모평균차에 대한 추정과 검정을 위해 mu_diff_test()함수를 정의하였다.

```
mu_diff_test <- function(x,y,diff,sigma1,sigma2,alpha,alter){
  m <- length(x)
```

```
  n <- length(y)
  x_mean <- mean(x)
  y_mean <- mean(y)
  diff_mean <- x_mean - y_mean
  stderr <- sqrt(sigma1^2/m + sigma2^2/n)
  alpha_half <- 1-alpha/2
  z_alpha <- qnorm(alpha_half)
  limit <- z_alpha*stderr
  cat("Point estimate of mux-muy :", diff_mean, "₩n","x_mean=",x_mean, "y_mean=",
     y_mean, "₩n", "Standard_Error=", stderr, "₩n", "limit  error=",limit, "₩n")
  z_0 <- (diff_mean-diff)/stderr
  az_0 <- abs(z_0)
  if (alter=="two") { pvalue <- 2*pnorm(az_0,lower.tail=FALSE)
         cat("Two-side test :₩n", "z_0=",z_0,",pvalue=",pvalue, ",alpha=", alpha )}
  else if (alter=="less") {pvalue <- pnorm(z_0)
         cat("One-side test :₩n", "z_0=",z_0,",pvalue=",pvalue, ",alpha=", alpha )}
  else  {pvalue <- pnorm(z_0,lower.tail=FALSE)
       cat("One-side test :₩n", "z_0=",z_0,",pvalue=",pvalue, ",alpha=", alpha )}
  result <- ifelse( pvalue < alpha, "Reject H0", "Accept H0" )
  cat(",result:", result, "₩n")
  l_boud <- diff_mean - z_alpha*stderr
  u_boud <- diff_mean + z_alpha*stderr
  cat("100(1-alpha)%_Confidence Interval:", l_boud, u_boud, "₩n")
}
set.seed(45)
numx <- seq(20,30,1)
x <- sample(numx, 50, replace=TRUE)
numy <- seq(0,9,1)
y <- sample(numy,50,replace=TRUE)
sigma1 <- 2.87
sigma2 <- 2.87
diff <- 0
alpha <- 0.05
alter <- "two"
mu_diff_test(x,y,diff,sigma1,sigma2,alpha,alter)
## Point estimate of mux-muy : 19.38
## x_mean= 24.48 y_mean= 5.1
## Standard_Error= 0.5744
##  limit_error= 1.125803
```

```
## Two-side test :
## z_0= 33.73955 ,pvalue= 1.521333e-249 ,alpha= 0.05,result; Reject H0
## 100(1-alpha)%_Confidence Interval: 18.2542 20.5058
```

8.7.1.2. 모분산을 모르는 경우

$X_1, X_2, \cdots, X_m$을 평균이 μ_x이고, 분산이 σ_x^2인 모집단에서 추출한 임의 표본이라고 하고, $Y_1, Y_2, \cdots, Y_n$을 평균이 μ_y이고, 분산이 σ_y^2인 모집단에서 추출한 임의 표본이라고 하면 두 모집단이 서로 독립이고 $m,\ n \to \infty$일 때 확률변수

$$\overline{X} - \overline{Y} \approx N(\mu_x - \mu_y,\ \frac{\sigma_x^2}{m} + \frac{\sigma_y^2}{n})$$

를 따른다. 따라서 표준화 된 변수 Z는

$$Z = \frac{(\overline{X} - \overline{Y}) - (\mu_x - \mu_y)}{\sqrt{\frac{\sigma_x^2}{m} + \frac{\sigma_y^2}{n}}} \sim N(0,1)$$

여기서 σ_x^2와 σ_y^2을 모르는 경우 확률변수 Z에 σ_x^2와 σ_y^2을 대신 각각의 표본분산 S_x^2와 S_y^2를 사용하더라도 $m,n \to \infty$이므로 역시 $Z \sim N(0,1)$를 따른다. 따라서 관측된 자료 $x_1, x_2, \cdots, x_m$와 $y_1, y_2, \cdots, y_n$를 이용하여 S_x^2와 S_y^2를 계산해서 σ_x^2와 σ_y^2을 대신 사용하면 모평균의 차에 대한 구간추정과 가설검정은 모분산을 아는 경우와 같은 방법으로 할 수 있다.

8.7.2. 표본의 크기가 작은 경우

8.7.2.1. 정규모집단이고 모분산을 아는 경우

$X_1, X_2, \cdots, X_m$을 평균이 μ_x이고, 분산이 σ_x^2인 정규모집단에서 추출한 임의 표본이라고 하고, $Y_1, Y_2, \cdots, Y_n$을 평균이 μ_y이고, 분산이 σ_y^2인 정규모집단에서 추출한 임의 표본이라고 하면 두 모집단이 서로 독립일 때 확률변수

$$\overline{X} - \overline{Y} \sim N(\mu_x - \mu_y,\ \frac{\sigma_x^2}{m} + \frac{\sigma_y^2}{n})$$

를 따른다. 따라서 표준화 된 변수 Z는

$$Z = \frac{(\overline{X} - \overline{Y}) - (\mu_x - \mu_y)}{\sqrt{\frac{\sigma_x^2}{m} + \frac{\sigma_y^2}{n}}} \sim N(0,1)$$

이므로 모평균의 차에 대한 구간추정과 가설검정은 모분산을 알고 표본이 큰 경우와 같은 방법으로 할 수 있다.

8.7.2.2. 정규모집단이고 모분산은 모르지만 같다고 할 수 있는 경우

$X_1, X_2, \cdots, X_m$을 평균이 μ_x이고, 분산이 σ_x^2인 정규모집단에서 추출한 임의 표본이라고 하고, $Y_1, Y_2, \cdots, Y_n$을 평균이 μ_y이고, 분산이 σ_y^2인 정규모집단에서 추출한 임의 표본이라고 하면 두 모집단이 서로 독립일 때 확률변수

$$\overline{X} - \overline{Y} \sim N(\mu_x - \mu_y, \frac{\sigma_x^2}{m} + \frac{\sigma_y^2}{n})$$

를 따른다. 따라서 표준화 된 변수 Z는

$$Z = \frac{(\overline{X} - \overline{Y}) - (\mu_x - \mu_y)}{\sqrt{\frac{\sigma_x^2}{m} + \frac{\sigma_y^2}{n}}} \sim N(0,1)$$

여기서 σ_x^2와 σ_y^2는 모르지만 $\sigma_x^2 = \sigma_y^2 = \sigma^2$이라고 할 수 있다면 Z는 다음과 같이 나타낼 수 있다.

$$Z = \frac{(\overline{X} - \overline{Y}) - (\mu_x - \mu_y)}{\sqrt{\frac{\sigma^2}{m} + \frac{\sigma^2}{n}}} = \frac{(\overline{X} - \overline{Y}) - (\mu_x - \mu_y)}{\sigma\sqrt{\frac{1}{m} + \frac{1}{n}}} \sim N(0,1)$$

두 모집단의 공동분산 σ^2의 추정량 S_p^2은 다음과 같이 구할 수 있다.

$$S_p^2 = \frac{(m-1)S_x^2 + (n-1)S_y^2}{m+n-2}$$

S_p^2를 합동분산(pooled variance)라고 한다. 확률변수 Z에 σ대신 S_p를 대입해서 새로운 확률변수 T를 정의하면 $T \sim t(m+n-2)$를 따른다. 즉,

$$T = \frac{(\overline{X} - \overline{Y}) - (\mu_x - \mu_y)}{S_p\sqrt{\frac{1}{m} + \frac{1}{n}}} \sim t(m+n-2)$$

이므로 모평균의 차이에 대한 구간추정과 가설검정은 t-분포를 이용할 수 있다.

표본평균 $\overline{X}-\overline{Y}$는 $\mu_x-\mu_y$의 점추정량으로 사용한다.

추정량의 표준편차인 표준오차는 $SD(\overline{X}-\overline{Y})=S_p\sqrt{\frac{1}{m}+\frac{1}{n}}$ 이다.

표본평균의 100(1-α)% 추정오차한계는 $t(m+n-2,\alpha/2)S_p\sqrt{\frac{1}{m}+\frac{1}{n}}$ 이다.

모평균의 차 $\mu_x-\mu_y$에 대한 100(1-α)%의 신뢰구간은 다음과 같다.

$$P(|T|\le t(m+n-2,\frac{\alpha}{2})=P((\overline{X}-\overline{Y})-t(m+n-2,\alpha/2)S_p\sqrt{\frac{1}{m}+\frac{1}{n}}\le\mu_x-\mu_y\le$$
$$(\overline{X}-\overline{Y})+t(m+n-2,\alpha/2)S_p\sqrt{\frac{1}{m}+\frac{1}{n}})=1-\alpha$$

이다. 관측된 자료가 $x_1,x_2,\cdots,x_m$과 $y_1,y_2,\cdots,y_n$일 때 모평균의 차 $\mu_x-\mu_y$에 대한 100(1-α)% 신뢰구간은

$$((\overline{x}-\overline{y})-t(m+n-2,\alpha/2)s_p\sqrt{\frac{1}{m}+\frac{1}{n}},\ (\overline{x}-\overline{y})+t(m+n-2,\alpha/2)s_p\sqrt{\frac{1}{m}+\frac{1}{n}})$$

이다.

모평균의 차에 대한 가설검정에 대해서 알아보자. 먼저 모평균의 차에 대한 가설을 세운다. 모평균의 차에 대한 가설은 다음과 같이 세 가지를 생각 할 수 있다.

❶ $H_0:\mu_x=\mu_y$
$H_1:\mu_x>\mu_y$

❷ $H_0:\mu_x=\mu_y$
$H_1:\mu_x<\mu_y$

❸ $H_0:\mu_x=\mu_y$
$H_1:\mu_x\neq\mu_y$

유의수준 α를 정한다. 관측된 자료 $x_1,x_2,\cdots,x_m$과 $y_1,y_2,\cdots,y_n$ 을 이용하여 검정통계량 t_0을 다음과 같이 계산한다.

$$t_0=\frac{(\overline{X}-\overline{Y})}{s_p\sqrt{\frac{1}{m}+\frac{1}{n}}}$$

검정통계량은 H_0하에서 t(m+n-2)를 따르기 때문에 t_분포표 혹은 통계패키지에서 제공되는 함수를 이용해서 p_값을 계산한다. p_값은 가설의 형태에 따라 다음 세 가지 방법으로 계산할 수 있다.

가설 $H_0:\mu_x=\mu_y$ vs $H_1:\mu_x>\mu_y$에 대한 p_값= $P(T>t_0)$, $H_0:\mu_x=\mu_y$ vs $H_1:\mu_x<\mu_y$에 대한 p_값= $P(T<t_0)$, 그리고 $H_0:\mu_x=\mu_y$ vs $H_1:\mu_x\neq\mu_y$에 대한 p_값= $2P(T>|t_0|)$

이다. 마지막으로 유의수준 α와 p_값을 비교하여 p_값 $\leq \alpha$이면 유의수준 α에서 귀무가설 H_0을 기각한다고 결론을 내린다. 이 문장은 관측된 자료로 부터 유의수준 α에서 모평균이 같다고 할 수 있는 충분한 근거를 찾을 수 없다. 즉 H_1을 만족할 만한 충분한 근거가 있다는 의미이다.

두 정규모집단 N(4,16)와 N(5,16)에서 독립적으로 추출한 표본의 크기가 각각 20개, 15개인 임의표본을 이용하여 모평균의 차에 대한 구간추정과 가설검정을 실시해 보자.

N(4,16)-x				N(5,16)-y		
3.036194	9.955725	2.75727	2.017302	7.822019	8.953935	4.019434
1.998375	5.870458	5.79225	6.508635	10.6261	1.27707	2.80256
2.419035	5.042535	3.832008	5.020517	5.252963	5.17527	0.005431
0.818923	6.73227	0.272771	7.614369	7.900636	2.790734	8.56741
6.159844	3.971234	-0.6406	6.839729	7.439551	2.829022	1.72395

아래 Q_Q 그림과 Shapiro-Wilk normality test결과를 보면 두 모집단이 정규분포이고, var.test 결과를 보면 동일한 분산을 가진다. 따라서 위자료는 동일한 분산을 가지는 두 정규분포에서 독립적으로 추출한 표본이다. 그러나 표본의 크기가 작고 분산을 모르기 때문에 t-분포를 이용한다.

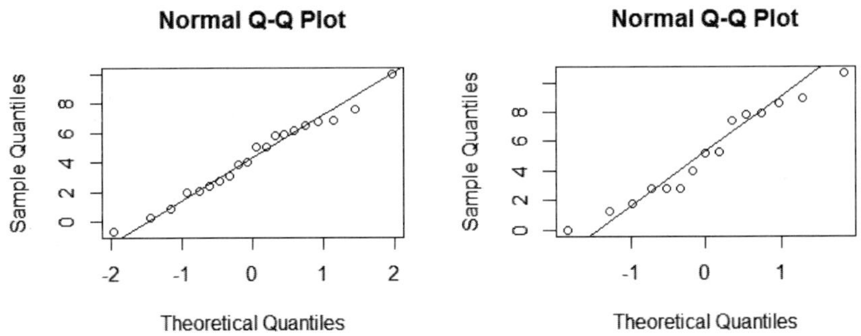

m=20, n=15, $\bar{x}$=4.30, $\bar{y}$=5.15, var(x)=7.397, var(y)=10.503, $t(33,0.025)=2.035$이므로 합동분산

$$s_p^2 = \frac{(m-1)s_x^2 + (n-1)s_y^2}{m+n-2} = \frac{19 \times 7.397 + 14 \times 10.503}{20+15-2} = 8.714$$

이다.

모평균의 차 $\mu_x - \mu_y$에 대한 100(1-α)% 신뢰구간은

$$((\bar{x}-\bar{y})-t(m+n-2,\alpha/2)s_p\sqrt{\frac{1}{m}+\frac{1}{n}},\ (\bar{x}-\bar{y})+t(m+n-2,\alpha/2)s_p\sqrt{\frac{1}{m}+\frac{1}{n}}\ )$$

$$=(4.30-5.15)+2.035\times 2.95\sqrt{\frac{1}{20}+\frac{1}{15}},\ (4.30-5.15)-2.035\times 2.95\times\sqrt{\frac{1}{20}+\frac{1}{15}}\ )$$

$$=(-2.896,\ 1.207)$$

이다.

두 모집단의 평균이 같다고 할 수 있는지 유의수준 5%로 검정해보자.

❶ $H_0 : \mu_x = \mu_y \ \ vs\ H_1 : \mu_x \neq \mu_y$

❷ 유의수준 5%

❸ $t_0 = \dfrac{\bar{x}-\bar{y}}{s_p\sqrt{\frac{1}{m}+\frac{1}{n}}} = \dfrac{4.30-5.15}{2.95\sqrt{\frac{1}{20}+\frac{1}{15}}} = -0.8378$

❹ p_값$= 2P(T > |t_0|) = 0.408$

❺ p_값이 유의수준 5%보다 크기 때문에 H_0를 유의수준 5%에서 수락한다. 즉 유의수준 5%에서 두 모집단의 모평균이 차이가 없다고 할 수 있는 근거가 있다. 즉 유의수준 5%에서 두 모집단의 평균이 차이가 없다.

R 프로그램

모평균의 차에 대한 추정과 검정을 위해 mu_diff_t_test()함수를 정의하였다.

```
mu_diff_t_test <- function(x,y,diff,alpha,alter){
 par(mfrow=c(1,2))
 qqnorm(x)
 qqline(x)
 sx <- shapiro.test(x)
 qqnorm(y)
 qqline(y)
 sy <- shapiro.test(y)
 m <- length(x)
 n <- length(y)
 x_mean <- mean(x)
 var_x <- var(x)
 y_mean <- mean(y)
```

```
  var_y <- var(y)
  diff_mean <- x_mean - y_mean
  s_p_2 <- ((m-1)*var_x + (n-1)* var_y)/(m+n-2)
  s_p <- sqrt(s_p_2)
  stderr <- s_p*sqrt(1/m + 1/n)
  alpha_half <- 1-alpha/2
  t_alpha <- qt(alpha_half,m+n-2)
  limit <- t_alpha*stderr
  cat("₩n","Point estimate of mux-muy :", diff_mean, "₩n","x_mean=",x_mean,
     "y_mean=", y_mean,  "₩n","Var(x)=", var_x, "Var(y)=", var_y, "pooled variance=",
      s_p_2, "Standard_Error=", stderr,  "₩n", "limit_error=",limit, "₩n")
  t_0 <- (diff_mean-diff)/stderr
  at_0 <- abs(t_0)
  if (alter=="two") { pvalue <- 2*pt(at_0,m+n-2,lower.tail=FALSE)
      cat("Two-side test :₩n", "t_0=",t_0, "df=", m+n-2,",pvalue=",pvalue,
          ",alpha=", alpha )}
  else if (alter=="less") {pvalue <- pt(t_0,m+n-2)
      cat("One-side test :₩n", "t_0=",t_0, "df=", m+n-2,"pvalue=",pvalue,
          ",alpha=", alpha )}
  else  {pvalue <- pt(t_0,m+n-2,lower.tail=FALSE)
       cat("One-side test :₩n", "t_0=",t_0,"df=",m+n-2, ",pvalue=",pvalue,
          ",alpha=", alpha )}
  result <- ifelse( pvalue < alpha, "Reject H0", "Accept H0" )
  cat(",result:", result, "₩n")
  l_boud <- diff_mean - t_alpha*stderr
  u_boud <- diff_mean + t_alpha*stderr
  cat("100(1-alpha)%_Confidence Interval:", l_boud, u_boud, "₩n")
  v_ratio <- var.test(x,y)
  return(list(sx,sy,v_ratio))
  cat("Shapiro-Wilk normality test", sx, "₩n")
  cat("Shapiro-Wilk normality test", sy, "₩n" )
  cat("Variance_test", v_ratio)
}
set.seed(56)
x <- rnorm(20, 4, 4)
y <- rnorm(15,5,4)
diff <- 0
alpha <- 0.05
alter <- "two"
```

```
mu_diff_t_test(x,y,diff,alpha,alter)
## Point estimate of mux-muy : -0.8447968
## x_mean= 4.300942 y_mean= 5.145739
## Var(x)= 7.396613 Var(y)= 10.50291 pooled variance= 8.714435
## Standard_Error= 1.008308,  limit_error= 2.051417
## Two-side test :
## t_0= -0.8378364 df= 33 ,pvalue= 0.40815 ,alpha= 0.05,result: Accept H0
## 100(1-alpha)%_Confidence Interval: -2.896214 1.20662
## [[1]]
##       Shapiro-Wilk normality test
## data:  x
## W = 0.9805, p-value = 0.941
## [[2]]
##       Shapiro-Wilk normality test
## data:  y
## W = 0.9492, p-value = 0.5113
## [[3]]
##       F test to compare two variances
## data:  x and y
## F = 0.7042, num df = 19, denom df = 14, p-value = 0.4697
## alternative hypothesis: true ratio of variances is not equal to 1
## 95 percent confidence interval:
##  0.2461772 1.8640839
## sample estimates:
## ratio of variances
##       0.7042443
```

R 프로그램

R에서 제공하는 t.test()를 이용하였다. paired는 쌍체표본일 때 TRUE, var.equal은 분산이 동일하면 TRUE이다. mu는 귀무가설에서 가정한 $\mu_x - \mu_y$값을 나타낸다.

```
set.seed(56)
x <- rnorm(20, 4, 4)
y <- rnorm(15,5,4)
t.test(x,y,mu=0,paired=FALSE,var.equal=TRUE, alternative="two.sided")
##       Two Sample t-test
## data:  x and y
```

```
## t = -0.8378, df = 33, p-value = 0.4082
## alternative hypothesis: true difference in means is not equal to 0
## 95 percent confidence interval:
## -2.896214 1.206620
## sample estimates:
## mean of x mean of y
## 4.300942 5.145739
```

8.7.2.3. 정규모집단이고 모분산 모르고 같다고 할 수 없는 경우

$X_1, X_2, \cdots, X_m$을 평균이 μ_x이고, 분산이 σ_x^2인 정규모집단에서 추출한 임의 표본이라고 하고, $Y_1, Y_2, \cdots, Y_n$을 평균이 μ_y이고, 분산이 σ_y^2인 정규모집단에서 추출한 임의 표본이라고 하면 두 모집단이 서로 독립일 때 확률변수

$$\overline{X} - \overline{Y} \sim N(\mu_x - \mu_y, \frac{\sigma_x^2}{m} + \frac{\sigma_y^2}{n})$$

를 따른다. 따라서 표준화 된 변수 Z는

$$Z = \frac{(\overline{X} - \overline{Y}) - (\mu_x - \mu_y)}{\sqrt{\frac{\sigma_x^2}{m} + \frac{\sigma_y^2}{n}}} \sim N(0,1)$$

여기서 σ_x^2와 σ_y^2는 대신 S_x^2과 S_y^2를 대입해서 새로운 변수 T를 정의하면 $T \sim t(\phi)$를 따른다. 즉,

$$T = \frac{(\overline{X} - \overline{Y}) - (\mu_x - \mu_y)}{\sqrt{\frac{S_x^2}{m} + \frac{S_y^2}{n}}} \sim t(\phi)$$

자유도 ϕ는 다음과 같이 계산할 수 있다.

$$\phi = \frac{[\frac{S_x^2}{m} + \frac{S_y^2}{n}]^2}{\frac{(S_x^2/m)^2}{m-1} + \frac{(S_y^2/n)^2}{n-1}}$$

이므로 모평균의 차이에 대한 구간추정과 가설검정은 t(ϕ)-분포를 이용할 수 있다.

모평균의 차 $\mu_x - \mu_y$에 대한 100(1-α)%의 신뢰구간은 다음과 같다.

$$((\overline{X}-\overline{Y})-t(\phi,\alpha/2)\sqrt{\frac{S_x^2}{m}+\frac{S_y^2}{n}} \le \mu_x-\mu_y \le (\overline{X}-\overline{Y})+t(\phi,\alpha/2)\sqrt{\frac{S_x^2}{m}+\frac{S_y^2}{n}}\ )$$

모평균의 차에 대한 가설검정에 대해서 알아보자. 먼저 모평균의 차에 대한 가설을 세운다. 모평균의 차에 대한 가설은 다음과 같이 세 가지를 생각 할 수 있다.

❶ $H_0 : \mu_x = \mu_y$
$H_1 : \mu_x > \mu_y$

❷ $H_0 : \mu_x = \mu_y$
$H_1 : \mu_x < \mu_y$

❸ $H_0 : \mu_x = \mu_y$
$H_1 : \mu_x \neq \mu_y$

유의수준 α를 정한다. 관측된 자료 $x_1, x_2, \cdots, x_m$과 $y_1, y_2, \cdots, y_n$ 을 이용하여 검정통계량 t_0을 다음과 같이 계산한다.

$$t_0 = \frac{(\overline{x}-\overline{y})}{\sqrt{\frac{s_x^2}{m}+\frac{s_y^2}{n}}}$$

검정통계량은 H_0하에서 t(ϕ)를 따르기 때문에 t_분포표 혹은 통계패키지에서 제공되는 함수를 이용해서 p_값을 계산한다. p_값은 가설의 형태에 따라 다음 세 가지 방법으로 계산할 수 있다.

가설 $H_0 : \mu_x = \mu_y$ vs $H_1 : \mu_x > \mu_y$에 대한 p_값$= P(T > t_0)$, $H_0 : \mu_x = \mu_y$ vs $H_1 : \mu_x < \mu_y$에 대한 p_값$= P(T < t_0)$, 그리고 $H_0 : \mu_x = \mu_y$ vs $H_1 : \mu_x \neq \mu_y$에 대한 p_값$= 2P(T > |t_0|)$이다. 마지막으로 유의수준 α와 p_값을 비교하여 p_값 $\le \alpha$이면 유의수준 α에서 귀무가설 H_0을 기각한다고 결론을 내린다. 이 문장은 관측된 자료로 부터 유의수준 α에서 모평균이 같다고 할 수 있는 충분한 근거를 찾을 수 없다. 즉 H_1을 만족할 만한 충분한 근거가 있다는 의미이다.

두 정규모집단 N(4,16)와 N(5,4)에서 독립적으로 추출한 표본의 크기가 각각 20개, 15개인 임의표본을 이용하여 모평균의 차에 대한 구간추정과 가설검정을 실시해보자.

N(4,16)-x				N(5,4)-y		
8.8776077	3.5023980	0.170004	3.6833219	1.630856	7.566900	6.594803
-0.573645	-0.228751	2.4618626	6.4333647	7.557398	5.875089	2.688962
10.689866	-2.149177	-1.513167	5.9817245	2.154307	8.168088	1.480740
7.7525992	2.4970589	6.0256978	1.1619124	4.250047	6.192293	4.995386
1.1441183	4.5263724	1.7244071	3.6058580	5.095631	1.476693	1.107371

아래 결과에서 모평균의 차 $\mu_x - \mu_y$에 대한 95%의 신뢰구간은 −3.2428048, 0.9088726이다. p-value = 0.2609값이 유의수준 5% 크기 때문에 유의수준 5%에서 귀무가설 수락한다. 유의수준 5%에서 두 집단의 모평균이 같다고 할 수 있는 근거가 있다.

R 프로그램

R에서 제공하는 t.test()를 이용하였다. paired는 쌍체표본일 때 TRUE, var.equal은 분산이 동일하지 않기 때문에 FALSE로 지정하였다.

```
set.seed(67)
x <- rnorm(20, 4, 4)
y <- rnorm(15,5,2)
t.test(x,y,mu=0,paired=FALSE,var.equal=FALSE, alternative="two.sided")
##        Welch Two Sample t-test
## data:  x and y
## t = -1.1438, df = 32.955, p-value = 0.2609
## alternative hypothesis: true difference in means is not equal to 0
## 95 percent confidence interval:
##  -3.2428048  0.9088726
## sample estimates:
## mean of x mean of y
## 3.288672  4.455638
```

8.7.3. 쌍체표본에 대한 두 모평균 비교

$(X_1, Y_1), (X_2, Y_2), \cdots, (X_n, Y_n)$을 각 개체에 대해 정규모집단으로부터 쌍으로 추출한 임의표본이라 할 때 이 표본을 쌍체표본이라 한다. 쌍체표본을 이용하여 두 모집단의 모평균 차이에 대한 추정과 검정을 하고자한다. 쌍체표본의 자료구조는 다음 표와 같다.

쌍	표본1	표본2	차이
1	X_1	Y_1	$D_1 = X_1 - Y_1$
2	X_2	Y_2	$D_2 = X_2 - Y_2$
⋮	⋮	⋮	⋮

i	X_i	Y_i	$D_i = X_i - Y_i$
⋮	⋮	⋮	⋮
n	X_n	Y_n	$D_n = X_n - Y_n$

$D_1, D_2, \cdots, D_n$은 평균이 $\mu_D = \mu_x - \mu_y$이고 분산이 σ_D^2인 정규분포에서 추출한 임의표본으로 볼 수 있다. 따라서 $\overline{D}$와 S_D^2는 다음과 같이 구할 수 있다.

$$\overline{D} = \frac{\sum_{i=1}^{n} D_i}{n}, \quad S_D^2 = \frac{\sum_{i=1}^{n} (D_i - \overline{D})^2}{n-1}$$

확률변수 T는

$$T = \frac{\overline{D} - (\mu_x - \mu_y)}{S_D / \sqrt{n}} \sim t(n-1)$$

이 결과를 이용하여 두 모집단이 종속인 경우 모평균 차이에 대한 추론을 할 수 있다.

표본평균 $\overline{D}$는 $\mu_x - \mu_y$의 점추정량으로 사용한다.

추정량의 표준편차인 표준오차는 $SD(\overline{D}) = \frac{S_D}{\sqrt{n}}$이다.

표본평균의 100(1-α)% 추정오차한계는 $t(n-1, \alpha/2)\frac{S_D}{\sqrt{n}}$이다.

모평균의 차 $\mu_x - \mu_y$에 대한 100(1-α)%의 신뢰구간은 다음과 같다.

$$P(|T| \le t(n-1, \frac{\alpha}{2}) = P(\overline{D} - t(n-1, \alpha/2)\frac{S_D}{\sqrt{n}} \le \mu_x - \mu_y \le \overline{D} + t(n-1, \alpha/2)\frac{S_D}{\sqrt{n}}) = 1-\alpha$$

이다. 관측된 자료가 $x_1, x_2, \cdots, x_m$과 $y_1, y_2, \cdots, y_n$일 때 모평균의 차 $\mu_x - \mu_y$에 대한 100(1-α)% 신뢰구간은

$$(\overline{d} - t(n-1, \alpha/2)\frac{S_D}{\sqrt{n}}, \ \overline{d} + t(n-1, \alpha/2)\frac{S_D}{\sqrt{n}})$$

이다.

모평균의 차에 대한 가설검정에 대해서 알아보자. 먼저 모평균의 차에 대한 가설을 세운다. 모평균의 차에 대한 가설은 다음과 같이 세 가지를 생각 할 수 있다.

❶ $H_0 : \mu_x = \mu_y$
$H_1 : \mu_x > \mu_y$

❷ $H_0 : \mu_x = \mu_y$
$H_1 : \mu_x < \mu_y$

❸ $H_0 : \mu_x = \mu_y$
$H_1 : \mu_x \neq \mu_y$

유의수준 α를 정한다. 관측된 자료 $x_1, x_2, \cdots, x_m$과 $y_1, y_2, \cdots, y_n$을 이용하여 검정통계량 t_0을 다음과 같이 계산한다.

$$t_0 = \frac{\bar{d}}{\frac{s_d}{\sqrt{n}}}$$

검정통계량은 H_0하에서 t(n−1)를 따르기 때문에 t_분포표 혹은 통계패키지에서 제공되는 함수를 이용해서 p_값을 계산한다. p_값은 가설의 형태에 따라 다음 세 가지 방법으로 계산할 수 있다.

가설 $H_0 : \mu_x = \mu_y$ vs $H_1 : \mu_x > \mu_y$에 대한 p_값$= P(T > t_0)$, $H_0 : \mu_x = \mu_y$ vs $H_1 : \mu_x < \mu_y$에 대한 p_값$= P(T < t_0)$, 그리고 $H_0 : \mu_x = \mu_y$ vs $H_1 : \mu_x \neq \mu_y$에 대한 p_값$= 2P(T > |t_0|)$이다. 마지막으로 유의수준 α와 p_값을 비교하여 p_값 $\leq \alpha$이면 유의수준 α에서 귀무가설 H_0을 기각한다고 결론을 내린다. 이 문장은 관측된 자료로 부터 유의수준 α에서 모평균이 같다고 할 수 있는 충분한 근거를 찾을 수 없다. 즉 H_1을 만족할 만한 충분한 근거가 있다는 의미이다.

다음 자료는 식이요법 프로그램에 참가한 15명을 대상으로 프로그램 참가 전과 후의 체중을 측정한 것이다.

쌍번호	1	2	3	4	5	6	7	8	9	10	11	12	13	14	15
참가전 (x)	79	79	78	77	79	79	78	76	83	81	85	80	79	81	80
참가후 (y)	71	68	70	71	66	69	70	68	71	67	70	71	69	70	69
차이	8	11	8	6	13	10	8	8	12	14	15	9	10	11	11

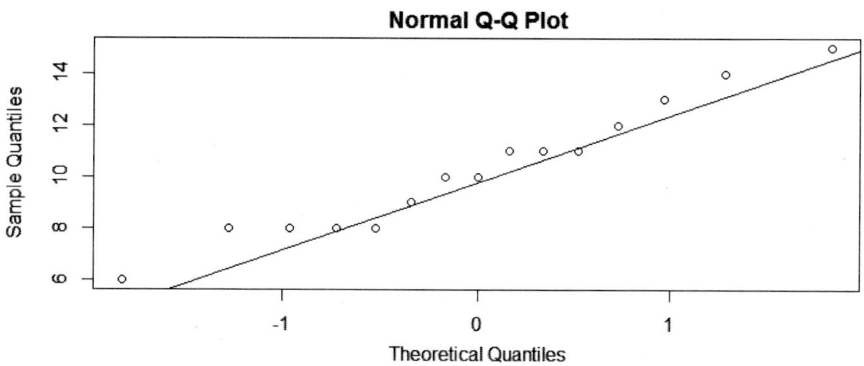

위의 Q_Q 그림과 Shapiro-Wilk normality test를 검토해보면 정규성을 만족하고 있다.

프로그램 참가 전후의 몸무게의 차이에 대한 평균과 표준편차는 $\bar{d}=10.267$, $s_D=2.52$이다. 그리고 $t(14,0.025)=2.144$이므로 모평균 차이에 대한 95% 신뢰구간은 다음과 같다.

$$\left(\bar{d}-t(n-1,\alpha/2)\frac{S_D}{\sqrt{n}},\ \bar{d}+t(n-1,\alpha/2)\frac{S_D}{\sqrt{n}}\right)=\left(10.267-2.144\frac{2.52}{\sqrt{15}},\ 10.267+2.144\frac{2.52}{\sqrt{15}}\right)$$
$$=(8.87,\ 11.66)$$

식이요법의 효과가 있다고 할 수 있는지 유의수준 5% 검정하라.

두 모집단의 평균이 같다고 할 수 있는지 유의수준 5%로 검정해보자.

❶ $H_0: \mu_x=\mu_y\ \ vs\ H_1: \mu_x>\mu_y$

❷ 유의수준 5%

❸ $t_0=\dfrac{\bar{d}}{\dfrac{s_d}{\sqrt{n}}}=\dfrac{10.267}{0.651}=15.77$

❹ p_값$=P(T>t_0|)=P(T>15.77)=0.000$

❺ p_값이 유의수준 5%보다 작기 때문에 H_0를 유의수준 5%에서 기각한다. 즉 유의수준 5%에서 식이요법의 효과가 있다고 할 수 있는 근거가 있다.

R 프로그램

쌍체표본에 대한 모평균 차이에 대한 추론을 위해 paired_t_test()를 정의하였다. 함수 인자 mu0은 H_0: $\mu_x-\mu_y$의 값. 여기서는 0

```
paired_t_test <- function(x,y,mu0,alpha,alter){
 d <- x - y
 qqnorm(d)
 qqline(d)
 s <- shapiro.test(d)
 n <- length(d)
 d_mean <- mean(d)
 sigma <- sd(d)
 stderr <- sigma/sqrt(n)
```

```
  t_0 <- (d_mean-mu0)/stderr
  alpha_half <- 1-alpha/2
  t_alpha <- qt(alpha_half,n-1)
  limit <- t_alpha*stderr
  cat("Point estimate of mu =", d_mean, "₩n","SD=",sigma,"₩n", "Standard_Error=",
       stderr, "₩n", "limit_error=",limit, "₩n")
  at_0 <- abs(t_0)
  if (alter=="two") { pvalue <- 2*pt(at_0,n-1,lower.tail=FALSE)
    cat("Two-side test :₩n", "t_0=",t_0,"df=", n-1,",pvalue=",pvalue, ",alpha=", alpha )}
  else if (alter=="less") {pvalue <- pt(t_0,n-1)
    cat("One-side test :₩n", "t_0=",t_0,"df=", n-1,",pvalue=",pvalue, ",alpha=", alpha )}
  else  {pvalue <- pt(t_0,n-1,lower.tail=FALSE)
    cat("One-side test :₩n", "t_0=",t_0,"df=", n-1,",pvalue=",pvalue, ",alpha=", alpha )}
  result <- ifelse( pvalue < alpha, "Reject H0", "Accept H0" )
  cat(",result;", result, "₩n")
  l_boud <- d_mean - t_alpha*stderr
  u_boud <- d_mean + t_alpha*stderr
  cat("100(1-alpha)%_Confidence Interval:", l_boud, u_boud)
  cat("₩n")
  return(s)
}
x <- c(79, 79, 78, 77, 79, 79, 78, 76, 83, 81, 85, 80, 79, 81, 80)
y <- c(71, 68, 70, 71, 66, 69, 70, 68, 71, 67, 70, 71, 69, 70, 69)
mu0 <- 0
alpha <- 0.05
alter <- "greater"
paired_t_test(x,y,mu0,alpha,alter)
## Point estimate of mu = 10.26667
## SD= 2.520393
## Standard_Error= 0.6507627
## limit_error= 1.395747
## One-side test :
## t_0= 15.77636 df= 14 ,pvalue= 1.302872e-10 ,alpha= 0.05,result; Reject H0
##100(1-alpha)%_Confidence Interval: 8.87092 11.66241
##
##       Shapiro-Wilk normality test
## data:  d
## W = 0.9606, p-value = 0.7029
```

R 프로그램

R에서 제공하는 t.test()를 이용하였다. paired는 쌍체표본일 때 TRUE. alternative="greater"일 때 신뢰구간은 정상적인 값이 아님.

```
x <- c(79, 79, 78, 77, 79, 79, 78, 76, 83, 81, 85, 80, 79, 81, 80)
y <- c(71, 68, 70, 71, 66, 69, 70, 68, 71, 67, 70, 71, 69, 70, 69)
t.test(x,y,paired=TRUE, alternative="greater")

##        Paired t-test
## data:  x and y
## t = 15.7764,  df = 14,  p-value = 1.303e-10
## alternative hypothesis: true difference in means is greater than 0
## 95 percent confidence interval:
## 9.120472      Inf
## sample estimates:
## mean of the differences
##                  10.26667
```

8.8. 두 모집단 모비율에 대한 추정과 검정

생산라인별 불량률, 지역별 도시가스 보급 비율, 지역별 인터넷 가입가구 비율 등과 같이 두 모비율을 비교하는 경우가 흔히 있다. 서로 독립인 두 이항모집단으로부터 크기가 m, n인 표본을 추출하였다. X를 m개 중에서 어떤 특성 갖는 개체 수라 하고, Y를 n개 중에서 어떤 특성 갖는 개체 수라 하면, 두 표본비율 $\hat{p_1}$과 $\hat{p_2}$는 다음과 같이 계산된다.

$$\hat{p_1} = \frac{X}{m}, \quad \hat{p_2} = \frac{Y}{n}$$

두 표본비율 $\hat{p_1}$과 $\hat{p_2}$는 모비율 p_1과 p_2의 추정량이므로 $p_1 - p_2$의 점추정량으로 $\hat{p_1} - \hat{p_2}$를 사용할 수 있다. 이 추정량의 표준오차는 다음과 같다.

$$\sqrt{\frac{\hat{p_1}(1-\hat{p_1})}{m} + \frac{\hat{p_2}(1-\hat{p_2})}{n}}$$

$m, n \to \infty$ 일 때

$$Z = \frac{(\hat{p_1} - \hat{p_2}) - (p_1 - p_2)}{\sqrt{\frac{\hat{p_1}(1-\hat{p_1})}{m} + \frac{\hat{p_2}(1-\hat{p_2})}{n}}} \approx N(0,1)$$

이다. 이 사실을 이용하여 모비율의 차에 대한 신뢰구간과 가설검정을 할 수 있다.

정규분포를 이용하여 추정량의 100(1-α)% 오차한계를 구하면 다음과 같다.

$$z_{\alpha/2}\sqrt{\frac{\hat{p_1}(1-\hat{p_1})}{m} + \frac{\hat{p_2}(1-\hat{p_2})}{n}}$$

모비율의 차 $p_1 - p_2$의 100(1-α)% 신뢰구간은 다음과 같다.

$$\left((\hat{p_1} - \hat{p_2}) - z_{\alpha/2}\sqrt{\frac{\hat{p_1}(1-\hat{p_1})}{m} + \frac{\hat{p_2}(1-\hat{p_2})}{n}},\ (\hat{p_1} - \hat{p_2}) + z_{\alpha/2}\sqrt{\frac{\hat{p_1}(1-\hat{p_1})}{m} + \frac{\hat{p_2}(1-\hat{p_2})}{n}}\right)$$

모평비율의 차에 대한 가설검정에 대해서 알아보자. 먼저 모비율의 차에 대한 가설을 세운다. 모비율의 차에 대한 가설은 다음과 같이 세 가지를 생각 할 수 있다.

❶ $H_0 : p_1 = p_2$, $H_1 : p_1 > p_2$

❷ $H_0 : p_1 = p_2$, $H_1 : p_1 < p_2$

❸ $H_0 : p_1 = p_2$, $H_1 : p_1 \neq p_2$

유의수준 α를 정한다.

$$Z = \frac{(\hat{p_1} - \hat{p_2}) - (p_1 - p_2)}{\sqrt{\frac{\hat{p_1}(1-\hat{p_1})}{m} + \frac{\hat{p_2}(1-\hat{p_2})}{n}}}$$

귀무가설 $H_0 : p_1 = p_2$ 하에서 검정통계량은

$$Z = \frac{(\hat{p_1} - \hat{p_2}) - (p_1 - p_2)}{\sqrt{\frac{\hat{p_1}(1-\hat{p_1})}{m} + \frac{\hat{p_2}(1-\hat{p_2})}{n}}} = \frac{(\hat{p_1} - \hat{p_2})}{\sqrt{\frac{\hat{p}(1-\hat{p})}{m} + \frac{\hat{p}(1-\hat{p})}{n}}} = = \frac{(\hat{p_1} - \hat{p_2})}{\sqrt{\hat{p}(1-\hat{p})(\frac{1}{m} + \frac{1}{n})}}$$

이다. 여기서

$$\hat{p} = \frac{X + Y}{m + n}$$

검정통계량은 H_0하에서 근사적으로 표준정규분포를 따르기 때문에 표준정규분포표 혹은 통계패키지에서 제공되는 함수를 이용해서 p_값을 계산한다. p_값은 가설의 형태에 따라 다음 세 가지 방법으로 계산할 수 있다.

가설 $H_0: p_1 = p_2\ \ vs\ H_1: p_1 > p_2$에 대한 p_값$= P(Z > z_0)$, $H_0: p_1 = p_2\ \ vs\ H_1: p_1 < p_2$에 대한 p_값$= P(Z < z_0)$, 그리고 $H_0: p_1 = p_2\ \ vs\ H_1: p_1 \neq p_2$에 대한 p_값$= 2P(Z > |z_0|)$이다. 마지막으로 유의수준 α와 p_값을 비교하여 p_값 $\leq \alpha$이면 유의수준 α에서 귀무가설 H_0을 기각한다고 결론을 내린다. 이 문장은 관측된 자료로 부터 유의수준 α에서 모비율이 같다고 할 수 있는 충분한 근거를 찾을 수 없다. 즉 H_1을 만족할 만한 충분한 근거가 있다는 의미이다.

동전 두 개를 각각 80회 70회를 던져서 앞면이 40회, 30회가 나왔다.

$\hat{p_1} = \frac{40}{80} = 0.5$, $\hat{p_2} = \frac{30}{70} = 0.43$, $z_{0.025} = 1.96$이므로 $p_1 - p_2$에 대한 95% 신뢰구간은 다음과 같다.

$$\left((\hat{p_1} - \hat{p_2}) - z_{\alpha/2}\sqrt{\frac{\hat{p_1}(1-\hat{p_1})}{m} + \frac{\hat{p_2}(1-\hat{p_2})}{n}},\ (\hat{p_1} - \hat{p_2}) + z_{\alpha/2}\sqrt{\frac{\hat{p_1}(1-\hat{p_1})}{m} + \frac{\hat{p_2}(1-\hat{p_2})}{n}}\right)$$

= (-0.089, 0.229)

두 동전이 앞면이 일어날 확률이 같다고 할 수 있는지 유의수준 5%에서 검정을 해보자.

❶ $H_0: p_1 = p_2\ \ vs\ H_1: p_1 \neq p_2$

❷ 유의수준 5%

❸ 검정통계량

$\hat{p} = \frac{70}{150} = 0.467$이므로

$$z_0 = \frac{(\hat{p_1} - \hat{p_2})}{\sqrt{\hat{p}(1-\hat{p})(\frac{1}{m} + \frac{1}{n})}} = \frac{0.5 - 0.43}{\sqrt{0.467 \times 0.533(\frac{1}{80} + \frac{1}{70})}} = 0.857$$

❹ p_값 = 2p(Z $\geq$0.857)=0.39

❺ p_값이 유의수준 5%보다 크기 때문에 H_0를 유의수준 5%에서 수락한다. 즉 유의수준 5%에서 두 동전의 앞면이 나올 확률이 같다고 할 수 있는 근거가 있다.

R 프로그램

R에서 제공하는 prop.test()를 이용하였다. 카이제곱의 적합도 검정을 이용하였다.

```
set.seed(50)
m <- 80
```

```
n <- 70
px <- rbinom(m, 1, 0.5)
py <- rbinom(n, 1, 0.5)
sx <- sum(px)
sy <- sum(py)
prop.test(c(sx,sy),c(m,n),alternative="two.sided", conf.level=0.95, correct=FALSE)
##
##      2-sample test for equality of proportions without continuity correction
##
## data:  c(sx, sy) out of c(m, n)
## X-squared = 0.7653, df = 1, p-value = 0.3817
## alternative hypothesis: two.sided
## 95 percent confidence interval:
##  -0.08808339  0.23094053
## sample estimates:
##    prop 1    prop 2
## 0.5000000 0.4285714
```

PART 08

연습문제

1. 다음 물음에 답하여라.

❶ R을 이용해서 N(10, 4)로부터 크기가 40인 표본을 만들어라.

❷ ❶에서 추출한 표본을 이용하여 모평균 μ의 점추정량을 구하라.

❸ 추정치의 표준오차를 구하라.

❹ 95% 추정오차한계를 구하라.

❺ R을 이용해서 N(10, 4)로부터 크기가 40인 표본을 100개 만들어라.

❻ R을 이용해서 ❺번에서 만든 100개의 표본을 이용하여 모평균 μ에 대한 95% 신뢰구간을 구하라.

❼ ❻에서 구한 100개의 신뢰구간 중에서 모평균 4를 포함하는 구간은 몇 %인가?

2. 다음 자료를 이용하여 물음에 답하여라. (단, 정규모집단에서 추출한 표본이라고 가정한다.)

105.37	98.43	96.27	105.71	105.32	106.79	93.72	108.71	102.51	94.90
103.37	100.41	104.02	92.70	93.58	95.98	98.08	97.19	100.30	100.36

❶ Q_Q 그림을 작성해서 정규모집단에서 추출한 표본이라고 할 수 있는 지를 검토하라.

❷ Shapiro-Wilk 검정을 이용해서 정규성을 검정하라.

❸ 모평균 μ에 대한 95% 신뢰구간을 직접 계산하여라.

❹ R 프로그램을 이용하여 모평균 μ에 대한 95% 신뢰구간을 구하라.

❺ 가설 $H_0 : \mu = 100 \quad H_1 : \mu \neq 100$을 유의수준 5%로 검정하라.

❻ R 프로그램을 이용하여 가설 $H_0 : \mu = 100 \quad H_1 : \mu \neq 100$을 유의수준 5%로 검정하라.

3. 다음 자료를 이용하여 물음에 답하여라.(불량품=1, 양품=0)

0	1	0	0	0	0	0	1	1	0	0	1	0	1	1	0	0	0	0	1
0	0	0	0	1	0	0	0	0	0	0	0	0	1	0	0	0	1	0	0
0	0	0	0	0	0	0	0	1	1	0	0	0	1	0	0	0	1	0	0
0	1	0	0	1	0	1	1	0	1	0	0	1	0	0	0	1	0	0	1
1	0	0	1	0	0	0	0	1	0	0	1	0	0	0	0	1	0	0	0

❶ 불량률 p의 점추정치를 계산하라.

❷ 추정치의 표준오차를 구하라.

❸ 불량률 p에 대한 95% 신뢰구간을 구하라.

❹ 불량률이 0.3이라고 할 수 있는지 가설을 세우고, 유의수준 5% 검정하여라.

❺ R을 이용하여 불량률 p에 대한 신뢰구간과 가설검정을 해보라.

4. 어떤 공장에서 두 개의 생산라인 I과 II에서 제품을 생산하고 있다. 두 생산 라인에서 생산 되는 제품의 무게가 같은지를 조사하기 위해서 생산라인 I에서 20개, 생산라인 II에서 25개를 임의 추출하여 무게를 측정한 결과가 다음과 같다. (단, 각 생산라인에서 생산되는 제품의 무게는 평균이 μ_x, μ_y이다. 그리고 분산은 모르지만 $\sigma_x^2 = \sigma_y^2 = \sigma^2$인 정규분포를 따른다고 한다.)

생산라인 I	19.5	21.7	18.9	19.4	17.3	17.1	18	17.6	16.9	18.4
	17.4	20.3	20.5	19.4	21.6	22	20.8	19.2	20.9	21.1
생산라인 II	20.1	14.7	23.2	16	19.3	20.2	17	17.2	20.6	18.6
	19.8	21.6	21	20.9	18.8	16.8	20.8	18.7	17.5	18.4
	18.5	19.4	20.9	21.6	20.4					

❶ ggplot2를 이용하여 각 생산라인에서 생산된 제품의 무게에 대한 상자그림을 그리고 비교 설명하라.

❷ R을 이용해서 두 그룹의 분산이 동일한지 검정하라.

❸ 두 생산라인에서 생산된 제품 무게의 평균 차에 대한 95% 신뢰구간을 구하라.

❹ 두 생산라인에서 생산된 제품 무게의 평균이 차이가 있다고 할 수 있는지 유의수준 5%로 검정하라.

❺ R을 이용하여 평균차이에 대한 신뢰구간과 가설검정을 해보라.

5. 어떤 건강식품이 체중 감량에 효과가 있는지 여부를 검토하기 위해서 10명을 대상으로 식품 복용전과 복용후의 몸무게를 조사한 것이다.(단, 체중의 분포는 정규분포를 따른다.)

번호	1	2	3	4	5	6	7	8	9	10
복용 전	68	58	67	59	69	74	74	73	57	63
복용 후	62	55	64	59	66	71	70	72	58	61

❶ 복용 전과 복용 후의 평균 체중의 차이에 대한 95% 신뢰구간을 구하라.

❷ 건강식품이 체중 감량에 효과가 있는지를 검정하기 위해서 가설을 세우고, 유의수준 5%에서 검정하라.

❸ ❶과 ❷를 R을 이용해서 풀어보아라.

6. 생산 라인 I에서 만든 400개의 제품 중에 5개가 불량이고, 생산라인 II에서 만든 600개 제품 중에 10개가 불량이다.

❶ 두 생산라인의 불량률 차이에 대한 95% 신뢰구간을 구하라.

❷ 두 생산라인의 불량률이 차이가 난다고 할 수 있는지 유의수준 5%로 검정하라.

❸ ❶과 ❷를 R을 이용해서 풀어보라.

PART 09

분산분석

PART 09

분산분석

9.1. 일원배치법

제8장에서 설명한 방법은 단일 표본과 이표본에서 평균과 관련된 통계적 분석법을 알아보았다. 그러나 셋 이상의 표본을 이용해서 이들이 추출된 셋 이상의 모집단 간의 평균 비교를 생각 수 있다. 이러한 문제를 해결할 수 있는 통계적 분석방법이 분산분석 방법이다. 분산분석법은 계획된 실험을 통해서 관측된 자료들의 변동을 분해해서 관측값에 영향을 가장 많이 주는 요인을 찾아내는 방법이다. 실험에서 관측값에 영향을 주는 속성을 요인이라 한다. 그리고 요인의 여러 가지 조건을 요인의 수준 또는 처리라고 한다. 요인 수에 따라 일원배치법, 이원배치법 등으로 분류된다. 자료를 수집하기 위한 실험계획 방법에는 여러 가지 방법이 있다. 실험계획에서 가장 기본적인 원칙은 확률화의 원칙이다. 일원배치법은 요인 수가 한 개인 경우이다. 여기서는 일원배치법에 대해서 알아보자. 일원배치법에서 i_번째 수준에서 j_번째 관측값 Y_{ij}는 다음과 같이 표현할 수 있다.

$$Y_{ij}=\mu_i+\epsilon_{ij}=\mu+(\mu_i-\mu)+\epsilon_{ij}=\mu+\alpha_i+\epsilon_{ij},\ i=1,2,\ \cdots,k,\ j=1,2,\cdots,n_i$$

여기서 ϵ_{ij}는 i_번째 수준에서 j_번째 관측값의 오차항으로 $\epsilon_{ij}\sim iid\,N(0,1)$, μ는 전체평균, α_i는 i_번째 수준의 효과를 나타낸다. 요인의 수준이 k이고 각 수준에서 실험의 반복수가 n_i인 일원분산분석의 자료구조는 [표]와 같다.

여기서 $Y_{\cdot\cdot}=\sum_{i=1}^{k}\sum_{j=1}^{n_i}Y_{ij}$, $\overline{Y}_{\cdot\cdot}=\sum_{i=1}^{k}\sum_{j=1}^{n_i}Y_{ij}/n$, $n=\sum_{i=1}^{k}n_i$, $Y_{i\cdot}=\sum_{j=1}^{n_i}Y_{ij}$ $\overline{Y_{i\cdot}}=\sum_{j=1}^{n_i}Y_{ij}/n_i$이다.

요인수준	1	2	3			$\cdots$				k	
관측값	Y_{11}	Y_{21}	Y_{31}			$\cdots$				Y_{k1}	
	Y_{12}	Y_{22}	Y_{32}			$\cdots$				Y_{k2}	
						$\vdots$					
	Y_{1n_1}	Y_{2n_2}	Y_{3n_3}			$\cdots$				Y_{kn_k}	
합	$Y_{1\cdot}$	$Y_{2\cdot}$	$Y_{3\cdot}$			$\cdots$				$Y_{k\cdot}$	$Y_{\cdot\cdot}$
평균	$\overline{Y_{1\cdot}}$	$\overline{Y_{2\cdot}}$	$\overline{Y_{3\cdot}}$			$\cdots$				$\overline{Y_{k\cdot}}$	$\overline{Y_{\cdot\cdot}}$

다음과 같이 총 변동을 요인의 수준내에서의 변동과 수준 간의 변동으로 분해해서 요인이 관측 값에 미치는 영향을 조사한다.

$$\sum_{i=1}^{k}\sum_{j=1}^{n_i}(Y_{ij}-\overline{Y_{\cdot\cdot}})^2=\sum_{i=1}^{k}n_i(\overline{Y_{i\cdot}}-\overline{Y_{\cdot\cdot}})^2+\sum_{i=1}^{k}\sum_{j=1}^{n_i}(Y_{ij}-\overline{Y_{i\cdot}})^2$$

여기서

$$\text{총변동(전체제곱합:TSS)} = \sum_{i=1}^{k}\sum_{j=1}^{n_i}(Y_{ij}-\overline{Y_{\cdot\cdot}})^2$$

$$\text{요인수준내의 변동(잔차제곱합:SSE)} = \sum_{i=1}^{k}\sum_{j=1}^{n_i}(Y_{ij}-\overline{Y_{i\cdot}})^2$$

$$\text{요인수준간의 변동(처리제곱합:SST)} = \sum_{i=1}^{k}n_i(\overline{Y_{i\cdot}}-\overline{Y_{\cdot\cdot}})^2$$

위 계산결과 들을 표로 요약하면 다음과 같다. 이를 분산분석표라고 한다.

요인	제곱합	자유도	평균제곱($\frac{SS}{df}$)	F값	p값
처리	SST	$k-1$	MST=$\frac{SST}{k-1}$	$f_0=$ MST/MSE	$P(F\geq f_0)$
오차	SSE	$n-k$	MSE=$\frac{SSE}{n-k}$		
계	TSS	$n-1$			

각 요인의 수준의 효과에 대한 가설검정

$$H_0 : \mu_1=\mu_2=\cdots=\mu_k \quad vs \quad H_1 : H_0\text{가 아님.}$$

$$\text{혹은 } H_0 : \alpha_1=\alpha_2=\cdots=\alpha_k=0 \quad vs \quad H_1 : H_0\text{가 아님.}$$

유의수준 α를 정한다. 관측된 자료를 이용해서 검정통계량 f_0를 계산하다.

$$f_0 = \frac{MST}{MSE}\ (H_0 : \text{참일 때})$$

검정통계량은 H_0하에서 $F(n-k, n-1)$을 따르기 때문에 F_분포표 혹은 통계패키지에서 제공되는 함수를 이용해서 p_값을 계산한다. 마지막으로 유의수준 α와 p_값을 비교하여 p_값 $\leq \alpha$이면 유의수준 α에서 귀무가설 H_0을 기각한다고 결론을 내린다. 이 문장은 관측된 자료로 부터 유의수준 α에서 모평균이 같다고 할 수 있는 충분한 근거를 찾을 수 없다. 즉 유의수준 α에서 요인의 효과가 있다고 할 수 있는 충분한 근거가 있다는 의미이다. 검정결과가 요인의 수준들 간에 평균의 차이가 있다는 결론을 얻게 되면, 어떤 요인의 수준이 가장 효과가 크고, 어떤 요인의 수준들 간에 평균차가 있는지를 분석하기 위해서 다중비교분석 방법을 이용할 수 있다. LSD 방법과 Tukey의 HSD 방법 등을 이용하여 다중비교분석을 할 수 있다.

다음 자료는 N(4,16), N(8,16), N(5,16), 그리고 N(15,16)으로부터 각각 크기가 10개, 15개, 14개 그리고 16개인 표본을 만들었다. 이 자료를 이용하여 일원분산 분석을 해보자.

요인수준(처리)	a_1	a_2	a_3	a_4
관측값	2.22	4.07	7.41	9.61
	-0.82	5.78	-2.14	12.93
	4.16	8.49	6.34	20.65
	6.56	7.52	7.24	15.74
	0.85	2.66	9.88	14.83
	2.46	8.68	4.15	14.14
	2.1	8.62	7.8	20.86
	6.88	8.1	2.17	15.92
	3.93	-0.19	3.14	15.43
	-1.49	8.85	-2.06	9.49
		18.68	5.76	11.13
		3.09	3.54	16.01
		11.34	9.23	10.62
		10.13	2.03	16.59
		5.41		11.01
				15.4

먼저 자료를 탐색해보기 위해서 각 요인 수준에 대한 상자그림을 작성하였다. 아래 그림에서 ■으로 표시된 것이 각 수준의 자료에 대한 평균이다. a4 수준의 평균은 나머지 a1,a2,a3 수준의 평균과 차이가 있는 것이 확실하게 나타나 있다. a2와 a3, a1과 a3 평균이 별 차이가 없어 보인다.

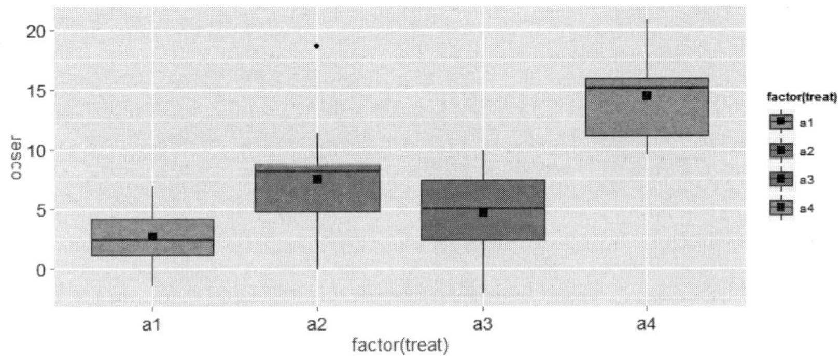

Q_Q 그림과 Shapiro_Wilk 검정을 통해서 정규성을 검정한 결과 정규성을 만족한다. Bartlett test를 이용하여 등분산성을 검정하였다.

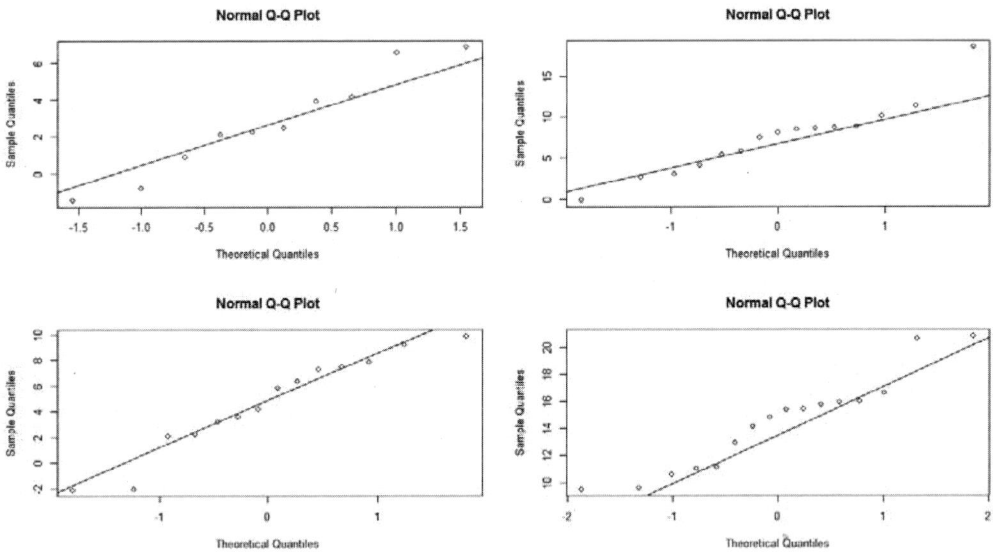

결과는 등분산성이 성립하는 것을 볼 수 있다. 정규성 검정과 등분산성 검정을 통해서 일원분산분석의 기본적인 가정이 성립한다는 것을 확인하였다.

각 수준의 평균이 차이가 있는지 유의수준 5%에서 검정을 해보자.

❶ 가설

$H_0 : \mu_1 = \mu_2 = \mu_3 = \mu_k \quad vs \quad H_1 : H_0$가 아님.

❷ 유의수준 5%

oneway.test()의 실행 결과를 보면

❸ 검정통계량 F=26.47

❹ p_값=0.000

❺ P_값 < 0.05이므로 유의수준 5%에서 H_0를 기각한다. 즉 유의수준 5%에서 각 수준의 평균은 차이가 있다고 할 수 있는 근거가 있다.

anova(), aov()의 실행 결과로부터

총변동(TSS) $= \sum_{i=1}^{k}\sum_{j=1}^{n_i}(Y_{ij} - \overline{Y}..)^2 = 1811$,

처리제곱합(SST) $= \sum_{i=1}^{k} n_i(\overline{Y_{i\cdot}} - \overline{Y}..)^2 = 1103$,

잔차제곱합(SSE) $= \sum_{i=1}^{k}\sum_{j=1}^{n_i}(Y_{ij} - \overline{Y_{i\cdot}})^2 = 708$

처리제곱합의 자유도 = 3

잔차제곱합의 자유도 = 51

MST = $\frac{1103}{3} = 368$

MSE = $\frac{708}{51} = 14$

$f_0 = \frac{368}{14} = 26.28$

위 결과를 요약하면 다음과 같은 분산분석표를 얻을 수 있다.

요인	제곱합	자유도	평균제곱($\frac{SS}{df}$)	F값	p값
처리	1,103	3	368	26.28	0.000
오차	708	51	14		
계	1,811	54			

P_값 < 0.05이므로 유의수준 5%에서 H_0를 기각한다. 즉 유의수준 5%에서 각 수준의 평균은 차이가 있다고 할 수 있는 근거가 있다. 수준 간 모평균차이가 있기 때문에

각 수준 사이의 평균차이를 검토하기 위해서 LSD 방법과 TukeyHSD 방법을 적용하였다. TukeyHSD의 실행 결과를 보면 상자그림에서도 보았듯이 a4-a1의 차이가 가장 크고, a3-a1의 차이가 가장 작은 것을 볼 수 있다. a4-a1의 모평균 차이는 11.712 95% 신뢰구간은 (7.72, 15.7)이다. a3-a1, a3-a2의 p_값의 유의수준 0.05보다 크기 때문에 유의수준 5%에서 a3-a1, a3-a2의 모평균의 차이가 없다고 할 수 있는 근거가 있다. 이러한 결과는 상자그림을 통해서 파악 할 수 있었던 정보들이다. 각 수준의 평균차이에 대한 신뢰구간을 좀 더 시각적으로 나타내기 위해서 plot()함수를 이용해서 그림으로 나타내었다. a3-a1, a3-a2의 신뢰구간은 0을 포함한다는 사실을 볼 수 있다. 이것은 모평균의 차이가 없다는 의미이다. pairwise.t.test()함수를 이용하여 LSD를 이용한 다중비교를 할 수 있다. 결과를 보면 a3-a1 차이에 대한 p_값=0.2187 〉0.05이므로 유의수준 5%에서 차이가 유의하지 않다. a3-a2 차이에 대한 p_값=0.0478 〈 0.05이므로 유의수준 5%에서 차이가 유의하다. 하지만 p_값이 0.05에 아주 가까운 값이기 때문에 기각의 정도는 아주 미약하다.

R 프로그램

```
set.seed(1000)
a1 <- round(rnorm(10, 4, 4), digits = 2)
da1 <- data.frame(obser = a1)
da1$treat <- rep("a1", 10)
a2 <- round(rnorm(15, 8, 4), digits = 2)
da2 <- data.frame(obser = a2)
da2$treat <- rep("a2", 15)
a3 <- round(rnorm(14, 5, 4), digits = 2)
da3 <- data.frame(obser = a3)
da3$treat <- rep("a3", 14)
a4 <- round(rnorm(16, 15, 4), digits = 2)
da4 <- data.frame(obser = a4)
da4$treat <- rep("a4", 16)
da <- rbind(da1, da2, da3, da4)
head(da, n = 10)
##      obser    treat
## 1    2.22      a1
## 2   -0.82      a1
```

```
## 3   4.16     a1
## 4   6.56     a1
## 5   0.85     a1
## 6   2.46     a1
## 7   2.10     a1
## 8   6.88     a1
## 9   3.93     a1
## 10 -1.49     a1
ggplot(da, aes(x = factor(treat), y = obser, fill = factor(treat))) +
   geom_boxplot() +
   stat_summary(fun.y = "mean", geom = "point", shape = 15, size = 3) +
  theme(axis.title = element_text(size = 15,colour = "red"),
       axis.text = element_text(size = rel(1.2), colour = "blue"))
```

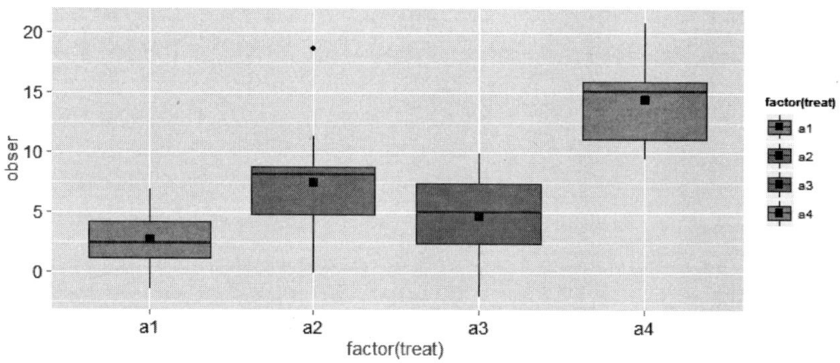


```
bartlett.test(obser ~ factor(treat), data = da)                    # 등분산 검정
##  Bartlett test of homogeneity of variances
## data:  obser by factor(treat)
## Bartlett's K-squared = 2.248, df = 3, p-value = 0.5226
par(mfrow=c(2,2))                                                  # 정규성 검정
qqnorm(a1)
qqline(a1)
qqnorm(a2)
qqline(a2)
qqnorm(a3)
qqline(a3)
qqnorm(a4)
qqline(a4)
```

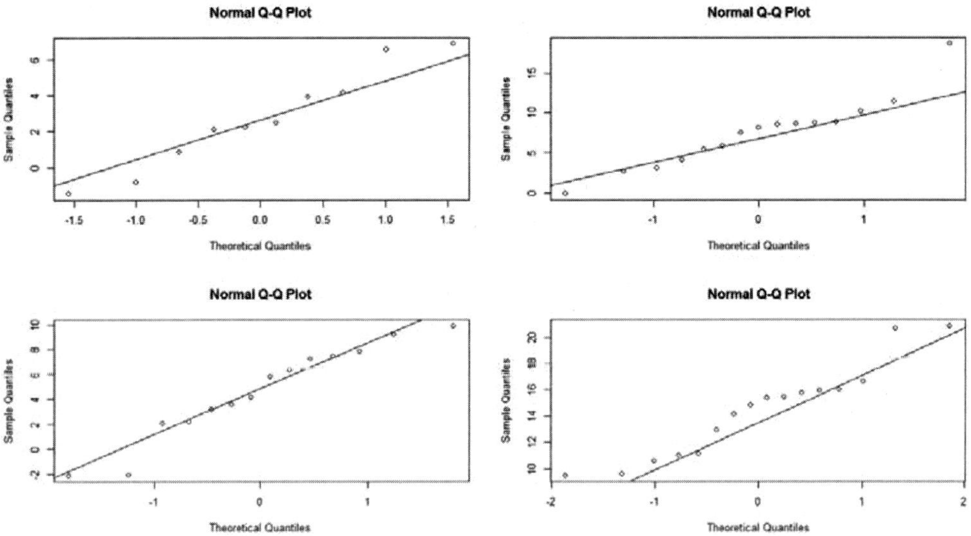


```
shapiro.test(a1)
##
## 	Shapiro-Wilk normality test
##
## data:  a1
## W = 0.954, p-value = 0.7156
shapiro.test(a2)
##
## 	Shapiro-Wilk normality test
##
## data:  a2
## W = 0.9334, p-value = 0.3062
shapiro.test(a3)
##
## 	Shapiro-Wilk normality test
##
## data:  a3
## W = 0.9403, p-value = 0.4221
shapiro.test(a4)
##
## 	Shapiro-Wilk normality test
##
## data:  a4
## W = 0.926, p-value = 0.2105
```

```
oneway.test(obser ~ treat, var.equal = TRUE, data = da)     # 일원분산분석
##
##  One-way analysis of means
##
## data:  obser and treat
## F = 26.47, num df = 3, denom df = 51, p-value = 1.831e-10
anova(lm(da$obser ~ da$treat))                              # 일원분산분석 분산분석표 출력
## Analysis of Variance Table
##
## Response: da$obser
##           Df Sum Sq Mean Sq F value  Pr(>F)
## da$treat   3   1103     368    26.5 1.8e-10 ***
## Residuals 51    708      14
## ---
## Signif. codes:  0 '***' 0.001 '**' 0.01 '*' 0.05 '.' 0.1 ' ' 1
rs <- aov(obser ~ treat, data = da)                         # 일원분산분석 분산분석표 출력
summary(rs)
##             Df Sum Sq Mean Sq F value  Pr(>F)
## treat        3   1103     368    26.5 1.8e-10 ***
## Residuals   51    708      14
## ---
## Signif. codes:  0 '***' 0.001 '**' 0.01 '*' 0.05 '.' 0.1 ' ' 1
tu <- TukeyHSD(rs, "treat")                                 # TukeyHSD를 이용한 다중비교
tu
##   Tukey multiple comparisons of means
##     95% family-wise confidence level
##
## Fit: aov(formula = obser ~ treat, data = da)
##
## $treat
##         diff     lwr     upr  p adj
## a2-a1  4.730  0.6897  8.7710 0.0157
## a3-a1  1.921 -2.1765  6.0194 0.6014
## a4-a1 11.712  7.7227 15.7023 0.0000
## a3-a2 -2.809 -6.4869  0.8691 0.1912
## a4-a2  6.982  3.4250 10.5393 0.0000
## a4-a3  9.791  6.1689 13.4132 0.0000
plot(TukeyHSD(rs, "treat"))                                 # 평균들 차이를 그림으로 나타내기
```

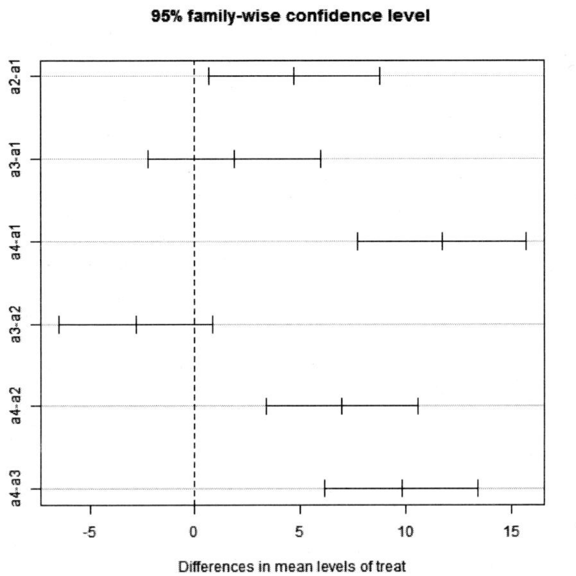


```
pa <- pairwise.t.test(da$obser, da$treat, p.adjust = "none", pool.sd = TRUE)
                                                         #LSD 방법을 이용한 다중비교
pa
##
##  Pairwise comparisons using t tests with pooled SD
##
## data:  da$obser and da$treat
##
##    a1      a2      a3
## a2 0.0031  -       -
## a3 0.2187  0.0478  -
## a4 3.0e-10 3.4e-06 2.8e-09
##
## P value adjustment method: none
```

R 프로그램

plot()함수를 이용하면 분산분석모형을 검토 할 수 있는 잔차그림, Q_Q 그림, 표준화 잔차그림, 요인수준과 표준화 잔차의 그래프를 나타 낼 수 있다.

```
par(mfrow=c(2,2))
plot(rs)
```

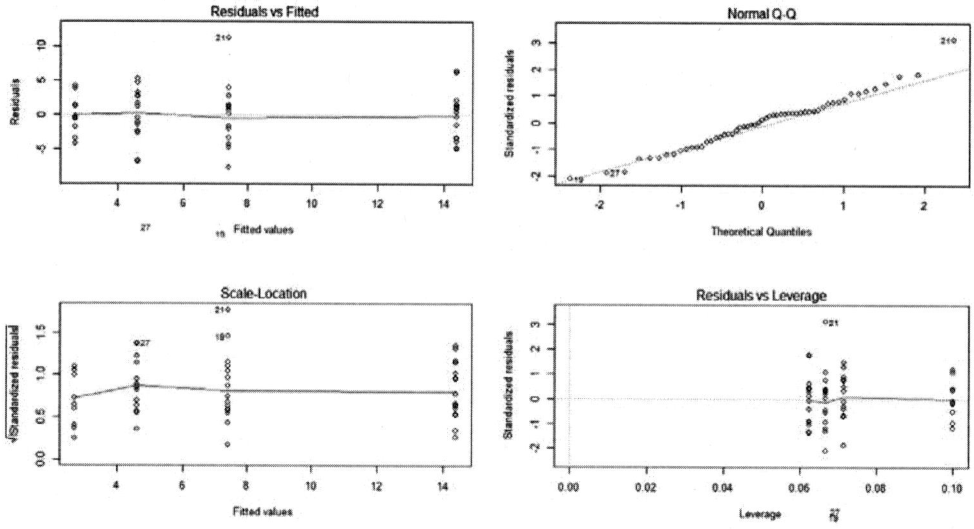

9.2. 이원배치법

이원배치법은 요인 수가 두 개인 경우이다. 각 요인 수준에서 반복수가 n인 경우 이원배치법에서 i_번째 수준과 j_번째 수준에서 k_번째 관측값 Y_{ijk}는 다음과 같이 표현할 수 있다.

$$Y_{ijk} = \mu + \alpha_i + \beta_j + (\alpha\beta)_{ij} + \epsilon_{ijk},\ i = 1,2,\ \cdots,c,\ j = 1,2,\cdots,r,\ k = 1,2,\ \cdots,n$$

여기서 ϵ_{ijk}는 오차항으로 $\epsilon_{ijk} \sim iid\,N(0,1)$, μ는 전체평균, α_i는 요인 A의 i_번째 수준의 효과, β_j는 요인 B의 j_번째 수준의 효과, $(\alpha\beta)_{ij}$는 A와 B의 상호작용를 나타낸다. 여기서

$$\sum_{i=1}^{c}\alpha_i = 0,\ \sum_{j=1}^{r}\beta_j = 0, \sum_{i=1}^{c}(\alpha\beta)_{ij} = \sum_{j=1}^{r}(\alpha\beta)_{ij} = 0$$

이원배치법의 자료구조는 다음 표와 같다.

요인 A\ 요인 B	1	2	3	…	j	…	r
1	Y_{111}	Y_{121}	Y_{131}		Y_{1j1}		Y_{1r1}
	Y_{112}	Y_{122}	Y_{132}		Y_{1j2}		Y_{1r2}
	⋮	⋮	⋮		⋮		⋮
	Y_{11n}	Y_{12n}	Y_{13n}		Y_{1jn}		Y_{1rn}
⋮	⋮	⋮	⋮		⋮		⋮
i	Y_{i11}	Y_{i21}	Y_{i31}		Y_{ij1}		Y_{ir1}
	Y_{i12}	Y_{i22}	Y_{i32}		Y_{ij2}		Y_{ik2}
	⋮	⋮	⋮		⋮		⋮
	Y_{i1n}	Y_{i2n}	Y_{i3n}		Y_{ijn}		Y_{irn}
⋮	⋮	⋮	⋮		⋮		⋮
c	Y_{c11}	Y_{c21}	Y_{c31}		Y_{cj1}		Y_{cr1}
	Y_{c12}	Y_{c22}	Y_{c32}		Y_{cj2}		Y_{cr2}
	⋮	⋮	⋮		⋮		⋮
	Y_{c1n}	Y_{c2n}	Y_{c3n}		Y_{cjn}		Y_{crn}

다음과 같이 총변동을 요인 A의 변동, 요인 B의 변동, 상호작용 AB의 변동 그리고 오차의 변동으로 분해한다.

$$\text{TSS} = \text{SSA} + \text{SSA} + \text{SSAB} + \text{SSE}$$

여기서

TSS : 자유도 crn-1을 가지는 총제곱합, SSA : 자유도 c-1인 A 요인의 주효과를 나타내는 요인 A의 제곱합, SSB : 자유도 r-1인 B 요인의 주효과를 나타내는 요인 B의 제곱합, SSAB : 자유도 (c-1)(r-1)인 요인 A와 요인 B의 상호작용 효과를 나타내는 A와 B의 상호작용의 제곱합, 그리고 SSE : 자유도 cr(n-1)인 오차의 제곱합이다. 이러한 제곱합은 다음과 같이 계산할 수 있다.

$$\text{TSS} = \sum_{i=1}^{c}\sum_{j=1}^{r}\sum_{k=1}^{n} Y_{ijk}^2 - CT, \quad \text{여기서 } CT = \frac{Y^2_{\cdots}}{crn}, \quad Y_{\cdots} = \sum_{i=1}^{c}\sum_{j=1}^{r}\sum_{k=1}^{n} Y_{ijk}$$

$$\text{SSA} = \sum_{i=1}^{c} \frac{Y_{i\cdot\cdot}^2}{rn} - CT, \quad \text{여기서 } Y_{i\cdot\cdot} = \sum_{j=1}^{r}\sum_{k=1}^{n} Y_{ijk}$$

$$\text{SSB} = \sum_{j=1}^{r} \frac{Y_{\cdot j\cdot}^2}{cn} - CT, \quad \text{여기서 } Y_{\cdot j\cdot} = \sum_{i=1}^{c}\sum_{k=1}^{n} Y_{ijk}$$

$$\text{SSAB}=\sum_{i=1}^{c}\sum_{j=1}^{r}\frac{Y_{ij\cdot}^2}{n}-\text{SSA}-\text{SSB}-CT,\quad \text{여기서}\quad Y_{ij\cdot}=\sum_{k=1}^{n}Y_{ijk}$$

SSE=TSS-SSA-SSB-SSAB

위 계산결과 들을 표로 요약하면 다음과 같다. 이를 분산분석표라고 한다.

요인	제곱합	자유도	평균제곱($\frac{SS}{df}$)	F값	p값
요인 A	SSA	$c-1$	MSA=$\frac{SSA}{c-1}$	$f_0=\frac{MSA}{MSE}$	$P(F\geq f_0)$
요인 B	SSB	$r-1$	MSB=$\frac{SSB}{r-1}$	$f_0=\frac{MSB}{MSE}$	$P(F\geq f_0)$
상호작용(A*B)	SSAB	$(c-1)(r-1)$	MSAB=$\frac{SSAB}{(c-1)(r-1)}$	$f_0=\frac{MSB}{MSE}$	$P(F\geq f_0)$
오차	SSE	$cr(n-1)$	MSE=$\frac{SSE}{cr(n-1)}$	$f_0=\frac{MSAB}{MSE}$	$P(F\geq f_0)$
계	TSS	$cr(n-1)$			

요인 A의 주효과에 대한 가설검정

$$H_0 : \alpha_1=\alpha_2=\cdots=\alpha_c=0 \quad vs \quad H_1 : H_0\text{가 아님.}$$

유의수준 α를 정한다. 관측된 자료를 이용해서 검정통계량 f_0를 계산하다.

$$f_0=\frac{MSA}{MSE}$$

검정통계량은 H_0하에서 $F(c-1,cr(n-1))$을 따르기 때문에 F_분포표 혹은 통계패키지에서 제공되는 함수를 이용해서 p_값을 계산한다. 마지막으로 유의수준 α와 p_값을 비교하여 p_값 $\leq\alpha$이면 유의수준 α에서 귀무가설 H_0을 기각한다고 결론을 내린다. 이 문장은 관측된 자료로 부터 유의수준 α에서 모평균이 같다고 할 수 있는 충분한 근거를 찾을 수 없다. 즉 유의수준 α에서 요인 A의 효과가 있다고 할 수 있는 충분한 근거가 있다는 의미이다. 검정결과가 요인의 수준들 간에 평균의 차이가 있다는 결론을 얻게 되면, 어떤 요인의 수준이 가장 효과가 크고, 어떤 요인의 수준들 간에 평균 차가 있는지를 분석하기 위해서 다중비교분석 방법을 이용할 수 있다. LSD 방법과 Tukey의 HSD 방법 등을 이용하여 다중비교분석을 할 수 있다.

요인 B의 주효과에 대한 가설검정

$$H_0 : \beta_1=\beta_2=\cdots=\beta_r=0 \quad vs \quad H_1 : H_0\text{가 아님.}$$

유의수준 α를 정한다. 관측된 자료를 이용해서 검정통계량 f_0를 계산하다.

$$f_0 = \frac{MSB}{MSE}$$

검정통계량은 H_0하에서 $F(r-1, cr(n-1))$을 따르기 때문에 F_분포표 혹은 통계패키지에서 제공되는 함수를 이용해서 p_값을 계산한다. 마지막으로 유의수준 α와 p_값을 비교하여 p_값 $\le \alpha$이면 유의수준 α에서 귀무가설 H_0을 기각한다고 결론을 내린다. 이 문장은 관측된 자료로 부터 유의수준 α에서 모평균이 같다고 할 수 있는 충분한 근거를 찾을 수 없다. 즉 유의수준 α에서 요인 B의 효과가 있다고 할 수 있는 충분한 근거가 있다는 의미이다. 검정결과가 요인의 수준들 간에 평균의 차이가 있다는 결론을 얻게 되면, 어떤 요인의 수준이 가장 효과가 크고, 어떤 요인의 수준들 간에 평균 차가 있는지를 분석하기 위해서 다중비교분석 방법을 이용할 수 있다. LSD 방법과 Tukey의 HSD 방법 등을 이용하여 다중비교분석을 할 수 있다.

요인 A와 B의 상호작용 효과에 대한 가설검정

$$H_0 : (\alpha\beta)_{11} = (\alpha\beta)_{12} = \cdots = (\alpha\beta)_{cr} = 0 \quad vs \quad H_1 : H_0\text{가 아님.}$$

유의수준 α를 정한다. 관측된 자료를 이용해서 검정통계량 f_0를 계산하다.

$$f_0 = \frac{MSAB}{MSE}$$

검정통계량은 H_0하에서 $F((c-1)(r-1), cr(n-1))$을 따르기 때문에 F_분포표 혹은 통계패키지에서 제공되는 함수를 이용해서 p_값을 계산한다. 마지막으로 유의수준 α와 p_값을 비교하여 p_값 $\le \alpha$이면 유의수준 α에서 귀무가설 H_0을 기각한다고 결론을 내린다. 이 문장은 관측된 자료로 부터 유의수준 α에서 요인 A와 B의 상호작용 효과가 있다고 할 수 있는 충분한 근거가 있다는 의미이다. 어떤 요인의 수준이 가장 효과가 크고, 어떤 요인의 수준들 간에 평균 차가 있는지를 분석하기 위해서 다중비교분석 방법을 이용할 수 있다. LSD 방법과 Tukey의 HSD 방법 등을 이용하여 다중비교분석을 할 수 있다.

화학공정에서 중요한 요인은 첨가제 종류와 온도이다. 이 두 가지 요인의 각 수준에서 2회 반복실험을 랜덤으로 실시한 결과 다음과 같은 관측값을 얻었다. 요인의 효과에 대해서 분석을 해보자.

Add\Temp	T1	T2	T3	T4
A1	89	85	69	75
	82	77	75	70
A2	82	76	74	72
	84	63	79	68
A3	61	58	64	61
	64	57	69	63
A4	68	56	61	55
	71	65	59	51

먼저 첨가제(Add) 양의 변화에 따른 관측값의 변화를 탐색하기 위해서 첨가제 양의 변화에 따른 관측값의 상자그림을 작성하였다. 첨가제가 A1, A2, A3, A4로 변하면 전반적으로 관측값이 감소하고 있다는 것을 볼 수 있다. 전반적으로 첨가제가 관측값에 영향을 미친다는 것을 파악할 수 있다. A1-A2 수준 사이에는 관측값이 별 차이가 없고 또한 A3-A4 수준 사이에도 관측값이 별 차이가 없는 것을 볼 수 있다. 나머지 다른 수준들 간에는 관측값이 차이를 나타내고 있다. A3 수준에서 분산이 다른 수준에 비해서 작지만 각 수준의 분산은 거의 비슷하다.

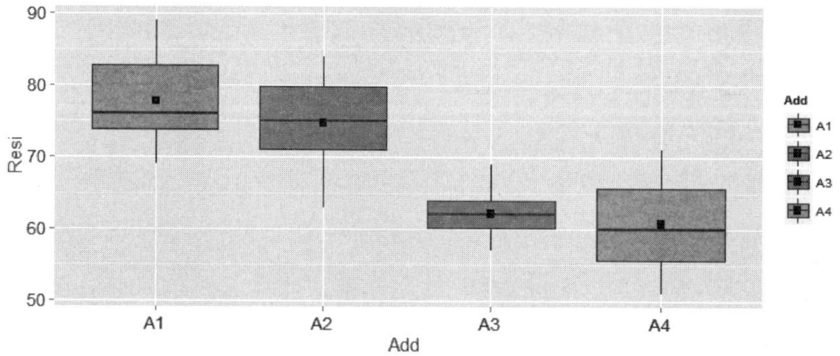

온도(Temp) 변화에 따른 관측값의 변화를 탐색하기 위해서 온도 변화에 따른 관측값의 상자그림을 작성하였다. 온도가 T1에서 T2로 변하면 관측값의 평균이 감소하고, T2에서 T3로 변하면 관측값의 평균이 약간 증가하고, T3에서 T4로 변하면 관측값의 평균이 약간 감소하고 있다는 것을 볼 수 있다. 전반적으로 온도도 관측값에 영향을 미친다는 것을 파악할 수 있다. T1-T2, T1-T3, T1-T4 수준 사이에는 관측값이 차이를 나타내고 있다. 각 수준의 분산은 거의 비슷하다.

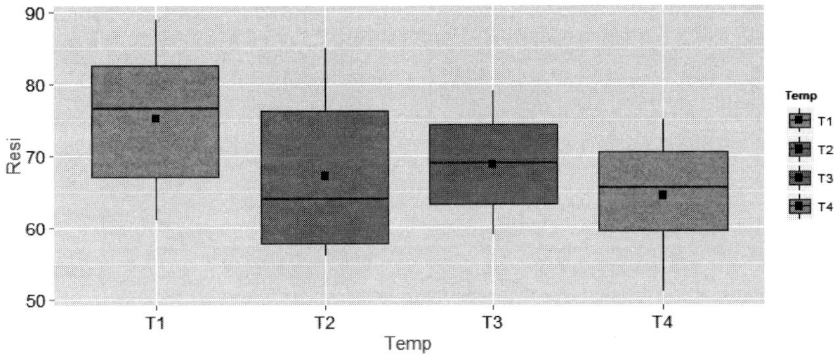

첨가제와 온도(Temp)의 상호작용효과를 탐색하기 위해서 첨가제와 온도의 변화에 따른 관측값의 상자그림을 작성하였다. 온도가 T1에서 첨가제가 A1, A2, A3로 변할 때 관측값이 감소 하다가 A4에서 증가하고, T2에서도 첨가제가 A1, A2, A3로 변할 때 관측값이 감소 하다가 A4에서 증가한다. T3에서 첨가제가 A1, A2로 변할 때 관측값이 증가 하다가 A2, A3, A4로 변할 때 감소한다. T4에서 A1, A2, A3, A4로 변할 때 관측값이 감소하고 있다는 것을 볼 수 있다. A1:T1-A3:T1, A1:T2-A3:T2 등 여러 수준에서 평균 차이가 있다. 전반적으로 크지는 않지만 상호작용효과가 있다.

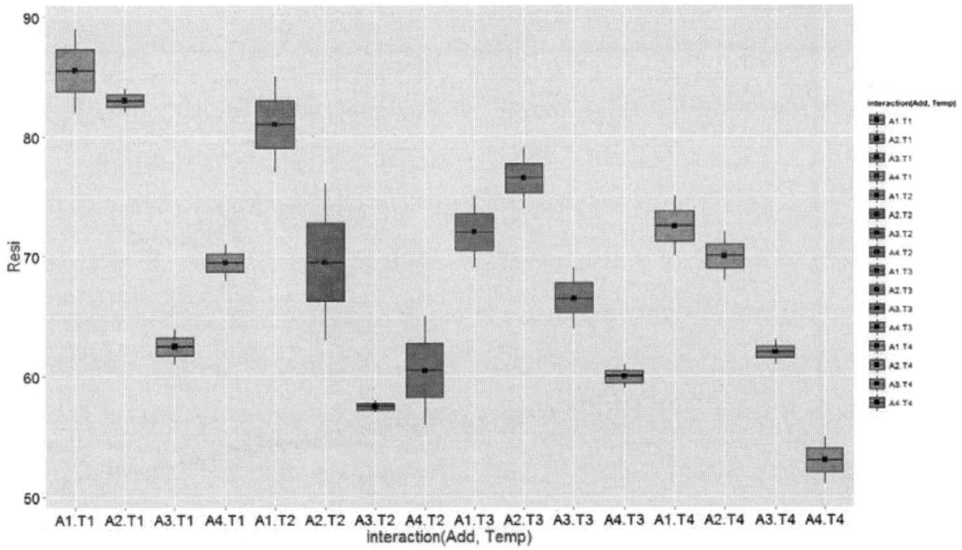

첨가제와 온도(Temp)의 상호작용효과를 탐색하기 위해서 상호작용그림을 작성하였다. 4 개의 선이 서로 평행하면 상호작용 효과가 없다고 판단한다. 한편 4개의 선이 서로 엇갈려 있으면 상호작용이 있다고 판단한다. 아래 그림에서 직선들이 엇갈려 있는 선이 있으므로 크지는 않지만 상호작용 효과가 있는 것으로 판단할 수 있다.

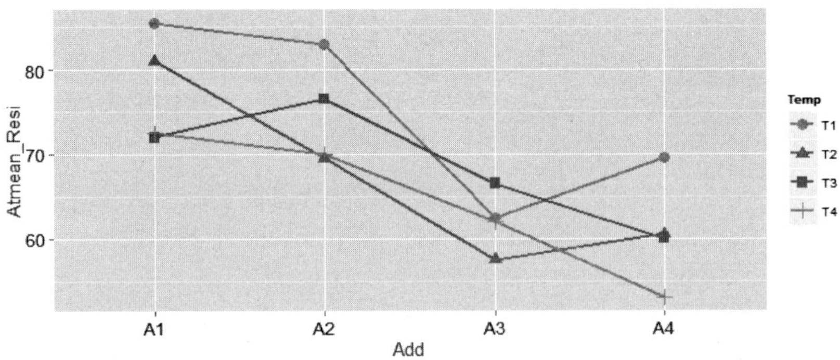

이러한 사전 정보를 가지고 이원배치법을 실시해보자. aov() 혹은 anova 실행결과를 이용하여 다음과 같은 분산분석표를 만들 수 있다.

요인	제곱합	자유도	평균제곱	F값	p값
첨가제(Add)	1798.8	3	599.6	35.731	2.54e-07 ***
온도(Temp)	499.1	3	166.4	9.914	0.000621 ***
상호작용(Add*Temp)	361.8	9	40.2	2.395	0.061114 .
오차	268.5	16	16.8		
계	2928.2	31			

위 분산분석표에서 첨가제 Add 효과에 대한 p_값=0.000이므로 귀무가설 H_0가 기각될 가능성 아주 강하다. 따라서 유의수준 1%에서 첨가제가 관측값에 영향을 주는 요인이라고 할 수 있는 근거가 있다. 온도 Temp 효과에 대한 p_값=0.000이므로 귀무가설 H_0가 기각될 가능성 아주 강하다. 따라서 유의수준 1%에서 온도가 관측값에 영향을 주는 요인이라고 할 수 있는 근거가 있다. 첨가제와 온도의 상호작용효과에 대한 p_값=0.061 < 유의수준=0.1이므로 귀무가설 H_0가 기각될 가능성이 미약하다. 따라서 유의수준 10%에서 첨가제와 온도의 상호작용효과가 있다고 할 수 있다. 각 요인에 대한 다중비교를 실시하였다. 결과를 보면 A3-A1, A4-A1, A3-A2, A4-A2 그리고 T2-T1, T3-T1, T4-T1은 평균 차이가 있다. 상자 그림을 통해서 사전 탐색한 결과와 유사한 결과가 나왔다.

R 프로그램

interaction.plot() 함수를 이용해서 상호작용 그림을 그릴 수 있다.

```
additive <- c("A1", "A1", "A1", "A1", "A1", "A1", "A1", "A1", "A2", "A2", "A2",
              "A2", "A2", "A2", "A2", "A2", "A3", "A3", "A3", "A3", "A3", "A3", "A3",
              "A3", "A4", "A4", "A4", "A4", "A4", "A4", "A4", "A4")
temp <- c("T1", "T1", "T2", "T2", "T3", "T3", "T4", "T4", "T1", "T1", "T2",
          "T2", "T3", "T3", "T4", "T4", "T1", "T1", "T2", "T2", "T3", "T3", "T4",
          "T4", "T1", "T1", "T2", "T2", "T3", "T3", "T4", "T4")
residue <- c(89, 82, 85, 77, 69, 75, 75, 70, 82, 84, 76, 63, 74, 79, 72, 68,
             61, 64, 58, 57, 64, 69, 61, 63, 68, 71, 56, 65, 61, 59, 55, 51)
dframe <- data.frame(Add = factor(additive), Temp = factor(temp), Resi = residue)
head(dframe, n = 10)
##    Add  Temp  Resi
## 1   A1   T1    89
## 2   A1   T1    82
## 3   A1   T2    85
## 4   A1   T2    77
## 5   A1   T3    69
## 6   A1   T3    75
## 7   A1   T4    75
## 8   A1   T4    70
## 9   A2   T1    82
## 10  A2   T1    84
write.csv(dframe, "c://RData//twoway.csv")
str(dframe)
## 'data.frame':   32 obs. of  3 variables:
##  $ Add : Factor w/ 4 levels "A1","A2","A3",..: 1 1 1 1 1 1 1 1 2 2 ...
##  $ Temp: Factor w/ 4 levels "T1","T2","T3",..: 1 1 2 2 3 3 4 4 1 1 ...
##  $ Resi: num  89 82 85 77 69 75 75 70 82 84 ...
ggplot(dframe,aes(x=Add, y=Resi, fill=Add))+
 geom_boxplot()+
 stat_summary(fun.y = "mean", geom = "point", shape = 15, size = 3) +
 theme(
  axis.title=element_text(size=15,colour="red"),
  axis.text=element_text(size=rel(1.2),colour="blue"))
```

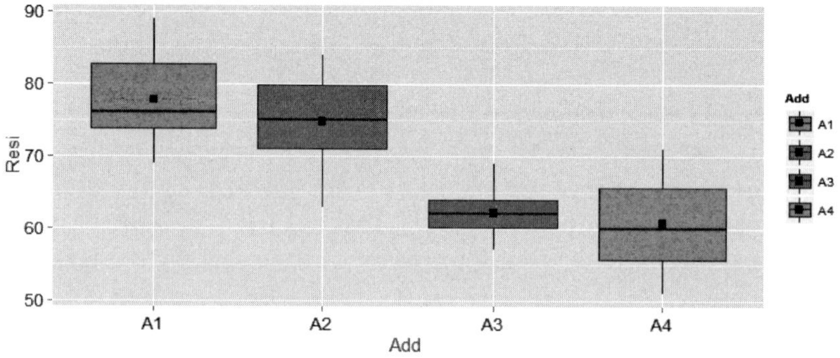


```
ggplot(dframe,aes(x=Temp, y=Resi, fill=Temp))+
  geom_boxplot()+
  stat_summary(fun.y = "mean", geom = "point", shape = 15, size = 3)+
  theme(
    axis.title=element_text(size=15,colour="red"),
    axis.text=element_text(size=rel(1.2),colour="blue"))
```

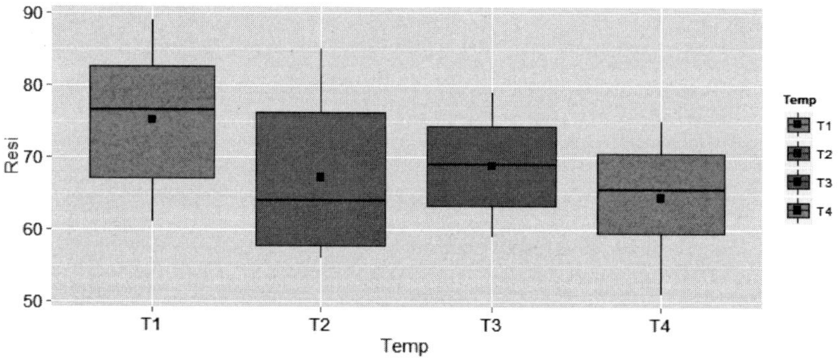


```
ggplot(dframe,aes(x=interaction(Add,Temp), y=Resi, fill=interaction(Add,Temp)))+
  geom_boxplot()+
  stat_summary(fun.y = "mean", geom = "point", shape = 15, size = 3)+
  theme(
    axis.title=element_text(size=15,colour="red"),
    axis.text=element_text(size=rel(1.2),colour="blue"))
```

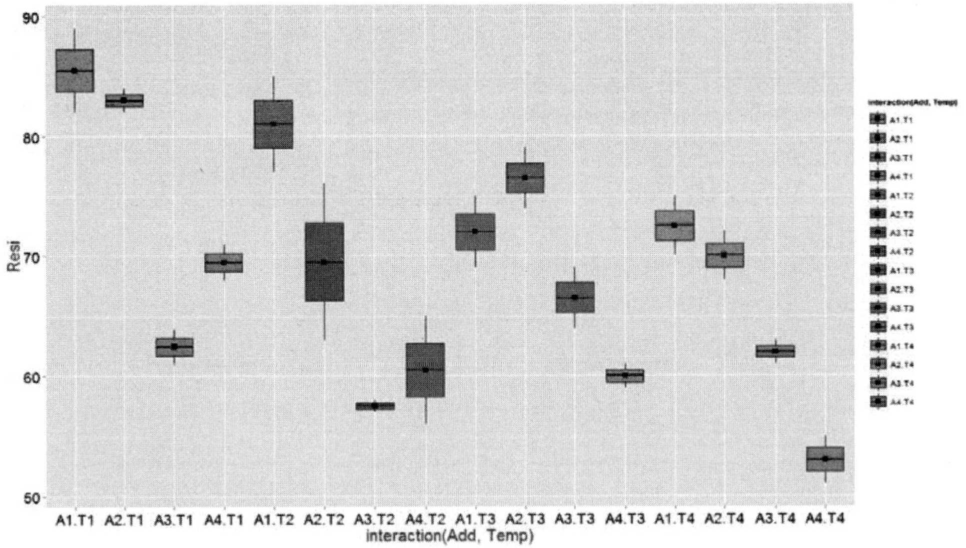


```
atdframe <- ddply(dframe, c("Add", "Temp"), summarise, Atmean_Resi = mean(Resi))
ggplot(atdframe,aes(x=Add, y=Atmean_Resi,group=Temp,colour=Temp))+
  geom_line(size=1)+
  geom_point(size=4,aes(shape=Temp))+
  theme(
    axis.title=element_text(size=15,colour="red"),
    axis.text=element_text(size=rel(1.2),colour="blue"))
```

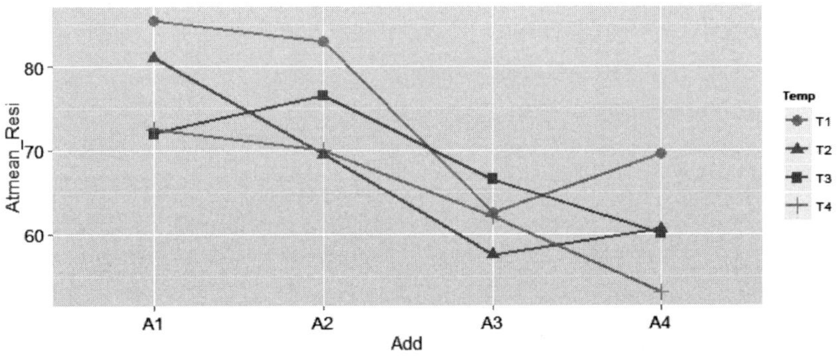


```
anova(lm(dframe$Resi~dframe$Add + dframe$Temp + dframe$Add*dframe$Temp))
## Analysis of Variance Table
## Response: dframe$Resi
##                          Df  Sum Sq  Mean Sq  F value    Pr(>F)
## dframe$Add                3 1798.84   599.61  35.7312  2.542e-07 ***
## dframe$Temp               3  499.09   166.36   9.9137  0.0006209 ***
## dframe$Add:dframe$Temp    9  361.78    40.20   2.3954  0.0611137 .
```

```
## Residuals                16  268.50      16.78
---
## Signif. codes:  0 '***' 0.001 '**' 0.01 '*' 0.05 '.' 0.1 ' ' 1
 two_way <- aov(Resi~Add + Temp + Add*Temp,data=dframe)
 summary(two_way)
##              Df   Sum Sq   Mean Sq   F value       Pr(>F)
## Add           3   1798.8    599.6    35.731    2.54e-07 ***
## Temp          3    499.1    166.4     9.914    0.000621 ***
## Add:Temp      9    361.8     40.2     2.395    0.061114 .
## Residuals    16    268.5     16.8
---
Signif. codes:  0 '***' 0.001 '**' 0.01 '*' 0.05 '.' 0.1 ' ' 1
tuu <- TukeyHSD(two_way, c("Add", "Temp", "Add:Temp"))
tuu
##   Tukey multiple comparisons of means
##     95% family-wise confidence level
##
## Fit: aov(formula = Resi ~ Add + Temp + Add * Temp, data = dframe)
##
## $Add
##               diff       lwr        upr     p adj
## A2-A1       -3.000    -8.860      2.860    0.4801
## A3-A1      -15.625   -21.485     -9.765    0.0000
## A4-A1      -17.000   -22.860    -11.140    0.0000
## A3-A2      -12.625   -18.485     -6.765    0.0001
## A4-A2      -14.000   -19.860     -8.140    0.0000
## A4-A3       -1.375    -7.235      4.485    0.9064
##
## $Temp
##               diff       lwr        upr     p adj
## T2-T1       -8.000   -13.860    -2.1399    0.0062
## T3-T1       -6.375   -12.235    -0.5149    0.0307
## T4-T1      -10.750   -16.610    -4.8899    0.0004
## T3-T2        1.625    -4.235     7.4851    0.8564
## T4-T2       -2.750    -8.610     3.1101    0.5508
## T4-T3       -4.375   -10.235     1.4851    0.1840
##
## $`Add:Temp`
##                    diff         lwr          upr         p adj
```

```
## A2:T1-A1:T1    -2.5   -18.9008   13.90075   1.0000
## A3:T1-A1:T1   -23.0   -39.4008   -6.59925   0.0026
## A4:T1-A1:T1   -16.0   -32.4008    0.40075   0.0596
## A1:T2-A1:T1    -4.5   -20.9008   11.90075   0.9979
## A2:T2-A1:T1   -16.0   -32.4008    0.40075   0.0596
## A3:T2-A1:T1   -28.0   -44.4008  -11.59925   0.0003
## A4:T2-A1:T1   -25.0   -41.4008   -8.59925   0.0011
## A1:T3-A1:T1   -13.5   -29.9008    2.90075   0.1692
## A2:T3-A1:T1    -9.0   -25.4008    7.40075   0.6890
## A3:T3-A1:T1   -19.0   -35.4008   -2.59925   0.0156
## A4:T3-A1:T1   -25.5   -41.9008   -9.09925   0.0009
## A1:T4-A1:T1   -13.0   -29.4008    3.40075   0.2053
## A2:T4-A1:T1   -15.5   -31.9008    0.90075   0.0740
## A3:T4-A1:T1   -23.5   -39.9008   -7.09925   0.0021
## A4:T4-A1:T1   -32.5   -48.9008  -16.09925   0.0000
## A3:T1-A2:T1   -20.5   -36.9008   -4.09925   0.0079
## A4:T1-A2:T1   -13.5   -29.9008    2.90075   0.1692
## A1:T2-A2:T1    -2.0   -18.4008   14.40075   1.0000
## A2:T2-A2:T1   -13.5   -29.9008    2.90075   0.1692
## A3:T2-A2:T1   -25.5   -41.9008   -9.09925   0.0009
## A4:T2-A2:T1   -22.5   -38.9008   -6.09925   0.0032
## A1:T3-A2:T1   -11.0   -27.4008    5.40075   0.4109
## A2:T3-A2:T1    -6.5   -22.9008    9.90075   0.9493
## A3:T3-A2:T1   -16.5   -32.9008   -0.09925   0.0479
## A4:T3-A2:T1   -23.0   -39.4008   -6.59925   0.0026
## A1:T4-A2:T1   -10.5   -26.9008    5.90075   0.4767
## A2:T4-A2:T1   -13.0   -29.4008    3.40075   0.2053
## A3:T4-A2:T1   -21.0   -37.4008   -4.59925   0.0063
## A4:T4-A2:T1   -30.0   -46.4008  -13.59925   0.0001
## A4:T1-A3:T1     7.0    -9.4008   23.40075   0.9163
## A1:T2-A3:T1    18.5     2.0992   34.90075   0.0196
## A2:T2-A3:T1     7.0    -9.4008   23.40075   0.9163
## A3:T2-A3:T1    -5.0   -21.4008   11.40075   0.9942
## A4:T2-A3:T1    -2.0   -18.4008   14.40075   1.0000
## A1:T3-A3:T1     9.5    -6.9008   25.90075   0.6179
## A2:T3-A3:T1    14.0    -2.4008   30.40075   0.1386
## A3:T3-A3:T1     4.0    12.4008   20.40075   0.9994
## A4:T3-A3:T1    -2.5   -18.9008   13.90075   1.0000
## A1:T4-A3:T1    10.0    -6.4008   26.40075   0.5463
```

```
## A2:T4-A3:T1    7.5   -8.9008   23.90075  0.8727
## A3:T4-A3:T1   -0.5  -16.9008   15.90075  1.0000
## A4:T4-A3:T1   -9.5  -25.9008    6.90075  0.6179
## A1:T2-A4:T1   11.5   -4.9008   27.90075  0.3503
## A2:T2-A4:T1    0.0  -16.4008   16.40075  1.0000
## A3:T2-A4:T1  -12.0  -28.4008    4.40075  0.2957
## A4:T2-A4:T1   -9.0  -25.4008    7.40075  0.6890
## A1:T3-A4:T1    2.5  -13.9008   18.90075  1.0000
## A2:T3-A4:T1    7.0   -9.4008   23.40075  0.9163
## A3:T3-A4:T1   -3.0  -19.4008   13.40075  1.0000
## A4:T3-A4:T1   -9.5  -25.9008    6.90075  0.6179
## A1:T4-A4:T1    3.0  -13.4008   19.40075  1.0000
## A2:T4-A4:T1    0.5  -15.9008   16.90075  1.0000
## A3:T4-A4:T1   -7.5  -23.9008    8.90075  0.8727
## A4:T4-A4:T1  -16.5  -32.9008   -0.09925  0.0479
## A2:T2-A1:T2  -11.5  -27.9008    4.90075  0.3503
## A3:T2-A1:T2  -23.5  -39.9008   -7.09925  0.0021
## A4:T2-A1:T2  -20.5  -36.9008   -4.09925  0.0079
## A1:T3-A1:T2   -9.0  -25.4008    7.40075  0.6890
## A2:T3-A1:T2  -4.5   -20.9008   11.90075  0.9979
## A3:T3-A1:T2  -14.5  -30.9008    1.90075  0.1129
## A4:T3-A1:T2  -21.0  -37.4008   -4.59925  0.0063
## A1:T4-A1:T2   -8.5  -24.9008    7.90075  0.7569
## A2:T4-A1:T2  -11.0  -27.4008    5.40075  0.4109
## A3:T4-A1:T2  -19.0  -35.4008   -2.59925  0.0156
## A4:T4-A1:T2  -28.0  -44.4008  -11.59925  0.0003
## A3:T2-A2:T2  -12.0  -28.4008    4.40075  0.2957
## A4:T2-A2:T2   -9.0  -25.4008    7.40075  0.6890
## A1:T3-A2:T2    2.5  -13.9008   18.90075  1.0000
## A2:T3-A2:T2    7.0   -9.4008   23.40075  0.9163
## A3:T3-A2:T2   -3.0  -19.4008   13.40075  1.0000
## A4:T3-A2:T2   -9.5  -25.9008    6.90075  0.6179
## A1:T4-A2:T2    3.0  -13.4008   19.40075  1.0000
## A2:T4-A2:T2    0.5  -15.9008   16.90075  1.0000
## A3:T4-A2:T2   -7.5  -23.9008    8.90075  0.8727
## A4:T4-A2:T2  -16.5  -32.9008   -0.09925  0.0479
## A4:T2-A3:T2    3.0  -13.4008   19.40075  1.0000
## A1:T3-A3:T2   14.5   -1.9008   30.90075  0.1129
## A2:T3-A3:T2   19.0    2.5992   35.40075  0.0156
```

```
## A3:T3-A3:T2    9.0    -7.4008   25.40075   0.6890
## A4:T3-A3:T2    2.5   -13.9008   18.90075   1.0000
## A1:T4-A3:T2   15.0    -1.4008   31.40075   0.0916
## A2:T4-A3:T2   12.5    -3.9008   28.90075   0.2474
## A3:T4-A3:T2    4.5   -11.9008   20.90075   0.9979
## A4:T4-A3:T2   -4.5   -20.9008   11.90075   0.9979
## A1:T3-A4:T2   11.5    -4.9008   27.90075   0.3503
## A2:T3-A4:T2   16.0    -0.4008   32.40075   0.0596
## A3:T3-A4:T2    6.0   -10.4008   22.40075   0.9721
## A4:T3-A4:T2   -0.5   -16.9008   15.90075   1.0000
## A1:T4-A4:T2   12.0    -4.4008   28.40075   0.2957
## A2:T4-A4:T2    9.5    -6.9008   25.90075   0.6179
## A3:T4-A4:T2    1.5   -14.9008   17.90075   1.0000
## A4:T4-A4:T2   -7.5   -23.9008    8.90075   0.8727
## A2:T3-A1:T3    4.5   -11.9008   20.90075   0.9979
## A3:T3-A1:T3   -5.5   -21.9008   10.90075   0.9863
## A4:T3-A1:T3  -12.0   -28.4008    4.40075   0.2957
## A1:T4-A1:T3    0.5   -15.9008   16.90075   1.0000
## A2:T4-A1:T3   -2.0   -18.4008   14.40075   1.0000
## A3:T4-A1:T3  -10.0   -26.4008    6.40075   0.5463
## A4:T4-A1:T3  -19.0   -35.4008   -2.59925   0.0156
## A3:T3-A2:T3  -10.0   -26.4008    6.40075   0.5463
## A4:T3-A2:T3  -16.5   -32.9008   -0.09925   0.0479
## A1:T4-A2:T3   -4.0   -20.4008   12.40075   0.9994
## A2:T4-A2:T3   -6.5   -22.9008    9.90075   0.9493
## A3:T4-A2:T3  -14.5   -30.9008    1.90075   0.1129
## A4:T4-A2:T3  -23.5   -39.9008   -7.09925   0.0021
## A4:T3-A3:T3   -6.5   -22.9008    9.90075   0.9493
## A1:T4-A3:T3    6.0   -10.4008   22.40075   0.9721
## A2:T4-A3:T3    3.5   -12.9008   19.90075   0.9999
## A3:T4-A3:T3   -4.5   -20.9008   11.90075   0.9979
## A4:T4-A3:T3  -13.5   -29.9008    2.90075   0.1692
## A1:T4-A4:T3   12.5    -3.9008   28.90075   0.2474
## A2:T4-A4:T3   10.0    -6.4008   26.40075   0.5463
## A3:T4-A4:T3    2.0   -14.4008   18.40075   1.0000
## A4:T4-A4:T3   -7.0   -23.4008    9.40075   0.9163
## A2:T4-A1:T4   -2.5   -18.9008   13.90075   1.0000
## A3:T4-A1:T4  -10.5   -26.9008    5.90075   0.4767
## A4:T4-A1:T4  -19.5   -35.9008   -3.09925   0.0124
```

```
## A3:T4-A2:T4   -8.0    -24.4008     8.40075   0.8190
## A4:T4-A2:T4  -17.0    -33.4008    -0.59925   0.0384
## A4:T4-A3:T4   -9.0    -25.4008     7.40075   0.6890
par(mfrow=c(2,2))
plot(tuu)
interaction.plot(dframe$Temp,dframe$Add,dframe$Resi,bty="l",main="interaction plot")
```

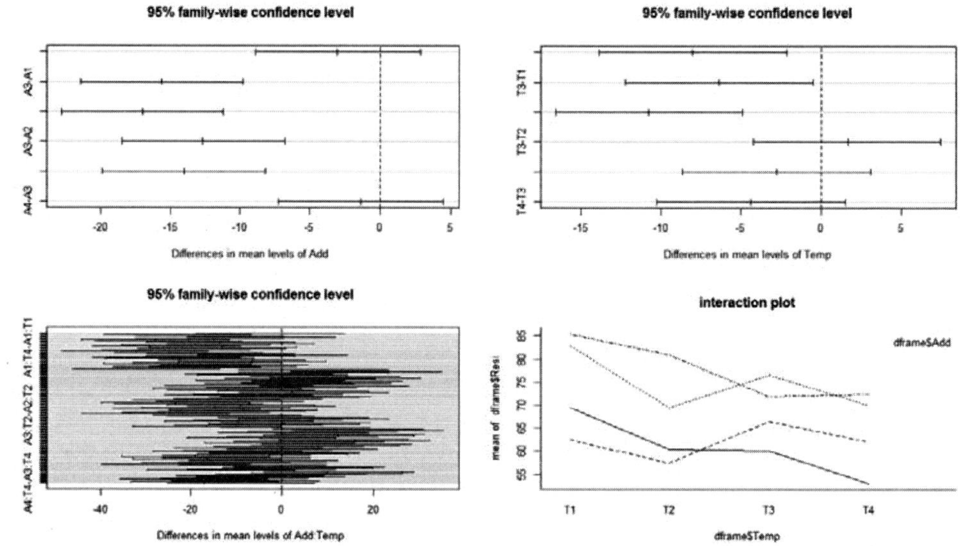


```
interaction.plot(dframe$Add,dframe$Temp,dframe$Resi,bty="l",main="interaction plot")
```

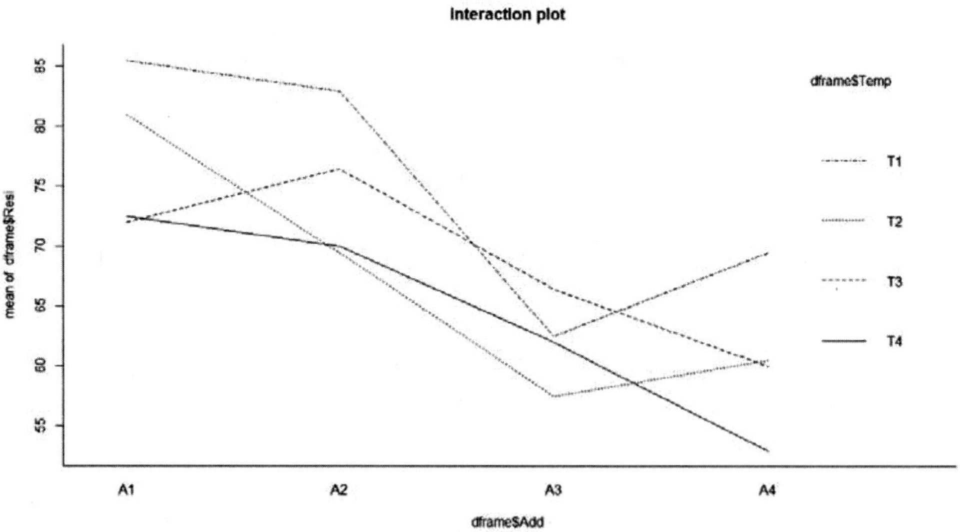


```
par(mfrow=c(2,2))
plot(two_way)
```

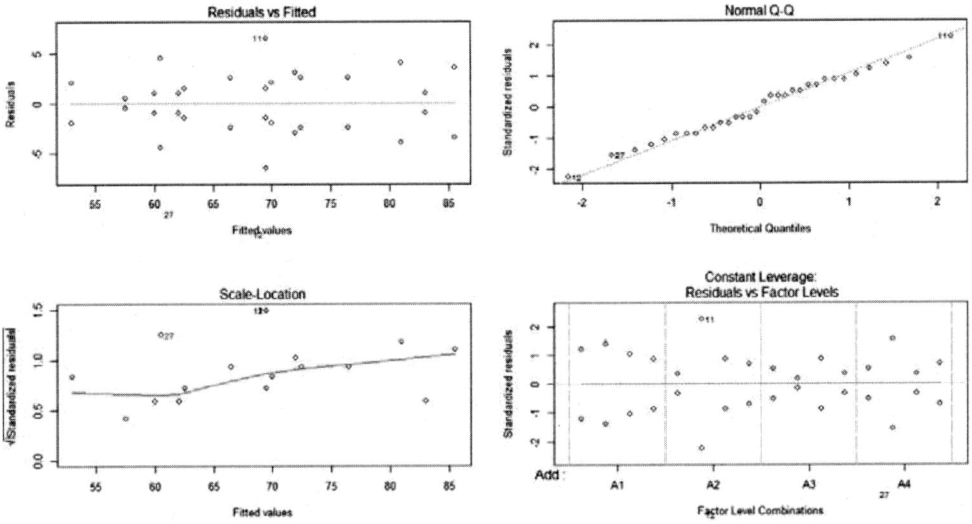
Residuals vs Fitted
Residuals
Fitted values
Normal Q-Q
Standardized residuals
Theoretical Quantiles
Scale-Location
√Standardized residuals
Fitted values
Constant Leverage:
Residuals vs Factor Levels
Standardized residuals
Add :
A1
A2
A3
A4
Factor Level Combinations

PART 09

연습문제

1. 다음 자료를 이용하여 일원배치법을 이용한 분산분석을 해보자.

요인수준(처리)	a_1	a_2	a_3	a_4
관측값	10.55	15.71	16.41	19.94
	13.98	23.95	11.67	27.44
	11.46	17.85	19.65	25.81
	18.99	20.28	15.66	28.52
	12.27	29.2	10.17	29.31
	4.13	20.17	14.15	23.44
	17	26.02	10.37	25.46
	12.92	18.8	14.13	26.17
	13.23	17.68	15.19	27.33
	14.87	18.58	11.53	22.78

❶ ggplot2를 이용하여 각 수준에 따라 관측값에 대한 상자그림을 작성하라.

❷ 1)에서 작성한 상자그림을 보고 전체적인 자료를 탐색해보아라.

❸ R에서 Q_Q 그림을 작성해서 정규성이 만족하는지 검토해보라.

❹ R에서 Shapiro-Wilk 검정을 이용해서 정규성을 검정하라.

❺ R에서 Bartlett test를 이용해서 등분산성을 검정하라.

❻ 네 가지 수준의 모평균이 차이가 있는지 검정하기위해 통계적 가설을 세우고, 분산분석표를 만들고 분산분석표를 이용해서 유의수준 5%에서 네 가지 수준의 모평균이 차이가 있는지 검정하여라.

❼ R을 이용해서 네 가지 수준의 모평균이 차이가 있는지 검정하기위한 분산분석표를 작성하라.

❽ 전체적으로 모평균의 차이가 있다면 R에서 LSD 방법을 이용하여 다중비교를

하라.

❾ R에서 Tukey HSD 방법을 이용한 다중비교에서 각 수준의 모평균 차이에 대한 95% 신뢰구간을 그래프로 나타내어라.

2. 두 가지 요인 A와 B의 각 수준에서 3회 반복실험을 랜덤으로 실시한 결과 다음과 같은 관측값을 얻었다. 이원배치법을 이용한 분산분석을 해보자.

A\B	B1	B2	B3	B4
A1	89	85	69	75
	82	77	75	70
	85	81	72	73
A2	82	76	74	72
	84	63	79	68
	83	69	76	70
A3	61	58	64	61
	64	57	69	63
	63	56	66	62
A4	68	56	61	55
	71	65	59	51
	70	61	60	53

❶ ggplot2를 이용하여 요인 A의 각 수준에 따른 관측값에 대한 상자그림을 작성하라.

❷ 상자그림을 보고 요인 A의 효과가 있는지를 파악해보라.

❸ ggplot2를 이용하여 요인 B의 각 수준에 따른 관측값에 대한 상자그림을 작성하라.

❹ 상자그림을 보고 요인 B의 효과가 있는지를 파악해보라.

❺ ggplot2를 이용하여 요인 A와 요인 B의 각 수준의 조합에 따른 관측값에 대한 상자그림을 작성하라.

❻ 상자그림을 보고 요인 A와 B의 상호작용 효과가 있는지를 파악해보라.

❼ ggplot2를 이용하여 상호작용 그림을 작성하라.

❽ 상호작용 그림을 보고 요인 A와 B의 상호작용 효과가 있는지를 파악해보라.

❾ 요인 A의 효과가 있는지를 검정하기위해 통계적 가설을 세우고 분산분석표를 만들고 분산분석표를 이용하여 요인 A의 효과를 유의수준 5%에서 검정하라.

❿ R을 이용해서 요인 B의 효과를 검정하라.

⓫ R을 이용해서 요인 A와 요인 B의 상호작용 효과를 검정하라.

⓬ 요인 A와 요인 B의 각 수준의 조합에 대한 다중비교를 Tukey HSD 방법을 이용해서 하라.

⓭ interaction.plot()을 이용해서 상호작용 그림을 작성하라.

PART **10**

회귀분석

10.1. 단순선형회귀모형

10.2. 단순선형회귀모형에서의 추론

PART 10

회귀분석

10.1. 단순선형회귀모형

회귀분석이란 변수 X와 Y의 함수관계 $Y=f(X)$에서 X와 Y를 이용하여 f를 추정하는 방법 중 하나이다. 이 때 X를 독립변수라고 하고, Y를 종속변수라고 한다. 서로 짝으로 이루어진 자료 $(X_1, Y_1), (X_2, Y_2), \cdots, (X_n, Y_n)$을 이용하여 $\hat{f}$을 구한다. $\hat{Y}=\hat{f}(X)$로 나타낸다. 이 때 함수 $f(X)$가 독립변수가 한 개이고 선형 형태이면 단순선형회귀모형이고, 독립변수가 p개이고 선형 형태이면 다중선형회귀모형이다. 여기서 단순선형회귀 모형에 대해서 설명하자.

자료 $(X_1, Y_1), (X_2, Y_2), \cdots, (X_n, Y_n)$ 에 대해 단순선형회귀모형은 다음과 같이 표현할 수 있다.

$$Y_i = \beta_0 + \beta_1 X_i + \epsilon_i,\ \ i=1,2,\ \cdots,n$$

여기서 회귀모수 β_0는 절편, β_1은 기울기로서 추정되어야 한다. 오차항 $\epsilon_i \sim iid\, N(0,\sigma^2)$로 가정한다. 회귀모수를 추정하기 위해서 일반적으로 최소제곱법을 이용한다. 최소제곱법은 오차들의 제곱합이 최소가 되도록 회귀계수를 추정하는 방법이다. 따라서 회귀모수 β_0과 β_1은 다음과 같이 구할 수 있다. 오차제곱합은 다음과 같이 표현된다.

$$Q=\sum_{i=1}^{n}(Y_i - \hat{Y}_i)^2$$

Q를 최소화하는 $\hat{Y}_i = \hat{\beta}_0 + \hat{\beta}_1 X_i$이다. 여기서

$$\hat{\beta}_1 = \frac{\sum_{i=1}^{n} x_i y_i - \frac{(\sum_{i=1}^{n} x_i)(\sum_{i=1}^{n} y_i)}{n}}{\sum_{i=1}^{n} x_i^2 - \frac{(\sum_{i=1}^{n} x_i)^2}{n}} = \frac{\sum_{i=1}^{n}(x_i - \overline{x})(y_i - \overline{y})}{\sum_{i=1}^{n}(x_i - \overline{x})^2}$$

$$\hat{\beta_0} = \frac{\sum_{i=1}^{n} y_i}{n} - \hat{\beta_1}\frac{\sum_{i=1}^{n} x_i}{n} = \overline{y} - \hat{\beta_1}\overline{x},$$

이다. $\hat{Y_i} = \hat{\beta_0} + \hat{\beta_1}X_i$를 추정된 회귀직선이라한다. 이모형에 관측된 $X_i = x_i$를 입력하면 Y_i의 추정값 $\hat{Y_i}$을 얻을 수 있다. 실제 관측값 Y_i와 추정된 회귀식을 이용해서 구한 추정값 $\hat{Y_i}$의 차이 즉

$$r_i = Y_i - \hat{Y_i} \ , \ i = 1,2, \cdots, n$$

를 잔차라고 한다. 잔차분석을 통해서 회귀분석의 기본적인 가정인 선형성, 정규성, 독립성 그리고 등분산성을 검토한다. 잔차와 $\hat{Y_i}$ 혹은 잔차를 표준화 시킨 스튜던트잔차와 $\hat{Y_i}$을 이용해서 산점도를 그린 잔차 그래프를 이용하여 선형성, 정규성, 독립성을 검토하고, Q_Q그래프를 이용하여 정규성을 검토한다. 잔차 그래프가 0을 중심으로 점들이 패턴을 띠지 않고 랜덤하게 흩어져 있으면 기본가정이 성립한다. 반면에 잔차 그래프 모양이 곡선 형태를 띠면 선형이 아니거나 등분산이 아닐 수 있다. 잔차 그래프 모양이 오른쪽으로 갈수록 깔대기 모양을 띠면 등분산성이 만족되지 않는 경우이다. 싸인 혹은 코싸인 주기를 가지고 있으면 독립성이 만족하지 않는다. 모델의 적합성을 평가하기 위해서 다음과 같이 총변동(TSS)을 회귀직선으로 설명되어 질 수 있는 변동(SSR)과 잔차에 의한 변동(SSE)으로 분해한다.

$$\sum_{i=1}^{n}(y_i - \overline{y})^2 = \sum_{i=1}^{n}(\hat{y_i} - \overline{y})^2 + \sum_{i=1}^{n}(y_i - \hat{y_i})^2$$

여기서 TSS = $\sum_{i=1}^{n}(y_i - \overline{y})^2$, SSR = $\sum_{i=1}^{n}(\hat{y_i} - \overline{y})^2$, SSE= $\sum_{i=1}^{n}(y_i - \hat{y_i})^2$이다.

추정된 회귀직선의 설명력에 대한 측도로 결정계수 R^2를 이용한다. R^2는 다음과 같이 정의된다.

$$R^2 = \frac{SSR}{TSS} = 1 - \frac{SSE}{TSS}$$

R^2는 전체변동 중에서 추정된 회귀직선에 의해 설명되는 비율을 나타낸다. $0 \le R^2 \le 1$이며, R^2이 1에 가까울수록 회귀식의 설명력이 높다고 할 수 있다. R^2=1이라는 의미는 관측값 Y_i와 추정된 회귀직선으로부터 구한 추정값 $\hat{Y_i}$이 같다는 의미이다. R^2=0은 독립변수 X는 Y를 예측하는데 전혀 영향을 주지 않는다는 의미이다. 독립변

수 X가 종속변수 Y와 관련 있는 변수 인가? 즉 Y를 예측하는데 X가 유용한 변수 인가를 검토하기 위해서 $\beta_1=0$인지를 검정한다. 검정 절차는 다음과 같다.

❶ 가설 $H_0:\beta_1=0$, $H_1:\beta_1\neq 0$

❷ 유의수준 α

❸ 검정 통계량 $f_0=\dfrac{MSR}{MSE}$

검정통계량은 H_0하에서 $F(1,n-2)$을 따르기 때문에 F_분포표 혹은 통계패키지에서 제공되는 함수를 이용해서 p_값을 계산한다. 마지막으로 유의수준 α와 p_값을 비교하여 p_값 $\leq\alpha$이면 유의수준 α에서 귀무가설 H_0을 기각한다고 결론을 내린다. 즉 유의수준 α에서 독립변수 X는 종속변수 Y를 예측하는데 중요한 역할을 하는 변수라고 할 수 있는 근거가 있다는 의미이다. 이와 같은 결과를 다음과 같이 분산분석표로 요약할 수 있다.

요인	제곱합	자유도	평균제곱($\frac{SS}{df}$)	F값	p값
모형	SSR	1	MSR=$\frac{SSR}{1}$	$f_0=\frac{MSR}{MSE}$	$P(F\geq f_0)$
오차	SSE	$n-2$	MSE=$\frac{SSE}{n-2}$		
	TSS	n-1			

F-검정을 통해서 전체적으로 모형이 유의적이라는 결론이 나오면 독립변수가 여러 개일 경우에는 어떤 독립변수가 의미가 있는지를 개별 독립변수의 t-통계량의 p_값을 이용해서 확인 할 수 있다. 독립변수가 1개인 경우에는 모형의 유의성 검정 즉 가설 $H_0:\beta_1=0$, $H_1:\beta_1\neq 0$를 검정하기 위해 F(1,n-2)분포 대신에 다음과 같이 t(n-2)를 검정통계량으로 사용할 수 도 있다.

$$t=\frac{\beta_1-\beta_0}{\sqrt{\dfrac{MSE}{\sum_{i=1}^{n}(X_i-\overline{X})^2}}}$$

t는 H_0하에서 $t(n-2)$를 따른다.

10.2. 단순선형회귀모형에서의 추론

단순선형회귀모형에서 오차항 $\epsilon_i \sim iid\,N(0, \sigma^2)$로 가정한다. 따라서 $Y_i \sim iidN(\beta_0 + \beta_1 X_i, \sigma^2)$이다.

회귀기울기 β_1에 대한 추론을 실시해보자.

$$\hat{\beta_1} \sim N(\beta_1, \frac{\sigma^2}{Sxx}),\ \text{여기서 } Sxx = \sum_{i=1}^{n}(X_i - \overline{X})^2$$

이므로

$$T = \frac{\hat{\beta_1} - \beta_1}{\sqrt{\frac{MSE}{Sxx}}} \sim t(n-2)$$

여기서

$$MSE = \frac{\sum_{i=1}^{n}(Y_i - \hat{Y}_i)^2}{n-2}$$

이다. 이 결과를 이용해서 β_1에 대한 통계적 추론을 할 수 있다.

β_1에 대한 100(1-α)% 구간추정은

$$(\hat{\beta_1} - t(n-2, \alpha/2)\sqrt{\frac{MSE}{Sxx}}\ ,\ \hat{\beta_1} + t(n-2, \alpha/2)\sqrt{\frac{MSE}{Sxx}}\ )$$

이다.

먼저 β_1모평균에 대한 가설을 세운다.

❶ $H_0 : \beta_1 = \beta_{10}$
$H_1 : \beta_1 > \beta_{10}$

❷ $H_0 : \beta_1 = \beta_{10}$
$H_1 : \beta_1 < \beta_{10}$

❸ $H_0 : \beta_1 = \beta_{10}$
$H_1 : \beta_1 \neq \beta_{10}$

유의수준 α를 정한다. t_0을 다음과 같이 계산한다.

$$t_0 = \frac{\hat{\beta_1} - \beta_{10}}{\sqrt{/MSE/Sxx}}$$

검정통계량은 H_0하에서 t(n-2)를 따르기 때문에 t-분포표 혹은 통계패키지에서 제공되는 함수를 이용해서 p_값을 계산한다. p_값은 가설의 형태에 따라 다음 세 가지 방법으로 계산할 수 있다.

$H_0 : \beta_1 = \beta_{10}\ \ vs\ H_1 : \beta_1 > \beta_{10}$에 대해서 p_값$= P(T > t_0)$,

$H_0 : \beta_1 = \beta_{10}\ \ vs\ H_1 : \beta_1 < \beta_{10}$에 대해서 p_값$= P(T < t_0)$, 그리고

$H_0 : \beta_1 = \beta_{10}\ \ vs\ H_1 : \beta_1 \neq \beta_{10}$에 대해서 p_값$= 2P(T > |t_0|)$이다.

마지막으로 유의수준 α와 p_값을 비교하여 p_값 $\le \alpha$이면 유의수준 α에서 귀무가설 H_0을 기각한다고 결론을 내린다. 즉 유의수준 α에서 $\beta_1 = \beta_{10}$라고 할 수 있는 근거가 없다.

절편 β_0에 대한 통계적 추론을 실시 해보자.

$$\widehat{\beta_0} \sim N(\beta_0, \sigma^2(\frac{1}{n} + \frac{(\overline{X})^2}{Sxx}))$$

이므로

$$T = \frac{\widehat{\beta_0} - \beta_0}{\sqrt{MSE(\frac{1}{n} + \frac{(\overline{X})^2}{Sxx})}} \sim t(n-2)$$

이 결과를 이용해서 β_0에 대한 통계적 추론을 할 수 있다.

β_0에 대한 100(1-α)% 구간추정은

$$(\widehat{\beta_0} - t(n-2, \alpha/2)\sqrt{MSE(\frac{1}{n} + \frac{(\overline{X})^2}{Sxx})}\ ,\ \widehat{\beta_0} + t(n-2, \alpha/2)\sqrt{MSE(\frac{1}{n} + \frac{(\overline{X})^2}{Sxx})}\ )$$

이다.

먼저 β_0모평균에 대한 가설을 세운다.

❶ $H_0 : \beta_0 = \beta_{00}$, $H_1 : \beta_0 > \beta_{00}$　❷ $H_0 : \beta_0 = \beta_{00}$, $H_1 : \beta_0 < \beta_{00}$　❸ $H_0 : \beta_0 = \beta_{00}$, $H_1 : \beta_0 \neq \beta_{00}$

유의수준 α를 정한다. t_0을 다음과 같이 계산한다.

$$T = \frac{\widehat{\beta_0} - \beta_{00}}{\sqrt{MSE(\frac{1}{n} + \frac{(\overline{X})^2}{Sxx})}}$$

검정통계량은 H_0하에서 t(n-2)를 따르기 때문에 t-분포표 혹은 통계패키지에서 제공되는 함수를 이용해서 p_값을 계산한다. p_값은 가설의 형태에 따라 다음 세 가지 방법으로 계산할 수 있다.

$H_0 : \beta_0 = \beta_{00}$ vs $H_1 : \beta_0 > \beta_{00}$에 대해서 p_값$= P(T > t_0)$,

$H_0 : \beta_0 = \beta_{00}$ vs $H_1 : \beta_0 < \beta_{00}$에 대해서 p_값$= P(T < t_0)$, 그리고

$H_0 : \beta_0 = \beta_{00}$ vs $H_1 : \beta_0 \neq \beta_{00}$에 대해서 p_값$= 2P(T > |t_0|)$이다.

마지막으로 유의수준 α와 p_값을 비교하여 p_값 $\leq \alpha$이면 유의수준 α에서 귀무가설 H_0을 기각한다고 결론을 내린다. 즉 유의수준 α에서 $\beta_0 = \beta_{00}$라고 할 수 있는 근거가 없다.

$X = x_0$일 때 $Y_0 = E(Y|X = x_0)$에 대한 통계적 추론을 실시해보자.

$$\widehat{Y_0} \sim N(\beta_0 + \beta_1 x_0,\ \sigma^2(\frac{1}{n} + \frac{(x_0 - \overline{X})^2}{Sxx}))$$

이므로

$$T = \frac{\widehat{Y_0} - (\beta_0 + \beta_1 x_0)}{\sqrt{MSE(\frac{1}{n} + \frac{(x_0 - \overline{X})^2}{Sxx})}} \sim t(n-2)$$

이 결과를 이용해서 $\beta_0 + \beta_1 x_0$에 대한 통계적 추론을 할 수 있다.

$\beta_0 + \beta_1 x_0$에 대한 100(1−α)% 구간추정은

$$(\widehat{Y_0} - t(n-2, \alpha/2)\sqrt{MSE(\frac{1}{n} + \frac{(x_0 - \overline{X})^2}{Sxx})}\ ,\ \widehat{Y_0} + t(n-2, \alpha/2)\sqrt{MSE(\frac{1}{n} + \frac{(x_0 - \overline{X})^2}{Sxx})}\ )$$

이다.

$X = x_t$에서 새로운 관측값 Y_t에 대한 100(1−α)% 신뢰구간은 다음과 같이 구할 수 있다.

$$\widehat{Y_t} \sim N(\beta_0 + \beta_1 x_t,\ \sigma^2(1 + \frac{1}{n} + \frac{(x_0 - \overline{X})^2}{Sxx}))$$

이므로

$$T = \frac{\widehat{Y_t} - (\beta_0 + \beta_1 x_t)}{\sqrt{MSE(1 + \frac{1}{n} + \frac{(x_t - \overline{X})^2}{Sxx})}} \sim t(n-2)$$

따라서 새로운 관측값 $\widehat{Y_t}$에 대한 100(1−α)% 구간추정은

$$(\hat{Y}_t - t(n-2, \alpha/2)\widehat{SE}(\hat{Y}_t)\ ,\ \hat{Y}_t + t(n-2, \alpha/2)\widehat{SE}(\hat{Y}_t)\ )$$

이다. 여기서 $\widehat{SE}(\hat{Y}_t) = \sqrt{MSE(1 + \frac{1}{n} + \frac{(x_t - \overline{X})^2}{Sxx})}$ 이다.

X=x_0에서 $E(Y|X=x_0)$에 대한 신뢰구간이 새로운 관측값 $Y_0 = \beta_0 + \beta_1 x_0 + \epsilon_0$에 대한 신뢰구간보다 짧다.

다음 자료는 X와 Y의 관계를 조사하기 위해서 정규분포를 이용해서 인위적으로 만든 자료이다. 이 자료를 이용하여 회귀분석을 실시해보자.

x	y	x	y
16.58	28.4	27.57	33.38
18.59	21.53	23.35	31.03
23.56	35.35	25.4	32.14
26.97	39.91	19.23	25.14
23.66	35.16	20.77	26.77
15.29	25.05	24.33	32.74
12.25	16.38	15.33	28.11
28.38	31.58	20.76	32.92
20.9	31.06	15.33	24.93
24.71	39.37	19.17	27.55

먼저 산점도를 그려서 두 변수 사이의 전반적인 관계를 조사한다. 아래 산점도에서 X가 증가하면 Y도 증가하면서 선형관계를 보이고 있다.

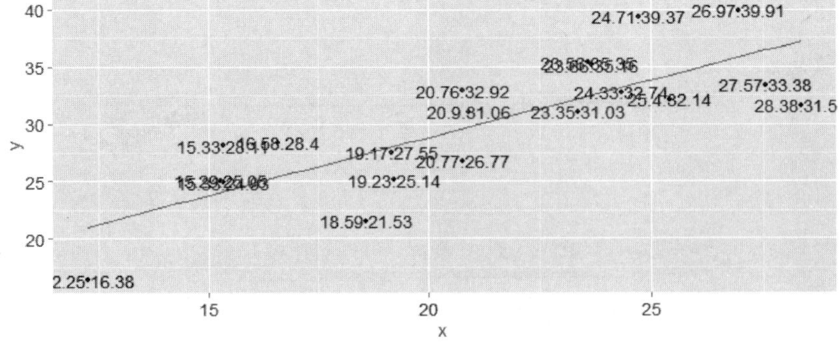

따라서 X와 Y관계를 단순선형회귀모형

$$Y_i = \beta_0 + \beta_1 X_i + \epsilon_i$$

으로 가정하고 최소자승법을 이용하여 β_0와 β_1을 추정해보자. lm()함수의 실행결과를 이용하면

$$\widehat{\beta_1} = \frac{\sum_{i=1}^{n}(x_i - \overline{x})(y_i - \overline{y})}{\sum_{i=1}^{n}(x_i - \overline{x})^2} = 1.005, \quad \widehat{\beta_0} = \overline{y} - \widehat{\beta_1}\overline{x} = 8.717$$

이므로 추정된 회귀직선 $\hat{Y} = 8.717 + 1.005X$이다. X가 한 단위 증가할 때 Y는 1.005 비율로 증가한다. Residual standard error: 3.54($= \sqrt{\sum_{i=1}^{n} r_i^2/(n-2)}$)이다. Residual standard error값이 작을수록 모형의 정밀도가 높다. 유의수준 α에서 모형의 유의성 즉 가설 $H_0 : \beta_1 = 0$, $H_1 : \beta_1 \neq 0$을 검정하기 위해서 anova() 함수를 이용해서 아래와 같은 분산분석표를 작성하였다.

요인	제곱합	자유도	평균제곱	F값	p값
모형	406	1	406	32.3	2.2e-05 ***
오차	226	18	13		
계	632	19			

이 분산분석표에서 p_값=0.000 〈 0.01이므로 H_0가 기각될 가능성이 강하다. 회귀모형이 유의하다고 할 수 있다. 결정계수 R^2=406/632=0.642 로서 총변동중에서 회귀모형의해서 설명할 수 있는 정도가 64.2%이다. 회귀모형을 진단하기 위해서 fitted value($\hat{Y}_i$)와 스튜던트화잔차를 이용해서 잔차 그림을 작성하였다. 여기서 스튜던트화잔차는 다음과 같이 정의 된다.

$$e_{str_i} = \frac{e_i}{\sqrt{\widehat{Var}(e_i)}} = \frac{e_i}{\hat{\sigma}\sqrt{1-h_{ii}}}, \quad \text{여기서 } h_{ii} = \frac{1}{n} + \frac{(x_i - \overline{x})^2}{\sum_{i=1}^{n}(x_i - \overline{x})^2}$$

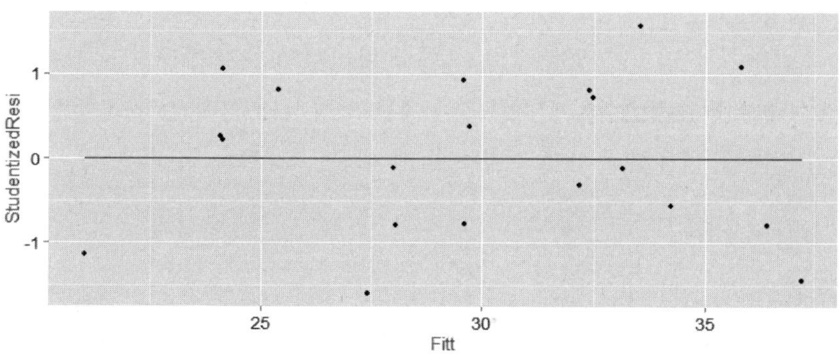

잔차 그림에서 점들의 산포가 0을 중심으로 해서 완전히 랜덤하게 흩어져 있기 때문에 회귀분석의 기본가정 선형성, 독립성, 등분산성이 성립하고, 아래 Q_Q 그림에서 점들이 일직선 가까이에 나타나있기 때문에 정규성이 성립하는 것을 볼 수 있다.

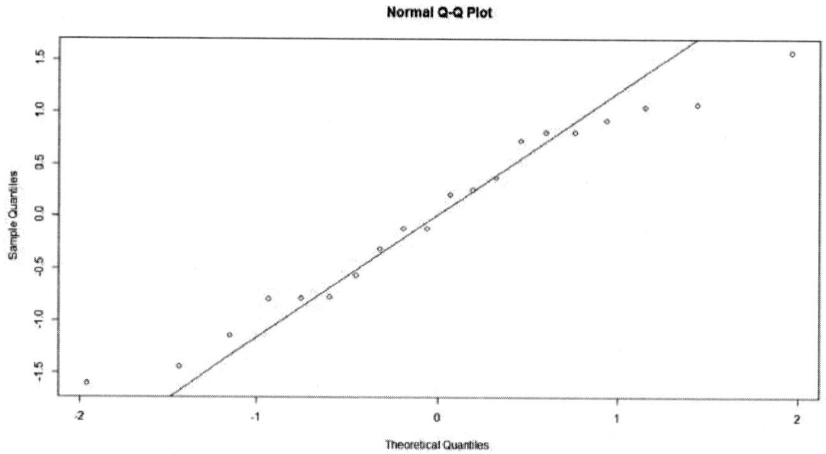

가정한 회귀모형이 유의적이라는 결론을 얻었기 때문에 회귀계수에 대한 추론을 생각해보자.

confint() 함수를 이용해서 β_0와 β_1에 대한 95% 신뢰구간을 구하였다.

β_1의 95% 신뢰구간 :

$$(\widehat{\beta_1}-t(n-2,\alpha/2)\sqrt{\frac{MSE}{Sxx}}, \widehat{\beta_1}+t(n-2,\alpha/2)\sqrt{\frac{MSE}{Sxx}}) = (0.6336,\ 1.376)$$

β_0의 95% 신뢰구간 :

$$(\widehat{\beta_0}-t(n-2,\alpha/2),\sqrt{MSE(\frac{1}{n}+\frac{(\overline{x})^2}{Sxx})}, \widehat{\beta_0}+t(n-2,\alpha/2)\sqrt{MSE(\frac{1}{n}+\frac{(\overline{x})^2}{Sxx}})\ )$$

=(0.7073,16.727)

어떤 독립변수가 의미가 있는지를 개별 독립변수의 t-통계량의 p_값을 이용해서 검정할 수 있다. 독립변수가 한 개인 경우에는 모형의 유의적 검정과 동일하다. lm() 함수 실행 결과를 이용하면 개별 독립변수에 대한 t-검정을 할 수 있다.

β_1의 가설검정

H_0 : $\beta_1 = 0$ $\quad H_1$: $\beta_1 \neq 0$

유의수준 : 0.05

검정통계량

$$t_0 = \frac{\widehat{\beta_1}}{\sqrt{\frac{MSE}{S_{xx}}}} = \frac{Estimate}{Std.Error} = \frac{1.0048}{0.1767} = 5.686$$

p_값=$2P(T \geq |t_0|) = 2P(T \geq |5.586|) = 0.000$ 〈 0.01이므로 H_0가 기각될 가능성이 강하다. 회귀모형이 유의하다고 할 수 있다.

β_0의 가설검정

$H_0 : \beta_0 = 0, \quad H_1 : \beta_0 \neq 0$

유의수준 : 0.05

검정통계량

$$t_0 = \frac{\widehat{\beta_0}}{\sqrt{MSE(\frac{1}{n} + \frac{(\overline{x})^2}{Sxx})}} = \frac{Estimate}{Std.Error} = \frac{8.7174}{3.8126} = 2.286$$

p_값=$2P(T \geq |t_0|) = 2P(T \geq |2.286|) = 0.0346$〈 0.05보다 크기 때문에 유의수준 5%에서 H_0를 기각한다.

predict(interval="confidence") 함수를 이용해서 $E(Y|X=x_0) = \beta_0 + \beta_1 x_0$에 대한 100(1-$\alpha$)% 신뢰구간을 구하였다.

$$(\widehat{Y_0} - t(n-2, \alpha/2)\sqrt{MSE(\frac{1}{n} + \frac{(x_0 - \overline{X})^2}{Sxx})}\ ,\ \widehat{Y_0} + t(n-2, \alpha/2)\sqrt{MSE(\frac{1}{n} + \frac{(x_0 - \overline{X})^2}{Sxx})}\ )$$

$X = 15, 20, 25$일 때 $E(Y|X=x_0) = \beta_0 + \beta_1 x_0$에 대한 100(1-$\alpha$)% 신뢰구간을 구하였다.

x_0	$\widehat{Y}_0$	lwr	upr
15	23.79	20.98	26.60
20	28.81	27.10	30.53
25	33.84	31.63	36.04

predict(interval="prediction") 함수를 이용해서 $X = x_0$에서 새로운 관측값 Y_0에 대한 100(1-α)% 신뢰구간을 구하였다.

$$(\widehat{Y_0} - t(n-2, \alpha/2)\widehat{SE}(\widehat{Y_0})\ ,\ \widehat{Y_0} + t(n-2, \alpha/2)\widehat{SE}(\widehat{Y_0})\ )$$

$X = 15, 20, 25$일 때 $X = x_0$에서 새로운 관측값 Y_0에 대한 $100(1-\alpha)\%$ 신뢰구간을 구하였다.

x_0	$\hat{Y}_0$	lwr	upr
15	23.79	15.83	31.74
20	28.81	21.18	36.45
25	33.84	26.08	41.60

다음 그림은 X=x_0에서 $E(Y|X=x_0)$에 대한 신뢰영역을 산점도 위에 나타 낸 그림이다. 구간이 새로운 관측값 $Y_0 = \beta_0 + \beta_1 x_0 + \epsilon_0$에 대한 신뢰구간보다 짧다.

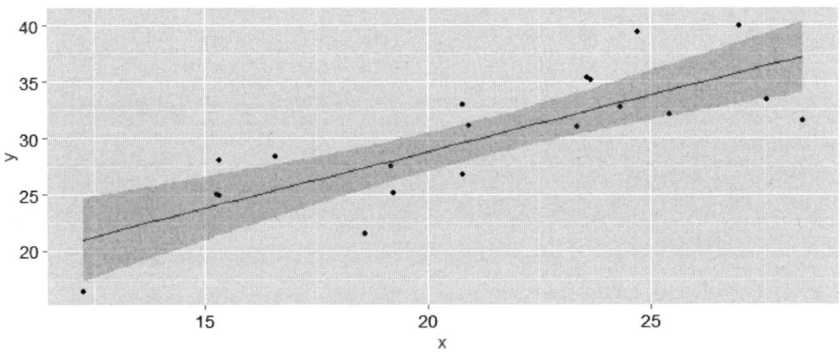

R 프로그램

```
xx <- c(16.58, 18.59, 23.56, 26.97, 23.66, 15.29, 12.25, 28.38, 20.90, 24.71,
        27.57, 23.35, 25.40, 19.23, 20.77, 24.33, 15.33, 20.76, 15.33, 19.17)
yy <- c(28.40, 21.53, 35.35, 39.91, 35.16, 25.05, 16.38, 31.58, 31.06, 39.37,
        33.38, 31.03, 32.14, 25.14, 26.77, 32.74, 28.11, 32.92, 24.93, 27.55)
dafr <- data.frame(x=xx, y=yy)
ggplot(dafr, aes(x=x, y=y))+                              # 산점도 그리고 회귀직선 첨가하기
  geom_point()+
  stat_smooth(method="lm",se=FALSE)+
  geom_text(aes(label=interaction(x,y)))+
    axis.title=element_text(size=15,colour="red"),
   axis.text=element_text(size=rel(1.2),colour="blue"))
```

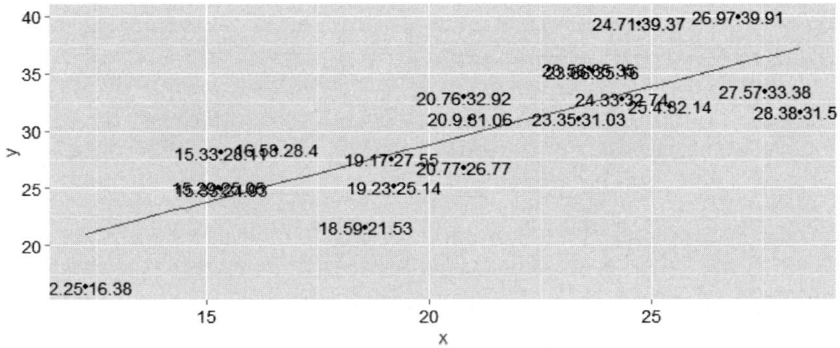


```
reg <- lm(y ~ x, data = dafr)                                    # 단순선형 회귀분석
summary(reg)                                                     # 회귀분석 결과를 요약
## Call:
## lm(formula = y ~ x, data = dafr)
## Residuals:
##    Min     1Q Median     3Q    Max
## -5.866 -2.838  0.193  2.976  5.824
## Coefficients:
##               Estimate  Std. Error  t value   Pr(>|t|)
## (Intercept)     8.7174      3.8126    2.286    0.035 *
## x               1.0048      0.1767     5.69    2.2e-05 ***
## Signif. codes:  0 '***' 0.001 '**' 0.01 '*' 0.05 '.' 0.1 ' ' 1
## Residual standard error: 3.54 on 18 degrees of freedom
## Multiple R-squared:  0.642,  Adjusted R-squared:  0.623
## F-statistic: 32.3 on 1 and 18 DF,  p-value: 2.16e-05
anova(reg)                                                       # 분산분석표 만들기
## Analysis of Variance Table
## Response: y
##             Df  Sum Sq  Mean Sq  F value    Pr(>F)
## x            1     406      406     32.3   2.2e-05 ***
## Residuals   18     226       13
## Signif. codes:  0 '***' 0.001 '**' 0.01 '*' 0.05 '.' 0.1 ' ' 1
reg_coeffi <- coefficients(reg)                                  # 회귀계수 값만 택해서 벡터로 저장하기
reg_coeffi
## (Intercept)       x
##       8.717   1.005
fit <- fitted(reg)                                               # Ŷ 값만 택해서 벡터로 저장하기
fit
```

```
##    1     2     3     4     5     6     7     8     9    10    11    12
## 25.38 27.40  32.39 35.82 32.49 24.08 21.03 37.23 29.72 33.55 36.42 32.18
##   13    14    15    16    17    18    19    20
## 34.24 28.04 29.59 33.16 24.12 29.58 24.12 27.98
hat_y <- predict(reg, newdata = data.frame(x = dafr$x))         # predict함수 이용해서 Ŷ 값 구하기
hat_y
##    1     2     3     4     5     6     7     8     9    10    11    12
## 25.38 27.40  32.39 35.82 32.49 24.08 21.03 37.23 29.72 33.55 36.42 32.18
##   13    14    15    16    17    18    19    20
## 34.24 28.04 29.59 33.16 24.12 29.58 24.12 27.98
resi <- residuals(reg)                                         # 잔차 값만 택해서 벡터로 저장하기
resi
##      1       2       3       4       5       6       7       8       9
## 3.0232 -5.8664 2.9597 4.0934 2.6693 0.9694 -4.6461 -5.6533 1.3425
##     10      11      12      13      14      15      16      17      18
## 5.8242 -3.0395 -1.1492 -2.0991 -2.8995 -2.8169 -0.4239 3.9892 3.3432
##     19      20
## 0.8092 -0.4292
y_hat_y <- dafr$y - hat_y                                      # 잔차 직접 계산하기
y_hat_y
##      1       2       3       4       5       6       7       8       9
## 3.0232 -5.8664 2.9597 4.0934 2.6693 0.9694 -4.6461 -5.6533 1.3425
##     10      11      12      13      14      15      16      17      18
## 5.8242 -3.0395 -1.1492 -2.0991 -2.8995 -2.8169 -0.4239 3.9892 3.3432
##     19      20
## 0.8092 -0.4292
sum_resi_2 <- deviance(reg)                                    # 잔차제곱합 구하기
sum_resi_2
## [1] 225.822
xx_2 <- (xx-mean(xx))^2
sum_x_2 <- sum(xx_2)
n <- length(xx)
hii <- ((1/n)+ xx_2/sum_x_2)
sigma_hat <- sqrt(sum_resi_2/(n-2))
std_resi <- resi/sigma_hat*sqrt(1-hii)                         # 스튜던트화 잔차 구하기
dpr <- data.frame(Fitt=fit, Residual=resi, StudentizedResi=std_resi )
ggplot(dpr, aes(x=Fitt, y=StudentizedResi))+                   #스튜던트화 잔차 직접 그림 그리기
  geom_point()+
  stat_smooth(method="lm",se=FALSE)+
```

```
theme(
  axis.title=element_text(size=15,colour="red"),
  axis.text=element_text(size=rel(1.2),colour="blue"))
```

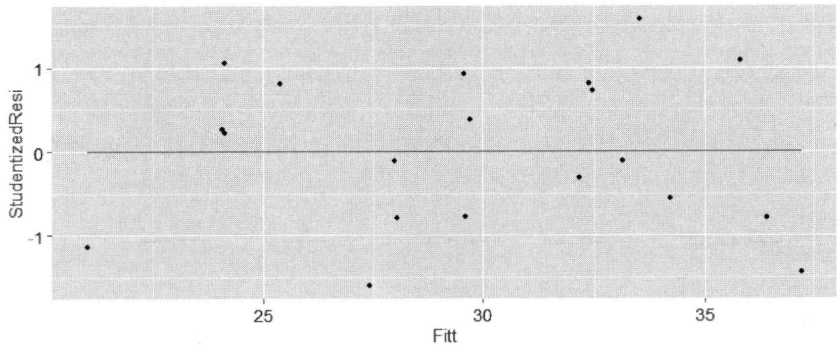


```
qqnorm(std_resi)                                    # Q_Q 그림 직접 그리기
qqline(std_resi)
```

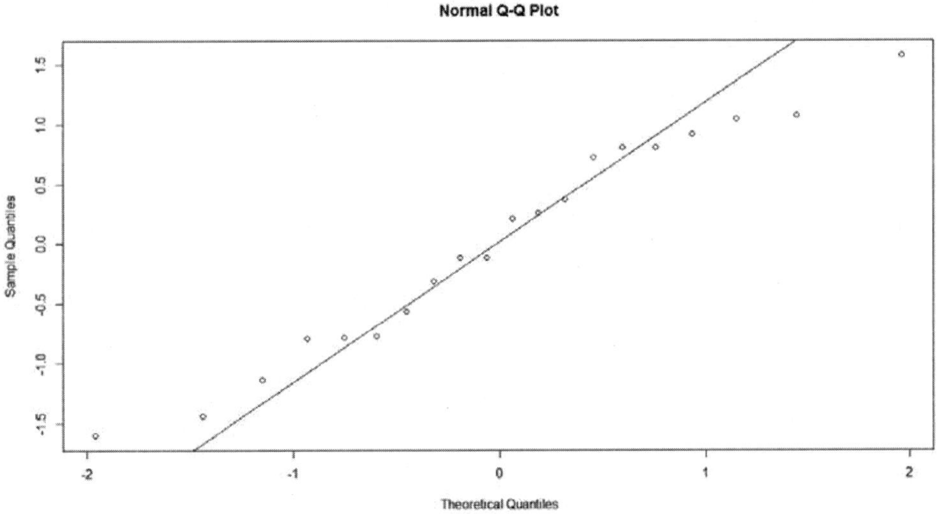


```
par(mfrow=c(2,2))                  # plot()함수를 이용해서 잔차그림 그리기
plot(reg)
```

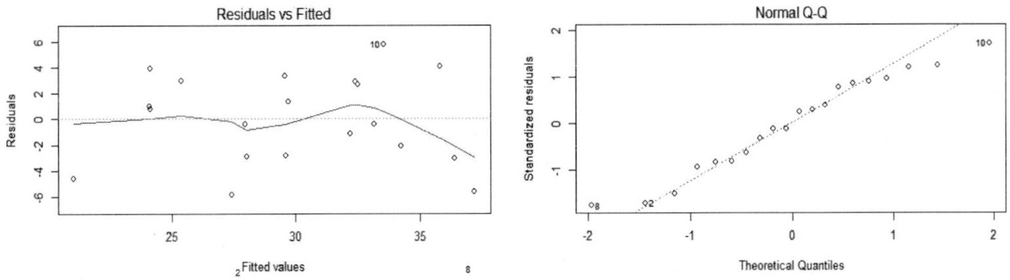

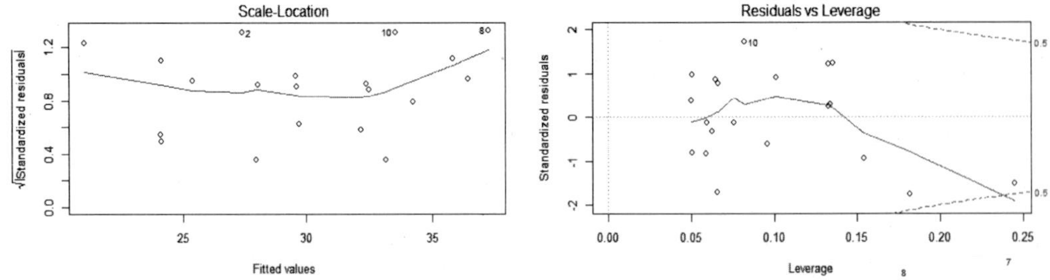


```
reg_coeffi <- coefficients(reg)                                # 회귀계수 추정값
reg_coeffi
## (Intercept)          x
##      8.717      1.005
con_inter <- confint(reg)                                      # 회귀계수의 95% 신뢰구간
con_inter
##                  2.5 %    97.5 %
## (Intercept)    0.7073    16.727
## x              0.6336     1.376
predict(reg, newdata = data.frame(x = (c(15, 20, 25))), interval = "confidence")
                                                               # x=15,20,25에서 E(Y|X=x)의 신뢰구간
##         fit     lwr     upr
## 1     23.79   20.98   26.60
## 2     28.81   27.10   30.53
## 3     33.84   31.63   36.04
predict(reg, data.frame(x = (c(15, 20, 25))), interval = "prediction")
                                                               # x=15,20,25에서 새로운 관측값
                                                                 Y_x의 신뢰구간
##         fit     lwr     upr
## 1     23.79   15.83   31.74
## 2     28.81   21.18   36.45
## 3     33.84   26.08   41.60
predict(reg, newdata = data.frame(x = dafr$x), interval = "confidence")
                                                               # 원래 자료 x 에 대한 E(Y|X=x)에
                                                                 대한 신뢰구간
##         fit     lwr     upr
## 1     25.38   23.01   27.74
## 2     27.40   25.49   29.30
## 3     32.39   30.49   34.29
## 4     35.82   33.08   38.56
## 5     32.49   30.58   34.41
```

```
## 6    24.08  21.35  26.81
## 7    21.03  17.34  24.71
## 8    37.23  34.06  40.40
## 9    29.72  28.05  31.38
## 10   33.55  31.41  35.68
## 11   36.42  33.50  39.34
## 12   32.18  30.32  34.04
## 13   34.24  31.93  36.54
## 14   28.04  26.24  29.84
## 15   29.59  27.92  31.26
## 16   33.16  31.11  35.21
## 17   24.12  21.41  26.84
## 18   29.58  27.91  31.25
## 19   24.12  21.41  26.84
## 20   27.98  26.17  29.79
ggplot(dafr, aes(x=x, y=y))+                    # E(Y|X)에 대한 신뢰영역을 산점도에
                                                  나타냄
  geom_point()+
  stat_smooth(method="lm")+
  theme(
   axis.title=element_text(size=15,colour="red"),
   axis.text=element_text(size=rel(1.2),colour="blue"))
```

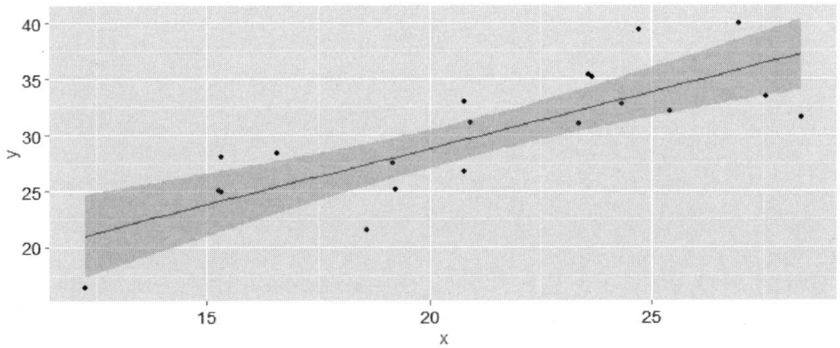

다음 자료는 X와 Y의 관계를 조사하기 위해서 정규분포를 이용해서 인위적으로 만든 자료이다. 이 자료를 이용하여 회귀분석을 실시해보자.

x	y	x	y	x	y
16.58	296.28	27.57	794.62	21.82	495.22
18.59	363.99	23.35	570.67	12.94	191.27
23.56	572.77	25.4	671.6	21.79	496
26.97	758.93	19.23	383.08	22.94	562.73
23.66	578.58	20.77	449.12	21.5	483.21
15.29	236.27	24.33	616.78	19.76	409.05
12.25	155.69	15.33	258.31	14.13	210.96
28.38	821.08	20.76	463.76	13.2	189.57
20.9	460.37	15.33	247.4	20.16	429.88
24.71	631.64	19.17	382.26	24.66	630.18

산점도를 그려서 두 변수 사이의 전반적인 관계를 조사한다. 아래 산점도에서 X가 증가하면 Y도 증가하면서 선형관계를 보이고 있다.

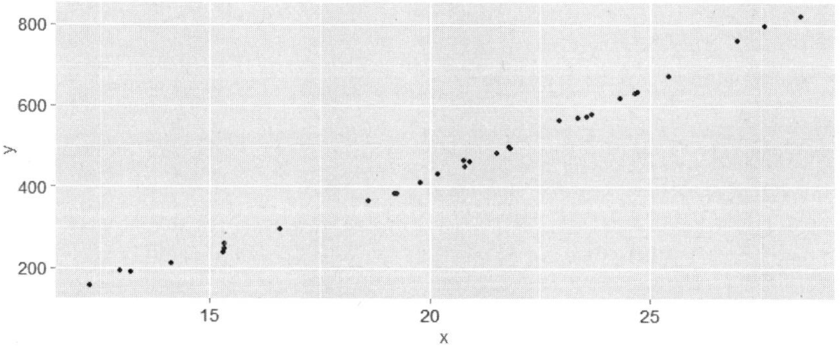

따라서 X와 Y관계를 단순선형회귀모형

$$Y_i = \beta_0 + \beta_1 X_i + \epsilon_i$$

으로 가정하고 β_0와 β_1의 추정값은 $\widehat{\beta_1}= 40.95$ $\widehat{\beta_0} =-379.05$이다. 따라서 추정된 회귀직선 $\widehat{Y}=-379.05+40.95X$이다. Residual standard error=21.52이다. F_값의 p_값 =0.000 〈 0.01이므로 H_0가 기각될 가능성이 강하다. 회귀모형이 유의하다고 할 수 있다. 결정계수 R^2=0.987 로서 총변동중에서 회귀모형의해서 설명할 수 있는 정도가 98.7%이다. 그러나 잔차 그림에서 점들의 산포가 0을 중심으로 해서 완전히 랜덤하게 흩어져 있지 않고 곡선 모양을 나타내고 있다. 따라서 기본가정 선형성이 만족하지 않는다.

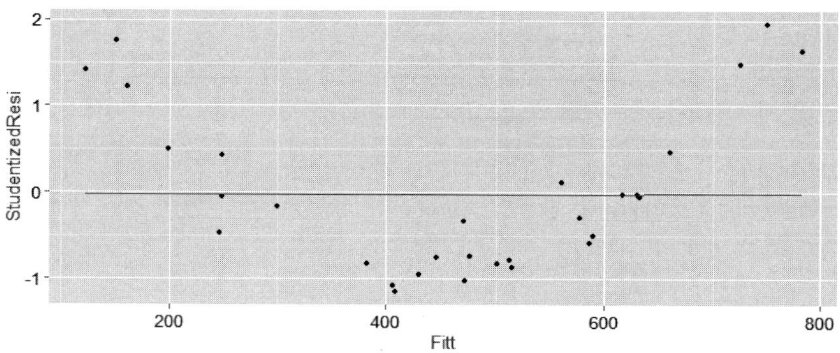

R 프로그램

```
xxx <- c(16.58, 18.59, 23.56, 26.97, 23.66, 15.29, 12.25, 28.38, 20.90, 24.71,
         27.57, 23.35, 25.40, 19.23, 20.77, 24.33, 15.33, 20.76, 15.33, 19.17,
         21.82, 12.94, 21.79, 22.94, 21.50, 19.76, 14.13, 13.20, 20.16, 24.66)
yyy <- c(296.28, 363.99, 572.77, 758.93, 578.58, 236.27, 155.69, 821.08, 460.37, 631.64,
         794.62, 570.67, 671.60, 383.08, 449.12, 616.78, 258.31, 463.76, 247.40, 382.26,
         495.22, 191.27, 496.00, 562.73, 483.21, 409.05, 210.96, 189.57, 429.88, 630.18)
dafr <- data.frame(x=xxx,y=yyy)
head(dafr)
##        x        y
## 1  16.58   296.28
## 2  18.59   363.99
## 3  23.56   572.77
## 4  26.97   758.93
## 5  23.66   578.58
## 6  15.29   236.27
ggplot(dafr, aes(x=x, y=y))+
 geom_point()+
 theme(
  axis.title=element_text(size=15,colour="red"),
  axis.text=element_text(size=rel(1.2),colour="blue"))
```

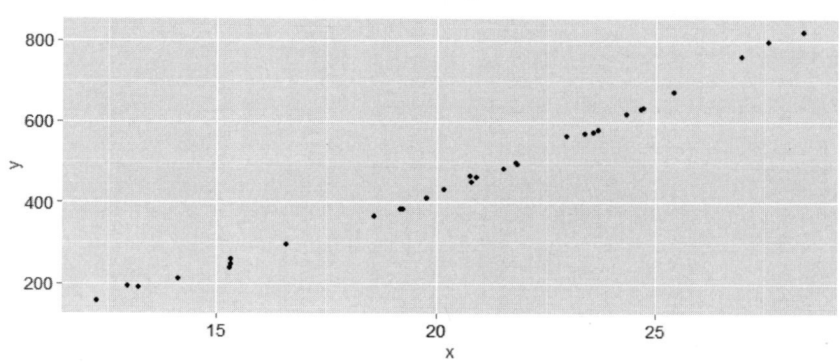

```
rreg <- lm(y~x, data=dafr)
summary(rreg)
## Call:
## lm(formula = y ~ x, data = dafr)
##
## Residuals:
##      Min       1Q   Median     3Q      Max
##  -25.254  -16.999   -4.954  10.390  44.799
##
## Coefficients:
##                  Estimate  Std. Error  t value     Pr(>|t|)
## (Intercept)   -379.0515   18.6065    -20.37    <2e-16 ***
## x                 40.9457    0.8871     46.16    <2e-16 ***
## ---
## Signif. codes:  0 '***' 0.001 '**' 0.01 '*' 0.05 '.' 0.1 ' ' 1
## Residual standard error: 21.52 on 28 degrees of freedom
## Multiple R-squared:  0.987,          Adjusted R-squared:  0.9866
## F-statistic:  2130 on 1 and 28 DF,  p-value: < 2.2e-16
xxx_2 <- (xxx-mean(xxx))^2
sum_xxx_2 <- sum(xxx_2)
n <- length(xxx)
hii <- ((1/n)+ xxx_2/sum_xxx_2)
sum_resi_2 <- deviance(rreg)
sigma_hat <- sqrt(sum_resi_2/(n-2))
resi <- residuals(rreg)
fit <- fitted(rreg)
std_resi <- resi/sigma_hat*sqrt(1-hii)
dpr <- data.frame(Fitt=fit, StudentizedResi=std_resi )
ggplot(dpr, aes(x=Fitt, y=StudentizedResi))+
  geom_point()+
  stat_smooth(method="lm",se=FALSE)+
  theme(
    axis.title=element_text(size=15,colour="red"),
    axis.text=element_text(size=rel(1.2),colour="blue"))
```

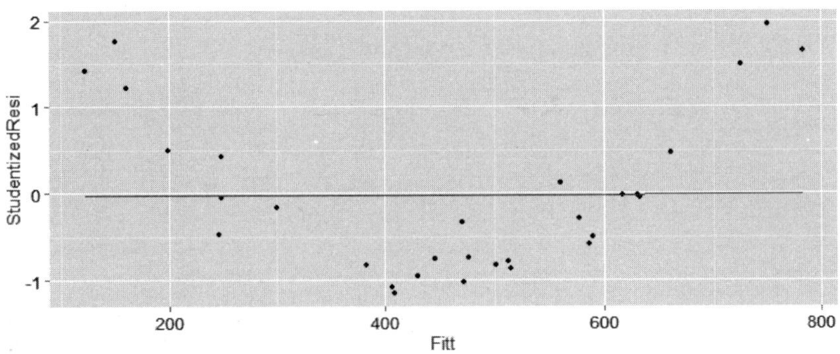

위 결과에서 잔차 그림이 이차 곡선 형태를 나타내고 있기 때문에 다음과 같이 회귀모형에 이차항을 첨가한 모형으로 가정하였다.

$$Y_i = \beta_0 + \beta_1 X_i + \beta_2 X_i^2 + \epsilon_i$$

추정된 회귀식은 다음과 같다.

$$\hat{Y}_i = -9.29 + 2.03 X_i + 0.97 X_i^2$$

이차항이 없는 모형에 비해서 Residual standard error가 6.55로 작아졌고, R^2이 0.9988로 증가하였다. 특히 잔차 그림의 점들이 0을 중심으로 해서 랜덤하게 흩어져 있는 것을 볼 수 있다. 두 모형을 비교했을 때 이차항이 포함된 모형이 좀 더 적합한 모형으로 판단된다.

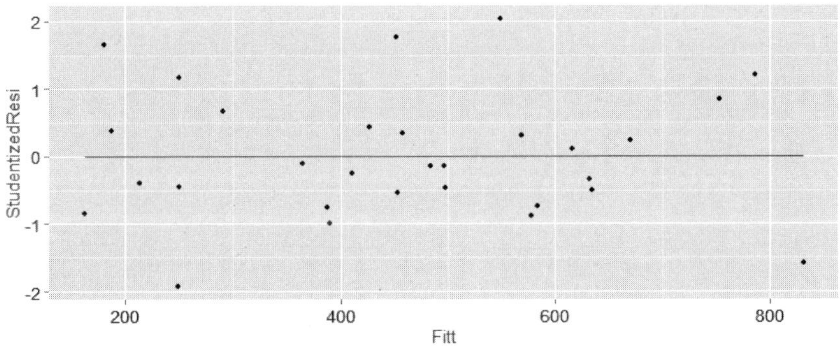

R 프로그램

```
pp_reg <- lm(y~x+I(x^2), data=dafr)
summary(pp_reg)
## Call:
## lm(formula = y ~ x + I(x^2), data = dafr)
##
## Residuals:
##      Min       1Q   Median      3Q     Max
## -12.9432  -3.4768  -0.9405   2.7214  13.3897
##
## Coefficients:
##              Estimate  Std. Error  t value  Pr(>|t|)
## (Intercept)  -9.28569  22.99425   -0.404   0.690
## x             2.02572   2.36122    0.858   0.398
## I(x^2)        0.97323   0.05866   16.592   1.09e-15 ***
```

```
## ---
## Signif. codes:  0 '***' 0.001 '**' 0.01 '*' 0.05 '.' 0.1 ' ' 1
## Residual standard error: 6.55 on 27 degrees of freedom
## Multiple R-squared:  0.9988,              Adjusted R-squared:  0.9988
## F-statistic: 1.164e+04 on 2 and 27 DF,  p-value: < 2.2e-16
xxx_2 <- (xxx-mean(xxx))^2
sum_xxx_2 <- sum(xxx_2)
n <- length(xxx)
hii <- ((1/n)+ xxx_2/sum_xxx_2)
sum_resi_2 <- deviance(pp_reg)
sigma_hat <- sqrt(sum_resi_2/(n-2))
resi <- residuals(pp_reg)
fit <- fitted(pp_reg)
std_resi <- resi/sigma_hat*sqrt(1-hii)
dpr <- data.frame(Fitt=fit, StudentizedResi=std_resi )
ggplot(dpr, aes(x=Fitt, y=StudentizedResi))+
  geom_point()+
  stat_smooth(method="lm",se=FALSE)+
  theme(
    axis.title=element_text(size=15,colour="red"),
    axis.text=element_text(size=rel(1.2),colour="blue"))
```

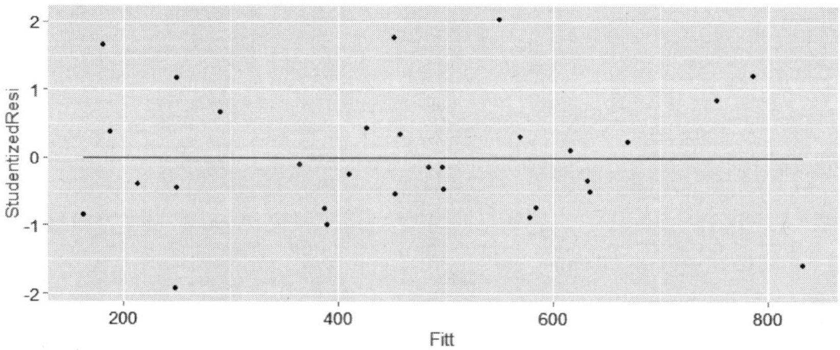


```
anova(rreg, pp_reg)
##  Analysis of Variance Table
##
## Model 1: y ~ x
## Model 2: y ~ x + I(x^2)
##      Res.Df     RSS Df   Sum of Sq       F          Pr(>F)
## 1        28   12968.5
## 2        27    1158.3  1     11810  275.29   1.094e-15 ***
## ---
## Signif. codes:  0 '***' 0.001 '**' 0.01 '*' 0.05 '.' 0.1 ' ' 1
```

PART 10

연습문제

1. 다음 자료에 대해서 물음에 답하여라.

x	y	x	y
34.03	55.82	44.12	68.07
45.77	65.2	46.48	62.53
46.79	63.77	40.93	58.38
46.57	66.52	31.21	48.34
39.42	60.61	38.08	53.07
25.93	39.26	38.73	55.18
35.94	63.81	32.36	49.27
44.11	68	37.5	55.67
45.21	59.47	39.8	58.25
32.98	45.24	33.58	49.3

❶ ggplot2를 이용하여 X와 Y에 대한 산점도를 작성하여라.

❷ 산점도에 회귀선을 추가하고, 두 변수의 관계를 나타 낼 수 있는 모형을 가정해보자.

❸ 두 변수 사이의 관계를 단순선형회귀모형으로 가정하고 회귀계수를 직접 계산해보자.

❹ R언어를 이용해서 회귀계수를 찾아보자.

❺ 추정된 회귀식을 적어보라.

❻ R의 실행 결과에서 회귀계수들의 추정치를 rcoe라는 변수에 저장해 보자.

❼ R의 실행 결과에서 잔차들을 rresi 변수에 저장해 보자.

❽ R의 실행 결과에서 추정된 회귀식값 $\widehat{Y}_i$들을 yhat 변수에 저장해 보자.

❾ R을 이용하여 원래 주어진 자료 x에서 $\widehat{Y}_i$ 값을 구해보자.

⑩ R을 이용하여 잔차 값을 직접 계산해보자.

⑪ R의 실행 결과를 이용해서 잔차제곱합을 구하라.

⑫ ⑩에서 구한 결과를 이용해서 추정량의 표준오차 $\sqrt{\sum_{i=1}^{n} r_i^2/(n-2)}$ 를 구해보자.

⑬ R을 이용해서 모형의 유의성 검정을 하기위해서 분산분석표를 작성하라.

⑭ ⑫의 결과를 이용해서 모형의 유의 한지를 유의수준 5%에서 검정하라.

⑮ R^2을 계산하고 그 의미를 설명하라.

⑯ 스튜던트화잔차를 계산하라.

⑰ ggplot2를 이용해서 스튜던트화잔차와 $\hat{Y}_i$에 대한 산점도를 작성하라.

⑱ ⑯에서 작성한 그림을 분석해서 회귀분석의 기본가정 독립성, 선형성, 등분산성을 검토하여라.

⑲ plot() 함수를 이용하여 Q_Q 그림을 그리고 정규성을 검토하라.

⑳ β_1에 대한 95% 신뢰구간을 직접 계산하여라.

㉑ R을 이용하여 β_0와 β_1에 대한 95% 신뢰구간을 구하라.

㉒ $H_0 : \beta_1 = 0 \quad H_1 : \beta_1 \neq 0$를 유의수준 5%에서 t-검정을 직접해보자.

㉓ R의 실행결과를 이용하여 $H_0 : \beta_1 = 0 \quad H_1 : \beta_1 \neq 0$를 유의수준 5%에서 t-검정을 직접해보자.

㉔ x=60일 때 추정값 $\hat{Y}$을 구하라.

㉕ R을 이용해서 E(Y|X=60)의 신뢰구간을 구하라.

㉖ R을 이용해서 x=60일 때 새로운 관측값 Y_{60}에 대한 신뢰구간을 구하라.

2. 다음 자료에 대해서 물음에 답하여라.

x	y	x	y
31.22	1025.578	40.78	1719.338
45.4	2127.87	36.62	1396.814
28.42	852.8464	38.4	1526.71
38.45	1535.883	40.03	1656.261
41.2	1752.75	38.83	1552.569
40.85	1730.243	30.4	970.61
42.96	1900.512	35	1286.12
38.07	1508.995	36.58	1401.416
37.51	1454.76	39.78	1645.478
42.91	1891.468	30.31	973.3461

❶ ggplot2를 이용하여 X와 Y에 대한 산점도를 작성하여라.

❷ 산점도에 회귀선을 추가하고, 두 변수의 관계를 나타 낼 수 있는 모형을 가정해 보자.

❸ 두 변수 사이의 관계를 단순선형회귀모형으로 가정하고 R을 이용해서 회귀분석을 실시 해보자.

❹ R을 이용해서 잔차 그림을 작성하고 분석해보자.

❺ 잔차 그림 분석 결과 만약 모형에 이차항을 첨가해야 한다면 이차항을 첨가해서 R을 이용해서 회귀분석을 실시해보자.

❻ 이차항이 포함 된 모형에 대한 잔차 그림을 그려보자.

❼ 두 모형의 잔차 그림을 비교 설명 해보자.

❽ 두 모형에 대해서 R^2, 모형의 유의성 검정을 위한 F 값 등 여러 가지 분석 결과를 비교하여 어느 모형이 더 적합한 모형인지 찾아보자.

참고문헌

김재희(2008), R을 이용한 통계 프로그래밍 기초, 자유아카데미.
노만 매트로프, 권정민(2012) 빅데이터 분석 도구 R 프로그래밍, 에이콘.
백운봉·허명회(1987), EDA(탐색적 데이터 분석), 박영사.
윈스턴 챙, 이재원(2013), R Graphics Cookbook, 인사이트.
유충현 외 2명(2005), R 그래픽스, 자유아카데미.
전희원(2013), R로 하는 데이터 시각화, 한빛미디어.
정사범(2013), RStudio 따라잡기, 에이콘.
폴 티터, 이재원(2012), R Cookbook, 인사이트.
후나오노부오, 김성재(2014), R로 배우는 데이터 분석 기본기 데이터 시각화, 한빛미디어.
Graham Williams(2011), Data Mining with Rattle and R, Springer.
Hadley Wickham(2009), ggplot2, Springer.

찾아보기